한 번에 합격!
해커스 감정평가사
합격 시스템

강사력
업계 최고수준
교수진

교재
해커스=교재
절대공식

관리시스템
해커스만의
1:1 관리

취약 부분 즉시 해결!
교수님 질문게시판

언제 어디서나 공부!
PC&모바일 수강 서비스

해커스만의
단기합격 커리큘럼

**초밀착 학습관리
& 1:1 성적관리**

해커스 합격생들의 생생한 후기!

작년에 타사 수강해서 떨어졌는데,
해커스의 우수한 강사진 덕분에
올해는 합격하게 되었습니다.

- 1차 합격생 한*철 -

해커스가 가장 유명하기도 하였고
수업의 퀄리티가 타학원들과 비교하여
남다르다고 생각했습니다.

- 1차 합격생 이*현 -

해커스 감정평가사

서호성
경제학원론 1차 기출+예상문제집

머리말

안녕하세요. 해커스 감정평가사 경제학 서호성입니다.

경제학을 가르치는 저의 목표는 두 가지입니다.

첫째, "경제학은 어려운 것이 아니라 익숙하지 않은 것이다."
경제학은 그 자체가 어려운 과목이 아니라 익숙해지지 않아 어렵게 느껴지는 과목입니다.
여러분이 충분히 이해할 수 있도록 다양한 사례를 통해 이해시켜 드리겠습니다. 저의 노력으로 경제학을 재미있는 과목으로 만들어 어렵다고 생각하는 경제학의 고정관념을 깨드리고 싶습니다.

둘째, "모두 아는 것이 중요한 것이 아니라 시험에 나오는 것을 아는 것이 중요하다."
수험생들이 객관식 경제학을 준비하면서 다양한 내용을 읽어본 것을 중시하는 분들을 많이 보았습니다. 단언컨대 시험에 나오는 내용은 정해져 있습니다. 수업과 교재를 통해 시험에 나오는 것들을 중심으로 기본개념에서 고난이도까지 단계별 학습을 통해 고득점을 확보해드리겠습니다.

이 두 가지 목표에 도달하기 위해 해커스 감정평가사 경제학원론 1차 기출 + 예상문제집을 집필하게 되었습니다. 이 교재의 특징은 다음과 같습니다.

1. 반드시 나오는 핵심이론을 표로 정리해 놓았습니다.
시험에 나오는 내용은 반복됩니다. 따라서 시험에 나오는 내용을 일목요연하게 표로 정리하였습니다. 더불어 핵심적인 개념이나 키워드를 상기시킬 수 있도록 빈칸 처리함으로써 문제풀이를 위한 기본을 다시 다질 수 있도록 하였습니다.

2. 단계별 객관식 문제를 수록하였습니다.
시험에 출제되는 포인트는 정해져 있습니다. 다만 해당 시험이 어떠한 난이도를 원하느냐에 따라 달라질 뿐입니다.

Step 1. 타시험 기출문제
경제학 시험의 기본난이도인 공무원 등의 문제로 시작하여 고난이도인 국회직 문제까지 수록하였습니다. 개념부터 계산문제까지 객관식 경제학 시험에 빈출되는 문제를 반복적으로 연습하여 다음 단계에서 진행되는 감정평가사 경제학문제를 풀기 위한 사전준비가 가능하도록 구성하였습니다.

Step 2. 감정평가사 기출문제
감정평가사문제를 주제별로 수록하였습니다. 객관식 경제학은 새로이 더해지는 것보다는 기존 기출이 반복되는 경향이 강합니다. 실제 기출을 통해 감정평가사의 난이도를 직접 경험할수 있도록 구성하였습니다.
이러한 단계별 학습을 통해 기본과 심화를 동시에 진행할 수 있도록 하였습니다. 따라서 이 책에 있는 내용을 완벽하게 이해 하신다면 감정평가사 경제학 시험이 어떻게 나오더라도 합격할 수 있는 능력을 기르실 수 있을 것입니다.

3. 논리적 해설을 추구하였습니다.
경제문제를 푸는 데 필요한 것은 논리적 순차 해결입니다. 여러분들이 시험장에서 실제문제를 풀 때 사고하는 방식으로 순차적 & 요약적 해설을 추구하였습니다. 이 과정이 익숙해지면 어떠한 문제를 만나더라도 문제접근을 쉽게 할 수 있어 해결이 쉬워질 것입니다.

경제학을 가르치는 사람으로서 가장 행복한 순간은 수험생 여러분들이 스스로 어렵다고 생각했던 경제학의 선입견이 저와 함께 학습하면서 해볼만한 재미있는 과목이라는 표정이 얼굴에서 드러날 때입니다. 저와 여러분들이 함께 노력한다면 감정평가사 경제학은 여러분의 통과점에 지나지 않을 것이라고 단언하여 말씀드리겠습니다.

서호성 경제학과 함께라면 감정평가사 경제학은 절대 어렵지 않습니다!

이 책을 출간하면서 많은 도움을 주신 해커스 출판사 관계자분들과 해커스 감정평가사 교수님들께 진심으로 감사드립니다.

오늘도 하루하루 열심히 준비하시는 여러분들을 마음속으로 언제나 응원하겠습니다.

해커스 감정평가사 연구실에서
서호성

목차

감정평가사 시험 안내   8
제36회 시험 총평 및 출제경향분석   10

미시경제학

제1장 기회비용, 시장가격의 결정과 변동

Topic 1   기회비용과 생산가능곡선   14
          Step 1 타시험 기출문제   16
          Step 2 감정평가사 기출문제   18

Topic 2   수요와 공급, 시장가격의 결정과 변동, 잉여, 최고가격제와 최저가격제   20
          Step 1 타시험 기출문제   24
          Step 2 감정평가사 기출문제   34

제2장 탄력성

Topic 3   수요의 가격탄력성, 수요의 소득탄력성, 수요의 교차탄력성, 공급의 가격탄력성   42
          Step 1 타시험 기출문제   48
          Step 2 감정평가사 기출문제   60

제3장 소비자이론

Topic 4   한계효용이론   66
          Step 1 타시험 기출문제   68

Topic 5   무차별곡선이론(1) – 기본이론   70
          Step 1 타시험 기출문제   73
          Step 2 감정평가사 기출문제   93

Topic 6   무차별곡선이론(2) – 사회보장제도, 2기간모형, 여가 – 소득모형   109
          Step 1 타시험 기출문제   110
          Step 2 감정평가사 기출문제   123

Topic 7   현시선호이론, 기대효용이론   126
          Step 1 타시험 기출문제   128
          Step 2 감정평가사 기출문제   136

제4장 생산자이론

Topic 8 생산자이론   142
       Step 1 타시험 기출문제   148
       Step 2 감정평가사 기출문제   164

제5장 시장이론

Topic 9 완전경쟁시장   176
       Step 1 타시험 기출문제   178
       Step 2 감정평가사 기출문제   194

Topic 10 독점시장   200
       Step 1 타시험 기출문제   203
       Step 2 감정평가사 기출문제   218

Topic 11 독점적 경쟁시장, 과점시장   228
       Step 1 타시험 기출문제   231
       Step 2 감정평가사 기출문제   251

제6장 생산요소시장과 소득분배

Topic 12 생산요소시장과 소득분배   264
       Step 1 타시험 기출문제   266
       Step 2 감정평가사 기출문제   283

Topic 13 조세   288
       Step 1 타시험 기출문제   290
       Step 2 감정평가사 기출문제   303

제7장 후생경제학과 시장실패

Topic 14 후생경제학과 시장실패   306
       Step 1 타시험 기출문제   311
       Step 2 감정평가사 기출문제   336

목차

거시경제학

제8장 국민소득 결정이론

Topic 15 GDP, 국민소득 결정이론 — 356
- Step 1 타시험 기출문제 — 361
- Step 2 감정평가사 기출문제 — 380

Topic 16 소비함수와 투자함수 — 394
- Step 1 타시험 기출문제 — 396
- Step 2 감정평가사 기출문제 — 413

제9장 화폐금융론

Topic 17 본원통화와 화폐공급 — 420
- Step 1 타시험 기출문제 — 422
- Step 2 감정평가사 기출문제 — 446

Topic 18 화폐수요 — 450
- Step 1 타시험 기출문제 — 453
- Step 2 감정평가사 기출문제 — 466

제10장 총수요와 총공급, 물가와 실업

Topic 19 IS-LM & 총수요-총공급 — 472
- Step 1 타시험 기출문제 — 476
- Step 2 감정평가사 기출문제 — 512

Topic 20 물가와 실업 — 535
- Step 1 타시험 기출문제 — 543
- Step 2 감정평가사 기출문제 — 565

제11장 경기변동과 경제성장

Topic 21 경기변동 — 584
- Step 1 타시험 기출문제 — 589
- Step 2 감정평가사 기출문제 — 606

Topic 22 경제성장론 — 612
- Step 1 타시험 기출문제 — 617
- Step 2 감정평가사 기출문제 — 641

국제경제학

제12장 국제무역론

Topic 23 무역이론   652
     Step 1 타시험 기출문제   655
     Step 2 감정평가사 기출문제   675

Topic 24 자유무역과 보호무역   676
     Step 1 타시험 기출문제   681
     Step 2 감정평가사 기출문제   698

제13장 국제금융론

Topic 25 환율   702
     Step 1 타시험 기출문제   705
     Step 2 감정평가사 기출문제   721

Topic 26 국제수지   725
     Step 1 타시험 기출문제   728
     Step 2 감정평가사 기출문제   750

감정평가사 시험 안내

1. 응시자격

- 응시자격 제한은 없습니다.
    ※ 단, 최종 합격자 발표일 기준, 감정평가 및 감정평가사에 관한 법률 제12조상 결격사유에 해당하는 사람 또는 같은 법 제16조 제1항에 따른 처분을 받은 날부터 5년이 지나지 아니한 사람은 시험에 응시할 수 없음
- 결격사유(감정평가 및 감정평가사에 관한 법률 제12조, 2023.8.10. 시행)
    - 파산선고를 받은 사람으로서 복권되지 아니한 사람
    - 금고 이상의 실형을 선고받고 그 집행이 종료(집행이 종료된 것으로 보는 경우를 포함한다)되거나 그 집행이 면제된 날부터 3년이 지나지 아니한 사람
    - 금고 이상의 형의 집행유예를 받고 그 유예기간이 만료된 날부터 1년이 지나지 아니한 사람
    - 금고 이상의 형의 선고유예를 받고 그 선고유예기간 중에 있는 사람
    - 제13조에 따라 감정평가사 자격이 취소된 후 3년이 지나지 아니한 사람
        ※ 단, 제39조 제1항 제11호 및 제12호에 따라 자격이 취소된 후 5년이 지나지 아니한 사람은 제외
    - 제39조 제1항 제11호 및 제12호에 따라 자격이 취소된 후 5년이 지나지 아니한 사람

2. 원서접수방법

- Q-Net 감정평가사 홈페이지(http://www.Q-Net.or.kr/site/value)를 통하여 온라인으로 접수합니다.
- 인터넷 원서 접수 시 최근 6개월 이내에 촬영한 사진을 파일로 첨부하여 인터넷 회원가입 후 원서를 접수합니다(단, 기존 Q-Net 회원일 경우는 바로 원서접수 가능).
- 응시수수료*: 40,000원(1차), 40,000원(2차)
    * 제36회 시험기준

3. 시험과목

구분	시험과목
제1차 시험 (6과목)	• **민법**: 총칙, 물권에 관한 규정 • **경제학원론** • **부동산학원론** • **감정평가관계법규**: 국토의 계획 및 이용에 관한 법률, 건축법, 공간정보의 구축 및 관리 등에 관한 법률 중 지적에 관한 규정, 국유재산법, 도시 및 주거환경정비법, 부동산등기법, 감정평가 및 감정평가사에 관한 법률, 부동산 가격공시에 관한 법률 및 동산·채권 등의 담보에 관한 법률 • **회계학** • **영어**: 영어시험성적 제출로 대체
제2차 시험 (3과목)	• **감정평가실무** • **감정평가이론** • **감정평가 및 보상법규**: 감정평가 및 감정평가사에 관한 법률, 공익사업을 위한 토지 등의 취득 및 보상에 관한 법률, 부동산 가격공시에 관한 법률

※ 정답은 시험시행일 현재 시행중인 법률, 회계처리기준 등을 적용해야 함
※ 회계학 과목의 경우 한국채택국제회계기준(K-IFRS)만 적용하여 출제
※ 기출제된 문제를 변형·활용하여 출제될 수 있음

4. 공인어학성적

- 제1차 시험 영어 과목은 영어시험성적으로 대체합니다.
- 제1차 시험 응시원서 접수 마감일부터 역산하여 5년이 되는 해의 1월 1일 이후에 실시된 시험에서 취득한 성적으로, 영어시험 시행기관에서 정한 성적의 자체 유효기간이 만료되기 전에 사전등록하여 진위가 확인된 성적에 한해 인정됩니다.
- 기준점수(감정평가 및 감정평가사에 관한 법률 시행령 별표2)

시험명	토플 PBT	토플 IBT	토익	텝스	지텔프	플렉스	토셀	아이엘츠
일반응시자	530	71	700	340	65 (level-2)	625	640 (Advanced)	4.5 (Overall Band Score)
청각장애인*	352	-	350	204	43 (level-2)	375	145 (Advanced)	-

* 기타 감정평가사 국가자격시험 시행계획 공고문을 참고

5. 시험시간 및 시험방법

구분		시험과목	입실완료	시험시간	시험방법
제1차 시험	1교시	• 민법 • 경제학원론 • 부동산학원론	09:00	09:30~11:30(120분)	과목별 40문항 (객관식 5지택일)
	2교시	• 감정평가관계법규 • 회계학	11:50	12:00~13:20(80분)	
제2차 시험	1교시	감정평가실무	09:00	09:30~11:10(100분)	과목별 4문항 (주관식)
	2교시	감정평가이론	12:10	12:30~14:10(100분)	
	3교시	감정평가 및 보상법규	14:30	14:40~16:20(100분)	

※ 장애인 등 응시편의제공으로 시험시간 연장 시 수험인원과 효율적인 시험 집행을 고려하여 시행기관에서 휴식 및 중식 시간을 조정할 수 있음

6. 합격자 결정방법

제1차 시험	• 영어 과목을 제외한 나머지 시험과목에서 과목당 100점을 만점으로 하여 모든 과목 40점 이상이고, 전 과목 평균 60점 이상인 사람 ※ 전년도 1차 시험 합격자 및 감정평가 및 감정평가사에 관한 법률 시행령 제14조에서 정한 기관에서 5년 이상 감정평가와 관련된 업무에 종사한 사람은 1차 시험이 면제됨(경력 산정 기준일 등은 해당연도 Q-Net 감정평가사 시험계획 공고문을 참조)
제2차 시험	• 과목당 100점을 만점으로 하여 모든 과목 40점 이상, 전 과목 평균 60점 이상을 득점한 사람 • 최소합격인원에 미달하는 경우 최소합격인원의 범위에서 모든 과목 40점 이상을 득점한 사람 중에서 전 과목 평균점수가 높은 순으로 합격자를 결정 ※ 동점자로 인하여 최소합격인원을 초과하는 경우에는 동점자 모두를 합격자로 결정하며 이 경우 동점자의 점수는 소수점 이하 둘째 자리까지만 계산하며, 반올림은 하지 아니함

제36회 시험 총평 및 출제경향분석

1. 제36회(2025년) 감정평가사 경제학원론 시험 총평

제36회 감정평가사 1차 시험 경제학원론 경제학원론은 지금까지의 시험난이도와 달리 상당히 어렵게 출제되었습니다. 어렵게 출제된 사항은 다음과 같습니다.

첫째, 한 번에 보이는 개념이해문제는 적게 출제되고, 하나의 개념이 아닌 여러 개의 개념을 동시에 물어보았습니다.

둘째, 계산문제라고 하더라도 한 번에 풀리지 않는 문제였고, 지문을 읽거나 대입을 통해 도출하는 문제가 출제되었습니다.

셋째, 지금까지의 경제학 객관식 문제에서 출제하지 않는 부분들을 출제하였습니다.
이러한 이유로 이번 감정평가사 경제학원론에서 수험생들의 많은 어려움이 있었을 것으로 예상됩니다.

2. 제36회(2025년) 출제경향분석과 수험 대책

(1) 제36회(2025년) 출제경향분석표

분야	출제 문제 수	비율
미시경제학	20	50%
거시경제학	19	45%
국제경제학	1	5%
총합	40	100%

국제경제학의 비중이 현저하게 낮습니다. 다른 시험과 달리 이번 시험은 특이하게도 환율문제를 하나도 내지 않은 것이 특징입니다.

(2) 수험 대책

1) 미시의 집중

감정평가사 경제학의 경우 거시보다는 미시경제학에 중점을 두고 있습니다. 즉, 감정평가사의 특성상 경제학의 거시적 접근보다는 이론을 가지고 합리적 접근과 그 응용을 중점으로 삼고 있습니다.
따라서 타 경제학 객관식 시험보다 어려운 문제도 존재하므로 미시경제학 부분에서 개념과 이론을 동시에 정복하려는 노력이 필요합니다.

2) 계산문제 정복 필요

감정평가사 경제학의 특징은 계산문제의 비중이 높아진다는 것입니다. 특히 미시경제학의 계산문제의 비중은 상당히 높습니다. 이러한 출제경향을 반영해서 공부하지 않게 된다면 실제 시험에서 별로 손댈 것이 없게 됩니다.
다만, 너무 어려워 할 필요는 없으며, 나오는 것이 주로 나오므로 빈출주제를 중심으로 차근차근 접근하면 됩니다.

3) 국제경제학과 학파이론의 비중 약화
앞에서 말한바와 같이 거시경제학, 국제경제학의 비중은 약화되었습니다. 특히 내용적 측면에서 나오는 내용이 주로 출제되고 있으며 고차원적 사고보다는 개념을 알고 있는지와 특징적으로 나오는 몇몇 이론이 주로 출제되고 있습니다. 따라서 학파별 분석에 매몰되기 보다는 자주 나오는 개념과 오답유형을 중심으로 공부하는 것이 바람직할 것입니다.

해커스 감정평가사
ca.Hackers.com

제1장
기회비용, 시장가격의 결정과 변동

Topic 1 기회비용과 생산가능곡선
Topic 2 수요와 공급, 시장가격의 결정과 변동, 잉여, 최고가격제와 최저가격제

Topic 1. 기회비용과 생산가능곡선

01 기회비용

선택	자원의 희소성으로 여러 가지 대안 중 하나를 얻으면 다른 대안을 포기하게 되는 현상
의미	어떤 것을 선택함으로써 포기해야 하는 여러 대안들 중 가장 가치 있는 대안
계산	(1) 기회비용: 명시적 비용(회계학적 비용) + 묵시적(암묵적) 비용 (2) ㉮_____ 비용: 경제 활동을 위해 실질적으로 투입된 금전적 비용 (3) ㉯_____(암묵적) 비용: 화폐 지출을 필요로 하지 않는 비용, 그 시간 동안 자신이 포기한 다른 기회의 가치
㉰_____	(1) 의미: 과거에 이미 지출된 금액으로 현 시점에서 기업의 의사 결정에 아무런 영향을 미치지 않는 비용 (2) 합리적 선택과 매몰비용: 합리적 선택을 위해 회수 불가능한 매몰비용을 고려하지 않음

핵심키워드
㉮ 명시적, ㉯ 묵시적, ㉰ 매몰비용

02 생산가능곡선

의미	한 사회의 모든 생산요소를 가장 효율적으로 사용하여 최대로 생산 가능한 두 재화 (X재, Y재)의 조합을 나타내는 곡선
점의 위치	(1) 선 위의 점: 생산이 효율적으로 이루어지는 점 (2) 생산가능곡선 ㉮_____ 에 있는 점: 생산이 비효율적으로 이루어지는 점 (3) 생산가능곡선 ㉯_____ 에 있는 점: 현재의 주어진 자원과 기술로는 생산할 수 없는 점
기회비용의 측정	자원은 유한하므로 어떤 재화의 생산을 늘려갈 때 포기하는 것이 반드시 생김. 이때 ㉰_____ 이 생산의 기회비용이 됨 **예** X재 생산의 기회비용 = (X재 생산으로 인해) 포기한 Y재
한계변환율 (MRT; Marginal Rate of Transformation)	(1) 의미: X재 생산을 1단위 증가시키기 위하여 포기하여야 할 Y재 수량 (2) X재 추가생산에 따른 비용증가분은 $\triangle X \cdot MC_X$ 이고 Y재 생산 감소에 따른 비용감소분은 $\triangle Y \cdot MC_Y$ 이므로 다음이 성립함 $\triangle X \cdot MC_X + \triangle Y \cdot MC_Y = 0 \rightarrow \triangle X \cdot MC_X = -\triangle Y \cdot MC_Y$ 따라서 ㉱

> **핵심키워드**
> ㉮ 내부, ㉯ 외부, ㉰ 포기한 것, ㉱ $MRT_{XY} = -\dfrac{\triangle Y}{\triangle X} = \dfrac{MC_X}{MC_Y}$

STEP 1 타시험 기출문제

01 난이도 ★ 중요도 ★

전직 프로골퍼인 어떤 농부가 있다. 이 농부는 골프 레슨으로 시간당 3만원을 벌 수 있다. 어느 날 이 농부가 15만원 어치 씨앗을 사서 10시간 파종하였는데 그 결과 30만원의 수확을 올렸다면, 이 농부의 회계학적 이윤(또는 손실)과 경제적 이윤(또는 손실)은 각각 얼마인가?

[15. 서울시 7급]

① 회계학적 이윤 30만원, 경제적 이윤 30만원
② 회계학적 이윤 15만원, 경제적 손실 15만원
③ 회계학적 손실 15만원, 경제적 손실 15만원
④ 회계학적 손실 15만원, 경제적 이윤 15만원

02 난이도 ★★ 중요도 ★

직장인 K는 거주할 아파트를 결정할 때 직장까지 월별 통근시간의 기회비용과 아파트 월별 임대료만을 고려한다. 통근시간과 임대료가 다음과 같을 경우 K의 최적 선택은? (단, K의 통근 1시간당 기회비용은 1만원이다)

[18. 지방직 7급]

거주 아파트	월별 통근시간 (단위: 시간)	월별 임대료 (단위: 만원)
A	10	150
B	15	135
C	20	125
D	30	120

① A아파트
② B아파트
③ C아파트
④ D아파트

03 난이도 ★★ 중요도 ★★★★

다음 표는 각각 A국과 B국의 생산가능곡선상 점들의 조합을 나타낸 것이다. 이에 대한 설명으로 옳은 것은? (단, 재화는 X재와 Y재만 존재한다) [15. 서울시 7급]

〈A국 생산가능곡선상의 조합〉

X재	0개	1개	2개
Y재	14개	8개	0개

〈B국 생산가능곡선상의 조합〉

X재	0개	1개	2개
Y재	26개	16개	0개

① X재를 1개 생산함에 따라 발생하는 기회비용은 A국이 B국보다 작다.
② A국이 X재를 생산하지 않는다면 A국은 Y재를 최대 10개까지 생산할 수 있다.
③ A와 B국이 동일한 자원을 보유하고 있는 경우라면 A국의 생산기술이 B국보다 우수하다.
④ B국이 X재를 1개씩 추가적으로 생산함에 따라 발생하는 기회비용은 점차 감소한다.

정답 및 해설

01 ② 1) 총수입이 30만원이고, 명시적 비용(씨앗구입비용 15만원)과 묵시적 비용(씨앗을 파종하기 위해 포기한 10시간 동안 골프레슨을 할 때 벌 수 있는 수입 30만원)을 합한 비용이 45만원이므로 경제적 이윤은 30 − 45 = −15만원이다.
2) 회계학적 비용은 명시적 비용만 비용으로 처리하므로 이윤은 30 − 15 = 15만원이다.

02 ③ 1) 통근시간 1시간의 기회비용이 1만원이므로 통근시간의 기회비용과 임대료를 합한 총비용은 A아파트 160만원, B아파트 150만원, C아파트 145만원, D아파트 150만원이다.
2) 따라서 직장인 K는 총비용이 가장 낮은 C아파트를 선택할 것이다.

03 ① A국에서 X재 1개를 생산하면 Y재 생산량이 6개 감소하는 반면 B국에서 X재 1개를 생산할 때는 Y재 생산량이 10개 감소하므로 X재 1개를 생산할 때의 기회비용은 A국이 B국보다 작다.

[오답체크]
② A국이 X재를 생산하지 않는다면 A국은 Y재를 최대 14개 생산할 수 있다.
③ A국과 B국이 동일한 자원을 보유하고 있는 경우라면 B국의 Y재 생산이 많으므로 B국이 더 생산기술이 우수하다.
④ B국이 첫 번째 X재를 생산할 때의 기회비용은 Y재 10개이고, 두 번째 X재를 생산할 때의 기회비용은 Y재 16개이므로 B국이 X재를 추가로 생산할 때의 기회비용은 점차 증가함을 알 수 있다.

STEP 2　감정평가사 기출문제

난이도 ★　중요도 ★★★

04 원점에 대해 오목한 생산가능곡선에 관한 설명으로 옳지 않은 것은?　[21. 감정평가사]

① X축 상품생산이 늘어나면 기울기가 더 가팔라진다.
② 생산기술이 향상되면 생산가능곡선이 원점에서 더 멀어진다.
③ 기회비용체증의 법칙이 성립한다.
④ 생산가능곡선 기울기의 절댓값이 한계변환율이다.
⑤ 생산가능곡선상의 점에서 파레토 개선이 가능하다.

난이도 ★　중요도 ★★

05 생산가능곡선에 관한 설명으로 옳은 것을 모두 고른 것은?　[25. 감정평가사]

> ㄱ. 곡선의 외부에 있는 점은 비효율적인 생산점이고, 내부에 있는 점은 실현불가능한 생산점이다.
> ㄴ. 곡선이 원점에 대해 오목하면 한 재화의 생산을 늘릴수록 기회비용이 증가한다.
> ㄷ. 곡선이 직선이면 한 재화의 생산을 늘릴수록 기회비용이 감소한다.

① ㄱ　　　　② ㄴ　　　　③ ㄱ, ㄷ
④ ㄴ, ㄷ　　　⑤ ㄱ, ㄴ, ㄷ

정답 및 해설

04 ⑤ 생산가능곡선상의 점은 생산의 파레토 효율성이 달성된 점이다. 따라서 파레토 개선이 불가능하다.
  [오답체크]
  ①③④ 생산가능곡선 기울기의 절댓값이 한계변환율이고 이는 생산가능곡선의 기울기이며 X재 생산의 기회비용이다. 원점에서 오목한 경우 X재 생산이 늘어날수록 기울기가 가팔라지므로 X재 생산의 기회비용이 체증한다.
  ② 생산기술이 향상되면 동일한 자원으로 더 많은 생산이 가능하므로 생산가능곡선이 원점에서 더 멀어진다.

05 ② ㄱ. 곡선의 외부에 있는 점은 실현불가능한 생산점이고, 내부에 있는 점은 비효율적인 생산점이다.
  ㄷ. 곡선이 직선이면 한 재화의 생산을 늘리더라도 1단위 추가생산의 기회비용은 일정하다.

Topic 2. 수요와 공급, 시장가격의 결정과 변동, 잉여, 최고가격제와 최저가격제

01 수요

수요	경제주체가 상품을 구입하려는 구매 의사(욕구) ➡ ㉮_____으로 나타남
수요량	특정 가격을 전제로 상품을 구입하려는 구체적 수량 ➡ ㉯_____으로 나타남
개별 수요곡선	개별경제 주체들이 각각의 가격에서 구입하고자 하는 수요량을 나타내는 곡선
시장 수요곡선	(1) 개별 수요곡선을 ㉰_____으로 합하여 도출 (2) 일반적으로 가격과 수요량의 관계를 반영하여 우하향의 모습을 보임 (3) 일반적으로 수요곡선은 시장 수요곡선을 의미
수요법칙	(1) 가격과 수요량은 ㉱_____ (2) 상품 가격이 오르면 수요량은 감소, 가격이 내려가면 수요량은 증가

02 수요와 수요량

구분	수요의 변동	수요량의 변동
변동 원인	소득수준, 선호도, 다른 상품의 가격, 인구수, 광고, 미래에 대한 기대 등 ㉲_____	해당 상품의 ㉳_____
그래프상의 변화	수요곡선 전체가 좌측 또는 우측 이동	수요곡선을 따라 점의 이동

핵심키워드
㉮ 곡선, ㉯ 곡선상의 점, ㉰ 수평, ㉱ 반비례 관계, ㉲ 가격 외 조건 변화, ㉳ 가격 변화

03 공급

공급	경제주체가 상품을 판매하려는 의사(욕구) ➔ ㉮_____으로 나타남
공급량	특정 가격을 전제로 상품을 판매하려는 구체적 수량 ➔ ㉯_____으로 나타남
개별 공급곡선	개별경제 주체들이 일정한 가격 수준에서 판매하고자 하는 공급량을 나타내는 곡선
시장 공급곡선	(1) 개별 공급곡선을 ㉰_____으로 합하여 도출 (2) 일반적으로 가격과 공급량의 관계를 반영하여 우상향의 모습을 보임 (3) 일반적으로 공급곡선은 시장 공급곡선을 의미
공급법칙	(1) 가격과 공급량은 ㉱_____ (2) 상품 가격이 오르면 공급량은 증가, 가격이 내려가면 공급량 감소 **예** 매석, 노동공급, 투매현상(덤핑현상), 골동품

04 공급과 공급량

구분	공급의 변동	공급량의 변동
변동 원인	생산요소의 가격, 기술 혁신, 미래에 대한 기대, 공급자 수 등 ㉲_____	해당 상품의 ㉳_____
그래프상의 변화	공급곡선 전체가 좌측 또는 우측 이동	공급곡선을 따라 점의 이동

05 시장균형의 가격

균형가격 (시장가격)	(1) 시장에서 공급량과 수요량이 ㉴_____하는 상태(시장균형)에서 결정된 가격 (2) 시장에서 상품 한 단위와 거래되는 화폐의 단위 (3) 생산자와 소비자에게 신호등의 역할을 함
균형거래량	균형가격에서의 거래량

핵심키워드
㉮ 곡선, ㉯ 곡선상의 점, ㉰ 수평, ㉱ 비례 관계, ㉲ 가격 외 조건 변화, ㉳ 가격 변화, ㉴ 일치

06 시장 불균형의 가격

구분	의미	가격 변화
초과 공급	수요량 < 공급량	시장가격 하락 ➡ 공급량 감소, 수요량 증가 ➡ 시장균형가격 회복
초과 수요	수요량 > 공급량	시장가격 상승 ➡ 수요량 감소, 공급량 증가 ➡ 시장균형가격 회복

07 균형가격의 이동

구분	변화방향
수요만 변할 때 (단, 정상재)	(1) 수요 증가: 대체재의 가격 상승, 보완재의 가격 하락, 소득 증가, 기호 증가 등 (2) 수요 감소: 대체재의 가격 하락, 보완재의 가격 상승, 소득 감소, 기호 감소 등
공급만 변할 때	(1) 공급 증가: 생산비 감소(생산요소의 가격 하락, 기술 혁신 등), 수입 증가 등 (2) 공급 감소: 생산비 증가(생산요소의 가격 상승 등), 수입 감소 등
수요와 공급이 동시에 변할 때	(1) 수요 증가, 공급 증가: 균형거래량 ㉮_____, 가격 ㉯_____ (2) 수요 증가, 공급 감소: 균형거래량 ㉯_____, 가격 ㉰_____ (3) 수요 감소, 공급 증가: 균형거래량 ㉯_____, 가격 ㉱_____ (4) 수요 감소, 공급 감소: 균형거래량 ㉲_____, 가격 ㉯_____

08 생산자잉여와 소비자잉여

생산자잉여	(1) 의미: 생산자가 교환으로 얻는 이익 (2) 생산자잉여 = ㉳_____
소비자잉여	(1) 의미: 소비자가 교환으로 얻는 이익 (2) 소비자잉여 = ㉴_____
종합	교환으로 얻을 수 있는 총잉여 = 생산자잉여 + 소비자잉여

핵심키워드

㉮ 증가, ㉯ 알 수 없음, ㉰ 상승, ㉱ 하락, ㉲ 감소, ㉳ 실제로 받은 금액 – 최소한 받아야 할 금액,
㉴ 최대로 지불할 용의가 있는 금액 – 실제 지불한 금액

09 가격통제: 최고가격제와 최저가격제

구분	최고가격제	최저가격제
의미	균형가격이 너무 높다고 판단한 정부가 가격의 ㉮_____(최고가격)을 정하고, 그 이상으로 거래하지 못하도록 규제하는 가격통제 정책	과잉 공급으로 가격이 폭락하는 것을 방지하려는 정부가 가격의 ㉯_____(최저가격)을 정하고, 그 이하의 가격으로는 거래하지 못하도록 규제하는 가격통제 정책
목적	㉰_____ 보호	㉱_____ 보호
사례	최고이자율제, 아파트 분양가 규제, 고정환율, 독과점기업의 가격규제, 여름철의 숙박비	최저임금제, 농산물가격 지지 정책
부작용	초과 수요, 암시장(불법거래시장) 발생	초과 공급 발생 예) 실업, 농산물 재고
문제해결	배급제 (선호반영 안 됨, 공평) 선착순 판매 (선호반영 됨, 불공평)	정부가 초과 공급 분야에 대한 처리 감당
그래프	$\bar{p}$: 최고가격 (P, D, S, E, P*, $\bar{P}$, Q_1, Q^*, Q_2)	$\bar{p}$: 최저가격 (P, D, S, E, $\bar{P}$, P*, Q_1, Q^*, Q_2)

핵심키워드
㉮ 상한선, ㉯ 하한선, ㉰ 소비자, ㉱ 생산자

STEP 1 타시험 기출문제

01 난이도 ★★★ 중요도 ★★★★

다음은 사과와 배의 수요함수를 추정한 식이다. 이에 대한 설명으로 옳지 않은 것은?

[15. 국가직 7급]

- 사과의 수요함수: $Q_A = 0.8 - 0.8P_A - 0.2P_B + 0.6I$
- 배의 수요함수: $Q_B = 1.1 - 1.3P_B - 0.25P_A + 0.7I$

(단, Q_A는 사과수요량, Q_B는 배수요량, P_A는 사과가격, P_B는 배가격, I는 소득을 나타낸다)

① 사과와 배는 보완재이다.
② 사과와 배는 모두 정상재이다.
③ 사과와 배 모두 수요법칙이 성립한다.
④ 사과와 배 모두 가격 및 소득과 무관한 수요량은 없다.

02 난이도 ★★ 중요도 ★★★

X재는 열등재이며 수요, 공급의 법칙을 따른다. 최근 경기불황으로 소비자들의 소득이 감소했다. 한편 원료비 하락으로 X재의 대체재인 Y재 가격이 내렸다. X재의 가격은 최종적으로 상승했다. 다음 중 옳은 설명은? (단, X재의 공급곡선에는 변화가 없었다) [14. 서울시 7급]

① X재의 거래량은 감소하였다.
② 변화 전후의 두 균형점은 동일한 수요곡선상에 있다.
③ X재의 판매수입이 증가하였다.
④ Y재가 X재의 보완재였다면 X재의 가격은 하락했을 것이다.
⑤ X재 생산자의 생산자잉여는 감소했다.

난이도 ★★ 중요도 ★★★

03 X재에 대한 시장수요곡선과 시장공급곡선이 다음과 같을 때 옳지 않은 것은? (단, Q^D는 수요량, Q^S는 공급량, P는 가격이다)

[20. 국가직 7급]

- 시장수요곡선: $Q^D = 100 - P$
- 시장공급곡선: $Q^S = -20 + P$

① 균형 시장가격은 60이다.
② 균형 시장거래량은 40이다.
③ 소비자잉여는 800이다.
④ 생산자잉여가 소비자잉여보다 크다.

정답 및 해설

01 ④ 사과와 배 모두 가격 및 소득과 무관한 수요량은 A는 0.8, B는 1.1이 존재한다.

[오답체크]
① 사과와 배의 수요함수를 보면 배의 가격(P_B)이 상승하면 사과의 수요량(Q_A)이 감소하고, 사과의 가격(P_A)이 상승하면 배의 수요량(Q_B)이 감소하는 것을 알 수 있는데, 이는 두 재화가 서로 보완재 관계임을 의미한다.
② 주어진 소득(I)이 증가하면 두 재화의 수요량이 모두 증가하므로 두 재화는 모두 정상재이다.
③ 사과의 가격(P_A)이 상승하면 사과의 수요량(Q_A)이 감소하고, 배의 가격(P_B)이 상승하면 배의 수요량(Q_B)이 감소하므로 두 재화 모두 수요의 법칙이 성립한다.

02 ③ 열등재인 경우 소득이 감소하였으므로 수요가 증가하여 X재의 판매수입이 증가하였다.

[오답체크]
① 소득이 감소하였으므로 수요가 증가하였다. 따라서 X재의 거래량은 증가하였다.
② 수요가 변화하였으므로 변화 전후의 두 균형점은 동일한 공급곡선상에 있다.
④ Y재가 X재의 보완재였다면 X재의 가격은 상승했을 것이다.
⑤ X재 생산자의 생산자잉여는 증가했다.

03 ④ 1) $100 - P = -20 + P$ ➡ $2P = 120$ ➡ $P = 60$이므로 균형거래량 $Q = 40$이다.
2) 그래프

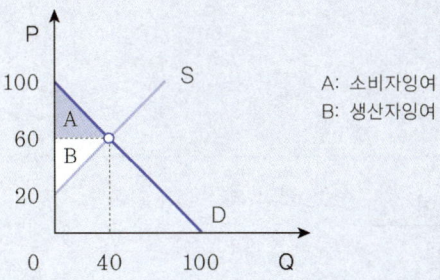

A: 소비자잉여
B: 생산자잉여

총잉여는 $80 \times 40 \times \dfrac{1}{2} = 1{,}600$이고 이중 800은 소비자잉여, 800은 생산자잉여이다.
생산자잉여는 소비자잉여와 동일하다.

04 완전경쟁시장에서 거래되는 어느 재화의 수요곡선과 공급곡선이 다음과 같다. 정부가 균형가격을 시장가격으로 설정하고 시장거래량을 2로 제한할 때, 소비자잉여와 생산자잉여의 합은? (단, Q_D는 수요량, Q_S는 공급량, P는 가격이다)

[19. 국가직 7급]

- 수요곡선: $Q_D = 10 - 2P$
- 공급곡선: $Q_S = -2 + 2P$

① 2
② 4
③ 6
④ 8

05 철수는 아침에 빵을 먹는다. 먹는 빵의 개수를 늘림에 따라 그가 느끼는 지불용의는 〈보기〉와 같다. 빵의 가격이 100원일 때, 철수의 소비량과 소비자잉여를 옳게 짝지은 것은?

[22. 서울시 7급]

〈보기〉
- 첫 번째 빵: 1,000원
- 두 번째 빵: 500원
- 세 번째 빵: 200원
- 네 번째 빵: 0원

	소비량	소비자잉여
①	1개	1,000원
②	2개	900원
③	2개	1,300원
④	3개	1,400원

정답 및 해설

04 ③ 1) 수요함수와 공급함수를 연립해서 풀면 $10 - 2P = -2 + 2P$이므로 균형가격 $P = 3$이고, $P = 3$을 수요함수(혹은 공급함수)에 대입하면 균형거래량 $Q = 4$이다.

2) 만약 정부가 균형가격을 3으로 설정하고 시장거래량을 2로 제한한다면 소비자잉여는 아래 그림에서 A부분의 면적, 생산자잉여는 B부분의 면적이 된다.

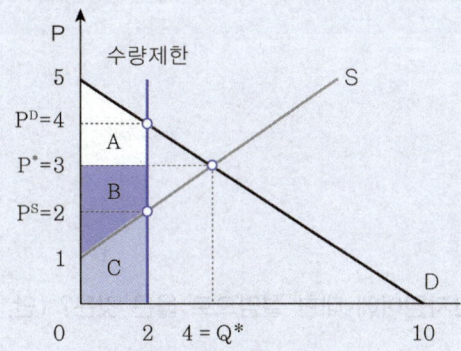

3) 따라서 소비자잉여는 $3\left[= \dfrac{1}{2} \times (2+1) \times 2\right]$, 생산자잉여는 $3\left[= \dfrac{1}{2} \times (2+1) \times 2\right]$이다.

05 ④ 1) 소비량은 소비자잉여가 +이면 소비, -이면 소비하지 않는다.
2) 소비자잉여 = (최대지불용의 - 시장가격)의 합이다.
3) 소비자잉여 = $(1,000 - 100) + (500 - 100) + (200 - 100) = 1,400$원이다.

난이도 ★★   중요도 ★★

06 수요의 법칙과 공급의 법칙이 성립하는 상황에서 소비자잉여와 생산자잉여에 대한 설명으로 옳은 것만을 〈보기〉에서 모두 고른 것은?   [17. 국가직 7급]

〈보기〉
ㄱ. 콘플레이크와 우유는 보완재로, 콘플레이크의 원료인 옥수수 가격이 하락하면 콘플레이크 시장의 소비자잉여는 증가하고 우유 시장의 생산자잉여도 증가한다.
ㄴ. 콘플레이크와 떡은 대체재로, 콘플레이크의 원료인 옥수수 가격이 상승하면 콘플레이크 시장의 소비자잉여는 감소하고 떡 시장의 생산자잉여도 감소한다.
ㄷ. 수요와 공급의 균형 상태에서 생산된 재화의 수량은 소비자잉여와 생산자잉여를 동일하게 하는 수량이다.

① ㄱ
② ㄴ
③ ㄱ, ㄷ
④ ㄴ, ㄷ

난이도 ★★★   중요도 ★★

07 어떤 재화시장에서 소비자잉여와 생산자잉여에 대한 설명으로 옳은 것은? (단, 수요곡선은 우하향하며, 공급곡선은 우상향한다)   [21. 국가직 7급]

① 소비자잉여는 실제로 지불한 금액이 지불할 용의가 있는 최대금액을 초과하는 부분이다.
② 소비자잉여는 소비자가 재화의 소비에서 얻는 편익의 총합과 같다.
③ 고정비용이 없는 장기에 생산자잉여는 기업의 이윤과 같다.
④ 기업에 단위당 T원의 물품세를 부과하면 가격이 상승하여 생산자잉여가 증가한다.

난이도 ★ 중요도 ★★

08 정부의 가격통제에 관한 설명으로 옳지 않은 것은? (단, 시장은 완전경쟁이며 암시장은 존재하지 않는다)

[18. 노무사]

① 가격상한제란 정부가 설정한 최고가격보다 낮은 가격으로 거래하지 못하도록 하는 제도이다.
② 가격하한제는 시장의 균형가격보다 높은 수준에서 설정되어야 효력을 가진다.
③ 최저임금제는 저임금근로자의 소득을 유지하기 위해 도입했지만 실업을 유발할 수 있는 단점이 있다.
④ 전쟁 시에 식료품 가격안정을 위해서 시장균형보다 낮은 수준에서 최고가격을 설정하여야 효력을 가진다.
⑤ 시장 균형가격보다 낮은 아파트 분양가상한제를 실시하면 아파트 수요량은 증가하고, 공급량은 감소한다.

정답 및 해설

06 ① ㄱ. 콘플레이크와 우유는 보완재로, 콘플레이크의 원료인 옥수수 가격이 하락하면 공급이 증가하여 균형가격 하락, 거래량 증가로 콘플레이크 시장의 소비자잉여는 증가하고 콘플레이크 가격 하락으로 우유의 수요가 증가하여 우유가격 상승, 거래량 증가가 일어나 우유 시장의 생산자잉여도 증가한다.

[오답체크]
ㄴ. 콘플레이크와 떡은 대체재로, 콘플레이크의 원료인 옥수수 가격이 상승하면 공급 감소로 인해 가격이 상승하고 거래량이 감소하여 콘플레이크 시장의 소비자잉여는 감소한다. 그러나 떡은 대체재이므로 수요가 증가하여 떡 시장의 생산자잉여는 증가한다.
ㄷ. 시장의 균형에서 소비자잉여의 크기와 생산자잉여의 크기는 수요곡선과 공급곡선의 형태에 의해 결정되므로 균형에서 소비자잉여와 생산자잉여가 동일하다는 보장은 없다.

07 ③ 생산자잉여 = (시장가격 − 한계비용)의 합 = 총수입 − 총가변비용이다.
기업이윤은 총수입 − 총비용이다. 고정비용이 없는 장기에 총가변비용과 총비용이 동일하므로 생산자잉여는 기업의 이윤과 같다.

[오답체크]
① 소비자잉여는 최대로 지불할 금액에서 시장가격을 뺀 금액의 합이다.
② 소비자잉여는 소비자가 재화의 소비에서 얻는 순편익의 총합과 같다.
④ 기업에 단위당 T원의 물품세를 부과하면 가격이 상승하지만 조세를 부담해야 하므로 생산자잉여가 감소한다.

08 ① 가격상한제란 정부가 설정한 최고가격보다 '낮은 가격'이 아니라 정부가 설정한 가격보다 '높은 가격'으로 거래하지 못하도록 하는 제도이다.

09 완전경쟁시장에서 정부가 시행하는 가격상한제에 대한 설명으로 옳은 것은? [17. 국가직 7급]

① 최저임금제는 가격상한제에 해당하는 정책이다.
② 가격상한제를 실시할 경우 초과공급이 발생한다.
③ 가격상한은 판매자가 부과할 수 있는 최소가격을 의미한다.
④ 가격상한이 시장균형가격보다 높게 설정되면 정책의 실효성이 없다.

10 커피와 크루아상은 서로 보완재이고, 커피와 밀크티는 서로 대체재이다. 커피원두 값이 급등하여 커피 가격이 인상될 경우, 각 시장의 변화로 옳은 것을 〈보기〉에서 모두 고르면? (단, 커피, 크루아상, 밀크티의 수요 및 공급곡선은 모두 정상적인 형태이다) [18. 국회직 8급]

〈보기〉
ㄱ. 커피의 공급곡선은 왼쪽으로 이동한다.
ㄴ. 크루아상 시장의 생산자잉여는 감소한다.
ㄷ. 크루아상의 거래량은 증가한다.
ㄹ. 밀크티 시장의 총잉여는 감소한다.
ㅁ. 밀크티의 판매수입은 증가한다.

① ㄱ, ㄴ, ㄷ　　② ㄱ, ㄴ, ㅁ　　③ ㄴ, ㄷ, ㄹ
④ ㄴ, ㄷ, ㅁ　　⑤ ㄷ, ㄹ, ㅁ

11 다음 그림에 따를 때 휘발유 가격이 리터당 3,000원인 경우 휘발유의 시장 수요량으로 옳은 것은? (단, 이 경제에는 갑과 을이라는 두 명의 소비자만 존재한다) (단위: 리터)

[19. 국회직 8급]

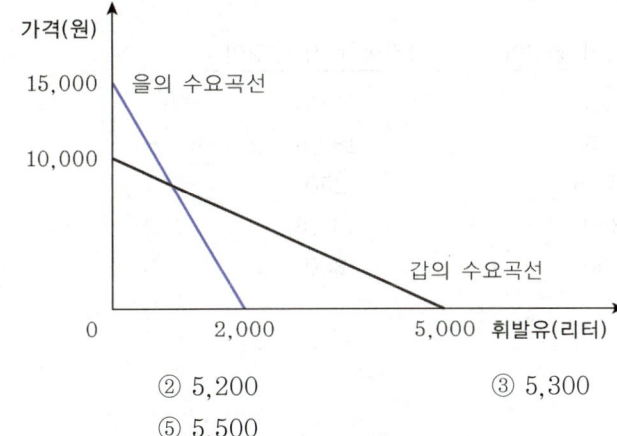

① 5,100
② 5,200
③ 5,300
④ 5,400
⑤ 5,500

정답 및 해설

09 ④ [오답체크]
① 최저임금제는 가격상한제가 아니라 가격하한제에 해당된다.
②③ 가격상한은 판매자가 부과할 수 있는 최소가격이 아니라 최대가격을 의미하는데, 시장의 균형가격보다 낮은 수준에서 가격상한제가 실시되면 초과공급이 발생하는 것이 아니라 초과수요가 발생한다.

10 ② ㄱ. 커피원두가격 상승은 커피공급의 감소요인이므로 커피의 공급곡선은 왼쪽으로 이동한다.
ㄴ. 생산자잉여는 (시장가격 - 최소비용)의 합이다. 커피가격이 상승하면 보완재의 수요가 감소하여 크루아상의 시장가격이 하락한다. 따라서 크루아상 시장의 생산자잉여는 감소한다.
ㅁ. 대체재인 커피가격이 인상되었으므로 밀크티 수요가 증가하여 밀크티의 판매수입은 증가한다.

[오답체크]
ㄷ. 커피가격 인상 → 크루아상 수요 감소 → 크루아상 거래량 감소
ㄹ. 커피가격 인상 → 밀크티 수요 증가 → 밀크티 총잉여 증가

11 ① 1) 갑의 수요곡선을 구하면 $p = -2q + 10,000$ → $q = 5,000 - p/2$이다.
2) 을의 수요곡선을 구하면 $p = -7.5q + 15,000$ → $q = 2,000 - 2p/15$이다.
3) $p = 3,000$을 대입하면 갑은 3,500, 을은 1,600이다. 따라서 갑과 을을 합친 시장수요량은 총 5,100 리터이다.

난이도 ★★★　중요도 ★★

12 어떤 생산물시장의 수요곡선이 $Q_d = -\frac{1}{2}P + \frac{65}{2}$로, 공급곡선이 $Q_s = \frac{1}{3}P - 5$로 주어졌다. 정부가 가격을 통제하기 위해서 가격상한 또는 가격하한을 55로 설정할 때 총잉여(사회적 잉여)는 각각 얼마인가?

[17. 국회직 8급]

	가격상한 시 총잉여	가격하한 시 총잉여
①	125	125
②	125	187.5
③	187.5	250
④	250	187.5
⑤	250	250

난이도 ★★★★　중요도 ★

13 어떤 소비자가 이동통신회사의 요금 제도를 비교하여 어느 통신회사를 선택할지 고민하고 있다고 하자. A사는 통화시간에 관계없이 월 12만원을 받는다. B사는 월정액 없이 1분에 1,000원을 받는다. 소비자의 이동전화 통화수요는 $Q_d = 150 - \frac{P}{20}$라고 하자. 여기서 Q_d는 분으로 표시한 통화시간을 나타내고, P는 분당 전화요금을 나타낸다. 이 소비자가 A, B사로부터 얻게 되는 소비자잉여는 각각 (Ⅰ), (Ⅱ)라고 한다. (Ⅰ), (Ⅱ)를 옳게 고르면?

[13. 국회직 8급]

	(Ⅰ)	(Ⅱ)
①	100,000	225,000
②	105,000	100,000
③	105,000	120,000
④	225,000	120,000
⑤	225,000	100,000

정답 및 해설

12 ④ 1) 수요곡선은 $Q_d = -\frac{1}{2}P + \frac{65}{2}$ → $P = -2Q + 65$

2) 공급곡선은 $Q_S = \frac{1}{3}P - 5$ → $P = 3Q + 15$

3) 균형을 구하면 $-2Q + 65 = 3Q + 15$ → $Q = 10$, $P = 45$
따라서 정부통제가격 55는 균형가격보다 높으므로 가격하한제가 되고 가격상한제 시행 시에는 총잉여의 변화가 없다.

4) 그림으로 나타내면 아래와 같다. 따라서 가격상한제의 총잉여는 △AEB(= 250)이고 가격하한제의 총잉여는 △AEB에서 색칠한 면적을 제외한 부분(= 187.5)이다.

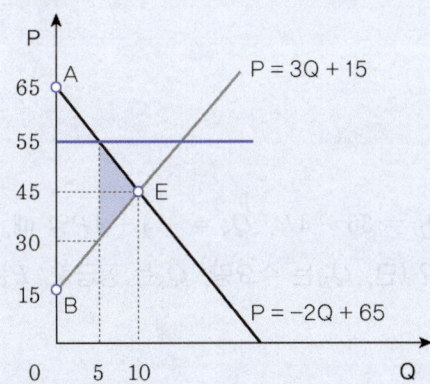

13 ② 1) A사의 경우 가격이 0이므로 소비자잉여를 계산하면 수요곡선 아래 잉여의 면적(= 150 × 3,000/2) − 요금(= 120,000) = 105,000이다.

2) B사의 경우 소비자잉여를 계산하면 소비자잉여에서 분당 요금을 빼서 구하면 된다. 따라서 100 × (3,000 − 1,000)/2 = 100,000이다.

STEP 2 감정평가사 기출문제

14 재화 X의 시장수요곡선(D)과 시장공급곡선(S)이 아래 그림과 같을 때, 균형가격(P^*)과 균형거래량(Q^*)은? (단, 시장수요곡선과 시장공급곡선은 선형이며, 시장공급곡선은 수평이다)

[22. 감정평가사]

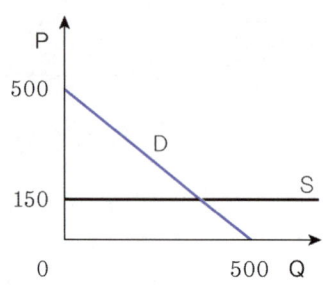

① P^* = 150, Q^* =150
② P^* = 150, Q^* =350
③ P^* = 150, Q^* =500
④ P^* = 350, Q^* =150
⑤ P^* = 500, Q^* =150

15 시장수요함수와 시장공급함수가 각각 $Q_D = 36 - 4P$, $Q_S = -4 + 4P$일 때, 시장균형에서 (ㄱ) 생산자잉여와 (ㄴ) 소비자잉여는? (단, Q_D는 수요량, Q_S는 공급량, P는 가격이다)

[23. 감정평가사]

① ㄱ: 32, ㄴ: 32
② ㄱ: 25, ㄴ: 25
③ ㄱ: 25, ㄴ: 32
④ ㄱ: 32, ㄴ: 25
⑤ ㄱ: 0, ㄴ: 64

난이도 ★★ 중요도 ★★★

16 맥주 시장의 수요함수가 $Q_D = 100 - 4P - P_C + 0.2I$ 일 때, 옳은 설명을 모두 고른 것은? (단, Q_D는 맥주 수요량, P는 맥주 가격, P_C는 치킨 가격, I는 소득이다)

[20. 감정평가사]

> ㄱ. 맥주는 열등재이다.
> ㄴ. 맥주는 치킨의 보완재이다.
> ㄷ. 치킨 가격이 인상되면 맥주 수요는 감소한다.

① ㄱ ② ㄷ ③ ㄱ, ㄴ
④ ㄴ, ㄷ ⑤ ㄱ, ㄴ, ㄷ

정답 및 해설

14 ② 1) 수요곡선의 기울기는 -1이고, P절편이 500이므로 수요곡선은 $P = -Q + 500$이다.
2) 공급곡선은 $P = 150$이다.
3) 시장균형을 구하면 $-Q + 500 = 150$ ➔ $Q = 350$, $P = 150$이다.

15 ① 1) 시장균형
$36 - 4P = -4 + 4P$ ➔ $P = 5$, $Q = 16$이다.
2) 그래프

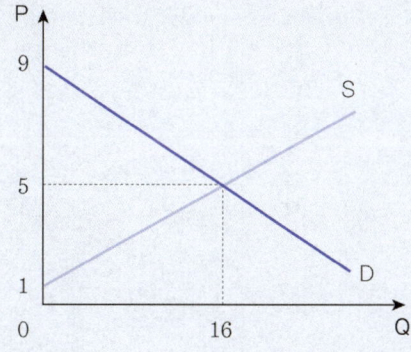

3) 소비자잉여 $= 4 \times 16 \times \frac{1}{2} = 32$
4) 생산자잉여 $= 4 \times 16 \times \frac{1}{2} = 32$

16 ④ ㄴ. 치킨 가격이 상승하면 맥주 수요량이 감소하므로 맥주는 치킨의 보완재이다.
ㄷ. $-P_C$이므로 치킨 가격이 인상되면 맥주 수요는 감소한다.

[오답체크]
ㄱ. 수요량에 $+0.2I$ 소득이 증가하면 맥주의 수요는 증가한다. 따라서 맥주는 정상재이다.

17 난이도 ★★ 중요도 ★★★★

수요곡선에 관한 설명으로 옳지 않은 것은? [21. 감정평가사]

① 우하향하는 수요곡선의 경우, 수요의 법칙이 성립한다.
② 기펜재(Giffen goods)의 수요곡선은 대체효과보다 소득효과가 크기 때문에 우하향한다.
③ 사적재의 시장수요는 개별수요의 수평합이다.
④ 우하향하는 수요곡선의 높이는 한계편익이다.
⑤ 소비자의 소득이 변화하면 수요곡선이 이동한다.

18 난이도 ★★ 중요도 ★

시장수요이론에 관한 설명으로 옳지 않은 것을 모두 고르면? [21. 감정평가사]

> ㄱ. 네트워크 효과가 있는 경우 시장수요곡선은 개별수요곡선의 수평합이다.
> ㄴ. 상품 소비자의 수가 증가함에 따라 그 상품수요가 증가하는 효과를 속물 효과(snob effect)라고 한다.
> ㄷ. 열등재라도 대체효과의 절대적 크기가 소득효과의 절대적 크기보다 크면 수요곡선은 우하향 한다.
> ㄹ. 소득이 증가할 때 소비가 증가하는 재화는 정상재이다.

① ㄱ, ㄴ 　　　② ㄱ, ㄷ 　　　③ ㄱ, ㄹ
④ ㄴ, ㄷ 　　　⑤ ㄴ, ㄹ

19 난이도 ★★★ 중요도 ★★★★

사적 재화 X재의 개별수요함수가 $P = 7 - q$인 소비자가 10명이 있고, 개별공급함수가 $P = 2 + q$인 공급자가 15명 있다. X재 생산의 기술진보 이후 모든 공급자의 단위당 생산비가 1만큼 하락하는 경우, 새로운 시장균형가격 및 시장균형거래량은? (단, P는 가격, q는 수량이다) [17. 감정평가사]

① 3.4, 36 　　　② 3.8, 38 　　　③ 4.0, 40
④ 4.5, 42 　　　⑤ 5.0, 45

20 정부의 실효성 있는 가격규제의 효과에 관한 설명으로 옳은 것은? (단, 수요곡선은 우하향, 공급곡선은 우상향한다)

[24. 감정평가사]

① 가격상한제가 실시되면, 시장에서의 실제 거래량은 실시 이전보다 증가할 것이다.
② 가격하한제가 실시되면, 시장에서의 실제 거래량은 실시 이전보다 증가할 것이다.
③ 최저임금제는 가격상한제에 해당하는 가격규제이다.
④ 가격하한제가 실시되면, 초과수요가 발생하여 암시장이 형성된다.
⑤ 가격상한제와 가격하한제 모두 자중손실(deadweight loss)이 발생한다.

정답 및 해설

17 ② 기펜재(Giffen goods)의 수요곡선은 대체효과보다 소득효과가 크기 때문에 우상향한다.

18 ① [오답체크]
ㄱ. 네트워크 효과가 있는 경우 타인의 영향을 받으므로 시장수요곡선은 개별수요곡선의 수평합보다 더 크게 증가한다.
ㄴ. 상품 소비자의 수가 증가함에 따라 그 상품수요가 증가하는 효과를 밴드웨건 효과라고 한다. 속물 효과(snob effect)는 타인과 다른 소비를 추구하는 것이다.

19 ① 1) 개별수요함수는 $q = 7 - P$이다. 이런 소비자가 10명 있으므로 $Q = 10(7 - P) = 70 - 10P$이다.
2) 개별공급함수는 $P = 2 + q$이다. 생산비가 1만큼 하락하였으므로 $P = 1 + q$이다. 이를 변형하면 $q = -1 + P$이다. 이런 공급자가 15명이 있으므로 $Q = 15(-1 + P) = -15 + 15P$이다.
3) $70 - 10P = -15 + 15P$ ➡ $25P = 85$ ➡ $P = 3.4$, $Q = 36$이다.

20 ⑤ [오답체크]
① 가격상한제가 실시되면, 초과수요가 발생하므로 시장에서의 실제 거래량은 실시 이전보다 감소할 것이다.
② 가격하한제가 실시되면, 초과공급이 발생하므로 시장에서의 실제 거래량은 실시 이전보다 감소할 것이다.
③ 최저임금제는 가격하한제에 해당하는 가격규제이다.
④ 가격하한제가 실시되면, 초과공급이 발생하여 암시장이 형성된다.

21 난이도 ★ 중요도 ★★★

X재와 Y재는 서로 대체재이고 X재와 Z재는 서로 보완재이다. X재의 가격이 상승할 때 균형의 변화에 관한 설명으로 옳은 것을 모두 고른 것은? (단, Y재와 Z재의 수요곡선은 우하향하고 공급곡선은 우상향하며 다른 조건은 일정하다)   [25. 감정평가사]

> ㄱ. Y재의 가격이 상승하고 거래량은 증가한다.
> ㄴ. Y재의 가격이 하락하고 거래량은 감소한다.
> ㄷ. Z재의 가격이 상승하고 거래량은 증가한다.
> ㄹ. Z재의 가격이 하락하고 거래량은 감소한다.

① ㄱ　　　　　　　② ㄱ, ㄷ　　　　　　　③ ㄱ, ㄹ
④ ㄴ, ㄷ　　　　　　⑤ ㄴ, ㄹ

22 난이도 ★★ 중요도 ★★

어떤 재화의 시장수요함수는 $Q = 100 - P$이고, 시장공급함수는 $Q = -10 + P$이다. 정부가 $P = 40$에서 가격상한제를 실시할 경우, 생산자잉여의 감소분 중 소비자잉여로 이전(transfer)되는 크기는? (단, P는 가격, Q는 수량)   [25. 감정평가사]

① 350　　　　　　　② 400　　　　　　　③ 450
④ 500　　　　　　　⑤ 550

정답 및 해설

21 ③ ㄱ. X재의 가격이 상승하면 대체재의 수요는 증가하므로 Y재의 균형가격과 균형거래량은 증가한다.
ㄹ. X재의 가격이 상승하면 보완재의 수요는 감소하므로 Z재의 가격과 거래량은 감소한다.

22 ③ 1) 균형가격을 구하면 $100 - P = -10 + P$ ➡ $2P = 110$ ➡ $P = 55$, $Q = 45$
2) 그래프

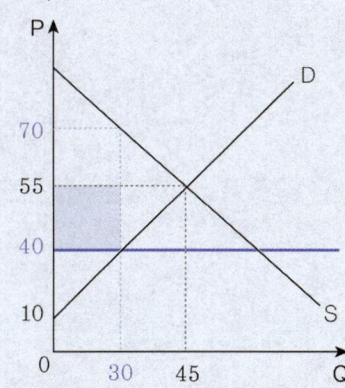

3) 소비자잉여로 이전되는 것 $= 150 \times 30 = 450$이다.

해커스 감정평가사
ca.Hackers.com

제2장

탄력성

Topic 3 수요의 가격탄력성, 수요의 소득탄력성,
수요의 교차탄력성, 공급의 가격탄력성

Topic 3. 수요의 가격탄력성, 수요의 소득탄력성, 수요의 교차탄력성, 공급의 가격탄력성

01 수요의 가격탄력성

의미	상품의 가격 변동에 대한 수요량의 변동 정도
공식	수요의 가격탄력성 = $\dfrac{|수요량의 변동률(\%)|}{|가격의 변동률(\%)|}$ = $\dfrac{\dfrac{수요량의 변동분}{기존의 수요량}}{\dfrac{가격의 변동분}{기존 가격}}$
탄력성 결정요인	(1) 대체재가 많을수록 ㉮_____ (2) 생필품일수록 비탄력적 (3) 소득에서 차지하는 지출 비중이 클수록 ㉮_____ (4) 기간이 길수록 탄력적

종류			
	탄력성 = 0	완전비탄력적	수직선
	탄력성 < 1	비탄력적	기울기 ㉯_____ ➔ 생필품
	탄력성 = 1	단위탄력적	직각쌍곡선
	탄력성 > 1	탄력적	기울기 ㉰_____ ➔ 사치품
	탄력성 = ∞	완전탄력적	수평선

핵심키워드
㉮ 탄력적, ㉯ 가파름, ㉰ 완만

02 점탄력성, 호탄력성, 선형 수요곡선의 탄력성

점탄력성	(1) 개념: 한 점에서 계산된 탄력도 (2) 주어진 함수를 미분하여 계산하는 방법 $e_d = \lim_{\triangle P \to 0} \left\| \frac{\triangle Q^D/Q^D}{\triangle P/P} \right\| = \left\| -\frac{dQ^D}{dP} \right\| \times \frac{P}{Q^D}$
호탄력성	(1) 개념: 두 점 사이에서 계산된 탄력도. 평균가격과 평균수요량을 사용함 (2) $e_d = \left\| -\frac{\triangle Q^D}{\triangle P} \right\| \times \frac{P_1 + P_2}{Q_1^D + Q_2^D}$
선형 수요곡선의 탄력성	$e_d = \frac{CQ_0}{BQ_0} \times \frac{BQ_0}{0Q_0} = \frac{CQ_0}{0Q_0}$ ($\frac{dQ}{dP}$: 수요곡선의 접선 $\overline{AC}$의 기울기의 역수) → 삼각형의 닮은꼴 특성을 이용하여, $\frac{CQ_0}{0Q_0} = \frac{P_00}{AP_0} = \frac{BC}{AB}$ (그래프: P축에 A, 곡선 위 점 B(P_0, Q_0), Q축에 C. A쪽은 분모, B-C쪽은 분자, 0-Q_0은 분모, Q_0-C는 분자, P_0 위는 분모, P_0 아래는 분자)

03 수요의 가격탄력성과 기업의 판매수입

수요의 가격탄력성	기업의 판매수입	
	가격 하락 시	가격 상승 시
㉮	증가	감소
㉯	감소	증가
㉰	불변	불변

> **핵심키워드**
> ㉮ 탄력적, ㉯ 비탄력적, ㉰ 단위탄력적

04 직선인 수요곡선과 판매 수입의 변화

그래프	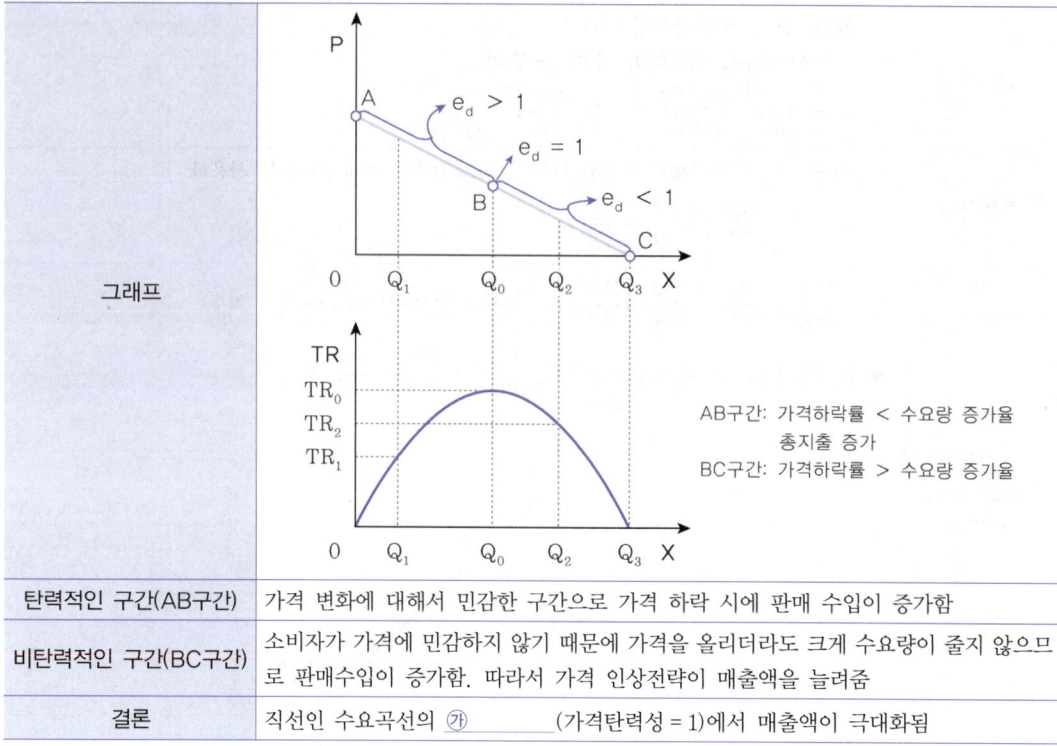 AB구간: 가격하락률 < 수요량 증가율 　　　　총지출 증가 BC구간: 가격하락률 > 수요량 증가율
탄력적인 구간(AB구간)	가격 변화에 대해서 민감한 구간으로 가격 하락 시에 판매 수입이 증가함
비탄력적인 구간(BC구간)	소비자가 가격에 민감하지 않기 때문에 가격을 올리더라도 크게 수요량이 줄지 않으므로 판매수입이 증가함. 따라서 가격 인상전략이 매출액을 늘려줌
결론	직선인 수요곡선의 ㉮_____ (가격탄력성 = 1)에서 매출액이 극대화됨

핵심키워드
㉮ 중점

05 수요의 소득탄력성

의미	소득 변화가 재화의 수요에 주는 영향의 크기를 나타낸 것
공식	수요의 소득탄력성 = ㉠
구분	열등재 ← $e_M = 0$ → 정상재 ← $e_M = 1$ → 필수재 / 사치재

06 수요의 교차탄력성

의미	Y라는 재화의 가격 변화에 대해 X재화의 수요량이 어떻게 변화하는지를 나타낸 것
공식	수요의 교차탄력성 = ㉡
구분	보완재 ← $e_{xy} = 0$ 독립재 → 대체재
대체재	$e_{xy} > 0$ Y재 가격 상승 → Y재 수요량 감소 → X재 수요 증가
보완재	$e_{xy} < 0$ Y재 가격 상승 → Y재 수요량 감소 → X재 수요 감소
독립재	$e_{xy} = 0$ Y재 가격 상승 → Y재 수요량 감소 → X재 수요 불변

핵심키워드

㉠ $\dfrac{\text{X재 수요량의 변화율(\%)}}{\text{소득의 변화율(\%)}}$, ㉡ $\dfrac{\text{X재 수요량의 변화율(\%)}}{\text{Y재의 가격의 변화율(\%)}}$

Topic 3 수요의 가격탄력성, 수요의 소득탄력성, 수요의 교차탄력성, 공급의 가격탄력성

07 공급의 가격탄력성

의미	상품의 가격 변동에 대한 공급량의 변동 정도
공식	공급의 가격탄력성 = $\dfrac{\|공급량의 변동률(\%)\|}{\|가격의 변동률(\%)\|} = \dfrac{\dfrac{공급량의 변동분}{기존의 공급량}}{\dfrac{가격의 변동분}{기존 가격}}$
공급의 점탄력도	(1) 개념: 한 점에서 계산된 탄력도 (2) $e_s = \lim\limits_{\triangle P \to 0} \dfrac{\triangle Q^s / Q^s}{\triangle P / P} = \dfrac{dQ^s}{dP} \cdot \dfrac{P}{Q^s}$
공급의 호탄력도	(1) 개념: 두 점 사이에서 계산된 탄력도. 평균가격과 평균공급량을 사용함 (2) $e_s = \dfrac{\triangle Q^s}{\triangle P} \cdot \dfrac{P_1 + P_2}{Q_1^s + Q_2^s}$
탄력성 결정요인	(1) 저장이 ㉮ 저장비용이 ㉯ (2) 생산기간이 ㉰ (3) 기술 수준의 향상이 빠를수록 (4) 유휴시설이 많을수록

종류			
	탄력성 = 0	완전 비탄력적	수직선
	탄력성 < 1	비탄력적	기울기 ㉱ ➔ 농축산물
	탄력성 = 1	단위 탄력적	원점을 통과하는 선형공급곡선
	탄력성 > 1	탄력적	기울기 ㉲ ➔ 공산품
	탄력성 = ∞	완전 탄력적	수평선

핵심키워드
㉮ 쉽고, ㉯ 적을수록, ㉰ 짧을수록, ㉱ 가파름, ㉲ 완만

08 선형 공급곡선의 탄력성

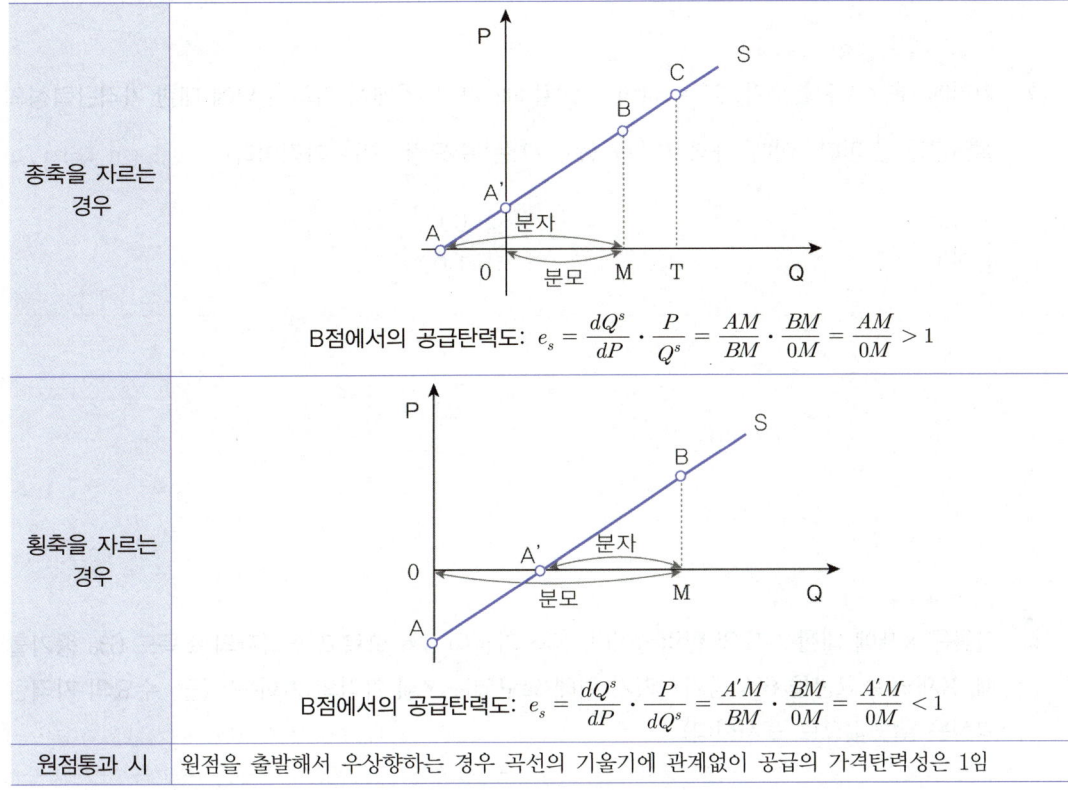

종축을 자르는 경우	B점에서의 공급탄력도: $e_s = \dfrac{dQ^s}{dP} \cdot \dfrac{P}{Q^s} = \dfrac{AM}{BM} \cdot \dfrac{BM}{0M} = \dfrac{AM}{0M} > 1$
횡축을 자르는 경우	B점에서의 공급탄력도: $e_s = \dfrac{dQ^s}{dP} \cdot \dfrac{P}{dQ^s} = \dfrac{A'M}{BM} \cdot \dfrac{BM}{0M} = \dfrac{A'M}{0M} < 1$
원점통과 시	원점을 출발해서 우상향하는 경우 곡선의 기울기에 관계없이 공급의 가격탄력성은 1임

STEP 1　타시험 기출문제

01 난이도 ★★　중요도 ★★★★

커피에 대한 수요함수가 $Q^d = 2,400 - 2P$일 때, 가격 P^*에서 커피 수요에 대한 가격탄력성의 절댓값은 $\frac{1}{2}$이다. 이때 가격 P^*는? (단, Q^d는 수요량, P는 가격이다)　　[20. 지방직 7급]

① 400　　　　　　　　　② 600
③ 800　　　　　　　　　④ 1,000

02 난이도 ★★★　중요도 ★★

다음은 X재에 대한 수요의 탄력성이다. X재 가격이 3% 오르고 소비자의 소득도 6% 증가할 때, X재의 수요량을 6% 증가시키기 위해 요구되는 Y재 가격의 변화는? (단, 수요의 가격탄력성은 절댓값으로 표시한다)　　[23. 국가직 7급]

- 수요의 가격탄력성: 0.4
- 수요의 소득탄력성: 0.6
- Y재 가격 변화에 대한 수요의 교차탄력성: 0.6

① 2% 상승　　　　　　　② 3% 상승
③ 4% 상승　　　　　　　④ 6% 상승

03 난이도 ★★★　중요도 ★★★

수요함수가 $Q = 100 - 2P$로 주어져 있을 때, 가격에 대한 수요의 점탄력성이 비탄력적이기 위한 P의 구간은? (단, P는 가격이고, Q는 수량이다)　　[23. 지방직 7급]

① $0 < P < 25$　　　　　② $25 < P < 50$
③ $0 < P < 50$　　　　　④ $P > 50$

04 난이도 ★ 중요도 ★

K시네마가 극장 입장료를 5에서 9로 인상하였더니 매출액이 1,500에서 1,800으로 증가하였다. 중간점공식(호탄력도)을 이용하여 수요의 가격탄력성을 구하면? (단, 소수점 셋째 자리에서 반올림한다)

[18. 보험계리사]

① 0.32
② 0.42
③ 0.70
④ 1.13

정답 및 해설

01 ① 1) 직선인 수요곡선의 탄력성을 구하는 것으로 P절편은 1,200이다.
  2) P절편에서 가격까지가 분모, 가격에서 원점까지가 분자이므로 가격은 400이 된다.

02 ④ 1) 수요의 가격탄력성이 0.4이므로 가격 3%가 증가하면 수요량은 -1.2% 감소한다.
  2) 수요의 소득탄력성이 0.6이므로 소득이 6%가 증가하면 수요량은 3.6% 증가한다.
  3) 총 2.4% 증가하였으므로 6%를 증가시키기 위해 3.6%를 증가시켜야 한다.
  4) Y재 가격 변화에 대한 수요의 교차탄력성이 0.6이므로 수요량 3.6%를 증가시키기 위해서는 가격을 6% 상승시켜야 한다.

03 ① 1) 선형 수요곡선의 탄력성은 수요곡선의 중점이 수요의 가격탄력성이 1이고, 이보다 크면 탄력적, 이보다 작으면 비탄력적이다.
  2) P절편이 50이므로 중점인 25보다 작은 구간의 점탄력성이 비탄력적이다.

04 ③ 1) 수요의 가격탄력성 호탄력성 공식은 $-\dfrac{\Delta Q}{\Delta P} \cdot \dfrac{P_1 + P_2}{Q_1 + Q_2}$이다.
  2) 매출액은 $P \times Q$이므로 가격이 5일 때 $Q = 300$이고 가격이 9일 때 $Q = 200$이다.
  3) $-\dfrac{\Delta 100}{\Delta 4} \cdot \dfrac{14}{500} = \dfrac{14}{20} = 0.7$이다.

Topic 3 수요의 가격탄력성, 수요의 소득탄력성, 수요의 교차탄력성, 공급의 가격탄력성

05 X재의 공급함수가 $Q = P - 6$일 때, 공급의 가격탄력성은? (단, Q는 공급량, P는 가격이다)

[20. 노무사]

① $\dfrac{P-6}{P}$ ② $\dfrac{P+6}{P}$ ③ $\dfrac{-P+6}{P}$

④ $\dfrac{P}{P+6}$ ⑤ $\dfrac{P}{P-6}$

06 다음 그림은 보통사람과 중증환자에 대한 의료서비스 수요곡선을 나타낸다. 보통사람의 수요곡선은 D_1, 중증환자의 수요곡선은 D_2일 때, 옳지 않은 것은?

[17. 국가직 7급]

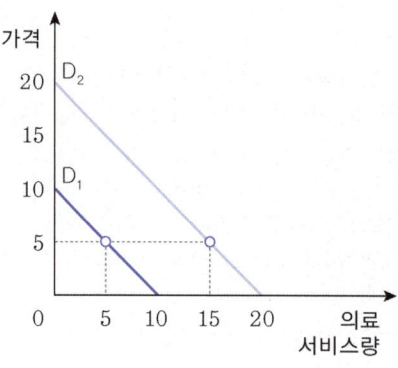

① 보통사람은 가격 5에서 탄력성이 -1이다.
② 중증환자는 가격 5에서 탄력성이 $-\dfrac{1}{3}$이다.
③ 이윤을 극대화하는 독점병원은 보통사람보다 중증환자에게 더 높은 가격을 부과한다.
④ 가격 5에서 가격 변화율이 동일할 경우 보통사람이나 중증환자 모두 수요량의 변화율은 동일하다.

07 다음은 소매시장의 오리고기 수요곡선과 공급곡선이다. $P_b = 7$, $P_c = 3$, $P_d = 5$, $Y = 2$라고 할 때, 시장균형점에서 오리고기에 대한 수요의 가격탄력성은? [14. 국가직 7급]

- 수요곡선: $Q_d = 105 - 30p - 20P_c + 5P_b - 5Y$
- 공급곡선: $Q_s = 5 + 10p - 3P_d$

(단, p는 소매시장 오리고기 가격, P_b는 쇠고기 가격, P_c는 닭고기 가격, P_d는 도매시장 오리고기 가격, Y는 소득이다)

① $\dfrac{1}{6}$
② $\dfrac{1}{3}$
③ 3
④ 6

정답 및 해설

05 ⑤ 1) 공급의 가격탄력성 공식은 $\dfrac{dQ^s}{dP} \cdot \dfrac{P}{Q^s}$이다.
   2) 문제의 공급함수를 공식에 대입하면 $1 \times \dfrac{P}{P-6}$이므로 $\dfrac{P}{P-6}$이다.

06 ④ 1) 수요곡선이 우하향의 직선으로 주어질 때 수요곡선상의 E점에서 수요의 가격탄력성은 $\dfrac{BO}{AB}$로 측정된다.
   2) 그러므로 가격이 5일 때 보통사람의 수요의 가격탄력성은 $1(=\dfrac{5}{5})$이고, 중증환자의 수요의 가격탄력성은 $\dfrac{1}{3}(=\dfrac{5}{15})$이다.
   3) 가격이 5일 때 수요의 가격탄력성은 중증환자보다 보통사람이 더 크므로 가격 변화율이 동일할 때 수요량의 변화율은 보통사람이 중증환자보다 더 크다.

07 ④ 1) 문제에 주어진 수치를 대입하면 수요함수 $Q_d = 70 - 30P$, 공급함수 $Q_s = -10 + 10P$이다.
   2) 이를 연립해서 풀면 $70 - 30P = -10 + 10P$, $P = 2$이다. 균형가격 $P = 2$를 수요함수 혹은 공급함수에 대입하면 균형거래량 $Q = 10$이다.
   3) 수요함수를 P에 대해 미분하면 $\dfrac{dQ}{dP} = -30$이므로 수요의 가격탄력성은 6으로 계산된다.
   $e = -\dfrac{dQ}{dP} \times \dfrac{P}{Q} = 30 \times \dfrac{2}{10} = 6$이다.

난이도 ★★　중요도 ★★★★

08 완전경쟁시장에서 수요곡선과 공급곡선이 다음과 같을 때 시장균형에서 공급의 가격탄력성은? (단, P는 가격, Q는 수량이다.)

[17. 노무사]

- 수요곡선: $P = 7 - 0.5Q$
- 공급곡선: $P = 2 + 2Q$

① 0.75　　　② 1　　　③ 1.25
④ 1.5　　　⑤ 2

난이도 ★★　중요도 ★★★★

09 사과시장의 수요와 공급곡선이 〈보기〉와 같을 때, 이에 대한 설명으로 옳지 않은 것은?

[23. 서울시 7급]

〈보기〉
- 수요곡선: $Q_D = 24 - 3P$
- 공급곡선: $Q_S = P$
(단, Q_D는 수요량, Q_S는 공급량, P는 가격)

① 사과시장의 균형가격은 균형거래량과 동일하다.
② 균형에서 수요의 가격탄력성은 $\frac{1}{3}$이다.
③ 균형에서 공급의 가격탄력성은 1이다.
④ 균형에서 소비자잉여보다 생산자잉여가 더 크다.

10 난이도 ★★★ 중요도 ★

X재의 수요함수가 $Q_X = 200 - 0.5P_X + 0.4P_Y + 0.3M$이다. P_X는 100, P_Y는 50, M은 100일 때, Y재 가격에 대한 X재 수요의 교차탄력성은? (단, Q_X는 X재 수요량, P_X는 X재 가격, P_Y는 Y재 가격, M은 소득이다)

[19. 국가직 7급]

① 0.1
② 0.2
③ 0.3
④ 0.4

정답 및 해설

08 ④ 1) 수요함수와 공급함수를 연립해서 풀면 $7 - \frac{1}{2}Q = 2 + 2Q$ ➡ $\frac{5}{2}Q = 5$이므로 균형거래량 $Q = 2$이고, 이를 수요곡선(혹은 공급곡선)식에 대입하면 균형가격 $P = 6$으로 계산된다.

2) 공급함수를 Q에 대해 미분하면 $\frac{dP}{dQ} = 2$이므로 시장균형에서 공급의 가격탄력성은 $\eta = \frac{dQ}{dP} \times \frac{P}{Q}$
$= \frac{1}{2} \times \frac{6}{2} = 1.5$이다.

09 ② 1) 그래프

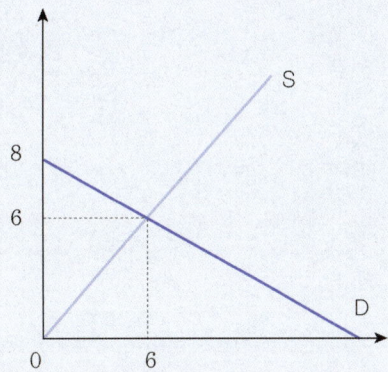

2) 지문분석
① 균형을 구하면 $24 - 3P = P$ ➡ $P = 6$, $Q = 6$이다.
③ 공급의 가격탄력성은 원점을 통과하는 직선이므로 1이다.
④ 소비자잉여는 $2 \times 6 \times \frac{1}{2} = 6$, 생산자잉여는 $6 \times 6 \times \frac{1}{2} = 18$로 생산자잉여가 더 크다.

[오답체크]
② 직선인 수요곡선이므로 P절편이 8이다. 따라서 $\frac{6}{2} = 3$이므로 옳지 않은 지문이다.

10 ① 1) $P_X = 100$, $P_Y = 50$, $M = 100$을 X재 수요함수에 대입하면 $Q_X = 200$이고, X재 수요함수를 P_Y로 미분하면 $\frac{dQ_X}{dP_Y} = 0.4$이다.

2) Y재 가격에 대한 X재 수요의 교차탄력성은 0.1로 계산된다. $e_{XY} = \frac{dQ_X}{dP_Y} \times \frac{P_Y}{Q_X} = 0.4 \times \frac{50}{200} = 0.1$

Topic 3 수요의 가격탄력성, 수요의 소득탄력성, 수요의 교차탄력성, 공급의 가격탄력성

11 어느 재화의 가격이 1천원에서 1% 상승하면 판매 수입은 0.2% 증가하지만, 5천원에서 가격이 1% 상승하면 판매 수입은 0.1% 감소한다. 이 재화에 대한 설명으로 옳은 것은? (단, 수요곡선은 수요의 법칙이 적용된다)　　　　　　　　　　　　　　　　　[18. 국가직 7급]

① 가격이 1천원에서 1% 상승 시, 가격에 대한 수요의 탄력성은 탄력적이다.
② 가격이 5천원에서 1% 상승 시, 가격에 대한 수요의 탄력성은 비탄력적이다.
③ 가격이 1천원에서 1% 상승 시, 수요량은 0.2% 감소한다.
④ 가격이 5천원에서 1% 상승 시, 수요량은 1.1% 감소한다.

12 어떤 사람이 소득 수준에 상관없이 소득의 절반을 식료품 구입에 사용한다. 〈보기〉 중 옳은 것을 모두 고르면?　　　　　　　　　　　　　　　　　　　　　　　　　　　　[19. 서울시 7급]

〈보기〉
ㄱ. 식료품의 소득탄력성의 절댓값은 1보다 작다.
ㄴ. 식료품의 소득탄력성의 절댓값은 1이다.
ㄷ. 식료품의 가격탄력성의 절댓값은 1보다 크다.
ㄹ. 식료품의 가격탄력성의 절댓값은 1이다.

① ㄱ, ㄷ
② ㄱ, ㄹ
③ ㄴ, ㄷ
④ ㄴ, ㄹ

난이도 ★★　중요도 ★★

13 상품 A의 수요함수가 $Q = 4P^{-2}Y^{0.4}$일 때, 이에 관한 설명으로 옳은 것은? (단, Q는 수요량, P는 가격, Y는 소득이다)

[21. 노무사]

① 가격이 상승하면 총수입은 증가한다.
② 소득이 2% 감소하면 수요량은 0.4% 감소한다.
③ 소득탄력성의 부호는 음(-)이다.
④ 가격이 상승함에 따라 수요의 가격탄력성도 증가한다.
⑤ 수요의 가격탄력성(절댓값)은 2이다.

정답 및 해설

11 ④　1) 판매수입 변화율 = 가격변화율 + 판매량(수요량)변화율로 표현할 수 있다.
　　　㉠ 0.2% = 1% + (−0.8%)
　　　㉡ −0.1% = 1% + (−1.1%)
　　2) 가격이 1천원에서 1% 상승할 때의 수요의 가격탄력성은 0.8이다.
　　3) 가격이 5천원에서 1% 상승하면 판매수입은 0.1% 감소하므로 수요량변화율은 −1.1%이다. 그러므로 이 때 수요의 가격탄력성은 1.1임을 알 수 있다.

12 ④　1) 소득수준에 상관없이 소득의 절반을 식료품(X재) 구입에 지출한다면 $P_X \times X = \dfrac{M}{2}$ 이므로 식료품 수요함수는 $X = \dfrac{M}{2P_X}$ 이다.

　　2) $\begin{cases} \text{가격탄력성: } \varepsilon = -\dfrac{dX}{dP} \times \dfrac{P_X}{X} = \dfrac{M}{2P_X^2} \times \dfrac{P_X}{\dfrac{M}{2P_X}} = 1 \\ \text{소득탄력성: } \varepsilon_M = \dfrac{dX}{dM} \times \dfrac{M}{X} = \dfrac{1}{2P_X} \times \dfrac{M}{\dfrac{M}{2P_X}} = 1 \end{cases}$

13 ⑤　1) 지수에 해당하는 것이 각각의 탄력성이다. 수요의 가격탄력성은 2, 수요의 소득탄력성은 0.4이다.

　　2) 수요의 가격탄력성 $= -\dfrac{\Delta Q}{\Delta P} \times \dfrac{P}{Q} = -\dfrac{-8Y^{0.4}}{P^3} \times \dfrac{P}{4P^{-2}Y^{0.4}} = 2$

　　3) 수요의 소득탄력성 $= \dfrac{\Delta Q}{\Delta M} \times \dfrac{M}{Q} = 1.6P^{-2}Y^{-0.6} \times \dfrac{Y}{4P^{-2}Y^{0.4}} = 0.4$

　　[오답체크]
　　① 수요의 가격탄력성이 탄력적이므로 가격이 상승하면 총수입은 감소한다.
　　② 소득이 2% 감소하면 수요량은 0.8% 감소한다.
　　③ 소득탄력성의 부호는 양(+)이다.
　　④ 가격이 상승하더라도 수요의 가격탄력성은 2로 일정하다.

14 수요의 여러가지 탄력성 개념과 관련된 다음의 설명 중에서 옳은 것은? [13. 서울시 7급]

① 어느 재화의 가격이 상승하였을 때 그 재화에 대한 지출액이 변화하지 않았다면 그 재화에 대한 수요의 가격탄력성은 0이다.
② 어느 재화의 가격이 상승하였을 때 그 재화에 대한 수요량이 증가하였다면 그 재화는 열등재이다.
③ 소득이 5% 증가하였을 때 한 재화에 대한 수요가 10% 증가하였다면 그 재화는 필수재이다.
④ 재화 X의 가격이 증가하였을 때 재화 Y에 대한 수요의 교차탄력성이 음수라면 재화 Y는 재화 X의 대체재이다.
⑤ 기펜재는 열등재 중에서 가격 변화로 인한 소득효과의 절댓값이 대체효과의 절댓값보다 작을 때 나타난다.

15 수요의 가격탄력성에 관한 설명으로 옳은 것은? (단, 수요곡선은 우하향한다) [16. 노무사]

① 수요의 가격탄력성이 1보다 작은 경우, 가격이 하락하면 총수입은 증가한다.
② 수요의 가격탄력성이 작아질수록, 물품세 부과로 인한 경제적 순손실(deadweight loss)은 커진다.
③ 소비자 전체 지출에서 차지하는 비중이 큰 상품일수록, 수요의 가격탄력성은 작아진다.
④ 직선인 수요곡선상에서 수요량이 많아질수록, 수요의 가격탄력성은 작아진다.
⑤ 좋은 대체재가 많을수록, 수요의 가격탄력성은 작아진다.

난이도 ★　중요도 ★★

16 수요의 가격탄력성에 대한 설명으로 옳지 않은 것은? [19. 지방직 7급]

① 재화의 수요가 비탄력적일 때, 재화의 가격이 상승하면 그 재화를 생산하는 기업의 총수입은 증가한다.
② 재화에 대한 수요의 가격탄력성이 1일 때, 재화의 가격이 변하더라도 그 재화를 생산하는 기업의 총수입에는 변화가 없다.
③ 재화의 수요가 탄력적일 때, 재화의 가격이 하락하면 그 재화를 소비하는 소비자의 총지출은 증가한다.
④ 수요곡선이 우하향의 직선인 경우 수요의 가격탄력성은 임의의 모든 점에서 동일하다.

정답 및 해설

14 ② 어느 재화의 가격이 상승하였을 때 그 재화에 대한 수요량이 증가하였다면 수요 법칙의 예외이며 이는 기펜재이다. 기펜재는 열등재에 속한다.

[오답체크]
① 어느 재화의 가격이 상승하였을 때 그 재화에 대한 지출액이 변화하지 않았다면 그 재화에 대한 수요의 가격탄력성은 1이다.
③ 소득이 5% 증가하였을 때 한 재화에 대한 수요가 10% 증가하였다면 그 재화는 정상재이며 사치재이다.
④ 재화 X의 가격이 증가하였을 때 재화 Y에 대한 수요의 교차탄력성이 음수라면 재화 Y는 재화 X의 보완재이다.
⑤ 기펜재는 열등재 중에서 가격 변화로 인한 소득효과의 절댓값이 대체효과의 절댓값보다 클 때 나타난다.

15 ④ 직선인 수요곡선상에서 수요량이 많아질수록 가격이 낮아지므로 원점 아래에 존재한다. 따라서 수요의 가격탄력성은 작아진다.

[오답체크]
① 수요의 가격탄력성이 1보다 작은 경우 가격이 하락하면 총수입은 감소한다.
② 수요의 가격탄력성이 클수록 물품세 부과로 인한 경제적 순손실(deadweight loss)은 커진다.
③ 소비자 전체 지출에서 차지하는 비중이 큰 상품일수록 사치재에 가까우므로 수요의 가격탄력성은 커진다.
⑤ 좋은 대체재가 많을수록, 수요의 가격탄력성은 커진다.

16 ④ 수요곡선이 우하향의 직선인 경우 수요의 가격탄력성은 수요곡선 위의 모든 점에서 다르다.

17 수요의 탄력성에 관한 설명으로 옳은 것은? [18. 노무사]

① 재화가 기펜재라면 수요의 소득탄력성은 양(+)의 값을 갖는다.
② 두 재화가 서로 대체재의 관계에 있다면 수요의 교차탄력성은 음(-)의 값을 갖는다.
③ 우하향하는 직선의 수요곡선상에 위치한 두 점에서 수요의 가격탄력성은 동일하다.
④ 수요의 가격탄력성이 1이면 가격 변화에 따른 판매총액은 증가한다.
⑤ 수요곡선이 수직선일 때 모든 점에서 수요의 가격탄력성은 0이다.

18 X재 시장에 두 소비자 A와 B만이 존재한다. 두 소비자 A와 B의 수요곡선이 각각 〈보기〉와 같고 X재의 가격이 $P=2$일 때, X재에 대한 시장수요의 가격탄력성은? [20. 국회직 8급]

〈보기〉
- $P = 5 - \frac{1}{2}Q_A$ (단, Q_A는 소비자 A의 수요량)
- $P = 15 - \frac{1}{3}Q_B$ (단, Q_B는 소비자 B의 수요량)

① $\frac{25}{144}$ ② $\frac{1}{5}$ ③ $\frac{2}{9}$
④ $\frac{1}{4}$ ⑤ $\frac{1}{2}$

19 주요 공공교통수단인 시내버스와 지하철의 요금은 지방정부의 통제를 받는다. 지하철 회사가 지하철 수요의 탄력성을 조사해 본 결과, 지하철 수요의 가격탄력성은 1.2, 지하철 수요의 소득탄력성은 0.2, 지하철 수요의 시내버스 요금에 대한 교차탄력성은 0.4인 것으로 나타났다. 앞으로 지하철 이용자의 소득이 10% 상승할 것으로 예상하여, 지하철 회사는 지방정부에 지하철 요금을 5% 인상해 줄 것을 건의하였다. 그런데, 이 건의에는 시내버스의 요금 인상도 포함되어 있었다. 즉 지하철 수요가 요금 인상 전과 동일한 수준으로 유지되도록 시내버스 요금의 인상을 함께 건의한 것이다. 이때 지하철 요금 인상과 함께 건의한 시내버스 요금의 인상 폭은 얼마인가? [13. 국회직 8급]

① 3% ② 5% ③ 8%
④ 10% ⑤ 15%

20 난이도 ★★ 중요도 ★★★

수요와 공급의 가격탄력성에 대한 설명으로 옳은 것을 〈보기〉에서 모두 고르면?

[18. 국회직 8급]

〈보기〉
ㄱ. 어떤 재화에 대한 소비자의 수요가 비탄력적이라면, 가격이 상승할 경우 그 재화에 대한 지출액은 증가한다.
ㄴ. 수요와 공급의 가격탄력성이 클수록 단위당 일정한 생산보조금 지급에 따른 자중손실(deadweight loss)은 커진다.
ㄷ. 독점력이 강한 기업일수록 공급의 가격탄력성이 작아진다.
ㄹ. 최저임금이 인상되었을 때, 최저임금이 적용되는 노동자들의 총임금은 노동의 수요보다는 공급의 가격탄력성에 따라 결정된다.

① ㄱ, ㄴ
② ㄱ, ㄷ
③ ㄴ, ㄹ
④ ㄱ, ㄴ, ㄷ
⑤ ㄱ, ㄴ, ㄷ, ㄹ

정답 및 해설

17 ⑤ 수요곡선이 수직선일 때 가격의 변화율이 0이므로 모든 점에서 수요의 가격탄력성은 0이다.

[오답체크]
① 재화가 기펜재라면 열등재이므로 수요의 소득탄력성은 음(−)의 값을 갖는다.
② 두 재화가 서로 대체재의 관계에 있다면 수요의 교차탄력성은 양(+)의 값을 갖는다.
③ 우하향하는 직선의 수요곡선상에 위치한 각 점마다 수요의 가격탄력성은 다르다.
④ 수요의 가격탄력성이 1이면 가격 변화에 따른 판매총액은 동일하다.

18 ③ 1) 시장수요곡선은 개별수요곡선의 합이다.
2) A의 수요곡선은 $Q = 10 - 2P$, B의 수요곡선은 $Q = 45 - 3P$이므로 시장수요곡선은 $Q = 55 - 5P$이다.
3) 수요의 점탄력성의 공식에 따라 $5 \times \frac{2}{45} = \frac{2}{9}$이다.

19 ④ 1) 지하철 이용자의 소득 10% 인상 → 지하철 수요의 소득탄력성(0.2)에 따라 지하철 수요량 2% 증가
2) 지하철 요금의 5% 인상 → 지하철 수요의 가격탄력성(−1.2)에 따라 6% 감소
3) 두 요인에 의해 지하철의 수요량이 4% 감소가 이루어진다. 문제에서 지하철 수요가 동일하게 유지되는 것을 목표로 했으므로 시내버스 요금변화를 통해 지하철 수요를 4% 증가시켜야 한다.
4) 지하철 수요의 시내버스 요금에 대한 교차탄력성이 0.4이므로 지하철 수요를 4% 증가시키기 위해서는 시내버스 요금을 10% 증가시켜야 한다.

20 ① ㄱ. 어떤 재화에 대한 소비자의 수요가 비탄력적이라면, 가격이 상승할 경우 수요량의 감소율이 적으므로 그 재화에 대한 지출액은 증가한다.
ㄴ. 탄력적일수록 가격 변화에 민감하므로 자중손실은 커진다.

[오답체크]
ㄷ. 독점력은 시장을 지배하는 것이므로 수요의 가격탄력성과 연관이 있다. 독점력이 강할수록 대체재가 적으므로 수요의 가격탄력성이 비탄력적이다.
ㄹ. 최저임금제의 실효성은 노동수요의 가격탄력성에 따라 결정된다.

STEP 2 　 감정평가사 기출문제

21 X재 시장에 소비자는 甲과 乙만이 존재하고, X재에 대한 甲과 乙의 개별 수요함수가 각각 $Q_D = 10 - 2P$, $Q_D = 15 - 3P$이다. X재의 가격이 2.5일 때, 시장 수요의 가격탄력성은? (단, Q_D는 수요량, P는 가격이고, 수요의 가격탄력성은 절댓값으로 표시한다) [16. 감정평가사]

① 0.5
② 0.75
③ 1
④ 1.25
⑤ 1.5

22 수요 및 공급의 탄력성에 관한 설명으로 옳은 것은? [23. 감정평가사]

① 수요의 교차탄력성이 양(+)이면 두 재화는 보완관계이다.
② 수요의 소득탄력성이 0보다 큰 상품은 사치재이다.
③ 수요곡선이 수평이면 수요곡선의 모든 점에서 가격탄력성은 0이다.
④ 공급곡선이 가격축 절편이 양(+)의 값을 갖는 경우에는 공급의 가격탄력성이 언제나 1보다 작다.
⑤ 원점에서 출발하는 우상향 직선 공급의 가격탄력성은 언제나 1의 값을 갖는다.

23 수요와 공급의 탄력성에 관한 설명으로 옳은 것은? [21. 감정평가사]

① 수요곡선이 수직이면 가격탄력성이 무한대이다.
② 우하향하는 수요곡선상 모든 점에서 가격탄력성은 같다.
③ 가격탄력성이 1보다 크면 비탄력적이다.
④ 우상향 직선의 공급곡선 Y축 절편이 0보다 크면 가격탄력성은 무조건 1보다 크다.
⑤ 수요의 교차탄력성이 1보다 크면 두 상품은 보완재 관계이다.

24

난이도 ★★ 중요도 ★★★★

수요와 공급의 가격탄력성에 관한 설명으로 옳은 것을 모두 고른 것은? [19. 감정평가사]

> ㄱ. 대체재를 쉽게 찾을 수 있을수록 수요의 가격탄력성은 작아진다.
> ㄴ. 동일한 수요곡선상에서 가격이 높을수록 수요의 가격탄력성은 항상 커진다.
> ㄷ. 상품의 저장에 드는 비용이 클수록 공급의 가격탄력성은 작아진다.
> ㄹ. 공급곡선이 원점을 지나고 우상향하는 직선형태일 경우, 공급의 가격탄력성은 항상 1이다.

① ㄱ, ㄴ ② ㄱ, ㄷ ③ ㄴ, ㄷ
④ ㄴ, ㄹ ⑤ ㄷ, ㄹ

정답 및 해설

21 ③ 1) 탄력성 공식은 $\dfrac{\triangle Q}{\triangle P} \cdot \dfrac{P}{Q}$ 이다.
  2) 시장수요곡선은 개별수요곡선의 합이므로 $Q_D = 25 - 5P$ 이다.
  3) 이를 대입하면 $-5 \times \dfrac{2.5}{12.5} = -1$ 이다. 수요의 가격탄력성은 절댓값으로 표시하므로 1이다.

22 ⑤ [오답체크]
  ① 수요의 교차탄력성이 양(+)이면 두 재화는 대체관계이다.
  ② 수요의 소득탄력성이 0보다 큰 상품은 정상재로 1보다 커야 사치재이다.
  ③ 수요곡선이 수직이면 수요곡선의 모든 점에서 가격탄력성은 0이다.
  ④ 공급곡선이 가격축 절편이 양(+)의 값을 갖는 경우에는 공급의 가격탄력성이 언제나 1보다 크다.

23 ④ 우상향 직선의 공급곡선이 Y축을 지나면 탄력적이다. 따라서 Y축 절편이 0보다 크면 가격탄력성은 무조건 1보다 크다.
  [오답체크]
  ① 수요곡선이 수평이면 가격탄력성이 무한대이다.
  ② 우하향하는 수요곡선상 모든 점에서 가격탄력성은 다르다.
  ③ 가격탄력성이 1보다 크면 탄력적이다.
  ⑤ 수요의 교차탄력성이 1보다 크면 두 상품은 대체재 관계이다.

24 ⑤ [오답체크]
  ㄱ. 대체재를 쉽게 찾을 수 있을수록 수요의 가격탄력성은 커진다.
  ㄴ. 우하향하는 직선형태의 동일한 수요곡선상에서 가격이 높을수록 수요의 가격탄력성은 항상 커진다. 그러나 수직인 형태인 경우에는 성립하지 않는다.

25 X재 수요의 탄력성에 관한 설명으로 옳지 않은 것은? [단, 주어진 소득으로 X재와 Y재만 양(+)의 소비를 한다]

[25. 감정평가사]

① X재의 가격탄력성이 1일 때, X재 가격의 변동은 X재의 지출액을 변화시키지 않는다.
② X재 소득탄력성이 1이면, 소득소비곡선은 원점을 지나는 직선이다.
③ X재 소득탄력성이 1보다 크면, Y재 소득탄력성은 1보다 작다.
④ Y재의 X재 가격에 대한 교차탄력성이 1이면, X재의 가격탄력성은 1이다.
⑤ X재 소득탄력성이 1이면, Y재 소득탄력성도 1이다.

26 X재의 수요곡선은 우하향하는 직선이고, 가로축 절편이 a이다. 공급곡선은 $\frac{a}{2}$에서 수직인 직선이라고 할 때, 시장균형에서의 설명으로 옳은 것을 모두 고른것은? (단, $a > 0$)

[25. 감정평가사]

> ㄱ. 수요의 가격탄력성은 절대치로 1이다.
> ㄴ. 공급이 증가하면 기업의 총수입이 감소한다.
> ㄷ. 공급이 증가하면 수요의 가격탄력성이 커진다.
> ㄹ. 생산자잉여는 0이다.

① ㄱ, ㄴ   ② ㄱ, ㄷ   ③ ㄴ, ㄷ
④ ㄴ, ㄹ   ⑤ ㄷ, ㄹ

정답 및 해설

25 ④ Y재의 X재 가격에 대한 교차탄력성이 1이면, 대체재이므로 X재의 가격이 상승하면 대체재인 Y재로 현저히 많이 소비가 이동할 것이므로 X재의 가격탄력성은 1보다 크다.

26 ① 1) 그래프

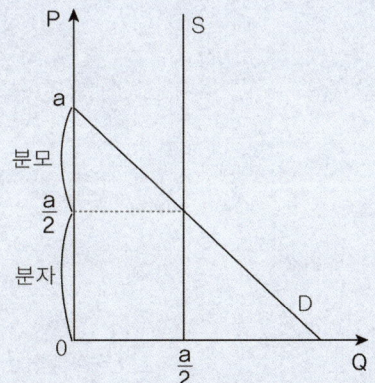

2) 지문분석
   ㄱ. 선형수요곡선의 중점이므로 수요의 가격탄력성은 절대치로 1이다.
   ㄴ. 공급이 증가하면 가격이 하락하여 비탄력적인 구간으로 이동한다. 따라서 기업의 총수입이 감소한다.

   [오답체크]
   ㄷ. 공급이 증가하면 가격이 하락하여 수요의 가격탄력성이 비탄력적인 구간으로 이동한다.
   ㄹ. 공급곡선이 수직이므로 생산자잉여는 존재하며 크다. 생산자잉여가 0인 경우는 공급곡선이 수평인 경우이다.

Topic 3 수요의 가격탄력성, 수요의 소득탄력성, 수요의 교차탄력성, 공급의 가격탄력성

해커스 감정평가사
ca.Hackers.com

제3장

소비자이론

Topic 4 한계효용이론
Topic 5 무차별곡선이론(1) - 기본이론
Topic 6 무차별곡선이론(2) - 사회보장제도,
         2기간모형, 여가-소득모형
Topic 7 현시선호이론, 기대효용이론

Topic 4. 한계효용이론

01 한계효용이론

개념	(1) 총효용: 일정 기간 동안 얻을 수 있는 주관적인 만족도의 총량 (2) 한계효용: ㉮_____ 증가할 때 변화하는 ㉯ (3) 효용의 기수적 측정이 가능하다는 전제 (4) ㉰_____: 물보다 다이아몬드가 비싼 이유를 설명할 수 있음 → 다이아몬드가 총효용은 작지만 한계효용이 크므로 시장가격이 높음
총효용과 한계효용의 관계	(그래프: TU 곡선 - A, B점 표시, 0, 3, 6; MU 곡선 - A', B'점 표시, 한계효용 체감 구간) (1) 한계효용곡선은 총효용곡선을 미분한 값으로서, 총효용곡선상 각 점에서의 접선의 기울기와 같음 (2) 총효용의 증가(OB구간) ↔ 한계효용 > 0 (3) 총효용의 극대(B점) ↔ 한계효용 = 0 (4) 총효용의 감소(B점 이후 구간) ↔ 한계효용 < 0 (5) 총효용의 체증적 증가(OA구간) ↔ 한계효용 체증(OA'구간) (6) 총효용의 체감적 증가(AB구간) ↔ 한계효용 ㉱_____ (A'B'구간)
한계효용 체감의 법칙	(1) 다른 재화의 소비량이 고정된 상태에서 한 상품의 소비량이 추가적으로 증가하면 그 상품의 한계효용은 점차 감소함 (2) 합리적인 소비자라면 한계효용이 (+)값을 가지는 수준까지만 소비량을 증가시킴

> **핵심키워드**
> ㉮ 소비량 1단위가 추가적으로, ㉯ 총효용의 증가분, ㉰ 가치의 역설, ㉱ 체감

02 소비자 선택의 조건

소득이 무한정일 경우	X, Y를 각각 한계효용이 '0'이 될 때까지 소비하면 총효용이 극대화됨
소득이 한정된 경우	(1) 예산제약: $P_X \cdot X + P_Y \cdot Y = I$ (2) 한계효용 균등의 원칙: $\dfrac{MU_X}{P_X} = \dfrac{MU_Y}{P_Y}$ 또는 $\dfrac{MU_X}{MU_Y} = \dfrac{P_X}{P_Y}$ (3) 설명 ① 한계효용이 균등하지 않을 경우 지출의 증가 없이 소비조정을 통해서 총효용을 증가시킬 수 있기 때문임 ② 소득제약조건하 X재 1원어치의 한계효용과 Y재 1원어치의 한계효용이 ㉮ 구입량을 결정하면 최대만족을 얻게 됨

상황	소비 조정	
$\dfrac{MU_X}{P_X} > \dfrac{MU_Y}{P_Y}$	X재 소비의 증가 ➜ MU_X의 감소	Y재 소비의 감소 ➜ MU_Y의 증가
$\dfrac{MU_X}{P_X} = \dfrac{MU_Y}{P_Y}$	효용극대화 조건 충족	
$\dfrac{MU_X}{P_X} < \dfrac{MU_Y}{P_Y}$	X재 소비의 감소 ➜ MU_X의 증가	Y재 소비의 증가 ➜ MU_Y의 감소

핵심키워드
㉮ 균등하도록

STEP 1   타시험 기출문제

* Topic 4는 'STEP 2 감정평가사 기출문제'가 없습니다.

01 난이도 ★   중요도 ★★

갑은 주어진 돈을 모두 X재와 Y재 소비에 지출하여 효용을 최대화하고 있으며, X재의 가격은 100원이고 Y재의 가격은 50원이다. 이때 X재의 마지막 1단위의 한계효용이 200이라면 Y재 마지막 1단위의 한계효용은?   [12. 국가직 7급]

① 50
② 100
③ 200
④ 400

02 난이도 ★   중요도 ★★

다음 글에 대한 설명으로 옳은 것은?   [10. 노무사]

> 甲과 乙은 X재와 Y재만을 소비한다. X재의 가격은 10, Y재의 가격은 20이다. 현재 소비점에서 X재, Y재 소비의 한계효용은 각각 다음과 같다(단, 한계효용은 체감한다).
>
> | 구분 | X재 소비의 한계효용 | Y재 소비의 한계효용 |
> |---|---|---|
> | 甲 | 10 | 5 |
> | 乙 | 3 | 6 |

① 甲은 현재 소비점에서 효용극대화를 달성하고 있다.
② 甲은 X재 소비를 줄이고 Y재 소비를 늘려 효용을 증가시킬 수 있다.
③ 甲은 X재 소비를 늘리고 Y재 소비를 줄여 효용을 증가시킬 수 있다.
④ 乙은 X재 소비를 줄이고 Y재 소비를 늘려 효용을 증가시킬 수 있다.
⑤ 乙은 X재 소비를 늘리고 Y재 소비를 줄여 효용을 증가시킬 수 있다.

03 다음 표는 수정과와 떡 두 가지 재화만을 소비하는 어떤 소비자의 한계효용을 나타낸 것이다. 이 소비자가 14,000원의 소득으로 효용극대화를 달성하였을 때 소비자잉여의 크기로 옳은 것은? (단, 수정과의 가격은 개당 1,000원이고 떡의 가격은 개당 3,000원이다)(단위: 개, 원)

[19. 국회직 8급]

수량	한계효용	
	수정과	떡
1개	10,000원	18,000원
2개	8,000원	12,000원
3개	6,000원	6,000원
4개	4,000원	3,000원
5개	2,000원	1,000원
6개	1,000원	600원

① 24,000
② 32,000
③ 38,000
④ 46,000
⑤ 52,000

정답 및 해설

01 ② 1) 한계효용 균등의 법칙은 각 재화의 1원어치의 한계효용($\frac{MU_X}{P_X} = \frac{MU_Y}{P_Y}$)이 동일해야 한다.

2) $\frac{200}{100} = \frac{Y재의\ 한계효용}{50}$ 이 성립해야 하므로 Y재의 한계효용은 100이다.

02 ③ 1) 효용극대화 원리는 1원당 한계효용이 같아지도록 소비하는 것이다.

2) 甲은 $\frac{MU_X(10)}{P_X(10)} > \frac{MU_Y(5)}{P_Y(20)}$ 이므로 X재 소비를 늘리고 Y재 소비를 줄여 효용을 증가시킬 수 있다.

3) 乙은 $\frac{MU_X(3)}{P_X(10)} = \frac{MU_Y(6)}{P_Y(20)}$ 이므로 현재 효용극대화를 달성하고 있다.

03 ⑤ 1) 효용극대화 원리는 1원당 한계효용이 같아지도록($\frac{MU_X}{P_X} = \frac{MU_Y}{P_Y}$) 소비하는 것이다.

2) 지금 떡의 가격이 3배이므로 떡의 한계효용도 3배여야 한다. 한편 예산제약하에서 소비해야 하므로 결국 수정과 5개, 떡 3개를 소비해야 한다.

3) 소비자잉여는 총효용에서 구매금액을 뺀 값이므로 재화별 소비자잉여는 다음과 같다.
   ㉠ 수정과: $10,000 + 8,000 + 6,000 + 4,000 + 2,000 - 5 \times 1,000 = 25,000$
   ㉡ 떡: $18,000 + 12,000 + 6,000 - 3 \times 3,000 = 27,000$
   따라서 총 소비자잉여는 52,000원이다.

Topic 5. 무차별곡선이론(1) - 기본이론

01 무차별곡선과 소비자균형

무차별곡선	(1) 개념: 소비자에게 동일한 수준의 효용을 주는 X재와 Y재의 조합을 연결한 선 (2) 성질 ① 우하향의 기울기 ② 원점에서 멀어질수록 더 ㉮_____ 효용 수준을 가짐 ③ 서로 교차할 수 없음 ④ 원점에 대해 볼록함. 한계대체율이 ㉯_____
한계 대체율	(1) ㉰_____ : 동일한 효용수준에서 X재 한 단위를 위해 포기하는 Y재의 양 (2) 공식: $MRS_{XY} = -\dfrac{\triangle Y}{\triangle X} = \dfrac{MU_X}{MU_Y}$ (3) 한계대체율 체감의 법칙 ① 동일한 효용 수준을 유지하면서 X재를 Y재로 대체함에 따라 한계대체율이 점점 감소하는 현상 ② X재 소비량이 증가함에 따라 X재 1단위에 대하여 포기할 용의가 있는 Y재의 수량이 점점 감소하는 현상
예산선	(1) 개념: 주어진 소득 또는 예산을 전부 사용해서 구입할 수 있는 상품의 여러 가지 조합을 나타내는 직선 (2) 공식: $Px \cdot X + Py \cdot Y = M$ (3) 예산선의 변화 〈가격변화와 예산선의 변화〉　　〈소득변화와 예산선의 이동〉 (4) 예산선 읽기 ① 소비 가능선 안쪽의 소비는 주어진 소득을 전부 소비하지 않는 것임 ② 예산선(ab) 기울기의 절댓값 = 두 상품의 가격비 또는 상대가격 ③ 가격변동이 이루어지면 가격이 ㉱_____ 쪽으로 확장됨 ④ 소득변동이 이루어지면 평행하게 증가 시 ㉲_____ (또는 감소 시 ㉳_____)

> **핵심키워드**
> ㉮ 높은, ㉯ 체감함, ㉰ MRS_{XY}, ㉱ 낮아진, ㉲ 확장, ㉳ 축소

소비자
균형
	(1) 개념: 주어진 소득과 가격 조건하에서 가장 큰 만족을 얻을 수 있는 조합을 선택하는 것
	(2) 조건
	  ① ㉮ _____ 에서 소비자의 효용극대화가 달성
	  ② 소비자균형은 소비자의 주관적인 교환비율과 시장에서 결정된 두 재화의 객관적인 교환비율이 일치하는 점에서 달성
	  ③ 각 재화 구입에 지출된 1원의 한계효용이 동일하도록 X재와 Y재를 구입해야 효용 극대화가 달성됨을 의미
	(3) 완전대체재
	  ① $U = aX + bY$
	  ② 예산선을 그린 후 무차별곡선을 접하게 해서 그림
	  ③ 예산선의 기울기와 무차별곡선의 기울기가 같으면 조합 가능, 다르면 구석해 발생
	(4) 완전보완재
	  ① $U = Min\left[\dfrac{X}{a}, \dfrac{Y}{b}\right]$
	  ② 예산선과 추세선의 교점에서 소비자균형
	(5) 콥-더글라스 효용함수
	  ① $U = X^{\alpha} Y^{\beta}$
	  ② 최적 소비량 $X = \dfrac{\alpha}{\alpha + \beta} \cdot \dfrac{M}{P_X}$
	  ③ 최적 소비량 $Y = \dfrac{\beta}{\alpha + \beta} \cdot \dfrac{M}{P_Y}$

02 소득소비곡선, 가격소비곡선, 가격효과

소득소비곡선
(ICC)
	(1) 개념: 소득이 변화함에 따른 소비자 균형점을 연결한 곡선
	(2) 수요의 소득탄력성에 따른 ICC의 형태
	  ① $e_M > 1$(X재 사치재)인 경우 소득이 증가함에 따라 X재가 급격히 증가하므로 ICC는
	    ㉯ _____ 형태
	  ② $0 < e_M < 1$(X재 필수재)인 경우 소득이 증가하더라도 X재는 약간만 증가하므로 ICC는
	    ㉰ _____ 형태
	  ③ $e_M < 0$(X재 열등재)인 경우 소득이 증가할 때 오히려 소비량이 감소하므로 좌상향의 형태
	(3) 엥겔곡선(EC; Engel Curve)
	  ① 개념: 소득의 변화에 따른 재화 구입량의 변화를 나타내는 곡선
	  ② 소득소비곡선에서 도출되며 형태가 ICC와 유사함
	  ③ $e_M > 0$인 경우 완만한 엥겔곡선, $e_M = 0$이면 수직의 엥겔곡선, $e_M < 0$이면 좌상향의 엥겔곡선이 도출됨

> 핵심키워드
> ㉮ 예산선과 무차별곡선이 서로 접하는 점, ㉯ 완만한, ㉰ 가파른

가격소비곡선
(PCC)
	(1) **개념**: 가격이 변화함에 따른 소비자균형점을 연결한 곡선
	(2) **수요의 가격탄력성에 따른 가격소비곡선의 형태**
	  ① $0 < e_d < 1$: 가격소비곡선(PCC)은 우상향하며 수요곡선은 우하향함
	  ② $e_d = 1$: 가격소비곡선(PCC)는 수평선이며 수요곡선은 ㉮_____이 됨
	  ③ $e_d > 1$: 가격소비곡선(PCC)은 우하향하며 (통상)수요곡선은 완만해짐

가격효과	(1) **가격효과 = 소득효과 + 대체효과**
	(2) **소득효과**
	  ① 가격이 변화할 때 실질소득의 변화에 따른 수요 변동분. 재화의 성격에 따라 소득효과의 방향이 달라짐
	  ② 가격이 하락하면 실질소득이 상승, 가격이 상승하면 실질소득이 하락함
	  ③ ㉯_____ 인 경우 가격 하락(상승)하면 수요량 증가(감소)
	  ④ ㉰_____ 인 경우 가격 하락(상승)하면 수요량 감소(증가)
	(3) **대체효과**
	  ① 가격이 변화할 때 상대가격 변화에 따른 수요량 변동분
	  ② 소비자의 선호가 정상적(MRS 체감)일 때 상대가격이 내려간(상대적으로 싸진) 상품의 수요량은 반드시 증가하므로 대체효과는 언제나 부($-$)임
	  ③ 즉, 가격이 내려간 재화는 소비량을 늘리고 가격이 올라간 재화는 소비량을 줄임
	(4) **통상수요곡선과 보상수요곡선**
	  ① **통상수요곡선**: 소득효과와 대체효과를 모두 고려하여 나타낸 수요곡선
	  ② ㉱_____ 곡선: 대체효과만을 고려한 수요곡선으로 현실적으로 관찰할 수 없는 가상의 수요곡선
	  ③ **기펜재**: 소득효과가 대체효과보다 커서 수요법칙의 예외 발생

> **핵심키워드**
> ㉮ 직각쌍곡선, ㉯ 정상재, ㉰ 열등재, ㉱ 보상수요

STEP 1 타시험 기출문제

난이도 ★ 중요도 ★★

01 소비자 A는 X재와 Y재만을 소비하고, X재 5단위와 Y재 7단위를 소비하여 얻는 효용과 X재 9단위와 Y재 5단위를 소비하여 얻는 효용이 같다. 소비자 A가 X재 6단위와 Y재 8단위를 소비할 때 얻는 효용의 크기에 대한 설명으로 옳은 것은? [단, 소비자 A의 선호체계는 완비성(completeness), 이행성(transitivity), 연속성(continuity), 강단조성(strong monotonicity), 볼록성(convexity)을 모두 만족한다]   [23. 국가직 7급]

① X재 9단위와 Y재 5단위를 소비하여 얻는 효용수준과 같다.
② X재 9단위와 Y재 5단위를 소비하여 얻는 효용수준보다 높다.
③ X재 9단위와 Y재 5단위를 소비하여 얻는 효용수준보다 낮다.
④ 주어진 정보만으로는 판단할 수 없다.

정답 및 해설

01 ② 1) 문제에서 X재 5단위와 Y재 7단위를 소비하여 얻는 효용과 X재 9단위와 Y재 5단위를 소비하여 얻는 효용이 같다.
    2) X재 6단위와 Y재 8단위를 소비할 때 X재 5단위와 Y재 7단위 보다 두 재화 모두 소비량이 많으므로 X재 9단위와 Y재 5단위를 소비하여 얻는 효용보다 반드시 크다.

Topic 5 무차별곡선이론(1) - 기본이론

02 양의 효용을 주는 X재와 Y재가 있을 때, 소비자의 최적선택에 관한 설명으로 옳은 것은?

[20. 노무사]

① 소비자의 효용극대화를 위해서는 두 재화의 시장 가격비율이 1보다 커야 한다.
② X재 1원당 한계효용이 Y재 1원당 한계효용보다 클 때 소비자의 효용은 극대화된다.
③ 가격소비곡선은 다른 조건이 일정하고 한 상품의 가격만 변할 때, 소비자의 최적선택점이 변화하는 것을 보여준다.
④ 예산제약이란 소비할 수 있는 상품의 양이 소비자의 예산범위를 넘을 수 있음을 의미한다.
⑤ 예산선의 기울기는 한 재화의 한계효용을 의미한다.

03 무차별곡선(indifference curve)에 대한 설명으로 가장 옳은 것은?

[17. 서울시 7급]

① 선호체계에 있어서 이행성(transitivity)이 성립한다면, 무차별곡선은 서로 교차할 수 있다.
② 두 재화가 완전대체재일 경우의 무차별곡선은 원점에 대해서 오목하게 그려진다.
③ 무차별곡선이 원점에 대해서 볼록하게 생겼다는 것은 한계대체율 체감의 법칙이 성립하고 있다는 것을 의미한다.
④ 두 재화 중 한 재화가 비재화(bads)일 경우에도 상품조합이 원점에서 멀리 떨어질수록 더 높은 효용수준을 나타낸다.

04 난이도 ★★ 중요도 ★★

A의 소득이 10,000원이고, X재와 Y재에 대한 총지출액도 10,000원이다. X재 가격이 1,000원이고 A의 효용이 극대화되는 소비량이 $X=6$, $Y=10$이라고 할 때, X재에 대한 Y재의 한계대체율(MRS_{XY})은 얼마인가? (단, 한계대체율은 체감한다) [15. 노무사]

① 0.5 ② 1 ③ 1.5
④ 2 ⑤ 2.5

정답 및 해설

02 ③ [오답체크]
① 소비자의 효용극대화를 위해서는 두 재화의 시장 가격비율과 무차별곡선이 접해야 한다.
② X재 1원당 한계효용이 Y재 1원당 한계효용과 동일할 때 소비자의 효용은 극대화된다.
④ 예산제약이란 소비할 수 있는 상품의 양이 소비자의 예산범위를 넘을 수 없음을 의미한다.
⑤ 예산선의 기울기는 X재의 상대가격을 의미한다.

03 ③ 무차별곡선이 원점에 대해서 볼록하게 생겼다는 것은 한계대체율 체감의 법칙이 성립하고 있어 골고루 소비하는 것이 효용이 높다는 의미이다.
[오답체크]
① 선호체계에 있어서 이행성(transitivity)이 성립한다면 선호가 일관성이 있으므로 무차별곡선은 서로 교차할 수 없다.
② 두 재화가 완전대체재일 경우의 무차별곡선은 직선의 형태이다.
④ 두 재화 중 한 재화가 비재화(bads)일 경우에는 비재화가 원점에 가까울수록 더 높은 효용 수준을 나타낸다.

04 ⑤ 1) X재 가격이 1,000원이고 X재 구입량이 6단위이므로 X재 구입액은 6,000원이다.
2) 소비자는 소득 10,000원을 X재와 Y재 구입에 지출하고, X재 구입액이 6,000원이므로 Y재 구입액은 4,000원임을 알 수 있다. Y재 구입액이 4,000원이고 구입량은 10단위이므로, Y재 가격은 400원임을 추론할 수 있다.
3) 소비자균형에서는 무차별곡선과 예산선이 접하므로 한계대체율(MRS_{XY})과 두 재화의 상대가격비($\frac{P_X}{P_Y}$)가 일치한다. X재의 가격이 1,000원, Y재의 가격이 400원이므로 소비자균형에서의 한계대체율은 두 재화의 상대가격비와 동일한 2.5임을 알 수 있다.

05 난이도 ★★★ 중요도 ★★★

어느 소비자에게 X재와 Y재는 완전대체재이며 X재 2개를 늘리는 대신 Y재 1개를 줄이더라도 동일한 효용을 얻는다. X재의 시장가격은 2만원이고 Y재의 시장가격은 6만원이다. 소비자가 X재와 Y재에 쓰는 예산은 총 60만원이다. 이 소비자가 주어진 예산에서 효용을 극대화할 때 소비하는 X재와 Y재의 양은?

[19. 서울시 7급]

	X재(개)	Y재(개)
①	0	10
②	15	5
③	24	2
④	30	0

06 난이도 ★★ 중요도 ★★★★

X재와 Y재 두 가지 재화만을 소비하는 어떤 소비자의 효용함수는 $U(X, Y) = X + Y$이다. 이 소비자의 효용함수와 최적 소비량에 대한 다음 설명으로 옳은 것은? (단, X와 Y는 각각 X재와 Y재의 소비량을 의미하며 수평축에 X재의 수량을, 수직축에 Y재의 수량을 표시한다)

[18. 국회직 8급]

① 효용함수의 한계대체율(MRS_{XY})을 정의할 수 없다.

② 만약 $\dfrac{P_X}{P_Y} < MRS_{XY}$라면, Y재만을 소비한다.

③ $MRS_{XY} = \dfrac{Y}{X}$이다.

④ 이 소비자의 효용함수는 선형함수와 비선형함수의 합으로 이루어져 있다.

⑤ 만약 X재의 가격이 Y재의 가격보다 낮다면, 소득이 증가해도 X재만을 소비한다.

07 X재와 Y재에 대한 효용함수가 $U = Min[X, Y]$인 소비자가 있다. 소득이 100이고 Y재의 가격(P_Y)이 10일 때, 이 소비자가 효용극대화를 추구한다면, X재의 수요함수는? (단, P_X는 X재의 가격이다)

[15. 노무사]

① $X = 10 + \dfrac{100}{P_X}$ ② $X = \dfrac{100}{(P_X + 10)}$ ③ $X = \dfrac{100}{P_X}$

④ $X = \dfrac{50}{(P_X + 10)}$ ⑤ $X = \dfrac{10}{P_X}$

정답 및 해설

05 ④ 1) 두 재화가 완전대체재이며, X재 2개와 Y재 1개의 효용이 동일하므로 효용함수는 $U = X + 2Y$이다. 효용함수를 Y에 대해 정리하면 $Y = -\dfrac{1}{2}X + \dfrac{1}{2}U$이므로 무차별곡선은 기울기(절댓값)가 $\dfrac{1}{2}$인 우하향의 직선이다.

2) 예산선의 기울기를 구하면 X재 가격은 2만원, Y재 가격은 6만원이므로 예산선의 기울기(절댓값)는 $\dfrac{P_X}{P_Y} = \dfrac{1}{3}$이다.

3) 무차별곡선이 우하향의 직선이면서 예산선보다 기울기가 더 크면 소비자균형은 항상 X축에서 이루어진다. 따라서 X재 가격이 2만원이고 소득이 60만원이므로 소비자는 X재 30단위와 Y재 0단위를 구입할 것이다.

06 ⑤ $MRS_{XY} = 1$이고 만약 X재의 가격이 Y재의 가격보다 낮다면, 예산선의 기울기가 1보다 작으므로 균형점은 X재만 소비하는 구석해가 존재한다. 따라서 소득이 증가해도 X재만을 소비한다.

[오답체크]
①③ $MRS_{XY} = 1$이다.
② X재만 소비한다.
④ 이 함수는 선형함수이다.

07 ② 1) 효용함수가 $U = Min[X, Y]$이므로 소비자균형에서는 항상 $X = Y$가 성립한다.
2) 또한 소비자균형은 예산선상에서 이루어지므로 예산제약식 $P_X \times X + P_Y \times Y = M$이 성립한다.
3) 두 식을 연립해서 풀면 $P_X \times X + P_Y \times X = M$, $X(P_X + P_Y) = M$이므로 X재 수요함수는 $X = \dfrac{M}{P_X + P_Y}$로 도출된다.
4) 이 식에 $M = 100$, $P_Y = 10$을 대입하면 $X = \dfrac{100}{(P_X + 10)}$이다.

08 난이도 ★★ 중요도 ★★

X재와 Y재를 소비하는 소비자 A의 효용함수가 $U(x, y) = Min[3x, 5y]$이다. 두 재화 사이의 관계와 Y재의 가격은? (단, X재의 가격은 8원이고, 소비자 A의 소득은 200원, 소비자 A의 효용을 극대화하는 X재 소비량은 10단위이다)   [15. 국가직 7급]

① 완전보완재, 12원
② 완전보완재, 20원
③ 완전대체재, 12원
④ 완전대체재, 20원

09 난이도 ★★ 중요도 ★★★★

소비자 A의 효용함수는 $U = XY$이고, X재, Y재 가격은 모두 10이며, A의 소득은 200이다. 소비자 A의 효용을 극대화하는 X재, Y재의 소비조합은?   [16. 노무사]

① 8, 12
② 9, 11
③ 10, 10
④ 10, 20
⑤ 20, 10

난이도 ★★★ 중요도 ★★★★

10 두 상품 X재와 Y재를 소비하는 홍길동의 효용함수는 $U(X, Y) = XY + 3$이다. 홍길동의 소득이 10,000원이고 X재와 Y재의 가격이 각각 1,000원과 500원일 때, 홍길동의 효용을 극대화하는 X재와 Y재의 소비량은? (단, X재와 Y재의 소비량은 0보다 크다) [11. 지방직 7급]

① (2, 16)
② (5, 10)
③ (6, 8)
④ (8, 4)

정답 및 해설

08 ② 1) X재와 Y재는 완전보완재이다. 따라서 $U(x, y) = Min[3x, 5y]$ $3X = 5Y$, $Y = \frac{3}{5}X$가 성립한다.

2) 소비자균형에서 X재 소비량이 10단위이면 Y재 소비량은 6단위임을 알 수 있다.

3) X재 가격이 8원이고, X재 구입량이 10단위이므로 X재 구입액은 80원이다. 소득 200원 중 X재 구입액이 80원이므로 Y재 구입액은 120원이다.

4) 소비자균형에서 Y재 구입액이 120원이고, Y재 구입량이 6단위이므로 Y재 가격은 20원임을 알 수 있다.

09 ③ 1) 효용함수가 $U = XY$이므로 X재의 수요함수는 $X = \frac{M}{2P_X}$, Y재의 수요함수는 $Y = \frac{M}{2P_Y}$이다.

2) $P_X = 10$, $P_Y = 10$, $M = 200$을 각 재화의 수요함수에 대입하면 X재와 Y재의 소비량이 모두 10단위임을 알 수 있다.

10 ② 1) 소비자균형조건은 한계대체율 $MRS_{XY} = \frac{MU_X}{MU_Y} = \frac{Y}{X}$이다.

2) 또한 $\frac{P_X}{P_Y} = \frac{Y}{X}$ ➡ $P_X \cdot X = P_Y \cdot Y$가 성립한다.

3) $P_X \cdot X = P_Y \cdot Y$를 예산제약식에 대입하면 X재 소비량을 구할 수 있다.

$P_X \cdot X + P_Y \cdot Y = M$ ➡ $P_X \cdot X + P_X \cdot X = M$ ➡ $X = \frac{M}{2P_X} = \frac{10,000}{2 \times 1,000} = 5$

4) $Y = \frac{M}{2P_Y} = \frac{10,000}{2 \times 500} = 10$이다.

난이도 ★★★ 중요도 ★★★★

11 효용이 극대가 되도록 두 재화 x, y를 소비하는 을의 효용함수는 $u(x, y) = 2\sqrt{xy}$이다. y의 가격이 4배가 되었을 때 원래의 효용수준을 유지하기 위해 필요한 추가 소득을 구하면? (단, 가격 변화 전의 소득은 60, x와 y의 가격은 각각 1이다)   [21. 국가직 7급]

① 60　　　　　　　　　　　② 80
③ 100　　　　　　　　　　 ④ 120

난이도 ★★ 중요도 ★★★★

12 어느 소비자가 재화 A를 x_A만큼 소비하고 재화 B를 x_B만큼 소비할 때 얻는 효용은 $x^{0.4}x^{0.6}$이다. 재화 A의 가격은 20이고 재화 B의 가격은 40, 그리고 이 소비자의 소득이 250일 때, 이 소비자의 효용과 최적 선택에 대한 설명으로 옳은 것은?   [21. 지방직 7급]

① 재화 A의 최적 소비 단위는 4이다.
② 재화 B의 최적 소비 단위는 3.75이다.
③ 최적 선택 상태에서 한계대체율은 상대가격 비율보다 작다.
④ 두 재화의 소비를 동시에 2배 증가시킬 때, 효용은 2배보다 크게 증가한다.

난이도 ★★★ 중요도 ★★

13 효용극대화를 추구하는 소비자 A의 효용함수가 $U = 4X^{1/2}Y^{1/2}$일 때, 이에 관한 설명으로 옳지 않은 것은? (단, A는 모든 소득을 X재와 Y재의 소비에 지출한다. P_X와 P_Y는 각각 X재와 Y재의 가격, MU_X와 MU_Y는 각각 X재와 Y재의 한계효용이다)   [21. 노무사]

① X재, Y재 모두 정상재이다.
② $P_X = 2P_Y$일 때 최적 소비조합에서 $MU_X = 0.5MU_Y$를 충족한다.
③ $P_X = 2P_Y$일 때 최적 소비조합에서 $Y = 2X$를 충족한다.
④ 한계대체율은 체감한다.
⑤ Y재 가격이 상승하여도 X재 소비는 불변이다.

정답 및 해설

11 ① 1) 콥-더글러스 효용함수의 X재와 Y재의 소비량을 구하면 X재는 $\dfrac{\frac{1}{2}}{\frac{1}{2}+\frac{1}{2}} \cdot \dfrac{60}{1} = 30$, Y재는 $\dfrac{\frac{1}{2}}{\frac{1}{2}+\frac{1}{2}} \cdot \dfrac{60}{1} = 30$이다. 값을 효용함수에 대입하면 효용은 60이다.

2) 동일한 효용을 유지하기 위해 y재의 가격이 4배 증가하더라도 $xy = 900$이 유지되어야 한다.

3) 소득의 추가분을 M이라고 하자.

4) X재: $\dfrac{\frac{1}{2}}{\frac{1}{2}+\frac{1}{2}} \cdot \dfrac{60+M}{1} = \dfrac{1}{2}(60+M)$

5) Y재: $\dfrac{\frac{1}{2}}{\frac{1}{2}+\frac{1}{2}} \cdot \dfrac{60+M}{4} = \dfrac{1}{8}(60+M)$

6) $xy = \dfrac{1}{2}(60+M) \cdot \dfrac{1}{8}(60+M) = 900$ ➔ $(60+M)^2 = 120^2 (= 14,400)$

7) 따라서 $M = 60$이다.

12 ② 1) $X_A = \dfrac{0.4}{0.4+0.6} \times \dfrac{250}{20} = 5$

2) $X_B = \dfrac{0.6}{0.4+0.6} \times \dfrac{250}{40} = 3.75$

[오답체크]
① 재화 A의 최적 소비 단위는 5이다.
③ 최적 선택 상태에서 한계대체율은 상대가격 비율과 같다.
④ 콥-더글러스 효용함수는 규모에 대한 수익 불변이므로 두 재화의 소비를 동시에 2배 증가시킬 때, 효용은 2배만큼 증가한다.

13 ② $P_X = 2P_Y$일 때 최적조합은 무차별곡선과 예산선이 접하므로 $\dfrac{P_X}{P_Y} = \dfrac{MU_X}{MU_Y}$ ➔ $\dfrac{2P_Y}{P_Y} = \dfrac{MU_X}{MU_Y}$ ➔ 최적 소비조합에서 $MU_X = 2MU_Y$를 충족한다.

[오답체크]
① 콥-더글러스 효용함수는 원점에 대하여 볼록하므로 골고루 소비해야 한다. 따라서 소득이 증가하면 둘 다 증가하므로 X재, Y재 모두 정상재이다.

③ $\dfrac{MU_X}{MU_Y} = \dfrac{2X^{-1/2}Y^{1/2}}{2X^{1/2}Y^{-1/2}} = \dfrac{Y}{X}$이다. 최적조합에서는 무차별곡선과 예산선이 접하므로 $\dfrac{Y}{X} = \dfrac{P_X}{P_Y}$이다. $P_X = 2P_Y$일 때 $\dfrac{2P_Y}{P_Y} = \dfrac{Y}{X}$ ➔ $Y = 2X$이다.

④ 한계대체율은 $\dfrac{Y}{X}$이므로 X재가 증가할수록 작아진다. 따라서 체감한다.

⑤ 콥-더글러스 효용함수에서 X재의 수요량공식은 $\dfrac{\alpha}{\alpha+\beta} \times \dfrac{M}{P_X}$이다. 따라서 Y재 가격과 관련이 없으므로 Y재 가격이 상승하여도 X재 소비는 불변이다.

난이도 ★ 중요도 ★★★

14 소비자 선택에 관한 설명으로 옳지 않은 것은? (단, 대체효과와 소득효과의 비교는 절댓값으로 한다)   [20. 노무사]

① 정상재의 경우, 대체효과가 소득효과보다 크면 가격 상승에 따라 수요량은 감소한다.
② 정상재의 경우, 대체효과가 소득효과보다 작으면 가격 상승에 따라 수요량은 감소한다.
③ 열등재의 경우, 대체효과가 소득효과보다 크면 가격 상승에 따라 수요량은 감소한다.
④ 열등재의 경우, 대체효과가 소득효과보다 작으면 가격 상승에 따라 수요량은 감소한다.
⑤ 기펜재의 경우, 대체효과가 소득효과보다 작기 때문에 수요의 법칙을 따르지 않는다.

난이도 ★★ 중요도 ★★

15 완전보완재 관계인 X재와 Y재를 항상 1:1의 비율로 사용하는 소비자가 있다. 이 소비자가 효용극대화를 추구할 때, X재의 가격소비곡선과 소득소비곡선에 관한 주장으로 옳은 것은? (단, X재와 Y재의 가격이 0보다 크다고 가정한다)   [15. 노무사]

① 가격소비곡선과 소득소비곡선의 기울기는 모두 1이다.
② 가격소비곡선의 기울기는 1이고 소득소비곡선은 수평선이다.
③ 가격소비곡선은 수평선이고 소득소비곡선의 기울기는 1이다.
④ 가격소비곡선은 수직선이고 소득소비곡선의 기울기는 1이다.
⑤ 가격소비곡선의 기울기는 1이고 소득소비곡선은 수직선이다.

난이도 ★★ 중요도 ★★

16 甲은 항상 1:2의 비율로 X재와 Y재만을 소비한다. X재의 가격이 P_X, Y재의 가격이 P_Y일 때 甲의 X재에 대한 엥겔곡선(Engel Curve) 기울기는? (단, 기울기 = $\frac{\text{소득변화}}{\text{수요량변화}}$)   [11. 노무사]

① $2P_X$ ② $3P_Y$ ③ $2P_X + P_Y$
④ $P_X + 2P_Y$ ⑤ $\dfrac{P_X}{2P_Y}$

17 난이도 ★ 중요도 ★★★

정상재(Normal Goods)의 수요곡선은 반드시 우하향한다. 그 이유로 가장 옳은 것은?

[18. 서울시 7급]

① 소득효과와 대체효과는 같은 방향으로 움직이기 때문이다.
② 소득효과의 절대적 크기가 대체효과의 절대적 크기보다 크기 때문이다.
③ 소득효과의 절대적 크기가 대체효과의 절대적 크기보다 작기 때문이다.
④ 소득이 증가함에 따라 소비자는 재화의 소비를 줄이기 때문이다.

정답 및 해설

14 ④ 열등재의 경우, 대체효과가 소득효과보다 작으면 가격 상승에 따라 수요량은 상승하여 기펜재가 된다.

15 ① 1) 소비자가 완전보완재인 X재와 Y재를 항상 1:1로 소비한다면, 무차별곡선은 45°선상에서 꺾어진 L자 형태이다. 이 경우 재화의 가격이나 소득에 관계없이 소비자균형이 항상 45°선상에서 이루어지므로 소득소비곡선과 가격소비곡선은 모두 원점을 통과하는 45°선이 된다.
  2) 따라서, 소득소비곡선과 가격소비곡선은 모두 기울기가 1인 원점을 통과하는 우상향의 직선이 된다.

16 ④ 1) 항상 X:Y를 1:2로 소비하므로 추세선 $Y = 2X$이다.
  2) Y 대신 2X를 예산선에 대입하면 $P_X \cdot X + P_Y \cdot 2X = M$이다. 따라서 기울기는 $P_X + 2P_Y$이다.

17 ① X재가 정상재인 경우에는 대체효과와 소득효과 모두 X재 구입량을 증가시키는 방향으로 작용하므로 X재 수요곡선이 반드시 우하향한다.

18 기펜재에 관한 설명으로 옳지 않은 것은? [21. 노무사]

① 가격이 하락하면 재화의 소비량은 감소한다.
② 소득효과가 대체효과보다 큰 재화이다.
③ 가격 상승 시 소득효과는 재화의 소비량을 감소시킨다.
④ 기펜재는 모두 열등재이지만 열등재가 모두 기펜재는 아니다.
⑤ 가격 하락 시 대체효과는 재화의 소비량을 증가시킨다.

19 효용을 극대화하는 소비자 A는 X재와 Y재, 두 재화만 소비한다. 다른 조건이 일정하고 X재의 가격만 하락하였을 경우, A의 X재에 대한 수요량이 변하지 않았다. 이에 관한 설명으로 옳은 것을 모두 고른 것은? [12. 노무사]

> ㄱ. 두 재화는 완전보완재이다.
> ㄴ. X재는 열등재이다.
> ㄷ. Y재는 정상재이다.
> ㄹ. X재의 소득효과와 대체효과가 서로 상쇄된다.

① ㄱ, ㄴ
② ㄱ, ㄴ, ㄷ, ㄹ
③ ㄱ, ㄷ, ㄹ
④ ㄴ, ㄷ, ㄹ
⑤ ㄷ, ㄹ

20 열등재에 대한 설명으로 옳지 않은 것은? [23. 지방직 7급]

① 수요의 소득탄력성은 음(-)의 값을 갖는다.
② 가격 상승 시 대체효과는 소비량을 감소시킨다.
③ 가격 하락 시 소득효과는 소비량을 증가시킨다.
④ 가격 변화 시 대체효과와 소득효과는 반대 방향으로 작용한다.

정답 및 해설

18 ③ 기펜재는 열등재이므로 가격 상승 시 실질소득이 하락하여 소득효과는 재화의 소비량을 증가시킨다.

[오답체크]
① 기펜재는 수요법칙의 예외이므로 가격이 하락하면 재화의 소비량은 하락한다.
②④ 열등재 중 소득효과가 대체효과보다 큰 재화를 기펜재라고 한다. 다만 열등재 중 대체효과가 큰 것도 있으므로 열등재가 모두 기펜재는 아니다.
⑤ 모든 재화는 가격 하락 시 대체효과는 재화의 소비량을 증가시킨다.

19 ④ X재의 가격이 하락했을 경우 수요법칙이 성립하면 X재의 수요량이 증가했어야 한다.
ㄴ, ㄹ. 가격 하락으로 대체효과는 수요량 상승이 이루어져야 한다. 수요량이 변화가 없으므로 소득효과로 실질소득이 상승했음에도 수요량이 줄어든 것이다. 따라서 X재는 열등재이다.
ㄷ. 효용을 극대화하기 위해서 실질소득 상승 시 Y재를 더 구매했으므로 Y재는 정상재이다.

[오답체크]
ㄱ. 두 재화가 완전보완재라면 Y재도 수요량에 변화가 없었어야 한다. 그렇다면 효용을 극대화하는 것이 아니므로 옳지 않다.

20 ③ 1) 열등재는 소득탄력성이 음이므로 가격 하락 시 소득효과는 실질소득을 증가시켜 소비량이 감소한다.
2) 대체효과는 상대가격이 하락하면 증가하므로 가격 상승 시 대체효과는 소비량을 감소시킨다.
3) 정상재는 소득효과와 대체효과의 방향이 동일하고 열등재는 반대 방향으로 작동한다.

21 한 경제에 X재와 Y재만 존재하고 두 재화를 소비하는데 모든 소득을 이용한다고 할 때, 〈보기〉에서 옳은 것을 모두 고른 것은?

[23. 서울시 7급]

〈보기〉
ㄱ. 두 재화가 동시에 사치재가 될 수 없다.
ㄴ. 두 재화가 동시에 사치재가 될 수 있다.
ㄷ. 두 재화는 동시에 열등재가 될 수 없다.

① ㄱ
② ㄴ
③ ㄱ, ㄷ
④ ㄴ, ㄷ

22 두 정상재 X와 Y만을 소비하여 효용을 극대화하는 소비자 A의 효용함수는 $U(X, Y) = 3X + 4Y$이다. Y재의 가격은 4, 소득은 M이라고 할 때, 이에 대한 설명으로 옳지 않은 것은? (단, P_X는 X재의 가격, $P_X > 0$, $0 < M < \infty$, $X \geq 0$, $Y \geq 0$이다)

[23. 국가직 7급]

① X재와 Y재는 대체재 관계이다.

② $P_X < 3$일 때, X재의 수요함수는 $X = \dfrac{M}{P_X}$이다.

③ X재의 수요곡선에서 수요의 가격탄력성이 무한대(∞)인 구간이 존재한다.

④ $P_X < 3$일 때, 소비자 A의 X재에 대한 가격소비곡선과 엥겔곡선의 기울기가 동일하다.

정답 및 해설

21 ③ 1) 소득이 증가하면 두 재화가 모두 소비가 증가하거나, 한 재화는 감소하고 한 재화는 증가한다.

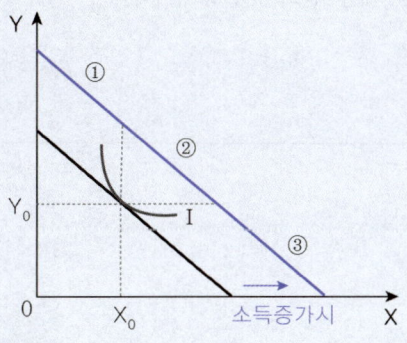

2) 구간분석
   ①번 구간 X재 소비 감소, Y재 소비 증가
   ②번 구간 두 재화 모두 증가
   ③번 구간 X재 소비 증가, Y재 소비 감소
3) 한 재화가 급격히 증가하면 다른 재화는 조금 증가하거나 줄어들 수 있으므로 둘 다 사치재는 될 수 없다.

22 ④ 1) $P_X < 3$일 때, 수요곡선이 $X = \dfrac{M}{P_X}$ 이므로 수요의 가격탄력성과 소득탄력성이 모두 1이다. 따라서 가격소비곡선은 수평, 소득소비곡선은 우상향하므로 옳지 않은 지문이다.

2) 지문분석

① 한계대체율이 일정하므로 X재와 Y재는 대체재 관계이다.

② $P_X < 3$일 때, X재만 소비하므로 $M = P_X \cdot X$ ➡ $X = \dfrac{M}{P_X}$ 이다.

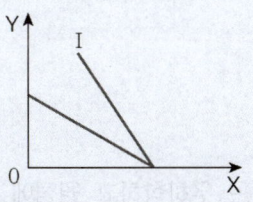

③ 완전대체재의 수요곡선은 수요의 가격탄력성이 0, 1, 무한대인구간이 존재한다.

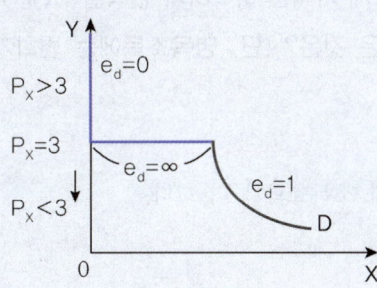

23 난이도 ★★★★　중요도 ★★★

X재와 Y재 두 재화만 존재하는 경제에서 소비자의 선택에 대해 다음 중 옳지 않은 것은?

[20. 군무원 7급]

① X재 수요의 가격탄력성이 1보다 크면, Y재는 X재의 대체재이다.
② X재 수요의 가격탄력성이 1보다 크면, X재의 가격이 상승할 때 X재에 대한 지출액은 감소한다.
③ X재 수요의 소득탄력성이 1보다 크면, Y재는 반드시 열등재이다.
④ 두 재화가 동시에 열등재일 수는 없다.

24 난이도 ★★★★　중요도 ★★★

X재와 Y재만을 소비하는 어느 소비자의 무차별곡선은 우하향하고 원점에 대해 볼록하다. (X_A, Y_A)를 선택하고 있던 이 소비자가 X재 가격만 하락하자 선택을 (X_B, Y_B)로 변경하였다. 다음 중 이에 대한 설명으로 옳지 않은 것은? (단, 명목소득에는 변화가 없었다)

[21. 군무원 7급]

① $X_A = X_B$라면 X재는 열등재이다.
② $X_A = X_B$라면 Y재의 경우 대체효과보다 소득효과가 더 크다.
③ $Y_A = Y_B$라면 Y재는 정상재이다.
④ $Y_A = Y_B$라면 X재는 정상재이다.

정답 및 해설

23 ③ X재 수요의 소득탄력성이 1보다 크면, Y재는 열등재일 수도 있지만 정상재 중 필수재일 수도 있다.

[오답체크]
① X재의 가격이 하락했을 때 Y재의 수요량이 감소하므로 X재는 대체재이다.

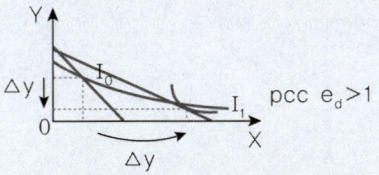

② X재 수요의 가격탄력성이 1보다 크면, X재의 가격이 상승할 때 거래량이 급격히 하락하므로 X재에 대한 지출액은 감소한다.
④ 소득이 증가했을 때 효용을 극대화하기 위해서는 소비는 예산선이 확장한 선으로 이동하여야 한다. 이때 한재화는 반드시 증가해야 하므로 두 재화가 동시에 열등재일 수는 없다.

24 ④ 1) $X_A = X_B$인 경우

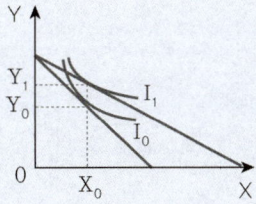

① 대체효과에 의해서 X재의 소비가 증가하므로 소득효과에 의해 X재의 소비가 감소하여야 $X_A = X_B$가 성립한다. 따라서 X재는 열등재이다.
② 대체효과에 의해 Y재의 소비가 감소한다. Y재의 소비가 증가하였으므로 소득효과가 더 커야 한다.

2) $Y_A = Y_B$인 경우

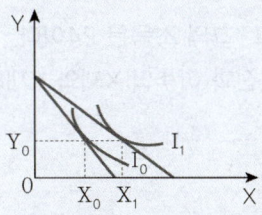

③ 대체효과에 의해 Y재의 소비가 감소하므로 소득효과에 의해 Y재의 소비가 증가하여야 Y재의 소비량이 불변이다. 따라서 Y재는 정상재이다.
④ 대체효과에 의해 X재의 소비가 증가하므로 정상재라면 소득효과에 의해 더 증가해야 하고 열등재일 경우 소득효과에 의해 감소하므로 소득효과가 대체효과보다 X재의 소비량이 증가한다. 따라서 X재가 정상재임을 단정지을 수 없다.

Topic 5 무차별곡선이론(1) - 기본이론

25 소비자이론에 관한 다음 설명 중 옳지 않은 것은? [15. 국회직 8급]

① 무차별곡선이 L자형이면 가격효과와 소득효과는 동일하다.
② 기펜재는 열등재이지만 모든 열등재가 기펜재는 아니다.
③ 재화의 가격이 변하더라도 무차별곡선지도는 변하지 않는다.
④ 열등재의 가격이 하락할 때 수요량이 늘어난다면 이는 대체효과가 소득효과보다 작기 때문이다.
⑤ 소득소비곡선(ICC)이 우상향하는 직선이면 두 재화 모두 정상재이다.

26 어떤 소비자의 효용함수는 $U(x, y) = 20x - 2x^2 + 4y$이고, 그의 소득은 24이다. 가격이 $P_X = P_Y = 2$에서 $P_X = 6$, $P_Y = 2$로 변화했다면 가격 변화 이전과 이후의 X재와 Y재의 최적 소비량은? (단, x, y는 각각 X재와 Y재의 소비량이다) [18. 국회직 8급]

	가격 변화 이전	가격 변화 이후
①	$(x = 2, y = 6)$	$(x = 2, y = 8)$
②	$(x = 2, y = 6)$	$(x = 4, y = 8)$
③	$(x = 4, y = 8)$	$(x = 2, y = 6)$
④	$(x = 4, y = 8)$	$(x = 4, y = 6)$
⑤	$(x = 4, y = 8)$	$(x = 6, y = 2)$

27

난이도 ★★ 중요도 ★★

효용함수가 $U(X, Y) = \sqrt{XY}$인 소비자의 소비 선택에 대한 설명으로 옳은 것을 〈보기〉에서 모두 고르면?

[17. 국회직 8급]

〈보기〉
ㄱ. 전체 소득에서 X재에 대한 지출이 차지하는 비율은 항상 일정하다.
ㄴ. X재 가격 변화는 Y재 소비에 영향을 주지 않는다.
ㄷ. X재는 정상재이다.
ㄹ. Y재는 수요의 법칙을 따른다.

① ㄱ, ㄴ
② ㄴ, ㄷ
③ ㄱ, ㄷ, ㄹ
④ ㄴ, ㄷ, ㄹ
⑤ ㄱ, ㄴ, ㄷ, ㄹ

정답 및 해설

25 ④ 열등재의 가격이 하락하면 대체효과에서는 수요량이 증가하고 소득효과에서는 실질소득이 증가하지만 수요량은 감소한다. 결국 열등재의 가격이 하락할 때 수요량이 늘어난다면 이는 대체효과가 소득효과보다 크기 때문이다.

[오답체크]
① 무차별곡선이 L자형이면 레온티에프 효용함수이다. 이 경우 소득효과만 존재하고 대체효과는 0이다.
② 기펜재는 열등재 중에서 대체효과보다 소득효과가 더 큰 경우이다. 하지만 일반적인 열등재는 대체효과가 소득효과보다 더 크다. 결국 기펜재는 열등재이지만 모든 열등재가 기펜재는 아니다.
③ 무차별곡선지도는 소비자의 마음속에 있는 주관적인 선호체계이다. 결국 주관적인 선호체계가 일정하다면 재화의 가격이 변하더라도 무차별곡선지도는 변하지 않는다.
⑤ 소득소비곡선이 우상향하는 직선이라는 것은 소득이 증가할 때 두 재화의 수요가 모두 증가함을 의미한다. 결국 두 재화 모두 정상재이다.

26 ③ 1) $MRS_{XY} = (20 - 4x)/4 = 5 - x$ ➜ x가 클수록 MRS가 감소하므로 무차별곡선이 원점에 대해 볼록하다.
2) 이 경우 한계대체율과 상대가격이 같을 때 효용극대화가 달성된다. $5 - x = 1$ ➜ $x = 4$
3) 예산선에 주어진 조건인 X재와 Y재의 가격을 대입한 값인 $2x + 2y = 24$가 성립해야 하므로 $y = 8$이다.
4) 가격 변화 후에는 상대가격이 3이므로 $x = 2$, $y = 6$이 된다.

27 ⑤ 효용함수가 $U = A\sqrt{XY}$인 경우 수요함수는 $X = \frac{1}{2} \cdot \frac{M}{P_X}$, $Y = \frac{1}{2} \cdot \frac{M}{P_Y}$이다.

ㄱ. 위의 수요함수에서 $P_X X = \frac{M}{2}$이 유도된다. 이는 각 재화의 지출은 가격이 변하더라도 항상 소득의 절반으로 일정하다는 의미이다.
ㄴ. X재에 대한 수요는 Y재와는 독립적이다. 즉, 두 재화는 서로 독립재이다.
ㄷ. 각 재화의 수요는 소득의 변화율과 같이 변하므로 소득탄력도가 모두 1이다.
ㄹ. X, Y재 두 수요곡선은 모두 직각쌍곡선의 형태를 갖는다.

Topic 5 무차별곡선이론(1) - 기본이론

난이도 ★★★ 중요도 ★★

28 다음 중 옳은 것을 〈보기〉에서 모두 고르면? [16. 국회직 8급]

〈보기〉
ㄱ. 가격소비곡선이 우하향하는 경우 수요곡선은 우하향할 수 있다.
ㄴ. 동일한 수요곡선상에 있는 서로 다른 재화묶음을 소비하더라도 소비자가 느끼는 만족감은 동일하다.
ㄷ. 우상향하는 엥겔곡선은 해당 재화가 열등재임을 의미한다.
ㄹ. 소득소비곡선과 엥겔곡선의 기울기는 수요의 소득탄력성의 부호에 의해 결정된다.
ㅁ. 수요곡선은 대체효과의 절댓값이 소득효과의 절댓값보다 클 경우에 우하향한다.

① ㄱ, ㄴ, ㄷ ② ㄱ, ㄷ, ㄹ ③ ㄱ, ㄹ, ㅁ
④ ㄴ, ㄹ, ㅁ ⑤ ㄷ, ㄹ, ㅁ

정답 및 해설

28 ③ ㄱ. 가격소비곡선이 우하향하는 경우 수요곡선은 탄력적이 되므로 수요곡선은 우하향할 수 있다.
ㄹ. 소득소비곡선과 엥겔곡선의 기울기는 수요의 소득탄력성의 부호에 의해 결정된다. 소득탄력성에 따른 엥겔곡선은 다음과 같다.

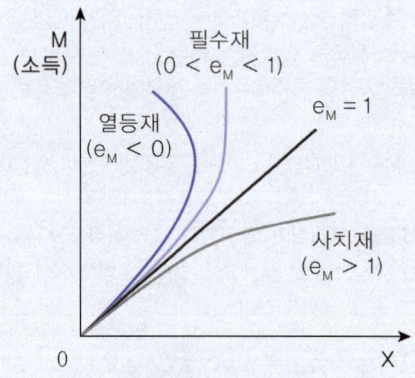

ㅁ. 수요곡선은 대체효과의 절댓값이 소득효과의 절댓값보다 클 경우에 우하향한다. 만약 열등재이면서 소득효과가 크다면 기펜재이다.

[오답체크]
ㄴ. 동일한 수요곡선이 아닌 동일한 무차별곡선상에 있는 서로 다른 재화묶음을 소비하더라도 소비자가 느끼는 만족감은 동일하다.
ㄷ. 좌상향하는 엥겔곡선은 해당 재화가 열등재임을 의미한다.

STEP 2   감정평가사 기출문제

난이도 ★   중요도 ★★

29 무차별곡선에 대한 설명으로 옳지 않은 것은?   [21. 감정평가사]

① 무차별곡선은 동일한 효용수준을 제공하는 상품묶음들의 궤적이다.
② 무차별곡선의 기울기는 한계대체율이며 두 재화의 교환비율이다.
③ 무차별곡선이 원점에 대해 오목하면 한계대체율은 체감한다.
④ 완전대체재 관계인 두 재화에 대한 무차별곡선은 직선의 형태이다.
⑤ 모서리해를 제외하면 무차별곡선과 예산선이 접한 점이 소비자의 최적점이다.

난이도 ★★   중요도 ★★

30 소비자이론에 관한 설명으로 옳은 것을 모두 고른 것은?   [23. 감정평가사]

> ㄱ. 무차별곡선은 효용을 구체적인 수치로 표현할 수 있다는 가정하에 같은 만족을 주는 점들을 연결한 것이다.
> ㄴ. 상품의 특성에 따라 무차별곡선은 우상향 할 수도 있다.
> ㄷ. 열등재이면서 대체효과보다 소득효과의 절대적 크기가 매우 클 경우 그 재화는 기펜재(Giffen Goods)이다.
> ㄹ. 유행효과(Bandwagon effect)가 존재하면 독자적으로 결정한 개별수요의 수평적 합은 시장수요이다.

① ㄱ, ㄴ   ② ㄱ, ㄷ   ③ ㄱ, ㄹ
④ ㄴ, ㄷ   ⑤ ㄴ, ㄹ

정답 및 해설

29 ③ 무차별곡선이 원점에 대해 오목하면 한계대체율은 체증한다.

30 ④ [오답체크]
ㄱ. 무차별곡선은 효용을 구체적인 수치로 표현할 수 없다는 가정하에 같은 만족을 주는 점들을 연결한 것이다.
ㄹ. 유행효과(Bandwagon effect)가 존재하면 독자적으로 결정한 개별수요의 수평적 합은 시장수요보다 크다.

31 소비자 甲이 두 재화 X, Y를 소비하고 효용함수는 $U(x, y) = Min[x+2y, 2x+y]$이다. 소비점 (3, 3)을 지나는 무차별곡선의 형태는? (단, x는 X의 소비량, y는 Y의 소비량이다)

[18. 감정평가사]

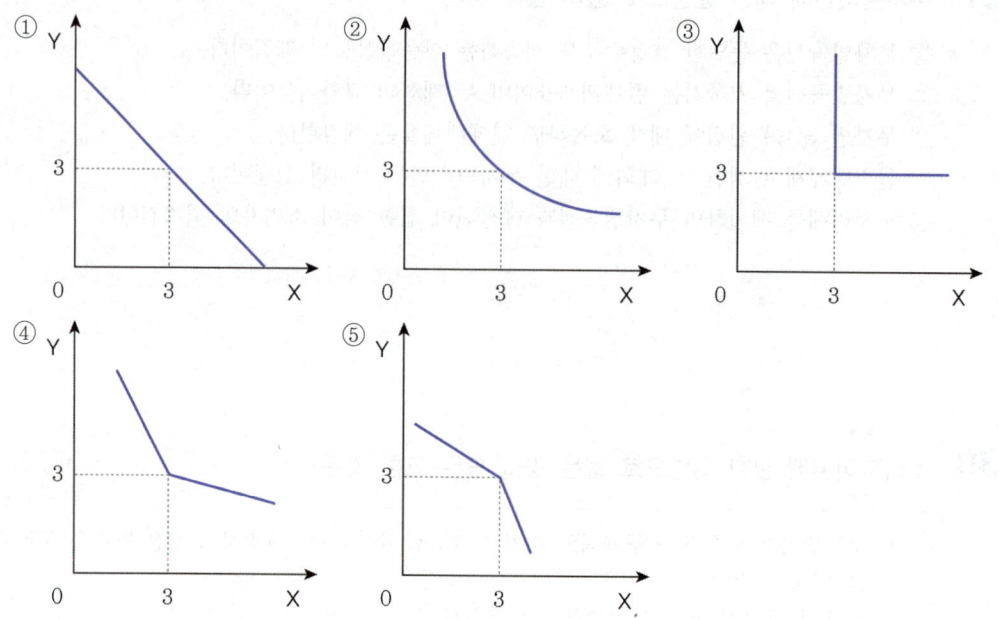

난이도 ★★★ 중요도 ★★★★

32 두 재화 X, Y에 대한 갑의 효용함수가 $U = X + Y + \min[X, Y]$일 때, 갑의 무차별곡선으로 적절한 것은?

[24. 감정평가사]

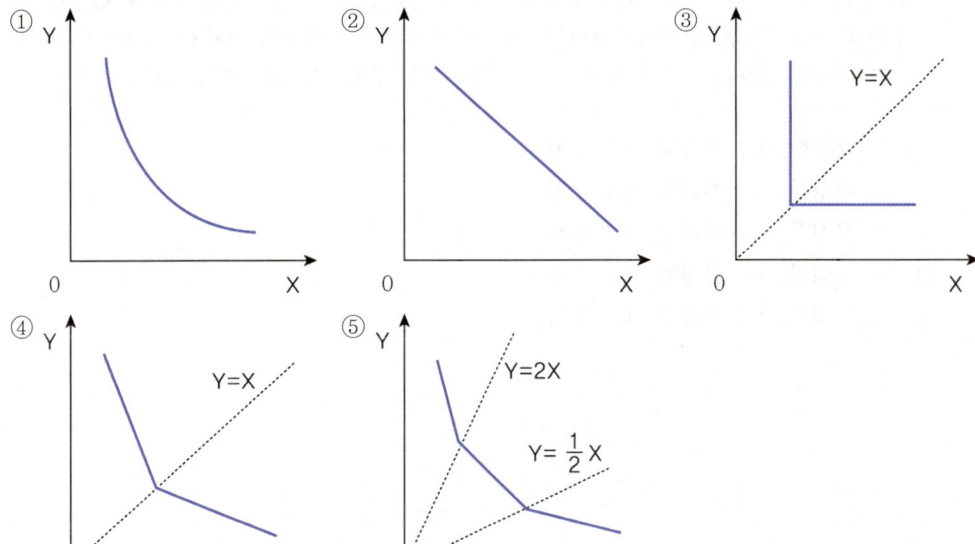

정답 및 해설

31 ④ 1) 레온티에프 함수의 형태이므로 교점은 $x + 2y = 2x + y$ ➡ $x = y$가 성립하여야 하기 때문에 (3, 3)을 모두 지나야 한다.
2) 작은 수에 의해 결정되므로 $x + 2y > 2x + y$ ➡ $y > x$인 경우에는 더 작은 수인 $2x + y$가 효용을 결정하므로 $U = 2x + y$가 성립하여 $y = -2x + U$이므로 무차별곡선의 기울기는 2이다.
3) $x + 2y < 2x + y$ ➡ $y < x$인 경우에는 더 작은 수인 $x + 2y$에 의해 결정되므로 $U = x + 2y$가 성립하여 $y = -\frac{1}{2}x + U$이므로 무차별곡선의 기울기는 $\frac{1}{2}$이다.

32 ④ 1) X > Y이면 $U = X + Y + Y$ ➡ $U = X + 2Y$ ➡ $Y = -\frac{1}{2}X + \frac{1}{2}U$
2) X < Y이면 $U = X + Y + X$ ➡ $U = 2X + Y$ ➡ $Y = -2X + U$
3) 그래프

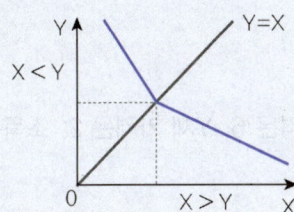

Topic 5 무차별곡선이론(1) – 기본이론 95

33 ( )에 들어갈 내용으로 옳은 것은? [18. 감정평가사]

> 위험자산에 대한 투자자의 무차별곡선을 그리고자 한다. 위험자산의 수익률 평균은 수직축, 수익률 표준편차는 수평축에 나타낼 때, 투자자의 무차별곡선 형태는 위험 기피적인 경우 (ㄱ)하고, 위험 애호적인 경우 (ㄴ)하며, 위험 중립적인 경우에는 (ㄷ)이다.

① ㄱ: 우상향, ㄴ: 우상향, ㄷ: 수평
② ㄱ: 우상향, ㄴ: 우하향, ㄷ: 수평
③ ㄱ: 우상향, ㄴ: 우하향, ㄷ: 수직
④ ㄱ: 우하향, ㄴ: 우상향, ㄷ: 수평
⑤ ㄱ: 우하향, ㄴ: 우상향, ㄷ: 수직

34 소비자 갑의 효용함수는 $U = 3X^2 + Y^2$이며 X재 가격은 6, Y재 가격은 2, 소득은 120이다. 효용을 극대화하는 갑의 최적소비조합(X, Y)은? [22. 감정평가사]

① (0, 60)   ② (6, 42)   ③ (10, 30)
④ (15, 15)   ⑤ (20, 0)

35 ( )에 들어갈 내용으로 옳은 것은?

난이도 ★★ 중요도 ★

[24. 감정평가사]

아래 그림과 같이 두 재화 X, Y에 대한 갑의 예산선이 AC에서 BC로 변했을 때, Y재 가격이 변하지 않았다면, X재 가격은 (ㄱ)하고, 소득은 (ㄴ)한 것이다.

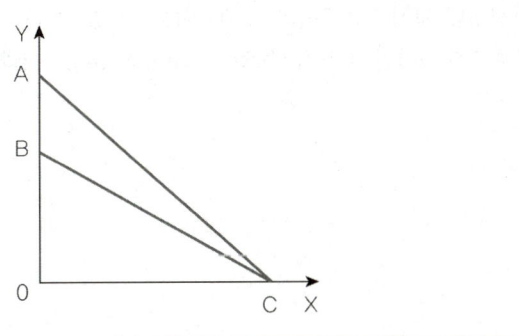

① ㄱ: 하락, ㄴ: 감소
② ㄱ: 하락, ㄴ: 증가
③ ㄱ: 불변, ㄴ: 감소
④ ㄱ: 상승, ㄴ: 증가
⑤ ㄱ: 상승, ㄴ: 불변

정답 및 해설

33 ② 1) 위험자산의 수익률 평균은 수직축, 수익률 표준편차(≒ 위험)는 수평축에 나타내는 경우 수직축은 항상 클수록 좋다.
2) 위험 기피적인 경우 위험은 작을수록 좋다. 즉, X축이 원점에 가까울수록 좋으므로 우상향하는 형태로 무차별곡선이 그려진다.
3) 위험 애호적인 경우 위험은 클수록 좋다. 즉, X축이 원점에 멀수록 좋으므로 우하향하는 일반적 형태의 무차별곡선이 그려진다.
4) 위험 중립적이면 X축이 커지더라도 관계가 없다. 따라서 Y축이 원점에서 멀어질수록 만족감의 크기가 크다.

34 ① 1) 주어진 형태의 무차별곡선은 한 재화를 집중적으로 소비하는 것을 추구하는 원점에 대해 오목한 형태의 무차별곡선이다.
2) 주어진 예산으로 X재만 소비하면 20개 소비가 가능하므로 $U = 1,200$이다.
3) 주어진 예산으로 Y재만 소비하면 60개 소비가 가능하므로 $U = 3,600$이다.
따라서 Y재만 소비하는 것이 합리적이다.

35 ① 1) 예산선의 기울기는 $\dfrac{P_X}{P_Y}$이다.
2) 예산선의 기울기가 완만해졌으므로 X재의 상대가격이 하락하였다.
3) Y재의 가격이 그대로이므로 X재의 가격은 하락하였다.
4) X재의 가격이 하락했지만 X재를 살 수 있는 수량은 그대로이므로 소득은 감소했음을 알 수 있다.

36 보상수요(compensated demand)에 관한 설명으로 옳지 않은 것은? [19. 감정평가사]

① 가격 변화에서 대체효과만 고려한 수요개념이다.
② 기펜재의 보상수요곡선은 우하향하지 않는다.
③ 소비자잉여를 측정하는 데 적절한 수요개념이다.
④ 수직선형태 보상수요곡선의 대체효과는 항상 0이다.
⑤ 소득효과가 0이면 통상적 수요(ordinary demand)와 일치한다.

37 甲은 X재와 Y재 두 재화를 1:1 비율로 묶어서 소비한다. X재의 가격과 수요량을 각각 P_X와 Q_X라 한다. 소득이 1,000이고 Y재의 가격이 10일 때 甲의 X재 수요함수로 옳은 것은? (단, 소비자는 효용을 극대화하고 소득을 X재와 Y재 소비에 모두 지출한다) [16. 감정평가사]

① $Q_X = 1,000/(10 + P_X)$
② $Q_X = 990 - P_X$
③ $Q_X = 500 - P_X$
④ $Q_X = 1,000 - P_X$
⑤ $Q_X = 500/P_X$

38 효용을 극대화하는 甲의 효용함수는 $U(x, y) = Min[x, y]$이다. 소득이 1,800, X재와 Y재의 가격은 각각 10이다. X재 가격만 8로 하락할 때, 옳은 것을 모두 고른 것은? (단, x는 X재 소비량, y는 Y재 소비량이다) [20. 감정평가사]

> ㄱ. X재 소비량의 변화 중 대체효과는 0이다.
> ㄴ. X재 소비량의 변화 중 소득효과는 10이다.
> ㄷ. 한계대체율은 하락한다.
> ㄹ. X재 소비는 증가하고 Y재 소비는 감소한다.

① ㄱ, ㄴ ② ㄱ, ㄷ ③ ㄴ, ㄷ
④ ㄴ, ㄹ ⑤ ㄷ, ㄹ

정답 및 해설

36 ② 보상수요곡선은 대체효과만 반영한 그래프이므로 모든 재화에 동일하게 수요법칙이 성립한다. 따라서 기펜재의 보상수요곡선도 우하향한다.

37 ① 1) 1 : 1의 비율로 묶어서 소비하므로 완전보완재이다.
2) $1,000 = P_X Q_X + 10 Q_Y$ ➔ $Q_X = Q_Y$이므로 이를 대입하면 $1,000 = (P_X + 10) Q_X$ ➔ $Q_X = \dfrac{1,000}{P_X + 10}$ 이다.

38 ① 1) 완전보완재의 $U = X = Y$이다.
2) 예산선은 $10X + 10Y = 1,800$이다.
3) 두 식을 연립하여 $X = 90$, $Y = 90$이 도출된다.
4) X재 가격만 8로 하락하면 예산선이 $8X + 10Y = 1,800$이 되어 $X = 100$, $Y = 100$이다.
5) 완전보완재의 경우 대체효과는 발생하지 않으며 소득효과만 발생한다. X재 가격 하락으로 10이 증가한 것은 소득효과에 의한 것이다.
6) 한계대체율은 일정하고, 둘 다 동시에 증가한다.

39 X재 가격이 하락할 때 아래의 설명 중 옳은 것을 모두 고른 것은? (단, X재와 Y재만 존재하며 주어진 소득을 두 재화에 모두 소비한다)
[22. 감정평가사]

> ㄱ. X재가 정상재인 경우 보상수요곡선은 보통수요곡선보다 더 가파르게 우하향하는 기울기를 가진다.
> ㄴ. X재가 열등재인 경우 보상수요곡선은 우상향한다.
> ㄷ. X재가 기펜재인 경우 보통수요곡선은 우상향하고 보상수요곡선은 우하향한다.

① ㄱ　　　　　　　　② ㄴ　　　　　　　　③ ㄱ, ㄷ
④ ㄴ, ㄷ　　　　　　⑤ ㄱ, ㄴ, ㄷ

40 재화의 특성에 관한 설명으로 옳은 것은?
[24. 감정평가사]

① 사치재는 수요의 가격탄력성이 1보다 큰 재화를 말한다.
② 열등재는 가격이 오르면 수요가 감소하는 재화를 말한다.
③ 절댓값으로 볼 때, 가격효과가 소득효과보다 큰 열등재를 기펜재(Giffen goods)라고 한다.
④ 두 상품이 완전 대체재이면 무차별곡선은 원점에 대하여 볼록한 모양이다.
⑤ 수요가 가격 탄력적인 상품을 판매하는 기업이 가격을 내리면 판매수입은 증가한다.

난이도 ★★ 중요도 ★★★★

41 효용을 극대화하는 甲의 효용함수는 $U(x, y) = xy$이고, 甲의 소득은 96이다. X재 가격이 12, Y재 가격이 1이고 X재 가격만 3으로 하락할 때, (ㄱ) X재의 소비 변화와 (ㄴ) Y재의 소비 변화는? (단, x는 X재 소비량, y는 Y재 소비량) [20. 감정평가사]

① ㄱ: 증가, ㄴ: 증가
② ㄱ: 증가, ㄴ: 불변
③ ㄱ: 증가, ㄴ: 감소
④ ㄱ: 감소, ㄴ: 불변
⑤ ㄱ: 감소, ㄴ: 증가

정답 및 해설

39 ③ 1) 보통수요곡선은 소득효과와 대체효과를 모두 반영한 수요곡선이고, 보상수요곡선은 대체효과만 반영한 수요곡선이다.
  2) 지문분석
   ㄱ. 정상재인 경우 소득효과와 대체효과 모두 동일방향이므로 보통수요곡선의 기울기가 더 완만하다.
   ㄷ. X재가 기펜재인 경우 소득효과와 대체효과가 반대이다. 가격 상승 시 소득효과에 의해 수요량이 증가하고 대체효과에 의해 수요량이 감소하므로 보통수요곡선은 우상향하고 보상수요곡선은 우하향한다.

  [오답체크]
   ㄴ. 보상수요곡선은 재화에 상관없이 우하향한다.

40 ⑤ [오답체크]
  ① 사치재는 수요의 소득탄력성이 1보다 큰 재화를 말한다.
  ② 정상재인 경우도 수요법칙이 통하므로 가격이 오르면 수요가 감소한다. 열등재는 소득이 오르면 수요가 감소하는 재화를 말한다.
  ③ 절댓값으로 볼 때, 소득효과가 대체효과보다 큰 열등재를 기펜재(Giffen goods)라고 한다.
  ④ 두 상품이 완전 대체재이면 무차별곡선은 우하향하는 직선의 형태이다.

41 ② 1) 효용함수가 콥-더글라스 효용함수인 형태에서 수요함수는 $Q = \dfrac{M}{2P}$이다.
  2) 최초에 X재 가격이 12일 때 X재 수요량은 $4\left(=\dfrac{96}{2 \cdot 12}\right)$, Y재 가격이 1일 때 $48\left(=\dfrac{96}{2 \cdot 1}\right)$이다.
  3) X재 가격만 3으로 하락하면 X재 수요량은 $16\left(=\dfrac{96}{2 \cdot 3}\right)$이고 Y재 가격은 변하지 않았으므로 불변이다.

42 두 재화 X, Y를 소비하는 갑의 효용함수가 $U(X, Y) = X^{0.3}Y^{0.7}$이다. 이에 관한 설명으로 옳지 않은 것은?

[22. 감정평가사]

① 선호체계는 단조성을 만족한다.
② 무차별곡선은 원점에 대해 볼록하다.
③ 효용을 극대화할 때, 소득소비곡선은 원점을 지나는 직선이다.
④ 효용을 극대화할 때, 가격소비곡선은 X재 가격이 하락할 때 Y재의 축과 평행하다.
⑤ 효용을 극대화할 때, 소득이 2배 증가하면 X재의 소비는 2배 증가한다.

43 소비자이론에 관한 설명으로 옳은 것은? (단, 소비자는 X재와 Y재만 소비한다) [16. 감정평가사]

① 소비자의 효용함수가 U = 2XY일 때, 한계대체율은 체감한다.
② 소비자의 효용함수가 U = $\sqrt{XY}$일 때, X재의 한계효용은 체증한다.
③ 소비자의 효용함수가 U = min(X, Y)일 때, 수요의 교차탄력성은 0이다.
④ 소비자의 효용함수가 U = min(X, Y)일 때, 소득소비곡선의 기울기는 음(-)이다.
⑤ 소비자의 효용함수가 U = X + Y일 때, X재의 가격이 Y재의 가격보다 크더라도 X재와 Y재를 동일 비율로 소비한다.

44 두 재화 X, Y에 대해 효용을 극대화하는 갑의 효용함수가 $U(X, Y) = (X+2)(Y+1)$이다. 한계대체율이 4이고, X재 선택은 14일 때, Y재의 선택은? (단, 한계대체율은 $\left|\dfrac{dY}{dX}\right|$이다)

[24. 감정평가사]

① 10　　　　　② 18　　　　　③ 32
④ 63　　　　　⑤ 68

정답 및 해설

42 ④ 콥-더글러스 효용함수는 한계대체율이 체감하므로 골고루 소비해야 한다. Y축과 평행하다는 것은 X재의 소비의 변화가 없다는 것이므로 옳지 않다.

43 ① 한계대체율은 $\dfrac{MU_X}{MU_Y} = \dfrac{Y}{X}$이므로 한계대체율은 체감한다.

[오답체크]

② 소비자의 효용함수가 $U = \sqrt{XY}$일 때, X재의 한계효용은 $\dfrac{1}{2}\sqrt{\dfrac{Y}{X}}$이므로 X재의 소비량이 증가하면 X재의 한계효용이 감소한다.
③ 소비자의 효용함수가 $U = \min(X, Y)$일 때, 완전보완재의 수요의 교차탄력성은 −이다.
④ 소비자의 효용함수가 $U = \min(X, Y)$일 때, 소득소비곡선의 기울기는 1이다.
⑤ 소비자의 효용함수가 $U = X + Y$일 때, X재의 가격이 Y재의 가격보다 높다면 Y재만 소비할 것이다.

44 ④ 1) 효용함수를 풀어서 나타내면 $U = XY + X + 2Y + 2$이다.
2) 소비자균형조건 $MRS_{XY} = \dfrac{MU_X}{MU_Y} = \dfrac{Y+1}{X+2}$이다.
3) 문제의 조건을 소비자균형조건에 대입하면 $\dfrac{Y+1}{14+2} = 4$ ➡ $Y+1 = 64$ ➡ $Y = 63$이다.

45 난이도 ★★ 중요도 ★★★

두 재화 X, Y에 대해 양(+)의 소득 M을 가지고 효용을 극대화하는 갑의 효용함수는 $U(X, Y) = X + Y$이다. Y재 가격은 6이며, X재 가격은 5에서 8로 상승하였다. 이에 관한 설명으로 옳은 것은? [24. 감정평가사]

① X재 수요량 변화는 대체효과에 기인한다.
② X재 수요량 변화는 소득효과에 기인한다.
③ Y재 수요량 변화는 없다.
④ 수요량 변화의 1/3은 대체효과에 기인한다.
⑤ 수요량 변화의 2/3는 소득효과에 기인한다.

46 난이도 ★★★★ 중요도 ★★★

소비자 甲의 효용함수가 $U = Min[X + 2Y, 2X + Y]$이다. 甲의 소득은 150, X재의 가격은 30, Y재의 가격은 10일 때, 효용을 극대화하는 甲의 Y재 소비량은? (단, 甲은 X재와 Y재만 소비한다) [19. 감정평가사]

① 0 ② 2.5 ③ 5
④ 7.5 ⑤ 15

47 난이도 ★★★★ 중요도 ★★

X재와 Y재 소비에 대한 乙의 효용함수는 $U = 12x + 10y$이고, 소득은 1,500이다. X재의 가격이 15일 때 乙은 효용극대화를 위해 X재만 소비한다. 만약 乙이 Y재를 공동구매하는 클럽에 가입하면 Y재를 단위당 10에 구매할 수 있다. 乙이 클럽에 가입하기 위해 지불할 용의가 있는 최대금액은? (단, x는 X재 소비량, y는 Y재 소비량이다) [17. 감정평가사]

① 120 ② 200 ③ 300
④ 400 ⑤ 600

정답 및 해설

45 ① 1) 완전대체재인 경우 예산선을 그리고 무차별곡선을 덧대면 된다.

2) 무차별곡선의 기울기가 -1이고 예산선의 기울기가 $-\frac{5}{6}$이므로 X재만 소비한다.

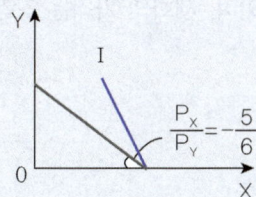

3) 가격 변화 후 무차별곡선의 기울기가 -1이고 예산선의 기울기가 $-\frac{8}{6}$이므로 Y재만 소비한다.

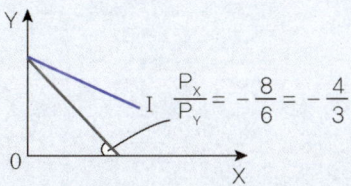

4) 모두 상대가격이 변한 것이므로 대체효과에 기인한다.

46 ⑤ 1) 레온티에프 효용함수의 형태이므로 $U = X + 2Y = 2X + Y$이다.
2) 이는 추세선 $X = Y$를 기준으로 $X > Y$이면 $U = X + 2Y$이고 $X < Y$이면 $U = 2X + Y$이다.
2) 주어진 조건으로 예산선을 도출하면 $30X + 10Y = 150$이다.
3) 예산선의 기울기가 3으로 항상 무차별곡선의 기울기보다 급경사이므로 소비자 균형은 Y축에 이루어진다. 따라서 $Y = 15$이다.

47 ③ 1) 무차별곡선의 형태가 완전대체재이다.
2) X재만 소비하므로 소득이 1,500이고 가격이 15일 때 소비량은 100이다. 따라서 효용은 1,200이다.
3) Y재 가격이 10일 때 Y재만 사용한다면 효용은 1,500이다.
4) 따라서 클럽에 가입하기 위해 지불해야 하는 돈은 두 효용의 차이인 300이다.

48 두 재화 X, Y를 소비하는 갑의 효용함수가 $U=XY^2$이고, X재의 가격은 1, Y재의 가격은 2, 소득은 90이다. 효용함수와 소득이 각각 $U=\sqrt{XY}$, 100으로 변경되었을 경우, 갑의 효용이 극대화되는 X재와 Y재의 구매량의 변화로 옳은 것은? [23. 감정평가사]

① X재 10 증가, Y재 5 감소
② X재 10 증가, Y재 5 증가
③ X재 20 증가, Y재 5 감소
④ X재 20 증가, Y재 10 감소
⑤ X재 20 증가, Y재 10 증가

49 X재와 Y재만 소비하는 갑의 효용함수가 $U=\min\{X, Y\}$이며, 재화의 가격은 각각 P_X, P_Y이다. 다음 중 옳지 않은 것은? [25. 감정평가사]

① 소득소비곡선은 원점을 지나는 45도 선이다.
② 가격소비곡선은 원점을 지나는 45도 선이다.
③ X재의 소득탄력성은 1이다.
④ X재 수요의 가격탄력성의 절대치는 1보다 작다.
⑤ P_Y에 대한 X재 수요의 교차탄력성은 1이다.

50 갑은 X재 소비량이 Y재 보다 많으면 X재 5개에 Y재 1개와 교환하려 하고, Y재 소비량이 X재 보다 많으면 X재 1개에 Y재 5개와 교환하려는 효용함수를 가진다. 만약 X재의 가격이 1, Y재의 가격이 2, 그리고 소득이 120일 때 효용을 극대화하는 소비량은? [25. 감정평가사]

① X: 20, Y: 50
② X: 30, Y: 45
③ X: 40, Y: 40
④ X: 50, Y: 35
⑤ X: 60, Y: 30

정답 및 해설

48 ③ 1) 최초의 조건에서 X재의 소비량 $X = \frac{1}{3} \cdot \frac{90}{1} = 30$, Y재의 소비량 $Y = \frac{2}{3} \cdot \frac{90}{2} = 30$이다.

2) 변화된 조건에서 X재의 소비량 $X = \frac{1}{2} \cdot \frac{100}{1} = 50$, Y재의 소비량 $Y = \frac{1}{2} \cdot \frac{100}{2} = 25$이다.

49 ⑤ P_y에 대한 X재 수요의 교차탄력성은 1인 경우 대체재이다. 문제의 조건은 완전보완재이므로 수요의 교차탄력성은 -(음수)이다.

50 ③ 1) 문제의 조건을 그래프로 그리면 다음과 같다.

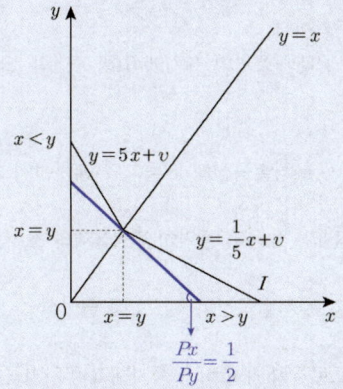

2) 따라서 동일한 양을 소비하여야 한다.

난이도 ★★★★ 중요도 ★

51 소비자가 X재의 판매자일 때, 실물부존(real endowment) 모형에 관한 설명으로 옳지 않은 것은? [단, 주어진 소득으로 X재와 Y재만 양(+)의 소비를 한다] [25. 감정평가사]

① 최적소비점은 예산선과 무차별곡선이 접하는 점이며 실물부존점과 일치하지 않을 수 있다.
② X재의 가격이 하락하고 효용이 증가하였다면, 소비자는 X재 구매자로 전환된다.
③ Y재의 가격이 하락하면, 소비자의 효용은 증가한다.
④ X재의 가격이 상승하고 Y재가 정상재라면, Y재의 소비는 증가한다.
⑤ X재의 가격이 상승하고 X재가 열등재라면, X재의 소비는 증가한다.

정답 및 해설

51 ⑤ X재의 가격이 상승하고 X재가 열등재라면, X재의 소비는 소득효과와 대체효과의 크기에 따라 달라진다.

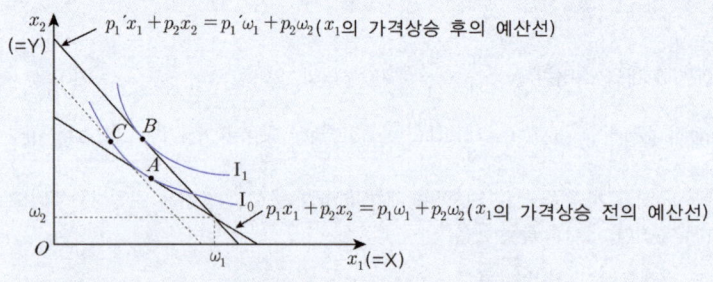

㉠ 대체효과: $A \rightarrow C$로 이동하여 X재의 소비가 감소한다.
㉡ 소득효과: $C \rightarrow B$로 열등재이면, X재의 소비가 증가한다.
㉢ 대체효과와 소득효과가 다른 방향이므로 소득효과와 대체효과의 크기에 따라 X재의 소비량이 결정된다.

[오답체크]
① 최적소비점은 예산선과 무차별곡선이 접하는 점이며 무차별곡선의 기울기와 예산선의 기울기가 일치하지 않는다면 실물부존점과 일치하지 않을 수 있다.
② X재의 가격이 하락하면 예산선의 기울기가 완만해진다. 효용이 증가하려면 X재의 소비가 증가해야 하므로 소비자는 X재 구매자로 전환된다.
③ Y재의 가격이 하락하면 예산선의 기울기가 상승하고 무차별곡선이 최초보다 멀어질 수 있으므로 소비자의 효용은 증가한다.
④ X재의 가격이 상승하면 예산선의 기울기가 증가하므로 Y재의 소비가 증가해야 무차별곡선이 원점에 대해 멀어지므로 Y재의 소비는 증가한다.

Topic 6. 무차별곡선이론(2) – 사회보장제도, 2기간모형, 여가 – 소득모형

사회보장제도	(1) ㉮ _____ : 현금보조 ≥ 현물보조 > 가격보조 (2) ㉯ _____ : 가격보조 > 현물보조 ≥ 현금보조

2기간모형	(1) 효용극대화 조건: ㉰ _____
	(2) 이자율 상승 시 소득효과와 대체효과
	  ① ㉱ _____
	    ㉠ 저축자: 이자율 상승 ➡ 현재소비의 기회비용 상승 ➡ 현재소비 감소 (저축 증가)
	    ㉡ 차입자: 이자율 상승 ➡ 기회비용 상승 ➡ 현재소비 감소 (차입 감소)
	  ② ㉲ _____
	    ㉠ 저축자: 이자율 상승 ➡ 이자수입 증가 ➡ 소득 증가 ➡ 현재소비 증가
	    ㉡ 차입자: 이자율 상승 ➡ 이자부담 증가 ➡ 소득 감소 ➡ 현재소비 감소

여가–소득모형	(1) 효용극대화 조건: ㉳ _____
	(2) 임금 상승 시 소득효과와 대체효과
	  ① 대체효과: 실질임금 상승 ➡ 여가의 상대가격 상승 ➡ 여가소비 감소 ➡ 노동공급 증가
	  ② 소득효과
	    ㉠ 여가가 ㉴ _____ 인 경우: 실질임금 상승 ➡ 실질소득 상승 ➡ 여가소비 증가 ➡ 노동공급 감소
	    ㉡ 여가가 ㉵ _____ 인 경우: 실질임금 상승 ➡ 실질소득 상승 ➡ 여가소비 감소 ➡ 노동공급 증가

핵심키워드

㉮ 효용수준, ㉯ 정부의 목표달성, ㉰ $MRS_{c_1 c_2} = 1 + r$, ㉱ 대체효과, ㉲ 소득효과, ㉳ $MRS_{lM} = w$, ㉴ 정상재, ㉵ 열등재

STEP 1 타시험 기출문제

01 난이도 ★★ 중요도 ★★★

두 기간(현재기와 미래기)에 걸쳐 소비를 최적화하는 A에게 현재소비와 미래소비는 모두 정상재이다. 이자율 변화가 A의 최적선택에 미치는 영향에 대한 다음 설명 중 항상 옳은 것은? (단, 소비자 A의 무차별곡선은 원점에 대해 강볼록(strictly convex)하며, 차입제약은 없다고 가정한다)

[23. 군무원 7급]

① A가 현재기에 저축자라면 이자율이 상승 시 미래소비가 증가한다.
② A가 현재기에 저축자라면 이자율이 하락 시 현재소비가 감소한다.
③ A가 현재기에 차입자라면 이자율 상승 시 미래소비가 감소한다.
④ A가 현재기에 차입자라면 이자율 하락 시 현재소비가 감소한다.

02 난이도 ★★ 중요도 ★★★

현재와 미래 두 기를 사는 소비자가 있고, 이 소비자에게는 현재와 미래가 시작될 때 각각 W의 소득이 주어진다고 한다. 현재 금융시장에서 차입과 저축이 모두 가능하며, 현재소비와 미래소비는 모두 정상재이다. 다음 중 이자율의 상승에 따라 반드시 발생하는 현상들로만 묶인 것은?

[20. 군무원 7급]

> A. 현재 저축을 하고 있는 경우 미래소비의 증가
> B. 현재 저축을 하고 있는 경우 저축의 증가
> C. 현재 차입을 하고 있는 경우 미래소비의 증가
> D. 현재 차입을 하고 있는 경우 차입의 감소

① A, D ② B, D
③ A, C ④ A, B, C, D

정답 및 해설

01 ① 1) 이자율 상승 시 대체효과 ➡ 이자율 하락은 반대로 생각하면 됨!
　　　㉠ 현재소비의 상대가격 상승으로 현재소비 감소
　　　㉡ 미래소비의 상대가격 하락으로 미래소비 증가
　　2) 이자율 상승 시 소득효과
　　　㉠ 저축자는 실질소득이 증가하므로 현재소비와 미래소비 모두 증가
　　　㉡ 차입자는 실질소득이 감소하므로 현재소비와 미래소비 모두 감소
　　3) 이자율 상승 시 가격효과
　　　㉠ 저축자의 경우 현재소비는 소득효과와 대체효과의 상대적 크기에 따라 달라지며 미래소비는 이자율에 비례한다.
　　　㉡ 차입자의 경우 현재소비는 이자율에 반비례하며 미래소비는 소득효과와 대체효과의 상대적 크기에 따라 달라진다.

　　[오답체크]
　　② A가 현재기에 저축자라면 이자율이 하락 시 현재소비는 알 수 없다.
　　③ A가 현재기에 차입자라면 이자율 상승 시 미래소비는 알 수 없다.
　　④ A가 현재기에 차입자라면 이자율 하락 시 현재소비가 증가한다.

02 ① 1) 이자율 상승 시 저축자
　　　㉠ 소득효과: 실질소득 상승 ➡ 현재소비 증가 & 미래소비 증가
　　　㉡ 대체효과: 현재소비의 상대가격 상승 ➡ 현재소비 감소 ➡ 저축 증가
　　　　　　　　　 미래소비의 상대가격 하락 ➡ 미래소비 증가
　　　㉢ 저축자의 현재소비는 알 수 없으나 미래소비는 반드시 증가한다.
　　2) 이자율 상승 시 차입자
　　　㉠ 소득효과: 실질소득 하락 ➡ 현재소비 감소 & 미래소비 감소
　　　㉡ 대체효과: 현재소비의 상대가격 상승 ➡ 현재소비 감소
　　　　　　　　　 미래소비의 상대가격 하락 ➡ 미래소비 증가
　　　㉢ 차입자의 현재소비는 감소(= 차입 감소)하나 미래소비는 알 수 없다.

03 2기간 소비선택모형에서 소비자의 효용함수는 $U(C_1, C_2) = C_1 C_2$이고, 예산제약식은 $C_1 + \dfrac{C_2}{1+r} = Y_1 + \dfrac{Y_2}{1+r}$이다. 이 소비자의 최적소비 행태에 대한 설명으로 옳지 않은 것은? (단, C_1은 1기의 소비, C_2는 2기의 소비, Y_1은 1기의 소득으로 100, Y_2는 2기의 소득으로 121, r은 이자율로 10%이다) [17. 지방직 7급]

① 한계대체율과 $(1+r)$이 일치할 때 최적소비가 발생한다.
② 1기보다 2기에 소비를 더 많이 한다.
③ 1기에 이 소비자는 저축을 한다.
④ 유동성제약이 발생하면 1기의 소비는 감소한다.

04 다음은 두 기간에 걸친 어느 소비자의 균형조건을 보여준다. 이 소비자의 소득 부존점은 E이고 효용극대화 균형점은 A이며, 이 경제의 실질이자율은 r이다. 이에 대한 설명으로 옳지 않은 것은? (단, 원점에 볼록한 곡선은 무차별곡선이다) [18. 지방직 7급]

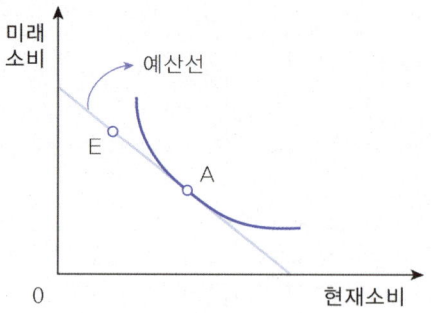

① 실질이자율(r)이 하락하면, 이 소비자의 효용은 감소한다.
② 효용극대화를 추구하는 이 소비자는 차입자가 될 것이다.
③ 현재소비와 미래소비가 모두 정상재인 경우, 현재소득이 증가하면 소비평준화(Consumption smoothing) 현상이 나타난다.
④ 유동성 제약이 있다면, 이 소비자의 경우 한계대체율은 1+r보다 클 것이다.

정답 및 해설

03 ③ 1) 현재소비와 미래소비 간의 한계대체율을 구해보면 $MRS_{C_1,C_2} = \dfrac{MU_{C_1}}{MU_{C_2}} = \dfrac{C_2}{C_1}$ 이다.

2) 소비자균형에서는 예산선과 무차별곡선이 접하므로 $MRS_{C_1,C_2} = (1+r)$ ➔ $\dfrac{C_2}{C_1} = 1.1$, $C_2 = 1.1\, C_1$ 이 성립한다.

3) $C_1 + \dfrac{C_2}{1.1} = 100 + \dfrac{121}{1.1}$ 에 대입하면 $2C_1 = 210$, $C_1 = 105$, $C_2 = 115.5$ 로 계산된다. 1기 소득이 100이고 1기 소비가 105이므로 이 소비자는 차입자임을 알 수 있다.

04 ① 소비자균형인 A점에서의 현재소비가 부존점인 E점의 현재소득보다 많으므로 이 소비자는 차입자이다. 실질이자율(r)이 하락하면 차입자인 이 소비자의 소비가능영역이 커지므로 이 소비자의 효용수준은 증가하게 된다.

[오답체크]
② 효용극대화를 추구하는 이 소비자는 차입자가 될 것이다.
③ 현재소비와 미래소비가 모두 정상재인 경우, 현재소득이 증가하면 소비평준화(Consumption smoothing) 현상, 즉 증가한 현재소득을 전부 현재소비에만 사용하는 것이 아니라 일부는 미래소비 증가에 사용된다.
④ 유동성 제약이 있다면, 부존점에서 소비해야 하므로 이 소비자의 경우 한계대체율은 $1+r$ 보다 클 것이다.

난이도 ★★★★ 중요도 ★★

05 다음은 2기간 소비선택모형이다. 이에 대한 설명으로 옳지 않은 것은? [17. 지방직 7급]

> 소비자의 효용함수는 $U(C_1, C_2) = \ln(C_1) + \beta\ln(C_2)$이다. 여기서 C_1은 1기 소비, C_2는 2기 소비, $\beta \in (0, 1)$, ln은 자연로그이다. 소비자의 1기 소득은 100이며, 2기 소득은 0이다. 1기의 소비 중에서 남은 부분은 저축 할 수 있으며, 저축에 대한 이자율은 r로 일정하다.

① 소비자의 예산제약식은 $C_1 + \dfrac{C_2}{1+r} = 100$이다.

② $\beta(1+r) = 1$이면, 1기의 소비와 2기의 소비는 같다.

③ $\beta > \dfrac{1}{1+r}$이면, 1기의 소비가 2기의 소비보다 크다.

④ 효용함수가 $U(C_1, C_2) = C_1 C_2^\beta$인 경우에도, 1기 소비와 2기 소비의 균형은 변하지 않는다.

난이도 ★ 중요도 ★★★

06 소득-여가 선택모형에서 효용극대화를 추구하는 개인의 노동공급 의사결정에 관한 설명으로 옳지 않은 것은? (단, 대체효과와 소득효과의 비교는 절댓값으로 한다) [20. 노무사]

① 소득과 여가가 정상재인 경우, 임금률 상승 시 대체효과가 소득효과보다 크면 노동공급은 증가한다.

② 소득과 여가가 정상재인 경우, 임금률 하락 시 소득효과가 대체효과보다 크면 노동공급은 감소한다.

③ 소득과 여가가 정상재인 경우, 임금률 하락 시 대체효과는 노동공급 감소요인이다.

④ 소득과 여가가 정상재인 경우, 임금률 상승 시 소득효과는 노동공급 감소요인이다.

⑤ 소득은 정상재이지만 여가가 열등재인 경우, 임금률 상승은 노동공급을 증가시킨다.

정답 및 해설

05 ③ $\beta > \dfrac{1}{1+r}$이면, 1기의 소비가 2기의 소비보다 작다.

[오답체크]

① 소비자의 1기 소득은 100, 2기 소득은 0이므로 예산제약식은 $C_1 + \dfrac{C_2}{1+r} = 100$이다.

② 효용함수 $U(C_1, C_2) = \ln(C_1) + \beta\ln(C_2)$을 C_1에 대해 미분하면 $MU_{C_1} = \dfrac{1}{C_1}$이고, C_2에 대해 미분하면

$MU_{C_2} = \dfrac{\beta}{C_2}$이므로 한계대체율 $MRS_{C_1 C_2} = \dfrac{MU_{C_1}}{MU_{C_2}} = \dfrac{\dfrac{1}{C_1}}{\dfrac{\beta}{C_2}} = \dfrac{C_2}{\beta C_1}$이다.

예산선의 기울기는 $(1+r)$이고 소비자균형에서는 무차별곡선과 예산선이 서로 접하므로 $MRS_{C_1 C_2} = \dfrac{C_2}{\beta C_1} = (1+r)$로 두면 $C_2 = \beta(1+r)C_1$의 관계를 구할 수 있다. 따라서 $\beta(1+r) = 1$이면 1기와 2기의 소비는 같다.

④ 효용함수가 $U(C_1, C_2) = C_1 C_2^\beta$인 경우에도 한계대체율이 문제에 주어진 효용함수와 동일하므로 1기 소비와 2기 소비의 균형은 변하지 않는다.

06 ② 1) 임금률 하락 시 대체효과에 의해 여가의 상대가격이 하락하여 여가소비 증가 ➜ 노동공급 감소
2) 임금률 하락 시 여가가 정상재인 경우 소득효과에 의해 여가소비 감소 ➜ 노동공급 증가
3) 따라서 소득효과가 크면 노동공급이 증가하고, 대체효과가 크면 노동공급이 감소한다.

07 병은 하루 24시간을 여가시간(l)과 노동시간(L)으로 나누어 사용한다. 효용은 노동을 통해 얻는 근로소득(Y)과 여가시간을 통해서만 결정된다고 할 때, 병의 노동공급곡선에 대한 설명으로 옳은 것은? (단, $Y = wL$이며 w는 시간당 임금이다) [21. 국가직 7급]

① 여가가 열등재일 경우 노동공급곡선의 후방굴절(backward bending)이 나타날 수 있다.
② 시간당 임금 상승으로 인한 대체효과는 노동공급량을 증가시킨다.
③ 여가가 정상재일 경우 시간당 임금 상승 시 소득효과가 대체효과보다 더 크면 노동공급량이 증가한다.
④ 근로소득과 여가가 완전보완관계일 경우 시간당 임금 상승 시 소득효과가 발생하지 않는다.

08 소득-여가선택모형에서 효용극대화를 추구하는 개인의 노동공급 의사결정에 관한 설명으로 옳지 않은 것은? [단, 여가(L)와 소득(Y)은 효용을 주는 재화이며 한계대체율($MRS_{XY} = \left|\frac{\triangle Y}{\triangle L}\right|$)은 체감한다] [21. 노무사]

① 여가가 정상재인 경우 복권당첨은 근로시간의 감소를 초래한다.
② 여가가 열등재라면 노동공급곡선은 우하향한다.
③ 임금률이 한계대체율보다 크다면 효용극대화를 위해 근로시간을 늘려야 한다.
④ 개인 간 선호의 차이는 무차별곡선의 모양차이로 나타난다.
⑤ 시장임금이 유보임금(reservation wage)보다 낮다면 노동을 제공하지 않는다.

09 노동공급곡선에 대한 설명으로 옳지 않은 것은? [20. 군무원 7급]

① 여가가 정상재인 경우 임금율 상승으로 나타나는 대체효과와 소득효과는 동일하게 음의 방향으로 작동한다.
② 기회비용의 개념을 이용하면 여가의 가격은 여가를 얻기 위해 포기하는 노동의 대가인 임금으로 볼 수 있다.
③ 노동공급곡선은 임금률과 노동공급량 간의 관계에 대한 그래프이다.
④ 후방 굴절하는 노동공급곡선은 소득효과가 대체효과보다 큰 경우 나타날 수 있다.

정답 및 해설

07 ② 1) 대체효과
임금 상승 시 여가의 상대가격이 상승하여 여가소비가 감소한다. 이로 인해 노동공급이 증가한다.
2) 소득효과
㉠ 임금 상승 시 실질소득이 증가한다.
㉡ 여가가 정상재인 경우 여가소비가 증가하여 노동공급이 감소한다.
㉢ 여가가 열등재인 경우 여가소비가 감소하여 노동공급이 감소한다.
3) 결론
㉠ 여가가 열등재이면 임금 상승 시 노동공급이 증가한다.
㉡ 여가가 정상재이면 임금 상승 시 소득효과가 대체효과보다 작으면 노동공급이 증가한다.
㉢ 여가가 정상재이면 임금 상승 시 소득효과가 대체효과보다 크면 노동공급이 감소한다.
4) 지문분석
② 시간당 임금 상승으로 인한 대체효과는 여가의 상대가격을 상승시키므로 여가소비가 감소하여 노동공급량을 증가시킨다.

[오답체크]
① 여가가 정상재일 경우 노동공급곡선의 후방굴절(backward bending)이 나타날 수 있다.
③ 여가가 정상재일 경우 시간당 임금 상승 시 소득효과가 대체효과보다 더 크면 노동공급량이 감소한다.
④ 근로소득과 여가가 완전보완관계일 경우 시간당 임금 상승 시 대체효과가 발생하지 않는다.

08 ② 여가가 열등재라면 소득효과와 대체효과의 방향이 동일하여 공급법칙에 따른다. 따라서 임금 상승 시 노동량이 증가하므로 노동공급곡선은 우상향한다.

[오답체크]
① 여가가 정상재인 경우 복권당첨은 소득을 증가시키므로 여가소비를 증가시켜 근로시간의 감소를 초래한다.
③ 임금률이 한계대체율보다 크다면 여가를 줄여야 하므로 효용극대화를 위해 근로시간을 늘려야 한다.
④ 개인 간 선호의 차이는 볼록한 경우, 선형, L자형 등 무차별곡선의 모양차이로 다양하게 나타날 수 있다.
⑤ 시장임금이 자신이 꼭 받고자 하는 유보임금(reservation wage)보다 낮다면 노동을 제공하지 않는다.

09 ① 1) 임금 상승 시 소득효과
㉠ 여가가 정상재이면 소득 증가 ➡ 여가소비 증가 ➡ 노동공급 감소
㉡ 여가가 열등재이면 소득 증가 ➡ 여가소비 감소 ➡ 노동공급 증가
2) 임금 상승 시 대체효과
여가의 상대가격 상승 ➡ 여가소비 감소 ➡ 노동공급 증가
3) 따라서 여가가 정상재인 경우 임금율 상승으로 나타나는 대체효과와 소득효과는 반대 방향으로 작동한다.

10 소득-여가선택모형에서 A의 효용함수가 $U = Y + 2L$이고, 총가용시간은 24시간이다. 시간당 임금이 변화할 때, A의 노동공급시간과 여가시간에 관한 설명으로 옳은 것을 모두 고른 것은? (단, U = 효용, Y = 소득, L = 여가시간이다)   [18. 노무사]

> ㄱ. 시간당 임금의 상승은 언제나 노동공급시간을 증가시킨다.
> ㄴ. 시간당 임금이 1이면 노동공급시간은 3이다.
> ㄷ. 시간당 임금이 3이면 여가시간은 0이다.
> ㄹ. 시간당 임금이 3에서 4로 상승하면 임금 상승에도 불구하고 노동공급시간은 더 이상 증가하지 않는다.

① ㄱ, ㄴ ② ㄴ, ㄷ ③ ㄷ, ㄹ
④ ㄱ, ㄴ, ㄷ ⑤ ㄴ, ㄷ, ㄹ

11 갑의 효용함수는 $U(m, l) = ml$이고, 예산 제약식은 $w(24 - l) + A = m$이다. 갑이 효용을 극대화할 때 이에 관한 설명으로 옳지 않은 것은? [단, m은 소득, l은 여가, $(24 - l) \geq 0$은 근로시간, A는 보조금, w는 시간당 임금이다]   [20. 보험계리사]

① 보조금이 증가하면 근로시간은 감소한다.
② 보조금이 시간당 임금의 두 배이면 최적 여가는 13이다.
③ 보조금이 존재할 때, 시간당 임금이 상승하면 여가는 감소한다.
④ 보조금이 없을 때 근로시간은 시간당 임금에 비례하여 증가한다.

12 근로장려세제(EITC; Earned Income Tax Credit)에 관한 설명으로 옳지 않은 것은?   [19. 보험계리사]

① EITC는 최저임금제와는 달리 고용주들에게 저임금근로자를 해고할 유인을 제공하지 않는다.
② EITC는 저소득 근로자에게 추가적 소득을 제공한다.
③ 실업자도 EITC의 수혜대상이 된다.
④ EITC를 확대 실시하면 재정부담이 커진다.

정답 및 해설

10 ③ ㄷ. 시간당 임금이 3이면 소비자균형은 이루어지므로 여가시간은 0, 노동시간은 24시간이 된다.
    ㄹ. 시간당 임금이 2보다 높은 경우 개인 A는 24시간을 모두 노동공급에 투입할 것이므로 시간당 임금이 3에서 4로 상승하더라도 노동시간은 더 이상 증가하지 않는다.

[오답체크]
  ㄱ. 효용함수 $U = Y + 2L$을 Y에 대해 정리하면 $Y = -2L + U$이므로 무차별곡선은 기울기가 2(절댓값)인 우하향의 직선이다.
  ㄴ. 시간당 임금이 1이면 소비자균형은 이루어지므로 노동시간은 0, 여가시간은 24시간이 된다.

11 ④ 1) 노동시장의 효용극대화조건은 $MRS_{lm} = \dfrac{MU_l}{MU_M} = w$이다.

  2) $MRS_{lm} = \dfrac{m}{l} = w$이므로 $m = lw$가 성립한다.

  3) 이를 예산선에 대입하면 $24w - lw + A = m$ ➔ $24w - lw + A = lw$ ➔ $l = \dfrac{A}{2w} + 12$이다.

  4) 지문분석
    ④ 보조금이 없을 때 $A = 0$이므로 여가시간은 12시간이다. 여가시간이 변하지 않으면 노동시간도 변하지 않는다.

[오답체크]
  ① 보조금 A가 증가하면 여가시간이 증가하므로 근로시간은 감소한다.
  ② 보조금이 시간당 임금의 두 배이면 $A = 2w$이므로 $l = 1 + 12$가 성립하여 최적 여가는 13이다.
  ③ 보조금이 존재할 때, 여가는 임금에 반비례하므로 시간당 임금이 상승하면 여가는 감소한다.

12 ③ EITC는 소득에 비례하여 보조금을 지급하는 제도이다. 실업자는 근로소득이 없으므로 EITC의 수혜대상이 되지 않는다.

[오답체크]
  ① EITC는 정부가 주는 보조금이므로 기업이 제공해야 하는 최저임금제와는 달리 고용주들에게 저임금 근로자를 해고할 유인을 제공하지 않는다.
  ② EITC는 저소득 근로자에게 보조금의 형태로 추가적 소득을 제공한다.
  ④ EITC를 확대 실시하면 보조금이 많이 지출되므로 재정부담이 커진다.

13 〈보기〉와 같은 상황에서 2015년의 연금지급액이 200이었다면 2016년에 대한 설명으로 옳은 것은?
[16. 국회직 8급]

〈보기〉
- X와 Y 두 재화만을 소비하는 연금수령자가 2015년 현재 $P_x = P_y = 1$에서 X와 Y를 각각 100단위씩 소비하고 있다.
- 연금수령자의 효용함수는 $U(X, Y) = \sqrt{XY}$이며 연금수령자는 매기 효용을 극대화한다.
- 2016년에는 P_y는 그대로인데 $P_x = 1.1$로 상승함에 따라 정부가 연금지급액을 조정한다.

① 연금수령자가 이전과 동일한 소비량을 유지하기 위해서는 연금지급액이 220으로 증가해야 한다.
② 연금수령액이 200에서 213으로 증가할 경우 연금수령자는 이전과 동일한 소비량을 선택할 것이다.
③ 연금수령액이 200에서 220으로 증가할 경우 연금수령자는 이전과 동일한 소비량을 선택할 것이다.
④ 연금수령자에 대한 소비자물가지수(CPI)는 2015년을 기준연도로 할 때 2016년에는 107이 된다.
⑤ 연금수령자가 이전과 동일한 효용을 유지하기 위해서는 연금지급액이 200과 210 사이의 값으로 증가해야 한다.

14 다음을 참조할 때 A가 선호하는 지원방식을 순서대로 나열한 것은?
[14. 국회직 8급]

A는 월 60만원의 소득을 음식(F)과 의복(C)을 소비하는 데 모두 지출하여 그의 효용함수는 $U = 2FC$이고, 음식의 가격은 2만원, 의복의 가격은 1만원이다. 정부에서 A의 음식 소비를 지원하기 위해 다음 3가지 방안을 고려하고 있다. (단, U는 효용을 나타내고, $a > b$는 a를 b보다 선호하고, $a \sim b$는 a와 b에 대한 선호가 무차별함을 의미한다)

ㄱ. 음식 1단위당 5천원의 보조
ㄴ. 10만원의 정액보조
ㄷ. 음식 5단위를 구입할 수 있는 음식바우처(음식만 구입 가능) 지급

① ㄱ > ㄴ > ㄷ
② ㄱ ~ ㄴ ~ ㄷ
③ ㄴ > ㄱ > ㄷ
④ ㄴ ~ ㄷ > ㄱ
⑤ ㄴ > ㄷ > ㄱ

정답 및 해설

13 ⑤ 1) 효용함수가 $U = AX^\alpha \cdot Y^\beta$인 경우 수요함수와 최적수요량을 구하면 다음과 같다.
Max: $U = AX^\alpha \cdot Y^\beta$
s. t (제약조건): $P_X \cdot X + P_Y \cdot Y = M$
위 식을 풀이한 결과는 $X = \dfrac{\alpha}{\alpha + \beta} \cdot \dfrac{M}{P_X}$, $Y = \dfrac{\beta}{\alpha + \beta} \cdot \dfrac{M}{P_Y}$이다.

2) 연금수령자의 효용함수는 $U(X, Y) = \sqrt{XY}$인데, X와 Y재 100단위씩 소비하고 있으므로 효용함수는 다음과 같다.
$U(X, Y) = \sqrt{100 \times 100} = 100$

3) 2016년에는 P_y는 그대로인데 $P_x = 1.1$로 상승함에 따라 연금수령자가 이전과 동일한 효용을 유지하기 위해서 연금지급액은 $\alpha = \beta = \dfrac{1}{2}$이고 $X = \dfrac{\alpha}{\alpha + \beta} \cdot \dfrac{M}{P_X} = \dfrac{1}{2}M$, $Y = \dfrac{\beta}{\alpha + \beta} \cdot \dfrac{M}{P_Y} = \dfrac{1}{2} \cdot \dfrac{M}{1.1}$
이므로 $U(X, Y) = \sqrt{\dfrac{1}{2}M \times \dfrac{1}{2}\dfrac{M}{1.1}} = 100$ → $\dfrac{M^2}{4.4} = 100^2$ → $\sqrt{4.4} \times 100 < 210$이다. 따라서 연금수령자가 이전과 동일한 효용을 유지하기 위해서는 연금지급액이 200과 210 사이의 값으로 증가해야 한다.

[오답체크]
① 동일한 소비량인 (100, 100)을 소비하려면 210이 필요하다.
②③ 210보다 크므로 다른 소비량을 선택할 것이다.
④ 소비자물가지수는 기준연도의 수량을 사용한다.
따라서 소비자물가지수는 $\dfrac{100 \times 1.1 + 100 \times 1}{100 \times 1 + 100 \times 1} \times 100 = 105$이다.

14 ④ 1) 주어진 함수의 한계대체율 $MRS_{FC} = \dfrac{C}{F}$이다.

2) 효용극대화 조건 $MRS_{FC} = \dfrac{P_F}{P_C}$에 대입하면 $\dfrac{C}{F} = 2$이므로 $C = 2F$이다.

3) 예산제약 $2만 \times F + 1만 \times C = 60만$에 $C = 2F$를 대입하면 $F = 15$개, $C = 30$개가 도출된다. 즉 최초에는 $F = 15$개, $C = 30$개를 소비하고 있다는 것이다.

4) 지문분석
ㄱ. 음식 1단위당 5천원을 보조하면 음식 가격은 1.5만원이다. 효용극대화 조건은 $\dfrac{C}{F} = 1.5$이므로 $C = 1.5F$이다. 예산제약 $1.5만 \times F + 1만 \times C = 60만$에 $C = 1.5F$를 대입하면 $F = 20$개, $C = 30$개가 도출된다. 이를 효용함수 $U = FC$에 대입하면 효용은 1,200이 된다.

ㄴ. 효용극대화 조건은 $\dfrac{C}{F} = 2$이므로 $C = 2F$이다. 예산제약 $2만 \times F + 1만 \times C = 70만$에 $C = 2F$를 대입하면 $F = 17.5$개, $C = 35$개가 도출된다. 이를 효용함수 $U = 2FC$에 대입하면 효용은 1,225가 된다.

ㄷ. 음식 5단위에 음식가격 2만원을 곱하면 실질적으로 보조금은 10만원이 된다. 따라서 현금보조와 동일하게 $F = 17.5$개, $C = 35$개를 소비하므로 효용도 1,225가 된다.

5) 현금보조와 현물보조의 효용은 동일하고 가격보조의 효용은 낮으므로 가격보조보다 현금보조, 현물보조를 더 선호한다.

15 난이도 ★★★★ 중요도 ★★

피셔의 2기간 소비모형이 다음과 같다. 생애효용을 극대화하는 소비자의 기간 간 최적소비결정에 대한 다음의 설명 중 가장 옳지 않은 것은? [22. 군무원 7급]

> • 생애효용: $U = (C_1,\ C_2) = \ln C_1 + \dfrac{1}{1+p} \ln C_2$
>
> • 예산제약: $C_1 + \dfrac{C_2}{1+r} = Y_1 + \dfrac{Y_2}{1+r}$
>
> C_1과 C_2는 각각 현재소비와 미래소비이며, Y_1과 Y_2는 각각 현재소득과 미래소득이다. p와 r은 각각 소비자의 시간선호율과 시장이자율이며, 모두 0보다 크다.

① 다른 조건이 일정하다면, 시간선호율이 시장이자율보다 클 때 효용을 극대화하는 미래소비는 현재소비보다 작다.
② 다른 조건이 일정하다면, 시간선호율이 높을수록 미래소비에 비해 현재소비의 생애효용에 대한 상대적인 영향력이 커진다.
③ 다른 조건이 일정하다면, 시장이자율이 상승할수록 효용을 극대화하는 미래소비증가율은 상승한다.
④ 다른 조건이 일정하다면, 시간선호율이 높을수록 현재소비와 미래소비 간의 한계대체율은 낮다.

정답 및 해설

15 ④ 1) 효용극대화조건은 $MRS_{c_1 c_2} = \dfrac{MU_{c_1}}{MU_{c_2}} = \dfrac{\frac{1}{C_1}}{\frac{1}{(1+\rho)C_2}} = \dfrac{(1+\rho)C_2}{C_1} = 1+r$

2) 지문분석

④ $MRS_{c_1 c_2} = \dfrac{MU_{c_1}}{MU_{c_2}} = \dfrac{\frac{1}{C_1}}{\frac{1}{(1+\rho)C_2}} = \dfrac{(1+\rho)C_2}{C_1}$ → 시간선호율이 높을수록 한계대체율은 커진다.

[오답체크]
① $\dfrac{C_2}{C_1} = \dfrac{1+r}{1+\rho}$ 이므로 $\rho > r$이면 현재소비가 더 크다.
② $\dfrac{C_2}{C_1} = \dfrac{1+r}{1+\rho}$ 이므로 ρ가 커지면 현재소비의 생애효용에 대한 상대적 영향력이 커진다.
③ $\dfrac{C_2}{C_1} = \dfrac{1+r}{1+\rho}$ 이므로 r이 상승하면 미래소비가 커지므로 미래소비 증가율이 커진다.

| STEP 2 | 감정평가사 기출문제 |

난이도 ★★
중요도 ★★★

16 피셔(I. Fisher)의 기간 간 선택(intertemporal choice)모형에서 최적소비선택에 관한 설명으로 옳은 것을 모두 고른 것은? (단, 기간은 현재와 미래이며, 현재소비와 미래소비는 모두 정상재이다. 무차별곡선은 우하향하며 원점에 대하여 볼록한 곡선이다) [19. 감정평가사]

> ㄱ. 실질이자율이 상승하면, 현재 대부자인 소비자는 미래소비를 증가시킨다.
> ㄴ. 실질이자율이 하락하면, 현재 대부자인 소비자는 현재저축을 감소시킨다.
> ㄷ. 실질이자율이 상승하면, 현재 차입자인 소비자는 현재소비를 감소시킨다.
> ㄹ. 미래소득이 증가하여도 현재 차입제약에 구속된(binding) 소비자의 현재소비는 변하지 않는나.

① ㄱ, ㄴ ② ㄴ, ㄷ ③ ㄷ, ㄹ
④ ㄱ, ㄷ, ㄹ ⑤ ㄴ, ㄷ, ㄹ

정답 및 해설

16 ④ 1) 저축자(대부자)의 경우 실질이자율이 상승하면 부존점을 중심으로 현재소비의 상대가격이 상승한다. 따라서 대체효과가 발생하여 현재소비가 감소하고 저축이 증가한다.
2) 저축자의 경우 실질이자율이 상승하면 소득이 상승하여 현재소비가 증가한다. 따라서 저축이 감소한다.
3) 저축자의 경우 소득효과가 크면 저축이 감소하고 대체효과가 크면 저축이 증가한다.
4) 저축자의 경우 소득효과 대체효과 모두 미래소비를 증가시킨다.
5) 차입자의 경우 이자율이 상승하면 비용이 증가하므로 현재소비를 감소시킨다.
6) 차입자의 경우 차입제약에 있다면 소비를 늘리는 것이 불가능하므로 소비자의 현재소비는 변하지 않는다.

[오답체크]
ㄴ. 실질이자율이 하락하면, 현재 대부자인 소비자는 현재저축을 감소시킨다고 단정지을 수 없다.

17 효용을 극대화하는 甲은 1기의 소비(c_1)와 2기의 소비(c_2)로 구성된 효용함수 $U = (c_1, c_2) = c_1 c_2^2$을 가지고 있다. 甲은 시점 간 선택(intertemporal choice) 모형에서 1기에 3,000만원, 2기에 3,300만원의 소득을 얻고, 이자율 10%로 저축하거나 빌릴 수 있다. 1기의 최적 선택에 관한 설명으로 옳은 것은? (단, 인플레이션은 고려하지 않는다) [18. 감정평가사]

① 1,000만원을 저축할 것이다.
② 1,000만원을 빌릴 것이다.
③ 저축하지도 빌리지도 않을 것이다.
④ 1,400만원을 저축할 것이다.
⑤ 1,400만원을 빌릴 것이다.

18 여가(L) 및 복합재(Y)에 대한 甲의 효용은 $U(L, Y) = \sqrt{L} + \sqrt{Y}$이고, 복합재의 가격은 1이다. 시간당 임금이 w일 때, 甲의 여가시간이 L이면, 소득은 $w(24 - L)$이 된다. 시간당 임금 w가 3에서 5로 상승할 때, 효용을 극대화하는 甲의 여가시간 변화는? [20. 감정평가사]

① 1만큼 증가한다.
② 2만큼 증가한다.
③ 변화가 없다.
④ 2만큼 감소한다.
⑤ 1만큼 감소한다.

19 甲의 효용함수는 $U = \sqrt{LF}$이며 하루 24시간을 여가(L)와 노동($24 - L$)에 배분한다. 甲은 노동을 통해서만 소득을 얻으며, 소득은 모두 식품(F)을 구매하는 데 사용한다. 시간당 임금은 10,000원, 식품의 가격은 2,500원이다. 甲이 예산제약하에서 효용을 극대화할 때, 여가시간과 구매하는 식품의 양은? [18. 감정평가사]

① $L = 8$, $F = 64$ ② $L = 10$, $F = 56$ ③ $L = 12$, $F = 48$
④ $L = 14$, $F = 40$ ⑤ $L = 16$, $F = 32$

정답 및 해설

17 ① 1) 소비자균형은 $MRS_{c_1, c_2} = 1 + r$ 이다.

2) $MRS_{c_1, c_2} = \dfrac{MU_{c_1}}{MU_{c_2}} = \dfrac{c_2^2}{2c_1 c_2} = \dfrac{c_2}{2c_1}$

3) 이자율은 10%이므로 $\dfrac{c_2}{2c_1} = 1.1$ ➡ $c_2 = 2.2c_1$ 이다.

4) 예산제약식 $Y_1 + \dfrac{Y_2}{1+r} = c_1 + \dfrac{c_2}{1+r}$ 에 대입하면 $3,000 + \dfrac{3,300}{1.1} = c_1 + \dfrac{2.2c_1}{1.1}$ ➡ $6,000 = 3c_1$
➡ $c_1 = 2,000$ 이다.

5) 따라서 현재소득이 3,000만원이고 현재소비가 2,000만원이므로 1,000만원을 저축한다는 것을 알 수 있다.

18 ④ 1) 주어진 효용함수의 한계대체율을 구하면 $\dfrac{MU_L}{MU_Y} = \dfrac{\frac{1}{2\sqrt{L}}}{\frac{1}{2\sqrt{Y}}} = \dfrac{\sqrt{Y}}{\sqrt{L}}$ 이다.

2) 주어진 소득으로 복합재를 구입하므로 예산선은 $Y = w(24 - L)$ 이다.

3) 합리적 선택은 예산선의 기울기와 무차별곡선의 기울기가 접하는 점이므로 $\dfrac{\sqrt{Y}}{\sqrt{L}} = w$가 성립한다.

4) $w = 3$일 때 $\dfrac{\sqrt{Y}}{\sqrt{L}} = 3$ ➡ $Y = 9L$이고 이를 예산선에 대입하면 $9L = 3(24 - L)$ ➡ $12L = 72$ ➡ $L = 6$이다.

5) $w = 5$일 때 $\dfrac{\sqrt{Y}}{\sqrt{L}} = 5$ ➡ $Y = 25L$이고 이를 예산선에 대입하면 $25L = 5(24 - L)$ ➡ $30L = 120$ ➡ $L = 4$이다.

6) 따라서 여가시간은 2만큼 감소한다.

19 ③ 1) 소비자균형에서는 예산선과 무차별곡선이 접하므로 예산선의 기울기 = 무차별곡선의 기울기이다.

2) 무차별곡선의 기울기는 $MRS_{LF} = \dfrac{MU_L}{MU_F} = \dfrac{F}{L}$ 이다.

3) 소득은 모두 식품을 구매하는데 사용하므로 $M = 2,500F$이다. 이를 바탕으로 여가-소득모형의 예산선은 $2,500F = 10,000(24 - L)$이다. 따라서 $F = 96 - 4L$이다.

4) 예산선의 기울기와 무차별곡선의 기울기가 같아야 하므로 $4 = \dfrac{F}{L}$ ➡ $F = 4L$이다.

5) 예산선에 대입하면 $4L = 96 - 4L$ ➡ $L = 12$, $F = 48$이다.

Topic 7: 현시선호이론, 기대효용이론

01 현시선호이론

현시선호	주어진 소득과 시장가격하에서 소비자의 실제 소비행위
효용함수가 갖추어야 할 기본적인 가정	(1) ㉮_____(Completeness) 두 상품묶음 중에서 어느 묶음을 더 선호하는지를 또는 아무런 차이가 없는지를 판단할 수 있는 성질 예 내가 자장면보다 짬뽕을 더 선호한다면 완비성을 가지고 있는 것임 (2) 이행성(Transitivity) 소비의 일관성을 의미하는 것으로 A ≥ B이고 B ≥ C이면 반드시 A ≥ C가 성립함 예 자장면 < 짬뽕, 짬뽕 < 탕수육이라면 자장면 < 탕수육이 되는 것이 이행성이 있는 것임 (3) 연속성(Continuity) 소비자의 선호가 변하여 나갈 때 갑작스런 변화 없이 연속적으로 변화하는 것을 의미함 (4) ㉯_____(Strong Monotonicity) 많으면 많을수록 더 좋다는 의미. 즉, 다다익선(多多益善)이 성립함
약공리	(1) 개념 ① 만약 한 상품묶음인 Q_0가 Q_1보다 직접 현시선호되면 어떠한 경우라도 Q_1이 Q_0보다 직접 현시선호 될 수 없음 ② 이는 소비행위에 일관성을 보장하는 공리임 (2) 최초의 구입점 Q_0, 예산선이 AB에서 CD로 바뀌는 경우 ■ Q_0 선택 불가능 • Q_0는 새로운 예산선 CD에서 구입 불가능하므로 어느 상품묶음을 선택하여도 약공리에 충족됨 ■ Q_0 선택 가능 • 이전의 예산하에 구입할 수 없었던 상품묶음을 선택하여야 약공리에 충족됨 ■ Q_0가 교점일 때 • 이전에도 구입한 경우이고 지금도 선택이 가능하므로 약공리에 충족됨
지수	(1) 생활수준의 명백한 개선: ㉰_____, $N ≥ L_P$ (2) 생활수준의 명백한 악화: ㉱_____, $N ≤ P_P$

핵심키워드
㉮ 완비성, ㉯ 강단조성, ㉰ $P_Q ≥ 1$, ㉱ $L_Q ≤ 1$

02 기대효용이론

기대치와 기대효용	(1) 기대치(기대소득) ① 개념: 불확실한 상황에서 예상되는 금액(소득)의 크기 ② 기대소득 = ㉮ _____ (소득 w_1을 얻을 확률이 p, 소득 w_2를 얻을 확률이 $1-p$) (2) 기대효용 ② 개념: 불확실한 상황에서 얻을 것으로 예상되는 효용의 기대치 ③ 기대효용 = ㉯ _____

확실성등가와 위험프리미엄	(1) 확실성등가: ㉰ _____ 에서 기대되는 효용의 기대치인 기대효용과 ㉱ _____ 효용을 주는 확실한 자산의 크기
	(2) 위험프리미엄
	① 불확실한 자산을 확실한 자산으로 교환하기 위하여 지불할 용의가 있는 금액으로, 위험한 기회를 선택하도록 유도하기 위해 필요한 최소한의 추가보상임
	② 위험프리미엄 = ㉲
	③ 위험에 대한 태도와 위험프리미엄
	  ㉠ 위험기피자: 위험프리미엄 > 0
	  ㉡ 위험선호자: 위험프리미엄 < 0
	  ㉢ 위험중립자: 위험프리미엄 = 0
	(3) 보험인 경우 공정한 보험료와 최대한의 보험료
	① 공정한 보험료 = 자산의 최초가치 − 기대치
	② 최대한의 보험료 = 자산의 최초가치 − 확실성 등가

> **핵심키워드**
> ㉮ $E(w) = p \cdot w_1 + (1-p)w_2$, ㉯ $E(U) = p \cdot U(w_1) + (1-p)U(w_2)$, ㉰ 불확실한 상태, ㉱ 동일한,
> ㉲ 기대치 − 확실성등가

STEP 1 타시험 기출문제

난이도 ★ 중요도 ★

01 갑은 사업안 A와 B를 고려하고 있다. 두 안의 성공 및 실패에 따른 수익과 확률은 다음과 같다. 이에 대한 설명으로 옳은 것만을 모두 고르면? (단, 위험은 분산으로 측정한다)

[20. 지방직 7급]

구분 사업안	성공		실패	
	확률	수익(만원)	확률	수익(만원)
A	0.9	+100	0.1	+50
B	0.5	+200	0.5	-10

ㄱ. A안의 기대수익은 95만원이다.
ㄴ. B안의 기대수익은 95만원이다.
ㄷ. 갑이 위험을 회피하는(risk averse) 사람인 경우 A안을 선택할 가능성이 더 크다.
ㄹ. A안의 기대수익에 대한 위험은 B안의 기대수익에 대한 위험보다 더 크다.

① ㄱ, ㄴ, ㄷ
② ㄱ, ㄴ, ㄹ
③ ㄱ, ㄷ, ㄹ
④ ㄴ, ㄷ, ㄹ

난이도 ★ 중요도 ★

02 다음과 같은 조건에서 어떤 투자자가 두 주식 A 또는 B에 투자하거나, A와 B에 각각 50%씩 분산투자하는 포트폴리오 C에 투자할 계획을 갖고 있다. A, B, C 간의 기대수익률을 비교한 결과로 옳은 것은?

[13. 지방직 7급]

- A의 수익률은 좋은 해와 나쁜 해에 각각 20% 및 -10%이다.
- B의 수익률은 좋은 해와 나쁜 해에 각각 10% 및 5%이다.
- 올해가 좋은 해일 확률은 60%이고 나쁜 해일 확률은 40%이다.

① A > C > B
② A < C < B
③ A = B > C
④ A = B = C

난이도 ★★   중요도 ★★★

03 X원에 대한 A의 효용함수는 $U(w) = \sqrt{w}$ 이다. A는 50%의 확률로 10,000원을 주고, 50%의 확률로 0원을 주는 복권 L을 가지고 있다. 다음 중 옳은 것은?   [15. 국가직 7급]

① 복권 L에 대한 A의 기대효용은 5,000이다.
② 누군가 현금 2,400원과 복권 L을 교환하자고 제의한다면, A는 제의에 응하지 않을 것이다.
③ A는 위험중립적인 선호를 가지고 있다.
④ A에게 40%의 확률로 100원을 주고, 60%의 확률로 3,600원을 주는 복권 M과 복권 L을 교환할 수 있는 기회가 주어진다면, A는 새로운 복권 M을 선택할 것이다.

정답 및 해설

01 ① ㄱ. A안 기대수익은 $0.9 \times 100 + 0.1 \times 50 = 95$만원이다.
ㄴ. B안 기대수익은 $0.5 \times 200 + 0.5 \times -10 = 95$만원이다.
ㄷ. 성공 시의 수익과 실패 시의 수익이 더 적게 차이나면서 기대수익이 같은 A안이 위험회피자가 선호하는 안이 된다.

[오답체크]
ㄹ. 명백히 B안의 기대수익에 대한 위험(실패 시의 손실)이 A안에 비해 더 크다.

02 ④ 1) 올해가 좋은 해일 확률이 60%이고, 나쁜 해일 확률이 40%이다.
2) 주식 A에 투자할 때: $(0.6 \times 20\%) + [0.4 \times (-10\%)] = 8\%$
3) 주식 B에 투자할 때: $(0.6 \times 10\%) + (0.4 \times 5\%) = 8\%$
4) 포트폴리오 C에 투자할 때: $(0.5 \times 8\%) + (0.5 \times 8\%) = 8\%$
5) 각각의 기대수익률이 모두 8%로 동일함을 알 수 있다.

03 ② 1) 개인 A가 10,000원을 받을 확률이 50%이고, 0원을 받을 확률이 50%인 복권 L을 갖고 있을 때 상금의 기대치와 기대효용을 계산해 보면 각각 다음과 같다.

$\begin{cases} 상금의\ 기대치 = (0.5 \times 10,000) + (0.5 \times 0) = 5,000원 \\ 기대효용\quad\ \ = (0.5 \times \sqrt{10,000}) + (0.5 \times \sqrt{0}) = 50 \end{cases}$

2) 개인 A가 현금 2,400원을 갖고 있다면 그때의 효용 $U = \sqrt{2,400} = 49$이다. 현재의 기대효용 50보다 작으므로 누군가 현금 2,400원과 복권 L을 교환하자고 제의한다면, A는 제의에 응하지 않을 것이다.

[오답체크]
① 복권 L에 대한 A의 기대효용은 50이다.
③ 개인 A의 효용함수 $U = \sqrt{w}$는 아래쪽에서 오목한 형태이므로 개인 A는 위험기피자이다.
④ 기대효용 $E(U) = (0.4 \times \sqrt{100}) + (0.6 \times \sqrt{3,600}) = 4 + 36 = 40$이다. 복권 L의 기대효용이 50이고, 복권 M의 기대효용이 40이므로 개인 A는 복권 L을 M과 교환할 수 있는 기회가 주어지더라도 여전히 복권 L을 선택할 것이다.

04 甲의 효용함수는 $U(x) = \sqrt{x}$ 로 표현된다. 甲은 현재 소득이 0원이며, $\frac{1}{3}$의 당첨 확률로 상금 100원을 받는 복권을 갖고 있다. 상금의 일부를 포기하는 대신에 당첨될 확률을 $\frac{2}{3}$로 높일 수 있을 때, 甲이 포기할 용의가 있는 최대금액은? (단, x는 원으로 표시된 소득이다)

[18. 국가직 7급]

① $\frac{100}{3}$ 원　　　　　　　② 50원

③ $\frac{200}{3}$ 원　　　　　　　④ 75원

05 어떤 소비자의 효용함수 $U = X^{0.5}$ (X는 자산금액)이다. 이 소비자는 현재 6,400만원에 거래되는 귀금속 한 점을 보유하고 있다. 이 귀금속을 도난당할 확률은 0.5인데, 보험에 가입할 경우에는 도난당한 귀금속을 현재 가격으로 전액 보상해준다고 한다. 보험에 가입하지 않은 상황에서 이 소비자의 기대효용과 이 소비자가 보험에 가입할 경우 낼 용의가 있는 최대 보험료는 각각 얼마인가?

[16. 서울시 7급]

	기대효용	최대 보험료
①	40	2,800만원
②	40	4,800만원
③	60	2,800만원
④	60	4,800만원

06 화재가 발생하지 않는 경우 철수 집의 자산가치는 10,000이고, 화재가 발생하는 경우 철수 집의 자산가치는 2,500이다. 철수 집에 화재가 발생하지 않을 확률은 0.8이고, 화재가 발생할 확률은 0.2이다. 위험을 기피하는 철수의 효용함수는 $U(X) = X^{\frac{1}{2}}$이다. 화재의 위험에 대한 위험프리미엄(risk premium)은? (단, X는 자산가치이다) [16. 지방직 7급]

① 200
② 300
③ 400
④ 500

정답 및 해설

04 ④ 1) 甲의 효용함수가 $u = \sqrt{x}$이므로 $\frac{1}{3}$의 확률로 100원을 받는 복권을 갖고 있을 때의 기대효용은 다음과 같다. $E(u) = (\frac{2}{3} \times \sqrt{0}) + (\frac{1}{3} \times \sqrt{100}) = \frac{10}{3}$

2) 당첨확률이 $\frac{2}{3}$로 높아지는 대신 상금 중 x원을 포기할 때의 기대효용은 다음과 같다. $E(u) = (\frac{1}{3} \times \sqrt{0}) + (\frac{2}{3} \times \sqrt{100-x}) = \frac{2\sqrt{100-x}}{3}$

3) 당첨확률이 높아지는 대신 포기할 용의가 있는 최대금액은 두 경우의 기대효용이 같아지는 수준일 것이므로 $\frac{10}{3} = \frac{2\sqrt{100-x}}{3}$로 두면 $x = 75$로 계산된다. 당첨확률이 $\frac{2}{3}$로 높아질 때 상금 중 75원을 포기하면 그 이전과 기대효용이 같아지므로, 당첨확률이 높아질 때 甲이 포기할 용의가 있는 최대금액은 75원이 된다.

05 ② 1) 효용함수가 $U = \sqrt{X}$이고, 도난을 당할 확률이 0.5이므로 자산의 기대치와 기대효용을 계산해 보면 각각 다음과 같다.
　㉠ 기대치 $= (0.5 \times 0) + (0.5 \times 6,400) = 3,200$
　㉡ 기대효용 $= (0.5 \times \sqrt{0}) + (0.5 \times \sqrt{6,400}) = 40$

2) $\sqrt{확실성등가} = 40$으로 두면 확실성등가 $CE = 1,600$으로 계산된다.

3) 자산의 기대치가 3,200만원이고, 확실성등가가 1,600만원이므로 기대치에서 확실성등가를 뺀 위험프리미엄은 1,600만원이다.

4) 도난당할 확률이 0.5이고, 도난당할 때의 손실액이 6,400만원이므로 기대손실액은 3,200만원이다.

5) 최대 보험료는 기대손실액에 위험프리미엄을 더한 것이므로 4,800만원이다.

06 ③ 1) 철수의 효용함수가 $U = \sqrt{X}$이므로 자산의 기대치와 기대효용을 계산해 보면 각각 다음과 같다.
$\begin{cases} E(X) = (0.2 \times 2,500) + (0.8 \times 10,000) = 8,500 \\ E(U) = (0.2 \times \sqrt{2,500}) + (0.8 \times \sqrt{10,000}) = 10 + 80 = 90 \end{cases}$

2) 화재가 발생할지 모르는 불확실한 상태에서의 기대효용이 90이다. 불확실한 상태에서 동일한 효용을 얻을 수 있는 확실한 현금의 크기인 확실성등가를 구하기 위해 $\sqrt{확실성등가} = 90$으로 두면 확실성등가 $CE = 8,100$으로 계산된다.

3) 그러므로 자산의 기대치에서 확실성등가를 뺀 위험프리미엄은 400임을 알 수 있다.

07 A는 현재 시가로 1,600만원인 귀금속을 보유하고 있는데, 이를 도난당할 확률이 0.4라고 한다. A의 효용함수는 $U = 2\sqrt{W}$ (W는 보유자산의 화폐가치)이며, 보험에 가입할 경우 도난당한 귀금속을 현재 시가로 전액 보상해준다고 한다. 보험 가입 전 A의 기대효용과 A가 보험에 가입할 경우 지불할 용의가 있는 최대 보험료는?

[19. 서울시 7급]

	기대효용	최대 보험료
①	36	1,276만원
②	48	1,024만원
③	36	1,024만원
④	48	1,276만원

08 (가)와 (나)에 해당하는 값을 바르게 연결한 것은?

[21. 국가직 7급]

> (가) 갑의 재산 x에 대한 효용함수는 $u(x) = \sqrt{x}$이며, 재산은 사고가 없을 때 100원, 사고가 나면 0원이 되고, 사고가 날 가능성이 20%일 때 갑의 위험프리미엄
> (나) (가)와 같은 상황에서 사고 시 보험료 지불 후의 최종 재산이 64원이 되도록 보장하는 보험에 가입한다면 지불할 용의가 있는 최대 보험료

	(가)	(나)
①	8원	32원
②	8원	36원
③	16원	32원
④	16원	36원

09 현시선호이론에 대한 설명으로 옳은 것을 〈보기〉에서 모두 고르면? [18. 국회직 8급]

〈보기〉
ㄱ. 소비자의 선호체계에 이행성이 있다는 것을 전제로 한다.
ㄴ. 어떤 소비자의 선택행위가 현시선호이론의 공리를 만족시킨다면, 이 소비자의 무차별곡선은 우하향하게 된다.
ㄷ. $P_0 Q_0 \geq P_0 Q_1$일 때, 상품묶음 Q_0가 선택되었다면, Q_0가 Q_1보다 현시선호되었다고 말한다. (단, P_0는 가격벡터를 나타낸다)
ㄹ. 강공리가 만족된다면 언제나 약공리는 만족된다.

① ㄱ, ㄴ
② ㄴ, ㄷ
③ ㄴ, ㄹ
④ ㄱ, ㄴ, ㄷ
⑤ ㄴ, ㄷ, ㄹ

정답 및 해설

07 ② 1) 재산의 기대치와 기대효용을 계산해보면 각각 다음과 같다.
$\begin{cases} \text{기대치: } E(W) = (0.4 \times 0) + (0.6 \times 1{,}600) = 960 \\ \text{기대효용: } E(U) = (0.4 \times 2\sqrt{0}) + (0.6 \times 2\sqrt{1{,}600}) = 48 \end{cases}$
2) 확실성등가를 계산해보면 $2\sqrt{\text{확실성등가}} = 48$이므로 확실성 등가는 576만원이다.
3) 재산의 크기에서 확실성등가를 차감하면 최대 보험료는 $1{,}024 (= 1{,}600 - 576)$만원으로 계산된다.

08 ④ 1) 기대소득: $100 \times 0.8 + 0 \times 0.2 = 80$
2) 기대효용: $\sqrt{100} \times 0.8 + \sqrt{0} \times 0.2 = 8$
3) 확실성등가: $\sqrt{\text{확실성등가}} = 8 \rightarrow \text{확실성등가} = 64$
4) 위험프리미엄: 기대소득 − 확실성등가 = 16
5) 최대 보험료: 자산가치 − 확실성등가 $= 100 - 64 = 36$

09 ⑤ [오답체크]
ㄱ. 현시선호이론은 선호체계에 대한 가정을 하지 않는다.

난이도 ★★★★ **중요도** ★★

10 어떤 소비자의 효용함수가 $U = \sqrt{Y}$로 주어졌다고 하자. 이 때 Y는 소비자가 보유한 자산의 가치이다. 현재 소비자는 100의 가치를 갖는 자산을 보유하고 있는데, 보유하고 있는 자산의 가치가 하락할 확률이 1/2이고, 가치가 하락하면 그 가치는 0이 된다고 한다. 현재 소비자는 가치손실이 발생했을 때 이를 보상해주는 보험에 가입할지를 고민하고 있다. 다음 네 개의 보험에 대한 소비자의 선호를 나타낼 때 옳은 것은?

[20. 군무원]

> A. 가치손실의 전액을 보상해주면서 보험료로 50을 내는 보험
> B. 가치손실의 전액을 보상해주면서 보험료로 75를 내는 보험
> C. 가치손실의 반액을 보상해주면서 보험료로 25를 내는 보험
> D. 가치손실의 1/5을 보상해주면서 보험료로 10을 내는 보험

① A > B > C > D
② A > C > B > D
③ A > C > D > B
④ D > C > A > B

난이도 ★★★★ **중요도** ★★

11 다음을 참조할 때 〈보기〉에서 옳은 것을 모두 고르면?

[14. 국회직 8급]

> 어느 기획사에 소속된 가수 A는 음반판매실적과는 관계없이 고정급으로 월 1,000만원을 받고 있다. 이 때, 기획사에서 A에게 음반판매실적이 10만장 이상인 경우에는 월 4,000만원을 지급하고 판매실적이 10만장 미만인 경우에는 월 160만원을 지급하는 새 계약을 제시했다고 하자. A의 효용함수는 $U = \sqrt{10I}$이다. (U: 효용, I: 급여)

〈보기〉

ㄱ. 음반판매실적이 10만장 이상일 확률이 50%이면 새로운 계약을 회피하기 위해 지불할 최대금액인 위험프리미엄은 650만원보다 크다.
ㄴ. 음반판매실적이 10만장 이상일 확률이 25%이면 A는 고정급 계약을 고수한다.
ㄷ. 음반판매실적이 10만장 이상일 확률이 35%이면 A는 고정급 계약 대신 새 계약을 체결한다.

① ㄱ
② ㄴ
③ ㄷ
④ ㄴ, ㄷ
⑤ ㄱ, ㄴ, ㄷ

정답 및 해설

10 ③ 1) 기대치: $0.5 \times 100 = 50$
2) 기대효용: $0.5 \times \sqrt{100} = 5$
3) 확실성등가: $\sqrt{확실성등가} = 5$ ➜ 확실성등가 $= 25$
4) 위험프리미엄: $50 - 25 = 25$
5) 공정한 보험료: $100 - 50 = 50$
6) 최대한의 보험료: $100 - 25 = 75$
7) 선호의 비교
- 가장 선호하는 것은 공정한 보험료인 A이고 가장 선호하지 않는 것은 최대한의 보험료를 내는 B이다.
- C, D 모두 공정한 보험료에서 가치손실이 차감된 만큼 보험료가 작아진 것이다. 다만 가치손실이 클수록 선호가 높으므로 C > D이다.
- 이를 바탕으로 선호를 정리하면 A > C > D > B이다.

11 ② 원래 계약의 기대소득은 1,000만원이고 효용(U)은 $\sqrt{10 \times 1,000만} = 10,000$이다.
ㄴ. 음반판매실적이 10만장 이상일 확률이 25%인 경우
- 새로운 계약의 기대효용은 $0.25 \times \sqrt{10 \times 4,000만} + 0.75 \times \sqrt{10 \times 160만} = 8,000$이다.
- 원래 계약의 효용이 10,000이므로 위험기피자는 원래 계약(고정급)을 선택한다.

[오답체크]
ㄱ. 음반판매실적이 10만장 이상일 확률이 50%인 경우의 선택
- 기대소득 $= 0.5 \times 4,000만 + 0.5 \times 160만 = 2,080만원$
- 기대효용 $= 0.5 \times \sqrt{10 \times 4,000만} + 0.5 \times \sqrt{10 \times 160만} = 12,000$
- $12,000 = \sqrt{10 \times 확실대등액}$ 이므로 확실대등액은 14,400,000원이다.
- 기대소득 2,080만원에서 확실대등액 1,440만원을 차감하면 위험프리미엄은 640만원이다. 따라서 위험프리미엄은 650만원보다 작다.

ㄷ. 음반판매실적이 10만장 이상일 확률이 35%인 경우의 선택
- 새로운 계약의 기대효용은 $0.35 \times \sqrt{10 \times 4,000만} + 0.65 \times \sqrt{10 \times 160만} = 9,600$이다.
- 원래 계약의 효용이 10,000이므로 위험기피자는 원래 계약(고정급)을 선택한다.

STEP 2   감정평가사 기출문제

난이도 ★★★   **중요도** ★★

12 甲의 소득은 24이고, X재와 Y재만 소비한다. 甲은 두 재화의 가격이 $P_X = 4$, $P_Y = 2$일 때 A($x = 5$, $y = 1$)를 선택했고, 두 재화의 가격이 $P_X = 3$, $P_Y = 3$으로 변화함에 따라 B($x = 2$, $y = 6$)를 선택했다. 甲의 선택에 관한 설명으로 옳은 것을 모두 고른 것은? (단, x는 X재 소비량, y는 Y재 소비량이다)
[20. 감정평가사]

> ㄱ. 甲은 가격 변화 전 B를 선택할 수 있었음에도 불구하고 A를 선택했다.
> ㄴ. 甲은 가격 변화 후 A를 선택할 수 없었다.
> ㄷ. 甲의 선택은 현시선호 약공리를 만족하지 못한다.
> ㄹ. 甲은 주어진 예산제약하에서 효용을 극대화하는 소비를 하고 있다.

① ㄱ, ㄴ   ② ㄱ, ㄷ   ③ ㄴ, ㄷ
④ ㄴ, ㄹ   ⑤ ㄷ, ㄹ

난이도 ★★★   **중요도** ★

13 소비자 甲은 X재와 Y재만 소비하여 효용을 극대화한다. 제1기의 X재 가격은 3이고, Y재 가격은 6이었을 때, 소비조합 ($X = 3$, $Y = 5$)을 선택하였다. 제2기에는 동일한 소득에서 X재와 Y재의 변동된 가격 P_X, P_Y에서 소비조합 ($X = 6$, $Y = 3$)을 선택하였다. 甲의 선택이 현시선호 약공리(weak axiom)를 만족하기 위한 조건은?
[19. 감정평가사]

① $2P_X < 3P_Y$
② $2P_X > 3P_Y$
③ $3P_X < 2P_Y$
④ $3P_X > 2P_Y$
⑤ $P_X < P_Y$

난이도 ★★   중요도 ★★

14 투자자 甲은 100으로 기업 A, B의 주식에만 (기업 A에 x, 기업 B에 $100-x$) 투자한다. 표는 기업 A의 신약 임상실험 성공 여부에 따른 기업 A, B의 주식투자 수익률이다. 임상실험의 결과와 관계없이 동일한 수익을 얻을 수 있도록 하는 x는?

[18. 감정평가사]

주식투자 수익률	기업 A의 임상실험 성공 여부	성공	실패
	기업 A	30%	0%
	기업 B	−10%	10%

① 20   ② 25   ③ 30
④ 40   ⑤ 50

정답 및 해설

12 ② ㄱ. 甲은 가격 변화 전 B조합에 들어가는 비용으로 $(4 \times 2) + (2 \times 6) = 20$의 지출을 하였다. 주어진 소득보다 적었으므로 B를 선택할 수 있었음에도 불구하고 A를 선택했다.
ㄷ. 甲의 선택은 예산조합이 변화했을 때 둘 다 선택이 가능한데 최초의 선택을 변경하였으므로 이행성을 만족하지 못한다. 따라서 현시선호 약공리를 만족하지 못한다.

[오답체크]
ㄴ. 甲은 가격 변화 후 A조합에 들어가는 비용은 $(3 \times 5) + (3 \times 1) = 18$이므로 가격 변화 후에도 A 선택이 가능하다.
ㄹ. 甲은 약공리를 만족하지 못했으므로 주어진 예산제약하에서 효용을 극대화하는 소비를 하고 있다고 볼 수 없다.

13 ③ 1) 문제의 조건에서 1기에 Q_2를 구입할 수 있었음에도 불구하고 Q_1을 구입한 것을 알 수 있다.
2) 2기에 가격체계와 소비조합이 변경되었을 때 2기의 Q_1를 구입할 수 없어야 Q_2를 구입한 것이 약공리를 충족한다.
3) 이를 식으로 표현하면 $P_2Q_1 > P_2Q_2$이고, $P_2Q_1 = (P_X \times 3) + (P_Y \times 5) > P_2Q_2 = (P_X \times 6) + (P_Y \times 3)$
➡ $3P_X < 2P_Y$가 성립한다.

14 ④ 1) 기업 A의 임상실험이 성공할 경우: $(0.3 \times x) + [-0.1 \times (100-x)] = 0.4x - 10$
2) 기업 B의 임상실험이 실패할 경우: $(0 \times x) + [0.1 \times (100-x)] = -0.1x + 10$
3) 문제의 조건에서 임상실험의 결과와 관계없이 동일한 수익을 얻는 것이므로 위의 두 수익률은 동일해야 한다.
4) 따라서 $0.4x - 10 = -0.1x + 10$ ➡ $0.5x = 20$ ➡ $x = 40$이다.

15 두 재화 X재와 Y재를 소비하는 갑의 가격이 $(P_X, P_Y) = (1, 4)$일 때 소비조합 $(X, Y) = (6, 3)$, 가격이 $(P_X, P_Y) = (2, 3)$으로 변화했을 때 소비조합 $(X, Y) = (7, 2)$, 그리고 가격이 $(P_X, P_Y) = (4, 2)$으로 변화했을 때 소비조합 $(X, Y) = (6, 4)$을 선택하였다. 이에 관한 설명으로 옳은 것을 모두 고른 것은?

[22. 감정평가사]

> ㄱ. 소비조합 $(X, Y) = (6, 3)$이 소비조합 $(X, Y) = (7, 2)$보다 직접 현시선호되었다.
> ㄴ. 소비조합 $(X, Y) = (6, 4)$이 소비조합 $(X, Y) = (7, 2)$보다 직접 현시선호되었다.
> ㄷ. 소비조합 $(X, Y) = (6, 3)$이 소비조합 $(X, Y) = (6, 4)$보다 직접 현시선호되었다.
> ㄹ. 선호체계는 현시선호이론의 약공리를 위배한다.

① ㄱ, ㄴ 　　② ㄱ, ㄷ 　　③ ㄱ, ㄹ
④ ㄴ, ㄷ 　　⑤ ㄷ, ㄹ

정답 및 해설

15 ① 각각을 표로 나타내면 다음과 같다.

구분	$(X, Y) = (6, 3)$	$(X, Y) = (6, 4)$	$(X, Y) = (7, 2)$
$(P_X, P_Y) = (1, 4)$	$1 \times 6 + 4 \times 3 = 18$ → 선택	$1 \times 6 + 4 \times 4 = 22$	$1 \times 7 + 4 \times 2 = 15$
$(P_X, P_Y) = (2, 3)$	$2 \times 6 + 3 \times 3 = 21$	$2 \times 6 + 3 \times 4 = 24$	$2 \times 7 + 3 \times 2 = 20$ → 선택
$(P_X, P_Y) = (4, 2)$	$4 \times 6 + 2 \times 3 = 30$	$4 \times 6 + 2 \times 4 = 32$ → 선택	$4 \times 7 + 3 \times 2 = 20$

ㄱ. $(P_X, P_Y) = (1, 4)$일 때 둘 다 선택할 수 있는데 $(X, Y) = (6, 3)$을 선택하였으므로 소비조합 $(X, Y) = (6, 3)$이 소비조합 $(X, Y) = (7, 2)$보다 직접 현시선호되었다.

ㄴ. $(P_X, P_Y) = (4, 2)$일 때 둘 다 선택할 수 있는데 $(X, Y) = (6, 4)$을 선택하였으므로 소비조합 $(X, Y) = (6, 4)$이 소비조합 $(X, Y) = (7, 2)$보다 직접 현시선호되었다.

[오답체크]

ㄷ. $(P_X, P_Y) = (1, 4)$일 때 소비조합 $(X, Y) = (6, 3)$을 소비할 예산으로 $(X, Y) = (6, 4)$을 선택할 수 없으므로 직접 현시선호되었다고 할 수 없다.

ㄹ. 선호체계는 직접 현시선호되므로 현시선호이론의 약공리를 위배하지 않는다.

해커스 감정평가사
ca.Hackers.com

제4장

생산자이론

Topic 8 생산자이론

Topic 8 생산자이론

01 단기생산함수

단기와 장기	(1) 단기: 기간의 장단이 아니라, ㉮_____가 존재하는 경우 (2) 장기: 모든 투입요소가 ㉯_____인 기간 (3) 고정투입요소와 가변투입요소 　① 고정투입요소: 공장, 설비 등 　② 가변투입요소: 노동력, 에너지 등
총생산 한계생산 평균생산	(1) $Q(=TP) = F(L, \widehat{K})$ (2) $MP_L = \dfrac{dQ}{dL}$ 　① 노동 1단위 추가에 따르는 총생산물의 추가적 증가분 　② 총생산곡선의 각 점에서의 ㉰_____의 기울기 　③ ㉱_____이 적용됨(한계생산물체감의 법칙) (3) $AP_L = \dfrac{Q}{L}$ 　① 노동 한 단위당 생산물 　② 총생산곡선의 각 점과 ㉲_____을 연결한 직선의 기울기
그래프	① 생산의 제1단계: 비경제적 영역 ② 생산의 제2단계: 경제적 영역 ③ 생산의 제3단계: 비경제적 영역 AP_L 상승구간: MP_L이 위에 위치 AP_L 하강구간: MP_L이 아래에 위치 AP_L의 극대점: MP_L과 교차

핵심키워드
㉮ 고정투입요소, ㉯ 가변요소, ㉰ 접선, ㉱ 수확체감의 법칙, ㉲ 원점

| 평균생산과
한계생산의
관계 | 한계량 > 평균량 ➡ 평균량 ㉮_____
한계량 < 평균량 ➡ 평균량 ㉯_____ |

02 장기생산함수

등량곡선	(1) 개념: 어떤 상품을 생산하는 데 있어 동일한 수준의 산출량을 효율적으로 생산해낼 수 있는 여러 가지 서로 다른 생산 요소의 조합을 연결한 곡선 (2) 성질 ① 우하향하는 형태를 보임 ② 원점으로부터 멀리 떨어진 등량곡선일수록 높은 산출량을 나타냄 ③ 서로 교차할 수 없음 ④ 일반적으로 원점에 대해 볼록한 형태 ➡ 한계기술대체율 체감 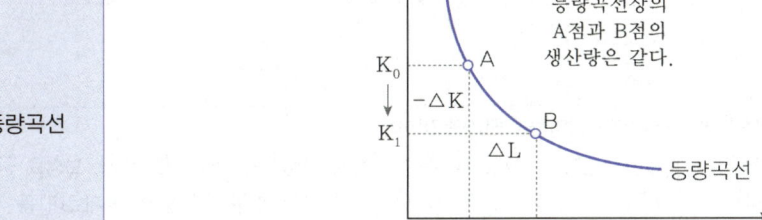 등량곡선상의 A점과 B점의 생산량은 같다. (3) ㉰_____(MRTS; Marginal Rate of Technical Substitution) ① 개념: 동일한 생산량을 유지하면서 노동을 추가로 1단위 더 고용하기 위하여 감소시켜야 하는 자본의 수량 ② MRTS는 등량곡선 접선의 기울기의 절댓값과 같음 (4) 한계기술대체율 체감의 법칙 ① 자본을 노동으로 대체함에 따라 노동과 자본 간의 한계기술대체율이 점점 감소하는 현상 ② 한계기술대체율 체감의 법칙이 성립하기 때문에 등량곡선이 원점에 대하여 볼록한 형태를 갖게 됨
등비용선	(1) 개념: 주어진 총비용으로 구입 가능한 생산 요소의 조합을 그림으로 나타낸 것, 소비자이론에서의 예산선과 동일한 개념 (2) 공식: $TC = wL + rK$ (3) 형태: 우하향의 직선 (4) 이동: 투입 비용의 변화, 요소 가격의 변화 등으로 인해 이동
비용극소화	(1) 조건: 등량곡선과 등비용선이 접하는 점에서 비용극소화가 달성 (2) ㉱_____의 법칙: 각 생산 요소의 구입에 지출된 1원어치의 한계생산물이 같도록 생산 요소를 투입하여야 비용극소화가 달성됨을 의미

핵심키워드
㉮ 증가, ㉯ 감소, ㉰ 한계기술대체율, ㉱ 한계생산물균등

생산요소 간 완전대체관계	(1) $Q = aL + bK$ (2) 등비용선의 기울기와 비교하여 구석해 결정 ① 등량곡선의 기울기 > 등비용선의 기울기 ➡ ㉮_____ 만 고용 ② 등량곡선의 기울기 < 등비용선의 기울기 ➡ ㉯_____ 만 고용 ③ 등량곡선의 기울기 = 등비용선의 기울기 ➡ 등비용선상의 어떤 조합도 성립함
생산요소 간 완전보완관계	(1) $Q = Min[aL, bK]$ (2) 완전보완재는 추세선인 $aL = bK$ ➡ $K = \frac{b}{a}L$을 지나므로 이를 ㉰_____에 대입하여 최적조합점을 구함
콥-더글러스 생산함수	(1) $Q = L^\alpha K^\beta$ ($\alpha + \beta = 1$) (2) ㉱_____ 동차 생산함수 – 규모에 대한 수익 ㉲_____ (3) 생산의 노동탄력성 α, 생산의 자본탄력성 β (4) ㉳_____ 소득 분배율 α, ㉴_____ 소득 분배율 β (5) 대체탄력성은 ㉵_____이다.

03 단기비용함수

단기 총비용	(1) 단기총비용 = 단기총고정비용 + 단기총가변비용 ① ㉶_____: 생산수준과 무관하게 발생하는 비용 예 이자, 보험료 등 ② ㉷_____: 생산수준에 따라 변동하는 비용 예 임금, 원재료비 등 (2) 총비용함수: 각 생산량에 대응하는 최소의 총비용을 나타내는 함수 (3) 총비용곡선 ① 총가변비용곡선을 총고정비용곡선만큼 위로 들어올리면 총비용곡선이 됨 ② 총비용곡선과 총가변비용곡선의 수직선상의 높이의 차이는 총고정비용의 크기와 일치함 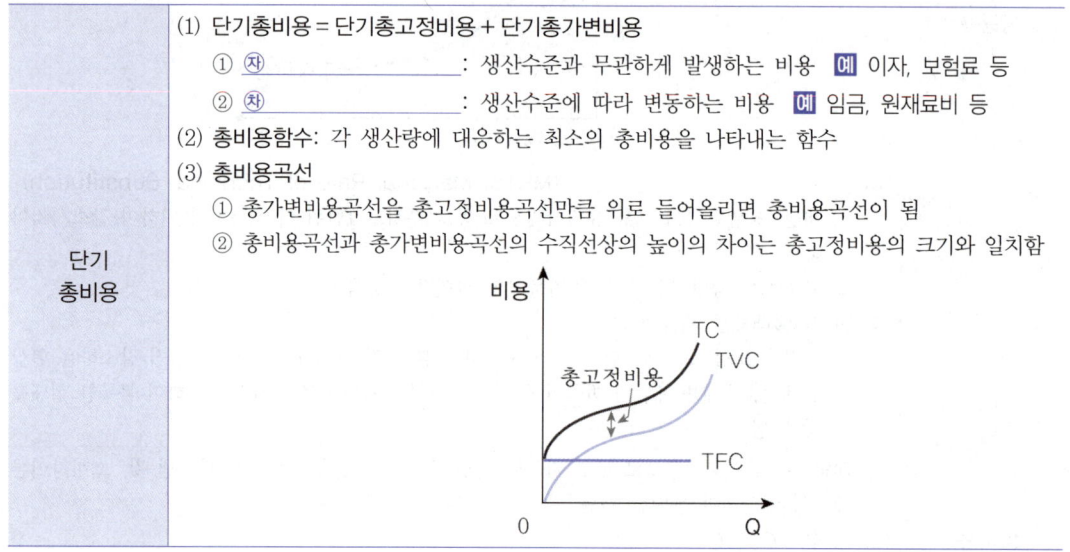

핵심키워드
㉮ L, ㉯ K, ㉰ 등비용선, ㉱ 1차, ㉲ 불변, ㉳ 노동, ㉴ 자본, ㉵ 1, ㉶ 총고정비용(TFC), ㉷ 총가변비용(TVC)

평균비용 (AC; Average Cost)	(1) **평균고정비용**: 총고정비용을 생산량으로 나눈 값 (2) **평균가변비용**: 총가변비용을 생산량으로 나눈 값 (3) **평균비용**: 산출량 1단위당 소요되는 비용이므로 총비용을 생산량으로 나눈 값 **(a) 총고정비용**　　**(b) 평균고정비용** 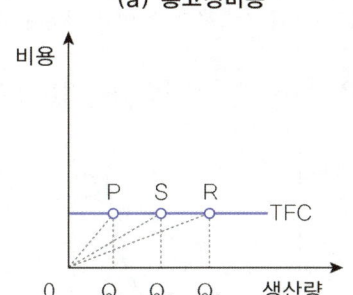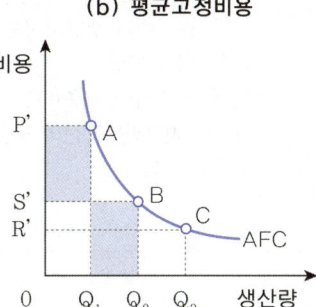 **(c) 총가변비용**　　**(d) 평균가변비용** 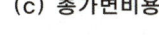
한계비용	생산량을 추가적으로 증가시킬 때 증가하는 총비용의 증가분(= 총가변비용의 증가분)
비용곡선들 사이의 관계	(1) TC는 TVC를 TFC만큼 상방으로 이동시킨 것이므로 TC와 TVC의 형태는 동일함 (2) AC, AVC, MC는 모두 U자형임 (3) AVC는 항상 AC 하방에 위치함 (4) 생산량이 증가함에 따라 AFC는 계속해서 감소하고 이에 따라 AVC는 점점 AC에 접근함 (5) AVC의 극소점은 AC의 극소점보다 왼쪽에 위치함 (6) MC는 AVC 및 AC의 ㉮ 　　　을 통과함 (7) MC는 AC가 감소할 때는 AC 하방에 위치하고, AC가 증가할 때는 AC 상방에 위치함 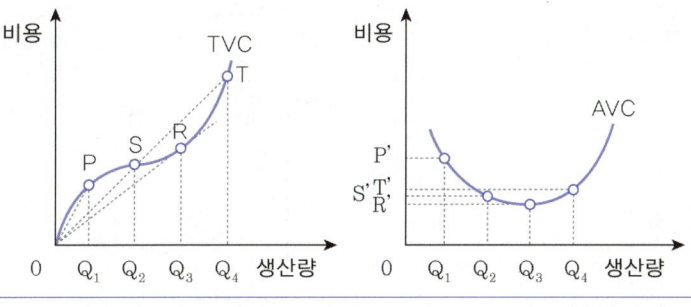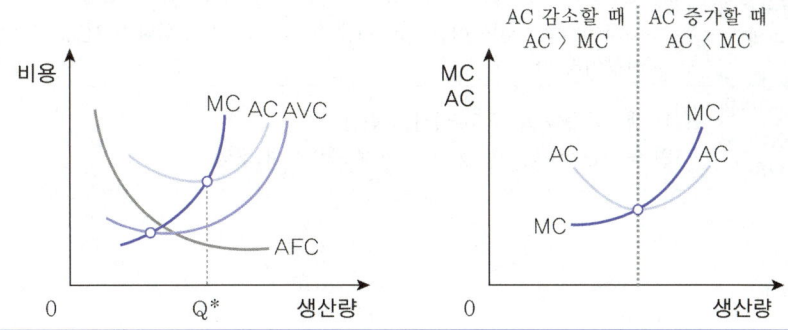

핵심키워드
㉮ 최저점

04 장기비용함수

장기 평균비용곡선 (LAC; Long- run Average Cost)	(1) 장기총비용곡선 ① 장기에는 ㉮_____가 존재하지 않고 모든 생산요소가 가변적 ② 장기에는 생산시설을 확장하거나 감축시킬 수 있기 때문에 무수히 많은 단기총비용곡선이 존재함 ③ 따라서 장기총비용곡선은 무수히 많은 단기총비용곡선을 감싸는 포락선 (2) 장기평균비용곡선의 도출 (3) 단기평균비용곡선이 U자형인 이유 ① 우하향의 기울기: 규모에 대한 보수체증(규모의 경제) ② 우상향의 기울기: 규모에 대한 보수체감(규모의 불경제)
장기평균 비용곡선과 단기평균 비용곡선의 관계	(1) 단기평균비용곡선과 장기평균비용곡선은 한 점에서 접하지만, 장기평균비용곡선의 최저점과 단기평균비용곡선의 최저점이 항상 접하는 것은 아님 (2) 장기평균비용곡선의 최저점에서만 단기평균비용곡선의 최저점이 접함 (3) 장기평균비용곡선의 최저점에서 단기평균비용곡선과 접하는 시설규모를 최적시설규모(optimum scale of plant)라고 하고, 이때의 생산량을 ㉯_____ 하에서의 최적 생산량이라 함
생산함수를 비용함수로 전환하기	(1) 생산함수를 L, K의 형태로 변환 (2) 총비용함수인 $TC = wL + rK$에 대입하여 구함

핵심키워드

㉮ 고정요소, ㉯ 최적시설규모

05 이윤극대화

공식	총이윤 = ㉮_____
이윤극대화 생산량	(1) 한계수입(MR) > 한계비용(MC) ➔ 생산량을 늘리는 것이 기업에게 유리 (2) 한계수입(MR) < 한계비용(MC) ➔ 생산량을 줄이는 것이 기업에게 유리 (3) ㉯_____ = ㉰_____ 인 점에서 생산량을 결정(이윤극대화 조건은 시장 형태와 관계없이 항상 적용됨)

핵심키워드
㉮ 총수입(TR) − 총비용(TC), ㉯ 한계수입(MR), ㉰ 한계비용(MC)

Topic 8 생산자이론 **147**

STEP 1 타시험 기출문제

01 난이도 ★★ 중요도 ★★

다음은 A기업의 한계생산물과 비용을 나타낸다. $w=5, r=10$인 경우, 최대산출량을 가져다주는 노동과 자본을 바르게 연결한 것은? (단, L은 노동, K는 자본, w는 임금, r은 자본의 임대료이다)

[22. 국가직 7급]

- 노동의 한계생산물: $MP_L = 100K - L$
- 자본의 한계생산물: $MP_K = 100L - 4K$
- 비용: $wL + rK = 1,000$

	노동	자본
①	70	65
②	80	60
③	90	55
④	100	50

02 난이도 ★★ 중요도 ★★

어느 기업의 생산함수가 $Q = 2L^3 K^2$으로 주어져 있다. 임금과 임대료가 각각 12 및 4일 때, 비용을 최소화하는 노동과 자본의 최적 투입비율은? (단, L은 노동이고, K는 자본이다)

[23. 지방직 7급]

① 노동을 자본의 2배 투입 ② 노동을 자본의 4배 투입
③ 자본을 노동의 2배 투입 ④ 자본을 노동의 4배 투입

난이도 ★★ 중요도 ★★

03 A기업의 생산함수는 $Y=\sqrt{K+L}$ 이다. 이 생산함수에 대한 설명으로 옳은 것은?

[15. 지방직 7급]

① 규모에 대한 수확불변을 나타낸다.
② 자본과 노동은 완전보완관계이다.
③ 이윤극대화를 위해 자본과 노동 중 하나만 사용해도 된다.
④ 등량곡선(isoquant curve)은 원점에 대해 볼록하다.

정답 및 해설

01 ④ 1) $MRTS_{LK} = \frac{MP_L}{MP_K} = \frac{w}{r}$ 이다.

2) $\frac{100K-L}{100L-4K} = \frac{5}{10}$ → $2(100K-L) = 100 - 4K$ → $102L = 204K$ → $L = 2K$

3) 예산제약 $5L + 10K = 1,000$에 $L = 2K$을 대입하면 $20K = 1,000$ → $L = 100$, $K = 50$이다.

02 ③ 1) $MRTS_{LK} = \frac{w}{r}$ → $\frac{6L^2K^2}{4L^3K} = \frac{12}{4}$ → $\frac{3K}{2L} = 3$ → $K = 2L$

2) 따라서 자본을 노동의 2배 투입해야 한다.

03 ③ 1) K와 L을 모두 t배하면 $\sqrt{tK+tL} = \sqrt{t(K+L)} = \sqrt{t} \times \sqrt{K+L} = t^{0.5}\sqrt{K+L}$이므로 문제에 주어진 생산함수는 0.5차 동차함수이다.

2) 생산함수의 양변을 제곱하면 $Y^2 = K+L$이고, 이를 정리하면 $K = -L + Y^2$이므로 등량곡선이 기울기(절댓값)가 1인 우하향의 직선임을 알 수 있다. 등량곡선이 우하향의 직선의 형태로 도출되는 것은 노동과 자본이 완전대체적인 생산요소일 때이다. 따라서 이윤극대화를 위해 자본과 노동 중 하나만 사용해도 된다.

[오답체크]
① A기업의 생산함수는 규모에 대한 수익이 체감한다.
② 자본과 노동은 완전대체관계이다.
④ 등량곡선(isoquant curve)은 직선의 형태이다

04 생산함수가 $Q = L^2K^2$으로 주어져 있다. 이 생산함수에 대한 설명으로 옳은 것만을 〈보기〉에서 모두 고른 것은? (단, Q는 생산량, L은 노동량, K는 자본량이다) [17. 국가직 7급]

〈보기〉
ㄱ. 2차 동차함수이다.
ㄴ. 규모에 따른 수확체증이 있다.
ㄷ. 주어진 생산량을 최소비용으로 생산하는 균형점에서 생산요소 간 대체탄력성은 1이다.

① ㄱ
② ㄴ
③ ㄱ, ㄷ
④ ㄴ, ㄷ

05 어느 경제에서 생산량과 기술 및 요소 투입 간에 $Y = AF(L, K)$의 관계가 성립하며, $F(L, K)$는 노동, 자본에 대하여 규모에 대한 수익불변(CRS)의 특징을 가지고 있다. 이에 대한 설명으로 가장 옳은 것은? (단, Y, A, L, K는 각각 생산량, 기술수준, 노동, 자본을 나타낸다) [19. 서울시 7급]

① 생산요소인 노동이 2배 증가하면 노동단위 1인당 생산량은 증가한다.
② 생산요소인 노동과 자본이 각각 2배 증가하면 노동단위 1인당 생산량은 증가한다.
③ 생산요소인 노동과 자본이 각각 2배 증가하고 기술수준이 2배로 높아지면 노동단위 1인당 생산량은 2배 증가한다.
④ 생산요소인 자본이 2배 증가하고 기술수준이 2배로 높아지면 노동단위 1인당 생산량은 2배 증가한다.

난이도 ★★ 중요도 ★★

06 어느 기업의 생산함수는 $Q = 2LK$이다. 단위당 임금과 단위당 자본비용이 각각 2원 및 3원으로 주어져 있다. 이 기업의 총사업자금이 60원으로 주어졌을 때, 노동의 최적 투입량은? (단, Q는 생산량, L은 노동투입량, K는 자본투입량이며, 두 투입요소 모두 가변투입요소이다)

[16. 국가직 7급]

① $L = 10$ ② $L = 15$
③ $L = 20$ ④ $L = 25$

정답 및 해설

04 ④ 1) 생산함수의 L과 K를 모두 t배하면 $(tL)^2(tK)^2 = t^4L^2K^2 = t^4Q$이므로 문제에 주어진 생산함수는 4차 동차 콥-더글라스 생산함수이다.
2) 생산함수가 1차 동차보다 크면 규모에 따른 수확체증 현상이 나타난다.
3) 콥-더글라스 생산함수는 대체탄력성이 항상 1이다.

05 ③ 노동과 자본이 모두 2배 증가하는 것은 1인당 생산량에 영향을 미치지 않지만, 기술수준이 2배가 되면 1인당 생산량도 2배 증가한다. $AP_L = A(\frac{K}{L})^{1-\alpha}$ 에다 A 대신 $2A$, L 대신 $2L$, K 대신 $2K$를 대입하면 1인당 생산량이 2배 증가한다.

[오답체크]
① 노동이 2배 증가하면 1인당 자본량이 감소하므로 1인당 생산량이 감소한다. 즉, $AP_L = A(\frac{K}{L})^{1-\alpha}$ 이므로 L이 증가하면 1인당 생산량이 감소한다.
② 노동과 자본이 모두 2배 증가하여도 1인당 자본량이 불변이므로 1인당 생산량은 변하지 않는다. $AP_L = A(\frac{K}{L})^{1-\alpha}$ 에다 L 대신 $2L$, K 대신 $2K$를 대입해도 1인당 생산량이 변하지 않음을 알 수 있다.
④ 자본이 2배 증가하면 1인당 자본량의 증가로 1인당 생산량이 증가하므로 자본이 2배 증가하는 동시에 기술수준도 2배로 높아지면 1인당 생산량은 2배보다 크게 증가한다. $AP_L = A(\frac{K}{L})^{1-\alpha}$ 에다 A 대신 $2A$, L 대신 $2L$, K 대신 $2K$를 대입하면 1인당 생산량이 2배보다 크게 증가함을 알 수 있다.

06 ② 1) 생산함수가 $Q = 2LK$이므로 한계기술대체율 $MRTS_{LK} = \frac{MP_L}{MP_K} = \frac{K}{L}$ 이다.
2) 생산자균형에서는 등량곡선과 등비용선이 접하므로 $MRTS_{LK} = \frac{w}{r}$로 두면 $\frac{K}{L} = \frac{2}{3}$가 성립한다.
3) 비용제약이 $2L + 3K = 60$이므로 이를 연립해서 풀면 $L = 15$, $K = 10$으로 계산된다.

07 생산요소로 노동(L)과 자본(K)만을 사용하는 생산물시장에서 독점기업의 등량곡선과 등비용선에 관한 설명으로 옳지 않은 것은? (단, MP_L은 노동의 한계생산, w는 노동의 가격, MP_K는 자본의 한계생산, r은 자본의 가격이다)   [15. 노무사]

① 등량곡선과 등비용선만으로 이윤극대화 생산량을 구할 수 있다.
② 등비용선 기울기의 절댓값은 두 생산요소 가격의 비율이다.
③ 한계기술대체율이 체감하는 경우, $(\frac{MP_L}{w}) > (\frac{MP_K}{r})$인 기업은 노동투입을 증가시키고 자본투입을 감소시켜야 생산비용을 감소시킬 수 있다.
④ 한계기술대체율은 등량곡선의 기울기를 의미한다.
⑤ 한계기술대체율은 두 생산요소의 한계생산물 비율이다.

08 현재 생산량 수준에서 자본과 노동의 한계생산물이 각각 5와 8이고, 자본과 노동의 가격이 각각 12와 25이다. 이윤극대화를 추구하는 기업의 의사결정으로 옳은 것은? (단, 한계생산물 체감의 법칙이 성립한다)   [19. 노무사]

① 노동 투입량을 증가시키고 자본 투입량을 감소시킨다.
② 노동 투입량을 감소시키고 자본 투입량을 증가시킨다.
③ 두 요소의 투입량을 모두 감소시킨다.
④ 두 요소의 투입량을 모두 증가시킨다.
⑤ 두 요소의 투입량을 모두 변화시키지 않는다.

난이도 ★   중요도 ★★★

09 A기업의 생산함수는 $Q = L + 2K$이다(Q는 생산량, L은 노동, K는 자본, $Q > 0$, $L > 0$, $K > 0$). 생산량이 일정할 때 A기업의 한계기술대체율(Marginal Rate of Technical Substitution)은?
[11. 노무사]

① 노동과 자본의 투입량에 관계없이 일정하다.
② 노동의 투입량이 증가하면 한계기술대체율은 증가한다.
③ 노동의 투입량이 증가하면 한계기술대체율은 감소한다.
④ 자본의 투입량이 증가하면 한계기술대체율은 증가한다.
⑤ 자본의 투입량이 증가하면 한계기술대체율은 감소한다.

정답 및 해설

07 ① 등량곡선과 등비용선이 접하는 생산자균형점은 일정한 생산량을 최소비용으로 생산하는 점으로 이윤극대화가 아니라 비용극소화가 달성되는 점이다. 기업의 이윤극대화 생산량은 한계수입과 한계비용이 일치하는 생산량 수준에서 결정된다.

08 ② 1) 1원당 노동의 한계생산과 자본의 한계생산이 동일해야 이윤극대화가 이루어진다.
   2) 자본 1원당 한계생산이 노동 1원당 한계생산보다 크므로($\frac{5}{12} > \frac{8}{25}$), 자본을 늘리고 노동을 줄여야 한다.

09 ① 선형생산함수이므로 한계대체율이 일정하다.

10 기업의 생산기술이 진보하는 경우에 대한 설명으로 옳은 것만을 모두 고르면? [23. 국가직 7급]

> ㄱ. 자본절약적 기술진보는 평균비용곡선을 하방 이동시킨다.
> ㄴ. 자본절약적 기술진보는 동일한 양을 생산하는 등량곡선을 원점 쪽으로 이동시킨다.
> ㄷ. 중립적 기술진보는 노동의 한계생산물과 자본의 한계생산물을 동일한 비율로 증가시킨다.
> ㄹ. 노동절약적 기술진보는 이윤극대화를 추구하는 기업의 노동투입을 늘리고 자본투입을 줄이게 한다.

① ㄱ, ㄴ ② ㄷ, ㄹ
③ ㄱ, ㄴ, ㄷ ④ ㄴ, ㄷ, ㄹ

11 기업 A의 생산함수는 $Q = Min[2L, K]$이다. 고정비용이 0원이고 노동과 자본의 단위당 가격이 각각 2원과 1원이라고 할 때, 기업 A가 100단위의 상품을 생산하기 위한 총비용은? (단, L은 노동투입량, K는 자본투입량이다) [18. 국가직 7급]

① 100원 ② 200원
③ 250원 ④ 500원

12 경쟁시장에서 기업의 비용곡선에 관한 설명으로 옳지 않은 것은? [20. 노무사]

① 생산이 증가함에 따라 한계비용이 증가한다면, 이는 한계생산물이 체감하기 때문이다.
② 생산이 증가함에 따라 평균가변비용이 증가한다면, 이는 한계생산물이 체감하기 때문이다.
③ 한계비용이 평균총비용보다 클 때는 평균총비용이 하락한다.
④ 한계비용곡선은 평균총비용곡선의 최저점을 통과한다.
⑤ U자 모양의 평균총비용곡선 최저점의 산출량을 효율적 생산량이라고 한다.

난이도 ★ 중요도 ★★★

13 비용에 대한 설명으로 옳은 것은? [11. 지방직 7급]

① 매몰비용은 경제적 의사결정을 하는 데 있어서 고려되어서는 안 된다.
② 공장부지나 재판매가 가능한 생산시설을 구입하는 데 지출된 비용은 고정비용이자 매몰비용이다.
③ 평균비용곡선이 U자 형태로 되어있을 때, 한계비용곡선은 평균비용곡선의 최저점을 통과할 수 없다.
④ 수입보다 비용이 커서 손실이 발생한 기업은 조업을 중단하여야 한다.

정답 및 해설

10 ③ 기술진보는 평균비용곡선은 하방, 생산가능곡선은 원점에서 멀도록, 등량곡선은 원점에 가깝도록 이동시킨다.

[오답체크]
ㄹ. 노동절약적 기술진보는 이윤극대화를 추구하는 기업의 노동투입을 줄이고 자본투입을 늘리게 한다.

11 ② 1) 생산함수가 $Q = Min[2L, K]$이므로 100단위의 재화를 생산하려면 $2L = K = 100$이 성립해야 하므로 노동 50단위, 자본 100단위를 투입해야 한다.
2) 노동의 단위당 가격이 2원, 자본의 단위당 가격이 1원이므로 100단위의 재화를 생산하는 데는 200원($= 2 \times 50 + 1 \times 100$)의 비용이 소요된다.

12 ③ 한계비용이 평균총비용보다 클 때는 평균총비용이 증가한다.

13 ① 매몰비용은 회수불가능한 비용이므로 고려대상이 아니다.

[오답체크]
② 고정비용은 생산량의 크기와 무관하게 지출하는 비용을 말한다.
③ 평균비용곡선이 U자 형태로 되어있을 때, 한계비용곡선은 평균비용곡선의 최저점을 통과한다.
④ 단기에 가격이 평균비용보다 낮아서 손실이 발생하는 경우라도 평균가변비용보다 가격이 높다면 고정비용이 일부라도 회수가 가능하므로 조업을 계속하는 것이 유리하다.

14 생산함수가 $Q(L, K) = \sqrt{LK}$ 이고 단기적으로 K가 1로 고정된 기업이 있다. 단위당 임금과 단위당 자본비용이 각각 1원 및 9원으로 주어져 있다. 단기적으로 이 기업에서 규모의 경제가 나타나는 생산량 Q의 범위는? (단, Q는 생산량, L은 노동투입량, K는 자본투입량이다)

[17. 지방직 7급]

① $0 \leq Q \leq 3$
② $0 \leq Q \leq 4.5$
③ $4.5 \leq Q \leq 6$
④ $3 \leq Q \leq 6$

15 생산자비용 및 생산자선택이론에 대한 설명으로 옳은 것은?

[12. 국가직 7급]

① 생산량 증가 시 한계비용이 평균비용보다 크면 평균비용은 하락한다.
② 공급곡선이 원점을 통과하여 우상향하는 직선인 경우 공급의 가격탄력성은 기울기에 관계없이 모두 1이다.
③ 한 재화의 생산량 증가에 따라 평균비용이 감소하는 것을 범위의 경제라 한다.
④ 총비용곡선이 직선인 경우에도 기업의 이윤극대화 산출량은 0이나 무한대가 될 수 없다.

16 U자 형태의 평균비용곡선과 한계비용곡선 간의 관계에 대한 설명으로 옳지 않은 것은?

[16. 국가직 7급]

① 한계비용이 평균비용보다 낮을 때에는 평균비용곡선이 음의 기울기를 갖게 된다.
② 평균비용곡선과 한계비용곡선이 서로 교차하는 점에서 평균비용은 최소가 된다.
③ 한계비용이 최소가 되는 점에서 평균비용곡선은 한계비용곡선을 아래에서 위로 교차하며 지나간다.
④ 평균비용이 최소가 되는 점보다 생산량을 증가시키는 경우에는 한계비용이 평균비용보다 높다.

난이도 ★★　중요도 ★★★

17 A기업의 장기 총비용곡선은 $TC(Q) = 40Q - 10Q^2 + Q^3$이다. 규모의 경제와 규모의 비경제가 구분되는 생산규모는?

[17. 국가직 7급]

① $Q = 5$　　　　　　　　　　② $Q = \dfrac{20}{3}$

③ $Q = 10$　　　　　　　　　 ④ $Q = \dfrac{40}{3}$

정답 및 해설

14 ① 1) $K = 1$로 고정되어 있으므로 이를 생산함수에 대입하면 $Q = \sqrt{L}$, $L = Q^2$이다.
2) 그러므로 이 기업의 비용함수는 $C = wL + rK = (1 \times Q^2) + (9 \times 1) = 9 + Q^2$이다.
3) 비용함수를 Q로 나누어주면 $AC = \dfrac{9}{Q} + Q$이다. 평균비용이 최소가 되는 점을 구하기 위해 Q에 대해 미분한 뒤 0으로 두면 $\dfrac{dAC}{dQ} = -\dfrac{9}{Q^2} + 1 = 0$, $Q = 3$이다.
4) $Q = 3$일 때 평균비용이 최소가 되므로 규모의 경제가 나타나는 구간은 $0 \leq Q \leq 3$이다.

15 ② 원점을 통과하는 선형의 공급곡선은 기울기에 관계없이 공급의 가격탄력성이 1이다.

[오답체크]
① 한계비용이 평균비용보다 크면 평균비용은 증가한다.
③ 한 재화의 생산량이 증가할 때 평균비용이 감소하는 현상은 범위의 경제가 아닌 규모의 경제이다. 범위의 경제는 두 재화를 따로 생산할 때보다 함께 생산할 때 비용이 절감되는 현상이다. 규모의 경제와 범위의 경제는 아무런 체계적 관련이 없다.
④ 총비용곡선이 직선인 경우에는 한계비용이 일정한 경우이다. 한계수입이 일정하면서 한계비용보다 큰 경우에는 산출량이 무한대가 될 수 있다.

16 ③ 평균비용이 최소가 되는 점에서 한계비용곡선은 평균비용곡선을 아래에서 위로 교차하며 지나간다.

17 ① 1) 규모의 경제와 규모의 불경제가 구분되는 생산규모는 U자형의 장기평균비용곡선 최소점이 된다.
2) 장기총비용을 Q로 나누어 주면 장기평균비용 $LAC = 40 - 10Q + Q^2$이다.
3) 장기평균비용곡선 최소점에서의 생산규모를 찾기 위해 장기평균비용곡선식을 Q에 대해 미분한 후 0으로 두면 $-10 + 2Q = 0$, $Q = 5$이다.
4) 그러므로 규모의 경제와 규모의 불경제가 구분되는 생산규모 $Q = 5$이다.

18 기업의 이윤극대화에 대한 설명으로 옳은 것만을 모두 고른 것은?

[13. 지방직 7급]

〈보기〉
ㄱ. 한계수입(MR)이 한계비용(MC)과 같을 때 이윤극대화의 1차 조건이 달성된다.
ㄴ. 한계비용(MC)곡선이 한계수입(MR)곡선을 아래에서 위로 교차하는 영역에서 이윤극대화의 2차 조건이 달성된다.
ㄷ. 평균비용(AC)곡선과 평균수입(AR)곡선이 교차할 때의 생산수준에서 이윤극대화가 달성된다.

① ㄱ, ㄴ
② ㄱ, ㄷ
③ ㄴ, ㄷ
④ ㄱ, ㄴ, ㄷ

19 A기업의 수요곡선은 $Q^d = 100 - N - P$이고 비용곡선은 $C = 4Q$이다. A기업이 이윤극대화를 할 때 이에 관한 설명으로 옳지 않은 것은? (단, P는 가격, Q는 생산량, N은 기업의 수이다)

[20. 보험계리사]

① 기업의 수가 60이면 최적 생산량은 18이다.
② 기업의 이윤이 0이 되는 기업의 수는 95이다.
③ 기업의 수가 증가함에 따라 균형가격은 하락한다.
④ 기업의 수가 증가함에 따라 A기업의 생산량은 감소한다.

20 다음 생산함수 중 규모에 대한 수익불변(constant returns to scale)을 만족하는 함수를 모두 고르면? (단, 여기서 y는 산출량, K, L은 생산요소이고 a, b는 상수이다) [23. 군무원 7급]

ㄱ. $y = K^{\frac{2}{3}} L^{\frac{1}{2}}$
ㄴ. $y = 4K^{\frac{1}{2}} L^{\frac{1}{2}}$
ㄷ. $y = \min[\frac{K}{a}, \frac{L}{b}]$
ㄹ. $y = \sqrt{K+L}$

① ㄴ, ㄷ
② ㄴ, ㄹ
③ ㄱ, ㄷ, ㄹ
④ ㄴ, ㄷ, ㄹ

정답 및 해설

18 ① 이윤극대화의 조건은 한계수입과 한계비용이 일치하며 한계수입곡선이 위에 있어야 한다.

  [오답체크]
  ㄷ. 평균수입곡선과 평균비용곡선이 교차하는 것은 이윤극대화 조건과는 아무런 관계가 없다.

19 ② 1) 기업의 이윤극대화 조건은 $MR = MC$이다.
  2) $Q = 100 - N - P$ ➡ $P = 100 - N - Q$ ➡ $MR = 100 - N - 2Q$
  3) $C = 4Q$ ➡ $MC = 4$
  4) $100 - N - 2Q = 4$ ➡ $Q = 48 - \frac{1}{2}N$이다.
  5) 이를 수요곡선에 대입하면 $P = 52 - \frac{1}{2}N$이다.
  6) 이윤 = 총수입 − 총비용 = $(52 - \frac{1}{2}N)(48 - \frac{1}{2}N) - 4(48 - \frac{1}{2}N) = 0$ ➡ $(52 - \frac{1}{2}N) - 4 = 0$
   ➡ $N = 96$이므로 기업의 이윤이 0이 되는 기업의 수는 96이다.

  [오답체크]
  ① 기업의 수가 60이면 $Q = 48 - 30 = 18$이다. 따라서 최적 생산량은 18이다.
  ③ $Q = 48 - \frac{1}{2}N$이므로 기업의 수가 증가함에 따라 균형가격은 하락한다.
  ④ $Q = 48 - \frac{1}{2}N$이므로 기업의 수가 증가함에 따라 A기업의 생산량은 감소한다.

20 ① ㄴ. $y = 4K^{\frac{1}{2}} L^{\frac{1}{2}}$ ➡ 1차 동차생산함수
   ㄷ. $y = \min[\frac{K}{a}, \frac{L}{b}]$ ➡ 1차 동차생산함수

  [오답체크]
  ㄱ. $y = (tK)^{\frac{2}{3}}(tL)^{\frac{1}{2}}$ ➡ $y = t^{\frac{7}{6}} K^{\frac{2}{3}} L^{\frac{1}{2}}$ ➡ $\frac{7}{6}$차 동차생산함수
  ㄹ. $y = \sqrt{tK + tL}$ ➡ $y = t^{\frac{1}{2}} \sqrt{K+L}$ ➡ $\frac{1}{2}$차 동차생산함수

21 난이도 ★★★★ 중요도 ★★

노동과 자본 두 생산요소를 이용하여 제품을 생산하는 기업의 생산함수가 $y = \min[2l+k, l+4k]$ 라고 한다. 다음 중 이 기업의 선택 및 등량곡선의 형태와 관련된 설명으로 올바른 것은? (단, l과 k는 각각 노동과 자본의 투입량을 나타낸다)

[21. 군무원 7급]

① 등량곡선의 기울기는 일정하다.
② 두 생산요소의 가격이 동일할 때 노동 투입량은 $3y/7$이다.
③ 노동의 가격이 자본 가격의 2배라면 k만을 사용하는 것이 유일한 최적선택이다.
④ $(l=1, k=5)$와 $(l=4, k=1)$은 동일한 등량곡선상에 있다.

22 난이도 ★★★ 중요도 ★★

생산함수가 Y = LK이고, 단기에 자본이 1단위로 고정되어 있다고 한다. 현재 노동과 자본의 가격이 모두 1일 때 옳지 않은 것은?

[20. 군무원 7급]

① 단기평균가변비용은 상수이다.
② 단기한계비용은 상수이다.
③ 단기평균비용은 상수이다.
④ 노동의 한계생산은 상수이다.

23 난이도 ★ 중요도 ★★

기업의 단기한계비용곡선이 통과하는 점으로 옳은 것만을 〈보기〉에서 모두 고르면?

[19. 국회직 8급]

〈보기〉
ㄱ. 단기총비용곡선의 최저점
ㄴ. 단기평균고정비용곡선의 최저점
ㄷ. 단기평균가변비용곡선의 최저점
ㄹ. 단기평균총비용곡선의 최저점

① ㄱ, ㄴ
② ㄴ, ㄷ
③ ㄷ, ㄹ
④ ㄱ, ㄴ, ㄷ
⑤ ㄴ, ㄷ, ㄹ

정답 및 해설

21 ② 1) 생산함수가 레온티에프 함수의 형태이므로 추세선은 $2l+k=l+4k$ ➡ $k=\frac{1}{3}l$이다.

2) $2l+k>l+4k$일 때 생산함수는 작은 수에 의해 결정되므로 $y=l+4k$이므로 한계기술대체율은 $-\frac{1}{4}$이다.

3) $2l+k<l+4k$일 때 생산함수는 작은 수에 의해 결정되므로 $y=2l+k$이므로 한계기술대체율은 -2이다.

4) 그래프

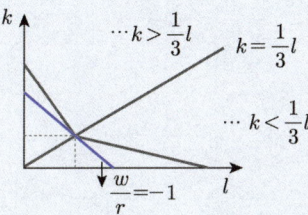

5) 두 생산요소의 가격이 일정하면 노동만 사용할 것이므로 $y=\frac{7}{3}l$이므로 노동 투입량은 $3y/7$이다.

[오답체크]
① 등량곡선의 기울기는 일정하지 않다.
③ 노동의 가격이 자본 가격의 2배라면 $y=2l+k$선상의 모든 점이 최적이다.
④ 1, 5일 때는 생산량이 7이고 4, 1일 때는 생산량이 8이므로 다른 곡선 위에 있다.

22 ③ 1) $Y=L$
2) $TC=wL+rK$ ➡ $TC=L+1$ ➡ $TC=Y+1$
3) 지문분석($Y=Q$)

③ $AC=\dfrac{TC}{Q}=\dfrac{Y+1}{Y}=1+\dfrac{1}{Y}$

[오답체크]

① $AVC=\dfrac{TVC}{Q}=\dfrac{Y}{Y}=1$

② $MC=\dfrac{\Delta TC}{\Delta Q}=1$

④ $MP_L=\dfrac{\Delta Q}{\Delta L}=1$

23 ③ 단기한계비용곡선은 단기평균가변비용곡선과 단기평균총비용곡선의 최저점을 지난다.

24 다음은 규모에 대한 수익과 비용곡선에 관한 설명이다. 〈보기〉 중 옳지 않은 것은 모두 몇 개인가?

[14. 국회직 8급]

〈보기〉
ㄱ. 규모에 대한 수익불변의 경우 모든 생산요소가격이 일정하게 유지된다면 생산요소투입량이 3배로 증가할 때 총비용도 3배로 증가한다.
ㄴ. 생산기술이 규모에 대한 수익불변이면 규모의 불경제가 발생할 수 없다.
ㄷ. 장기한계비용곡선은 단기한계비용곡선의 포락선이다.
ㄹ. 규모에 대한 수익불변의 경우 모든 생산요소가격이 일정하게 유지된다면 생산량과 총비용이 정비례하므로 장기평균비용곡선이 수직선이다.
ㅁ. 생산량의 증가로 요소수요가 증가할 때 생산요소가격이 상승한다면 단위당 생산비용이 상승하게 되므로 장기평균 비용곡선은 우상향의 형태가 된다.

① 1개 ② 2개 ③ 3개
④ 4개 ⑤ 5개

25 소규모 기업인 A기업의 생산함수가 $Y=L^2$로 주어져 있다고 하자. 이에 대한 설명으로 옳지 않은 것은? (단, L은 노동, Y는 생산량을 나타낸다)

[13. 국회직 8급]

① 규모의 경제가 나타난다.
② 노동투입이 증가함에 따라서 노동의 한계생산은 증가한다.
③ 생산요소시장이 완전경쟁적일 때, 평균비용은 우하향한다.
④ 생산요소시장이 완전경쟁적일 때, 한계비용은 우하향한다.
⑤ 한계비용이 평균비용을 통과하는 점에서 효율적 생산량이 존재한다.

난이도 ★★★　중요도 ★★

26 어떤 기업의 생산함수는 $Q = \dfrac{1}{2,000}KL^{\frac{1}{2}}$ 이고 임금은 10, 자본임대료는 20이다. 이 기업이 자본 2,000단위를 사용한다고 가정했을 때, 이 기업의 단기 비용함수는? (단, K는 자본투입량, L은 노동투입량이다)

[18. 국회직 8급]

① $10Q^2 + 20,000$
② $10Q^2 + 40,000$
③ $20Q^2 + 10,000$
④ $20Q^2 + 20,000$
⑤ $20Q^2 + 40,000$

정답 및 해설

24 ③ ㄴ. 규모에 대한 수익 불변이란 모든 생산요소를 10배 늘릴 때 생산량이 10배 증가하는 것을 의미한다. 규모의 불경제란 생산량이 증가할 때 평균비용이 상승하는 것을 의미한다. 생산요소의 가격이 일정하다면 규모에 대한 수익 불변일 때 평균비용은 일정하므로 규모의 불경제가 발생하지 않는다. 하지만 생산요소의 가격이 상승한다면 총비용이 10배보다 더 크게 늘어나므로 평균비용이 상승하여 규모의 불경제가 발생할 수 있다.
ㄷ. 장기한계비용곡선은 단기한계비용곡선의 포락선이 아니다.
ㄹ. 규모수익 불변이란 모든 생산요소를 늘릴 때 생산량이 10배 늘어나는 것을 의미한다. 생산요소의 가격이 일정하게 유지된다면 생산요소가 10배 증가할 때 총비용도 10배 늘어난다. 결국 생산량과 총비용이 정비례하므로 평균비용은 일정하고 평균비용곡선은 수평선으로 나타난다.

[오답체크]
ㄱ. 총비용은 노동비용 + 자본비용 = $wL + rK$이다. 생산요소의 가격(w, r)이 일정할 때 생산요소의 투입량(L, K)이 3배 증가하면 총비용도 3배 증가한다. 규모의 대한 수익은 관련이 없다.
ㅁ. 요소수요가 증가하여 요소수요곡선이 우측으로 이동한다면 생산요소의 가격이 상승한다. 요소수요가 늘면 총비용이 상승하고, 생산요소의 가격이 상승해도 총비용은 상승한다. 결국 생산량이 증가하지만 총비용이 더 크게 상승하므로 평균비용은 증가하고 평균비용곡선은 우상향의 형태가 된다.

25 ⑤ 1) $Y = L^2$ → $L = \sqrt{Y}$
2) $TC = wL = w\sqrt{Y}$ → $MC = \dfrac{w}{2\sqrt{Y}}$, $AC = \dfrac{TC}{Q} = \dfrac{w\sqrt{Y}}{Y} = \dfrac{w}{\sqrt{Y}}$
3) MC가 AC를 통과하지 않는다.

[오답체크]
① 평균비용이 $\dfrac{w}{\sqrt{Y}}$ 이므로 규모의 경제가 나타난다.
② $MP = 2L$이므로 노동투입이 증가함에 따라서 노동의 한계생산은 증가한다.
③ 생산요소시장이 완전경쟁적일 때, 평균비용은 $\dfrac{w\sqrt{Y}}{Y} = \dfrac{w}{\sqrt{Y}}$ 우하향한다.
④ 생산요소시장이 완전경쟁적일 때, 한계비용은 $\dfrac{w}{2\sqrt{Y}}$ 우하향한다.

26 ② 1) $K = 2,000$이므로 $Q = L^{\frac{1}{2}}$ → $L = Q^2$이다.
2) 총비용함수에 대입하면 $TC = wL + rK = 10L + 40,000 = 10Q^2 + 40,000$

STEP 2   감정평가사 기출문제

27   생산자이론에 관한 설명으로 옳지 않은 것은?   [23. 감정평가사]

① 한계기술대체율은 등량곡선의 기울기를 의미한다.
② 등량곡선이 직선일 경우 대체탄력성은 무한대의 값을 가진다.
③ 0차 동차생산함수는 규모수익불변의 성격을 갖는다.
④ 등량곡선이 원점에 대해 볼록하다는 것은 한계기술대체율이 체감하는 것을 의미한다.
⑤ 규모수익의 개념은 장기에 적용되는 개념이다.

28   등량곡선에 관한 설명으로 옳은 것을 모두 고른 것은? (단, 한계기술대체율은 절댓값으로 나타낸다)   [24. 감정평가사]

> ㄱ. 한계기술대체율은 두 생산요소의 한계생산 비율과 같다.
> ㄴ. 두 생산요소 사이에 완전 대체가 가능하다면 등량곡선은 직선이다.
> ㄷ. 등량곡선이 원점에 대해 볼록한 모양이면 한계기술대체율 체감의 법칙이 성립한다.
> ㄹ. 콥-더글러스(Cobb-Douglas) 생산함수의 한계기술대체율은 0이다.

① ㄱ, ㄴ   ② ㄴ, ㄷ   ③ ㄷ, ㄹ
④ ㄱ, ㄴ, ㄷ   ⑤ ㄱ, ㄴ, ㄷ, ㄹ

29   기업생산이론에 관한 설명으로 옳은 것을 모두 고른 것은?   [21. 감정평가사]

> ㄱ. 장기(long-run)에는 모든 생산요소가 가변적이다.
> ㄴ. 다른 생산요소가 고정인 상태에서 생산요소 투입 증가에 따라 한계생산이 줄어드는 현상이 한계생산 체감의 법칙이다.
> ㄷ. 등량곡선이 원점에 대해 볼록하면 한계기술대체율 체감의 법칙이 성립한다.
> ㄹ. 비용극소화는 이윤극대화의 필요충분조건이다.

① ㄱ, ㄴ   ② ㄷ, ㄹ   ③ ㄱ, ㄴ, ㄷ
④ ㄴ, ㄷ, ㄹ   ⑤ ㄱ, ㄴ, ㄷ, ㄹ

난이도 ★★　중요도 ★★

30 기업 A의 생산함수는 $Q = \min\{L, 2K\}$이다. 노동가격은 3이고, 자본가격은 5일 때, 최소 비용으로 110을 생산하기 위한 생산요소 묶음은? (단, Q는 생산량, L은 노동, K는 자본이다)

[22. 감정평가사]

① $L = 55$, $K = 55$
② $L = 55$, $K = 110$
③ $L = 110$, $K = 55$
④ $L = 110$, $K = 70$
⑤ $L = 110$, $K = 110$

정답 및 해설

27 ③ 1차 동차생산함수는 규모수익불변의 성격을 갖는다.

28 ④ **[오답체크]**
ㄹ. 콥-더글러스(Cobb-Douglas) 생산함수는 원점에 대하여 볼록하므로 한계기술대체율은 체감한다.

29 ③ **[오답체크]**
ㄹ. 비용극소화가 달성되면 이윤극대화가 달성되는 것은 아니다. 왜냐하면 이윤극대화는 판매와 관련된 수요의 영역과 관련되어 있기 때문이다. 따라서 비용극소화는 생산의 영역이므로 이윤극대화의 필요충분조건이 될 수 없다.

30 ③ 1) 생산함수가 완전보완관계이므로 $Q = L = 2K$가 성립한다.
2) Q가 110이므로 $L = 110$, $K = 55$이다.

31 비용에 관한 설명으로 옳은 것을 <보기>에서 모두 고른 것은? [17. 감정평가사]

<보기>
ㄱ. 기회비용은 어떤 선택을 함에 따라 포기해야 하는 여러 대안들 중에 가치가 가장 큰 것이다.
ㄴ. 생산이 증가할수록 기회비용이 체감하는 경우에는 두 재화의 생산가능곡선이 원점에 대해 볼록한 형태이다.
ㄷ. 모든 고정비용은 매몰비용이다.
ㄹ. 동일한 수입이 기대되는 경우, 기회비용이 가장 작은 대안을 선택하는 것이 합리적이다.

① ㄱ, ㄴ   ② ㄱ, ㄹ
③ ㄴ, ㄷ   ④ ㄱ, ㄴ, ㄹ

32 비용곡선에 관한 설명으로 옳은 것을 모두 고른 것은? [24. 감정평가사]

ㄱ. 기술진보는 평균비용곡선을 아래쪽으로 이동시킨다.
ㄴ. 규모에 대한 수익이 체증하는 경우 장기평균비용곡선은 우하향한다.
ㄷ. 단기에서 기업의 평균비용곡선은 한계비용곡선의 최저점에서 교차한다.
ㄹ. 규모의 경제가 있으면 평균비용곡선은 수평이다.

① ㄱ, ㄴ   ② ㄱ, ㄷ   ③ ㄴ, ㄷ
④ ㄴ, ㄹ   ⑤ ㄷ, ㄹ

33 단기비용곡선에 관한 설명으로 옳은 것을 모두 고른 것은? [단, 양(+)의 고정비용과 가변비용이 소요된다] [19. 감정평가사]

ㄱ. 평균비용은 총비용곡선 위의 각 점에서의 기울기다.
ㄴ. 한계비용곡선은 고정비용 수준에 영향을 받지 않는다.
ㄷ. 생산량이 증가함에 따라 평균비용과 평균가변비용 곡선 간의 차이는 커진다.
ㄹ. 생산량이 증가함에 따라 평균비용이 증가할 때 평균가변비용도 증가한다.

① ㄱ, ㄴ   ② ㄱ, ㄹ   ③ ㄴ, ㄷ
④ ㄴ, ㄹ   ⑤ ㄷ, ㄹ

34 난이도 ★★ 중요도 ★★

기업 A의 고정비용은 400이고, 단기생산함수는 $Q = 4L^{0.5}$이다. 가변생산요소의 가격이 400일 때, 단기 총비용곡선은? (단, Q는 생산량, L은 가변생산요소이다) [24. 감정평가사]

① $\dfrac{400}{Q} + 400$

② $800Q$

③ $400Q + 400$

④ $0.25Q^2 + 400$

⑤ $25Q^2 + 400$

정답 및 해설

31 ④ [오답체크]
ㄷ. 기계설비는 재판매가 가능한 경우가 있으므로 모든 고정비용이 매몰비용인 것은 아니다.

32 ① [오답체크]
ㄷ. 단기에서 기업의 한계비용곡선은 평균비용곡선의 최저점에서 교차한다.
ㄹ. 규모의 경제가 있으면 평균비용곡선은 우하향한다.

33 ④ [오답체크]
ㄱ. 평균비용은 원점과 총비용곡선 위의 점을 연결한 기울기다.
ㄷ. 생산량이 증가함에 따라 평균고정비용이 감소하므로 평균비용과 평균가변비용곡선 간의 차이는 작아진다.

34 ⑤ 1) $TC = wL + rK$이다.
2) 자본비용이 고정비용이므로 문제의 조건을 대입하면 $TC = 400 + 400L$이다.
3) 생산함수를 변형하면 $L = \dfrac{1}{16}Q^2$이다.
4) 이를 비용함수에 대입하면 $TC = 25Q^2 + 400$이다.

난이도 ★ 중요도 ★★

35 우하향하는 장기평균비용에 관한 설명으로 옳은 것은? [21. 감정평가사]

① 생산량이 서로 다른 기업의 평균비용은 동일하다.
② 진입장벽이 없는 경우 기업의 참여가 증가한다.
③ 소규모 기업의 평균비용은 더 낮다.
④ 장기적으로 시장에는 한 기업만이 존재하게 된다.
⑤ 소규모 다품종을 생산하면 평균비용이 낮아진다.

난이도 ★★★★ 중요도 ★★

36 기업 A의 생산함수가 $Q = Min[L, 3K]$이다. 생산요소 조합 ($L = 10$, $K = 5$)에서 노동과 자본의 한계생산은 각각 얼마인가? (단, Q는 생산량, L은 노동량, K는 자본량이다)

[19. 감정평가사]

① 0, 1   ② 1, 0   ③ 1, 3
④ 3, 1   ⑤ 10, 5

난이도 ★ 중요도 ★★

37 두 생산요소 노동(L)과 자본(K)을 투입하는 생산함수 $Q = 2L^2 + 2K^2$에서 규모 수익 특성과 노동의 한계생산으로 각각 옳은 것은?

[18. 감정평가사]

① 규모 수익 체증, $4L$
② 규모 수익 체증, $4K$
③ 규모 수익 체감, $4L$
④ 규모 수익 체감, $4K$
⑤ 규모 수익 불변, $4L$

난이도 ★★　중요도 ★★

38 기업의 생산기술이 진보하는 경우에 관한 설명으로 옳은 것을 모두 고른 것은?

[19. 감정평가사]

> ㄱ. 자본절약적 기술진보가 일어나면 평균비용곡선이 하방 이동한다.
> ㄴ. 자본절약적 기술진보가 일어나면 등량곡선이 원점에서 멀어진다.
> ㄷ. 노동절약적 기술진보가 일어나면 한계비용곡선이 하방 이동한다.
> ㄹ. 중립적 기술진보가 일어나면 노동의 한계생산 대비 자본의 한계생산은 작아진다.

① ㄱ, ㄴ　　　　② ㄱ, ㄷ　　　　③ ㄴ, ㄷ
④ ㄴ, ㄹ　　　　⑤ ㄷ, ㄹ

정답 및 해설

35 ④ 우하향하는 장기평균비용은 규모의 경제를 의미한다. 일반적으로 대규모 생산을 하는 독점기업에서 발생하므로 장기적으로 시장에는 한 기업만 존재하게 된다.

[오답체크]
① 생산량이 서로 다른 기업의 평균비용은 다르다.
② 진입장벽과 관계없이 기업의 진입이 불가능하다.
③ 소규모 기업의 평균비용은 더 높다.
⑤ 소규모 다품종을 생산하면 평균비용이 높아진다.

36 ② 1) 주어진 함수에 주어진 조건을 넣으면 $Q = Min[10, 15]$이이므로 $Q = 10$이다.
2) 노동의 한계생산을 구하기 위해 노동을 하나 더 넣으면 $Q = Min[11, 15]$이 되므로 $Q = 11$이다. 따라서 노동의 한계생산은 1이다.
3) 자본의 한계생산을 구하기 위해 자본을 하나 더 넣으면 $Q = Min[10, 16]$이 되므로 $Q = 10$이다. 따라서 자본의 한계생산은 0이다.

37 ① 1) 규모의 수익을 구하기 위해 $L \rightarrow tL$, $K \rightarrow tK$를 대입하면 $Q = 2t^2L^2 + 2t^2K^2 = t^2 \times (2L^2 + 2K^2)$이다. 지수가 2이므로 규모 수익 체증이다.
2) 노동한계생산을 구하기 위해 L로 미분하면 $4L$이다.

38 ② **[오답체크]**
ㄴ. 자본절약적 기술진보가 일어나면 동일한 자원으로 더 많이 생산이 가능하므로 등량곡선이 원점에 가까워진다.
ㄹ. 중립적 기술진보가 일어나면 노동의 한계생산 대비 자본의 한계생산은 변함이 없다.

39 기업 A의 생산함수는 $Q = Min[L, K]$이다. 이에 관한 설명으로 옳은 것을 모두 고른 것은?
(단, Q는 산출량, w는 노동 L의 가격, r은 자본 K의 가격이다) [18. 감정평가사]

> ㄱ. 생산요소 L과 K의 대체탄력성은 0이다.
> ㄴ. 생산함수는 1차 동차함수이다.
> ㄷ. 비용함수는 $C(w, r, Q) = Q^{w+r}$로 표시된다.

① ㄱ   ② ㄴ   ③ ㄱ, ㄴ
④ ㄴ, ㄷ   ⑤ ㄱ, ㄴ, ㄷ

40 A기업의 생산함수가 $Q = 4L + 8K$이다. 노동가격은 3이고 자본가격은 5일 때, 재화 120을 생산하기 위해 비용을 최소화하는 생산요소 묶음은? (단, Q는 생산량, L은 노동, K는 자본이다) [20. 감정평가사]

① $L = 0$, $K = 15$
② $L = 0$, $K = 25$
③ $L = 10$, $K = 10$
④ $L = 25$, $K = 0$
⑤ $L = 30$, $K = 0$

난이도 ★★★ 중요도 ★★

41 노동(L)과 자본(K)만 이용하여 재화를 생산하는 기업의 생산함수가 $Q = Min[\frac{L}{2}, K]$이다. 노동가격은 2원이고 자본가격은 3원일 때 기업이 재화 200개를 생산하고자 할 경우 평균비용(원)은? (단, 고정비용은 없다)

[21. 감정평가사]

① 6
② 7
③ 8
④ 9
⑤ 10

정답 및 해설

39 ③ ㄱ. $Q = Min[L, K]$ 함수의 형태가 완전보완관계에 있으므로 대체탄력성은 0이다.
ㄴ. $Q = Min[L, K]$ → $Min[tL, tK]$ → $t \cdot Min[L, K]$이므로 1차 동차 생산함수이다.

[오답체크]
ㄷ. 1) $Q = Min[L, K]$인 경우 생산자 균형에서는 $Q = L = K$가 성립한다.
2) 비용함수는 $C = wL + rK$인데 위의 조건을 대입하면 $C = (w+r)Q$이다.

40 ① 1) 생산자의 합리적 선택은 등량곡선과 등비용선이 접해야 하므로 한계기술대체율과 등량곡선의 기울기가 같아야 한다.
2) 문제의 생산함수는 완전대체관계이며 등량곡선 기울기의 절댓값은 $\frac{1}{2}$이다.
3) 등비용선은 $3L + 5K = TC$이므로 등비용선 기울기의 절댓값은 $\frac{3}{5}$이다.
4) 등량곡선의 기울기가 등비용선의 기울기보다 완만하므로 K를 모두 사용하여 생산하는 것이 합리적이다.
5) 생산함수에 대입하면 $120 = 0 + 8K$이므로 $K = 15$, $L = 0$이다.

41 ② 1) 문제의 함수가 완전보완관계이므로 $Q = \frac{L}{2} = K$의 관계를 가진다.
2) 200개를 생산하므로 $L = 400$, $K = 200$이다.
3) 따라서 총비용은 $2 \times 400 + 3 \times 200 = 1400$이다.
4) 평균비용 $= \frac{1,400}{200} = 7$이다.

42 A기업의 생산함수는 $Q = 5L^{0.5}K^{0.5}$이다. 장기에 생산량이 증가할 때, 이 기업의 (ㄱ) 평균비용의 변화와 (ㄴ) 한계비용의 변화는? (단, L은 노동, K는 자본, Q는 생산량) [20. 감정평가사]

① ㄱ: 증가, ㄴ: 증가
② ㄱ: 증가, ㄴ: 감소
③ ㄱ: 일정, ㄴ: 일정
④ ㄱ: 감소, ㄴ: 증가
⑤ ㄱ: 감소, ㄴ: 일정

43 두 생산요소 x_1, x_2로 구성된 기업 A의 생산함수가 $Q = Max[2x_1, x_2]$이다. 생산요소의 가격이 각각 w_1과 w_2일 때, 비용함수는? [18. 감정평가사]

① $(2w_1 + w_2)Q$
② $(2w_1 + w_2)/Q$
③ $(w_1 + 2w_2)Q$
④ $Min[\dfrac{w_1}{2}, w_2]Q$
⑤ $Max[\dfrac{w_1}{2}, w_2]Q$

44 생산함수가 $Q = AL^\alpha K^\beta$일 때 기업의 비용에 관한 설명으로 옳은 것은? (단, Q는 수량, A는 상수, L은 노동, K는 자본, $\alpha, \beta > 0$)

[25. 감정평가사]

① $\alpha + \beta = 1$이면 장기평균비용은 1로 일정하다.
② $\alpha + \beta < 1$이면 장기평균비용은 장기한계비용보다 크다.
③ $\alpha + \beta < 1$이면 규모에 대한 수익체증(increasing returns to scale)이 된다.
④ $\alpha + \beta > 1$이면 생산량이 증가함에 따라 장기평균비용은 감소한다.
⑤ $\alpha + \beta > 1$이면 규모의 불경제가 발생한다.

정답 및 해설

42 ③ 1) 생산함수가 콥-더글러스 생산함수이므로 규모에 대한 수익불변이다.
2) 규모에 대한 수익불변이면 장기총비용곡선이 원점을 통과하는 직선이므로 장기총비용곡선과 원점에서 연결한 기울기인 평균비용은 언제나 일정하다.
3) 또한 원점을 통과하는 직선이면 접선의 기울기인 한계비용도 언제나 일정하다.

43 ④ 1) 생산함수가 $Q = Max[2x_1, x_2]$이므로 $2x_1, x_2$ 중에 생산물이 많이 나오는 것으로 결정된다.
2) x_1의 생산요소가격이 x_2의 2배 이상이면 x_2만 투입할 것이다. x_2만 투입되면 생산량은 n개가 생산되므로 w_2가 비용이 된다.
3) x_1의 생산요소가격이 x_2의 2배 미만이면 x_1만 투입할 것이다. x_1이 투입되면 생산량은 2n개가 생산되므로 $\frac{1}{2}w_1$이 비용이 된다.
4) 비용은 작은 수에 의해 결정되므로 $Min[\frac{w_1}{2}, w_2]Q$가 된다.

44 ④ $\alpha + \beta > 1$이면 규모에 대한 수익 체증이므로 생산량이 증가함에 따라 장기평균비용은 감소한다.

[오답체크]
① $\alpha + \beta = 1$이더라도 노동과 자본의 가격이 제시되지 않았으므로 장기평균비용은 1로 단정할 수 없다.
② $\alpha + \beta < 1$이면 규모에 대한 수익 체감이므로 평균비용이 상승해야 한다. 장기평균비용은 장기한계비용보다 작다.
③ $\alpha + \beta < 1$이면 규모에 대한 수익체감이 된다.
⑤ $\alpha + \beta > 1$이면 규모의 경제가 발생한다.

해커스 감정평가사
ca.Hackers.com

제5장

시장이론

Topic 9   완전경쟁시장
Topic 10 독점시장
Topic 11 독점적 경쟁시장, 과점시장

Topic 9 완전경쟁시장

01 시장의 구조에 따라 기초구분

시장	생산물 또는 생산요소 등을 사려는 사람과 팔려는 사람의 거래가 자유로이 이루어지는 장소나 매개체
시장의 종류	(1) 거래되는 상품의 종류에 따른 분류 　① 생산물시장　예 농산물 시장, 자동차 시장 등 　② 생산요소시장　예 노동 시장, 자본 시장 등 (2) 시장의 구조에 따른 분류

시장구조
- 가격 수용자 → 완전경쟁 → 일물일가, 완전동질(대체), 완전한 정보, 완전한 진입자유
- 가격 결정자 → 불완전경쟁
  - 독점적경쟁 → 다수대체재, 진입자유, 상품의 질 경쟁, 광고
  - 과점 → 상호의존성, 가격경직성
  - 독점 → 완전한 진입장벽, 가격차별

구분	완전경쟁시장	독점적 경쟁시장	독점시장	과점시장
공급자의 수	다수	다수	하나	소수
상품의 질	동질	(가)	동질	동질, (가)
시장 참여	자유	자유	제한	제한
시장의 예	주식 시장	식당, 미용실	전력, 철도	가전 제품, 자동차

> **핵심키워드**
> (가) 이질

02 완전경쟁시장

특징
(1) ㉮ _____ : 다수의 구매자와 판매자가 있어 모두가 가격을 주어진 것으로 받아들임
(2) 동질적 재화: 이 시장에서 거래되는 모든 상품이 동질적이어야 함
(3) 자원의 완전한 이동성: 진입장벽이 존재하지 않아 이 시장으로 진입하는 것과 이로부터 이탈하는 것이 완전히 자유로워야 함
(4) 완전정보: 이 시장에 참여하는 모든 경제 주체가 완전한 정보를 갖고 있어야 함
(5) 개별 기업이 직면하는 수요곡선의 가격탄력성은 무한대(= 수평선)
(6) 일물일가의 법칙 적용

$P = MR$ 성립

가격(P)	수량(Q)	총수입(TR)	평균수입(AR)	한계수입(MR)
100	1	100	100	100
100	2	200	100	100
100	3	300	100	100
100	4	400	100	100

단기 균형
(1) $P > AC$: $\pi > 0$ 초과이윤 ➡ 차기 신규기업 진입 ➡ 시장공급곡선 우측이동
(2) $P = AC$: $\pi = 0$ 정상이윤만 누림
(3) ㉯ _____ : 단기적으로 고정비용 차감 가능하므로 생산, 장기적으로 중단
(4) $P < AC$: $\pi < 0$ 손실 ➡ 차기 기존기업 철수 ➡ 시장공급곡선 좌측이동

장기 균형
㉰ _____ 만 존재함

평가
(1) 장점
① 효율적인 자원 배분: 장·단기에 항상 ㉱ _____ 가 성립하므로 사회적인 관점에서 가장 효율적으로 생산이 이루어지며, 사회 후생이 극대화 됨
② ㉲ _____ 에서 생산: 장기 균형에서 $P = MR = LAC$의 요건이 충족되며, 개별 기업은 장기평균비용(LAC)의 최저점에서 생산 가능 ➡ 최적 시설 규모에서 최적 산출량만큼의 재화 생산
③ 정상이윤 획득: 장기에서 개별기업은 정상이윤만 획득
④ 의사 결정의 ㉳ _____ : 모든 경제 주체의 경제적 자유와 균등한 기회가 보장됨
(2) 단점
① 완전경쟁시장의 조건을 모두 충족하는 시장은 현실적으로 존재하지 않음
② 자원 배분의 효율성은 달성되나 소득 분배의 ㉴ _____ 은 보장되지 않음

핵심키워드
㉮ 가격 수용자, ㉯ $AVC < P < AC$, ㉰ 정상이윤, ㉱ $P = MC$, ㉲ 최적 시설 규모, ㉳ 분권화, ㉴ 형평성

STEP 1 타시험 기출문제

01 난이도 ★★ 중요도 ★★

완전경쟁시장에서 A기업의 단기 총비용함수가 $TC(Q) = 4Q^2 + 2Q + 10$이다. 재화의 시장가격이 42인 경우 극대화된 단기이윤은? (단, Q는 생산량, $Q > 0$이다)
[21. 노무사]

① 10 ② 42 ③ 52
④ 84 ⑤ 90

02 난이도 ★★★★ 중요도 ★★★

단기의 완전경쟁시장에서 기업 A의 고정비용은 0이고, 평균가변비용이 $AVC(q) = q^2 - 6q + 18$ (q는 생산량)이라 할 때 옳지 않은 것은?
[21. 국가직 7급]

① 시장가격이 6일 때 한계비용이 최소가 된다.
② 시장가격이 7이면 기업은 생산을 중단하는 편이 낫다.
③ 시장가격이 8이면 생산하는 것이 하지 않는 것보다 순손실을 줄일 수 있다.
④ 시장가격이 9일 때 기업의 경제적 이윤이 0이 된다.

03 난이도 ★★ 중요도 ★★

완전경쟁시장에서 어느 기업의 평균 총비용이 $\frac{10}{Q} + Q$이고 시장가격이 20일 때, 이 기업의 이윤은? (단, Q는 생산량이다)
[23. 서울시 7급]

① 90 ② 100
③ 110 ④ 120

정답 및 해설

01 ⑤
1) 완전경쟁시장의 이윤극대화 조건은 $P = MC$이다.
2) 문제의 총비용함수를 미분하면 $MC = 8Q + 2$이다.
3) 이윤극대화 조건에 대입하면 $42 = 8Q + 2$ → $Q = 5$이다.
4) 총이윤 = 총수입 - 총비용이므로 $(42 \times 5) - (4 \times 25 + 2 \times 5 + 10) = 210 - 120 = 90$이다.

02 ③
1) 완전경쟁시장의 개별기업의 이윤극대화는 $P = MC$이다.
2) 한계비용은 총가변비용을 미분한 값이다.
3) $AVC(q) = q^2 - 6q + 18$ → $TVC(q) = q^3 - 6q^2 + 18q$ → $MC(q) = 3q^2 - 12q + 18$
4) 고정비용이 존재하지 않으므로 총가변비용이 총비용이다.
5) 평균가변비용의 최저점이 조업중단점이고 평균가변비용을 미분하면 $2q - 6 = 0$이므로 $q = 3$이다. 이때 조업중단점인 가격은 $9 - 18 + 8 = 9$이다.
6) 다만, 이 문제에서는 고정비용이 존재하지 않으므로 손익분기점과 조업중단점이 동일하다.
7) 지문분석
    ③ 시장가격이 8이면 조업중단보다 낮으므로 생산하지 않는 것이 순손실을 줄일 수 있다.

[오답체크]
① 한계비용의 최솟값을 구하기 위해 미분하여 0으로 두면 $6q - 12 = 0$ → $q = 2$이다. 이를 한계비용함수에 대입하면 $12 - 24 + 18 = 6$이다. 따라서 시장가격이 6일 때 한계비용이 최소가 된다.
② 시장가격이 7이면 조업중단점보다 낮으므로 기업은 생산을 중단하는 편이 낫다.
④ 시장가격이 9일 때 조업중단점이므로 경제적 이윤은 0이다.

03 ①
1) 이윤극대화 조건 $P = MC$이다.
2) 평균총비용을 총비용으로 바꾸기 위해 Q를 곱하면 $TC = 10 + Q^2$이다. 이를 Q로 미분하면 $MC = 2Q$이다.
3) 이윤극대화 조건에 대입하면 $20 = 2Q$ → $Q = 10$이다.
4) 이윤 = 총수입 - 총비용 → $20 \times 10 - (10 + 100) = 90$이다.

04 다음은 완전경쟁시장에서 어느 재화의 시장수요함수, 시장공급함수, 각 기업의 총비용함수이다. 현재 이윤을 극대화하고 있는 각 기업의 이윤과 기업의 수를 바르게 연결한 것은?

[23. 지방직 7급]

- 시장수요함수: $Q_D = 650 - 10P$
- 시장공급함수: $Q_S = 120P$
- 기업의 총비용함수: $C(q) = 100 + \dfrac{q^2}{20}$

(단, P는 가격이고, q는 각 기업의 생산량이다)

	이윤	기업의 수
①	25	10
②	25	12
③	50	10
④	50	12

05 어느 완전경쟁시장에서 X재에 대한 개별 기업의 총비용함수는 $TC = 100 + \dfrac{1}{4}q^2$으로 주어져 있다. 현재 이 시장에서 X재를 생산하는 50개의 기업은 모두 동일한 비용함수를 갖는다. 시장수요곡선이 $Q^D = 1800 - 20P$일 때, X재 시장에 대한 분석으로 옳은 것은? (단, TC는 총비용, q는 개별 기업의 생산량, Q^D는 시장 수요량, P는 X재의 가격이다) [22. 지방직 7급]

① 개별 기업의 단기 공급곡선은 $q = 4P$이다.
② 단기적으로 시장 균형가격은 10이다.
③ 단기적으로 신규 기업들이 X재 시장에 진입하려는 유인이 존재한다.
④ 기업들의 진입과 퇴출이 허용되는 장기에서 시장 균형가격은 15이다.

난이도 ★★ 중요도 ★★

06 완전경쟁시장에서 기업 A의 총비용함수는 $TC = 10Q^2 + 4Q + 10$이다. 기업 A가 생산하는 재화의 시장가격이 64일 때 생산자잉여는? (단, Q는 생산량이다) [21. 지방직 7급]

① 54
② 80
③ 90
④ 128

정답 및 해설

04 ② 1) 완전경쟁시장의 이윤극대화조건은 $P = MC$
   2) 시장균형가격을 구하면 $650 - 10P = 120P$ ➔ $130P = 650$ ➔ $P = 5$, $Q = 600$이다.
   3) 개별기업의 $MC = \frac{1}{10}q$이므로 이윤극대화 조건에 대입하면 $5 = \frac{1}{10}q$ ➔ $q = 50$이다.
   4) 이윤 = 총수입 - 총비용 = $5 \times 50 - (100 + \frac{50^2}{20}) = 250 - 225 = 25$
   5) 개별기업의 생산량 × 기업수 = 시장생산량 ➔ $50 \times$ 기업수 = 600 ➔ 기업수는 12개이다.

05 ③ 이윤 = 총수입 - 총비용 = $15 \times 30 - (100 + \frac{1}{4} \times 30^2) = 125$이다. 따라서 초과이윤이 발생하여 시장에 진입하려는 유인이 존재한다.

[오답체크]
① 단기공급곡선은 AVC를 상회하는 MC곡선이다. $TVC = \frac{1}{4}q^2$ ➔ $AVC = \frac{1}{4}q$이고 MC는 $\frac{1}{2}q$이므로 MC곡선이 단기공급곡선이 된다. 이윤극대화 조건은 $P = MC$이므로 $P = \frac{1}{2}q$ ➔ $q = 2P$가 단기 공급곡선이다.
② 개별기업의 단기공급이 $q = 2P$인데 기업이 50개이므로 시장공급은 $Q = 100P$이다. 시장의 균형을 구하면 $1,800 - 20P = 100P$ ➔ $120P = 1,800$ ➔ $P = 15$, $Q = 1,500$이다. 개별기업의 생산량은 30개씩이다.
④ 완전경쟁시장의 장기균형은 평균비용의 최저점에서 생산하여 정상이윤만 발생하므로 $AC = P$가 성립한다. $P = AC = \frac{100}{q} + \frac{1}{4}q$이다.
AC의 최저점을 구하면 $\frac{\Delta AC}{\Delta Q} = 0$ ➔ $-\frac{100}{q^2} + \frac{1}{4} = 0$ ➔ $\frac{100}{q^2} = \frac{1}{4}$ ➔ $q = 20(q > 0)$이다.
따라서 $AC = \frac{100}{20} + \frac{1}{4} \times 20 = 10$이므로 $P = 10$이다.

06 ③ 1) 생산자잉여 = 총수입 - 총가변비용이다.
   2) 완전경쟁시장의 이윤극대화 생산량은 $P = MC$에서 성립한다.
   3) $64 = 20Q + 4$ ➔ $Q = 3$이 도출된다.
   4) 총수입은 $64 \times 3 = 192$이다.
   5) 총가변비용은 고정비용을 제외한 $10Q^2 + 4Q = 10 \times 9 + 4 \times 3 = 102$이다.
   6) 따라서 생산자잉여는 $192 - 102 = 90$이다.

Topic 9 완전경쟁시장

07 완전경쟁시장에서 조업하는 어떤 기업이 직면하고 있는 시장 가격은 9이고, 이 기업의 평균 비용곡선은 $AC(Q) = \frac{7}{Q} + 1 + Q(Q>0)$으로 주어져 있다. 이윤을 극대화하는 이 기업의 산출량 Q는? [14. 서울시 7급]

① 4 ② 5 ③ 6
④ 7 ⑤ 8

08 어떤 경쟁적 기업이 두 개의 공장을 가지고 있다. 각 공장의 비용함수는 $C_1 = 2Q + Q^2$, $C_2 = 3Q^2$이다. 생산물의 가격이 12일 때 이윤극대화 총생산량은 얼마인가? [14. 서울시 7급]

① 3 ② 5 ③ 7
④ 10 ⑤ 12

09 단기적으로 100개의 기업이 존재하는 완전경쟁시장이 있다. 모든 기업은 동일한 총비용함수 $TC(q) = q^2$을 가진다고 할 때, 시장 공급함수(Q)는? (단, p는 가격이고 q는 개별기업의 공급량이며, 생산요소의 가격은 불변이다) [18. 지방직 7급]

① $Q = \frac{p}{2}$ ② $Q = \frac{p}{200}$
③ $Q = 50p$ ④ $Q = 100p$

난이도 ★★ 중요도 ★

10 완전경쟁시장에서 활동하는 A기업의 고정비용인 사무실 임대료가 작년보다 30% 상승했다. 단기균형에서 A기업이 제품을 계속 생산하기로 했다면 전년대비 올해의 생산량은? (단, 다른 조건은 불변이다)

[18. 지방직 7급]

① 30% 감축
② 30% 보다 적게 감축
③ 30% 보다 많이 감축
④ 전년과 동일

정답 및 해설

07 ① 1) 평균비용이 $AC(Q) = \dfrac{7}{Q} + 1 + Q(Q > 0)$ 이므로 총비용 $TC = 7 + Q + Q^2$ 이다.
2) 총비용함수를 Q에 대해 미분하면 한계비용 $MC = 1 + 2Q$ 이다.
3) 완전경쟁기업은 가격과 한계비용이 일치하는 수준까지 재화를 생산하므로 $P = MC$로 두면 $9 = 1 + 2Q$, $Q = 4$로 계산된다.

08 ③ 1) 비용함수를 Q에 대해 미분하면 각 공장의 한계비용은 각각 $MC_1 = 2 + 2Q$, $MC_2 = 6Q$ 이다.
2) 경쟁적인 기업은 완전경쟁시장을 의미하며 $P = MC$인 점에서 생산량을 결정하므로 $P = MC_1$으로 두면 $12 = 2 + 2Q$, $Q = 5$이고, $P = MC_2$로 두면 $12 = 6Q$, $Q = 2$이다.
3) 공장 1에서의 생산량은 5단위, 공장 2에서의 생산량은 2단위이므로 이 기업은 7단위의 재화를 생산함을 알 수 있다.

09 ③ 1) 개별기업의 총비용함수를 미분하면 한계비용 $MC = 2q$이다. $P = MC$로 두면 개별기업의 공급곡선식은 $P = 2q$로 도출된다.
2) 공급곡선식이 동일한 기업이 100개가 있다면 시장공급곡선은 개별기업의 공급곡선과 절편은 동일하고 기울기는 완만해지므로 개별공급곡선의 $\dfrac{1}{100}$이 된다.
3) 따라서 시장공급곡선식은 $P = \dfrac{1}{50}Q$이므로 $Q = 50p$이다.

10 ④ 완전경쟁기업은 $P = MC$인 점에서 재화를 생산하는데, 고정비용인 사무실 임대료의 상승은 한계비용에 아무런 영향을 미치지 않으므로 생산량도 변하지 않는다.

11 완전경쟁시장에서 개별기업의 평균총비용곡선 및 평균가변비용곡선은 U자형이며, 현재 생산량은 50이다. 이 생산량 수준에서 한계비용은 300, 평균총비용은 400, 평균가변비용은 200일 때 옳은 것을 모두 고른 것은? (단, 시장가격은 300으로 주어져 있다) [14. 노무사]

> ㄱ. 현재의 생산량 수준에서 평균총비용곡선 및 평균가변비용곡선은 우하향한다.
> ㄴ. 현재의 생산량 수준에서 평균총비용곡선은 우하향하고 평균가변비용곡선은 우상향한다.
> ㄷ. 개별기업은 현재 양의 이윤을 얻고 있다.
> ㄹ. 개별기업은 현재 음의 이윤을 얻고 있다.
> ㅁ. 개별기업은 단기에 조업을 중단하는 것이 낫다.

① ㄱ, ㄷ
② ㄱ, ㅁ
③ ㄴ, ㄷ
④ ㄴ, ㄹ
⑤ ㄴ, ㄹ, ㅁ

12 영희는 매월 아이스크림을 50개 팔고 있다. 영희의 월간 총비용은 50,000원이고, 이 중 고정비용은 10,000원이다. 영희는 단기적으로는 이 가게를 운영하지만 장기적으로는 폐업할 계획이다. 아이스크림 1개당 가격의 범위는? (단, 아이스크림 시장은 완전경쟁적이라고 가정한다) [10. 지방직 7급]

① 600원 이상 700원 미만
② 800원 이상 1,000원 미만
③ 1,100원 이상 1,200원 미만
④ 1,300원 이상 1,400원 미만

13 A기업은 완전경쟁시장에서 이윤을 극대화하는 생산량 1,000개를 생산하여 전량 판매하고 있다. 이 때 한계비용은 10원, 평균가변비용은 9원, 평균고정비용은 2원이다. 이에 관한 설명으로 옳지 않은 것은? [20. 노무사]

① 총수입은 10,000원이다.
② 총비용은 11,000원이다.
③ 상품 개당 가격은 10원이다.
④ 총가변비용은 9,000원이다.
⑤ 단기에서는 조업을 중단해야 한다.

난이도 ★★★ 중요도 ★★

14 기업이 노동과 자본을 고용하여 생산하고 있는데, 이 기업의 생산함수는 $Q=\sqrt{LK}$이다. 현재 자본의 투입량은 10이고, 노동과 자본의 가격은 각각 1이다. 이 기업의 단기조업중단점과 일치하는 가격 수준은 얼마인가?

[20. 군무원 7급]

① 0
② 5
③ 10
④ 15

정답 및 해설

11 ④ 완전경쟁기업은 $P=MC$인 점까지 재화를 생산하므로 50단위의 재화를 생산할 때 한계비용이 300이라는 것은 시장가격이 300으로 주어져 있음을 의미한다. 현재 생산량 수준에서 가격이 평균가변비용보다는 높으나 평균비용보다는 낮다. 그러므로 단기적으로 손실이 발생하는 상태이다.

12 ② 1) 단기에 생산을 지속한다는 것은 시장가격이 최소평균가변비용(조업중단점) 이상이라는 의미이고, 장기에 생산을 중단한다는 것은 최소평균비용(손익분기점) 미만이라는 것을 의미한다.
2) 문제에서 평균비용 = 총비용/개수 = 50,000/50 = 1,000원이다.
3) 평균가변비용 = 총비용 − 총고정비용/개수 = 800원이다.

13 ⑤ 완전경쟁시장이므로 $P=MC$이다. 따라서 $P=10$원이다. 가격이 $AVC<P<AC$인 경우 단기에는 생산하지만 장기에는 조업을 중단해야 한다.
[오답체크]
① 총수입은 $P\times Q=10\times 1,000=10,000$원이다.
② 총비용은 $AC\times Q=11\times 1,000=11,000$원이다.
③ 완전경쟁시장에서 $P=MC$이므로 상품 개당 가격은 10원이다.
④ 총가변비용은 $AVC\times Q=9\times 1,000=9,000$원이다.

14 ① 1) 단기조업중단점은 AVC이다.
2) $Q=\sqrt{10L}$ → $Q^2=10L$ → $L=\dfrac{Q^2}{10}$
3) $TC=wL+rK$ → $TC=L+10$ → $TC=\dfrac{Q^2}{10}+10$
4) $AVC=\dfrac{TVC}{Q}=\dfrac{\frac{Q^2}{10}}{Q}=\dfrac{Q}{10}$ → 직선의 형태이므로 단기조업중단점은 0이다.
5) 그래프

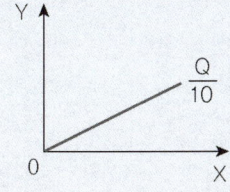

15 다음 왼쪽 그래프는 완전경쟁시장에 놓여 있는 전형적기업이며 오른쪽 그래프는 단기의 완전경쟁시장이다. 이 시장이 동일한 기업들로 이루어져 있다면 장기적으로 이 시장에는 몇 개의 기업이 조업하겠는가?

[15. 서울시 7급]

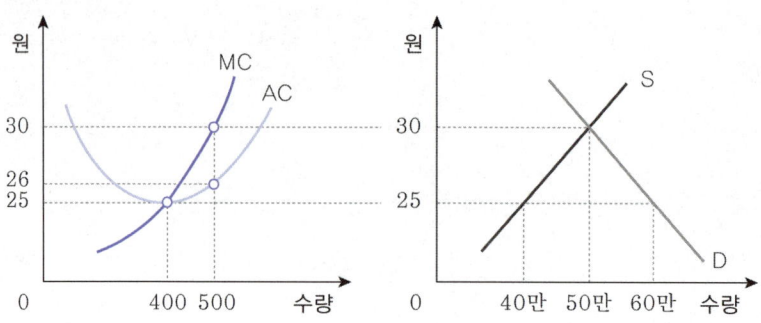

① 800개
② 1,000개
③ 1,250개
④ 1,500개

16 X재 시장은 완전경쟁적이며, 각 기업의 장기총비용함수와 X재에 대한 시장수요곡선은 다음과 같다. X재 시장의 장기균형에서 시장균형가격과 진입하여 생산하는 기업의 수를 옳게 짝지은 것은? (단, P는 가격이고, q는 각 기업의 생산량이며, 모든 기업들의 비용함수 및 비용조건은 동일하다)

[20. 국가직 7급]

- 장기총비용함수: $TC(q) = 2q^3 - 12q^2 + 48q$
- 시장수요곡선: $D(P) = 600 - 5P$

	장기시장균형가격	기업의 수
①	20	100
②	20	120
③	30	150
④	30	180

17 어떤 기업의 비용함수가 $C(Q) = 100 + 2Q^2$이다. 이 기업이 완전경쟁시장에서 제품을 판매하며 시장가격은 20일 때, 다음 설명 중 옳지 않은 것은? (단, Q는 생산량이다)

[18. 국회직 8급]

① 이 기업이 직면하는 수요곡선은 수평선이다.
② 이 기업의 고정비용은 100이다.
③ 이윤극대화 또는 손실최소화를 위한 최적산출량은 5이다.
④ 이 기업의 최적산출량 수준에서 $P \geq AVC$를 만족한다. (단, P는 시장가격이고, AVC는 평균가변비용이다)
⑤ 최적산출량 수준에서 이 기업의 손실은 100이다.

정답 및 해설

15 ④ 1) 문제에 주어진 상황은 단기적으로 초과이윤이 발생하는 경우이다.
2) 초과이윤이 발생하면 장기에는 새로운 기업이 진입하여 정상이윤만을 얻으므로 장기균형가격은 개별기업의 최소장기평균비용과 같아진다.
3) 따라서 장기에 시장의 균형가격은 25원이 될 것이고, 개별기업은 400개의 재화를 생산하게 된다.
4) 시장가격이 25원일 때 시장수요량이 60만개이고, 개별기업의 생산량이 400개이므로 장기에 이 시장에는 1,500개($= \frac{600,000}{400}$)의 기업이 존재하게 된다.

16 ③ 1) 완전경쟁시장의 장기조건은 $P = LAC$이다. 따라서 $LAC = 2q^2 - 12q + 48$이다.
2) 이때 P는 LAC의 최저점을 지나므로 LAC를 미분하면 $4q - 12 = 0$이 성립하여 $q = 3$이다. 이를 LAC에 대입하면 $18 - 36 + 48 = 30$이므로 $P = 30$이다.
3) 시장가격 30을 대입하면 수요량은 450이다. 개별기업이 3개씩 만들기 때문에 150개의 기업이 생산함을 알 수 있다.

17 ⑤ 1) 제시된 비용함수에서 $MC = 4Q$, $AVC = 2Q$이다.
2) 단기공급곡선은 AVC 위의 MC이므로 주어진 상황에서는 MC곡선 자체가 공급곡선이 된다. 따라서 공급곡선 $P = 4Q$ → $Q = \frac{P}{4}$, 따라서 $Q = 5$를 생산하고 손실은 50이다.

난이도 ★★★ 중요도 ★★

18 아래 표와 같이 완전경쟁기업의 비용구조가 주어졌다.

생산량	0	1	2	3	4	5	6	7	8	9	10
총비용	100	130	150	160	172	185	210	240	280	330	390

이 기업의 고정비용은 100이다. 이 때 다음 두 가지 질문의 답으로 옳은 것은?

[13. 국회직 8급]

(Ⅰ) 현재 생산품의 시장가격은 30이다. 이윤극대화를 달성할 때의 기업의 이윤은?
(Ⅱ) 이 기업이 조업을 중단하게 되는 시장가격은?

	Ⅰ	Ⅱ
①	-40	17
②	-30	17
③	0	17
④	-40	13
⑤	-30	13

난이도 ★★★ 중요도 ★★

19 아래 〈그림〉은 이윤극대화를 추구하는 어떤 기업의 단기에서의 한계수입(MR), 한계비용(MC) 및 평균비용(AC)을 표시한 그래프이다. 다음 중 각각의 생산량 수준인 점 a, b, c, d에 대한 설명으로 옳은 것을 〈보기〉에서 모두 고르면?

[16. 국회직 8급]

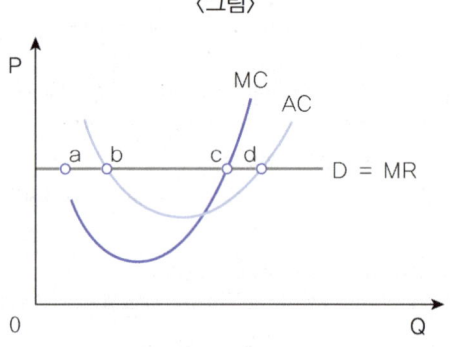

〈그림〉

- 재화의 판매가격이 일정하여 한계수입곡선은 수평으로 표시된다.

〈보기〉
ㄱ. 해당 기업은 손익분기점인 점 c의 생산량을 선택할 것이다.
ㄴ. 점 c에서 이윤이 최대가 된다.
ㄷ. 점 d에서 초과이윤이 발생한다.
ㄹ. 점 a, b, c, d 중에서 점 b의 순수익이 가장 크다.
ㅁ. 점 a, b, c, d 중에서 점 a의 순수익이 가장 적다.

① ㄱ, ㄴ   ② ㄴ, ㄷ   ③ ㄴ, ㅁ
④ ㄱ, ㄴ, ㅁ   ⑤ ㄴ, ㄹ, ㅁ

정답 및 해설

18 ② 1) 문제의 자료를 통해 총가변비용, 평균가변비용, 한계비용을 구하면 다음과 같다.

q	1	2	3	4	5	6	7	8	9	10
TVC	30	50	60	72	85	110	140	180	230	290
AVC	30	25	20	18	17	18.3	20	22.5	25.6	29
MC	30	20	10	12	13	25	30	40	50	60

2) 이윤극대화는 완전경쟁시장의 경우 $P = MC$, 그리고 2계 조건으로 MR곡선의 기울기보다 MC곡선의 기울기가 커야 한다. 이를 성립시키는 생산량은 7이고 이때의 이윤은 −30이다.

3) 조업을 중단하게 되는 가격은 평균가변비용의 최저점인 17이다.

19 ③

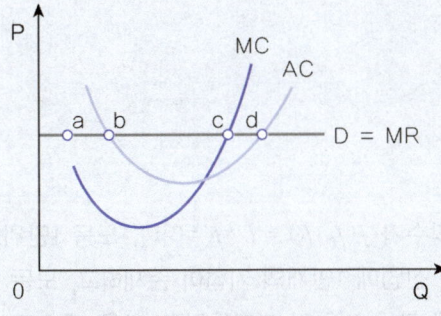

1) 재화의 판매가격이 일정하여 한계수입곡선이 수평으로 표시된다는 것에서 완전경쟁시장임을 알 수 있다.

2) 완전경쟁시장 이윤극대화조건은 $P = AR = MR = MC$이므로 해당 기업은 이윤이 최대인 점 c의 생산량을 선택할 것이다.

3) 지문분석
ㄴ. 점 c에서 $MR = MC$이므로 이윤이 최대가 된다.
ㅁ. 점 a, b, c, d 중에서 점 a만 $P < AC$이므로 순수익이 음이 되어 가장 적다.

[오답체크]
ㄱ. 손익분기점은 $P = AC$인 지점인데 이 그래프에 표시되지 않았다.
ㄷ. 점 d에서 $P = AC$이므로 초과이윤이 0이다.
ㄹ. 점 a, b, c, d 중에서 점 c의 순수익이 가장 크다.

난이도 ★★★★   중요도 ★

20 완전경쟁기업의 총비용함수가 $TC(Q) = Q - \frac{1}{2}Q^2 + \frac{1}{3}Q^3 + 40$이다. 이 기업은 이윤이 어느 수준 미만이면 단기에 생산을 중단하겠는가?

[15. 국회직 8급]

① -50
② -40
③ 0
④ 40
⑤ 50

난이도 ★★★   중요도 ★★★

21 완전경쟁시장에서 대표적 기업의 생산함수가 $f(L, K) = L^{\frac{1}{2}}K^{\frac{1}{2}}$이다. 노동 1단위당 임금은 4이고, 자본 1단위당 임대료는 2이다. 이 산업에 1만개의 기업이 존재하고, 모든 기업의 생산함수는 대표적 기업과 동일하다. 단기에 모든 기업의 자본투입량(K)은 16으로 고정되어 있다. 이 경우 단기 시장공급곡선으로 옳은 것은? (단, L은 노동투입량, P는 시장가격, Q는 시장공급량이다)

[15. 국회직 8급]

① $P = 10,000Q$
② $P = 20,000Q$
③ $P = \dfrac{Q}{10,000}$
④ $P = \dfrac{Q}{20,000}$
⑤ 위의 어느 것도 옳지 않다.

22 난이도 ★★ 중요도 ★★★

완전경쟁시장에서 A기업의 총비용함수는 $TC(q) = 10,000 + 100q + 10q^2$이고 현재 시장가격은 제품 단위당 900원일 때, 이 기업의 이윤극대화 수준에서 생산자잉여와 기업의 이윤으로 옳은 것은?

[19. 국회직 8급]

	생산자잉여	기업의 이윤
①	16,000	6,000
②	16,000	12,000
③	24,000	6,000
④	24,000	12,000
⑤	32,000	6,000

정답 및 해설

20 ② 1) 생산손실이 고정비용을 초과하거나 생산이윤이 -고정비용 미만이면 단기에 생산을 중단한다.
2) 총비용함수에서 40이 총고정비용이다. 결국 생산손실이 40을 초과하거나 생산이윤이 -40 미만이면 단기에 생산을 중단한다.

21 ④ 1) 단기 시장공급곡선은 개별기업의 단기 한계비용곡선(SMC)을 수평으로 합한 것이다.
2) 비용함수가 없으므로 단기생산함수에서 단기비용함수를 구해야 한다. 생산함수 $f(L, K) = L^{\frac{1}{2}}K^{\frac{1}{2}}$에 $K = 16$을 대입하면 단기생산함수 $q = 4L^{\frac{1}{2}}$가 도출된다. 이를 L로 정리하면 $L = \frac{1}{16}q^2$이다.
3) W, R, L, K를 비용함수 $STC = wL + rK$에 대입하면 단기 총비용함수는 $STC = 4 \times \frac{1}{16}q^2 + 2 \times 16 = \frac{1}{4}q^2 + 32$이다. 이를 산출량 q로 미분하면 단기 한계비용함수는 $SMC = \frac{1}{2}q$이다.
4) 완전경쟁시장의 단기에서 이윤극대화 조건은 $P = SMC$이다. 따라서 개별기업의 공급함수는 $P = \frac{1}{2}q$이다. q로 정리하면 개별기업의 공급곡선은 $q = 2P$이다.
5) 동일한 1만개의 공급곡선을 수평으로 더하면 $Q = 20,000P$이고 이를 정리하면 $P = \frac{Q}{20,000}$이다.

22 ① 1) 완전경쟁시장의 이윤극대화조건은 $P = MC$이다.
2) $900 = 100 + 20q$ → $q = 40$
3) 이윤: $TR - TC = 900 \times 40 - (10,000 + 4,000 + 16,000) = 6,000$
4) 생산자잉여: $TR - TVC =$ 이윤 $+ TFC = 16,000$

23 반도체시장은 완전경쟁시장이며 개별 기업의 장기평균비용곡선은 $AC(q_i) = 40 - q_i + \frac{1}{100}q_i^2$으로 동일하다고 가정하자(단, q_i는 개별 기업의 생산량). 반도체시장수요는 $Q = 25,000 - 1,000P$이다(단, Q는 시장수요량, P는 시장가격). 반도체 시장에서 장기균형 가격과 장기균형 하에서의 기업의 수는 얼마인가?

[17. 국회직 8급]

	장기균형가격	기업의 수
①	5	200
②	10	150
③	10	300
④	15	100
⑤	15	200

24 컴퓨터 시장은 완전경쟁시장이며 각 생산업체의 장기평균비용함수는 $AC(q_i) = 40 - 6q_i + \frac{1}{3}q_i^2$으로 동일하다고 가정하자. 컴퓨터에 대한 시장수요가 $Q_d = 2,200 - 100P$일 때, 다음 두 가지 질문의 답으로 옳은 것은? (단, q_i는 개별기업의 생산량, Q_d는 시장수요량을 나타낸다)

[13. 국회직 8급]

> (Ⅰ) 컴퓨터 시장에서 장기균형가격은 얼마인가?
> (Ⅱ) 수요곡선이 변화하여 $Q_d = A - 100P$가 되었다고 하자. 새로운 장기균형의 컴퓨터 생산업체 수가 최초 장기균형의 컴퓨터 생산업체 수의 두 배가 되려면 A는 얼마가 되어야 하는가?

	Ⅰ	Ⅱ
①	13	2,800
②	16	2,800
③	13	3,100
④	16	3,100
⑤	13	3,400

정답 및 해설

23 ⑤ 1) 완전경쟁시장의 개별기업의 장기균형은 장기평균비용 극솟값에서 이루어지므로 극솟값을 구하기 위해 주어진 평균비용곡선식을 미분하면 $-1 + \frac{1}{50}q = 0$ ➜ $q = 50$이다.

2) 평균비용식에 대입하면 장기균형가격 $AC(50) = 40 - 50 + \frac{50^2}{100} = -10 + 25 = 15$이다.

3) 시장전체 수요곡선에 $P = 15$를 대입하면 시장전체 생산량 $Q = 25,000 - 15,000 = 10,000$이다.

4) 따라서 시장전체 생산량 10,000을 개별기업 생산량 50으로 나누면 기업의 수 = 200개이다.

24 ③ 1) 장기균형가격은 평균곡선의 최저점에서 결정된다.

2) 평균곡선 최저점에서의 수량은 $q = 9$, 따라서 가격은 $P = 13$이다. 시장수요량이 $Q = 900$이므로 기업수 $N = 100$이다.

3) 기업이 두 배가 되려면 $Q = A - 100P$를 $q = 9$로 나눈 값이 200이 되어야 한다. 따라서 $A = 3,100$이다.

STEP 2   감정평가사 기출문제

25 난이도 ★★ 중요도 ★★★

완전경쟁시장의 장기균형의 특징에 관한 설명으로 옳은 것을 모두 고른 것은? (단, LMC는 장기한계비용, LAC는 장기평균비용, P는 가격이다)   [23. 감정평가사]

> ㄱ. $P = LMC$이다.
> ㄴ. $P > LAC$이다.
> ㄷ. 각 기업의 정상이윤이 0이다.
> ㄹ. 시장의 수요량과 공급량이 같다.
> ㅁ. 더 이상 기업의 진입과 이탈이 일어나지 않는 상태를 말한다.

① ㄱ, ㄴ, ㄷ   ② ㄱ, ㄹ, ㅁ   ③ ㄴ, ㄹ, ㅁ
④ ㄷ, ㄹ, ㅁ   ⑤ ㄴ, ㄷ, ㄹ, ㅁ

26 난이도 ★ 중요도 ★★★

완전경쟁시장에서 이윤극대화를 추구하는 기업 A의 한계비용(MC), 평균총비용(AC), 평균가변비용(AVC)은 아래 그림과 같다. 시장가격이 P_1, P_2, P_3, P_4, P_5로 주어질 때, 이에 관한 설명으로 옳지 않은 것은?   [22. 감정평가사]

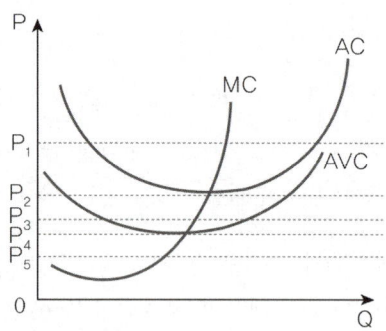

① P_1일 때 총수입이 총비용보다 크다.
② P_2일 때 손익분기점에 있다.
③ P_3일 때 총수입으로 가변비용을 모두 충당하고 있다.
④ P_4일 때 총수입으로 고정비용을 모두 충당하고 있다.
⑤ P_5일 때 조업중단을 한다.

난이도 ★   중요도 ★★★

27 단기 완전경쟁시장에서 이윤극대화하는 A기업의 현재 생산량에서 한계비용은 50, 평균가변비용은 45, 평균비용은 55이다. 시장가격이 50일 때, 옳은 것을 모두 고른 것은?

[20. 감정평가사]

> ㄱ. 손실이 발생하고 있다.
> ㄴ. 조업중단(shut-down)을 해야 한다.
> ㄷ. 총수입으로 가변비용을 모두 충당하고 있다.
> ㄹ. 총수입으로 고정비용을 모두 충당하고 있다.

① ㄱ, ㄴ   ② ㄱ, ㄷ   ③ ㄴ, ㄷ
④ ㄴ, ㄹ   ⑤ ㄷ, ㄹ

정답 및 해설

25 ② [오답체크]
  ㄴ. $P = LAC$이다.
  ㄷ. 각 기업의 초과이윤이 0이다. 정상이윤을 가진다.

26 ④ P_4일 때 조업중단점으로 총수입으로 가변비용을 모두 충당하고 있다.

27 ② 1) 완전경쟁시장에서 $P = MC$이다.
  2) 가격이 평균가변비용보다 크고 평균비용보다 작으므로 단기적으로는 생산을 해야 하지만 장기적으로는 생산을 중단하여야 한다.
  [오답체크]
  ㄴ. 조업중단(shut-down)은 가격이 평균가변비용보다 낮아야 한다.
  ㄹ. 총수입으로 가변비용을 충당하고 있으며 고정비용을 일부 충당하고 있다.

28 완전경쟁시장에서 개별기업은 U자형 평균비용곡선과 평균가변비용곡선을 가진다. 시장가격이 350일 때, 생산량 50 수준에서 한계비용은 350, 평균비용은 400, 평균가변비용은 200이다. 다음 중 옳은 것을 모두 고른 것은?

[19. 감정평가사]

> ㄱ. 평균비용곡선이 우상향하는 구간에 생산량 50이 존재한다.
> ㄴ. 평균가변비용곡선이 우상향하는 구간에 생산량 50이 존재한다.
> ㄷ. 생산량 50에서 음(-)의 이윤을 얻고 있다.
> ㄹ. 개별기업은 단기에 조업을 중단해야 한다.

① ㄱ, ㄴ ② ㄱ, ㄷ ③ ㄱ, ㄹ
④ ㄴ, ㄷ ⑤ ㄴ, ㄹ

29 완전경쟁시장에서 A기업의 단기총비용함수는 $STC = 100 + \frac{wq^2}{200}$ 이다. 임금이 4이고, 시장 가격이 1일 때 단기공급량은? (단, w는 임금, q는 생산량이다)

[20. 감정평가사]

① 10 ② 25 ③ 50
④ 100 ⑤ 200

30 난이도 ★★★★ 중요도 ★★

완전경쟁시장에서 모든 기업이 이윤을 극대화하고 있는 산업 A는 비용곡선이 $C(Q) = 2 + \dfrac{Q^2}{2}$ 인 100개의 기업과 $C(Q) = \dfrac{Q^2}{10}$ 인 60개의 기업으로 구성되어 있다. 신규 기업의 진입이 없을 때, 가격이 2보다 큰 경우 산업 A의 공급곡선은? (단, Q는 생산량이다) [24. 감정평가사]

① $Q = 200P$ ② $Q = 300P$ ③ $Q = 400P$
④ $Q = 415P$ ⑤ $Q = 435P$

정답 및 해설

28 ④ 1) 시장가격이 평균가변비용보다 높고 평균비용보다 작으므로 손실을 보고 있다.
2) 이 경우 단기적으로는 생산하나 장기적으로는 생산을 중단하여야 한다.
[오답체크]
ㄱ. 평균비용곡선이 우하향하는 구간에 생산량 50이 존재한다.
ㄹ. 개별기업은 장기에 조업을 중단해야 한다.

29 ② 1) 완전경쟁시장의 조건은 $P = MC$이다.
2) 주어진 총비용함수를 미분하면 $SMC = \dfrac{1}{100}wq$이다.
3) 시장가격이 1, 임금이 4이므로 $1 = \dfrac{1}{100}4q$ → $q = 25$이다.

30 ③ 1) 산업 A의 한계비용은 $MC = Q$, 산업 B의 한계비용은 $MC = \dfrac{1}{5}Q$이다.
2) 개별기업의 이윤극대화 조건은 $P = MC$이고 개별공급곡선의 합 = 시장공급곡선이다.
3) 이를 대입하면 산업 A 기업은 $P = Q$ → 100개이므로 $Q_{100개 기업} = 100P$, 산업 B 기업은 $P = \dfrac{1}{5}Q$ → 60개이므로 $Q_{60개 기업} = 300P$
4) 시장 Q = 산업 A의 Q + 산업 B의 Q이므로 $Q_{시장} = 400P$가 된다.

31 난이도 ★★★ 중요도 ★★

모든 시장이 완전경쟁적인 甲국에서 대표적인 기업 A의 생산함수가 $Y = 4L^{0.5}K^{0.5}$이다. 단기적으로 A의 자본량은 1로 고정되어 있다. 생산물 가격이 2이고 명목임금이 4일 경우, 이윤을 극대화하는 A의 단기 생산량은? (단, Y는 생산량, L은 노동량, K는 자본량이며, 모든 생산물은 동일한 상품이다)

[19. 감정평가사]

① 1 ② 2 ③ 4
④ 8 ⑤ 16

32 난이도 ★★★ 중요도 ★★

완전경쟁시장에서 이윤 극대화를 추구하는 기업 A의 공급곡선은 $Q_A(P) = \dfrac{P}{2}$이다. 이 기업의 생산량이 5일 때, 가변비용은? (단, Q_A는 공급량, P는 가격이다)

[24. 감정평가사]

① 23 ② 25 ③ 37.5
④ 46 ⑤ 50

33 난이도 ★★ 중요도 ★★★★

완전경쟁시장의 시장수요함수는 $Q = 1{,}700 - 10P$이고, 이윤극대화를 추구하는 개별기업의 장기평균비용함수는 $LAC(q) = (q-20)^2 + 30$으로 모두 동일하다. 장기균형에서 기업의 수는? (단, Q는 시장 거래량, q는 개별기업의 생산량, P는 가격이다)

[18. 감정평가사]

① 100 ② 90 ③ 80
④ 70 ⑤ 60

34 난이도 ★★★ 중요도 ★★★★

완전경쟁시장에서 기업이 모두 동일한 장기평균비용함수 $LAC(q) = 40 - 6q + \dfrac{1}{3}q^2$과 장기한계비용함수 $LMC(q) = 40 - 12q + q^2$을 갖는다. 시장수요곡선은 $D(P) = 2{,}200 - 100P$일 때, 장기균형에서 시장에 존재하는 기업의 수는? (단, q는 개별기업의 생산량, P는 가격이다)

[20. 감정평가사]

① 12 ② 24 ③ 50
④ 100 ⑤ 200

난이도 ★★   중요도 ★★★★

35 완전경쟁시장에서 이윤극대화를 추구하는 기업들의 장기비용함수는 $C=0.5q^2+8$로 모두 동일하다. 시장수요함수가 $Q_D=1,000-10P$일 때, 장기균형에서 시장 참여기업의 수는? (단, C는 개별기업 총비용, q는 개별기업 생산량, Q_D는 시장 수요량, P는 가격을 나타낸다)

[17. 감정평가사]

① 150 ② 210 ③ 240
④ 270 ⑤ 300

정답 및 해설

31 ③ 1) A의 자본량은 1로 고정되어 있으므로 생산함수는 $Y=4\sqrt{L}$이다.
2) 완전경쟁시장이므로 $P=MC$가 성립한다.
3) $TC=wL+rK$이고 주어진 조건을 넣으면 $TC=4L+r$이다.
4) 생산함수를 변형하면 $\frac{Y}{4}=\sqrt{L}$ ➡ $L=\frac{Y^2}{16}$이므로 3번식에 넣으면 $TC=\frac{Y^2}{4}+r$이다.
5) 총비용에서 한계비용을 도출하면 $MC=\frac{1}{2}Y$이다.
6) 완전경쟁시장의 이윤극대화 조건에 따라 $2=\frac{1}{2}Y$ ➡ $Y=4$이다.

32 ② 1) 완전경쟁시장의 이윤극대화 조건은 $P=MC$이다.
2) 문제의 공급곡선을 변형하면 $P=2Q_A$이므로 $MC=2Q$이다.
3) MC는 가변비용을 미분해서 만들어진 것이므로 $TVC=Q^2$이다.
4) $Q=5$이므로 이를 대입하면 $TVC=25$이다.

33 ④ 1) 완전경쟁시장에서 장기한계비용함수는 장기평균비용함수의 최저점을 지나므로 $q=20$일 때 평균비용인 30이 시장가격이 된다.
2) 이를 시장수요함수에 대입하면 $Q=1,700-300$이므로 시장 수요량은 1,400이다.
3) 개별기업 생산량 × 기업 수 = 시장균형거래량이므로 20 × 기업수 = 1,400 ➡ 기업수 = 70이다.

34 ④ 1) 완전경쟁시장의 장기균형은 장기평균비용의 최저점과 가격이 동일하다.
2) 장기평균비용의 최저점을 구하면 $-6+\frac{2}{3}q=0$ ➡ $q=9$이다.
3) 완전경쟁시장에 $P=MC$이므로 장기한계비용에 $q=9$를 대입하면 $40-108+81=13$ ➡ $P=13$이다.
4) 시장수요함수에 $P=13$을 대입하면 시장수요량 $Q=900$이다.
5) 기업수 × 개별기업의 생산량 = 시장수요량이므로 100개의 기업이 필요하다.

35 ③ 1) 장기평균비용의 최저점에서 완전경쟁시장의 장기균형이 이루어진다.
2) 평균비용은 $\frac{1}{2}q+\frac{8}{q}$이므로 미분하여 최저점을 찾으면 $\frac{1}{2}-\frac{8}{q^2}=0$ ➡ $\frac{1}{2}=\frac{8}{q^2}$ ➡ $q=4$이다.
3) 평균비용은 4이므로 장기완전경쟁시장의 가격은 4이다.
4) 가격이 4일 경우 $Q=960$이므로 기업수 × 개별기업의 수량 = 시장거래량 ➡ 기업수 × 4 = 960 ➡ 기업수 = 240이다.

Topic 10 독점시장

01 독점시장의 특징

특징	(1) **시장 지배력**: 독점기업은 시장 지배력(market power)을 가지고, ㉮_____ (price setter)로 행동하며, 가격차별(price discrimination)이 가능함 (2) ㉯_____: 독점기업이 직면하는 수요곡선은 시장 전체의 수요곡선이며, 독점기업의 공급량은 그 상품에 대한 시장의 총공급량과 일치함 (3) **대체재의 부재**: 아주 밀접한 대체재를 생산하는 경쟁상대기업으로부터 도전을 받지 않음
그래프 분석	(1) 독점기업의 균형: ㉰_____ (2) 독점기업의 공급곡선이 따로 존재하지 않는 이유: 독점기업은 가격 결정자로서 자신이 원하는 바에 따라 공급량을 스스로 결정할 수 있기 때문 (3) 독점기업의 손실: $P < AC$인 경우 손실 발생 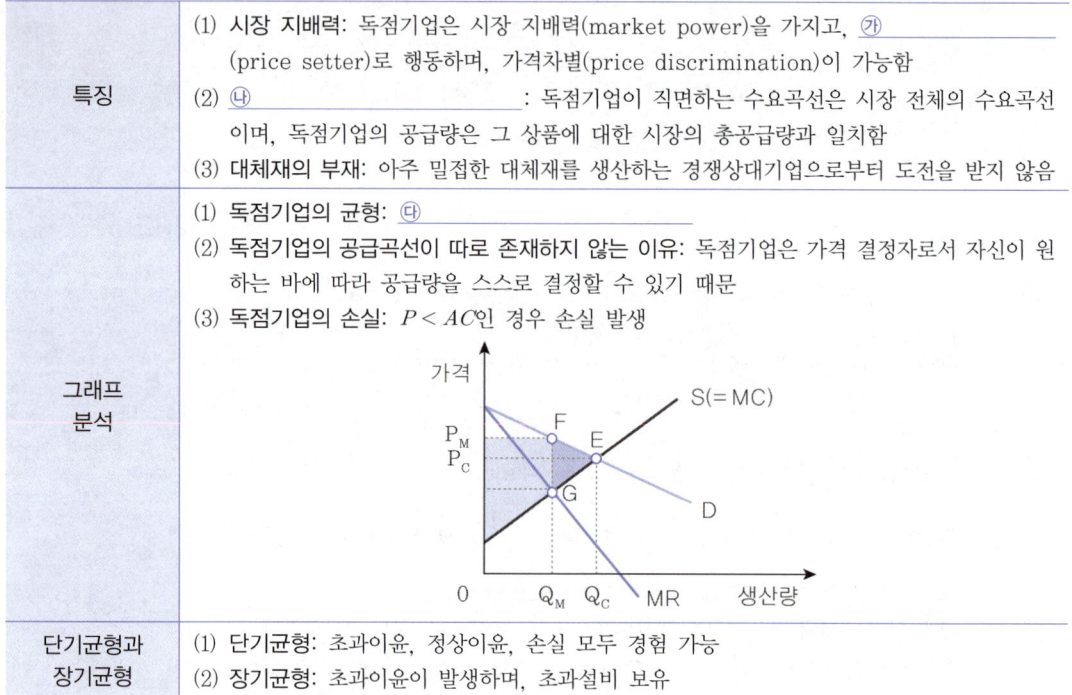
단기균형과 장기균형	(1) 단기균형: 초과이윤, 정상이윤, 손실 모두 경험 가능 (2) 장기균형: 초과이윤이 발생하며, 초과설비 보유

핵심키워드
㉮ 가격 결정자, ㉯ 우하향의 수요곡선, ㉰ $P > MR = MC$

독점의 경제적 효과	(1) 긍정적 측면 ① 규모의 경제가 적용되는 경우 생산 비용이 감소할 수 있음 ② 기술 개발과 생산 방법 혁신을 위한 연구 개발 투자의 여력이 생겨 국제 경쟁력이 강화될 수 있음 (2) 부정적 측면 ① 사회적 후생손실 발생: 완전경쟁체제에 비해 생산량은 더 작고 가격은 높아 비효율적 자원 배분 ② 최적 규모로 생산 시설을 가동하지 않음으로 인해 자원의 최적 활용에 실패함
독점에 대한 규제	(1) 독점 규제 및 공정 거래에 관한 법률 (2) 가격 규제: 독점기업들에 대한 가격 결정 규제 　① ㉮_____가격설정: 산출량은 효율적이나 기업은 손실을 입게 됨 　② ㉯_____가격설정: 기업은 초과이윤이 없는 정상이윤 상태이나 산출량이 과소생산임 (3) 국유화: 철도, 전기, 가스 등 (4) 경쟁 촉진 정책: 공기업의 민영화 등

02 다공장 독점과 이부가격제

다공장 독점	(1) 개념 ① 여러 개의 공정(또는 공장)을 통해 생산물을 생산하는 독점기업을 다공장 독점기업이라 함 ② 독점기업은 공정별 한계비용곡선을 수평합하여 기업전체의 한계비용곡선을 도출한 후 이윤극대화 총생산량을 결정한다. (2) 다공장 독점기업 이윤극대화 균형조건: ㉰_____
이부가격제	(1) 개념: 소비자로 하여금 일정한 금액을 지불(= 가입비)하고 특정상품을 사용할 권리를 사게 한 다음, 그것을 사는 양에 비례해 추가적인 가격을 지불(= 사용료)하게 하는 방법이다. (2) 가입비와 사용료의 설정 ① 독점적 생산자가 소비자잉여의 크기를 예상해 이를 ㉱_____로 받는다. ② 사용료는 ㉲_____과 일치시킴으로써 이윤극대화를 시도한다.

핵심키워드
㉮ 한계비용, ㉯ 평균비용, ㉰ $MR = MC_1 = MC_2$, ㉱ 가입비, ㉲ 한계비용

03 가격차별

개념	가격지배력이 있는 기업이 이윤극대화를 위해 동일한 상품을 여러 가지 서로 다른 가격으로 판매하는 행위를 의미함
1급 가격차별	(1) 개념: 판매될 상품의 모든 단위에 대해 상이한 가격을 설정하여 소비자가 지불하고자 하는 최고가격을 받아내는 가격차별로 완전가격차별이라고 함 (2) 독점기업의 산출량은 완전경쟁시장과 동일하므로 ㉮_____은 이루어지지만, 모든 잉여를 독점기업이 차지하게 되어 소득분배는 불공평해짐
2급 가격차별	(1) 개념: 상품을 ㉯_____별로 분류하여 서로 다른 가격을 설정하는 가격차별 (2) 장애물을 두는 것도 2급 가격차별에 해당함

3급 가격차별	(1) 개념: 조조할인과 주말영화, 주중열차와 주말열차의 요금이 다른 것처럼 수요의 가격탄력성이 서로 다른 시장에서 이용하는 가격차별을 의미
	(2) 조건
	  ① ㉰_____ 재화이어야 하며, 다른 재화가 다른 가격을 가지는 것은 가격차별이 아님
	  ② 판매자가 시장 지배력을 지니고 있어야 함
	  ③ 서로 다른 고객 또는 시장이 쉽게 구분되어야 함
	  ④ 상이한 시장 사이에 상품의 재판매가 불가능해야 함
	  ⑤ 상이한 시장 사이에 수요의 가격탄력성이 달라야 함
	(3) 이윤극대화
	  ① 일반적으로 탄력성이 큰 시장에 대해서는 ㉱_____ 가격, 탄력성이 작은 시장에 대해서는 ㉲_____ 가격 적용
	  ② ㉳_____

가격차별의 평가	(1) 장점
	  ① 가격차별에 따른 생산량 증가로 자원배분의 비효율이 상당부분 해소됨
	  ② 3급 가격차별의 경우 가격차별은 가격탄력성이 큰 소비자 그룹에 대해서는 낮은 가격을 책정하는 형태로 이루어지는데 빈곤하여 가격탄력성이 높게 된 것이라면 이들에게 상대적으로 유리하게 소득이 재분배되는 효과가 있음
	(2) 단점
	  ① 소비자 차별대우에 따른 불쾌감 초래
	  ② 소비자잉여를 독점기업이 수익으로 전환

> **핵심키워드**
> ㉮ 효율성, ㉯ 수량, ㉰ 동일한, ㉱ 낮은, ㉲ 높은, ㉳ $MR_1 = MR_2 = MC$

STEP 1 타시험 기출문제

01 난이도 ★ 중요도 ★★

독점기업의 시장수요와 공급에 관한 설명으로 옳지 않은 것은? (단, 시장 수요곡선은 우하향한다) [21. 노무사]

① 독점기업은 시장의 유일한 공급자이기 때문에 수요곡선은 우하향한다.
② 독점기업의 공급곡선은 존재하지 않는다.
③ 독점기업의 한계수입은 가격보다 항상 높다.
④ 한계수입과 한계비용이 일치하는 점에서 독점기업의 이윤이 극대화된다.
⑤ 독점기업의 한계수입곡선은 항상 수요곡선의 아래쪽에 위치한다.

02 난이도 ★ 중요도 ★★

독점기업의 행동에 대한 설명으로 옳지 않은 것은? [13. 서울시 7급]

① 독점기업은 수요가 비탄력적인 구간에서 생산한다.
② 독점기업은 한계수입과 한계비용이 일치하도록 생산한다.
③ 독점기업은 공급곡선을 갖지 않는다.
④ 독점기업에 대한 수요곡선은 우하향한다.
⑤ 독점기업은 완전경쟁에 비해 적은 양을 생산한다.

정답 및 해설

01 ③ 독점기업에서는 $P > MC = MR$이므로 독점기업의 한계수입은 가격보다 항상 낮다.

02 ① 독점기업은 한계수입을 아모르소-로빈슨 공식을 통해 구한다. $MR = P(1 - \frac{1}{\varepsilon})$이므로 수요가 비탄력적인 구간에서 한계수입이 (−)이다. 따라서 수요가 탄력적인 구간에서 생산한다.

03 어떤 독점기업은 1,000개의 재화를 개당 5만원에 판매하고 있다. 이 기업이 추가로 더 많은 재화를 시장에서 판매하게 된다면 이때의 한계수입(Marginal Revenue)은 5만원보다 작다. 그 이유로 가장 옳은 것은?   [18. 서울시 7급]

① 추가로 판매하게 되면 한계비용이 증가하기 때문이다.
② 추가로 판매하기 위해서는 가격을 내려야 하기 때문이다.
③ 추가로 판매하게 되면 평균비용이 증가하기 때문이다.
④ 추가로 판매하게 되면 한계비용이 감소하기 때문이다.

04 독점기업인 자동차 회사 A가 자동차 가격을 1% 올렸더니 수요량이 4% 감소하였다. 자동차의 가격이 2,000만원이라면 자동차 회사 A의 한계수입은?   [13. 국가직 7급]

① 1,000만원   ② 1,500만원
③ 2,000만원   ④ 2,500만원

난이도 ★   중요도 ★★★

05 독점기업 A의 수요곡선, 총비용곡선이 다음과 같을 때, 독점이윤극대화 시 사중손실(deadweight loss)은? (단, P는 가격, Q는 수량이다) [20. 노무사]

- 수요곡선: $P = -Q + 20$
- 총비용곡선: $TC = 2Q + 10$

① $\dfrac{99}{2}$ ② $\dfrac{94}{2}$ ③ $\dfrac{88}{2}$

④ $\dfrac{81}{2}$ ⑤ $\dfrac{77}{2}$

정답 및 해설

03 ② 독점기업은 직면하는 수요곡선이 우하향하므로 판매량을 증대시키려면 반드시 가격을 낮추어야 한다. 그러므로 재화 한 단위를 더 판매할 때 얻는 수입인 한계수입은 가격보다 낮을 수밖에 없다.

04 ② 가격을 1% 인상할 때 수요량이 4% 감소한다면 수요의 가격탄력성은 4이다. 수요의 가격탄력성이 4이고, 가격이 2,000만원이므로 아모르소-로빈슨 공식을 이용하면 한계수입은 다음과 같이 계산된다.

$MR = P(1 - \dfrac{1}{\varepsilon}) = 2,000(1 - \dfrac{1}{4}) = 1,500$만원

05 ④ 1) $TR = -Q^2 + 20Q$ ➔ $MR = -2Q + 20$
2) $MC = 2$
3) 그래프

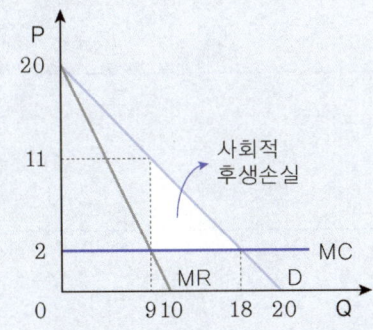

㉠ 독점 시 이윤극대화 $MR = MC$ ➔ $-2Q + 20 = 2$ ➔ $Q = 9$, $P = 11$
㉡ 완전경쟁 시 $P = 2$, $Q = 18$

4) 사회적 후생손실 $= 9 \times 9 \times \dfrac{1}{2} = \dfrac{81}{2}$

06 X재를 공급하는 독점기업 A는 시장 1과 시장 2가 각기 다른 형태의 수요곡선을 갖고 있음을 알고 있다. 기업 A가 당면하는 시장 1과 시장 2에서의 역수요함수는 다음과 같다.

- 시장 1: $P_1 = 12 - 2Q_1$
- 시장 2: $P_2 = 8 - 2Q_2$

상품의 한계비용이 2일 때, 이윤을 극대화하는 독점기업 A에 대한 설명으로 옳은 것은? (단, P_i는 시장 i에서 X재의 가격, Q_i는 시장 i에서 X재의 수요량이다)

[21. 지방직 7급]

① 시장 2에서의 판매량이 시장 1에서의 판매량보다 크다.
② 시장 2에서의 한계수입이 시장 1에서의 한계수입보다 크다.
③ 시장 1에서의 판매가격을 시장 2에서의 판매가격보다 높게 책정한다.
④ 두 시장에서 수요의 가격탄력성이 동일하므로 각 시장에서 같은 가격을 책정한다.

07 독점기업 A는 동일한 상품을 생산하는 두 개의 공장을 가지고 있다. 두 공장의 비용함수와 A기업이 직면한 시장수요곡선이 다음과 같을 때, A기업의 이윤을 극대화하는 각 공장의 생산량을 옳게 짝지은 것은? (단, P는 가격, Q는 총생산량, Q_1은 공장 1의 생산량, Q_2는 공장 2의 생산량이다)

[20. 국가직 7급]

- 공장 1의 비용함수: $C_1(Q_1) = 40 + Q_1^2$
- 공장 2의 비용함수: $C_2(Q_2) = 90 + 6Q_2$
- 시장수요곡선: $P = 200 - Q$

	Q_1	Q_2
①	3	94
②	4	96
③	5	98
④	6	100

08 독점기업 A는 두 개의 공장을 가지고 있으며, 제1공장과 제2공장의 한계비용곡선(MC)은 각각 $MC_1 = 50 + 2Q_1$, $MC_2 = 90 + Q_2$이다. A기업의 이윤을 극대화하는 생산량이 총 80단위일 때, 제1공장과 제2공장의 생산량은? (단, Q_1은 제1공장의 생산량, Q_2는 제2공장의 생산량이다)

[11. 지방직 7급]

① (20, 60) ② (30, 50)
③ (40, 40) ④ (50, 30)

정답 및 해설

06 ③ 1) 가격차별의 조건은 $MR_1 = MR_2 = MC$이다.
2) 시장 1에서 $MR_1 = MC$이므로 $12 - 4Q_1 = 2$ → $Q_1 = 2.5$이고 이를 수요곡선에 대입하면 $P_1 = 7$이다.
3) 시장 2에서 $MR_2 = MC$이므로 $8 - 4Q_2 = 2$ → $Q_2 = 1.5$이고 이를 수요곡선에 대입하면 $P_2 = 5$이다.
4) 지문분석
   ③ 시장 1에서의 판매가격은 7이고 시장 2에서의 판매가격은 5이므로 시장 1의 가격이 더 높다.

[오답체크]
① 시장 2에서의 판매량이 시장 1에서의 판매량보다 작다.
② 시장 2에서의 한계수입은 시장 1에서의 한계수입과 같다.
④ 두 시장의 가격은 다르다.

07 ① 1) 다공장 독점의 균형조건은 $MR = MC_1$, $MR = MC_2$가 성립해야 한다.
2) 위의 식에서 $MR = 200 - 2Q$이며 $Q = Q_1 + Q_2$
3) 공장 1에서는 $200 - 2(Q_1 + Q_2) = 2Q_1$ → $4Q_1 + 2Q_2 = 200$
4) 공장 2에서는 $200 - 2(Q_1 + Q_2) = 6$ → $2Q_1 + 2Q_2 = 194$가 각각 성립한다.
5) 이를 연립하여 풀면 $2Q_1 = 6$ → $Q_1 = 3$, $Q_2 = 94$가 도출된다.

08 ③ 1) 다공장 독점의 균형조건은 $MR = MC_1$, $MR = MC_2$이므로 $50 + 2Q_1 = 90 + Q_2$가 성립해야 한다.
2) 기업 전체의 생산량이 총 80단위이므로 $Q_1 + Q_2 = 80$이다. 두 식을 연립해서 풀면 $Q_1 = 40$, $Q_2 = 40$이 된다.

난이도 ★ 중요도 ★★

09 독점기업의 가격차별에 관한 설명으로 옳지 않은 것은? [20. 노무사]

① 가격차별을 하는 경우의 생산량은 순수독점의 경우보다 더 작아진다.
② 가격차별을 하는 독점기업은 가격탄력성이 더 작은 시장에서의 가격을 상대적으로 더 높게 책정한다.
③ 가격차별은 소득재분배효과를 가져올 수 있다.
④ 소비자의 재판매가 가능하다면 가격차별이 유지되기 어렵다.
⑤ 완전가격차별의 사회적 후생은 순수독점의 경우보다 크다.

난이도 ★ 중요도 ★★★

10 독점기업의 가격전략에 관한 설명으로 옳지 않은 것은? [18. 노무사]

① 독점기업이 시장에서 한계수입보다 높은 수준으로 가격을 책정하는 것은 가격차별전략이다.
② 1급 가격차별의 경우 생산량은 완전경쟁시장과 같다.
③ 2급 가격차별은 소비자들의 구매수량과 같이 구매 특성에 따라서 다른 가격을 책정하는 경우 발생한다.
④ 3급 가격차별의 경우 재판매가 불가능해야 가격차별이 성립한다.
⑤ 영화관 조조할인은 3급 가격차별의 사례이다.

11 재화를 공급하는 독점기업이 이윤극대화를 위해 실시하는 가격차별에 대한 설명으로 옳지 않은 것은?

[12. 국가직 7급]

① X재화에 대한 수요의 가격탄력성 차이가 집단구분의 기준이 될 수 있다.
② 두 시장을 각각 A와 B, X재화 판매의 한계수입을 MR, X재화 생산의 한계비용을 MC라고 할 때, 독점기업은 $MR_A = MR_B = MC$원리에 기초하여 행동한다.
③ A시장보다 B시장에서 X재화에 대한 수요가 가격에 더 탄력적이라면 독점기업은 A시장보다 B시장에서 더 높은 가격을 설정한다.
④ 독점기업이 제1차 가격차별(first-degree price discrimination)을 하는 경우 사회적으로 바람직한 양이 산출된다.

정답 및 해설

09 ① 가격차별을 하는 경우의 생산량은 순수독점의 경우보다 더 많아져 효율성을 개선한다.

10 ① 가격차별(Price discrimination)이란 소비자를 몇 개의 그룹으로 구분하여 동일한 재화를 각 그룹별로 서로 다른 가격에 판매하는 것을 말한다. 독점기업이 시장에서 한계수입보다 높은 수준으로 가격을 책정하는 것은 가격차별전략이 아니라 이윤극대화를 추구한 결과이다.

11 ③ 3급 가격차별 시 수요의 가격탄력성이 큰 시장에서는 낮은 가격을, 수요의 가격탄력성이 작은 시장에서는 높은 가격을 책정한다.

12 A사는 자동차 부품을 독점적으로 생산하여 대구와 광주에만 공급하고 있다. A사의 비용함수와 A사 부품에 대한 대구와 광주의 수요함수가 다음과 같을 때, A사가 대구와 광주에서 각각 결정할 최적 가격과 공급량은? (단, C는 비용, Q는 생산량, P는 가격이다) [13. 지방직 7급]

> • A사의 비용함수: $C = 15Q + 20$
> • 대구의 수요함수: $Q_{대구} = -P_{대구} + 55$
> • 광주의 수요함수: $Q_{광주} = -2P_{광주} + 70$

① $(P_{대구},\ Q_{대구},\ P_{광주},\ Q_{광주}) = (35,\ 20,\ 25,\ 20)$
② $(P_{대구},\ Q_{대구},\ P_{광주},\ Q_{광주}) = (30,\ 20,\ 40,\ 20)$
③ $(P_{대구},\ Q_{대구},\ P_{광주},\ Q_{광주}) = (30,\ 40,\ 30,\ 40)$
④ $(P_{대구},\ Q_{대구},\ P_{광주},\ Q_{광주}) = (15,\ 40,\ 25,\ 40)$

13 甲국과 乙국에서 X재를 독점 생산하는 기업이 있다. X재에 대한 수요의 가격탄력성은 甲국에서 2이고 乙국에서 3이다. 이 기업이 甲국에서 X재를 1200에 판매하고 있다면, 乙국에서의 판매가격은? (단, 국가 간 차익거래는 없다) [22. 지방직 7급]

① 900
② 1,000
③ 1,100
④ 1,200

난이도 ★★★ 중요도 ★★★

14 어떤 독점기업이 시장을 A와 B로 나누어 이윤극대화를 위한 가격차별정책을 시행하고자 한다. A시장의 수요함수는 $Q_A = -2P_A + 60$이고 B시장의 수요함수는 $Q_B = -4P_B + 80$이라고 한다(Q_A, Q_B는 각 시장에서 상품의 총수요량, P_A, P_B는 상품의 가격이다). 이 기업의 한계비용이 생산량과 관계없이 2원으로 고정되어 있을 때, A시장과 B시장에 적용될 상품가격은?

[19. 서울시 7급]

	A시장	B시장
①	14	10
②	16	11
③	14	11
④	16	10

정답 및 해설

12 ① 1) A사의 비용함수를 Q에 대해 미분하면 한계비용 $MC=15$임을 알 수 있다. 즉, 한계비용곡선은 수평선의 형태이다.
2) 대구의 수요함수가 $P=55-Q$이므로 한계수입 $MR=55-2Q$이고, 광주의 수요함수가 $P=35-\frac{1}{2}Q$이므로 한계수입 $MR=35-Q$이다.
3) 대구에서의 판매량을 구하기 위해 $MR=MC$로 두면 $55-2Q=15$, $Q=20$이다. $Q=20$을 대구의 수요함수에 대입하면 $P=35$로 계산된다.
4) 광주에서의 판매량을 구하기 위해 $MR=MC$로 두면 $35-Q=15$, $Q=20$이다. $Q=20$을 광주의 수요함수에 대입하면 $P=25$로 계산된다.

13 ① 1) 가격차별이므로 $MR_갑 = MR_을 = MC$가 성립한다.
2) 아모로소-로빈슨 공식을 이용하면 $P_갑(1-\frac{1}{2}) = P_을(1-\frac{1}{3})$ → 갑의 가격에 1,200을 대입하면 $600 = \frac{2}{3}P_을$ → $P_을 = 900$이다.

14 ② 1) 시장 A의 수요함수가 $P_A = 30 - \frac{1}{2}Q_A$이므로 한계수입 $MR_A = 30 - Q_A$이다.
2) $MR_A = MC$로 두면 $30 - Q_A = 2$, $Q_A = 28$이고, 이를 시장 A의 수요함수에 대입하면 $P_A = 16$이다.
3) 시장 B의 수요함수가 $P_B = 20 - \frac{1}{4}Q_B$이므로 한계수입 $MR_B = 20 - \frac{1}{2}Q_B$이다.
4) $MR_B = MC$로 두면 $20 - \frac{1}{2}Q_B = 2$, $Q_B = 36$이고, 이를 시장 B의 수요함수에 대입하면 $P_B = 11$로 계산된다.

15 어떤 독점기업이 동일한 상품을 수요의 가격탄력성이 다른 두 시장에서 판매한다. 가격차별을 통해 이윤을 극대화하려는 이 기업이 상품의 가격을 A시장에서 1,500원으로 책정한다면 B시장에서 책정해야 하는 가격은? (단, A시장에서 수요의 가격탄력성은 3이고, B시장에서는 2이다)
[18. 서울시 7급]

① 1,000원
② 1,500원
③ 2,000원
④ 2,500원

16 통신시장에 하나의 기업만 존재하는 완전독점시장을 가정하자. 이 독점기업의 총비용(TC) 함수는 $TC = 20 + 2Q$이고 시장의 수요는 $P = 10 - 0.5Q$이다. 만약, 이 기업이 이부가격(two-part tariff) 설정을 통해 이윤을 극대화하고자 한다면, 고정요금(가입비)은 얼마로 설정해야 하는가?
[15. 서울시 7급]

① 16
② 32
③ 64
④ 128

17 다음 상황에서 기업 A가 선택하는 기본요금과 단위당 사용료를 바르게 연결한 것은?
[21. 국가직 7급]

독점기업 A의 비용함수는 $C(Q) = 20Q$이고 개별 소비자의 수요함수는 모두 동일하게 $Q = 100 - P$(Q는 수량, P는 가격)이다. 이 기업은 이부가격제(two-part tariff)를 이용해 이윤을 극대화하려고 한다.

	기본요금	단위당 사용료
①	2,250	60
②	2,800	60
③	3,000	20
④	3,200	20

정답 및 해설

15 ③ 1) 동일상품을 다른 시장에서 판매하는 것은 가격차별이다. 가격차별 독점기업의 균형에서는 각 시장에서의 한계수입이 같아져야 하므로 $MR_A = MR_B$ 가 성립한다.

2) 한계수입 $MR = P(1 - \frac{1}{\varepsilon})$로 나타낼 수 있으므로 가격차별 독점기업의 균형에서는 $P_A(1 - \frac{1}{\varepsilon_A}) = P_B(1 - \frac{1}{\varepsilon_B})$이 성립한다.

3) 주어진 수치를 대입하면 $1,500(1 - \frac{1}{3}) = P_B(1 - \frac{1}{2})$, $1,000 = \frac{1}{2}P_B$이므로 $P_B = 2,000$이다.

16 ③ 1) 이부가격제는 소비자잉여에 해당하는 만큼을 고정요금으로 설정하면 된다.

2) 총비용함수를 Q에 대해 미분하면 한계비용 $MC = 2$이므로 사용요금 $P = 2$가 된다. $P = 2$를 수요함수에 대입하면 소비자의 구입량 $Q = 16$으로 계산된다.

3) 이 때 고정요금으로 받을 수 있는 최대금액은 소비자잉여에 해당하는 $64(= \frac{1}{2} \times 16 \times 8)$이다.

4) 그래프

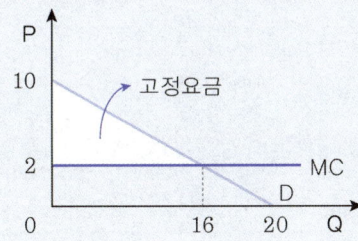

17 ④ 1) 그래프

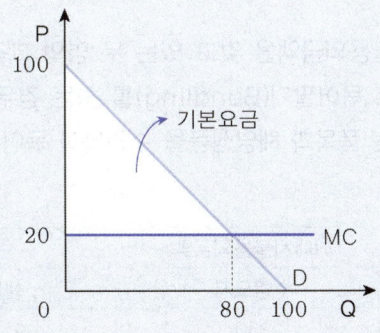

2) 단위당 사용료는 한계비용이므로 $MC = 20$이다.
3) 기본요금은 소비자잉여에 해당하는 부분이다.
4) 따라서 $80 \times 80 \times \frac{1}{2} = 3,200$이다.

18 어떤 제약회사의 신약은 특허 기간 중에는 독점적으로 공급되지만, 특허 소멸 후 다른 제약회사들의 복제약과 함께 경쟁적으로 공급된다. 이 약의 시장수요는 $P = 20 - Q$로 주어지고, 총 생산비용은 $TC(Q) = 4Q$라고 한다. 이 약의 특허 기간 중 생산량과 특허 소멸 후 생산량은 각각 얼마인가?

[17. 국회직 8급]

	특허 기간 중 생산량	특허 소멸 후 생산량
①	6	10
②	6	12
③	8	14
④	8	16
⑤	10	18

19 의류 판매업자인 A씨는 아래와 같은 최대지불용의금액을 갖고 있는 두 명의 고객에게 수영복, 수영모자, 샌들을 판매한다. 판매전략으로 묶어팔기(Bundling)를 하는 경우, 수영복과 묶어 팔 때가 따로 팔 때보다 이득이 더 생기는 품목과 해당상품을 수영복과 묶어 팔 때 얻을 수 있는 최대 수입은?

[17. 국회직 8급]

구분	최대지불용의금액		
	수영복	수영모자	샌들
고객 ㉠	400	250	150
고객 ㉡	600	300	100

① 수영모자, 1,300 ② 수영모자, 1,400 ③ 샌들, 1,000
④ 샌들, 1,100 ⑤ 샌들, 1,200

난이도 ★★　중요도 ★★

20 독점시장에 존재하는 어떤 회사의 한계비용은 500이며, 이 시장의 소비자는 모두 $P = 1,000 - Q_d$라는 수요함수를 갖고 있다. 이 회사가 두 단계 가격(two-part tariff)을 설정하여 이윤을 극대화하기 위한 고정요금(가입비)은 얼마인가? (단, P는 가격, Q_d는 수요량을 나타낸다)

[13. 국회직 8급]

① 500,000　　② 250,000　　③ 125,000
④ 100,000　　⑤ 50,000

정답 및 해설

18 ④ 1) 시장수요곡선은 $P = 20 - Q$, 한계비용곡선은 총비용을 미분한 $MC = 4$이다.
2) 특허기간은 독점을 의미한다. 이때 이윤극대화 조건은 $MR = MC$에서 시장수요곡선이 $P = 20 - Q$이 므로 $MR = 20 - 2Q$이다. 따라서, $MR = MC$ → $20 - 2Q = 4$ → $Q = 8$
3) 특허가 소멸되면 완전경쟁시장이 되므로 $P = MC$ → $20 - Q = 4$ → $Q = 16$이다.

19 ④ 1) 묶어팔기로 수입이 증가하기 위해서는 두 품목의 가격이 고객에 대해 역의 관계가 있어야 하므로 수 영복과 샌들이 된다.
2) 이 때 최대수입은 고객 ㉠ = 400 + 150 = 550이므로 고객 ㉡도 550을 받을 수 있다. 따라서 최대 수입은 1,100이다.

20 ③ 1) 수요가 동일한 경우 이부요금제에서 최적 단위당 가격은 한계비용, 최적 가입비는 소비자잉여이다.
2) 따라서 최적 가입비는 $(1,000 - 500) \cdot 500 / 2 = 125,000$이다.

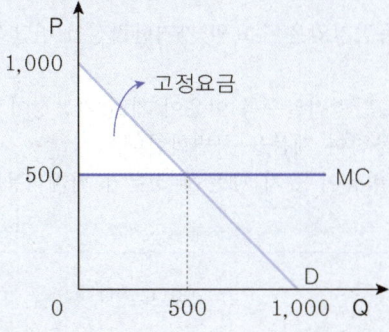

21 완전경쟁기업과 독점기업에 대한 설명으로 옳은 것을 〈보기〉에서 모두 고르면? (단, 기업의 한계비용곡선은 우상향한다고 가정한다) [15. 국회직 8급]

〈보기〉
ㄱ. 완전경쟁기업은 한계수입이 평균총비용보다 작은 경우 손실을 보게 된다.
ㄴ. 한계비용과 평균수입이 일치하는 생산량을 생산할 때 완전경쟁기업의 이윤은 극대화된다.
ㄷ. 한계비용과 한계수입이 일치하는 생산량을 생산할 때 독점기업의 이윤은 극대화된다.
ㄹ. 독점기업이 정상적인 이윤만을 얻도록 하기 위해서는 정부가 독점가격을 한계비용과 같도록 규제해야 한다.

① ㄴ ② ㄱ, ㄴ ③ ㄷ, ㄹ
④ ㄱ, ㄴ, ㄷ ⑤ ㄱ, ㄴ, ㄷ, ㄹ

22 시장형태에 따른 특징을 설명한 것으로 옳은 것만을 〈보기〉에서 모두 고르면? [19. 국회직 8급]

〈보기〉
ㄱ. 완전경쟁시장에서 각 개별 공급자가 직면하는 수요곡선은 서로 다르다.
ㄴ. 완전경쟁시장에서 새로운 기업이 진입할 경우 생산요소의 비용이 상승하면 장기시장공급곡선은 우상향으로 나타난다.
ㄷ. 시장수요곡선이 우하향의 직선인 경우 독점기업은 수요의 가격탄력성이 비탄력적인 구간에서 생산한다.
ㄹ. 독점적 경쟁기업이 직면하는 수요곡선이 탄력적일수록 이윤이 커질 가능성이 높다. 따라서 독점적 경쟁기업은 비가격전략을 사용하여 제품을 차별화한다.
ㅁ. 자연독점의 경우 큰 고정비용으로 평균비용이 높기 때문에 정부가 한계비용가격설정을 하면 공급이 이루어지지 않을 수 있다.

① ㄱ, ㄴ ② ㄴ, ㄹ ③ ㄴ, ㅁ
④ ㄱ, ㄷ, ㅁ ⑤ ㄴ, ㄹ, ㅁ

정답 및 해설

21 ④ ㄱ. 완전경쟁시장에서는 $P = MR = AR$이다. 완전경쟁시장에서 한계수입이 평균총비용보다 작다는 것은 평균수입이 평균비용보다 작다는 것을 의미하므로 손실을 보게 된다.
ㄴ. 한계비용과 평균수입이 일치한다는 것은 한계비용과 한계수입이 일치한다는 것을 의미하므로 완전경쟁기업의 이윤은 극대화된다.
ㄷ. 모든 시장에서 개별 기업이 이윤을 극대화하기 위해서는 한계비용과 한계수입이 일치하는 생산량을 생산하여야 한다.

[오답체크]
ㄹ. 자연독점기업에게 한계비용가격설정을 하면 완전경쟁시장의 균형을 달성하지만 기업의 손실이 발생한다.

22 ③ [오답체크]
ㄱ. 완전경쟁시장에서 각 개별 공급자는 가격수용자이므로 직면하는 수요곡선은 서로 동일하다.
ㄷ. 시장수요곡선이 우하향의 직선인 경우 독점기업은 수요의 가격탄력성이 탄력적인 구간에서 생산한다. 비탄력적인 구간에서는 한계수입이 (-)가 되므로 생산하지 않는다.
ㄹ. 독점적 경쟁기업이 직면하는 수요곡선이 비탄력적일수록 이윤이 커질 가능성이 높다. 따라서 독점적 경쟁기업은 비가격전략을 사용하여 제품을 차별화한다.

STEP 2 감정평가사 기출문제

난이도 ★　중요도 ★★★

23 독점기업의 이윤극대화에 관한 설명으로 옳지 않은 것은? [단, 수요곡선은 우하향하고 생산량은 양(+)이며 가격차별은 없다]　　　[17. 감정평가사]

① 이윤극대화 가격은 한계비용보다 높다.
② 양(+)의 경제적 이윤을 획득할 수 없는 경우도 있다.
③ 현재 생산량에서 한계수입이 한계비용보다 높은 상태라면 이윤극대화를 위하여 가격을 인상하여야 한다.
④ 이윤극대화 가격은 독점 균형거래량에서의 평균수입과 같다.
⑤ 이윤극대화는 한계비용과 한계수입이 일치하는 생산수준에서 이루어진다.

난이도 ★★★　중요도 ★★

24 독점기업의 독점력과 가격규제 정책에 관한 설명으로 옳지 않은 것은?　　　[24. 감정평가사]

① 러너의 독점력지수(Lerner index of monopoly power)는 수요곡선 상의 이윤극대화점에서 측정한 수요의 가격탄력성의 역수와 같은 값이다.
② 한계비용가격설정은 자연독점 기업에게 손실을 초래한다.
③ 평균비용가격설정은 기업이 손실을 보지 않으면서 가능한 많은 상품을 낮은 가격에 공급하도록 유도할 수 있다.
④ 이중가격설정(two-tier pricing)은 한계비용가격설정의 장점을 살리면서도 독점기업의 손실을 줄일 수 있도록 하는 정책이다.
⑤ 이중가격설정은, 낮은 가격은 한계비용과 한계수입이 일치하는 가격으로, 높은 가격은 한계비용곡선과 수요곡선이 교차하는 지점의 가격으로 판매하도록 하는 정책이다.

25 난이도 ★★ 중요도 ★★★

단일 가격을 부과하던 독점기업이 제1급(first – degree) 가격차별 또는 완전(perfect) 가격차별을 실행하는 경우에 나타나는 변화로 옳은 것을 모두 고른 것은? [22. 감정평가사]

> ㄱ. 생산량이 증가한다.
> ㄴ. 이윤이 증가한다.
> ㄷ. 소비자잉여가 증가한다.
> ㄹ. 총잉여가 감소한다.

① ㄱ, ㄴ ② ㄱ, ㄷ ③ ㄱ, ㄹ
④ ㄴ, ㄷ ⑤ ㄷ, ㄹ

정답 및 해설

23 ③ 현재 생산량에서 한계수입이 한계비용보다 높은 상태라면 이윤극대화를 위하여 가격을 인하하여야 한다.

24 ⑤ 이중가격설정은, 낮은 가격은 한계비용과 한계수입이 일치하는 가격으로, 높은 가격은 한계비용과 한계수입이 일치하는 수량을 수요곡선에 대입한 가격으로 판매하도록 하는 정책이다.

[오답체크]
① 러너지수 = $\dfrac{P-MC}{P} = \dfrac{P-MR}{P} = \dfrac{P-P(1-\dfrac{1}{e_d})}{P} = \dfrac{1}{e_d}$ 이다.

25 ① 1) 가격차별을 실시하면 순수 독점보다 생산량이 증가하여 사회적 후생손실이 감소한다.
2) 가격차별을 실시하게 되면 기업의 이윤이 증가한다.
3) 1급가격차별인 경우 소비자잉여는 0이 된다.

26 독점기업 A가 직면한 수요함수는 $Q = -0.5P + 15$, 총비용함수는 $TC = Q^2 + 6Q + 3$이다. 이윤을 극대화할 때, 생산량과 이윤은? (단, P는 가격, Q는 생산량, TC는 총비용이다)

[18. 감정평가사]

① 생산량 = 3, 이윤 = 45
② 생산량 = 3, 이윤 = 48
③ 생산량 = 4, 이윤 = 45
④ 생산량 = 4, 이윤 = 48
⑤ 생산량 = 7, 이윤 = 21

27 독점기업 A가 직면한 수요곡선이 $Q = 100 - 2P$이고, 총비용함수가 $TC = Q^2 + 20Q$일 때, 기업 A의 이윤을 극대화하는 (ㄱ)생산량과 (ㄴ)이윤은? (단, Q는 생산량, P는 가격이다.)

[23. 감정평가사]

① ㄱ: 10, ㄴ: 150
② ㄱ: 10, ㄴ: 200
③ ㄱ: 20, ㄴ: 250
④ ㄱ: 20, ㄴ: 300
⑤ ㄱ: 30, ㄴ: 350

28 완전경쟁시장에서 기업 A가 생산하는 휴대폰의 가격이 100이고, 총비용함수가 $TC = 4Q^2 + 4Q + 100$일 때, 이윤을 극대화하는 (ㄱ)생산량과 극대화된 (ㄴ)이윤은? (단, Q는 생산량이다)

[24. 감정평가사]

① ㄱ: 10, ㄴ: 476
② ㄱ: 10, ㄴ: 566
③ ㄱ: 10, ㄴ: 1,000
④ ㄱ: 12, ㄴ: 476
⑤ ㄱ: 12, ㄴ: 566

29 그림과 같이 완전경쟁시장이 독점시장으로 전환되었다. 소비자로부터 독점기업에게 이전되는 소비자잉여는? (단, MR은 한계수입, MC는 한계비용, D는 시장수요곡선으로 불변, 독점기업은 이윤극대화를 추구한다)   [20. 감정평가사]

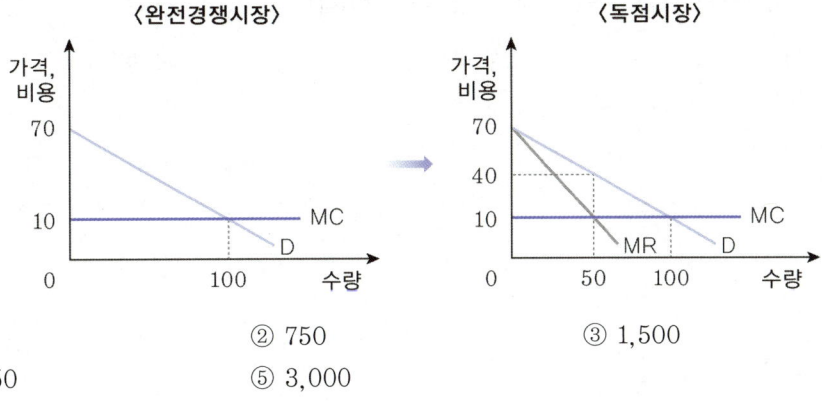

① 0
② 750
③ 1,500
④ 2,250
⑤ 3,000

정답 및 해설

26 ③ 1) 독점시장의 이윤극대화 생산량은 $MR = MC$이다.
2) 수요함수를 변형하면 $P = -2Q + 30$ ➔ $MR = -4Q + 30$이다.
3) 총비용함수를 미분하면 $MC = 2Q + 6$이다.
4) $-4Q + 30 = 2Q + 6$ ➔ $6Q = 24$ ➔ $Q = 4$이다.
5) 이윤 = 총수입 − 총비용이므로 $-2Q^2 + 30Q - Q^2 - 6Q - 3 = -3Q^2 + 24Q - 3 = -3 \times 16 + 24 \times 4 - 3 = 45$이다.

27 ① 1) $P = 50 - \dfrac{1}{2}Q$ ➔ $MR = 50 - Q$
2) $MC = 2Q + 20$
3) 이윤극대화는 $50 - Q = 2Q + 20$ ➔ $3Q = 30$ ➔ $Q = 10$, $P = 45$
4) 이윤 = 총수입 − 총비용 = $45 \times 10 - (100 + 200) = 150$

28 ④ 1) 이윤극대화 조건은 $P = MC$이다.
2) 조건에 대입하면 $100 = 8Q + 4$ ➔ $Q = 12$이다.
3) 이윤 = 총수입 − 총비용이다.
4) 조건에 대입하면 $100 \times 12 - (4 \times 144 + 4 \times 12 + 100) = 476$이다.

29 ③ 1) 완전경쟁시장일 경우 소비자잉여는 $\dfrac{1}{2} \times 100 \times 60 = 3,000$이다.
2) 독점시장으로 바뀌는 경우 후생손실분을 제외한 독점기업이 가져가는 잉여는 $50 \times 30 = 1,500$이다.

30 독점시장에서 기업 A의 수요함수는 $P = 500 - 2Q$이고, 한계비용은 생산량에 관계없이 100으로 일정하다. 기업 A는 기술진보로 인해 한계비용이 하락하여 이윤극대화 생산량이 20단위 증가하였다. 기술진보 이후에도 한계비용은 생산량에 관계없이 일정하다. 한계비용은 얼마나 하락하였는가? (단, P는 가격, Q는 생산량이다)   [19. 감정평가사]

① 20
② 40
③ 50
④ 60
⑤ 80

31 두 공장 1, 2를 운영하고 있는 기업 A의 비용함수는 각각 $C_1(q_1) = q_1^2$, $C_2(q_2) = 2q_2$이다. 총비용을 최소화하여 5단위를 생산하는 경우, 공장 1, 2에서의 생산량은? (단, q_1은 공장 1의 생산량, q_2는 공장 2의 생산량이다)   [19. 감정평가사]

① $q_1 = 5$, $q_2 = 0$
② $q_1 = 4$, $q_2 = 1$
③ $q_1 = 3$, $q_2 = 2$
④ $q_1 = 2$, $q_2 = 3$
⑤ $q_1 = 1$, $q_2 = 4$

32 독점 기업 A의 비용 함수는 $C(Q) = 750 + 5Q$이고, 역수요함수는 $P = 140 - Q$이다. 이 기업이 '독점을 규제하는 법률'에 따라 한계비용과 동일하게 가격을 설정한다면, 이에 관한 설명으로 옳은 것은? (단, Q는 수량, P는 가격이다)   [24. 감정평가사]

① 양(+)의 이윤을 얻는다.
② 이윤은 0이다.
③ 손실이 375이다.
④ 손실이 450이다.
⑤ 손실이 750이다.

33 독점기업 A의 한계비용은 10이고 고정비용은 없다. A기업 제품에 대한 소비자의 역수요함수는 $P=90-2Q$이다. A기업은 내부적으로 아래와 같이 2차에 걸친 판매 전략을 채택하였다.

- 1차: 모든 소비자를 대상으로 이윤을 극대화하는 가격을 설정하여 판매
- 2차: 1차에서 제품을 구매하지 않은 소비자를 대상으로 이윤을 극대화하는 가격을 설정하여 판매

A기업이 설정한 (ㄱ) 1차 판매 가격과 (ㄴ) 2차 판매 가격은? (단, 소비자는 제품을 한 번만 구매하고, 소비자 간 재판매할 수 없다) [20. 감정평가사]

① ㄱ: 30, ㄴ: 20
② ㄱ: 40, ㄴ: 20
③ ㄱ: 40, ㄴ: 30
④ ㄱ: 50, ㄴ: 30
⑤ ㄱ: 60, ㄴ: 30

정답 및 해설

30 ⑤ 1) 최초의 이윤극대화 생산량을 구하면 $MR=500-4Q$, $MC=100$이다. 따라서 $Q=100$이다.
2) 이윤극대화 생산량이 20단위 증가하였으므로 $Q=120$이다. 이를 최초의 MR에 대입하면 $MR=20$이다.
3) '$20=MC-$기술진보로 인한 한계비용 하락분'이므로 한계비용 하락분은 80이다.

31 ⑤ 1) 두 공장의 총생산량은 5개이므로 $q_1+q_2=5$이다.
2) 다공장 독점의 균형조건은 $MC_1=MC_2$이므로 $2q_1=2$ ➔ $q_1=1$이다.
3) 따라서 $q_2=4$이다.

32 ⑤ 1) 한계비용가격설정은 $P=MC$이다.
2) 문제의 조건을 대입하면 $140-Q=5$ ➔ $Q=135$, $P=5$이다.
3) 이윤 = 총수입 − 총비용이다.
4) 조건에 대입하면 $(5 \times 135)-(750+5 \times 135)=-750$이다.

33 ④ 1) 모든 소비자를 대상으로 판매할 때는 단순히 독점시장의 이윤극대화 공식을 이용한다.
2) $MR=90-4Q$, $MC=10$이므로 $90-4Q=10$ ➔ $Q=20$이다. 이를 수요곡선에 대입하면 50이다.
3) 2차 판매 시 최초의 수요곡선에서 $Q=20$이 판매되었으므로 이를 뺀 시장수요곡선을 구하면
$Q=-\frac{1}{2}P+45-20$ ➔ $Q=-\frac{1}{2}P+25$ ➔ $P=50-2Q$이다.
4) 위의 수요함수의 $MR=50-4Q$, $MC=10$이므로 $50-4Q=10$ ➔ $Q=10$이다. 이를 2차 판매 시 수요곡선에 대입하면 30이 된다.

34 독점기업의 가격차별 전략 중 이부가격제(two-part pricing)에 관한 설명으로 옳은 것을 모두 고른 것은?   [21. 감정평가사]

> ㄱ. 서비스 요금 설정에서 기본요금(가입비)과 초과사용량 요금(사용료)을 분리하여 부과하는 경우가 해당된다.
> ㄴ. 적은 수량을 소비하는 소비자의 평균지불가격이 낮아진다.
> ㄷ. 소비자잉여는 독점기업이 부과할 수 있는 가입비의 한도액이다.
> ㄹ. 자연독점하의 기업이 평균비용 가격설정으로 인한 손실을 보전하기 위해 선택한다.

① ㄱ, ㄴ ② ㄱ, ㄷ ③ ㄴ, ㄷ
④ ㄱ, ㄴ, ㄷ ⑤ ㄴ, ㄷ, ㄹ

35 甲국 정부는 독점기업 A로 하여금 이윤극대화보다는 완전경쟁시장에서와 같이 사회적으로 효율적인 수준에서 생산하도록 규제하려고 한다. 사회적으로 효율적인 생산량이 달성되는 조건은? (단, 수요곡선은 우하향, 기업의 한계비용곡선은 우상향한다)   [18. 감정평가사]

① 평균수입 = 한계비용
② 평균수입 = 한계수입
③ 평균수입 = 평균생산
④ 한계수입 = 한계비용
⑤ 한계수입 = 평균생산

36 난이도 ★★ 중요도 ★★★★

이윤극대화를 추구하는 독점기업과 완전경쟁기업의 차이점에 관한 설명으로 옳지 않은 것은?

[16. 감정평가사]

① 독점기업의 한계수입은 가격보다 낮은 반면, 완전경쟁기업의 한계수입은 시장가격과 같다.
② 독점기업의 한계수입곡선은 우상향하는 반면, 완전경쟁기업의 한계수입곡선은 우하향한다.
③ 독점기업이 직면하는 수요곡선은 우하향하는 반면, 완전경쟁기업이 직면하는 수요곡선은 수평이다.
④ 단기균형에서 독점기업은 가격이 한계비용보다 높은 점에서 생산하는 반면, 완전경쟁기업은 시장가격과 한계비용이 같은 점에서 생산한다.
⑤ 장기균형에서 독점기업은 경제적 이윤을 얻을 수 있는 반면, 완전경쟁기업은 경제적 이윤을 얻을 수 없다.

정답 및 해설

34 ② [오답체크]
ㄴ. 적은 수량을 소비하는 소비자의 평균지불가격이 높아진다.
ㄹ. 평균비용 가격설정은 손실이 발생하지 않는다. 이부가격제는 자연독점하의 기업이 한계비용 가격설정으로 인한 손실을 보전하기 위해 선택한다.

35 ① 1) 완전경쟁시장에서는 $P = MC$가 성립한다. 또한 완전경쟁시장에서 개별기업은 가격이 일정하게 유지되는 가격수용자이므로 $P = MR = AR$이 성립한다.
2) 따라서 평균수입 = 한계비용이 완전경쟁시장의 조건이 된다.

36 ② 독점기업의 한계수입곡선은 우하향하는 반면, 완전경쟁기업의 한계수입곡선은 수평이다.

37 가격차별에 관한 설명으로 옳지 않은 것은?   [23. 감정평가사]

① 극장에서의 조조할인 요금제는 가격차별의 한 예이다.
② 이부가격제(two-part pricing)는 가격차별 전략 중 하나이다.
③ 제3급 가격차별을 가능하게 하는 조건 중 하나는 전매가 불가능하다는 것이다.
④ 제3급 가격차별의 경우 수요의 가격탄력성이 상대적으로 작은 시장에서 더 낮은 가격이 설정된다.
⑤ 제1급 가격차별에서는 소비자잉여가 발생하지 않는다.

38 다음 중 옳은 것을 모두 고른 것은?   [17. 감정평가사]

> ㄱ. 기펜재의 경우 수요법칙이 성립하지 않는다.
> ㄴ. 초과이윤이 0이면 정상이윤도 0이라는 것을 의미한다.
> ㄷ. 완전경쟁시장에서 기업의 단기공급곡선은 한계비용곡선에서 도출된다.
> ㄹ. 독점기업의 단기공급곡선은 평균비용곡선에서 도출된다.

① ㄱ, ㄴ   ② ㄱ, ㄷ   ③ ㄱ, ㄹ
④ ㄴ, ㄷ   ⑤ ㄴ, ㄹ

39 독점기업 甲은 두 시장 A, B에서 X재를 판매하고 있다. 생산에 있어서 甲의 한계비용은 0이다. 甲이 A, B에서 직면하는 수요함수는 각각 $Q_A = a_1 - b_1 P_A$, $Q_B = a_2 - b_2 P_B$일 때, 甲이 각 시장에서 이윤극대화를 한 결과 두 시장의 가격이 같아지게 되는 (a_1, b_1, a_2, b_2)의 조건으로 옳은 것은? [단, a_1, b_1, a_2, b_2는 모두 양(+)의 상수이고, Q_A, Q_B는 각 시장에서 팔린 X재의 판매량이며, P_A, P_B는 각 시장에서 X재의 가격이다]   [16. 감정평가사]

① $a_1 a_2 = b_1 b_2$ ② $a_1 b_1 = a_2 b_2$ ③ $a_1 b_2 = a_2 b_1$
④ $a_1 + b_1 = a_2 + b_2$ ⑤ $a_1 + b_2 = a_2 + b_1$

난이도 ★★★★ **중요도** ★★★

40 X재를 독점 공급하는 기업 A의 시장수요함수는 $P = 300 - Q$이고, 생산함수는 $Q = \min\{0.2L, 0.5M\}$이다. 노동임금은 $P_L = 20$, 원료가격은 $P_M = 10$일 때, 이윤을 극대화하는 생산량은? (단, P는 가격, Q는 수량, L은 노동, M은 원료)

[25. 감정평가사]

① 70 ② 90 ③ 110
④ 130 ⑤ 150

정답 및 해설

37 ④ 제3급 가격차별의 경우 수요의 가격탄력성이 상대적으로 작은 시장에서 더 높은 가격이 설정된다.

38 ② [오답체크]
ㄴ. 정상이윤은 비용에 포함되어 있다. 따라서 초과이윤이 0이면 정상이윤만 존재한다는 것을 의미한다.
ㄹ. 독점기업의 단기공급곡선은 존재하지 않는다.

39 ③ 1) 이윤극대화 조건은 $MR = MC$이다.
2) A시장에서의 이윤극대화
  ㉠ $Q_A = a_1 - b_1 P_A$ ➔ $P_A = \frac{a_1}{b_1} - \frac{1}{b_1} Q_A$
  ㉡ 총수입 $P_A Q_A = (\frac{a_1}{b_1} - \frac{1}{b_1} Q_A) Q_A$ ➔ Q_A로 미분하면 $MR_A = \frac{a_1}{b_1} - \frac{2}{b_1} Q_A$이다.
  ㉢ 한계비용이 0이므로 $\frac{a_1}{b_1} - \frac{2}{b_1} Q_A = 0$ ➔ $Q_A = \frac{a_1}{2}$이다.
  ㉣ 이를 가격에 대입하면 $\frac{a_1}{2} = a_1 - b_1 P_A$이므로 $P_A = \frac{a_1}{2b_1}$이다.
3) B시장에서의 이윤극대화
  ㉠ 총수입 $P_B Q_B = (\frac{a_1}{b_1} - \frac{1}{b_1} Q_B) Q_B$ ➔ Q_B로 미분하면 $MR_B = \frac{a_2}{b_2} - \frac{2}{b_2} Q_B$이다.
  ㉡ 한계비용이 0이므로 $\frac{a_2}{b_2} - \frac{2}{b_2} Q_B = 0$ ➔ $Q_B = \frac{a_2}{2}$이다.
  ㉢ 이를 가격에 대입하면 $\frac{a_2}{2} = a_2 - b_2 P_A$이므로 $P_B = \frac{a_2}{2b_2}$이다.
4) 문제에서 $P_A = P_B$이므로 $\frac{a_1}{2b_1} = \frac{a_2}{2b_2}$ ➔ $a_1 b_2 = a_2 b_1$이다.

40 ② 1) 이윤극대화 공식은 $MR = MC$이다.
2) 시장수요함수는 $P = 300 - Q$이므로 $TR = PQ = (300 - Q)Q$이다. 이를 Q로 미분한 $MR = 300 - 2Q$이다.
3) 생산함수는 $Q = 0.2L = 0.5M$이므로 $L = 5Q$, $M = 2Q$가 성립한다.
4) $TC = wL + rK$인데 문제에서는 노동과 원료를 사용하였으므로 $TC = 20L + 10M$이다. 이를 Q에 대한 함수로 바꾸면 $TC = 100Q + 20Q = 120Q$ ➔ $MC = 120$이다.
5) 이윤극대화 공식에 대입하면 $300 - 2Q = 120$ ➔ $2Q = 180$ ➔ $Q = 90$이다.

Topic 10 독점시장

Topic 11. 독점적 경쟁시장, 과점시장

01 독점적 경쟁시장

개념	완전경쟁과 독점의 성격을 나누어 가지고 있는 시장
특징	(1) ㉮ _____ : 기업이 어느 정도의 시장 지배력을 가지도록 함. 단기에 우하향의 수요곡선에 직면(많은 대체재가 존재하므로 수요의 가격 탄력도는 큼) (2) 다수의 판매자 (3) 기업의 자유로운 진입과 퇴거 (4) **비가격 경쟁의 존재**: 경쟁이 제품 가격보다는 판매 서비스나 품질의 개선, 혹은 광고 등의 형태로 일어나지만 과점시장의 그것보다는 약함
독점적 경쟁 기업의 균형	(1) **개별기업이 직면하는 수요곡선**: 독점적 경쟁기업은 제품의 차별화로 약간의 시장지배력을 가지므로 수요곡선이 우하향하나, 다수의 대체재가 존재하므로 독점보다는 탄력적인, 즉 완만한 형태임 (2) 단기에서는 초과 이윤이 가능하나 장기에서는 정상 이윤만 획득 (3) 완전경쟁시장보다 가격은 높고 산출량은 적음. 그러나 제품의 다양화를 통한 선택의 폭이 넓어짐
평가	(1) 다양한 재화를 생산하므로 소비자후생이 증가함 (2) 독점과 마찬가지로 ㉯ _____ 이므로 자원배분이 비효율적임 (3) 비가격경쟁에 의한 자원의 낭비가 발생함 (4) 독점보다는 작지만 ㉰ _____ 가 존재함

핵심키워드
㉮ 상품 차별화, ㉯ $P > MC$, ㉰ 초과설비

02 과점시장

개념	소수의 기업이 상품을 생산, 공급하고 있는 시장
특징	(1) 상당한 정도의 진입 장벽 존재 (2) 기업 간 ㉮_____가 큼: 가격과 생산량 변경이 타 기업에 현저한 영향을 미치므로 경쟁 기업들의 반응에 상당히 민감하게 반응함 (3) 치열한 비가격 경쟁과 가격의 경직성: 위험 부담이 큰 가격 경쟁은 피하고 광고나 상품 차별화 등 비가격 경쟁에 의존하는 경향이 강함 (4) 담합 또는 기타 공동 행위와 같은 비경쟁행위를 하려는 경향이 강함
과점의 경제적 효과	(1) 장점: 독점 기업보다 낮은 가격, 경제 부문 간 특화 (2) 단점: 자원의 최적 배분 달성 실패, 광고비 등으로 인한 제품 가격의 상승
복점시장	(1) 꾸르노모형과 나머지 시장의 생산량 비교 ① 독점시장: 시장수요곡선이 $P = 90 - Q$이고 $MC = 30$일 때 $MR = 90 - 2Q$이므로 생산량은 30임 ② 완전경쟁시장: 완전경쟁시장에서는 $P = MC$이므로 $P = 90 - Q$이고 $MC = 30$일 때 생산량은 60임 ③ 꾸르노균형에서의 산출량은 앞의 사례에서 각 기업이 20개씩 생산하여 총 40개를 생산하므로 독점(= 30)보다는 크지만 완전경쟁 산출량(= 60)의 ㉯_____임 ④ 일반적으로 반응곡선의 교점에 해당하는 수량을 각각 생산함 (2) 슈타켈버그모형 ① 꾸르노모형의 비현실성을 비판하여 슈타켈버그모형은 두 기업 중 하나 또는 둘 모두가 산출량에 대하여 추종자가 아닌 ㉰_____로서의 역할을 하는 모형임 ② 슈타켈버그모형의 생산량은 꾸르노모형보다 많은 완전경쟁의 ㉱_____만큼임 (3) 베르트랑모형(순수과점 시) ① 기업 A가 주어진 시장수요하에서 독점공급자로서 이윤극대화 가격을 결정하면 다른 기업 B는 이보다 약간 낮은 가격을 설정함 ② 다시 A는 B보다 약간 낮은 가격을 설정하며 이러한 가격경쟁 과정을 반복하면 결국 두 기업은 모두 0의 가격으로 공급함 ③ 한계비용이 0이 아닐 때는 완전경쟁시장에서와 같이 한계비용과 같은 수준으로 가격($P = MC$)이 결정됨 ④ 단, 차별과점 시 반응곡선의 교정의 가격을 선택함

> **핵심키워드**
> ㉮ 상호 의존 관계, ㉯ $\frac{2}{3}$, ㉰ 선도자, ㉱ $\frac{3}{4}$

03 게임이론

개념	과점시장에서는 한기업의 가격(생산량)조정은 시장전체에 영향을 미치므로, 경쟁기업의 가격(생산량)조정을 유발함. 이러한 상호의존성으로 인해 과점기업은 의사결정 시 상대방의 반응까지 고려해야 하는 전략적인 상황에 직면하게 되고, 이러한 전략적 상황하에서 도달 가능한 균형을 분석하기 위한 이론
내쉬균형	상대방의 전략을 주어진 것으로 보고 각 경기자가 자신에게 가장 유리한 전략을 선택하였을 때 도달하는 균형을 찾는 것으로, 게임이론에서 가장 일반적으로 사용하는 균형 개념
우월전략	상대방의 전략과는 관계없이 자신의 보수를 가장 크게 만드는 전략을 ㉮_____(지배전략)이라고 하며, 이때 도달한 균형을 우월전략균형이라고 함

용의자의 딜레마	구분		공범 b	
			부인	자백
	공범 a	부인	(6개월, 6개월)	(10년, 석방)
		자백	(석방, 10년)	(2년, 2년)

(1) ㉯_____ (자백 / 자백)
(2) 이유: 공범 상호간에는 어떤 경우에도 자백하는 것이 최선의 선택이기 때문임
(3) 파레토 최적과 관계: 우월전략균형이 ㉰_____을 보장하는 것은 아니다. 모두 부인을 하게 되면 우월전략균형의 경우 보다 높은 보수(6개월 / 6개월)를 얻을 수 있기 때문임

핵심키워드
㉮ 우월전략, ㉯ 우월전략균형, ㉰ 파레토 최적

STEP 1 타시험 기출문제

01 난이도 ★ 중요도 ★★★

독점적 경쟁시장에서 조업하고 있으며 평균비용곡선이 U자형인 기업의 장기균형에 대한 설명으로 옳지 않은 것은?
[21. 지방직 7급]

① 경제적 이윤은 0이다.
② 규모의 경제가 발생한다.
③ 가격과 한계비용이 일치한다.
④ 균형 산출량이 평균비용이 극소화되는 산출량보다 작다.

02 난이도 ★ 중요도 ★★★

독점적 경쟁의 특징으로 옳지 않은 것은?
[15. 노무사]

① 완전경쟁과 마찬가지로 다수의 기업이 존재하며, 진입과 퇴출이 자유롭다.
② 독점적 경쟁기업은 차별화된 상품을 생산함으로써, 어느 정도 시장지배력을 갖는다.
③ 독점적 경쟁기업 간의 경쟁이 판매서비스, 광고 등의 형태로 일어날 때 이를 비가격경쟁이라고 한다.
④ 독점적 경쟁기업은 독점기업과 마찬가지로 과잉설비를 갖지 않는다.
⑤ 독점적 경쟁기업의 상품은 독점기업의 상품과 달리 대체재가 존재한다.

정답 및 해설

01 ③ 가격과 한계비용이 일치하는 것은 완전경쟁시장이다. 독점적 경쟁시장은 가격이 한계비용보다 크다.
02 ④ 독점기업은 장기에 초과설비를 보유하는데, 독점적 경쟁기업도 독점기업과 마찬가지로 장기에는 초과설비를 보유한다.

난이도 ★ 중요도 ★★★

03 독점적 경쟁시장에 대한 설명으로 옳지 않은 것은? [14. 국가직 7급]

① 진입장벽이 존재하지 않기 때문에 기업의 진입과 퇴출은 자유롭다.
② 개별기업은 차별화된 상품을 공급하며, 우하향하는 수요곡선에 직면한다.
③ 개별기업은 자신의 가격책정이 다른 기업의 가격결정에 영향을 미친다고 생각하면서 행동한다.
④ 개별기업은 단기에는 초과이윤을 얻을 수 있지만, 장기에는 정상이윤을 얻는다.

난이도 ★★★ 중요도 ★★

04 동일한 재화를 생산하는 기업 A와 기업 B가 경쟁하는 복점시장의 시장수요함수는 $Q = 20 - P$ 이다. 두 기업 모두 고정비용이 없으며, 한계비용은 2로 일정할 때 옳지 않은 것은? (단, Q는 두 기업의 생산량의 합이고, P는 시장가격이다) [23. 국가직 7급]

① 베르뜨랑(Bertrand) 모형의 내쉬균형에서 두 기업의 이윤은 0이다.
② 두 기업이 완전한 담합을 하는 경우, 꾸르노(Cournot) 모형에서의 내쉬균형보다 각 기업의 이윤이 증가한다.
③ 슈타켈버그(Stackelberg) 모형에서 선도자와 추종자가 불명확하여 모든 기업이 선도자로서 행동하려는 경우에도 내쉬균형이 존재한다.
④ 슈타켈버그 모형에서 선도자와 추종자가 불명확하여 모든 기업이 추종자로서 행동하려는 경우의 균형은 꾸르노 모형의 내쉬균형과 같아진다.

05 다음은 X재에 대한 독점적 경쟁시장에서의 장기균형을 나타낸 그림이다. 이윤을 극대화하는 기업의 장기균형에 대한 설명으로 옳은 것은?

[22. 국가직 7급]

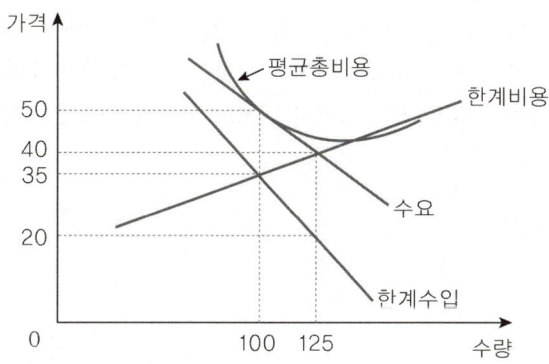

① 기업이 부과하는 가격과 평균총비용은 다르다.
② 기업은 125를 생산한다.
③ 기업의 경제적 이윤은 0보다 크다.
④ 기업은 초과설비(excess capacity)를 보유한다.

정답 및 해설

03 ③ 독점적 경쟁시장에서는 기업 간 상호의존성이 매우 낮기 때문에 각 기업은 가격과 생산량 결정에 있어서 다른 기업들은 고려하지 않는다. 다른 시장을 고려하는 것은 과점시장의 특징이다.

04 ③ 슈타켈버그(Stackelberg) 모형에서 선도자와 추종자가 불명확하여 모든 기업이 선도자로서 행동하려는 경우에는 내쉬균형이 존재하지 않는다.

05 ④ 기업은 완전경쟁시장보다 적게 생산하므로 초과설비(excess capacity)를 보유한다.

[오답체크]
① 독점적 경쟁시장의 장기균형에서 경제적 이윤이 0이다. 따라서 기업이 부과하는 가격과 평균총비용은 동일하다.
② 한계수입과 한계비용이 동일한 점에서 생산하므로 기업은 100을 생산한다.
③ 기업의 경제적 이윤은 0이다.

06 과점시장의 굴절수요곡선 이론에 관한 설명으로 옳지 않은 것은?   [17. 노무사]

① 한계수입곡선에는 불연속한 부분이 있다.
② 굴절수요곡선은 원점에 대해 볼록한 모양을 갖는다.
③ 한 기업이 가격을 내리면 나머지 기업들도 같이 내리려 한다.
④ 한 기업이 가격을 올리더라도 나머지 기업들은 따라서 올리려 하지 않는다.
⑤ 기업은 한계비용이 일정 범위 내에서 변해도 가격과 수량을 쉽게 바꾸려 하지 않는다.

07 꾸르노(Cournot) 경쟁을 하는 복점시장에서 역수요함수는 $P = 18 - q_1 - q_2$이다. 두 기업의 비용구조는 동일하며 고정비용 없이 한 단위당 생산비용은 6일 때, 기업 1의 균형가격과 균형생산량은? (단, P는 가격, q_1은 기업 1의 생산량, q_2는 기업 2의 생산량이다)   [18. 노무사]

① $P = 10$, $q_1 = 2$
② $P = 10$, $q_1 = 4$
③ $P = 14$, $q_1 = 4$
④ $P = 14$, $q_1 = 8$
⑤ $P = 14$, $q_1 = 10$

08 난이도 ★★ 중요도 ★★★★

어느 재화의 시장 수요곡선은 $Q = 30 - P$로 주어져 있다. 이 재화를 생산하는 개별 기업이 완전경쟁시장, 독점시장, 복점시장(꾸르노 모형)에서 이윤을 극대화할 때, 시장 공급량을 바르게 연결한 것은? (단, Q는 수요량이고, P는 가격이며, 개별 기업의 한계비용은 0으로 동일하다)

[22. 지방직 7급]

	완전경쟁시장	독점시장	복점시장(꾸르노 모형)
①	25	5	10
②	25	5	20
③	30	15	10
④	30	15	20

정답 및 해설

06 ② 과점시장의 굴절수요곡선은 원점에 대해 볼록한 모양이 아니라 원점에 대해 오목한 모양이다.

07 ② 1) 기업 1과 2의 생산량을 합한 것이 시장전체의 생산량이므로 시장수요함수는 $P = 18 - Q$이다. 고정비용이 없고 평균비용이 6으로 일정하면 평균비용과 한계비용도 6으로 일정하다. 완전경쟁일 때의 생산량을 구하기 위해 $P = MC$로 두면 $18 - Q = 6$, $Q = 12$이다.

2) 두 기업의 비용함수가 동일할 때 꾸르노모형에서는 각 기업이 완전경쟁의 $\frac{1}{3}$ 만큼의 재화를 생산하므로 기업 1과 2의 생산량은 모두 4이고, 시장 전체의 생산량은 8이 된다.

3) $Q = 8$을 시장수요함수에 대입하면 시장의 균형가격 $P = 10$이다. 꾸르노균형에서 두 기업이 설정하는 가격은 시장가격과 동일하므로 기업 1의 균형가격도 시장의 균형가격과 동일한 10이 된다.

08 ④ 1) 완전경쟁시장
$P = MC$가 성립하므로 $30 - Q = 0$ ➡ $Q = 30$이다.
2) 독점시장
$MR = MC$가 성립하므로 $30 - 2Q = 0$ ➡ $Q = 15$이다.
3) 과점시장
한계비용이 동일한 꾸르노 모형에서는 완전경쟁시장의 $\frac{2}{3}$ 만큼 생산된다.

09 동일 제품을 생산하는 복점기업 A사와 B사가 직면한 시장수요곡선은 $P = 50 - 5Q$이다. A사와 B사의 비용함수는 각각 $C_A(Q_A) = 20 + 10Q_A$ 및 $C_B(Q_B) = 10 + 15Q_B$이다. 두 기업이 비협조적으로 행동하면서 이윤을 극대화하는 꾸르노모형을 가정할 때, 두 기업의 균형생산량은? [단, Q는 A기업 생산량(Q_A)과 B기업 생산량(Q_B)의 합이다] [17. 지방직]

	Q_A	Q_B
①	2	2.5
②	2.5	2
③	3	2
④	3	4

10 차별적 과점시장에서 활동하는 두 기업 1, 2가 직면하는 수요곡선은 다음과 같다.

- 기업 1의 수요곡선: $Q_1 = 20 - P_1 + P_2$
- 기업 2의 수요곡선: $Q_2 = 32 - P_2 + P_1$

두 기업은 가격을 전략변수로 이용하며, 기업 1이 먼저 가격을 책정하고, 기업 2는 이를 관찰한 후 가격을 정한다. 두 기업의 균형가격을 옳게 짝지은 것은? (단, Q_1은 기업 1의 생산량, Q_2는 기업 2의 생산량, P_1은 기업 1의 가격, P_2는 기업 2의 가격이고, 각 기업의 한계비용과 고정비용은 0이다) [19. 국가직 7급]

	P_1	P_2
①	34	32
②	36	34
③	38	36
④	40	38

정답 및 해설

09 ③ 1) 기업 A의 반응곡선을 구하면 시장수요함수가 $P = 50 - 5(Q_A + Q_B)$이므로 총수입 $TR_A = PQ_A$ $= 50Q_A - 5Q_A^2 - 5Q_AQ_B$이다.

2) 이를 Q_A에 대해 미분하면 $MR_A = 50 - 10Q_A - 5Q_B$이고, 문제에 주어진 비용함수를 미분하면 기업 A의 한계비용 $MC_A = 10$이다.

3) 기업 B의 생산량이 주어졌을 때 기업 A의 이윤극대화 생산량을 위해 $MR_A = MC_A$로 두면 $50 - 10Q_A - 5Q_B = 10$이므로 기업 A의 반응곡선은 $Q_A = 4 - \frac{1}{2}Q_B$이다.

4) 기업 B의 $TR_B = PQ_B = 50Q_B - 5Q_AQ_B - 5Q_B^2$이므로 이를 미분하면 $MR_B = 50 - 5Q_A - 10Q_B$이다.

5) 기업 B의 비용함수를 미분하면 한계비용 $MC_B = 15$이다. $MR_B = MC_B$이므로 $50 - 5Q_A - 10Q_B = 15$이다.

6) 여기에 위에서 구한 $Q_A = 4 - \frac{1}{2}Q_B$을 대입하여 풀면 $Q_A = 3$, $Q_B = 2$로 계산된다.

7) 시장전체의 생산량은 5이고, $Q = 5$를 수요함수에 대입하면 시장의 균형가격 $P = 25$임을 알 수 있다.

10 ② 1) 기업 1이 먼저 가격을 책정하고 기업 2가 나중에 정한다고 했으므로 역진귀납에 따라 기업 2부터 구한다.

2) $\pi_2 = P_2 \cdot Q_2 = P_2(32 - P_2 + P_1) = -P_2^2 + 32P_2 + P_1P_2$ 이윤극대화 조건은 $MR = MC$이고 MC는 0으로 주어졌다.

3) 가격을 전략변수로 사용하므로 P_2로 미분하면 $-2P_2 + P_1 + 32 = 0$ ➔ $P_2 = \frac{1}{2}P_1 + 16$이다.

4) 이제 기업 1을 보면 $\pi_1 = P_1 \cdot Q_1 = P_1(20 - P_1 + P_2) = -P_1^2 + 20P_2 + P_1P_2$이다.

5) 여기에 처음 구했던 기업 2의 반응식을 대입하면 $-P_1^2 + 20P_1 + P_1(\frac{1}{2}P_1 + 16) = -\frac{1}{2}P_1^2 + 36P_1$이다.

6) 이에 이윤극대화 가격을 구하면 $-P_1 + 36 = 0$, 따라서 $P_1 = 36$, $P_2 = 34$이다.

11 다음은 기업 A와 기업 B의 공격적 투자 혹은 보수적 투자전략에 따른 이익을 나타내는 보수행렬(payoff matrix)이다. 이에 대한 설명으로 옳은 것은? (단, 표의 괄호에서 앞의 숫자는 기업 A의 이익, 뒤의 숫자는 기업 B의 이익이다)

[22. 국가직 7급]

기업 A \ 기업 B	공격적 투자	보수적 투자
공격적 투자	(10, 5)	(9, 3)
보수적 투자	(8, 4)	(7, 2)

① 기업 A는 우월전략을 가지고 있지 않다.
② 유일한 내쉬균형(Nash equilibrium)이 존재한다.
③ 죄수의 딜레마(prisoner's dilemma)의 한 예로 볼 수 있다.
④ 두 기업이 어떤 전략을 선택할지 예측하기 어렵다.

12 두 명의 경기자 A와 B는 어떤 업무에 대해 '태만'(노력수준 = 0)을 선택할 수도 있고, '열심'(노력수준 = 1)을 선택할 수도 있다. 단, '열심'을 선택하는 경우 15원의 노력비용을 감당해야 한다. 다음 표는 사회적 총 노력수준에 따른 각 경기자의 편익을 나타낸 것이다. 두 경기자가 동시에 노력수준을 한 번 선택해야 하는 게임에서 순수전략 내쉬(Nash) 균형은?

[15. 국가직 7급]

사회적 총 노력수준 (두 경기자의 노력수준의 합)	0	1	2
각 경기자의 편익	1원	11원	20원

① 경기자 A는 '열심'을, 경기자 B는 '태만'을 선택한다.
② 경기자 A는 '태만'을, 경기자 B는 '열심'을 선택한다.
③ 두 경기자 모두 '태만'을 선택한다.
④ 두 경기자 모두 '열심'을 선택한다.

정답 및 해설

11 ② 1) 기업 A
- 기업 B가 공격적 투자를 하면 공격적 투자를 선택한다.
- 기업 B가 보수적 투자를 하면 공격적 투자를 선택한다.
- 따라서 공격적 투자가 기업 A의 우월전략이다.

2) 기업 B
- 기업 A가 공격적 투자를 하면 공격적 투자를 선택한다.
- 기업 A가 보수적 투자를 하면 공격적 투자를 선택한다.
- 따라서 공격적 투자가 기업 B의 우월전략이다.

3) 지문분석
②④ 우월전략균형은 공격적 투자, 공격적 투자이다. 따라서 유일한 내쉬균형(Nash equilibrium)이 존재한다.
① 기업 A는 공격적 투자라는 우월전략을 가지고 있다.
③ 죄수의 딜레마는 우월전략균형이 파레토 최적이 아닌 경우이다. 파레토 개선이 불가능하므로 죄수의 딜레마의 한 예로 볼 수 없다.

12 ③ 1) 각 선택에 따른 편익 − 비용 = 순편익의 계산은 다음과 같다.

구분		B	
		태만	열심
A	태만	(1−0=1, 1−0=1)	(11−0=11, 11−15=−4)
	열심	(11−15=−4, 11−0=11)	(20−15=5, 20−15=5)

2) 두 경기자 모두 상대방의 전략에 관계없이 태만을 선택할 때의 보수가 더 크다. 즉, 두 경기자의 우월전략은 모두 태만이다. 그러므로 (태만, 태만)이 우월전략균형이 된다.

13. 세계시장에서 대형항공기를 만드는 기업은 A국의 X사와 B국의 Y사만 있으며, 이 두 기업은 대형항공기를 생산할지 혹은 생산하지 않을지를 결정하는 전략적 상황에 직면해 있다. 두 기업이 대형항공기를 생산하거나 생산하지 않을 경우 다음과 같은 이윤을 얻게 된다고 가정하자. 즉, 두 기업 모두 생산을 하게 되면 적자를 보게 되지만, 한 기업만 생산을 하게 되면 독점이윤을 얻게 된다. 이제 B국은 Y사가 대형항공기 시장의 유일한 생산자가 되도록 Y사에 보조금을 지급하려고 한다. 이때 B국이 Y사에 지급해야 할 최소한의 보조금은? (단, X사가 있는 A국은 별다른 정책을 사용하지 않는다고 가정한다)   [16. 지방직 7급]

(단위: 백만달러)

구분		Y사	
		생산	생산 않음
X사	생산	(-1, -2)	(24, 0)
	생산 않음	(0, 20)	(0, 0)

※ 주: (,)안의 숫자는 (X사의 보수, Y사의 보수)를 말한다.

① 1백만달러 초과
② 20백만달러 초과
③ 2백만달러 초과
④ 24백만달러 초과

---

14. 아래 보수행렬(payoff matrix)을 갖는 전략형게임에 대한 다음 설명 중 옳지 않은 것은? (단, 보수행렬에서 앞의 숫자는 경기자 1의 보수, 뒤의 숫자는 경기자 2의 보수를 나타낸다)   [23. 군무원 7급]

구분		경기자 2		
		A	B	C
경기자 1	U	3, 4	5, 3	4, 3
	D	4, 2	2, 2	2, 1

① 경기자 1이 어떤 전략을 선택하더라도 경기자 2는 전략 C를 선택하지 않는다.
② 순수전략 내쉬균형은 하나만 존재한다.
③ 순수전략 내쉬균형보다 두 경기자 모두에게 더 좋은 전략조합이 존재한다.
④ 경기자 2에게 전략 B는 강열등전략이다.

정답 및 해설

13 ③ 1) X사가 생산을 선택한다면 Y사는 생산을 선택할 때 -2, 생산 않음을 선택할 때 0의 이윤을 얻으므로 생산 않음을 선택한다.
2) X사가 생산 않음을 선택한다면 Y사는 생산을 선택할 때 20, 생산 않음을 선택할 때 0의 이윤을 얻으므로 생산을 선택한다.
3) 문제에서 Y사를 유일한 생산자로 만드는 것이 목표이므로 X사와 관계없이 생산하는 것이 우월전략이 되면 된다. 따라서 보조금 200만 달러를 초과하면 X사의 생산 여부와 관계없이 생산하게 될 것이다.

14 ④ 1) 경기자 1
- 경기자 2가 A를 선택하면 경기자 1은 D를 선택한다.
- 경기자 2가 B를 선택하면 경기자 1은 U를 선택한다.
- 경기자 2가 C를 선택하면 경기자 1은 U를 선택한다.

2) 경기자 2
- 경기자 1이 U를 선택하면 경기자 2는 A를 선택한다.
- 경기자 1이 D를 선택하면 경기자 2는 A 또는 B를 선택한다.

3) 따라서 내쉬균형은 경기자 1이 D, 경기자 B가 A를 선택하는 것이다.

4) 지문분석
④ 경기자 2에게 전략 B는 선택가능하므로 강열등전략은 아니다.

[오답체크]
①② 설명 참조
③ 순수전략 내쉬균형보다 두 경기자 모두에게 더 좋은 전략조합(5, 3)이 존재한다.

15 아래의 그림은 기업 A와 B의 의사결정에 따른 이윤을 나타낸다. 두 기업은 모든 선택에 대한 이윤을 사전에 알고 있다. A사가 먼저 선택하고, B사가 A사의 결정을 확인하고 선택을 하게 된다. 두 회사 간의 신빙성 있는 약속이 없을 때 각 기업이 얻게 되는 이윤의 조합은? (단, 괄호 안은 A사가 얻는 이윤, B사가 얻는 이윤을 나타낸다) [17. 서울시 7급]

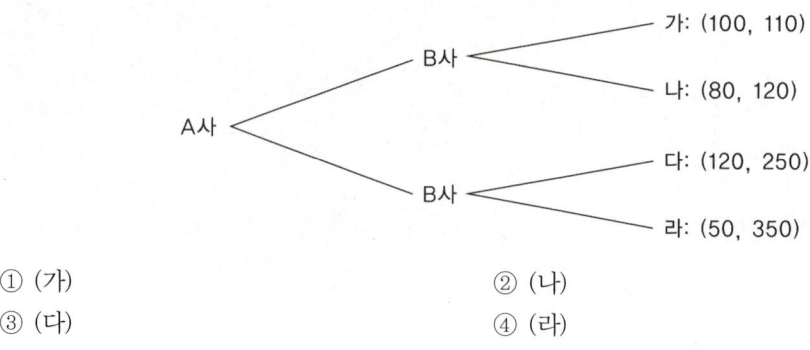

① (가)
② (나)
③ (다)
④ (라)

16 큰 기업인 A와 다수의 작은 기업으로 구성된 시장이 있다. 작은 기업들의 공급함수를 모두 합하면 $S(p) = 200 + p$, 시장의 수요곡선은 $D(p) = 400 - p$, A의 비용함수는 $c(y) = 20y$이다. 이때 A의 잔여수요함수$[D_A(p)]$와 균형가격(p)은? (단, y는 A의 생산량이다) [18. 지방직 7급]

	잔여수요함수	균형가격
①	$D_A(p) = 400 - 2p$	$p = 50$
②	$D_A(p) = 200 - 2p$	$p = 60$
③	$D_A(p) = 200 - 2p$	$p = 50$
④	$D_A(p) = 400 - 2p$	$p = 60$

난이도 ★★★★   중요도 ★

17 다음의 경제에서 재화의 가격은 얼마에 설정되는가?   [14. 국회직 8급]

> 어느 재화에 대한 시장수요함수가 $P = 60 - Q$이다. 이 재화를 생산하는 지배적 기업이 하나 있고 나머지 군소기업들은 지배적 기업이 결정한 가격을 따른다. 지배적 기업을 제외한 군소기업들의 재화의 공급함수는 $P = 2Q_F$이고 지배적 기업의 한계비용함수는 $MC = Q_D$이다. [Q_D: 지배적 기업의 생산량, Q_F: 나머지 군소기업들의 생산량, P: 가격, MC: 한계비용, Q: 시장산출량($Q_D + Q_F$)]

① 10 ② 20 ③ 24
④ 30 ⑤ 36

정답 및 해설

15 ② 1) A사가 위쪽을 선택할 때 B사가 (가)를 선택하면 자신의 이윤이 110인데 비해 (나)를 선택하면 120의 이윤을 얻으므로 B사는 (나)를 선택할 것이다. B사가 (나)를 선택하면 A사는 80의 이윤을 얻게 된다.
2) A사가 아래쪽을 선택하는 경우 B사가 (다)를 선택하면 250의 이윤을 얻는데 비해 (라)를 선택하면 350의 이윤을 얻으므로 B사는 (라)를 선택할 것이다. B사가 (라)를 선택하면 A사는 50의 이윤을 얻는다.
3) 그러므로 A사가 먼저 선택한다면 위쪽을 선택할 것이고, B사는 (나)를 선택하게 된다.

16 ② 1) 시장수요량 $y = 400 - p$에서 작은 기업들의 공급량 $y = 200 + p$를 빼주면 대기업 A의 수요인 잔여수요함수는 $D_A(p) = (400 - p) - (200 + p) = 200 - 2p$이다.
2) 기업 A의 수요함수가 $p = 100 - \frac{1}{2}y$이므로 한계수입 $MR = 100 - y$이다.
3) 기업 A의 비용함수를 미분하면 $MC = 20$이다. A의 이윤극대화 생산량을 구하기 위해 $MR = MC$로 두면 $100 - y = 20$, $y = 80$이다. $y = 80$을 기업 A의 수요함수에 대입하면 균형가격 $p = 60$으로 계산된다.
4) 대기업인 기업 A가 $p = 60$으로 설정하면 작은 기업들은 기업 A가 설정한 가격을 그대로 따르게 된다. $p = 60$을 군소기업들의 공급함수에 대입하면 작은 기업들의 공급량 $y = 260$임을 알 수 있다.

17 ② 1) 지배적 기업, 군소기업이 존재하므로 지배적 기업에 의한 가격선도모형이다. 지배적 기업은 군소기업이 판매하고자 하는 것을 모두 허용하고, 나머지 수요(잔여수요)만을 가지고 이윤 극대화를 한다. 이윤을 극대화하는 생산량과 가격을 먼저 지배적 기업이 선택하므로 지배적 기업은 선도자 역할을 한다. 군소기업은 이 가격을 주어진 것으로 받아들이기 때문에 추종자의 역할을 한다.
2) 시장수요곡선에서 군소기업들의 공급곡선을 수평으로 차감하면 지배적 기업이 직면하는 수요곡선(잔여수요곡선)이 도출된다. 시장수요함수를 Q로 정리하면 $Q = -\frac{1}{2}P + 30$이다. 군소기업들의 공급함수를 Q로 정리하면 $Q = \frac{1}{2}P$이다. 시장수요함수에서 군소기업들의 공급함수를 차감하면 잔여수요함수는 $Q = -P + 30$ 또는 $P = -Q + 30$이다.
3) 잔여수요곡선은 지배적 기업이 직면하는 수요곡선이므로 잔여수요곡선 기울기의 2배가 MR곡선의 기울기가 된다. 따라서 지배적 기업의 한계수입함수는 $MR = -2Q + 30$이다.
4) 한계비용함수는 $MC = Q$이므로 지배적 기업의 이윤극대화 생산량은 $-2Q + 30 = Q$를 만족하는 $Q = 10$개이다. 가격은 잔여수요곡선의 높이에서 결정된다. $Q = 10$개를 잔여수요함수에 대입하면 가격은 $P = 20$원이다.

18 난이도 ★★★ 중요도 ★★

다음 글에 따를 때 슈타켈버그(Stackelberg) 경쟁의 결과로 옳은 것은? [19. 국회직 8급]

- 시장에는 A, B 두 기업만 존재한다.
- 시장수요곡선: $Q = 30 - P$
  (단, $Q = Q_A + Q_B$이고 Q_A, Q_B는 각각 A기업과 B기업의 생산량을 의미한다)
- 한계비용: $MC_A = MC_B = 0$
- B기업은 A기업의 반응곡선을 알고, A기업은 B기업의 반응곡선을 모른다.

	Q_A	Q_B
①	6	12
②	6.5	13
③	7	14
④	7.5	15
⑤	8	16

19 난이도 ★★ 중요도 ★★

두 기업이 슈타켈버그(Stackelberg)모형에 따라 행동할 때, 시장수요곡선이 $P = 50 - Q_1 - Q_2$, 개별 기업의 한계비용이 0으로 동일하다고 가정하자(단, P는 시장가격, Q_1은 기업 1의 산출량, Q_2는 기업 2의 산출량). 기업 1은 선도자로, 기업 2는 추종자로 행동하는 경우 달성되는 슈타켈버그 균형상태에 있을 때, 〈보기〉의 설명 중에서 옳은 것을 모두 고르면?

[17. 국회직 8급]

〈보기〉
ㄱ. 기업 1의 생산량은 기업 2의 생산량의 2배이다.
ㄴ. 시장가격은 12.5이다.
ㄷ. 시장거래량은 25보다 크다.
ㄹ. 기업 1의 이윤은 기업 2의 이윤의 1.5배이다.

① ㄱ, ㄷ ② ㄴ, ㄷ ③ ㄱ, ㄴ, ㄷ
④ ㄱ, ㄴ, ㄹ ⑤ ㄱ, ㄷ, ㄹ

정답 및 해설

18 ④ 1) 한계비용이 상수로 일정하면 슈타켈버그 균형에서의 생산량은 완전경쟁의 $\frac{3}{4}$ 수준이다. 이중 $\frac{2}{4} = \frac{1}{2}$
을 선도기업이, $\frac{1}{4}$ 을 추종기업이 생산하게 된다.

2) 완전경쟁 생산량 결정 원리에 의해 $P = MC$인데 문제에서 한계비용이 0이므로 $P = 0$, $Q = 30$이다.

3) 따라서 슈타켈버그 생산량은 $Q = 22.5$이고 그 중 선도기업인 B가 15를, 추종기업인 A가 7.5를 생산한다.

19 ③ 1) 먼저 두 기업이 모두 추정자라 가정하는 꾸르노 모형을 분석하면 기업 1의 이윤함수는 한계비용이 0이므로 $\Pi_1 = PQ_1 = 50Q_1 - Q_1^2 - Q_1Q_2$이다. 이를 이윤극대화 조건에 의해 미분하면 $\frac{d\Pi}{dQ_1} = 50 - 2Q_1 - Q_2 = 0$ 따라서, $Q_1 = \frac{50 - Q_2}{2}$이고 같은 방법으로 $Q_2 = \frac{50 - Q_1}{2}$을 구할 수 있다.

2) 슈타겔버그모형에서 기업 1이 선도자이고 기업 2이 추종자이면 기업 2의 생산량은 $Q_2 = \frac{50 - Q_1}{2}$으로 주어진 것으로 보고 기업 1의 이윤을 구하면 $\Pi_1 = PQ_1 = 50Q_1 - Q_1^2 - Q_1Q_2 = 50Q_1 - Q_1^2 - Q_1 \times \frac{50 - Q_1}{2} = 25Q_1 - \frac{1}{2}Q_1^2$이고 이윤극대화 조건에 의해 미분하면 $\frac{d\Pi}{dQ_1} = 25 - Q_1 = 0$이다. 따라서 $Q_1 = 25$이고 $Q_2 = \frac{50 - Q_1}{2} = 12.5$이므로 시장거래량은 37.5이다. 이 때 시장가격은 $P = 50 - 25 - 12.5 = 12.5$이다.

3) 동일한 가격에 기업 1의 생산량이 2배이므로 이윤도 2배이다.

[오답체크]

ㄹ. 기업 1의 이윤은 기업 2의 이윤의 2배이다.

20 다음 중 옳은 것을 〈보기〉에서 모두 고르면?

[16. 국회직 8급]

난이도 ★★★   중요도 ★★

〈보기〉

ㄱ. 완전경쟁시장에서 개별기업의 비용함수가 $C(Q) = Q^3 - 6Q^2 + 19Q$이고, 현재 시장에는 15개의 기업이 생산 중에 있다. 시장수요곡선은 $Q = 70 - P$라고 할 때 장기에 이 시장에는 4개 기업이 추가로 진입한다.
ㄴ. 수요곡선은 $P = -3Q + 80$, 평균비용곡선은 $AC = -Q + 60$인 자연독점기업이 이윤극대화를 추구할 때 얻을 수 있는 이윤의 크기는 50이다.
ㄷ. 꾸르노 모형(Cournot model)에서 각 기업은 상대방의 가격을 고정된 것으로 보고 자신의 가격을 결정한다.
ㄹ. 혼합전략을 허용하면 비협조적 게임에 있어 내쉬균형(Nash equilibrium)이 항상 존재한다.

① ㄱ, ㄴ   ② ㄱ, ㄷ   ③ ㄱ, ㄹ
④ ㄴ, ㄹ   ⑤ ㄷ, ㄹ

21 꾸르노(Cournot) 복점기업 1과 2의 수요함수가 $P = 10 - (C_1 + C_2)$이고 생산비용은 0일 때, 다음 설명 중 옳지 않은 것은? (단, P는 시장가격, Q_1는 기업 1의 산출량, Q_2는 기업 2의 산출량이다)

[18. 국회직 8급]

난이도 ★★   중요도 ★★★★

① 기업 1의 한계수입곡선은 $MR_1 = 10 - 2Q_1 - Q_2$이다.

② 기업 1의 반응함수는 $Q_1 = 5 - \frac{1}{2}Q_2$이다.

③ 기업 1의 꾸르노 균형산출량은 $Q_1 = \frac{10}{3}$이다.

④ 산업전체의 산출량은 $Q = \frac{20}{3}$이다.

⑤ 꾸르노 균형산출량에서 균형가격은 $p = \frac{20}{3}$이다.

정답 및 해설

20 ④ ㄴ. 평균비용곡선은 $AC = -Q + 60$이면 $TC = AC \times Q = -Q^2 + 60Q$이고 수요곡선이 $P = -3Q + 80$이면 $MR = -6Q + 80$이다.
따라서 이윤극대화 조건에서 $MR = MC$ ➔ $-6Q + 80 = -2Q + 60$ ➔ $Q = 5$이다. 이때 가격은 65, $AC = 55$이므로 총이윤은 $10 \times 5 = 50$이다.

ㄹ. 혼합전략 내쉬균형에서 한 경기자가 확률을 결정하는 방법은 상대방이 어떤 전략을 선택하든 똑같은 대보수를 얻을 수밖에 없게 만드는 것이다. 그러면 상대방은 적극적으로 그의 보수를 증가시킬 전략을 찾을 유인이 없어진다. 그렇게 함으로써 상대방의 전략에 의해서 자신에게 불리한 결과가 돌아오는 것을 막는 것이 최상의 선택인 혼합전략 내쉬균형이 된다. 수전략(각 경기자가 하나의 전략을 선택하고 그것을 고수)만을 사용하는 경우에는 내쉬균형이 존재하지 않을 수도 있으나 혼합전략을 허용하면 내쉬균형은 반드시 존재한다.

[오답체크]

ㄱ. $C(Q) = Q^3 - 6Q^2 + 19Q$이면 평균비용은 $AC(Q) = \dfrac{C}{Q} = Q^2 - 6Q + 19 = (Q-3)^2 + 10$이므로 개별기업은 $Q = 3$을 평균비용 극솟값인 $P = AR = MR = 10$인 가격을 받는다. 이때 시장수요곡선은 $Q = 70 - P$에서 전체 $Q = 60$이므로 장기균형기업은 20개가 된다. 따라서 5개 기업이 진입한다.

ㄷ. 꾸르노 모형(Cournot model)에서 각 기업은 상대방의 생산량을 고정된 것으로 보고 자신의 가격을 결정한다.

21 ⑤ 1) 꾸르노 복점의 경우 생산량이 완전경쟁시장 생산량의 $\dfrac{2}{3}$ 수준이다.

2) 완전경쟁시장은 $P = MC$이므로 $P = 0$이고 생산량 $Q = 10$이다. 따라서 꾸르노 복점 생산량은 $Q = \dfrac{20}{3}$이고 가격은 $P = \dfrac{10}{3}$이다.

22 어떤 국가의 통신시장은 2개의 기업(A와 B)이 복점의 형태로 수량경쟁을 하며 공급을 담당하고 있다. 기업 A의 한계비용은 $MC_A = 2$, 기업 B의 한계비용은 $MC_B = 4$이고, 시장수요곡선은 $P = 36 - 2Q$이다. 다음 설명 중 옳은 것을 〈보기〉에서 모두 고르면? (단, P는 시장가격, Q는 시장의 총공급량이다)

[18. 국회직 8급]

〈보기〉
ㄱ. 균형 상태에서 기업 A의 생산량은 6이고 기업 B의 생산량은 4이다.
ㄴ. 균형가격은 14이다.
ㄷ. 균형 상태에서 이 시장의 사회후생은 243이다.
ㄹ. 균형 상태에서 이 시장의 소비자잉여는 100이다.
ㅁ. 균형 상태에서 이 시장의 생산자잉여는 122이다.

① ㄱ, ㄹ
② ㄴ, ㄷ
③ ㄱ, ㄹ, ㅁ
④ ㄴ, ㄷ, ㅁ
⑤ ㄴ, ㄹ, ㅁ

23 다음 게임에 대한 설명으로 옳지 않은 것은?

[14. 국회직 8급]

잠재적 진입기업 A는 기존기업 B가 독점하고 있는 시장으로 진입할지 여부를 고려하고 있다. A가 진입하지 않으면 A와 B의 보수는 각각 0과 2이다. A가 진입을 하면 B는 반격을 하거나 공생을 할 수 있다. B가 반격을 할 경우 A와 B의 보수는 각각 -1과 0이다. 반면 공생을 할 경우 두 기업이 시장을 나눠 가져 각각 1의 보수를 얻는다.

① 이 게임의 순수전략 내쉬균형은 하나이다.
② A가 진입하지 않으면 B는 어떤 전략을 택하든 무차별하다.
③ 부분게임완전균형에서 A는 진입을 한다.
④ A가 진입하는 경우 B는 공생하는 것이 최선의 대응이다.
⑤ A가 진입하면 반격하겠다는 B의 전략은 신빙성이 없다.

정답 및 해설

22 ④ 1) 기업 A의 이윤은 $\pi = [36 - 2(Q_A + Q_B)]Q_A - 2Q_A$이다. 이를 Q_A로 미분하면 $36 - 4Q_A - 2Q_B - 2 = 0$ ➜ $Q_A = (34 - 2Q_B)/4$이다.
   2) 기업 B의 이윤은 $\pi = [36 - 2(Q_A + Q_B)]Q_B - 4Q_B$이다. 이를 Q_B로 미분하면 $36 - 4Q_B - 2Q_A - 4 = 0$ ➜ $Q_B = (32 - 2Q_A)/4$이다.
   3) 두 식을 연립하면 $Q_A = 6$, $Q_B = 5$이다. 총생산량이 $Q = 11$이므로 가격은 $P = 14$이다.
   4) 소비자잉여는 $(36 - 14) \times 11 \times \frac{1}{2} = 121$이다.
   5) 생산자잉여는 이윤의 합이므로 A의 이윤 $= [36 - 2(6 + 5)] \times 6 - 2 \times 6 = 72$, B의 이윤 $= [36 - 2(6 + 5)] \times 5 - 4 \times 5 = 50$이므로 122이다. 따라서 총잉여는 소비자잉여 + 생산자잉여 = 243이다.

23 ① 1) 잠재적 진입기업 A가 먼저 진입 여부를 선택하고 기존기업 B가 반격 또는 공생 여부를 선택하므로 순차게임(sequential game)의 성격을 갖는다.
   2) 지문의 게임을 나타내면 다음과 같다.

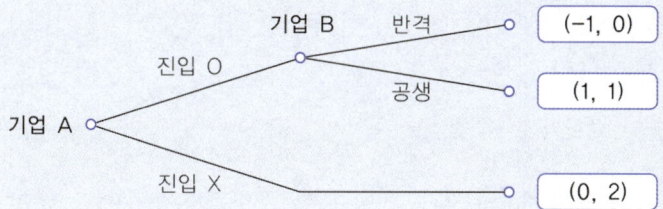

   3) 역진귀납법으로 생각하면 기업 A가 진입을 한다면 기업 B의 최선 전략은 공생이다. 반격하는 경우 B의 보수는 0이고 공생하는 경우 B의 보수는 1이기 때문이다.
   4) 기업 A의 최선 전략은 진입이다. 진입을 하면 기업 B가 공생을 선택하므로 A의 보수는 1이고 진입을 하지 않으면 A의 보수가 0이기 때문이다.
   5) 결국 부분게임 완전내쉬균형은 (진입, 공생)이다.
   6) 신빙성 조건
   어떤 전략(위협, 약속)이 실행에 옮겨질 경우 자신의 이익에 부합되어야 한다는 것이 신빙성 조건(credibility condition)이다. 기업 A가 진입할 때 기업 B가 공생을 하면 B의 보수가 1이고 반격을 하면 B의 보수는 0이다. 결국 반격하는 것은 기업 B가 손해를 보는 것이므로 신빙성이 없다.
   7) 지문분석
   ① 순수전략의 내쉬균형은 [진입(×), 반격], [진입, 공생] 2개이다.

구분		기업 B	
		반격	공생
기업 A	진입(×)	(0, 2)	(0, 2)
	진입	(-1, 0)	(1, 1)

Topic 11 독점적 경쟁시장, 과점시장

24 7명의 사냥꾼이 동시에 사냥에 나섰다. 각 사냥꾼은 사슴을 쫓을 수도 있고, 토끼를 쫓을 수도 있다. 사슴을 쫓을 경우에는 7명의 사냥꾼 중 3명 이상이 동시에 사슴을 쫓을 때에만 사슴 사냥에 성공하여 1마리의 사슴을 포획하게 되고, 사냥꾼들은 사슴을 동일하게 나누어 갖는다. 만약 3명 미만이 동시에 사슴을 쫓으면 사슴을 쫓던 사냥꾼은 아무것도 얻지 못하게 된다. 반면 토끼를 쫓을 때에는 혼자서 쫓더라도 언제나 성공하며 각자 1마리의 토끼를 포획하게 된다. 모든 사냥꾼들은 사슴 1/4마리를 토끼 1마리보다 선호하고, 사슴이 1/4마리보다 적으면 토끼 1마리를 선호한다. 이 게임에서 내쉬균형을 〈보기〉에서 모두 고르면? (단, 사냥터에서 사냥할 수 있는 사슴과 토끼는 각각 1마리, 7마리이다) [13. 국회직 8급]

〈보기〉
ㄱ. 모든 사냥꾼이 토끼를 쫓는다.
ㄴ. 모든 사냥꾼이 사슴을 쫓는다.
ㄷ. 3명의 사냥꾼은 사슴을, 4명의 사냥꾼은 토끼를 쫓는다.
ㄹ. 4명의 사냥꾼은 사슴을, 3명의 사냥꾼은 토끼를 쫓는다.

① ㄱ
② ㄱ, ㄷ
③ ㄱ, ㄹ
④ ㄴ, ㄹ
⑤ ㄱ, ㄷ, ㄹ

정답 및 해설

24 ③ **[오답체크]**
ㄴ. 모두 사슴을 쫓으면 사슴을 1/7마리를 얻는다. 그런데 이때 혼자 토끼로 넘어가면 토끼 1마리를 얻을 수 있다. 토끼 1마리가 사슴 1/7마리보다 이득이므로 토끼로 넘어갈 유인이 있다. 따라서 내쉬균형이 아니다.
ㄷ. 3명은 각각 사슴을 1/3마리 얻는다. 4명은 각각 토끼를 1마리 얻는다. 이때 4명 중 1명이 사슴으로 넘어가면 사슴 1/4마리를 얻는데 이는 토끼 1마리보다 이득이다. 따라서 사슴으로 넘어갈 유인이 있게 되므로 내쉬균형이 아니다.

STEP 2   감정평가사 기출문제

난이도 ★   중요도 ★★★★

25 독점적 경쟁시장의 특성에 해당하는 것을 모두 고른 것은? (단, 독점적 경쟁시장의 개별 기업은 이윤극대화를 추구한다)   [16. 감정평가사]

> ㄱ. 개별 기업은 한계수입이 한계비용보다 높은 수준에서 산출량을 결정한다.
> ㄴ. 개별 기업은 한계수입이 가격보다 낮은 수준에서 산출량을 결정한다.
> ㄷ. 개별 기업이 직면하는 수요곡선은 우하향한다.
> ㄹ. 개별 기업의 장기적 이윤은 0이다.

① ㄱ, ㄴ   ② ㄱ, ㄷ   ③ ㄷ, ㄹ
④ ㄱ, ㄴ, ㄹ   ⑤ ㄴ, ㄷ, ㄹ

정답 및 해설

25 ⑤   ㄴ. 개별 기업은 $P > MR = MC$이므로 한계수입이 가격보다 낮은 수준에서 산출량을 결정한다.
       ㄷ. 개별 기업이 직면하는 수요곡선은 독점시장과 동일하게 우하향한다.
       ㄹ. 독점적 경쟁시장의 장기에는 정상이윤만 발생하므로 개별 기업의 장기적 이윤은 0이다.

[오답체크]
       ㄱ. 개별 기업은 이윤극대화를 추구하므로 한계수입과 한계비용이 같은 수준에서 산출량을 결정한다.

26 기업 甲과 乙만 있는 상품시장에서 두 기업이 꾸르노(Cournot) 모형에 따라 행동하는 경우에 관한 설명으로 옳은 것을 모두 고른 것은? (단, 생산기술은 동일하다) [21. 감정평가사]

> ㄱ. 甲은 乙이 생산량을 결정하면 그대로 유지될 것이라고 추측한다.
> ㄴ. 甲과 乙은 생산량 결정에서 서로 협력한다.
> ㄷ. 甲, 乙 두 기업이 완전한 담합을 이루는 경우와 꾸르노 균형의 결과는 동일하다.
> ㄹ. 추가로 기업이 시장에 진입하는 경우 균형가격은 한계비용에 접근한다.

① ㄱ, ㄴ ② ㄱ, ㄹ ③ ㄴ, ㄷ
④ ㄴ, ㄹ ⑤ ㄷ, ㄹ

27 꾸르노(Cournot) 복점모형에서 시장수요곡선이 $Q = 60 - \frac{1}{2}P$이고 두 기업 A, B의 비용함수가 각각 $C_A = 40Q_A + 10$, $C_B = 20Q_B + 50$일 때, 꾸르노 균형에서 총생산량(Q^*)과 가격(P^*)은? (단, Q는 총생산량, P는 가격, Q_A는 기업 A의 생산량, Q_B는 기업 B의 생산량이다)

[22. 감정평가사]

① Q^*=10, P^*=100
② Q^*=20, P^*=80
③ Q^*=30, P^*=60
④ Q^*=40, P^*=40
⑤ Q^*=50, P^*=20

난이도 ★ 중요도 ★★★

28 독점 및 독점적 경쟁시장에 관한 설명으로 옳은 것은? [23. 감정평가사]

① 자연독점은 규모의 불경제가 존재할 때 발생한다.
② 순수독점은 경제적 순손실(deadweight loss)을 발생시키지 않는다.
③ 독점적 경쟁시장의 장기균형에서 각 기업은 0의 이윤을 얻고 있다.
④ 독점적 경쟁시장은 동질적 상품을 가정하고 있다.
⑤ 독점적 경쟁시장에서 기업들은 비가격경쟁이 아니라 가격경쟁을 한다.

정답 및 해설

26 ② ㄱ. 甲은 乙이 생산량을 결정하면 그대로 유지될 것이라고 추측한 후 이윤극대화를 위한 반응곡선을 구한다.
ㄹ. 꾸르노 균형의 생산량은 완전경쟁수준의 $\frac{n}{n+1}$ 이다. 따라서 추가로 기업이 시장에 진입하는 경우 완전경쟁 생산량에 근접해지므로 균형가격은 한계비용에 접근한다.

[오답체크]
ㄴ. 甲과 乙은 생산량 결정에서 서로 협력하지 않는 것을 전제로 한다.
ㄷ. 甲, 乙 두 기업이 완전한 담합을 이루는 경우는 독점이므로 꾸르노 균형의 생산량보다 적다.

27 ③ 1) 수요곡선을 변형하면 $P = 120 - 2Q = 120 - 2Q_A - 2Q_B$ 이다.
2) 기업 A의 반응곡선
   ㉠ 이윤 $= TR_A - C_A$ ➡ 이윤 $= (120 - 2Q_A - 2Q_B)Q_A - 40Q_A + 10$ 이다.
   ㉡ 이윤극대화를 위해 Q_A로 미분하여 0으로 놓으면 $120 - 4Q_A - 2Q_B - 40 = 0$ ➡ $4Q_A + 2Q_B = 80$ 이다.
3) 기업 B의 반응곡선
   ㉠ 이윤 $= TR_B - C_B$ ➡ 이윤 $= (120 - 2Q_A - 2Q_B)Q_B - 20Q_A + 50$ 이다.
   ㉡ 이윤극대화를 위해 Q_B로 미분하여 0으로 놓으면 $120 - 2Q_A - 4Q_B - 20 = 0$ ➡ $2Q_A + 4Q_B = 100$ 이다.
4) 두 반응곡선을 연립하여 구하면 $Q_A = 10$, $Q_B = 20$, $P = 60$ 이다.

28 ③ [오답체크]
① 자연독점은 규모의 경제가 존재할 때 발생한다.
② 순수독점은 경제적 순손실(deadweight loss)을 발생시킨다.
④ 독점적 경쟁시장은 이질적 상품을 가정하고 있다.
⑤ 독점적 경쟁시장에서 기업들은 비가격경쟁을 한다.

29 꾸르노(Cournot) 복점모형에서 시장수요곡선이 $Q = 20 - P$이고, 두 기업 A와 B의 한계비용이 모두 10으로 동일할 때, 꾸르노 균형에서의 산업전체 산출량은? (Q는 시장 전체의 생산량, P는 가격이다)

[23. 감정평가사]

① 10/3　　　② 20/3　　　③ 40/3
④ 50/3　　　⑤ 60/3

30 가격경쟁(price competition)을 하는 두 기업의 한계비용은 각각 0이다. 각 기업의 수요함수가 다음과 같을 때, 베르뜨랑(Bertrand) 균형가격 P_1, P_2는? (단, Q_1은 기업 1의 생산량, Q_2는 기업 2의 생산량, P_1은 기업 1의 상품가격, P_2는 기업 2의 상품가격이고, 기업 1과 기업 2는 차별화된 상품을 생산한다)

[17. 감정평가사]

- $Q_1 = 30 - P_1 + P_2$
- $Q_2 = 30 - P_2 + P_1$

① 20, 20　　　② 20, 30　　　③ 30, 20
④ 30, 30　　　⑤ 40, 40

31 기업 A와 B가 생산량 경쟁을 하는 시장수요곡선은 $P = \alpha - q_A - q_B$로 주어졌다. 기업 A와 B는 동일한 재화를 생산하며, 평균비용은 c로 일정하다. 기업 A의 목적은 이윤극대화이고, 기업 B의 목적은 손실을 보지 않는 범위 내에서 시장점유율을 극대화하는 것이다. 다음 설명 중 옳지 않은 것은? (단, P는 시장가격, q_A는 기업 A의 생산량, q_B는 기업 B의 생산량이며, $c < \alpha$이다)

[19. 감정평가사]

① 균형에서 시장가격은 c이다.
② 균형에서 기업 A의 이윤은 0보다 크다.
③ 균형에서 기업 B의 이윤은 0이다.
④ 균형에서 기업 B의 생산량이 기업 A보다 크다.
⑤ 균형은 하나만 존재한다.

난이도 ★★   중요도 ★★★

32 게임이론에 관한 설명으로 옳은 것은?   [23. 감정평가사]

① 내쉬균형은 상대방의 전략에 관계없이 자신에게 가장 유리한 전략을 선택하는 것을 말한다.
② 복점시장에서의 내쉬균형은 하나만 존재한다.
③ 어떤 게임에서 우월전략균형이 존재하지 않더라도 내쉬균형은 존재할 수 있다.
④ 순차게임에서는 내쉬조건만 충족하면 완전균형이 된다.
⑤ 승자의 불행(winnner's curse) 현상을 방지하기 위해 최고가격입찰제(first-price sealed-bid auction)가 도입되었다.

정답 및 해설

29 ② 1) 완전경쟁시장수준의 생산량은 $20 - Q = 10$ ➔ $Q = 10$이다.
2) 완전경쟁수준의 $\frac{2}{3}$이 생산되므로 $10 \times \frac{2}{3} = \frac{20}{3}$이다.

30 ④ 1) 이윤 = 총수입 − 총비용이다. 총비용이 0이므로 총수입이 이윤이 된다.
2) 베르트랑모형은 가격모형이므로 P를 변수로 남아야 한다.
3) 기업 1의 반응곡선
$TR_1 = P_1 Q_1 = P_1(30 - P_1 + P_2)$ ➔ 이윤을 극대하기 위해 $MR(TR_1$을 P_1으로 미분$) = MC$를 구하면 $30 - 2P_1 + P_2 = 0$ ➔ $2P_1 - P_2 = 30$
4) 기업 2의 반응곡선
$TR_2 = P_2 Q_2 = P_2(30 - P_2 + P_1)$ ➔ 이윤을 극대하기 위해 $MR(TR_2$을 P_2으로 미분$) = MC$를 구하면 $30 - 2P_2 + P_1 = 0$ ➔ $2P_2 - P_1 = 30$
5) 반응곡선 둘을 연립하면 $P_1 = 30$, $P_2 = 30$이다.

31 ② 1) 두 기업은 동일한 재화를 생산한다는 것을 초점을 두면 A기업이 이윤극대화를 한다면 B는 손실만 보지 않으면 되므로 B의 물건이 더 팔릴 것이다.
2) 따라서 B는 $P = AC$의 가격설정을 할 것이다.
3) 이 때문에 A도 $P = AC$의 가격설정을 할 수밖에 없게 된다.
4) 따라서 A, B는 모두 이윤이 0이다.

32 ③ [오답체크]
① 내쉬균형은 상대방의 전략이 주어진 것으로 보고 자신에게 가장 유리한 전략을 선택하는 것을 말한다.
② 복점시장에서의 내쉬균형은 여러 개 존재할 수 있다.
④ 순차게임에서는 역진적 귀납법을 채택해야 한다.
⑤ 최고가격입찰제(first-price sealed-bid auction)는 승자의 불행을 야기할 수 있다.

Topic 11 독점적 경쟁시장, 과점시장

33 복점시장에서 기업 1과 기업 2는 각각 a와 b의 전략을 갖고 있다. 성과 보수 행렬이 다음과 같을 때, 내쉬 균형을 모두 고른 것은? (단, 보수행렬 내 괄호 안 왼쪽은 기업 1의 보수, 오른쪽은 기업 2의 보수이다)   [23. 감정평가사]

구분		기업 2	
		전략 a	전략 b
기업 1	전략 a	(16, 8)	(8, 6)
	전략 b	(3, 7)	(10, 11)

① (16, 8) ② (10, 11) ③ (8, 6), (10, 11)
④ (16, 8), (3, 7) ⑤ (16, 8), (10, 11)

34 보수 행렬이 아래와 같은 전략형 게임(strategic form game)에서 보수 a값의 변화에 따른 설명으로 옳은 것은? (단, 보수 행렬의 괄호 안 첫 번째 값은 甲의 보수, 두 번째 값은 乙의 보수이다)   [20. 감정평가사]

甲의 전략	乙의 전략	乙	
		인상	인하
甲	인상	(a, a)	(−5, 5)
	인하	(5, −5)	(−1, −1)

① a > 5이면, (인상, 인상)이 유일한 내쉬균형이다.
② −1 < a < 5이면, 인상은 甲의 우월전략이다.
③ a < −5이면, 내쉬균형이 두 개 존재한다.
④ a < 5이면, (인하, 인하)가 유일한 내쉬균형이다.
⑤ a = 5인 경우와 a < 5인 경우의 내쉬균형은 동일하다.

35

난이도 ★★★ **중요도** ★★

다음의 전략형 게임(strategic form game)에서 α에 따라 甲과 乙의 전략 및 균형이 달라진다. 이에 관한 설명으로 옳지 않은 것은? (단, 보수 행렬의 괄호 안 첫 번째 보수는 甲, 두 번째 보수는 乙의 것이다)   [19. 감정평가사]

甲의 전략	乙의 전략	乙 Left	Right
甲	Up	$(5-\alpha, 1)$	$(2, 2)$
	Down	$(3, 3)$	$(1, \alpha-1)$

① $\alpha < 2$이면, 전략 Up은 甲의 우월전략이다.
② $\alpha > 4$이면, 전략 Right는 乙의 우월전략이다.
③ $2 < \alpha < 4$이면, (Down, Left)는 유일한 내쉬균형이다.
④ $\alpha < 2$이면, (Up, Right)는 유일한 내쉬균형이다.
⑤ $\alpha > 4$이면, (Up, Right)는 유일한 내쉬균형이다.

정답 및 해설

33 ⑤ 1) 기업 1
 ㉠ 기업 2가 전략 a 시 16인 전략 a 선택
 ㉡ 기업 2가 전략 b 시 10인 전략 b 선택
2) 기업 2
 ㉠ 기업 2가 전략 a 시 8인 전략 a 선택
 ㉡ 기업 2가 전략 b 시 11인 전략 b 선택

34 ④ a < 5이면, 甲과 乙 모두 우월전략이 인하이므로 (인하, 인하)가 유일한 내쉬균형이다.
[오답체크]
① a를 6이라고 가정하면 乙이 인상할 경우에는 甲이 인상을 선택하겠지만 乙이 인하할 경우에 인하를 선택하므로 a > 5이면, (인상, 인상)이 유일한 내쉬균형이 될 수 없다.
② −1 < a < 5이면, 인하가 甲의 우월전략이다.
③ a < −5이면, 甲은 乙의 행동에 관계없이 인하할 것이므로 우월전략이 존재한다. 따라서 내쉬균형이 두 개가 존재할 수 없다.
⑤ a = 5인 경우와 a < 5인 경우의 내쉬균형은 다르다.

35 ③ 1) $2 < \alpha < 4$이므로, $\alpha = 3$으로 가정하자.
2) 乙이 Left를 선택하면 甲은 Down을 선택한다.
3) 乙이 Right을 선택하면 甲은 Up을 선택한다.
4) 甲이 Up을 선택하면 乙은 Right를 선택한다.
5) 甲이 Down를 선택하면 乙은 Left를 선택한다.
6) 따라서 내쉬균형은 (Up, Right), (Down, Left)이다.

36 보수행렬(payoff matrix)이 다음과 같을 때 내쉬균형은? (단, 게임은 일회성이며, 보수행렬 내 괄호 안 왼쪽은 A, 오른쪽은 B의 보수이다)

[17. 감정평가사]

A의 전략 \ B의 전략		B 전략 1	B 전략 2	B 전략 3
A	전략 1	(7, 7)	(5, 8)	(4, 9)
	전략 2	(8, 5)	(6, 6)	(3, 4)
	전략 3	(9, 4)	(4, 3)	(0, 0)

① (7, 7), (6, 6), (0, 0)
② (7, 7), (5, 8), (9, 4)
③ (8, 5), (6, 6), (3, 4)
④ (9, 4), (5, 8), (0, 0)
⑤ (9, 4), (6, 6), (4, 9)

37 ( )에 들어갈 내용으로 옳은 것은?

[22. 감정평가사]

과점시장에서 보수를 극대화하는 두 기업 A와 B가 각각 전략 1과 전략 2를 통해 아래 표와 같은 보수(payoff)를 얻을 수 있다.

구분		기업 B 전략 1	기업 B 전략 2
기업 A	전략 1	(22, 10)	(33, 8)
	전략 2	(32, 14)	(30, 12)

※ ( ) 안의 앞의 숫자는 기업 A의 보수, 뒤의 숫자는 기업 B의 보수이다.
○ 기업 A와 기업 B가 동시에 전략을 선택할 때, 균형에서 기업 A의 보수는 (ㄱ)이다.
○ 기업 A가 먼저 전략을 선택하고 신뢰할 수 있는 방법으로 확약할 때, 균형에서 기업 B의 보수는 (ㄴ)이다.

① ㄱ: 22, ㄴ: 8
② ㄱ: 30, ㄴ: 8
③ ㄱ: 32, ㄴ: 10
④ ㄱ: 32, ㄴ: 14
⑤ ㄱ: 33, ㄴ: 12

정답 및 해설

36 ⑤ 1) B의 전략에 대해 A가 전략을 세울 때
   ㉠ B가 전략 1을 사용할 때 ➜ A는 전략 3을 사용할 것이다.
   ㉡ B가 전략 2를 사용할 때 ➜ A는 전략 2를 사용할 것이다.
   ㉢ B가 전략 3을 사용할 때 ➜ A는 전략 1을 사용할 것이다.
 2) A의 전략에 대해 B가 전략을 세울 때
   ㉠ A가 전략 1을 사용할 때 ➜ B는 전략 3을 사용할 것이다.
   ㉡ A가 전략 2를 사용할 때 ➜ B는 전략 2를 사용할 것이다.
   ㉢ A가 전략 3을 사용할 때 ➜ B는 전략 1을 사용할 것이다.
 3) 따라서 균형점은 (전략 1, 전략 3), (전략 2, 전략 2), (전략 3, 전략 1)가 된다.

37 ④ 1) 기업 A와 기업 B가 동시에 전략을 선택할 때
   ㉠ B가 전략 1을 선택할 경우 기업 A는 전략 2를, B가 전략 2를 선택할 때 기업 A는 전략 1을 선택할 것이다.
   ㉡ A가 전략 1을 선택할 경우 기업 B는 전략 1을, A가 전략 2를 선택할 때 기업 B는 전략 1을 선택할 것이다.
   ㉢ 따라서 균형은 (32, 14)가 된다.
 2) 기업 A가 먼저 전략을 선택하고 신뢰할 수 있는 방법으로 확약할 때 ➜ 순차게임이다.
   ㉠ A가 먼저 전략을 선택하므로 선도자, B가 추종자이다.
   ㉡ 추종자부터 합리적 선택을 하면 A가 전략 1을 선택할 경우 기업 B는 전략 1을, A가 전략 2를 선택할 때 기업 B는 전략 1을 선택할 것이다.
   ㉢ 따라서 기업 B가 전략 1을 선택할 것을 기업 A는 알고 있으므로 자신의 보수를 극대화 할 수 있는 전략 2를 선택할 것이다.
   ㉣ 따라서 균형은 (32, 14)가 된다.

38 난이도 ★★★ 중요도 ★★★

수요함수가 $P = 100 - Q$인 시장에서 기업 A는 슈타켈버그(Stackelberg) 모형의 선도자, B는 추종자로 행동한다. 기업 A의 한계비용이 10, 기업 B의 한계비용이 20일 때, 이윤을 극대화하는 기업 A의 생산량은? (단, P는 가격, Q는 수량) [25. 감정평가사]

① 30 ② 33 ③ 35
④ 40 ⑤ 50

39 난이도 ★★★★ 중요도 ★★

이윤극대화를 추구하는 기업 A와 B는 복점시장에서 수량경쟁을 한다. 역수요함수는 $P = 100 - Q$이며, 두 기업의 한계비용은 20으로 일정하다. 두 기업이 담합을 통해 독점기업처럼 행동하고 생산량을 절반씩 나누어 생산하기로 합의했다. 이 때 기업 A만 합의를 어겼을 경우, 기업 A의 이윤은? (단, P는 가격, Q는 수량, 고정비용은 0이다) [25. 감정평가사]

① 800 ② 850 ③ 900
④ 950 ⑤ 1,000

40 난이도 ★★ 중요도 ★★★★

갑과 을의 동시선택게임에서 전략이 각각 L, R과 T, D일 때, 다음 설명 중 옳은 것은? (단, 괄호 안 왼쪽은 갑, 오른쪽은 을의 보수) [25. 감정평가사]

		을	
		T	D
갑	L	(5, 5)	(0, 20)
	R	(20, 30)	(25, 0)

① 갑의 전략 L에 대한 을의 최선반응(best response)은 T이다.
② 을의 전략 T에 대한 갑의 최선반응은 L이다.
③ 갑은 우월전략이 없다.
④ T는 을의 우월전략이다.
⑤ 전략조합 (R, T)는 내쉬균형이다.

정답 및 해설

38 ⑤ 1) 수요곡선을 분리하면 $P = 100 - (q_A + q_B)$이다.
2) 추종자가 기업 B이므로
   ㉠ $TR = (100 - q_A - q_B)q_B$ ➔ 이를 q_B로 미분하면 $MR_2 = 100 - q_A - 2q_B$이다.
   ㉡ 이윤극대화 공식은 $MR = MC$이므로 $100 - q_A - 2q_B = 20$ ➔ $q_B = 40 - \frac{1}{2}q_A$이다.
3) 선도자
   ㉠ 선도자는 일단 추종자의 수량을 반영하므로 $TR = (100 - q_A - q_B)q_B$
   ➔ $TR = \left(100 - q_A - 40 + \frac{1}{2}q_A\right)q_A$ ➔ $\left(60 - \frac{1}{2}q_A\right)q_A$ ➔ $MR = 60 - q_A$이다.
   ㉡ 이를 이윤극대화 생산량에 대입하면 $60 - q_A = 10$ ➔ $q_A = 50$이다.

39 ③ 1) 독점기업의 이윤극대화조건은 $MR = MC$이다.
2) $P = 100 - Q$ ➔ $MR = 100 - 2Q$이다. $MC = 20$이므로 $100 - 2Q = 20$ ➔ $Q = 40$이다.
3) 기업 A가 합의를 어겼다면 시장수요량 20을 제외한 나머지로 이윤극대화를 할 것이다.
4) $P = 100 - Q_{시장}$ ➔ $Q_{시장} = 100 - P - $ 기업 B의 생산량 20 ➔ $Q_A = 80 - P$ ➔ $P = 80 - Q_A$
   ➔ $MR = 80 - 2Q_A$이다.
5) 기업 A의 이윤극대화를 구하면 $80 - 2Q_A = 20$ ➔ $Q_A = 30$이다.
6) 따라서 이 시장의 가격은 $P = 100 - (30 + 20) = 50$이다.
6) 기업 A의 이윤 $= 50 \times 30 - 20 \times 30 = 900$이다.

40 ⑤ 1) 기업 갑
   기업 을이 T를 선택할 때 갑은 보수가 더 큰 R을 선택한다.
   기업 을이 D를 선택할 때 갑은 보수가 더 큰 R을 선택한다.
   따라서 R은 갑의 우월전략이다.
2) 기업 을
   기업 갑이 L을 선택할 때 을은 보수가 더 큰 D를 선택한다.
   기업 갑이 R을 선택할 때 을은 보수가 더 큰 T를 선택한다.
   따라서 (R, T)가 내쉬균형이 된다.

[오답체크]
① 갑의 전략 L에 대한 을의 최선반응(best response)은 없다.
② 을의 전략 T에 대한 갑의 최선반응은 R이다.
③ R은 갑의 우월전략이다.
④ 을은 우월전략이 존재하지 않는다.

해커스 감정평가사
ca.Hackers.com

제6장

생산요소시장과 소득분배

Topic 12 생산요소시장과 소득분배
Topic 13 조세

Topic 12 생산요소시장과 소득분배

01 생산요소시장

한계수입생산과 한계요소비용	(1) ㉮_____(Marginal Revenue Product) ① 생산요소를 1단위 추가적으로 고용할 때(노동자를 1명 더 고용할 때)의 총수입의 증가분으로 다음과 같이 나타냄 ② $MRP_L = \frac{\Delta TR}{\Delta L} = \frac{\Delta Q}{\Delta L} \times \frac{\Delta TR}{\Delta Q} = MP_L \times MR$ (2) ㉯_____(Marginal Factor Cost) ① 생산요소를 1단위 추가적으로 고용할 때(노동자를 1명 더 고용할 때)의 총비용의 증가분으로 다음과 같이 나타냄 ② $MFC_L = \frac{\Delta TC}{\Delta L} = \frac{\Delta Q}{\Delta L} \times \frac{\Delta TC}{\Delta Q} = MP_L \times MC$	
생산요소시장의 형태에 따른 비교	생산물시장 완전경쟁 - 생산요소시장 완전경쟁	$MRP_L(= VMP_L) = MFC_L$ ㉰_____
	생산물시장 독점시장 - 생산요소시장 완전경쟁	$MRP_L = MFC_L$ $MRP_L < VMP_L$
	생산물시장 독점시장 - 생산요소 불완전경쟁(수요독점)	$MRP_L = MFC_L$ $MRP_L < VMP_L$ ㉱_____
	공급독점생산요소시장	이윤극대화 추구 $MR = MC$ 총임금 극대화 $MR = 0$ 고용량 극대화 $MRP_L = MFC_L$

핵심키워드

㉮ 한계수입생산, ㉯ 한계요소비용, ㉰ $P \times MP = w$, ㉱ $MFC_L > AFC_L$

02 지대

개념	원래 토지같이 그 공급이 완전히 고정된 생산요소에 대하여 지불되는 보수를 의미하였으나 오늘날은 공급이 고정된 생산요소에 대한 보수로 확대 해석함
전용수입과 경제적 지대	(1) ㉮_____(Transfer Earnings: 이전수입): 생산요소를 현재의 고용상태에 붙들어 두기 위하여 최소한 지불하여야 하는 금액을 의미하며 이는 생산요소공급에 의한 기회비용의 의미 (2) 경제적 지대(Economic Rent): 어떤 생산요소가 현재 고용되고 있는 곳에서 받는 일정한 금액의 보수 중 전용수입을 제외한 부분을 의미하며 이는 생산요소가 얻은 소득 중에서 기회비용을 초과하는 부분으로 생산요소 공급자의 잉여라 할 수 있음. 생산물시장의 공급자잉여를 생산자잉여라 하면, 생산물요소시장의 ㉯_____를 경제적 지대라고 하며 공급의 가격탄력성이 ㉰_____일수록 경제적 지대가 큼

03 소득분배

원인	선천적 능력과 후천적 노력의 차이, 물적 소득의 상속과 증여의 차이, 교육 및 훈련 기회의 차이, 경제 체제, 경제 정책의 차이, 경기 변동 등
로렌츠곡선	(1) ㉱_____에 가까울수록 완전평등 (2) ㉲_____측정이 가능하며 교차 시 비교 불가능
지니계수	(1) 지니계수 = $\dfrac{\alpha}{\alpha+\beta}$ (2) ㉳_____ (클수록 불평등)
10분위 분배율	(1) 10분위 분배율 = $\dfrac{하위\ 40\%의\ 계층의\ 소득\ 점유율(\%)}{상위\ 20\%의\ 계층의\ 소득\ 점유율(\%)}$ (2) ㉴_____ (작을수록 불평등)
애킨슨 지수	(1) 애킨슨 지수 = $1 - \dfrac{균등분배\ 대등소득}{평균소득}$ (2) ㉵_____ (클수록 불평등)
소득재분배 정책	(1) 세입: 누진세, 상속세, 증여세 강화, 직접세의 비중 확대 (2) 세출: 사회보험과 공공부조 등의 사회 보장제도의 확충, 최저임금제를 통한 저소득층의 소득보장 (3) 부작용: 근로의욕저하, 정부재정 부담 가중과 같은 복지병의 발생

핵심키워드

㉮ 전용수입, ㉯ 공급자잉여, ㉰ 비탄력적, ㉱ 대각선, ㉲ 서수적, ㉳ 0 ≤ 지니계수 ≤ 1,
㉴ 0 ≤ 10분위 분배율 ≤ 2, ㉵ 0 ≤ 애킨슨 지수 ≤ 1

STEP 1   타시험 기출문제

01   난이도 ★   중요도 ★

시간당 임금이 5,000에서 6,000으로 인상될 때, 노동수요량이 10,000에서 9,000으로 감소하였다면 노동수요의 임금탄력성은? (단, 노동수요의 임금탄력성은 절댓값이다)

[18. 노무사]

① 0.67%   ② 1%   ③ 0.5
④ 1   ⑤ 2

02   난이도 ★★   중요도 ★★

상품시장과 생산요소시장이 완전경쟁시장이고, 기업은 이윤극대화를 추구할 때 단기 노동수요에 관한 설명으로 옳은 것을 모두 고른 것은?

[13. 노무사]

> ㄱ. 노동의 한계생산물가치(VMP_L)와 한계수입생산물(MRP_L)은 일치한다.
> ㄴ. 상품의 가격이 상승하면 노동수요곡선이 좌측으로 이동한다.
> ㄷ. 기술진보로 노동의 한계생산물이 증가하면 노동수요곡선이 우측으로 이동한다.

① ㄱ   ② ㄱ, ㄴ   ③ ㄱ, ㄷ
④ ㄴ   ⑤ ㄴ, ㄷ

03 A산업 부문의 노동시장에서 균형임금의 상승이 예상되는 상황만을 〈보기〉에서 모두 고르면? (단, 노동수요곡선은 우하향하는 직선이고 노동공급곡선은 우상향하는 직선이다)

[18. 국가직 7급]

〈보기〉
ㄱ. A산업 부문의 노동자에게 다른 산업 부문으로의 취업기회가 확대되고, 노동자의 생산성이 증대되었다.
ㄴ. A산업 부문의 노동자를 대체하는 생산기술이 도입되었고, A산업 부문으로의 신규 취업 선호가 증대되었다.
ㄷ. A산업 부문에서 생산되는 재화의 가격이 하락하고, 노동자 실업보험의 보장성이 약화되었다.

① ㄱ
② ㄴ
③ ㄱ, ㄷ
④ ㄴ, ㄷ

정답 및 해설

01 ③ 1) 임금이 5,000에서 6,000으로 20% 상승할 때 노동수요량이 10,000에서 9,000으로 10% 감소하였으므로 노동수요의 임금탄력성은 0.5이다.

2) 노동수요의 임금탄력성 = $\dfrac{\dfrac{\Delta L}{L}}{\dfrac{\Delta w}{w}} = -\dfrac{\dfrac{-1,000}{10,000}}{\dfrac{1,000}{5,000}} = 0.5$

02 ③ [오답 체크]
ㄴ. 상품의 가격이 상승하면 노동수요곡선이 우측으로 이동한다.

03 ① ㄱ. A산업 부문 노동자에게 다른 산업부문으로 취업기회가 증대되면 A산업 부분의 노동공급이 감소하고, 노동자의 생산성이 증대되면 한계생산물가치 = 노동수요이므로 노동수요가 증가한다. A산업의 노동공급이 감소하고 노동수요가 증가하면 균형임금이 상승한다.

[오답체크]
ㄴ. A산업 부문 노동자를 대체하는 생산기술이 도입되면 A산업의 노동수요가 감소하고, A산업 부분으로의 신규 취업 선호가 증대되면 노동공급이 증가한다. 노동수요가 감소하고 노동공급이 증가하면 균형임금은 하락하게 된다.
ㄷ. A산업 부문에서 생산되는 재화의 가격이 하락하면 한계생산물가치가 하락하여 노동수요가 감소한다. 그리고 A산업 부분 노동자에 대한 실업보험의 보장성이 약화되면 생계를 위해 노동공급을 늘릴 것이다. 따라서 노동수요 감소, 노동공급 증가이므로 균형임금은 하락하고 균형노동량은 알 수 없다.

04 노동의 한계생산물이 체감하고 노동공급곡선은 우상향한다고 가정할 때, 노동시장에 관한 주장으로 옳은 것을 모두 고른 것은?   [15. 노무사]

〈보기〉
ㄱ. 노동시장이 수요독점인 경우, 노동시장이 완전경쟁인 경우보다 고용량이 작다.
ㄴ. 생산물시장이 독점이고 노동시장이 수요독점이면, 임금은 한계요소비용보다 낮다.
ㄷ. 노동시장이 완전경쟁이면 개별기업의 노동수요곡선은 우하향한다.

① ㄱ   ② ㄴ   ③ ㄱ, ㄷ
④ ㄴ, ㄷ   ⑤ ㄱ, ㄴ, ㄷ

05 노동시장에 관한 설명으로 옳은 것을 모두 고른 것은?   [18. 노무사]

ㄱ. 완전경쟁 노동시장이 수요 독점화되면 고용은 줄어든다.
ㄴ. 단기 노동수요곡선은 장기 노동수요곡선보다 임금의 변화에 비탄력적이다.
ㄷ. 채용비용이 존재할 때 숙련노동 수요곡선은 미숙련노동 수요곡선보다 임금의 변화에 더 탄력적이다.

① ㄱ   ② ㄷ   ③ ㄱ, ㄴ
④ ㄴ, ㄷ   ⑤ ㄱ, ㄴ, ㄷ

난이도 ★ 중요도 ★★

06 A기업은 노동시장에서 수요독점자이다. 다음 설명 중 옳지 않은 것은? (단, A기업은 생산물 시장에서 가격수용자이다) [16. 노무사]

① 균형에서 임금은 한계요소비용(Marginal Factor Cost)보다 낮다.
② 균형에서 노동의 한계생산가치(VMP_L)와 한계요소비용이 같다.
③ 한계요소비용곡선은 노동공급곡선의 아래쪽에 위치한다.
④ 균형에서 완전경쟁인 노동시장에 비해 노동의 고용량이 더 적어진다.
⑤ 균형에서 완전경쟁인 노동시장에 비해 노동의 가격이 더 낮아진다.

정답 및 해설

04 ⑤ ㄱ, ㄴ. 노동시장이 수요독점인 경우 수요독점기업은 한계수입생산(MRP_L)과 한계요소비용(MFC_L)이 일치하는 수준까지 노동을 고용하므로 고용량은 노동시장이 완전경쟁일 때보다 더 적은 L_1으로 결정된다. 이 때 수요독점기업은 노동공급곡선의 높이에 해당하는 w_1의 임금을 지급하므로 임금도 완전경쟁일 때보다 낮은 수준임을 알 수 있다.
   노동시장이 수요독점인 경우 임금은 한계수입생산 혹은 한계요소비용보다 더 낮은 수준으로 결정된다. 일반적으로 수요독점의 균형에서는 $MRP_L = MFC_L > w = AFC_L$의 관계가 성립한다.
   ㄷ. 노동시장이 완전경쟁일 때 개별기업의 노동수요곡선은 우하향하는 한계생산물가치(VMP_L)곡선 혹은 한계수입생산(MRP_L)곡선이다.

05 ③ 노동시장이 완전경쟁에서 수요독점으로 바뀌게 되면 수요독점기업은 $MRP_L = MFC_L$인 점에서 고용량을 결정하므로 노동시장이 완전경쟁일 때보다 고용량이 감소하게 된다. 임금이 하락하는 경우 장기에는 자본을 노동으로 대체할 것이므로 노동수요량이 대폭 증가하나 단기에는 자본을 노동으로 대체할 수 없으므로 노동수요량이 장기보다 더 적게 증가한다. 그러므로 단기 노동수요곡선은 장기 노동수요곡선보다 임금변화에 비탄력적이다.

[오답체크]
   ㄷ. 숙련노동은 기계로 대체가 어려운 경우가 대부분인데 비해 미숙련노동은 다른 생산요소로 대체가 가능한 경우가 많다. 그러므로 채용비용이 존재하더라도 숙련노동의 고용은 크게 변하지 않는 반면 미숙련노동의 고용은 큰 폭으로 변할 것이므로 미숙련노동이 숙련노동보다 임금변화에 더 탄력적이 된다.

06 ③ 수요독점기업은 우상향의 노동공급곡선에 직면하므로 한계요소비용곡선이 노동공급곡선의 상방에 위치한다.

07 A기업의 단기생산함수가 다음과 같을 때, 완전경쟁시장에서 A기업은 이윤을 극대화하는 생산수준에서 노동 50단위를 고용하고 있다. 노동 한 단위당 임금이 300일 경우, 이윤을 극대화하는 생산물 가격은? (단, 노동시장은 완전경쟁시장이고, Q는 생산량, L은 노동이다)

[20. 국가직 7급]

- A기업의 단기생산함수: $Q(L) = 200L - L^2$

① 1 ② 3
③ 5 ④ 9

08 노동만을 이용해 제품을 생산하는 기업이 있다. 생산량을 Q, 노동량을 L이라 할 때, 이 기업의 생산함수는 $Q = \sqrt{L}$이다. 이 기업이 생산하는 제품의 단위당 가격이 20이고 노동자 1인당 임금이 5일 때, 이 기업의 최적노동 고용량은? (단, 생산물시장과 노동시장은 모두 완전경쟁적이라고 가정한다)

[19. 서울시 7급]

① 1 ② 2
③ 4 ④ 8

09 노동시장에서 수요독점자인 A기업의 생산함수는 $Q = 2L + 100$이다. 생산물시장은 완전경쟁이고 생산물 가격은 100이다. 노동공급곡선이 $W = 10L$인 경우 다음을 구하시오. (단, Q는 산출량, L은 노동투입량, W는 임금이며 기업은 모든 근로자에게 동일한 임금을 지급한다)

[21. 노무사]

ㄱ. A기업의 이윤극대화 임금
ㄴ. 노동시장의 수요독점에 따른 사회후생 감소분(절댓값)의 크기

① ㄱ: 50, ㄴ: 100
② ㄱ: 50, ㄴ: 200
③ ㄱ: 100, ㄴ: 300
④ ㄱ: 100, ㄴ: 400
⑤ ㄱ: 100, ㄴ: 500

정답 및 해설

07 ② 1) 완전경쟁 생산요소시장이므로 $P \times MP = w$가 성립한다.
2) 생산함수를 통해 MP를 구하면 $MP_L = 200 - 2L$이다. 이때 노동 50단위를 고용하므로 $MP = 100$이다. $P \times 100 = 300$이므로 생산물의 가격은 3이 된다.

08 ③ 1) 생산함수가 $Q = \sqrt{L} = L^{\frac{1}{2}}$이므로 생산함수를 L에 대해 미분하면 $MP_L = \frac{1}{2}L^{-\frac{1}{2}} = \frac{1}{2\sqrt{L}}$이다.
2) 생산물시장과 생산요소시장이 완전경쟁일 때 기업이 노동자 1명을 추가로 고용할 때 얻는 수입인 한계생산물가치 $VMP_L = MP_L \times P = \frac{10}{\sqrt{L}}$이다.
3) 기업은 고용수준은 $w = VMP_L$이므로 $\frac{10}{\sqrt{L}} = 5$, $L = 4$이다.

09 ⑤ 1) 수요독점에서 이윤극대화 노동량은 $MRP_L = MFC_L$이다.
2) 생산물시장은 완전경쟁이므로 $MRP_L = VMP_L$이다.
3) $VMP_L = P \times MP_L$ ➔ $100 \times 2 = 200$이다.
4) $TFC_L = 10L^2$이므로 $MFC_L = 20L$이다.
5) 이윤극대화 노동량은 $200 = 20L$ ➔ $L = 10$이다.
6) 수요독점에서는 노동량을 노동공급곡선에 적용하면 $W = 100$이다.
7) 완전경쟁인 경우 $VMP_L = w$이므로 $L = 20$이다.
8) 사회후생 감소분 = 후생손실분 임금의 차이 × 고용량 감소분 × $\frac{1}{2}$ = $100 \times 10 \times \frac{1}{2} = 500$
9) 그래프

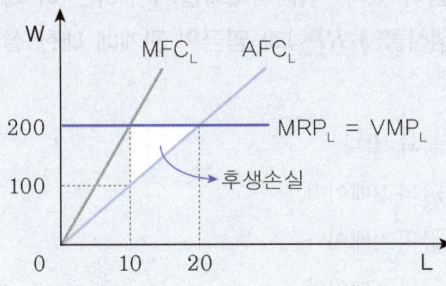

난이도 ★★   중요도 ★★★

10 기업 A는 노동만을 이용하여 재화 X를 생산한다. 기업 A의 생산함수는 $Q = \sqrt{L}$ 이며 X의 시장가격은 500이다. 기업 A는 노동에 대해 수요독점자이며, 노동시장에서 노동공급은 $w = L$ 이다. 기업 A가 선택할 임금률과 고용량을 바르게 연결한 것은? (단, w는 임금률, L은 노동량, Q는 생산량이다)

[21. 지방직 7급]

	임금률	고용량
①	25	25
②	25	50
③	50	25
④	50	50

난이도 ★★   중요도 ★★

11 어느 도시에 노동에 대한 수요독점 기업이 있다. 이윤극대화를 추구하는 이 기업의 노동의 공급탄력성은 1이다. 노동의 한계수입생산물(MRP_L)과 임금의 관계에 대한 설명으로 가장 옳은 것은?

[23. 서울시 7급]

① 노동의 한계수입생산물(MRP_L)은 임금과 같다.
② 노동의 한계수입생산물(MRP_L)은 임금의 2배이다.
③ 노동의 한계수입생산물(MRP_L)은 임금의 3배이다.
④ 노동의 한계수입생산물(MRP_L)은 임금의 4배이다.

12 난이도 ★★★ 중요도 ★★★★

생산물시장은 완전경쟁적이고, 생산물가격은 3,000이다. 기업 A의 생산함수는 $Q = 5L + 2,000$이고, 노동공급곡선은 $L = 10w + 10,000$이다. 노동시장에서 기업 A가 수요 독점자인 경우 이윤을 극대화하는 고용량(L_M)과 노동시장이 완전경쟁적인 경우 기업 A의 이윤을 극대화하는 고용량(L_C)을 바르게 연결한 것은? (단, w는 임금률, L은 노동량, Q는 생산량이다) [23. 국가직 7급]

	L_M	L_C
①	80,000	160,000
②	80,000	180,000
③	90,000	160,000
④	90,000	180,000

정답 및 해설

10 ① 1) 생산요소시장의 균형은 $MRP_L = MFC_L$이다.
   2) $MRP_L = MR \times MP_L = 500 \times \dfrac{1}{2\sqrt{L}} = \dfrac{250}{\sqrt{L}}$이다.
   3) $MFC_L = 2L$이다.
   4) 균형을 구하면 $\dfrac{250}{\sqrt{L}} = 2L$ ➜ $L = 25$이다.
   5) 수요독점인 경우 균형노동량을 노동공급곡선에 대입하면 되므로 $w = 25$이다.

11 ② 1) 노동의 공급탄력성이 1이므로 원점을 통과하는 형태이어야 한다. 이를 표현하면 노동공급곡선은 $w = aL$이라고 하자.
   2) $TFC_L = w \cdot L = aL^2$이다. 이를 L로 미분하면 $MFC_L = 2aL$이다.
   3) 수요독점의 이윤극대화 고용량은 $MRP_L = MFC_L$이므로 한계수입생산은 임금의 2배이다.

12 ① 1) 수요독점인 경우 $MRP_L = MFC_L$이다.
   ㉠ 생산물시장이 완전경쟁이므로 $MRP_L = VMP_L = P \times MP_L = 3,000 \times 5 = 15,000$이다.
   ㉡ 문제의 노동공급곡선의 식을 변형하면 $w = -1,000 + \dfrac{1}{10}L$이다. $TFC_L = w \times L = \left(-1,000 + \dfrac{1}{10}L\right)L$
   을 L로 미분하면 $MFC_L = -1,000 + \dfrac{1}{5}L$이다.
   ㉢ 이윤극대화 고용량을 구하면 $15,000 = -1,000 + \dfrac{1}{5}L$ ➜ $L_C = 80,000$
   2) 완전경쟁인 경우 $VMP_L = w$이다.
   이윤극대화 고용량은 $15,000 = -1,000 + \dfrac{1}{10}L$ ➜ $L_M = 160,000$

13 노동공급곡선이 $L = w$이고, 노동시장에서 수요독점인 기업 A가 있다. 기업 A의 노동의 한계수입 생산물이 $MRP_L = 300 - L$일 때, 아래의 설명들 중 옳지 않은 것을 〈보기〉에서 모두 고른 것은? (단, L은 노동, w는 임금, 기업 A는 이윤극대화를 추구하고 생산물시장에서 독점기업이다)

[15. 노무사]

〈보기〉
ㄱ. 이 기업의 노동의 한계요소비용은 $MFC_L = L$이다.
ㄴ. 이 기업의 고용량은 $L = 100$이다.
ㄷ. 이 기업의 임금은 $w = 200$이다.

① ㄱ ② ㄴ ③ ㄷ
④ ㄱ, ㄴ ⑤ ㄱ, ㄷ

14 생산물시장에서 독점인 A기업은 노동시장의 수요독점자이다. 이 기업이 직면하는 노동공급곡선이 $w = 50 + 10L$이고, 노동자의 추가 고용으로 얻는 노동의 한계수입생산물은 $MRP_L = 200 - 5L$일 때 이윤극대화를 추구하는 이 기업이 노동자에게 지급하는 임금은? (단, w는 임금, L은 고용량이다)

[14. 노무사]

① 90 ② 100 ③ 110
④ 120 ⑤ 130

난이도 ★ 중요도 ★★

15 경제적 지대와 전용수입에 대한 설명으로 가장 옳은 것은? [23. 서울시 7급]

① 생산요소의 공급곡선이 수평선에 가까워질수록 경제적 지대는 커진다.
② 생산요소의 공급탄력성이 0에 근접할수록 경제적 지대는 작아진다.
③ 생산요소 공급이 가격에 대해 무한탄력적이면 전용수입만 지불하면 된다.
④ 유명 연예인이나 스포츠의 슈퍼스타는 경제적 지대에 비해 상대적으로 큰 전용수입을 얻는다.

정답 및 해설

13 ⑤ ㄱ. 수요독점기업이 직면하고 있는 노동공급곡선 식이 $w = L$이므로 총요소비용 $TFC_L = w \cdot L = L^2$이다. 총요소비용을 L에 대해 미분하면 한계요소비용 $MFC_L = 2L$이다.
ㄴ, ㄷ. 한계수입생산 $MRP_L = 300 - L$이므로 이윤극대화 노동고용량을 구하기 위해 $MRP_L = MFC_L$로 두면 $300 - L = 2L$, $L = 100$으로 계산된다. 수요독점기업은 노동공급곡선 높이에 해당하는 임금을 지급하므로 $L = 100$을 노동공급곡선식에 대입하면 $w = 100$임을 알 수 있다.

14 ③ 1) 수요독점이므로 $MFC = MRP$가 성립해야 한다.
2) $MFC = 50 + 20L$이므로 $50 + 20L = 200 - 5L$ ➔ $L = 6$이다.
3) 수요독점인 경우 노동공급에 대입하여 임금을 구하므로 $w = 110$이 된다.

15 ③ 생산요소 공급이 가격에 대해 무한탄력적이면 경제적지대가 없으므로 전용수입만 지불하면 된다.
[오답체크]
① 경제적지대는 공급의 가격탄력성이 비탄력적일수록 커진다. 따라서 생산요소의 공급곡선이 수평선에 가까워질수록 경제적 지대는 작아진다.
② 생산요소의 공급탄력성이 0에 근접할수록 경제적 지대는 커진다.
④ 유명 연예인이나 스포츠의 슈퍼스타는 공급의 가격탄력성이 비탄력적이므로 경제적 지대에 비해 상대적으로 작은 전용수입을 얻는다.

16 노동시장에서의 임금격차에 관한 설명으로 옳지 않은 것은? [20. 노무사]

① 임금격차는 인적자본의 차이에 따라 발생할 수 있다.
② 임금격차는 작업조건이 다르면 발생할 수 있다.
③ 임금격차는 각 개인의 능력과 노력 정도의 차이에 따라 발생할 수 있다.
④ 임금격차는 노동시장에 대한 정보가 완전해도 발생할 수 있다.
⑤ 임금격차는 차별이 없으면 발생하지 않는다.

17 보상적 임금격차에 관한 설명으로 옳지 않은 것은? [13. 노무사]

① 근무조건이 좋지 않은 곳으로 전출되면 임금이 상승한다.
② 물가가 높은 곳에서 근무하면 임금이 상승한다.
③ 비금전적 측면에서 매력적인 일자리는 임금이 상대적으로 낮다.
④ 성별 임금격차도 일종의 보상적 임금격차이다.
⑤ 더 비싼 훈련이 요구되는 직종의 임금이 상대적으로 높다.

난이도 ★　중요도 ★★★

18 최근 소득불평등에 대한 사회적 관심이 커지고 있다. 소득불평등 측정과 관련한 다음의 설명 중 가장 옳은 것은?

[18. 서울시 7급]

① 10분위 분배율의 값이 커질수록 소득분배가 불평등하다는 것을 의미한다.
② 지니계수의 값이 클수록 소득분배는 평등하다는 것을 의미한다.
③ 완전균등한 소득분배의 경우 애킨슨 지수값은 0이다.
④ 로렌츠곡선이 대각선에 가까워질수록 소득분배는 불평등하다.

정답 및 해설

16　⑤　차별이 없더라도 인적자본의 차이, 작업여건의 차이 등에 의해 임금격차가 발생할 수 있다.
17　④　성별격차는 불합리한 차별에 해당한다.
18　③　애킨슨 지수는 0과 1 사이의 값을 가지며 완전균등한 소득분배의 경우 애킨슨 지수값은 0이다.

[오답체크]
① 10분위 분배율의 값이 커질수록 소득분배가 평등하다는 것을 의미한다.
② 지니계수의 값이 클수록 소득분배는 불평등하다는 것을 의미한다.
④ 로렌츠곡선이 대각선에 가까워질수록 소득분배는 평등하다.

19 다음은 불평등 지수에 대한 설명이다. ㉠~㉢에 들어갈 말로 알맞은 것은? [14. 지방직 7급]

- 지니계수가 (㉠)수록, 소득불평등 정도가 크다.
- 십분위 분배율이 (㉡)수록, 소득불평등 정도가 크다.
- 애킨슨 지수가 (㉢)수록, 소득불평등 정도가 크다.

	㉠	㉡	㉢
①	클	작을	작을
②	클	작을	클
③	작을	작을	작을
④	작을	클	클

20 A국에서 국민 20%가 전체 소득의 절반을, 그 외 국민 80%가 나머지 절반을 균등하게 나누어 가지고 있다. A국의 지니계수는? [19. 국가직 7급]

① 0.2 ② 0.3
③ 0.4 ④ 0.5

21 지니계수에 대한 설명으로 옳은 것을 모두 고른 것은? [21. 노무사]

ㄱ. 대표적인 소득분배 측정방법 중 하나이다.
ㄴ. 45도 대각선 아래의 삼각형 면적을 45도 대각선과 로렌츠곡선 사이에 만들어진 초승달 모양의 면적으로 나눈 비율이다.
ㄷ. -1과 1사이의 값을 가진다.
ㄹ. 계수의 값이 클수록 평등한 분배상태를 나타낸다.

① ㄱ   ② ㄱ, ㄴ   ③ ㄴ, ㄷ
④ ㄱ, ㄷ, ㄹ   ⑤ ㄴ, ㄷ, ㄹ

정답 및 해설

19 ② 지니계수와 애킨슨 지수는 모두 0과 1 사이의 값을 갖고, 그 값이 클수록 소득분배가 불평등함을 나타낸다. 이에 비해 십분위분배율은 0과 2 사이의 값을 갖고, 그 값이 작을수록 소득분배가 불평등함을 나타낸다.

20 ② 1) 하위 80%의 국민이 전체 소득의 절반을 균등하게 갖고, 상위 20%의 국민이 전체 소득의 절반을 균등하게 갖는 경우 로렌츠곡선은 아래 그림과 같다.

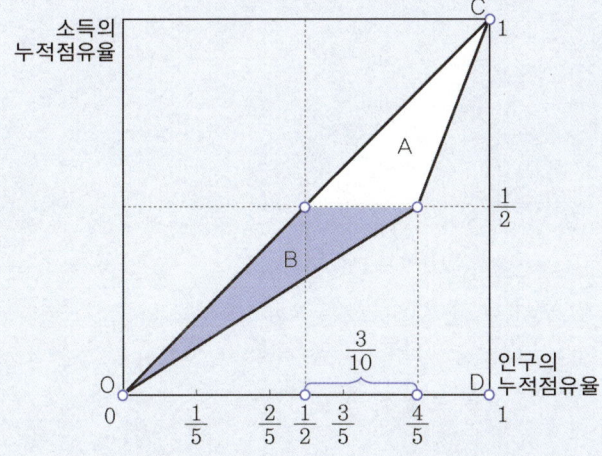

2) A의 면적은 $\frac{3}{40}$이고 B의 면적은 $\frac{3}{40}$이므로 합은 $\frac{3}{20}$이다.

3) 삼각형 COD면적은 $\frac{1}{2}$이므로 지니계수는 $\frac{\frac{3}{20}}{\frac{1}{2}} = \frac{3}{10}$이다.

21 ① [오답체크]
ㄴ. 45도 대각선과 로렌츠곡선 사이에 만들어진 초승달 모양의 면적을 45도 대각선 아래의 삼각형 면적으로 나눈 비율이다.
ㄷ. 0과 1 사이의 값을 가진다.
ㄹ. 계수의 값이 클수록 불평등한 분배상태를 나타낸다.

22 개인 A와 B로 구성된 한 사회에서 개인의 소득이 각각 I_A = 400만원, I_B = 100만원이다. 개인 $i = A$, B의 효용함수가 $U_i = I_i$이고, 이 사회의 사회후생함수(SW)가 다음과 같을 때, 애킨슨 지수(Atkinson index)를 구하면? [21. 국가직 7급]

$$SW = Min(U_A, 2U_B)$$

① 0.20
② 0.25
③ 0.30
④ 0.35

23 노동수요곡선에 대한 설명으로 옳은 것을 〈보기〉에서 모두 고르면? [15. 국회직 8급]

〈보기〉
ㄱ. 노동의 한계생산물이 빠르게 체감할수록 노동수요는 임금탄력적이 된다.
ㄴ. 생산물에 대한 수요가 증가하면 노동수요곡선이 우측으로 이동한다.
ㄷ. 노동 1단위당 자본량이 증가하면 노동수요곡선이 좌측으로 이동한다.

① ㄱ
② ㄴ
③ ㄱ, ㄴ
④ ㄴ, ㄷ
⑤ ㄱ, ㄴ, ㄷ

난이도 ★★★★   중요도 ★★

24 A기업의 생산함수는 $Q = K^{0.5}L^{0.5}$이고 단기에 자본투입량은 1로 고정되어 있다. 임금이 10, 생산품 가격이 100이라면 이 기업의 단기 균형에 대한 설명으로 옳은 것만을 〈보기〉에서 모두 고르면? (단, Q는 산출량, K는 자본투입량, L은 노동투입량을 의미한다) [19. 국회직 8급]

〈보기〉
ㄱ. 단기의 이윤극대화 노동투입량은 10이다.
ㄴ. 단기의 이윤극대화 생산량은 5이다.
ㄷ. 최대 이윤은 400이다.
ㄹ. 자본재 가격이 100을 넘으면 이윤이 음의 값을 가진다.

① ㄴ   ② ㄱ, ㄷ   ③ ㄴ, ㄷ
④ ㄷ, ㄹ   ⑤ ㄴ, ㄷ, ㄹ

정답 및 해설

22 ① 1) 롤스의 분배는 작은 수에 의해 결정되므로 $I_B = 100$일 때 결정된다.
2) 소득과 효용이 같고 $U_A = 2U_B$이므로 A가 가져야 하는 소득은 200이고 이것이 균등분배 대등소득이 된다.
3) 애킨슨 지수 = $1 - \dfrac{\text{균등분배대등소득}}{\text{평균소득}}$이므로 $1 - \dfrac{200}{250} = 0.2$이다.

23 ② 1) 특별한 언급이 없으므로 상품시장 경쟁, 노동시장 경쟁인 경우를 가정하여야 한다.
2) 지문분석
ㄴ. 생산물에 대한 수요가 증가하면 생산물 가격(P)이 상승한다. 따라서 노동수요곡선은 우측으로 이동한다.

[오답체크]
ㄱ. 노동의 한계생산물(MP_L)이 빠르게 체감한다는 것은 노동의 한계생산물곡선이 가파르다는 것을 의미한다. 노동수요곡선이 가파르면 임금비탄력적이다.
ㄷ. 노동 1단위당 자본량이 증가하면 노동의 한계생산물(MP_L)이 증가한다. 따라서 노동수요곡선이 우측으로 이동한다.

24 ① 1) 자본량이 1로 고정되어 있으므로 $Q = L^{0.5}$이다.
2) 주어진 임금과 자본량을 대입하면 $C = 10L + r$ (r은 임대료율)이다.
3) 이윤극대화는 $w = P \cdot MPL$ → $10 = 100 \cdot 0.5L^{-0.5}$ → $L = 25$, $Q = 5$이다.

[오답체크]
ㄱ. 단기의 이윤극대화 노동투입량은 25이다.
ㄷ. 이윤은 $PQ - C = 250 - r$이므로 최대 이윤은 250이다.
ㄹ. 자본재 가격이 250을 넘으면 이윤이 음의 값을 가진다.

25 연기자를 고용하는 방송국이 하나만 존재하는 경우를 가정하자. 연기자 시장에서 발생하는 현상에 대한 설명 중 옳지 않은 것은?

[13. 국회직 8급]

① 연기자의 임금 수준은 방송국이 여러 개일 때보다 낮다.
② 연기자의 임금은 한계요소비용보다 낮다.
③ 연기자의 임금은 한계수입생산보다 낮다.
④ 연기자가 노동조합을 결성하여 단체 교섭을 하면 임금은 높일 수 있으나 고용 인원은 줄어들 수밖에 없다.
⑤ 방송국과 연기자 노동조합의 공동이익을 최대화하는 고용 인원은 한계비용과 한계수입생산이 일치하는 수준에서 결정된다.

정답 및 해설

25 ④ 1) 연기자를 고용하는 방송국이 하나만 존재하는 경우는 생산요소시장에서 수요독점이 발생한 상황이다.
2) 노동조합을 결성하여 단체교섭을 하면 임금과 고용 모두 늘릴 수 있다.

STEP 2   감정평가사 기출문제

26   난이도 ★   중요도 ★★★

X재 생산에 대한 현재의 노동투입 수준에서 노동의 한계생산은 15, 평균생산은 17, X재의 시장 가격은 20일 경우, 노동의 한계생산물가치(VMP_L)는? (단, 상품시장과 생산요소시장은 모두 완전경쟁시장이다)

[16. 감정평가사]

① 200   ② 255   ③ 300
④ 340   ⑤ 400

27   난이도 ★★   중요도 ★★★

기업 A의 생산함수는 $Q=\sqrt{L}$ 이며, 생산물의 가격은 5, 임금률은 0.5이다. 이윤을 극대화하는 노동투입량(L^*)과 산출량(Q^*)은? (단, Q는 산출량, L은 노동투입량이며, 생산물시장과 노동시장은 완전경쟁시장이다)

[22. 감정평가사]

① $L^*=10$, $Q^*=\sqrt{10}$
② $L^*=15$, $Q^*=\sqrt{15}$
③ $L^*=20$, $Q^*=2\sqrt{5}$
④ $L^*=25$, $Q^*=5$
⑤ $L^*=30$, $Q^*=\sqrt{30}$

정답 및 해설

26 ③   1) 한계생산물가치는 $P \times MP$이다.
        2) 따라서 한계생산물가치는 $20 \times 15 = 300$이다.

27 ④   1) 완전경쟁시장의 이윤극대화 고용량 조건은 $P \times MP_L = w$이다.
        2) 문제의 조건에서 $MP_L = \dfrac{1}{2\sqrt{L}}$ 이다.
        3) 문제의 조건을 대입하면 $5 \times \dfrac{1}{2\sqrt{L}} = 0.5$ → $L=25$, $Q=5$이다.

28 기업 A가 직면하는 노동공급곡선은 $w = 60 + 0.08L$이다. 현재 기업 A가 1,000의 노동량을 고용할 때, 노동의 한계요소비용은? (단, w는 임금률, L은 노동량이다) [24. 감정평가사]

① 임금률보다 80 크다.
② 임금률보다 160 크다.
③ 임금률과 같다.
④ 임금률보다 80 작다.
⑤ 임금률보다 160 작다.

29 생산요소시장에 관한 설명으로 옳은 것을 모두 고른 것은? [23. 감정평가사]

ㄱ. 수요독점의 노동시장에서 수요독점자가 지불하는 임금률은 노동의 한계수입생산보다 낮다.
ㄴ. 노동시장의 수요독점은 생산요소의 고용량과 가격을 완전경쟁시장에 비해 모두 더 낮은 수준으로 하락시킨다.
ㄷ. 생산요소의 공급곡선이 수직선일 경우 경제적지대(economic rent)는 발생하지 않는다.
ㄹ. 전용수입(transfer earnings)은 고용된 노동을 현재 수준으로 유지하기 위해 생산요소의 공급자가 받아야 하겠다는 최소한의 금액이다.

① ㄷ, ㄹ
② ㄱ, ㄴ, ㄷ
③ ㄱ, ㄴ, ㄹ
④ ㄴ, ㄷ, ㄹ
⑤ ㄱ, ㄴ, ㄷ, ㄹ

30 노동시장이 수요독점일 때 이에 관한 설명으로 옳은 것을 모두 고른 것은? (단, 생산물 시장은 완전경쟁시장이며, 노동수요곡선은 우하향, 노동공급곡선은 우상향한다) [22. 감정평가사]

ㄱ. 노동의 한계생산가치(value of marginal product of labor)곡선이 노동수요곡선이다.
ㄴ. 한계요소비용(marginal factor cost)곡선은 노동공급곡선의 아래쪽에 위치한다.
ㄷ. 균형 고용량은 노동의 한계생산가치곡선과 한계요소비용곡선이 만나는 점에서 결정된다.
ㄹ. 노동시장이 완전경쟁인 경우보다 균형 임금률이 낮고 균형 고용량이 많다.

① ㄱ, ㄴ
② ㄱ, ㄷ
③ ㄱ, ㄹ
④ ㄴ, ㄷ
⑤ ㄷ, ㄹ

31 난이도 ★★ 중요도 ★★★

A대학교 근처에는 편의점이 하나밖에 없으며, 편의점 사장에게 아르바이트 학생의 한계생산가치는 $VMP_L = 60 - 3L$이다. 아르바이트 학생의 노동공급이 $L = w - 40$이라고 하면, 균형 고용량과 균형임금은 각각 얼마인가? (단, L은 노동량, w는 임금이다) [19. 감정평가사]

① 2, 42
② 4, 44
③ 4, 48
④ 6, 42
⑤ 6, 46

정답 및 해설

28 ① 1) 기업 A가 직면하는 노동수요곡선이 우상향하므로 수요독점노동시장이다.
2) $TFC_L = wL$ → $(60 + 0.08L)L$이다. 이를 L로 미분하면 $MFC_L = 60 + 0.16L$이다.
3) 노동자를 1,000명 고용하면 $w = 60 + 0.08 \times 1,000 = 140$이다.
4) 노동자를 1,000명 고용하면 $MFC_L = 60 + 0.16 \times 1,000 = 220$이다. 따라서 임금률보다 80이 더 크다.

29 ③ [오답체크]
ㄷ. 생산요소의 공급곡선이 수직선일 경우 전용수입은 발생하지 않고, 모두 경제적 지대가 된다.

30 ② [오답체크]
ㄴ. 한계요소비용(marginal factor cost)곡선은 노동공급곡선의 위쪽에 위치한다.
ㄹ. 노동시장이 완전경쟁인 경우보다 균형 임금률과 고용량 모두 낮다.

31 ② 1) 수요독점이므로 MRP_L(또는 VMP_L) $= MFC_L$이 성립한다.
2) $TFC_L = W \cdot L = L^2 + 40L$ → $MFC_L = 2L + 40$
3) $VMP_L = 60 - 3L$ → $2L + 40 = 60 - 3L$ → $L = 4$
4) 이를 노동공급곡선에 대입하면 $w = 44$이다.

32 경제적 지대(economic rent)에 관한 설명으로 옳은 것을 모두 고른 것은? [19. 감정평가사]

ㄱ. 공급이 제한된 생산요소에 발생하는 추가적 보수를 말한다.
ㄴ. 유명 연예인이나 운동선수의 높은 소득과 관련이 있다.
ㄷ. 생산요소의 공급자가 받고자 하는 최소한의 금액을 말한다.
ㄹ. 비용불변산업의 경제적 지대는 양(+)이다.

① ㄱ, ㄴ
② ㄱ, ㄷ
③ ㄱ, ㄹ
④ ㄴ, ㄷ
⑤ ㄴ, ㄹ

33 노동의 시장수요함수와 시장공급함수가 다음과 같을 때 균형에서 경제적 지대(economic rent)와 전용수입(transfer earnings)은? (단, L은 노동량, w는 임금이다) [17. 감정평가사]

- (시장수요함수) $L_D = 24 - 2w$
- (시장공급함수) $L_S = -4 + 2w$

① 0, 70
② 25, 45
③ 35, 35
④ 45, 25
⑤ 70, 0

34 소득분배에 관한 설명으로 옳은 것을 모두 고른 것은? [23. 감정평가사]

ㄱ. 국민소득이 임금, 이자, 이윤, 지대 등으로 나누어지는 몫이 얼마인지 보는 것이 계층별 소득분배이다.
ㄴ. 로렌츠곡선이 대각선에 가까울수록 보다 불평등한 분배상태를 나타낸다.
ㄷ. 두 로렌츠곡선이 교차하면 소득분배 상태를 비교하기가 불가능하다.
ㄹ. 지니계수 값이 1에 가까울수록 보다 불평등한 분배상태를 나타낸다.

① ㄱ, ㄴ
② ㄱ, ㄷ
③ ㄴ, ㄷ
④ ㄴ, ㄹ
⑤ ㄷ, ㄹ

35 난이도 ★ 중요도 ★★★

생산요소시장에서 경제적 지대(economic rent)에 관한 설명으로 옳지 않은 것은?

[25. 감정평가사]

① 생산요소의 기회비용을 초과해 추가로 지불되는 보수로 해석할 수 있다.
② 전용수입(transfer earnings)은 생산요소를 현재 수준으로 유지하기 위한 것과 관련된 기회비용이다.
③ 공급이 비탄력적일수록 경제적 지대는 커진다.
④ 희소성이 큰 생산요소일수록 경제적 지대가 크다.
⑤ 공급이 완전탄력적일 경우 전용수입이 발생하지 않는다.

정답 및 해설

32 ① [오답체크]
ㄷ. 생산요소의 공급자가 받고자 하는 최소한의 금액은 전용수입(= 이전수입)이다.
ㄹ. 비용불변산업의 경제적 지대는 0이다.

33 ② 1) 균형가격과 거래량을 구하면 $24 - 2w = -4 + 2w$ ➡ $w = 7$, 거래량은 10이다.
2) 경제적 지대는 $5 \times 10 \times \frac{1}{2} = 25$이다.
3) 전용수입은 $(2 + 7) \times 10 \times \frac{1}{2} = 45$이다.

34 ⑤ [오답체크]
ㄱ. 국민소득이 임금, 이자, 이윤, 지대 등으로 나누어지는 몫이 얼마인지 보는 것이 기능별 소득분배이다.
ㄴ. 로렌츠곡선이 대각선에 가까울수록 보다 평등한 분배상태를 나타낸다.

35 ⑤ 공급이 완전탄력적일 경우 생산자잉여가 발생하지 않는다.

Topic 13 조세

01 조세

개념	(1) 정부가 개별적 대가 없이 법률에 의해 국민으로부터 거두어들이는 수입 (2) 정부가 제공하는 재화와 서비스에 대한 대가
적용세율에 따른 조세	(1) ㉮_____: 과세 대상 금액이 많을수록 높은 세율 적용 (2) ㉯_____: 과세 대상 금액에 관계없이 동일 세율 적용 (3) **역진세**: 과세 대상 금액이 증가함에도 불구하고 오히려 세율이 낮아지는 조세

02 직접세 vs 간접세

구분	직접세	간접세
개념	㉰_____ ∴ 조세전가 ㉱_____	㉲_____ ∴ 조세전가 ㉳_____
과세대상	소득의 원천이나 재산의 규모	소비 지출 행위
종류	(1) **개인 소득**: 개인 소득세, 법인세 (2) **재산 규모**: 종합 토지세, 재산세 (3) **재산의 상속·거래**: 상속세, 증여세 등	부가 가치세, 개별 소비세, 주세, 증권 거래세
특징	(1) ㉴_____ 적용 → 가처분 소득의 격차 완화(소득 재분배) (2) 조세 저항이 ㉵_____ 조세 징수 곤란 (3) 저축과 근로 의욕의 저해	(1) ㉶_____ 적용 → 저소득층에 불리(조세 부담의 ㉷_____ 초래) (2) 조세 저항이 ㉸_____ 조세 징수 용이 (3) 상품의 가격 상승으로 물가 상승 우려

> **핵심키워드**
> ㉮ 누진세, ㉯ 비례세, ㉰ 납세자 = 담세자, ㉱ 납세자 ≠ 담세자, ㉲ 불가, ㉳ 가능, ㉴ 누진세율, ㉵ 비례세율,
> ㉶ 역진성, ㉷ 강하여, ㉸ 약하여

03 조세의 귀착(tax incidence)

조세유형	㉮ _____ 에게 종량세 t원	㉯ _____ 에게 종량세 t원
부과효과	• 소비자잉여: -(A + C) • 생산자잉여: -(B + D) • 조세 수입: A + B ------------------------ • 사회 후생: -(C + D)	• 소비자잉여: -(A + C) • 생산자잉여: -(B + D) • 조세 수입: A + B ------------------------ • 사회 후생: -(C + D)
탄력성과 조세부담	㉰ _____ 일수록 조세부담이 큼	
탄력성과 후생손실	㉱ _____ 일수록 사중손실이 큼	

핵심키워드
㉮ 생산자, ㉯ 소비자, ㉰ 비탄력적, ㉱ 탄력적

STEP 1 타시험 기출문제

01 난이도 ★ 중요도 ★★★

甲국에서 X재에 대한 국내 수요곡선과 국내 공급곡선은 다음과 같다.

- 국내 수요곡선: $Q_D = 700 - P$
- 국내 공급곡선: $Q_S = 200 + 4P$

소비자에게 X재 1개당 10의 세금이 부과될 때, 소비자가 지불하는 가격(P_B)과 공급자가 받는 가격(P_s)을 바르게 연결한 것은? (단, Q_D는 국내 수요량, Q_S는 국내 공급량, P는 X재 가격이다)

[21. 지방직 7급]

	P_B	P_s
①	98	108
②	108	98
③	100	110
④	110	100

02 난이도 ★★ 중요도 ★★

어떤 상품의 수요곡선과 공급곡선은 직선이며, 상품 1단위당 5,000원의 세금이 부과되었다고 하자. 세금의 부과는 상품에 대한 균형거래량을 200개에서 100개로 감소시켰으며, 소비자잉여를 450,000원 감소시키고, 생산자잉여는 300,000원 감소시켰다. 세금부과에 따른 자중손실은?

[19. 지방직 7급]

① 250,000원
② 500,000원
③ 750,000원
④ 1,000,000원

난이도 ★★ 중요도 ★★★

03 정부가 X재에 대하여 종량세 부과 또는 보조금 지급을 고려하고 있다. (가), (나)에 들어갈 말을 바르게 연결한 것은? (단, 시장은 수요와 공급 법칙을 따른다) [23. 지방직 7급]

- X재 수요의 가격탄력성이 작을수록 (가)의 세금부담이 커진다.
- X재 공급의 가격탄력성이 클수록 (나)의 보조금 혜택이 커진다.

	(가)	(나)
①	소비자	소비자
②	소비자	생산자
③	생산자	소비자
④	생산자	생산자

정답 및 해설

01 ② 1) 주어진 조건의 균형을 구하면 $700 - P = 200 + 4P$이므로 $P = 100$, $Q = 600$이다.
2) 소비자에게 조세를 부과했으므로 수요곡선이 $P = 700 - Q$ ➔ $P = 690 - Q$로 변화한다.
3) 새로운 균형을 구하면 $690 - P = 200 + 4P$ ➔ $P = 98$이다. 이는 생산자가 받는 가격이다.
4) 여기에 10을 더하면 소비자가 내는 가격이 된다.
5) 그래프

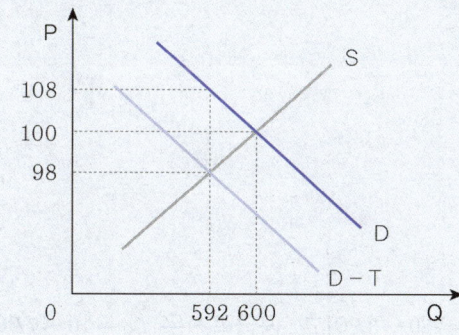

02 ① 단위당 조세의 크기가 5,000원이고, 조세부과에 따른 거래량 감소분이 100개이므로 자중손실의 크기는 250,000원$(= \frac{1}{2} \times 5,000 \times 100)$이다.

03 ① 1) 조세의 귀착은 비탄력적일수록 크고, 탄력적일수록 작다. 보조금의 혜택도 마찬가지이다.
2) X재 수요의 가격탄력성이 작을수록 당사자인 소비자의 세금부담이 커진다.
3) X재 공급의 가격탄력성이 클수록 상대방인 소비자의 보조금 혜택이 커진다.

04 X재 시장의 수요함수와 공급함수는 각각 Q^D=5,000-10P, Q^S=-2,000+10P이다. 정부가 생산자에게 단위당 100의 보조금을 지급할 때 발생하는 후생손실(deadweight loss)의 크기는? (단, Q^D는 수요량, Q^S는 공급량, P는 가격이다) [23. 국가직 7급]

① 25,000
② 30,000
③ 35,000
④ 40,000

05 독점기업 A의 수요함수와 평균비용이 다음과 같다. 정부가 A의 생산을 사회적 최적 수준으로 강제하는 대신 A의 손실을 보전해 줄 때, 정부가 A에 지급하는 금액은? (단, Q_D는 수요량, P는 가격, AC는 평균비용, Q는 생산량이다) [19. 국가직 7급]

- 수요함수: $Q_D = \dfrac{25}{2} - \dfrac{1}{4}P$
- 평균비용: $AC = -Q + 30$

① 50
② 100
③ 150
④ 200

06 A국에서 어느 재화의 수요곡선은 $Q_d = 280 - 3P$이고, 공급곡선은 $Q_d = 10 + 7P$이다. A국 정부는 이 재화의 가격상한을 20원으로 설정하였고, 이 재화의 생산자에게 보조금을 지급하여 공급량을 수요량에 맞추고자 한다. 이 조치에 따른 단위당 보조금은? (단, P는 이 재화의 단위당 가격이다) [18. 국가직 7급]

① 10원
② 12원
③ 14원
④ 16원

정답 및 해설

04 ① 1) 시장의 균형을 구하면 $5,000 - 10P = -2,000 + 10P$ ➡ $20P = 7,000$ ➡ $P = 350$, $Q = 1,500$이다.
2) 생산자에게 보조금을 지급하는 것을 구하려면 P에 관하여 푼 후 보조금만큼 빼줘야 한다.
3) $Q^S = -2,000 + 10P$ ➡ $P = 200 + \frac{1}{10}Q - 100$ ➡ $P = 100 + \frac{1}{10}Q$ ➡ $Q^S = -1,000 + 10P$
4) 새로운 균형을 구하면 $5,000 - 10P = -1,000 + 10P$ ➡ $P = 300$, $Q = 2,000$이다.
5) 그래프

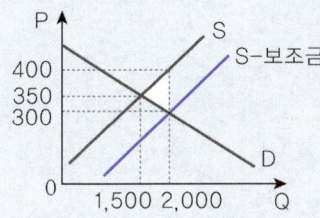

6) 후생손실을 구하면 $100 \times 500 \times \frac{1}{2} = 25,000$이다.

05 ② 1) $TC = AC \times Q = Q^2 + 30Q$이므로 이를 Q에 대해 미분하면 한계비용 $MC = -2Q + 30$이다.
2) 수요곡선을 P에 대해 정리하면 $P = 50 - 4Q$이다. 사회적인 최적생산량은 수요곡선과 한계비용곡선이 교차하는 점에서 결정되므로 $P = MC$로 두면 $50 - 4Q = -2Q + 30$, $Q = 10$이다. $Q = 10$을 수요곡선식에 대입하면 $P = 10$, $Q = 10$을 평균비용곡선식에 대입하면 $AC = 20$이므로 사회적인 최적생산량 수준에서는 단위당 10만큼의 적자가 발생한다.
3) 단위당 10만큼의 적자가 발생하고 생산량이 10이므로 전체 적자규모는 100이다. 그러므로 정부가 A기업에게 지급해야 하는 금액은 100이 된다.

06 ① 1) $P = 20$에서 최고가격제를 시행하면 수요곡선과 공급곡선식에 대입하면 수요량이 220이고, 공급량이 150이므로 70만큼의 초과수요가 발생한다.
2) 초과수요를 해소하기 위해 생산자에게 단위당 S원의 보조금을 지급하면 공급곡선이 단위당 보조금의 크기만큼 하방으로 이동한다.
3) 공급곡선식을 P에 대해 정리하면 $P = \frac{1}{7}Q - \frac{10}{7}$이므로 단위당 S원의 보조금을 지급하면 공급곡선식이 $P = \frac{1}{7}Q - \frac{10}{7} - S$로 바뀌게 된다. 이를 다시 Q에 대해 정리하면 $Q = 7S + 10 + 7P$이다.
4) 보조금을 지급했을 때 수요량과 공급량이 같아져야 하므로 $P = 20$, $Q = 220$을 보조금 지급 이후의 공급곡선식에 대입하면 $220 = 7S + 10 + 140$이므로 $S = 10$으로 계산된다. 그러므로 단위당 10원의 보조금을 지급하면 가격상한에 따른 초과수요를 없앨 수 있게 된다.

07 甲국에서 X재에 대한 국내 수요곡선과 국내 공급곡선은 다음과 같다.

- 국내 수요곡선: $Q_D = 100 - P$
- 국내 공급곡선: $Q_S = P$

甲국 정부가 X재의 최저가격을 $P = 60$으로 설정하는 대신 X재를 구입하는 소비자에게 단위당 일정액의 보조금을 지급하려고 한다. 甲국 정부가 최저가격 설정 전의 거래량을 유지하고자 할 때 필요한 보조금의 총액은? (단, Q_D는 국내 수요량, Q_S는 국내 공급량, P는 X재 가격이다)   [21. 지방직 7급]

① 250
② 500
③ 750
④ 1,000

08 A국의 소득세는 $T = Max[0, 0.15(Y - 1,000)]$의 식에 따라 결정된다. 즉, 연소득 1,000만원까지는 전혀 세금을 부과하지 않고, 1,000만원을 넘는 부분에 대해서만 15%의 세율로 세금을 부과한다. 이 소득세 제도의 1,000만원 이상 소득구간에서 한계세율 (ㄱ)과 평균세율 (ㄴ)에 대한 설명으로 옳은 것은? (단, T는 세액, Y는 소득이다)   [15. 지방직 7급]

	(ㄱ)	(ㄴ)
①	누진적	누진적
②	누진적	비례적
③	비례적	비례적
④	비례적	누진적

난이도 ★★ 중요도 ★

09 광수는 소득에 대해 다음의 누진세율을 적용받고 있다고 가정하자. 처음 1,000만원에 대해서는 면세이고, 다음 1,000만원에 대해서는 10%, 그 다음 1,000만원에 대해서는 15%, 그 다음 1,000만원에 대해서는 25%, 그 이상 초과 소득에 대해서는 50%의 소득세율이 누진적으로 부과된다. 광수의 소득이 7,500만원일 경우 광수의 평균세율은 얼마인가?

[13. 서울시 7급]

① 20% ② 25% ③ 28%
④ 30% ⑤ 36.67%

정답 및 해설

07 ② 1) 주어진 조건으로 균형가격과 거래량을 구하면 $100 - P = P$ ➡ $P = 50$, $Q = 50$이다.
  2) 최저가격을 $P = 60$으로 설정할 경우 구매량을 50으로 맞추려면 $10 \times 50 = 500$의 보조금을 지급하여야 한다.
  3) 그래프

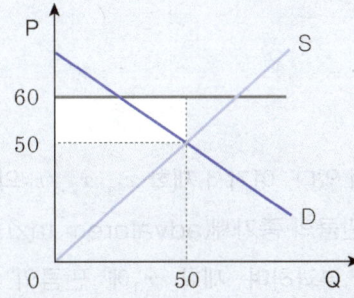

08 ④ 한계세율(Marginal Tax Rate)은 소득이 1단위 증가할 때 납세액이 증가하는 비율을, 평균세율(Average Tax Rate)은 소득에서 납세액이 차지하는 비율을 말한다. 소득이 1,000만원을 넘는 구간에서는 세수함수가 $T = -150 + 0.15Y$이므로 선형 누진세의 형태를 가진다. 한계세율은 0.15로 일정하나, 평균세율은 소득이 증가할수록 점점 높아진다.

09 ④ 1) 납부세액 $= (1,000 \times 0\%) + (1,000 \times 10\%) + (1,000 \times 15\%) + (1,000 \times 25\%) + (3,500 \times 50\%) = 0 + 100 + 150 + 250 + 1,750 = 2,250$만원
  2) 광수의 소득이 7,500만원이고 납세액이 2,250만원이므로 평균세율(= 납세액/소득)은 30%이다.

난이도 ★★★   중요도 ★★

10 조세부과에 따른 소비자의 초과부담에 관한 설명으로 가장 적절한 것은? [23. 군무원 7급]

① 열등재는 초과부담이 존재한다.
② 완전보완재인 재화는 초과부담이 존재한다.
③ 대체효과와 소득효과가 완전하게 상쇄하게 되면 수요량의 변화가 없게 되어 초과부담은 없다.
④ 초과부담은 보상변화(compensating variation)의 크기와 조세수입을 비교하여 측정한다.

난이도 ★★★★   중요도 ★

11 예산제약식이 $p_1x_1 + p_2x_2 + p_3x_3 = m$로 주어져 있다. 여기서 재화 x_1, x_2, x_3의 가격은 p_1, p_2, p_3이고 m은 소득이다. 정부가 재화 x_1에 만큼의 종가세(advalorem tax)를 부과하고 재화 x_2에 만큼의 종량세(specific tax)를 부과하며 재화 x_3에 만큼의 수량보조금(quantity subsidy)을 지급한다. 이런 상황이 발생하면 예산제약식은 어떻게 변하는가?

[23. 군무원 7급]

① $(1 + kp_1)x_1 + (p_2 + t)x_2 + (p_3 - s)x_3 = m$
② $(p_1 + k)x_1 + (1 + t)p_2x_2 + (1 - s)p_3x_3 = m$
③ $(1 + k)p_1x_1 + (p_2 + t)x_2 + (p_3 - s)x_3 = m$
④ $(1 + k)p_1x_1 + (p_2 + t)x_2 + (1 - s)p_3x_3 = m$

난이도 ★   중요도 ★

12 어느 재화를 생산하는 기업이 직면하는 수요곡선은 $Q_d = 200 - P$이고, 공급곡선 Q_S는 $P = 100$에서 수평선으로 주어져 있다. 정부가 이 재화의 소비자에게 단위당 20원의 물품세를 부과할때, 초과부담을 조세수입으로 나눈 비효율성계수(coefficient of inefficiency)는? (단, P는 가격이다)

[18. 국가직 7급]

① $\dfrac{1}{8}$ ② $\dfrac{1}{4}$

③ $\dfrac{1}{2}$ ④ 1

정답 및 해설

10 ① 1) 초과부담 = 잉여의 감소분 − 조세수입이다.
2) 초과부담은 조세부과 시 상대가격 변화인 대체효과로 소비의 왜곡이 생겨서 발생한다.
3) 지문분석
① 열등재는 대체효과가 발생하므로 초과부담이 발생한다.

[오답체크]
② 완전보완재인 재화는 소득효과만 있으므로 초과부담이 발생하지 않는다.
③ 대체효과와 소득효과가 완전하게 상쇄하게 되더라도 대체효과가 발생하므로 초과부담은 발생한다.
④ 초과부담은 동등변화 즉, 가격이 변하지 않은 상태에서, 가격 하락 또는 상승에 따른 만족도의 변화와 동등한 크기의 만족도 변화를 얻기 위해 조정해야 하는 소득의 크기를 사용한다.

11 ③ 1) 조세는 가격상승, 보조금은 가격하락이 발생한다.
2) 종가세: 가격의 일정비율이므로 p_1 → $(1+k)p_1$
3) 종량세: 가격+조세이므로 p_2 → $(p_2 + t)$
4) 종량보조금: 가격−보조금 p_3 → $(p_3 - s)$

12 ① 1) 공급곡선이 $P = 100$에서 수평선이므로 조세부과 전의 균형가격이 $P = 100$이고, $P = 100$을 수요곡선 식에 대입하면 균형거래량 $Q = 100$임을 알 수 있다.
2) 소비자에게 단위당 20원의 물품세가 부과되면 수요곡선이 단위당 조세액만큼 하방으로 이동하므로 조세부과 이후에는 수요곡선 식이 $P = 180 - Q$로 바뀌게 된다.
3) $P = 100$을 조세부과 이후의 수요곡선 식에 대입하면 균형거래량 $Q = 80$으로 계산된다. 조세부과 이후에도 시장의 균형가격은 여전히 100이지만 소비자는 단위당 20의 조세를 납부해야 하므로 세금을 포함하면 소비자 가격은 120이 된다.
4) 단위당 조세의 크기가 20원이고, 조세부과 후의 거래량이 80이므로 정부의 조세수입은 1,600이다. 조세부과로 인한 후생손실(초과부담)의 크기는 $200\left(=\dfrac{1}{2} \times 20 \times 20\right)$이므로 초과부담을 조세수입으로 나눈 비효율성계수는 $\dfrac{1}{8}$임을 알 수 있다.

13 조세의 법적 귀착과 경제적 귀착이 일치하는 경우는? [20. 세무사]

① 수요곡선은 우상향하고 공급곡선은 우하향할 때, 소비자에게 과세하는 경우
② 수요곡선은 우하향하고 공급곡선은 우상향할 때, 생산자에게 과세하는 경우
③ 수요곡선은 수직이고 공급곡선은 우상향할 때, 소비자에게 과세하는 경우
④ 수요 및 공급의 탄력성이 모두 단위탄력적일 때, 생산자에게 과세하는 경우
⑤ 수요곡선은 우하향하고 공급곡선이 수평일 때, 생산자에게 과세하는 경우

14 완전경쟁시장에서 물품세가 부과될 때 시장에서 나타나는 현상들에 대한 설명으로 옳은 것을 〈보기〉에서 모두 고르면? [18. 국회직 8급]

〈보기〉
ㄱ. 소비자에게 종가세가 부과되면 시장수요곡선은 아래로 평행이동한다.
ㄴ. 수요곡선이 수평선으로 주어져 있는 경우 물품세의 조세부담은 모두 공급자에게 귀착된다.
ㄷ. 소비자에게 귀착되는 물품세 부담의 크기는 공급의 가격탄력성이 클수록 증가한다.
ㄹ. 소비자와 공급자에게 귀착되는 물품세의 부담은 물품세가 소비자와 공급자 중 누구에게 부과되는가와 상관없이 결정된다.
ㅁ. 물품세 부과에 따라 감소하는 사회후생의 크기는 세율에 비례하여 증가한다.

① ㄴ, ㄷ
② ㄱ, ㄴ, ㄹ
③ ㄱ, ㄷ, ㅁ
④ ㄴ, ㄷ, ㄹ
⑤ ㄷ, ㄹ, ㅁ

15 난이도 ★★ 중요도 ★★

어떤 재화의 수요곡선과 공급곡선이 각각 다음과 같이 주어져 있다고 하자.

- $Q_S = 100 + 3P$
- $Q_d = 400 - 2P$

(Q_S: 공급량, Q_d: 수요량, P: 재화의 가격)

정부가 이 재화의 수요자들에게 단위당 15의 조세를 부과할 경우 생산자가 부담하는 세금(A)과 수요자가 부담하는 세금(B) 및 조세부과로 인한 경제적 순손실(C)은 각각 얼마인가?

[13. 국회직 8급]

	(A)	(B)	(C)
①	5	10	270
②	6	9	135
③	6	9	270
④	9	6	135
⑤	9	6	270

정답 및 해설

13 ③ 소비자에게 과세한 경우 수요의 가격탄력성이 완전 비탄력적이면 전가가 불가능하므로 법적 귀착과 경제적 귀착이 일치하게 된다.

  [오답체크]
  ① 법적 귀착은 소비자, 경제적 귀착은 수요와 공급법칙의 예외이므로 성립하지 않는다.
  ② 법적 귀착은 생산자, 경제적 귀착은 소비자와 생산자가 탄력성의 정도에 따라 분담할 것이다.
  ④ 법적 귀착은 생산자, 경제적 귀착은 탄력성이 1로 동일하므로 반씩 부담할 것이다.
  ⑤ 법적 귀착은 생산자, 경제적 귀착은 공급이 완전탄력적이므로 모두 수요자가 부담할 것이다.

14 ④ **[오답체크]**
  ㄱ. 회전이동한다.
  ㅁ. 한계비용이 수평인 경우 $DWL = \frac{1}{2}t^2\epsilon_d P \cdot Q$이므로 감소하는 사회후생은 세율의 제곱에 비례하여 증가한다.

15 ② 1) 조세부담은 탄력성에 반비례한다.
  2) 공급량이 가격에 대해 3씩 반응하고 수요량은 2씩 반응하므로 조세부담은 생산자 : 소비자 = 2 : 3 = 6 : 9이다.
  3) 조세로 인해 수량이 18만큼 감소하므로 후생손실은 (18 · 15)/2 = 135이다.

16 난이도 ★★　중요도 ★★★

졸업식장에서 사용되는 꽃다발에 대한 수요는 $P = 100 - 2Q$, 공급은 $P = 50 + 3Q$라 한다. 빈곤층을 돕기 위해 시당국은 꽃 한다발당 20원을 소비세로 부과하기로 하였다. 이때 소비자잉여 감소분과 생산자잉여 감소분은 각각 얼마인가? (단, P는 꽃다발의 시장가격, Q는 꽃다발의 수를 나타낸다)

[15. 국회직 8급]

① (48, 72)　　　② (72, 48)　　　③ (64, 96)
④ (96, 64)　　　⑤ (88, 68)

17 난이도 ★★　중요도 ★★★

탄력성에 대한 설명으로 옳지 않은 것을 〈보기〉에서 모두 고르면?

[16. 국회직 8급]

〈보기〉
ㄱ. 수요의 가격탄력성이 비탄력적일 경우 가격을 올리면 기업의 매출액은 감소한다.
ㄴ. 수요의 가격탄력성이 탄력적인 재화의 판매자에게 세금이 부과되면 재화의 균형거래량은 줄어든다.
ㄷ. 어떤 재화의 구매자에게 종량세가 부과되더라도 결과적으로는 구매자와 판매자가 공동으로 절반씩 부담한다.
ㄹ. 대체재가 적은 재화일수록 수요의 가격탄력성이 낮다.
ㅁ. 매달 10kg의 사과를 구매하는 소비자의 수요의 가격탄력성은 완전 비탄력적이다.

① ㄱ, ㄴ　　　② ㄱ, ㄷ　　　③ ㄱ, ㄹ
④ ㄱ, ㄹ, ㅁ　　⑤ ㄴ, ㄷ, ㅁ

18 난이도 ★★★★　중요도 ★

어떤 시장에 공급함수와 수요함수가 각각 다음과 같이 주어졌다고 하자.

- $P = aQ_S + 10$
- $P = 100 - bQ_D$

초기 균형 상태에서 정부가 공급자에게 단위당 10만큼의 세금을 부과할 경우, 세수와 자중손실(deadweight loss)의 비(세수 : 자중손실)는 얼마인가? (단, P는 가격이고 Q_S는 공급량, Q_D는 수요량이며 $a > 0$, $b > 0$이다)

[20. 세무사]

① 20 : 1　　　② 16 : 1　　　③ 12 : 1
④ 8 : 1　　　　⑤ 3.7 : 1

정답 및 해설

16 ③ 1) 시장균형은 $100 - 2Q = 50 + 3Q$을 연립해서 풀면 $Q = 10$개, $P = 80$원이다.

2) 소비자에게 소비세를 부담하였으므로 $P = 80 - 2Q$가 된다. 조세부과 후 균형을 구하면 $80 - 2Q = 50 + 3Q$ → $Q = 6$, $P = 88$이다.

3) 소비자잉여 감소분은 사각형 면적+삼각형 면적 $= A + B = 6 \times 8 + \frac{1}{2} \times 4 \times 8 = 64$원이다.

4) 생산자잉여 감소분은 사각형 면적+삼각형 면적 $= C + D = 6 \times 12 + \frac{1}{2} \times 4 \times 12 = 96$원이다.

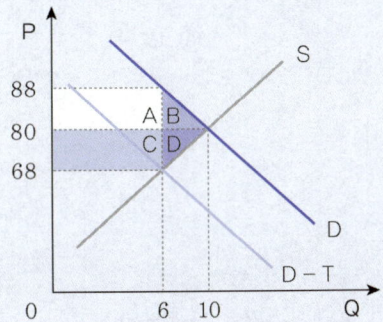

17 ② ㄱ. 수요의 가격탄력성이 비탄력적일 경우 가격을 올리면 기업의 매출액은 증가한다.
ㄷ. 어떤 재화의 구매자에게 종량세가 부과되면 탄력적인 주체가 덜 부담한다.

18 ② 1) 조세가 부과되기 전 균형가격과 거래량은 동일하므로 가격은 P라고 할 때 균형거래량 Q는 $Q_S = Q_D$이므로 $P = aQ_S + 10$, $P = 100 - bQ_D$을 변형하여 균형거래량을 구하면 $aQ + 10 = 100 - bQ$에서 $Q = \dfrac{90}{a+b}$을 구할 수 있다.

2) 공급자에게 단위당 10의 세금을 부과했을 때 공급곡선이 $P = aQ_S + 20$으로 변하므로 위와 동일하게 균형거래량을 구하면 $aQ + 20 = 100 - bQ$에서 $Q = \dfrac{80}{a+b}$을 구할 수 있다.

3) 조세수입은 '조세액 × 조세부과 후 거래량'이므로 $10 \times \dfrac{80}{a+b}$이고, 후생손실은 '조세액 × 줄어든 거래량 × $\dfrac{1}{2}$'이므로 $10 \times \dfrac{10}{a+b} \times \dfrac{1}{2}$이다. 따라서 $\dfrac{\dfrac{800}{a+b}}{\dfrac{50}{a+b}}$이므로 16이 된다.

4) 따라서 세수 : 자중손실은 16 : 1이다.

난이도 ★★★★ 중요도 ★

19 다음은 순수독점의 형태로 운영되고 있는 시장의 수요함수이다.

$$Q = 200 - 4P$$

그리고 이 시장의 독점공급자인 A사의 총비용함수는 다음과 같다.

$$TC = \frac{1}{4}Q^2 + 10Q + 75$$

정부가 소비자에게 단위당 10만큼의 물품세를 부과한다고 할 때, 다음 설명으로 옳은 것을 모두 고른 것은? (단, Q는 수량, P는 가격, TC는 총비용이다)

[20. 세무사]

ㄱ. 독점공급자는 조세부담을 전가시킬 수 있으므로 세금은 모두 소비자가 부담한다.
ㄴ. 독점공급자의 조세부담이 소비자의 조세부담보다 3배 더 크다.
ㄷ. 조세부담의 크기는 소비자와 공급자가 동일하다.
ㄹ. 독점공급자의 조세부담이 소비자의 조세부담의 1/3이다.
ㅁ. 동일한 세금을 소비자 대신 공급자에게 부과해도 조세부담 귀착의 결과는 같다.

① ㄱ, ㄴ　　　② ㄱ, ㄷ　　　③ ㄴ, ㄷ
④ ㄴ, ㅁ　　　⑤ ㄹ, ㅁ

정답 및 해설

19 ④　1) $Q = 200 - 4P$를 변형하면 $P = -\frac{1}{4}Q + 50$이다. 따라서 $MR = -\frac{1}{2}Q + 50$이다.

2) $TC = \frac{1}{4}Q^2 + 10Q + 75$이므로 $MC = \frac{1}{2}Q + 10$이다.

3) 이윤극대화 생산량은 $MR = MC$일 때 성립하므로 $-\frac{1}{2}Q + 50 = \frac{1}{2}Q + 10$, $Q = 40$이고 이때 소비자가 지불하는 가격은 $Q = 40$을 수요곡선에 대입하면 $P = 40$이다.

4) 조건대로 소비자에게 단위당 10만큼의 물품세를 부과하면 $P = -\frac{1}{4}Q + 40$이 되고 이때 $MR = -\frac{1}{2}Q + 40$이다. MC는 동일하므로 이윤극대화 생산량을 구하면 $-\frac{1}{2}Q + 40 = \frac{1}{2}Q + 10$, $Q = 30$이고 이때 소비자가 지불하는 가격은 $Q = 30$을 수요곡선에 대입하면 $P = 42.5$이다. 따라서 소비자가 부담은 2.5, 생산자가 부담은 7.5이다. 따라서 생산자의 부담이 3배 크다.

5) 이를 생산자에게 부담시켜도 조세부담의 귀착결과는 동일하다.

[오답체크]
ㄱ. 독점공급자라고 해서 소비자에게 모두 전가시킬 수 있는 것은 아니다. 수요의 가격탄력성과 MC곡선의 기울기에 따라 달라진다.
ㄷ, ㄹ. 생산자의 부담이 소비자의 부담보다 3배 더 크다.

STEP 2 감정평가사 기출문제

20 난이도 ★ 중요도 ★★★

완전경쟁시장에서 공급곡선은 완전비탄력적이고 수요곡선은 우하향한다. 현재 시장균형가격이 20일 때, 정부가 판매되는 제품 1단위당 4만큼 세금을 부과할 경우 (ㄱ) 판매자가 받는 가격과 (ㄴ) 구입자가 내는 가격은? [20. 감정평가사]

① ㄱ: 16, ㄴ: 16
② ㄱ: 16, ㄴ: 20
③ ㄱ: 18, ㄴ: 22
④ ㄱ: 20, ㄴ: 20
⑤ ㄱ: 20, ㄴ: 24

21 난이도 ★ 중요도 ★★★

X재의 시장수요곡선과 시장공급곡선이 각각 $Q_D = 100 - 2P$, $Q_S = 20$이다. 정부가 X재 한 단위당 10의 세금을 공급자에게 부과한 이후 X재의 시장가격은? (단, Q_D는 수요량, Q_S는 공급량, P는 가격이다) [23. 감정평가사]

① 10   ② 20   ③ 30
④ 40   ⑤ 50

정답 및 해설

20 ② 1) 공급곡선이 완전비탄력적이므로 모두 조세를 부담하기 때문에 가격을 올릴 수 없다.
2) 따라서 구입자는 20을 그대로 지불하고 판매자는 조세를 뺀 16을 받게 된다.

21 ④ 1) 최초의 시장가격은 $100 - 2P = 20$ → $P = 40$이다.
2) 문제의 형태에서 공급곡선의 형태가 완전비탄력적이므로 조세부과시 100% 공급자가 부담한다.
3) 공급자가 모두 부담하므로 공급자가 받을 수 있는 가격은 변함이 없으므로 40이다.

해커스 감정평가사
ca.Hackers.com

제7장
후생경제학과 시장실패

Topic 14 후생경제학과 시장실패

Topic 14 후생경제학과 시장실패

01 파레토 효율성

파레토 효율성	(1) 소비(교환)의 파레토 효율성 충족 조건 ➡ $MRS^A_{XY} = MRS^B_{XY}$ (2) 생산의 파레토 효율성 충족 조건 ➡ $MRTS^X_{LK} = MRTS^Y_{LK}$ (3) 산출물구성의 파레토 효율성의 충족 조건 ➡ ㉮ _____ 가 성립함
후생경제학의 정리	(1) **후생경제학 제1정리**: 모든 개인의 선호체계가 강단조성(많이 소비하는 것이 좋음)을 지니고 외부성, 공공재 등의 시장실패 요인이 존재하지 않는다면 일반경쟁균형(왈라스균형)의 자원 배분은 파레토 효율적임 (2) **후생경제학 제2정리**: 초기부존자원이 적절히 배분되어 있는 상태에서 모든 소비자의 선호가 볼록성을 가지며 자원 배분이 파레토 최적이면 완전경쟁하의 일반균형, 즉 완전경쟁 가격체계가 존재함

핵심키워드

㉮ $MRS^A_{XY} = MRS^B_{XY} = MRT_{XY}$

02 사회후생함수와 애로우의 불가능성 정리

사회후생함수	(1) 공리주의 사회후생함수(Bentham) ① 전체 사회후생(SW; Social Welfare)은 개인효용의 총합으로 도출된다. 따라서, 사회적 무차별곡선(SIC)은 우하향하는 ㉮_____(MRS 일정)이 됨 ② 개인의 소득에 대한 한계효용이 ㉯_____하다고 가정함 ③ 개인효용의 합이 크면 사회 후생도 높으며, 개인 간 효용 및 소득분배의 공평성은 사회후생에 영향을 미치지 않음 ④ ㉰_____ (U_A, U_B: 개인 A, B의 효용) (2) 롤스의 사회후생함수 ① 사회구성원 중 가장 낮은 효용(소득)을 누리는 자의 효용에 따라 사회 후생수준이 결정됨 ② ㉱_____ (U_A, U_B: 개인 A, B의 효용) ③ 사회적 무차별곡선(SIC)은 L자형이 됨 (3) 평등주의적 사회후생함수 ① 사회구성원 중 높은 효용(소득)을 누리는 자에게 ㉲_____를, 낮은 효용을 누리는 자에게는 ㉳_____를 적용하여 사회 후생수준을 도출함 ② ㉴_____ (U_A, U_B: 개인 A, B의 효용) ③ 평등주의 성향이 강하면 강할수록 이를 대표하는 사회 무차별곡선은 원점에 대하여 더욱 볼록한 모양을 가지게 되고, 이것이 극단에 이르게 되면 롤스적 사회 무차별곡선이 됨
애로우의 불가능성 정리	(1) 개별선호를 사회 전체의 선호로 종합시키기 위한 조건: 집단적 합리성(완비성, 이행성), 파레토 원칙(Pareto principle), 무관한 선택대상으로부터의 독립성, 비독재성(non-dictatorship) (2) 결론 ① ㉵_____이면서 효율적인 사회 후생함수는 존재하지 않음을 증명하였음 ② 민주적인 어떠한 투표제도도 애로우가 제시한 조건을 모두 충족하지 못함

핵심키워드
㉮ 직선, ㉯ 동일, ㉰ $SW = U_A + U_B$, ㉱ $SW = Min[U_A, U_B]$, ㉲ 낮은 가중치, ㉳ 높은 가중치,
㉴ $SW = U_A \times U_B$, ㉵ 민주적

03 외부효과

구분	외부경제(긍정적 외부효과)	외부불경제(부정적 외부효과)
개념	어떤 경제 활동이 제3자에게 이익을 주는데도 시장을 통해 대가를 받지 못한 경우	어떤 경제 활동이 제3자에게 손해를 주는데도 시장을 통해 대가를 지불하지 않는 경우
수량 비교	효율적 수준보다 ㉮_____ 생산 또는 소비	효율적 수준보다 ㉯_____ 생산 또는 소비
생산 측면	사적 비용(PMC) ㉰_____ 사회적 비용(SMC)	사적 비용(PMC) ㉱_____ 사회적 비용(SMC)
기출 사례	과수원, 임업, 아름다운 정원, 신기술 등	환경오염, 흡연, 자동차 매연 등
해결 방안	외부경제 장려 예 보조금, 감세	외부불경제 규제 예 법적 처벌(직접), 조세부과(간접)
그래프		

> **핵심키워드**
> ㉮ 과소, ㉯ 과다, ㉰ >, ㉱ <

04 코즈의 정리

내용	㉮_____이 무시할 정도로 작고, 협상으로 인한 소득재분배가 각 개인의 한계효용에 영향을 미치지 않는다면 외부성에 관한 ㉯_____(재산권)가 어느 경제주체에 귀속되는가와 상관없이 당사자 간의 자발적 협상에 의한 자원배분은 동일하며 효율적임
결론	정부의 개입이 아닌 시장주체 간의 ㉰_____을 통한 해결 중시

05 공공재

의미	국방, 외교, 치안, 공원, 도로 등과 같이 여러 사람의 공동소비를 위해 생산된 재화와 서비스
특성	(1) 소비에서의 ㉱_____: 한 사람의 소비가 다른 사람이 소비할 수 있는 기회를 줄이지 않음 (2) 소비에서의 ㉲_____: 대가를 치르지 않은 사람도 소비에서 배재할 수 없음 (3) 자본 회수 기간이 길고, 많은 자본이 필요함
공급	(1) 공공재는 비배제성 때문에 무료로 이용하려는 성질로 인하여 자발적인 선호의 표현인 수요곡선을 표출하지 않아 가상수요곡선으로 공공재의 수요곡선을 도출함 (2) 공공재의 시장수요(사회적 한계편익)곡선은 ㉳_____으로 도출한다. 이때 시장수요곡선과 공급곡선과의 교점에서 균형가격과 균형량이 결정됨 (3) 공공재의 공급량이 결정되면 개별 소비자들은 동일한 양을 소비하면서 각각 한계편익만큼의 가격을 지불함 (4) 공공재의 적정공급 조건: ㉴_____
공공재와 시장 실패	(1) 공공재 ㉵_____문제: 사회적으로 반드시 생산되어야 하지만 수지가 맞지 않아 시장에서 기업이 생산을 회피함 → 자원 배분의 비효율성 (2) 무임 승차자 문제: 자발적으로 가격을 지불하지 않고 편익만을 취하고자 하는 심리, 공공재의 특성으로부터 불가피함
해결책	(1) 정부에 의한 직접 생산 　① 공공 서비스: 국방, 치안, 보건, 교육 등 　② 사회 간접 자본: 철도, 도로, 항만, 댐 등 (2) 공기업: 정부가 공공재 생산 및 유지·관리를 위해 직접 경영하거나, 출자하여 기업 경영에 영향력을 행사하는 기업

핵심키워드

㉮ 협상비용, ㉯ 권리, ㉰ 자율적 협상, ㉱ 비경합성, ㉲ 비배제성, ㉳ 개별수요(한계편익)곡선의 수직 합,
㉴ $MB_A + MB_B = MC$, ㉵ 부족

06 재화의 구분

구분		경합성	
		있음	없음
배제성	있음	아이스크림, 옷, 막히는 유료 도로 → ㉮ _____	소방 서비스, 케이블 TV, 안 막히는 유료 도로 → ㉯ _____
	없음	바다 속의 물고기, 환경, 막히는 무료 도로 → ㉰ _____	국방, 기술 지식, 안 막히는 유료 도로 → ㉱ _____

07 정보의 비대칭성

역선택	(1) 의미: 감춰진 특성의 상황에서 잘못된 선택을 하는 것 (2) ㉲ _____: 거래 당사자의 특성이나 거래 상품의 품질을 한쪽만 알고 있는 경우 예 중고차시장에서의 중고차 구입자: 중고차 품질 알지 못함 등 (3) 대책: 신호발송, 선별, ㉳ _____, 평판, 표준화 등
도덕적 해이	(1) 감춰진 상황에서 상대방의 행동이 변한 경우 (2) ㉴ _____: 상대방의 감춰진 행동을 관찰·통제할 수 없는 경우 예 자동차보험 가입 이후 → 난폭운전 등 (3) 대책: 감시, 인센티브, ㉵ _____, 효율성 임금

> 핵심키워드
> ㉮ 사적재, ㉯ 요금재, ㉰ 공유 자원, ㉱ 공공재, ㉲ 감추어진 상황, ㉳ 의무가입, ㉴ 감춰진 행동의 상황,
> ㉵ 기초공제제도

STEP 1 타시험 기출문제

난이도 ★ 중요도 ★★

01 효율적 자원배분 및 후생에 대한 설명으로 옳은 것은? [12. 국가직 7급]

① 후생경제학 제1정리는 효율적 자원배분이 독점시장인 경우에도 달성될 수 있음을 보여준다.
② 후생경제학 제2정리는 소비와 생산에 있어 규모의 경제가 있으면 완전경쟁을 통해 효율적 자원배분을 달성할 수 있음을 보여준다.
③ 차선의 이론(theory of the second best)에 따르면 효율적 자원배분을 위해 필요한 조건을 모두 충족하지 못한 경우, 더 많은 조건을 충족하면 할수록 더 효율적인 자원배분이다.
④ 롤스(J. Rawls)의 주장에 따르면 사회가 A, B 두 사람으로 구성되고 각각의 효용을 U_A, U_B라 할 때, 사회후생함수(SW)는 $SW = Min[U_A, U_B]$로 표현된다.

정답 및 해설

01 ④ 최소수혜자 최대의 원리를 추구하므로 $SW = Min[U_A, U_B]$로 표현된다.

[오답체크]
① 후생경제학 제1정리는 모든 시장이 완전경쟁시장인 경우에 성립한다.
② 후생경제학 제2정리는 초기부존자원을 적절히 재배분하면 파레토 효율성을 충족하는 자원배분상태는 일반경쟁균형이 된다는 것이다.
③ 차선의 이론(theory of the second best)이란 하나 이상의 효율성 조건이 이미 파괴되어 있는 상태에서는 만족되는 효율성 조건의 수가 많아진다고 해서 사회적 후생이 더욱 커진다는 보장이 없다는 것이다.

02 난이도 ★★ 중요도 ★★★

갑과 을이 150만원을 각각 x와 y로 나누어 가질 때, 갑의 효용함수는 $u(x) = \sqrt{x}$, 을의 효용함수는 $u(y) = 2\sqrt{y}$ 이다. 이때 파레토 효율적인 배분과 공리주의적 배분은? (단, 공리주의적 배분은 갑과 을의 효용의 단순 합을 극대화하는 배분이며 단위는 만원이다)   [18. 지방직 7급]

파레토 효율적인 배분	공리주의적 배분
① $(x + y = 150)$을 만족하는 모든 배분이다.	$(x = 75, y = 75)$
② $(x = 30, y = 120)$의 배분이 유일하다.	$(x = 75, y = 75)$
③ $(x = 75, y = 75)$의 배분이 유일하다.	$(x = 30, y = 120)$
④ $(x + y = 150)$을 만족하는 모든 배분이다.	$(x = 30, y = 120)$

03 난이도 ★★ 중요도 ★★

효용가능경계(utility possibilities frontier)에 대한 설명으로 옳은 것을 〈보기〉에서 모두 고르면?   [17. 서울시 7급]

〈보기〉
ㄱ. 효용가능경계 위의 점들에서는 사람들의 한계대체율이 동일하며, 이 한계대체율과 한계생산변환율이 일치한다.
ㄴ. 어느 경제에 주어진 경제적 자원이 모두 고용되면 이 경제는 효용가능경계 위에 있게 된다.
ㄷ. 생산가능곡선상의 한 점에서 생산된 상품의 조합을 사람들 사이에 적절히 배분함으로써 얻을 수 있는 최대 효용수준의 조합을 효용가능경계라고 한다.

① ㄱ ② ㄷ
③ ㄱ, ㄴ ④ ㄱ, ㄷ

04 A와 B 두 사람만 존재하는 경제에서, 사적재화인 X재만 소비되고 X재의 총 부존량은 15이다. A와 B의 효용함수는 각각 $U_A = \sqrt{X_A}$와 $U_B = 2\sqrt{X_B}$이다. 이 경제의 사회후생함수가 롤스(Rawls)의 사회후생함수일 때 사회후생의 극댓값(W_R)과 공리주의 사회후생함수일 때 사회후생의 극댓값(W_B)을 바르게 연결한 것은? (단, X_A와 X_B는 각각 A와 B의 X재 소비량이다)

[23. 국가직 7급]

	W_R	W_B
①	$2\sqrt{3}$	$4\sqrt{3}$
②	$2\sqrt{3}$	$5\sqrt{3}$
③	$3\sqrt{3}$	$4\sqrt{3}$
④	$3\sqrt{3}$	$5\sqrt{3}$

정답 및 해설

02 ④ 1) 갑과 을이 나누어 가진 금액의 합이 150만원이면 한 사람의 효용을 감소시키지 않고는 다른 사람의 효용을 증가시킬 수가 없으므로 파레토 효율적인 배분은 $x + y = 150$인 상태이다.

2) 갑의 효용함수를 미분하면 갑의 한계효용 $MU_X = \dfrac{1}{2\sqrt{x}}$, 을의 효용함수를 미분하면 을의 한계효용 $MU_Y = \dfrac{1}{\sqrt{y}}$이다. 공리주의에서는 $x + y = 150$인 상태에서 두 사람의 한계효용이 같아져야 하므로 $MU_X = MU_Y$로 두면 $\dfrac{1}{2\sqrt{x}} = \dfrac{1}{\sqrt{y}}$, $y = 4x$이다.

3) 두 식을 연립해서 풀면 $x = 30$, $y = 120$이 됨을 알 수 있다.

03 ① [오답체크]
ㄴ. 모든 경제적 자원이 생산에 고용되더라도 비효율적인 방식으로 투입되면 경제는 효용가능경계 내부에 위치할 수도 있다.
ㄷ. 생산가능곡선상의 한 점에서 생산이 이루어지면 소비에 있어서 에지워스 상자가 결정되는데, 소비가 파레토 효율적으로 이루어지는 점들을 연결한 선이 소비에 있어서의 계약곡선이다. 이를 효용공간에 옮기면 효용가능경계가 아니라 효용가능곡선을 얻게 된다.

04 ② 1) 롤스
㉠ 총부존량 $X_A + X_B = 15$
㉡ 소득의 효용동일 $U_A = U_B$ → $\sqrt{X_A} = 2\sqrt{X_B}$ → $X_A = 4X_B$
㉢ 이 둘을 연립하면 $4X_B + X_B = 15$, $X_B = 3$, $X_A = 12$이다.
㉣ $SW = Min[U_A, U_B]$ → $Min[2\sqrt{3}, 2\sqrt{3}] = 2\sqrt{3}$

2) 공리주의
㉠ 총부존량 $X_A + X_B = 15$
㉡ 소득의 한계효용동일 $MU_A = MU_B$ → $\dfrac{1}{2\sqrt{X_A}} = \dfrac{2}{2\sqrt{X_B}}$ → $4X_A = X_B$
㉢ 이 둘을 연립하면 $X_A + 4X_A = 15$, $X_A = 3$, $X_B = 12$이다.
㉣ $SW = U_A + U_B$ → $\sqrt{3} + 4\sqrt{3} = 5\sqrt{3}$

05 재화의 시장수요곡선은 $Q = 120 - P$이고, 독점기업이 이 재화를 공급한다. 이 독점기업의 사적인 비용함수는 $C(Q) = 1.5Q^2$이고, 환경오염비용을 추가로 발생시키며 그 환경오염비용은 $EC(Q) = Q^2$이다. 이 경우 사회적 순편익을 극대화하는 최적 생산량은? (단, P는 시장가격, Q는 생산량이다) [12. 국가직 7급]

① 20
② 30
③ 40
④ 50

06 어떤 마을에 오염 물질을 배출하는 기업이 총 3개 있다. 오염물 배출에 대한 규제가 도입되기 이전에 각 기업이 배출하는 오염배출량과 그 배출량을 한 단위 감축하는 데 소요되는 비용은 아래 표와 같다.

기업	배출량 (단위)	배출량 단위당 감축비용 (만원)
A	50	20
B	60	30
C	70	40

정부는 오염배출량을 150단위로 제한하고자 한다. 그래서 각 기업에게 50단위의 오염배출권을 부여하였다. 또한, 이 배출권을 기업들이 자유롭게 판매·구매할 수 있다. 다음 중 가장 옳은 것은? (단, 오염배출권 한 개당 배출 가능한 오염물의 양은 1단위이다) [19. 서울시 7급]

① 기업 A가 기업 B와 기업 C에게 오염배출권을 각각 10단위와 20단위 판매하고, 이때 가격은 20만원에서 30만원 사이에 형성된다.
② 기업 A가 기업 C에게 20단위의 오염배출권을 판매하고, 이때 가격은 30만원에서 40만원 사이에서 형성된다.
③ 기업 A가 기업 B에게 10단위의 오염배출권을 판매하고, 기업 B는 기업 C에게 20단위의 오염배출권을 판매한다. 이때 가격은 20만원에서 40만원 사이에서 형성된다.
④ 기업 B가 기업 C에게 20단위의 오염배출권을 판매하고, 이때 가격은 30만원에서 40만원 사이에서 형성된다.

07 공공재와 공유자원에 대한 설명으로 옳은 것만을 모두 고르면?

난이도 ★ 중요도 ★★★ [20. 국가직 7급]

ㄱ. 공공재는 경합성이 낮다는 점에서 공유자원과 유사하다.
ㄴ. 공유자원은 남획을 통한 멸종의 우려가 존재한다.
ㄷ. 정부의 사유재산권 설정은 공유자원의 비극을 해결하는 방안 중 하나이다.
ㄹ. 막히지 않는 유료도로는 공공재의 예라고 할 수 있다.

① ㄱ, ㄴ
② ㄱ, ㄷ
③ ㄴ, ㄷ
④ ㄴ, ㄹ

정답 및 해설

05 ① 1) 사회적 순편익을 극대화 하는 생산량은 $SMB = SMC(= PMC + EMC)$이다.
2) 사회적 한계편익은 수요곡선이므로 $P = 120 - Q$이다.
3) 사회적 한계비용함수는 $3Q + 2Q = 5Q$이다.
4) 사회적 최적 생산량은 $120 - Q = 5Q$이므로 $Q = 20$이다.

06 ① 가격이 20만원에서 30만원 사이에 형성된다면 기업 A만이 배출권의 공급자가 되므로 옳은 설명이다.
[오답체크]
② 가격이 30만원에서 40만원 사이에서 형성된다면 B도 판매하려 할 것이다.
③ 가격이 20만원에서 40만원 사이에서 형성된다고 했을 때 35만원일 경우 B도 판매하려 할 것이다.
④ 가격이 30만원에서 40만원 사이에서 형성된다면 A도 당연히 시장에 참여하게 될 것이다.

07 ③ ㄴ. 공유자원은 배제성이 없으므로 남획을 통한 멸종의 우려가 존재한다.
ㄷ. 정부의 사유재산권 설정은 배제성을 설정하는 것으로 공유자원의 비극을 해결하는 방안 중 하나이다.
[오답체크]
ㄱ. 공공재는 경합성과 배제성이 없고 공유자원은 경합성은 있으나 배제성이 없으므로 배제성이 낮다는 점에서 공유자원과 유사하다.
ㄹ. 막히지 않는 – 비경합성, 유료도로 – 배제성을 의미한다. 공공재는 경합성과 배제성 모두 존재하지 않으므로 공공재의 예라고 할 수 없다.

08 어느 마을의 어부 누구나 물고기를 잡을 수 있는 호수가 있다. 이 호수에서 잡을 수 있는 물고기의 수(Q)와 어부의 수(N) 사이에는 $Q = 70N - \frac{1}{2}N^2$의 관계가 성립한다. 한 어부가 일정 기간 동안 물고기를 잡는 데는 2,000원의 비용이 발생하며, 물고기의 가격은 마리당 100원이라고 가정한다. 어부들이 아무런 제약 없이 경쟁하면서 각자의 이윤을 극대화할 경우 어부의 수(N_0)와 이 호수에서 잡을 수 있는 물고기의 수(Q_0)는? 그리고 마을 전체적으로 효율적인 수준에서의 어부의 수(N_1)와 이 호수에서 잡을 수 있는 물고기의 수(Q_1)는? [16. 국가직 7급]

① $(N_0, Q_0, N_1, Q_1) = (100, 2,000, 50, 2,250)$
② $(N_0, Q_0, N_1, Q_1) = (100, 2,000, 70, 2,450)$
③ $(N_0, Q_0, N_1, Q_1) = (120, 1,200, 50, 2,250)$
④ $(N_0, Q_0, N_1, Q_1) = (120, 1,200, 70, 2,450)$

09 A, B, C 3인으로 구성된 사회에서 공공재에 대한 개인의 수요함수는 각각 $P_A = 40 - 2Q$, $P_B = 50 - Q$, $P_C = 60 - Q$로 주어져 있다. 공공재 생산의 한계비용이 90으로 일정할 때, 사회적으로 최적인 공급 수준에서 A가 지불해야 하는 가격을 구하면? (단, P_i는 개인 i = A, B, C의 공공재에 대한 한계편익, Q는 수량이다) [21. 국가직 7급]

① 10
② 15
③ 20
④ 25

난이도 ★★   중요도 ★★★★

10 공공재인 마을 공동우물(X)에 대한 혜민과 동수의 수요가 각각 $X = 50 - P$, $X = 30 - 2P$일 때, 사회적으로 바람직한 공동우물의 개수(㉠)와 동수가 우물에 대해 지불하고자 하는 가격(㉡)은? [단, P는 혜민과 동수가 X에 대해 지불하는 단위당 가격이고, 공동우물을 만들 때 필요한 한계비용(MC)은 41원이다]

[13. 지방직 7급]

	㉠	㉡
①	16개	7원
②	18개	6원
③	20개	5원
④	22개	4원

정답 및 해설

08 ① 1) 우선 마을 전체의 관점에서는 이윤극대화를 추구한다.

2) 물고기의 시장가격 $P = 100$이고, 물고기의 수 $Q = 70N - \frac{1}{2}N^2$이므로 총수입 $TR = PQ = 7,000N - 50N^2$이고, 어부 한 명이 물고기를 잡는 데 2,000원의 비용이 발생하므로 총비용 $TC = 2,000N$이다.

3) 이윤함수 $\pi = TR - TC = (7,000N - 50N^2) - 2,000N = 5,000N - 50N^2$이다. 이윤이 극대가 되는 어부의 수를 구하기 위해 N에 대해 미분한 후에 0으로 두면 $7,000 - 100N - 2,000 = 0$, $N = 50$이다. $N = 50$을 $Q = 70N - \frac{1}{2}N^2$에 대입하면 2,250으로 계산된다.

4) 경쟁이 이루어지는 어부의 수는 이윤이 0이 될 때까지 증가한다.

5) 이윤함수를 0으로 두면 $\pi = 5,000N - 50N^2 = 0$이므로 이 식의 양변을 N으로 나누어주면 $5,000 - 50N = 0$, $N = 100$으로 계산된다. $N = 100$을 $Q = 70N - \frac{1}{2}N^2$에 대입하면 $Q = 2,000$으로 계산된다.

09 ① 1) 공공재의 최적공급은 한계편익(= P)의 합 = 한계비용이다.

2) 한계편익을 모두 더하면 $150 - 4Q = 90$이므로 $Q = 15$이다.

3) A가 지불해야 하는 가격은 최적 공급량을 A의 수요함수에 대입하여 구한다. 따라서 $40 - 30 = 10$이다.

10 ① 1) 공공재의 시장수요곡선은 개별수요곡선의 수직합이다. 혜민의 수요함수가 $P = 50 - X$, 동수의 수요함수가 $P = 15 - \frac{1}{2}X$이므로 시장수요함수는 $P = 65 - \frac{3}{2}X$이다.

2) 최적생산량을 구하기 위해 $P = MC$로 두면 $65 - \frac{3}{2}X = 41$ ➔ $\frac{3}{2}X = 24$ ➔ $X = 16$이다.

3) $X = 16$을 각자의 수요함수에 대입하면 혜민이 지불할 가격은 34원, 동수가 지불할 가격은 7원으로 계산된다.

11 어떤 한 경제에 A, B 두 명의 소비자와 X, Y 두 개의 재화가 존재한다. 이 중 X는 공공재(public goods)이고 Y는 사용재(private goods)이다. 현재의 소비량을 기준으로 A와 B의 한계대체율(MRS; Marginal Rate of Substitution)과 한계전환율(MRT; Marginal Rate of Transformation)이 다음과 같이 측정되었다. 공공재의 공급에 관한 평가로 옳은 것은?

[15. 국가직 7급]

- $MRS_{XY}^{A} = 1$
- $MRS_{XY}^{B} = 3$
- $MRT_{XY} = 5$

① 공공재가 최적 수준보다 적게 공급되고 있다.
② 공공재가 최적 수준으로 공급되고 있다.
③ 공공재가 최적 수준보다 많이 공급되고 있다.
④ 공공재의 최적 수준 공급 여부를 알 수 없다.

12 주민 5명이 사는 마을에 멧돼지가 피해를 주고 있다. 멧돼지를 막을 울타리를 마을 전체에 설치하기 위한 비용은 800만원이고, 울타리에 대해 주민 5명이 갖는 지불의사는 〈보기〉와 같을 때, 이에 대한 설명으로 가장 옳지 않은 것은?

[23. 서울시 7급]

〈보기〉

A: 100만원
B: 150만원
C: 150만원
D: 200만원
E: 300만원

① 울타리를 설치하는 것이 효율적이다.
② 정액세를 통해 비용을 조달한다면 다수결에 의해 울타리는 설치된다.
③ 울타리 설치에 대한 사회적 편익이 비용보다 크다.
④ 모든 주민은 무임승차에 대한 유인이 있다.

난이도 ★　중요도 ★★★

13 공공재에 관한 설명으로 옳은 것을 모두 고른 것은?　　　[20. 노무사]

> ㄱ. 공공재의 공급을 시장에 맡길 경우 무임승차자의 문제로 인해 공급부족이 야기될 수 있다.
> ㄴ. 코즈 정리(Coase theorem)에 따르면 일정한 조건하에서 이해 당사자의 자발적 협상에 의해 외부성의 문제가 해결될 수 있다.
> ㄷ. 배제불가능성이란 한 사람이 공공재를 소비한다고 해서 다른 사람이 소비할 수 있는 기회가 줄어들지 않음을 의미한다.

① ㄱ　　　　　　　② ㄴ　　　　　　　③ ㄱ, ㄴ
④ ㄴ, ㄷ　　　　　⑤ ㄱ, ㄴ, ㄷ

정답 및 해설

11 ③　1) 공공재의 적정공급조건은 $MRS_{XY}^A + MRS_{XY}^B = MRT_{XY}$이다.

2) $MRS_{XY} = \dfrac{MU_X}{MU_Y}$이고 $MRT_{XY} = \dfrac{MC_X}{MC_Y}$이다. 주어진 조건에서 $\dfrac{MU_X}{MU_Y} = 4$이고 $\dfrac{MC_X}{MC_Y} = 5$이므로 X재를 늘렸을 때의 만족감이 4인데 비용은 5가 든다는 의미이다.

3) 따라서 Y재인 사용재를 늘리고 X재인 공공재를 줄여야 한다. 이는 공공재가 최적수준보다 많이 공급되고 있음을 알 수 있다.

12 ②　만약 800만원에 대해 동일하게 정액세를 분담한다고 가정하면 160만원씩 내야 한다. 이 경우 160만원보다 낮은 지불용의를 가지고 있는 A, B, C는 동의하지 않을 것이므로 다수결에 의해 울타리는 설치되지 않을 수 있다.

[오답체크]
①③ 지불용의의 합이 900만원이고 설치비용이 800만원이므로 설치를 하는 것이 사회적 순편익을 100만원 증가시킨다. 따라서 울타리를 설치하는 것이 효율적이다.
④ 울타리는 비경합성과 비배제성이 있으므로 모든 주민은 무임승차에 대한 유인이 있다.

13 ③　[오답체크]
ㄷ. 비경합성이란 한 사람이 공공재를 소비한다고 해서 다른 사람이 소비할 수 있는 기회가 줄어들지 않음을 의미한다. 배제불가능성(비배제성)은 대가를 지불하지 않아도 사용 가능하다는 것이다.

14 다음 중 코즈 정리(Coase theorem)에 따른 예측으로 가장 옳지 않은 것은? (단, 만족 수준 한 단위가 현금 1만원과 동일한 수준의 효용이다)
[17. 서울시 7급]

> 김씨와 이씨가 한집에 살고 있다. 평상시 두 사람의 만족 수준을 100이라고 하자. 김씨는 집 안 전체에 음악을 틀고 있으면 만족 수준이 200이 된다. 반면, 이씨는 음악이 틀어져있는 공간에서는 만족 수준이 50에 그친다.

① 음악을 트는 것에 대한 권리가 누구에게 있든지 집 안 전체의 음악재생 여부는 동일하다.
② 음악을 트는 것에 대한 권리가 이씨에게 있는 경우 둘 사이에 자금의 이전이 발생한다.
③ 음악을 트는 것에 대한 권리가 김씨에게 있는 경우 그는 음악을 틀 것이다.
④ 음악을 트는 것에 대한 권리가 이씨에게 있는 경우 집 안은 고요할 것이다.

15 다음 문장에서 괄호 안에 들어갈 용어로 가장 적절한 것은?
[23. 군무원 7급]

> 사유재와 클럽재는 (ㄱ)이 있는 재화이고 사유재와 공유재산은 소비에 있어서 (ㄴ)이 있는 재화이며, 공공재는 정부의 개입이 없으면 과소하게 (ㄷ)되고 공유자원은 정부의 개입이 없으면 과도하게 (ㄹ)된다.

① ㄱ: 배제성, ㄴ: 경합성, ㄷ: 소비, ㄹ: 공급
② ㄱ: 경합성, ㄴ: 배제성, ㄷ: 소비, ㄹ: 공급
③ ㄱ: 배제성, ㄴ: 경합성, ㄷ: 공급, ㄹ: 소비
④ ㄱ: 경합성, ㄴ: 배제성, ㄷ: 공급, ㄹ: 소비

16 두 사람 A와 B로 구성된 경제를 고려할 때, A와 B의 공공재에 대한 한계편익(MB)이 각각 아래와 같다고 하자.

> A: $MB_A = \max[48 - 1.5Q, 0]$
> B: $MB_B = \max[60 - 3Q, 0]$

공공재 공급비용은 공급량(Q)과 관계없이 단위당 9로 일정하다고 할 때, 최적의 공공재 공급량은?

[23. 군무원 7급]

① 17
② 22
③ 26
④ 28

정답 및 해설

14 ④ 1) 음악을 틀면 김씨는 효용이 100만큼 증가하므로 김씨에게 있어 음악의 가치는 100만원이고, 음악을 틀면 이씨의 효용이 50만큼 감소하므로 이씨에게는 음악의 가치가 -50만원이다.
2) 음악 재생의 권리가 김씨에게 있는 경우에 김씨가 음악을 틀지 않는 대신 최소한 받고자 하는 금액은 100만원이나, 이씨가 지불할 용의가 있는 최대금액은 50만원이므로 두 사람 간에 협상은 이루어지지 않으며 김씨는 음악을 틀 것이다.
3) 이씨에게 음악을 틀 권리가 있는 경우에 김씨는 음악을 듣는 대신 지불할 용의가 있는 최대금액이 100만원인 데 비해 이씨는 50만원 이상을 받으면 음악을 틀 용의가 있다. 그러므로 이 경우에는 두 사람 사이에 협상이 이루어져 김씨는 이씨에게 50 ~ 100만원 사이의 일정 금액을 지불하게 될 것이므로 음악 재생이 이루어진다.

15 ③ 1) 클럽재는 처음에는 경합성은 없지만 나중에 생긴다. 배제성은 존재, 헬스클럽 같은 것을 생각하면 된다.
2) 공유자원 배제성은 없으나 경합성은 있다. 과다한 소비가 발생하는 공유자원의 비극이 발생할 수 있다.
3) 사적재는 경합성과 배제성이 동시에 존재한다.
4) 공공재는 경합성과 배제성이 모두 없으므로 일반적으로 과소생산된다.

16 ③ 1) $MB_A + MB_C = MC$
2) 한계편익의 합은 $108 - 4.5Q = 9$ ➡ $Q = 22$
3) $Q = 22$를 B의 한계편익에 대입하면 -6이므로 무임승차가 가능하므로 지불용의에서 제외한다.
4) 따라서 A만 지불용의가 있으므로 $48 - 1.5Q = 9$ ➡ $Q = 26$이다.

17 다음 중 정보경제와 관련된 설명으로 가장 옳지 않은 것은? [16. 서울시 7급]

① 선별(screening)이란 사적 정보를 가진 경제주체가 상대방의 정보를 더욱 얻어내기 위해 취하는 행동이다.
② 신호발생(signalling)이란 정보를 가진 경제주체가 자신에 관한 정보를 상대방에게 전달하려는 행동이다.
③ 탐색행위(search activities)란 상품의 가격에 대한 정보를 충분히 갖지 못한 수요자가 좀 더 낮은 가격을 부르는 곳을 찾으려고 하는 행위이다.
④ 역선택(adverse selection)이란 상대방의 감추어진 속성으로 인해 정보가 부족한 쪽에서 바람직하지 않은 선택을 하는 현상이다.

18 정보의 비대칭성으로 인해 발생할 수 있는 상황에 대한 설명으로 옳은 것만을 모두 고르면?

[23. 국가직 7급]

> ㄱ. 역선택의 문제를 해결하기 위해 사적정보를 가진 개인은 신호발송(signaling)을 하기도 한다.
> ㄴ. 기업은 근로자의 도덕적 해이를 막기 위해 효율 임금(efficiency wage)을 지급하기도 한다.
> ㄷ. 분리균형(separating equilibrium)에서는 서로 다른 선호체계를 갖는 경제주체들이 동일한 선택을 한다.
> ㄹ. 유인설계(incentive design)는 대리인의 도덕적 해이를 막기 위해 사용할 수 있는 수단이다.

① ㄱ, ㄴ
② ㄴ, ㄷ
③ ㄱ, ㄴ, ㄹ
④ ㄱ, ㄷ, ㄹ

난이도 ★★★ 중요도 ★

19 에지워스 박스(Edgeworth Box)를 사용한 일반균형분석에 대한 설명으로 옳지 않은 것만을 〈보기〉에서 모두 고르면? (단, 이 경제에는 A와 B 두 사람, X와 Y 두 재화만 존재하며 재화의 총량은 $\overline{X}$와 $\overline{Y}$로 결정되어 있다)

[19. 국회직 8급]

〈보기〉

ㄱ. 재화 X, Y의 가격이 변동할 때 계약곡선은 이동한다.
ㄴ. 계약곡선은 분배적 형평성을 실현했음을 의미한다.
ㄷ. 두 사람의 한계대체율이 서로 같게 되는 모든 점은 파레토 효율점을 의미한다.
ㄹ. 만약 $X_A + X_B < \overline{X_A} + \overline{X_B}$라면, X재의 가격이 상승하여야 일반균형이 달성된다. (단, X_A, X_B는 각각 A와 B의 X재화 수요량을, $\overline{X_A}$, $\overline{X_B}$는 각각 A와 B의 X재화 초기 소유량을 의미한다)

① ㄴ
② ㄱ, ㄷ
③ ㄴ, ㄹ
④ ㄱ, ㄴ, ㄹ
⑤ ㄱ, ㄴ, ㄷ, ㄹ

정답 및 해설

17 ① 선별(screening)이란 정보를 갖지 못한 측이 이미 알려진 정보를 이용하여 상대방을 구분하는 것을 말한다.

18 ③ [오답체크]
ㄷ. 분리균형(separating equilibrium)에서는 서로 다른 선호체계를 갖는 경제주체들이 다른 선택을 하는 것을 의미한다.

19 ④ ㄱ. 계약곡선은 무차별곡선이 접하는 점이므로 가격과는 관련이 없다.
ㄴ. 계약곡선은 효율성을 실현했음을 알 수 있다.
ㄹ. 초기보다 X재를 소비하지 못하므로 X재의 가격이 하락하여야 일반균형이 달성된다.

[오답체크]
ㄷ. 두 사람의 한계대체율이 서로 같게 되는 모든 점은 소비에서의 파레토 효율점을 의미한다.

20 후생경제학에 대한 설명으로 옳은 것을 〈보기〉에서 모두 고르면?

난이도 ★　중요도 ★★　　　　　　　　　　　　　　　　　　　　　　　　　　[13. 국회직 8급]

〈보기〉
ㄱ. 생산가능곡선(production possibilities curve)상에 있는 어느 한 점에서도 모든 재화와 서비스의 한계기술대체율이 동일하다.
ㄴ. 모든 사람들의 한계대체율이 동일할 때 생산의 파레토 효율이 달성된다.
ㄷ. 주어진 상품 조합을 두 사람 사이에서 배분할 때, 두 사람이 얻을 수 있는 최대 효용수준의 조합을 효용가능곡선(utility possibilities curve)이라고 한다.
ㄹ. 주어진 경제적 자원이 모두 고용되더라도 효용가능곡선(utility possibilities curve)상에 있지 않을 수도 있다.
ㅁ. 효용가능곡선(utility possibilities curve)상에 있는 점에서는 항상 사회후생이 극대화된다.

① ㄱ, ㄴ, ㄷ　　　② ㄱ, ㄷ, ㄹ　　　③ ㄱ, ㄷ, ㅁ
④ ㄴ, ㄹ, ㅁ　　　⑤ ㄷ, ㄹ, ㅁ

21 A, B, C 3인으로 구성된 경제상황에서 가능한 자원 배분상태와 각 상태에서의 3인의 효용이 아래 표와 같다. 다음 중 각 자원 배분상태를 비교했을 때 파레토 효율적이지 않은 자원배분 상태를 모두 고르면?

[16. 국회직 8급]

자원 배분상태	A의 효용	B의 효용	C의 효용
가	3	10	7
나	6	12	6
다	13	10	3
라	5	12	8

① 가
② 나, 다
③ 가, 다, 라
④ 나, 다, 라
⑤ 가, 나, 다, 라

정답 및 해설

20 ② [오답체크]
ㄴ. 모든 사람들의 한계기술대체율이 동일할 때 생산의 파레토 효율이 달성된다. 한계대체율은 소비의 파레토 효율성을 달성하는 점이다.
ㅁ. 효용가능경계와 사회무차별곡선이 접하는 점에서 사회후생이 극대화된다.

21 ① 1) 한 배분상태에서 다른 배분상태로 이동할 때 구성원 누구 하나의 후생을 증가시키기 위해서 적어도 한 명의 후생을 감소시켜야 하는 상태, 즉 더이상 파레토 개선이 불가능한 배분상태를 파레토 효율 적인 배분상태라 한다.
2) '가'에서 '라' 배분상태로 이동할 때 B의 효용 감소 없이 A의 효용을 증가시키므로 '가'의 배분상태 는 파레토 효율적인 배분상태가 아니다.

난이도 ★★★★　중요도 ★★

22 다음은 강 상류에 위치한 화학공장 A와 하류의 양식장 B로 구성된 경제에 관한 상황이다. A는 제품생산 공정에서 수질오염을 발생시키고, 이로 인해 B에게 피해비용이 발생한다. A의 한계편익(MB_A)과 A의 생산으로 인한 B의 한계피해비용(MD_B)은 다음과 같다.

- $MB_A = 90 - \frac{1}{2}Q$
- $MD_B = \frac{1}{4}Q$

Q에 대한 A의 한계비용과 B의 한계편익은 0이며, 협상에 개시되는 경우 협상비용도 0이라고 가정하자. 다음 설명으로 옳지 않은 것은? (단, Q는 A의 생산량이다) [20. 세무사]

① 강의 소유권이 A에게 있고 양자 간의 협상이 없다면, A의 생산량은 180, A의 총편익은 8,100, B의 총비용은 4,050이다.
② 강의 소유권이 B에게 있고, 양자 간의 협상이 없다면, A의 생산량은 0, A의 총편익은 0, B의 총비용은 0이다.
③ 이 경제에서 사회적으로 바람직한 A의 생산량은 120, A의 총편익은 7,200, B의 총비용은 1,800이다.
④ 강의 소유권이 A에게 있고 양자 간의 협상이 성립하여 사회적으로 바람직한 생산량이 달성된다면, A가 B로부터 받는 보상의 범위는 최소 900 이상, 최대 2,250 이하가 될 것이다.
⑤ 강의 소유권이 B에게 있고 양자 간의 협상이 개시되어 사회적으로 바람직한 산출량이 달성된다면, B가 A로부터 받는 보상의 범위는 최소 1,800 이상 최대 4,050 이하가 될 것이다.

정답 및 해설

22 ⑤ 1) 생산량이 0일 때 화학공장의 한계편익은 90이고 한계편익이 0일 때의 생산량은 180이다.
2) 생산량이 0일 때 양식장의 한계비용은 0이고 화학공장의 생산량이 180일 때 한계비용은 45이다.
3) 양자의 한계편익과 한계비용이 만나는 지점은 $90 - \frac{1}{2}Q = \frac{1}{4}Q$이므로 $Q = 120$이고 한계편익과 한계비용은 30이다.
4) 그래프

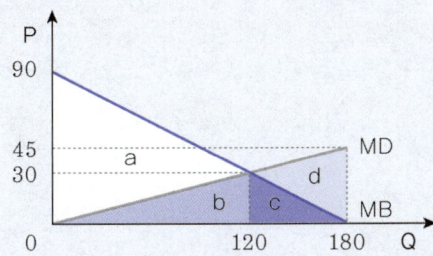

5) 강의 소유권이 B에게 있고 양자 간의 협상이 개시되어 사회적으로 바람직한 산출량이 달성된다면, B는 b만큼 받을 용의가 있고 A는 a + b만큼 지불할 용의가 있다. 따라서 B는 $120 \times 30 \times \frac{1}{2} = 1,800$이고 $a + b$는 $(90 + 30) \times 120 \times \frac{1}{2} = 7,200$이므로 B가 A부터 받는 보상의 범위는 최소 1,800 이상 최대 7,200 이하가 될 것이다.

[오답체크]
① 강의 소유권이 A에게 있고 양자 간의 협상이 없다면, A의 생산량은 한계편익이 0일 때까지 생산할 것이므로 180, A의 총편익은 $a + b + c$ → $180 \times 90 \times \frac{1}{2} = 8,100$, B의 총비용은 $b + c + d$ → $180 \times 45 \times \frac{1}{2} = 4,050$이다.
② 강의 소유권이 B에게 있고, 양자 간의 협상이 없다면, B는 생산을 하지 않는 것을 원하므로 A의 생산량은 0, A의 총편익은 0, B의 총비용은 0이다.
③ 이 경제에서 사회적으로 바람직한 A의 생산량은 화학공장의 한계편익과 양식장의 한계비용이 일치하는 지점이므로 120, A의 총편익 $a + b$이므로 $(90 + 30) \times 120 \times \frac{1}{2} = 7,200$, B의 총비용 b이므로 $120 \times 30 \times \frac{1}{2} = 1,800$이다.
④ 강의 소유권이 A에게 있고 양자 간의 협상이 성립하여 사회적으로 바람직한 생산량이 달성된다면, A는 c만큼 받고 싶어 하고 B는 c + d만큼 지불할 용의가 있다. c는 $60 \times 30 \times \frac{1}{2} = 900$이고 c + d는 $(30 + 45) \times 60 \times \frac{1}{2} = 2,250$이다. 따라서 A가 B로부터 받는 보상의 범위는 최소 900 이상, 최대 2,250 이하가 될 것이다.

23 어느 재화를 생산하는 데에는 오염물질이 배출되어 외부불경제가 발생한다. 구체적으로 이 재화 생산의 사적 한계비용(PMC)은 $MC = 80 + 2Q$이며, 외부한계비용(EMC)은 40으로 일정하다. 이 재화에 대한 시장 수요의 역함수가 $P = 400 - 2Q$일 때, 외부성으로 인한 후생손실은? (단, P는 가격, Q는 생산량을 나타낸다) [21. 군무원 7급]

① 100
② 200
③ 400
④ 600

24 담배 소비에 외부성이 존재하여 다른 사람에게 피해를 주게 된다면, 다음 중 정부 개입이 없을 경우의 시장균형과 사회적 최적 소비에 관한 설명으로 가장 옳은 것은 무엇인가? [22. 군무원 7급]

① 사회적으로 최적인 소비자 지불가격은 시장균형가격보다 낮고, 시장균형 생산량은 사회적 최적균형생산량보다 많다.
② 사회적으로 최적인 소비자 지불가격은 시장균형가격보다 높고, 시장균형 생산량은 사회적 최적 균형생산량보다 많다.
③ 사회적으로 최적인 소비자 지불가격은 시장균형가격보다 낮고, 시장균형 생산량은 사회적 최적 균형생산량보다 적다.
④ 사회적으로 최적인 소비자 지불가격은 시장균형가격보다 높고, 시장균형 생산량은 사회적 최적 균형생산량보다 적다.

정답 및 해설

23 ② 1) 시장 균형 생산량: $400 - 2Q = 80 + 2Q$ ➜ $Q = 80$
2) 사회적 최적량: $400 - 2Q = 120 + 2Q$ ➜ $Q = 70$
3) 그래프

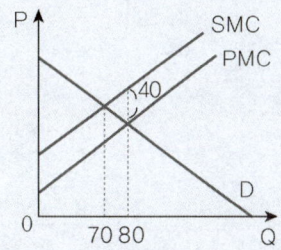

4) 사회적 후생손실 $= 10 \times 40 \times \dfrac{1}{2} = 200$

24 ② 1) 그래프

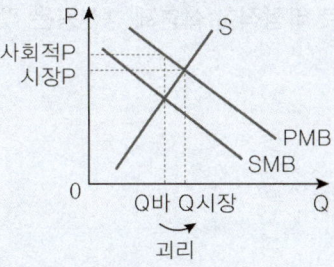

2) 사회적으로 최적인 소비자 지불가격은 시장균형가격보다 높고, 시장균형 생산량은 사회적 최적 균형 생산량보다 많다.

25 경제주체들의 합리성에 대해서 가정을 완화하여 경제행위를 설명하는 행태경제학에 대한 설명 중 가장 옳지 않은 것은? [20. 군무원 7급]

① 행태경제학은 사람들은 합리적이지 않을 뿐 아니라 예측이 불가능하다고 가정한다.
② 행태경제학은 경제학과 심리학이 결합된 융합학문 분야로 볼 수 있다.
③ 행태경제학에서는 합리적인 경제주체라면 무시해야 하는 작은 요소가 경제의사결정에 큰 영향을 줄 수 있다는 접근을 취하고 있다.
④ 행태경제학에서는 공정성에 대한 고려로 인해 사람들이 비합리적으로 보이는 의사결정을 할 수도 있음을 주장한다.

26 살충제 시장의 수요곡선은 $P = 150 - \frac{5}{2}Q_d$이고, 공급곡선은 $P = \frac{5}{2}Q_s$이다. 사회적 한계비용(SMC)은 사적 한계비용(PMC)의 2배가 된다. 호수에 대한 소유권이 어느 누구에게도 없을 때, (ㄱ) 생산되는 살충제의 양과 (ㄴ) 사회적으로 바람직한 살충제 생산량은 각각 얼마인가? [17. 국회직 8급]

	(ㄱ)	(ㄴ)
①	20	10
②	20	20
③	30	10
④	30	20
⑤	40	20

27 다음 표는 양의 외부효과(positive externality effect)가 발생하는 시장의 사적 한계효용, 사적 한계비용, 그리고 사회적 한계효용을 제시해주고 있다. 사회적 최적거래량을 (Ⅰ)이라 하고, 시장의 균형거래수준이 사회적 최적수준과 같아지도록 하기 위한 세금 혹은 보조금을 (Ⅱ)라고 하자. (Ⅰ)과 (Ⅱ)를 옳게 고르면? [13. 국회직 8급]

난이도 ★ 중요도 ★★

(단위: 개, 원)

거래량	사적 한계효용	사적 한계비용	사회적 한계효용
1	2,700	600	3,400
2	2,400	1,000	3,100
3	2,100	1,400	2,800
4	1,800	1,800	2,500
5	1,500	2,200	2,200
6	1,200	2,600	1,900

	Ⅰ	Ⅱ
①	5개	300원의 보조금이 필요
②	5개	700원의 보조금이 필요
③	4개	300원의 세금이 필요
④	4개	300원의 보조금이 필요
⑤	4개	700원의 세금이 필요

정답 및 해설

25 ① 행태경제학은 사람들은 합리적이지 않은 측면이 나타날 수 있다는 것을 심리학적 접근을 통해 설명한 것이다. 인간이 기본적으로 합리적이라는 가정은 변하지 않는다.

26 ④ 1) 수요곡선은 $P = 150 - \frac{5}{2}Q_d$, 사적한계비용곡선이 공급곡선이므로 $P = \frac{5}{2}Q_s$이다.

$150 - \frac{5}{2}Q = \frac{5}{2}Q$ → $5Q = 150$ → $Q = 30$

2) 사회적 한계비용곡선은 사적한계비용곡선의 2배이므로 $P = 5Q$이다.

$150 - \frac{5}{2}Q = 5Q$ → $\frac{15}{2}Q = 150$ → $Q = 20$

27 ② 1) 사회적 한계효용이 사적 한계효용보다 크므로 소비에서 긍정적 외부효과가 발생한다.

2) 사회적 최적거래량은 사회적 한계효용과 한계비용이 같아지는 거래량이므로 5개이다. 이를 달성하기 위해서는 최적 거래량인 5개에서의 외부편익인 700원의 보조금이 필요하다.

28

다음을 참조할 때 (ㄱ), (ㄴ)에 대한 답으로 옳은 것은? [14. 국회직 8급]

어느 독점기업이 생산과정에서 오염물질을 배출함으로써 외부불경제를 유발하고 있다. 독점기업의 수요함수는 $P = 90 - Q$이고, 독점기업의 한계비용은 $MC = Q$이며 생산 1단위당 외부비용은 6이다. (P: 가격, Q: 수요량, MC: 한계비용)

(ㄱ) 사회적으로 최적인 생산량 수준은 얼마인가?
(ㄴ) 사회적으로 최적인 생산량 수준을 달성하도록 하기 위해서는 정부가 독점기업에 생산 1단위당 조세(또는 보조금)를 얼마를 부과(또는 지불)해야 하는가?

	(ㄱ)	(ㄴ)
①	42	보조금 36
②	28	조세 6
③	42	보조금 42
④	42	조세 36
⑤	28	조세 12

29

다음의 시장상황에 대한 설명으로 옳은 것은? [14. 국회직 8급]

시장수요곡선이 $P = 100 - Q_d$인 시장에서 독점적으로 생산을 하는 기업이 있다. 이 기업은 고정비용이 100이고 한계비용이 40이다. 이 기업이 생산하는 재화는 단위당 30만큼의 사회적 비용을 발생시킨다. (P: 가격, Q_d: 수요량)

① 이 기업의 이윤극대화 생산량은 60이다.
② 이윤이 양(+)인 경우에 한해 이 기업의 생산량은 고정비용에 영향을 받지 않는다.
③ 사적 비용이 사회적 비용보다 크다.
④ 최적 생산량에서 수요의 가격탄력성은 1보다 작다.
⑤ 이 독점기업의 생산량은 사회적으로 최적이다.

정답 및 해설

28 ① 1) 사회적으로 최적 생산량은 $SMB = SMC$의 조건을 만족한다. 독점기업의 수요함수는 시장수요함수이고 사안에서 다른 편익이 존재하지 않으므로 이것이 사회적 한계편익(SMB)이 된다. 독점기업의 한계비용과 외부비용을 더하면 사회적 한계비용 $SMC = Q + 6$이 도출된다. $90 - Q = Q + 6$을 풀면 사회적으로 최적 생산량은 $Q = 42$개이다.

2) 정부가 조세 또는 보조금 정책을 시행할 때 독점기업이 사회적으로 최적 생산량을 선택하도록 하여야 한다. 독점기업의 이윤극대화 조건은 $MR = MC$이다. MR의 기울기는 독점기업이 직면하는 수요곡선 기울기의 2배이므로 $MR = 90 - 2Q$이다. 정부가 조세 또는 보조금 정책을 시행한다면 새로운 한계비용함수는 $MC + T = Q + T$가 된다.(T = 생산량 단위당 조세) $90 - 2Q = Q + T$에 $Q = 42$개를 대입하면 단위당 조세는 $T = -36$이다. 이는 조세가 아니라 보조금을 생산량 단위당 36원 지급하여야 함을 의미한다.

29 ⑤ 1) 독점기업의 이윤극대화 조건은 $MR = MC$이다. MR(한계수입)의 기울기는 시장수요곡선의 기울기 2배이므로 $MR = 100 - 2Q$이다. 한계비용은 40이므로 $MR = MC$에 대입하면 $100 - 2Q = 40$이고 이윤극대화 생산량은 $Q = 30$개이다.

2) 사회적으로 최적 생산량은 $SMB = SMC$를 만족해야 한다. 사회적 한계편익(SMB)은 시장수요곡선이고 사회적 한계비용(SMC)은 70이다. 따라서 최적 생산량은 $100 - Q = 70$을 만족하는 $Q = 30$개이다.

3) 따라서 이 독점기업의 생산량은 사회적으로 최적이다.

[오답체크]
① 이 기업의 이윤극대화 생산량은 30이다.
② 이윤과 관계없이 이 기업의 생산량은 고정비용에 영향을 받지 않는다.
③ 독점기업의 한계비용 40은 사적 비용이고 외부비용은 단위당 30이다. 사회적 비용은 사적 비용과 외부비용을 합한 70이므로 사적 비용은 사회적 비용보다 작다.
④ 가격은 $P = 70$원이고 수요의 가격탄력성은 $\frac{7}{3}$이므로 1보다 크다.

30 페인트 산업은 생산과정에서 다량의 오염물질을 발생시켜 인근 하천의 수질을 악화시킨다. ⟨보기⟩와 같은 조건에서 페인트 산업이 사회적으로 바람직한 수준의 페인트 생산을 하도록 하기 위해 페인트 한 통당 부과하는 피구세는 얼마인가?   [16. 국회직 8급]

⟨보기⟩
- 페인트 산업은 완전경쟁시장이다.
- 페인트 산업의 한계비용은 $MC = 10Q + 10{,}000$이다.
- 페인트 산업의 한계피해액은 $SMD = 10Q$이다.
- 주어진 가격에 대한 페인트 산업의 시장수요는 $Q = -0.1P + 4{,}000$이다.

① 5,000 ② 7,000 ③ 10,000
④ 20,000 ⑤ 30,000

31 어떤 마을에 총 10개 가구가 살고 있다. 각 가구는 가로등에 대해 동일한 수요함수 $P_i = 10 - Q (i = 1, \cdots, 10)$를 가지며, 가로등 하나를 설치하는 데 소요되는 비용은 20이다. 사회적으로 효율적인 가로등 설치에 대한 설명으로 옳지 않은 것은?   [18. 국회직 8급]

① 어느 가구도 단독으로 가로등을 설치하려 하지 않을 것이다.
② 가로등에 대한 총수요는 $P = 100 - 10Q$이다.
③ 이 마을의 사회적으로 효율적인 가로등 수량은 9개이다.
④ 사회적으로 효율적인 가로등 수량을 확보하려면 각 가구는 가로등 1개당 2의 비용을 지불해야 한다.
⑤ 가구 수가 증가하는 경우, 사회적으로 효율적인 가로등 수량은 증가한다.

정답 및 해설

30 ③
1) 페인트 산업의 한계비용은 $MC = 10Q + 10,000$이다.
2) 페인트 산업의 한계피해액은 $SMD = 10Q$이다. 따라서 $SMC = 20Q + 10,000$이다.
3) 주어진 가격에 대한 페인트 산업의 시장수요는 $Q = -0.1P + 4,000$ ➔ $P = -10Q + 40,000$이므로 바람직한 산출량은 $SMB = SMC$ ➔ $20Q + 10,000 = -10Q + 40,000$ ➔ $Q = 1,000$이다. 이때 $SMC = 30,000$이고 $MC = 20,000$이다.
4) 따라서 피구세는 $30,000 - 20,000 = 10,000$이다.

31 ③
1) 공공재는 수요곡선을 수직합하여 시장수요를 도출한다. $P_i = 10 - Q$ ➔ $P = 100 - 10Q$
2) 한계비용이 20이므로 효율적인 가로등 설치 조건은 $100 - 10Q = 20$ 따라서 $Q = 8$개를 설치하는 것이 효율적이다.

[오답체크]
① 가로등은 비경합성과 비배제성을 지니므로 어느 가구도 단독으로 가로등을 설치하려 하지 않을 것이다.
② 가로등에 대한 총수요는 개별수요곡선의 가격을 더해 구하므로 $P = 100 - 10Q$이다.
④ 가로등 하나에 20이므로 각 가구는 가로등 1개당 2의 비용을 지불해야 한다.
⑤ 가구 수가 증가하는 경우, 공공재의 수요함수가 더 커지므로 사회적으로 효율적인 가로등 수량은 증가한다.

STEP 2   감정평가사 기출문제

32 후생경제이론에 관한 설명으로 옳은 것은?   [21. 감정평가사]

① 파레토(Pareto) 효율적인 상태는 파레토 개선이 가능한 상태를 뜻한다.
② 제2정리는 모든 사람의 선호가 오목성을 가지면 파레토 효율적인 배분은 일반경쟁균형이 된다는 것이다.
③ 제1정리는 모든 소비자의 선호체계가 약단조성을 갖고 외부성이 존재하면 일반경쟁균형의 배분은 파레토 효율적이라는 것이다.
④ 제1정리는 완전경쟁시장 하에서 사익과 공익은 서로 상충된다는 것이다.
⑤ 제1정리는 아담스미스(A. Smith)의 '보이지 않는 손'의 역할을 이론적으로 뒷받침 해주는 것이다.

33 후생경제이론에 관한 설명으로 옳지 않은 것은?   [23. 감정평가사]

① 계약곡선 위의 모든 점은 파레토효율적 배분을 대표한다.
② 일정한 전제하에서 왈라스균형은 일반경쟁균형이 될 수 있다.
③ 차선의 이론에 따르면 점진적 접근방식에 의한 부분적 해결책이 최선은 아닐 수 있다.
④ 후생경제학의 1정리에 따르면 일반경쟁균형의 배분은 파레토 효율적이다.
⑤ 후생경제학의 2정리는 재분배를 위한 목적으로 가격체계에 개입하는 것에 정당성을 부여한다.

34. 사회후생 관점에서 자원의 효율적 활용에 관한 설명으로 옳지 않은 것은? [24. 감정평가사]

① 계약곡선상의 점들은 생산의 효율성을 보장하는 점들의 집합이다.
② 효용가능곡선은 주어진 상품을 두 사람에게 배분할 때, 두 사람이 얻을 수 있는 최대한의 효용수준의 조합이다.
③ 효용가능경계란 한 경제에 존재하는 경제적 자원을 가장 효율적으로 배분했을 때 얻을 수 있는 효용수준의 조합이다.
④ 종합적 효율성(overall efficiency)이란 생산의 효율성과 교환의 효율성이 동시에 달성된 상태를 말한다.
⑤ 생산가능곡선은 한 나라의 경제가 주어진 생산요소와 생산기술을 사용하여 최대한 생산할 수 있는 산출물들의 조합이다.

정답 및 해설

32 ⑤ [오답체크]
① 파레토(Pareto) 효율적인 상태는 파레토 개선이 불가능한 상태를 뜻한다.
② 제2정리는 모든 사람의 선호가 볼록성 등을 가지고 있으면 파레토 효율적인 배분은 일반경쟁균형이 된다는 것이다.
③ 제1정리는 모든 소비자의 선호체계가 강단조성 등을 갖고 외부성이 존재하지 않으면 일반경쟁균형의 배분은 파레토 효율적이라는 것이다.
④ 제1정리는 완전경쟁시장하에서 일정조건이 갖추어졌을 때 완전경쟁균형은 파레토 효율적이라는 것이다.

33 ⑤ 후생경제학의 2정리는 재분배를 위한 목적으로 가격체계에 개입하지 않는다면 효율성을 침해하지 않으면서 공평성을 높일 수 있다는 것을 의미한다.

34 ① 계약곡선은 소비와 생산 모두 존재하므로 계약곡선상의 점들은 생산의 효율성을 보장하는 점들의 집합이라고 단정지을 수 없다.

35 동일한 콥-더글러스(Cobb-Douglas) 효용함수를 갖는 甲과 乙이 X재와 Y재를 소비한다. 다음 조건에 부합하는 설명으로 옳지 않은 것은? [17. 감정평가사]

> - 초기에 甲은 X재 10단위와 Y재 10단위를 가지고 있으며, 乙은 X재 10단위와 Y재 20단위를 가지고 있다.
> - 두 사람이 파레토(Pareto) 효율성이 달성되는 자원배분상태에 도달하는 교환을 한다.

① 교환 후 甲은 X재보다 Y재를 더 많이 소비하게 된다.
② 교환 후 甲은 X재와 Y재를 3 : 5의 비율로 소비하게 된다.
③ 교환 후 乙은 X재를 10단위 이상 소비하게 된다.
④ 교환 후 두 소비자가 각각 Y재를 15단위씩 소비하는 경우는 발생하지 않는다.
⑤ 계약곡선(contract curve)은 직선의 형태를 갖는다.

36 두 재화 X와 Y를 소비하는 소비자 甲과 乙이 존재하는 순수교환경제를 가정한다. 두 소비자의 효용함수는 $U(x, y) = xy$로 동일하고, 甲의 초기부존은 $(x = 10, y = 5)$, 乙의 초기부존은 $(x = 5, y = 10)$일 때, 옳은 것을 모두 고른 것은? (단, x는 X재 소비량, y는 Y재 소비량이다) [20. 감정평가사]

> ㄱ. 초기부존에서 甲의 한계대체율은 0.5, 乙의 한계대체율은 2이다.
> ㄴ. 초기부존에서 甲의 X재 1단위와 乙의 Y재 2단위가 교환될 때 파레토 개선이 이루어진다.
> ㄷ. 일반균형은 X재 가격이 1일 때, Y재 가격은 1이다.
> ㄹ. 일반균형에서 甲은 X재보다 Y재를 더 많이 소비한다.

① ㄱ, ㄴ ② ㄱ, ㄷ ③ ㄴ, ㄷ
④ ㄴ, ㄹ ⑤ ㄷ, ㄹ

난이도 ★★★★ 중요도 ★★

37 두 재화 X와 Y만을 소비하는 두 명의 소비자 갑과 을이 존재하는 순수교환경제에서 갑의 효용함수는 $U_갑(X_갑, Y_갑) = \min\{X_갑, Y_갑\}$, 을의 효용함수는 $U_을(X_을, Y_을) = X_을 \times Y_을$이다. 갑과 을의 초기 부존자원(X, Y)이 각각 (30, 60), (60, 30)이고 X재의 가격이 1이다. 일반균형(general equilibrium)에서 Y재의 가격은?

[22. 감정평가사]

① 1/3
② 1/2
③ 1
④ 2
⑤ 3

정답 및 해설

35 ② 1) 콥-더글러스 효용함수는 $TU = AX^\alpha Y^{1-\alpha}$ 형태이다.
2) $MRS_{XY} = \dfrac{MU_X}{MU_Y} = \dfrac{Y}{X}$ 이므로 에지워즈 상자에서 두 사람의 X재와 Y재의 소비량 비율이 같아지는 점은 대각선이다. 이 대각선이 계약곡선이 된다.
3) 경제전체의 X재 부존량이 20단위, Y재 부존량이 30단위이므로 대각선의 식은 $Y = \dfrac{3}{2}X$이다. 그러므로 교환이 이루어진 이후 두 사람은 모두 X재와 Y재를 2 : 3의 비율로 소비하게 된다.

36 ② ㄱ. 주어진 소비함수의 한계대체율을 구하면 $\dfrac{MU_X}{MU_Y} = \dfrac{Y}{X}$ 이다. 초기부존에서 甲의 한계대체율은 $\dfrac{5}{10}$, 乙의 한계대체율은 $\dfrac{10}{5}$ 이다.
ㄷ. 일반균형은 둘의 한계대체율이 동일해져야 하므로 한계대체율이 1이다. 한계대체율은 양자의 상대가격과 일치하므로 X재 가격이 1일 때, Y재 가격은 1이다.

[오답체크]
ㄴ. 초기부존에서 甲의 효용은 50이고 乙도 50이다. 甲의 X재 1단위와 乙의 Y재 2단위를 교환하면 甲의 효용은 $9 \times 7 = 63$이고 乙은 $6 \times 8 = 48$이 되므로 파레토 개선이 이루어지지 않는다.
ㄹ. $\dfrac{MU_X}{MU_Y} = \dfrac{Y}{X}$ 지점은 대각선이므로 일반균형에서 甲은 X재와 Y재를 동일하게 소비한다.

37 ③ 1) 일반균형은 두 명의 한계대체율이 일치해야 한다.
2) 갑의 효용함수가 완전보완재이므로 추세선은 $Y = X$이다.
3) X축과 Y축이 모두 90인 정사각형의 대각선을 추세선이 지나며 이때 예산선과 접해야 하는데 X재의 가격이 1이므로 Y재의 가격도 1이 된다.

38 두 재화 맥주(B)와 커피(C)를 소비하는 두 명의 소비자 1과 2가 존재하는 순수교환경제를 가정한다. 소비자 1의 효용함수는 $U_1(B_1, C_1) = Min[B_1, C_1]$, 소비자 2의 효용함수는 $U_2(B_2, C_2) = B_2 + C_2$이다. 소비자 1의 초기 부존자원은 (10, 20), 소비자 2의 초기 부존자원은 (20, 10)이고, 커피의 가격은 1이다. 일반균형(general equilibrium)에서 맥주의 가격은? (단, 초기 부존자원에서 앞의 숫자는 맥주의 보유량, 뒤의 숫자는 커피의 보유량이다)

[18. 감정평가사]

① 1/3 ② 1/2 ③ 1
④ 2   ⑤ 3

39 사회후생에 관한 설명으로 옳지 않은 것은? [21. 감정평가사]

① 차선의 이론은 부분적 해결책이 최적은 아닐 수 있음을 보여준다.
② 롤스(J. Rawls)적 가치판단을 반영한 사회무차별곡선은 L자 모양이다.
③ 파레토 효율성 조건은 완전경쟁의 상황에서 충족된다.
④ 공리주의적 사회후생함수는 최대다수의 최대행복을 나타낸다.
⑤ 애로우(K. Arrow)의 불가능성 정리에서 파레토 원칙은 과반수제를 의미한다.

난이도 ★ 중요도 ★★★

40 사회후생함수에 관한 설명으로 옳지 않은 것은? [24. 감정평가사]

① 평등주의 경향이 강할수록 사회무차별곡선은 원점에 대해 더 오목한 모양을 갖는다.
② 평등주의적 사회후생함수는 개인들의 효용수준의 차이를 반영해야 한다는 평등주의적 가치판단을 근거로 한다.
③ 공리주의자의 사회후생함수는 사회구성원의 효용수준에 동일한 가중치를 부여한다.
④ 롤즈(J. Rawls)의 가치판단을 반영한 사회무차별곡선은 L자 모양이다.
⑤ 롤즈의 최소극대화 원칙(maximin principle)은 한 사회에서 가장 가난한 사람의 생활수준을 가능한 한 크게 개선시키는 것이 재분배정책의 최우선 과제라는 주장이다.

정답 및 해설

38 ③
1) 총부존자원은 두 명의 소비자의 초기부존자원인 맥주 30개와 커피 30개이다.
2) 일반균형에서 소비자균형은 두 사람의 무차별곡선이 접해야 한다.
3) 소비자 1은 레온티에프 함수의 형태를 띠고 있고 무차별곡선은 $B_1 = C_1$의 추세선을 통과해야 하므로 대각선이다.
4) 소비자 2는 선형 함수의 형태를 띠고 있다.
5) 따라서 두 사람의 무차별곡선이 접하기 위해서는 대각선에서 만나야 하고 상대가격비는 1이 된다.
6) 커피의 가격이 1로 주어져 있으므로 맥주의 가격도 1이다.

39 ⑤ 애로우(K. Arrow)의 불가능성 정리에서 파레토 원칙은 만장일치제를 의미한다.
[오답체크]
① 차선의 이론은 예를 들어 10개의 조건을 갖추어야 효율적인 상황에서 9개를 충족한 것이 8개를 충족한 것보다 더 크다고 말할 수 없는 것이다. 이는 부분적 해결책이 최적은 아닐 수 있음을 보여준다.
② 롤스(J. Rawls)적 가치판단은 최소수혜자 최대의 원칙이므로 이를 반영한 사회무차별곡선은 L자 모양이다.
③ 파레토 효율성 조건은 $MRS_{XY} = MRT_{XY}$이다. 소비자의 효용극대화는 무차별곡선과 예산선이 접할 때이므로 $MRS_{XY} = \frac{P_X}{P_Y}$, $MRT_{XY} = \frac{MC_X}{MC_Y}$이다. 완전경쟁시장은 $P = MC$이므로 완전경쟁의 상황에서 충족된다.
④ 공리주의적 사회후생함수는 효용의 합을 극대화시키는 것을 추구하므로 최대다수의 최대행복을 나타낸다.

40 ① 평등주의 경향이 강할수록 사회무차별곡선은 원점에 대해 더 볼록한 모양을 갖는다.

41 난이도 ★ 중요도 ★

시장실패를 발생시키는 요인으로 옳지 않은 것은? [24. 감정평가사]

① 역선택
② 규모에 대한 수익체감 기술
③ 긍정적 외부성
④ 불완전한 정보
⑤ 소비의 비경합성과 배제불가능성

42 난이도 ★ 중요도 ★★★

외부성에 관한 설명으로 옳은 것은? [23. 감정평가사]

① 생산의 부정적 외부성이 있는 경우 사회적 최적생산량이 시장균형생산량보다 크다.
② 생산의 부정적 외부성이 있는 경우 사적 한계비용이 사회적 한계비용보다 작다.
③ 소비의 부정적 외부성이 있는 경우 사적 한계편익이 사회적 한계편익보다 작다.
④ 코즈(R. Coase)의 정리는 거래비용의 크기와 무관하게 민간경제주체들이 외부성을 스스로 해결할 수 있다는 정리를 말한다.
⑤ 공유자원의 비극(tragedy of commons)은 긍정적 외부성에서 발생한다.

난이도 ★★　중요도 ★★★

43 기업 A의 사적 한계비용 $MC = \frac{1}{2}Q + 300$, $P = 500$이고 기업 A가 발생시키는 환경오염 피해액은 단위당 100이다. 기업 A의 사회적 최적 산출량은? (단, 완전경쟁시장을 가정하고, Q는 산출량 P는 가격이다)

[23. 감정평가사]

① 200　　　② 400　　　③ 600
④ 800　　　⑤ 1,000

정답 및 해설

41 ② 시장실패는 자원의 비효율적 배분이므로 과다 혹은 과소생산, 정보의 비대칭성이 해당한다. 규모에 대한 수익체감 기술은 시장실패와 관련이 없다.

42 ② [오답체크]
① 생산의 부정적 외부성이 있는 경우 사회적 최적생산량이 시장균형생산량보다 작다.
③ 소비의 부정적 외부성이 있는 경우 사적 한계편익이 사회적 한계편익보다 크다.
④ 코즈(R. Coase)의 정리는 거래비용의 거의 없는 경우 민간경제주체들이 외부성을 스스로 해결할 수 있다는 정리를 말한다.
⑤ 공유자원의 비극(tragedy of commons)은 부정적 외부성에서 발생한다.

43 ① 사회적 최적량: $SMB = SMC$ → $500 = \frac{1}{2}Q + 300 + 100$ → $Q = 200$

44 독점기업이 공급하는 X재의 시장수요곡선은 $Q = 200 - P$이고, 기업의 사적 비용함수는 $C = Q^2 + 20Q + 10$이고, 환경오염에 의한 추가적 비용을 포함한 사회적 비용함수는 $SC = 2Q^2 + 20Q + 20$이다. 이 경우 사회적으로 바람직한 최적생산량은? (단, Q는 생산량, P는 시장가격이다)

[22. 감정평가사]

① 24　　　　　② 36　　　　　③ 60
④ 140　　　　 ⑤ 164

45 X재 산업의 역공급함수는 $P = 440 + Q$이고, 역수요함수는 $P = 1,200 - Q$이다. X재의 생산으로 외부편익이 발생하는데, 외부한계편익함수는 $EMB = 60 - 0.05Q$이다. 정부가 X재를 사회적 최적수준으로 생산하도록 보조금 정책을 도입할 때, 생산량 1단위당 보조금은? (단, P는 가격, Q는 수량이다)

[20. 감정평가사]

① 20　　　　　② 30　　　　　③ 40
④ 50　　　　　⑤ 60

46 오염물질을 배출하는 기업 갑과 을의 오염저감비용은 각각 $TAC_1 = 200 + 4X_1^2$, $TAC_2 = 200 + X_2^2$이다. 정부가 두 기업의 총오염배출량을 80톤 감축하기로 결정할 경우 두 기업의 오염저감비용의 합계를 최소화하는 갑과 을의 오염감축량은? (단, X_1, X_2는 각각 갑과 을의 오염감축량이다)

[21. 감정평가사]

① $X_1 = 8$, $X_2 = 52$
② $X_1 = 16$, $X_2 = 64$
③ $X_1 = 24$, $X_2 = 46$
④ $X_1 = 32$, $X_2 = 48$
⑤ $X_1 = 64$, $X_2 = 16$

정답 및 해설

44 ② 1) 사회적 최적량은 P=SMC이다.
2) $SMC = 4Q + 20$이므로 $200 - Q = 4Q + 20$ ➡ $Q = 36$이다.

45 ③ 1) 사회적 최적량은 $PMB = SMB$이다.
2) $SMB = PMB + EMB = 1,200 - Q + 60 - 0.05Q = 1,260 - 1.05Q$이다.
3) 사회적 최적량을 구하면 $1,260 - 1.05Q = 440 + Q$ ➡ $820 = 2.05Q$ ➡ $Q = 400$이다.
4) 사회적 최적 수량에서 외부한계편익만큼 보조금을 지급하면 되므로 $60 - 20 = 40$을 지급하면 된다.

46 ② 1) 총감축량은 80톤이므로 $X_1 + X_2 = 80$톤이다.
2) 오염배출권의 균형은 두기업의 한계저감비용이 동일해야 하므로 $MC_1 = MC_2$가 성립한다.
3) $MC_1 = 8X_1$, $MC_2 = 2X_2$ ➡ $8X_1 = 2X_2$ ➡ $4X_1 = X_2$
4) 이를 1)에 대입하면 $X_1 + 4X_1 = 80$ ➡ $X_1 = 16$, $X_2 = 64$이다.

난이도 ★ 중요도 ★★★

47 순수 공공재에 관한 설명으로 옳지 않은 것은? [21. 감정평가사]

① 소비자가 많을수록 개별 소비자가 이용하는 편익은 감소한다.
② 시장수요는 개별 소비자 수요의 수직합으로 도출된다.
③ 개별 소비자의 한계편익 합계와 공급에 따른 한계비용이 일치하는 수준에서 사회적 최적량이 결정된다.
④ 시장에서 공급량이 결정되면 사회적 최적량에 비해 과소 공급된다.
⑤ 공급량이 사회적 최적 수준에서 결정되려면 사회 전체의 정확한 선호를 파악해야 한다.

난이도 ★★★★ 중요도 ★★

48 공공재에 대한 갑과 을의 수요함수가 각각 $P_갑 = 80 - Q$, $P_을 = 140 - Q$이다. 이에 관한 설명으로 옳은 것을 모두 고른 것은? (단, P는 가격, Q는 수량이다) [20. 감정평가사]

> ㄱ. $0 \leq Q \leq 80$일 때, 공공재의 사회적 한계편익곡선은 $P = 220 - 2Q$이다.
> ㄴ. $80 < Q$일 때, 공공재의 사회적 한계편익곡선은 $P = 80 - Q$이다.
> ㄷ. 공공재 생산의 한계비용이 50일 때, 사회적 최적 생산량은 90이다.
> ㄹ. 공공재 생산의 한계비용이 70일 때, 사회적 최적 생산량은 70이다.

① ㄱ, ㄴ ② ㄱ, ㄷ ③ ㄴ, ㄷ
④ ㄴ, ㄹ ⑤ ㄷ, ㄹ

난이도 ★★★ 중요도 ★★

49 어느 마을에 주민들이 염소를 방목할 수 있는 공동의 목초지가 있다. 염소를 방목하여 기를 때 얻는 총수입은 $R = 10(20 - X^2)$이고, 염소 한 마리에 소요되는 비용은 20이다. 만약 개별 주민들이 아무런 제한 없이 각자 염소를 목초지에 방목하면 마을 주민들은 총 X_1마리를, 마을 주민들이 마을 전체의 이윤을 극대화하고자 한다면 총 X_2마리를 방목할 것이다. X_1과 X_2는? (단, X는 염소의 마리 수이다)

[17. 감정평가사]

① 12, 9 ② 12, 16 ③ 16, 12
④ 18, 9 ⑤ 18, 12

정답 및 해설

47 ① 공공재는 비경합성이 성립하므로 소비자가 많아도 개별 소비자가 이용하는 편익이 감소하지는 않는다.

48 ② 1) 공공재의 수요곡선은 P를 더하여 구한다. ➔ $P = 220 - 2Q$이다.
2) Q가 80보다 크면 갑의 지불용의가 (−)이므로 을만 공공재의 수요가 있다. 따라서 사회적 한계편익 곡선은 $P = 140 - Q$이다. 반면 Q가 80보다 작으면 둘 다 편익이 있으므로 $P = 220 - 2Q$이다.
3) 공공재 생산의 한계비용이 50이면 을의 Q가 90이므로 을만 공공재에 대한 지불용의가 있다. 따라서 갑의 한계편익만을 이용한다. $140 - Q = 50$ ➔ $Q = 90$이다.
4) 공공재 생산의 한계비용이 70이면 $220 - 2Q = 50$이므로 $Q = 75$이다.

49 ④ 1) 주민들의 이익극대화조건은 $AR = AC$이다.
2) AR은 $200 - 10X$, AC는 20이다. 따라서 $X = 18$이다.
3) 마을의 이윤극대화 $MR = MC$이다.
4) MR은 $200 - 20X$, MC는 20이다. 따라서 $X = 9$이다.

50 역선택에 관한 설명으로 옳은 것은? [21. 감정평가사]

① 동일한 조건과 보험료로 구성된 치아보험에 치아 건강상태가 좋은 계층이 가입하려는 경향이 있다.
② 역선택은 정보가 대칭적인 중고차시장에서 주로 발생한다.
③ 역선택 방지를 위해 통신사는 소비자별로 다른 요금을 부과한다.
④ 의료보험의 기초공제제도는 대표적인 역선택 방지 수단이다.
⑤ 품질표시제도는 역선택을 방지하기 위한 수단이다.

51 정보의 비대칭성에 관한 설명으로 옳은 것은? [23. 감정평가사]

① 도덕적 해이(moral hazard)는 감춰진 속성(hidden characteristics)과 관련된다.
② 직업감독제도는 역선택(adverse selection)방지를 위한 효율적인 수단이다.
③ 자동차보험에서 기초공제(initial deduction)제도를 두는 이유는 역선택 방지를 위함이다.
④ 상품시장에서 역선택 방지를 위해 품질보증제도를 도입한다.
⑤ 노동시장에서 교육수준의 선별의 수단으로 삼는 이유는 도덕적 해이를 방지하기 위함이다.

난이도 ★ 중요도 ★

52 행태경제학의 내용 중 설문을 어떻게 구성하느냐에 따라 다른 응답이 나오는 효과는?

[19. 감정평가사]

① 틀짜기효과(framing effect)
② 닻내림효과(anchoring effect)
③ 현상유지편향(status quo bias)
④ 기정편향(default bias)
⑤ 부존효과(endowment effect)

정답 및 해설

50 ⑤ **[오답체크]**
① 동일한 조건과 보험료로 구성된 치아보험에 치아 건강상태가 나쁜 계층이 가입하려는 경향이 있다.
② 역선택은 정보가 비대칭적인 중고차시장에서 주로 발생한다.
③ 가격차별에 대한 설명이다.
④ 의료보험의 기초공제제도는 대표적인 도덕적 해이 방지 수단이다.

51 ④ **[오답체크]**
① 도덕적 해이(moral hazard)는 감춰진 행동과 관련된다.
② 직업감독제도는 도덕적 해이방지를 위한 효율적인 수단이다.
③ 자동차보험에서 기초공제(initial deduction)제도를 두는 이유는 도덕적 해이를 방지하기 위함이다.
⑤ 노동시장에서 교육수준의 선별의 수단으로 삼는 이유는 역선택을 방지하기 위함이다.

52 ① 틀짜기효과(framing effect)는 같은 문제라도 사용자에게 어떤 방식으로 질문하느냐에 따라 사용자의 판단과 선택이 달라지는 현상이다.

[오답체크]
② 닻내림효과(anchoring effect)는 처음에 입력된 정보가 기준(닻)으로 작용하여 사람들의 의사결정에 지속적으로 영향을 미치는 것을 의미한다.
③ 현상유지편향(status quo bias)은 사람들이 의사결정을 할 때 현상유지를 선호하는 지각적 편향을 의미한다.
④ 기정편향(default bias)은 사람들이 시스템이 기본선택에서 벗어나지 않으려고 하는 성향을 의미한다.
⑤ 부존효과(endowment effect)는 동일한 재화라고 하더라도 그것을 갖고 있지 않을 때보다 갖고 있을 때 더 높은 가치를 부여하는 것을 의미한다.

53 정보재(information goods)의 기본적인 특성에 관한 설명으로 옳은 것을 모두 고른 것은?

[23. 감정평가사]

> ㄱ. 상품에 포함된 정보가 상품으로서의 특성을 결정하는 것을 정보재라 한다.
> ㄴ. 정보재는 초기 개발비용이 크고 한계비용이 0에 가깝기 때문에 규모의 불경제가 일어난다.
> ㄷ. 정보재에는 쏠림현상(tipping)과 같은 네트워크효과가 나타난다.
> ㄹ. 정보재의 경우 무료견본을 나눠주는 것은 잠김효과(lock-in effect)를 노린 마케팅 전략이다.

① ㄱ, ㄹ
② ㄴ, ㄷ
③ ㄱ, ㄴ, ㄷ
④ ㄱ, ㄷ, ㄹ
⑤ ㄴ, ㄷ, ㄹ

54 시장실패에 관한 설명으로 옳지 않은 것은?

[25. 감정평가사]

① 공유자원의 비극은 소유권이 불명확하여 자원이 과대하게 사용되는 문제이다.
② 부정적 외부성은 사회적 후생손실을 발생시키지만, 긍정적 외부성은 사회적 후생손실을 발생시키지 않는다.
③ 정보의 비대칭성은 역선택과 도덕적 해이를 유발할 수 있다.
④ 공공재는 비배제성의 특징으로 인해 무임승차자 문제가 발생한다.
⑤ 시장실패에 대응하기 위한 정부개입이 오히려 효율성을 저하시킬 수 있다.

55 코즈(R. Coase)정리가 성립하기 위한 조건으로 옳지 않은 것을 모두 고른 것은?

[25. 감정평가사]

> ㄱ. 정부는 외부효과의 크기를 정확하게 파악하고 있다.
> ㄴ. 관련 당사자 간 협상이 가능하다.
> ㄷ. 협상에 따른 거래비용이 발생하지 않는다.
> ㄹ. 당사자 간 재산권이 명확하게 설정되어 있다.

① ㄱ
② ㄴ
③ ㄱ, ㄹ
④ ㄴ, ㄷ
⑤ ㄷ, ㄹ

정답 및 해설

53 ④ [오답체크]
ㄴ. 정보재는 초기 개발비용이 크고 한계비용이 0에 가깝기 때문에 규모의 경제가 일어난다.

54 ② 부정적 외부성은 과다생산, 긍정적 외부성은 과소생산이므로 둘 다 사회적 후생손실을 발생시킨다.

55 ① ㄱ. 정부는 외부효과의 크기를 정확하게 파악하지 않아도 된다. 왜냐하면 시장의 구성원들이 자신의 편익과 비용에 맞추어 가격을 알아서 형성할 것이기 때문이다.

56 생산에 외부 불경제를 유발하는 X재의 시장수요함수는 $P = 20 - Q$이다. 사적한계비용은 $PMC = 2Q + 2$이고, 사회적 한계비용은 $SMC = 3Q + 4$이다. 사회적 최적생산량 수준을 달성하기 위한 피구세(Pigouvian tax)를 부과할 경우 개선되는 사회후생의 크기는? (단, P는 가격, Q는 수량)

[25. 감정평가사]

① 5   ② 6   ③ 7
④ 8   ⑤ 9

57 두 명의 수요자로 구성된 X재 시장에 관한 설명으로 옳은 것은? (단, P는 가격, Q_1과 Q_2는 각각 개인 1과 2의 수요함수)

[25. 감정평가사]

- $Q_1 = 10 - \dfrac{1}{2}P$, $Q_2 = 20 - P$
- 한계비용은 16으로 일정하다.

① X재가 사적재일 경우 경쟁시장에서의 균형거래량은 10이다.
② X재가 사적재일 경우 경쟁시장에서의 균형거래량은 8이다.
③ X재가 공공재일 경우 최적 생산량은 8이다.
④ X재가 공공재일 경우 최적 생산량은 10이다.
⑤ 재화의 성격과 관계없이 균형거래량과 최적 생산량은 10이다.

58 정보의 비대칭성에 관한 설명으로 옳은 것은?

[25. 감정평가사]

① 본인 - 대리인 문제는 감추어진 유형(hidden type)으로 인해 발생하는 문제에 해당한다.
② 정부가 가입을 강제하는 건강보험과 같은 단체보험은 도덕적 해이 문제를 완화할 수 있다.
③ 품질보증은 역선택 문제를 해결하는 방안 중 하나이다.
④ 보험시장에서 기초공제(initial deduction)는 역선택 문제를 완화할 수 있다.
⑤ 애컬로프(Akerlof)의 중고차시장 모형은 도덕적 해이 문제를 설명한 것이다.

정답 및 해설

56 ④   1) 수요쪽에서는 외부성이 발생하지 않았으므로 $PMB = SMB$이다.
      2) 사회적 최적량은 $SMB = SMC$이다. $20 - Q = 3Q + 4$ → $4Q = 16$ → $Q = 4$, $P = 16$
      3) 시장균형량은 $PMB = PMC$이다. $20 - Q = 2Q + 2$ → $3Q = 18$ → $Q = 6$, $P = 14$
      4) 그래프

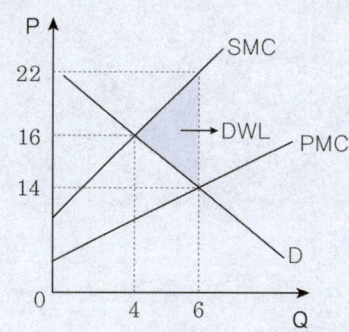

      5) 줄어드는 후생손실 $= \frac{1}{2} \times 8 \times 2 = 8$이다.

57 ③   1) 사적재일 경우 개별수요곡선의 합으로 시장수요곡선을 구한 후 균형을 구한다.
          $Q_{시장} = Q_1 + Q_2$ → $Q_{시장} = 30 - \frac{3}{2}P$이다. 이때 $P = MC$이므로 $Q = 30 - \frac{3}{2} \times 16 = 6$이다.
      2) 공공재의 경우 $MB_A + MB_B = MC$로 구한다.
          P에 관하여 풀면 $P_1 = 20 - 2Q$, $P_2 = 20 - Q$ → $P_{시장} = 40 - 3Q$이다. MC가 16이므로
          $40 - 3Q = 16$ → $Q = 8$이다.

58 ③   [오답체크]
      ① 본인-대리인 문제는 감추어진 행동으로 인해 발생하는 문제에 해당한다.
      ② 정부가 가입을 강제하는 건강보험과 같은 단체보험은 역선택 문제를 완화할 수 있다.
      ④ 보험시장에서 기초공제(initial deduction)는 도덕적 해이 문제를 완화할 수 있다.
      ⑤ 애컬로프(Akerlof)의 중고차시장 모형은 역선택 문제를 설명한 것이다.

해커스 감정평가사
ca.Hackers.com

제8장

국민소득 결정이론

Topic 15 GDP, 국민소득 결정이론
Topic 16 소비함수와 투자함수

Topic 15 GDP, 국민소득 결정이론

01 국민경제의 순환

개념	국민 경제의 주체가 재화와 서비스의 생산, 분배, 지출하는 과정을 순환하면서 되풀이하는 것
국민소득의 세 측면	(1) 생산국민소득: 재화와 용역을 생산물 시장에 제공한 대가로 얻은 판매액의 합계 → 최종 생산물의 합계 = ㉮_____의 합 (2) 분배국민소득: 노동·토지·자본 등의 생산 요소를 생산 요소 시장에 제공한 대가로 얻은 요소 소득의 합계 → ㉯_____ (3) 지출국민소득: 생산물 시장에서 재화와 용역을 구입한 대가로 지출한 금액의 합계 → ㉰_____
국민소득 3면 등가의 법칙	(1) 국민소득 3면 등가의 법칙: 국민 경제의 전체적 활동은 생산·분배·지출의 어느 측면에서 측정하더라도 같은 금액이 되는 것을 의미함 (2) ㉱_____ 국민소득 = ㉲_____ 국민소득 = ㉳_____ 국민소득

02 국내총생산

개념	한 나라 안에서 일정 기간(통상 1년) 동안 새로이 생산한 재화와 서비스의 최종 생산물의 시장 가치를 합한 것
계산 방법	(1) 생산 활동을 통해 만들어 낸 부가가치의 합 (2) 총생산물의 가치 - 중간 생산물 (3) 최종 생산물의 가치
유용성	(1) 한 나라의 경제 활동 수준과 국민소득 규모를 파악하는 지표가 됨 (2) 국가 간의 경쟁력을 비교하는 지표로서의 기능을 함 (3) 개방경제하에서는 국민총생산에 비해 유용한 국민 소득 지표로 활용됨
한계	(1) ㉴_____을 통해서 거래되지 않는 재화와 용역은 제외됨 예 주부의 가사 노동, 지하 경제, 농부의 자가 소비 농산물 등 (2) ㉵_____이나 국민 복지 수준의 정확한 반영 불가능 (3) ㉶_____ 파악 불가능 (4) 여가의 가치가 반영되지 않음 (5) 환경오염, 교통사고 등의 처리비용도 생산으로 계산됨

핵심키워드
㉮ 부가가치, ㉯ 임금 + 지대 + 이자 + 이윤, ㉰ 민간소비지출 + 국내총투자 + 정부소비지출 + 순수출, ㉱ 생산, ㉲ 분배, ㉳ 지출, ㉴ 시장, ㉵ 삶의 질, ㉶ 소득 분배 상태

GNP와의 관계	(1) 국민총생산(GNP): 한 나라의 국민이 일정 기간(통상 1년) 동안 새로이 생산한 재화와 서비스의 최종 생산물의 시장 가치를 합한 것 (2) GDP = GNP + 외국인의 국내 생산액 − 자국민의 해외 생산액 　　　 = GNP − ㉮ _____ 　　　　　　　　　GDP　　　　　GNP 　　　　　　　(외국인의　자국민의　자국민의 　　　　　　　 국내　　　국내　　　해외 　　　　　　　 생산액)　생산액　 생산액)
국민총소득 (GNI)	(1) 개념: 국민들의 생활수준(후생수준)을 측정하기 위한 소득지표 (2) 실질GNI = 실질GDP 　　　　　 + ㉮ _____ (해외수취요소소득 − 해외지급요소소득) 　　　　　 + 교역조건 변화에 따른 ㉯ _____ (3) ㉰ _____ = $\dfrac{수출단가}{수입단가} \times 100$ (환율과 교역조건은 역관계)
명목GDP와 실질GDP	(1) 명목GDP: 생산량을 ㉱ _____ 의 가격으로 측정하여 화폐 가치로 평가한 것 (2) 실질GDP: 생산량을 ㉲ _____ 의 가격으로 측정하여 화폐 가치로 평가한 것
경제성장률	(1) ㉳ _____ = $\dfrac{금년도\ 실질GDP - 전년도\ 실질GDP}{전년도\ 실질GDP} \times 100$ (2) 1인당 경제성장률 = 경제성장률 − ㉴ _____
실제GDP와 잠재GDP	(1) ㉵ _____GDP(actual GDP): 한 나라의 경제가 실제로 생산한 모든 최종 생산물을 평가한 것 (2) ㉶ _____GDP(potential GDP): 한 나라 국경 안에 존재하는 모든 생산 자원을 정상적으로 고용할 경우 생산 가능한 모든 최종 생산물의 시장 가치 ➡ 완전고용 GDP, 완전고용 국민소득 (3) GDP ㉷ _____ = 실제GDP − 잠재GDP (4) 잠재GDP의 또 다른 의미 　① 인플레이션을 가속화시키지 않고 실현시킬 수 있는 최대 GDP 　② 자연 GDP와 결부되는 실업률을 ㉸ _____ 이라 함

> **핵심키워드**
> ㉮ 해외 순수취 요소소득, ㉯ 무역손익, ㉰ 교역 조건, ㉱ 측정시점, ㉲ 기준시점, ㉳ 경제성장률, ㉴ 인구증가율, ㉵ 실제, ㉶ 잠재, ㉷ 갭, ㉸ 자연 실업률

03 고전학파의 국민소득결정이론

기본가정	(1) 제1가정: 세이의 법칙 "공급은 스스로 수요를 창출한다" 　　　공급이 되면, 그만큼 소득이 창출되고, 이 소득이 수요로 나타남 (2) 제2가정: 모든 가격변수(물가, 명목이자율, 명목임금)의 ㉮ (3) 제3가정: 노동의 수요와 공급은 실질임금의 함수이며, 완전경쟁시장임 　　　노동자는 물가변화를 항상 정확히 예상함(완전예견) (4) 제4가정: 노동시장에서 수요와 공급의 불일치는 신축적인 명목임금에 의하여 아주 신속히 조절됨. 따라서 노동시장은 항상 균형이라고 보아도 좋으며 이는 완전고용을 의미함
국민소득 결정	고전학파의 국민소득결정이론의 골자는 노동시장에서 자율적으로 고용수준이 결정되고(완전고용), 이것이 한 나라 전체의 생산함수와 결합하여 총공급곡선을 결정하며, 이 총공급에 의하여 국민소득이 결정된다는 것임

04 케인즈의 국민소득결정이론

등장배경	대공황의 타개라는 실천적인 목표의식을 가지고 등장하여, 대공황에서의 극심한 실업은 생산물에 대한 수요가 부족하기 때문에 발생하는 현상이라고 진단하고, 총수요를 증대시키기 위해 정부지출을 증대시키고, 조세를 감면해주는 등 적극적인 재정정책이 필요하다고 주장하였음
기본가정	충분한 잉여생산능력이 있다고 가정함
균형 국민소득결정의 기본모형	(1) 모형의 필요성 　케인즈의 기본가정을 전제로 총수요(총지출)에 의해 균형국민소득이 결정되어 가는 과정을 구체적으로 검증할 수 있는 분석틀이 필요함 (2) 기본모형 $Y^D = C + I^D + G + X_N$ $C = a + c(Y - T_0), \ 0 < c < 1$　　(a: 절대소비, c: 한계소비성향) $T = T_0 + tY$　　(t: 세율, 만약 정액세라고 한다면 $t = 0$) $I^D = I^0$　　(독립투자) $G = G^0$　　(정부지출) $NX = X - M$　　(순수출) $X = X_0$ $M = M_0 + mY$　　(m: 한계수입성향) $Y^D = $ 총수요(총지출) $Y^D = Y$　　(균형조건식) 균형조건식이 의미하는 것은 총수요(총지출)(Y^D)만큼 국내총생산(Y)할 때 균형국민소득이 결정된다는 것임

핵심키워드
㉮ 완전신축성

균형 국민소득 결정의 기본모형	(3) 균형국민소득 결정과정에 대한 이해 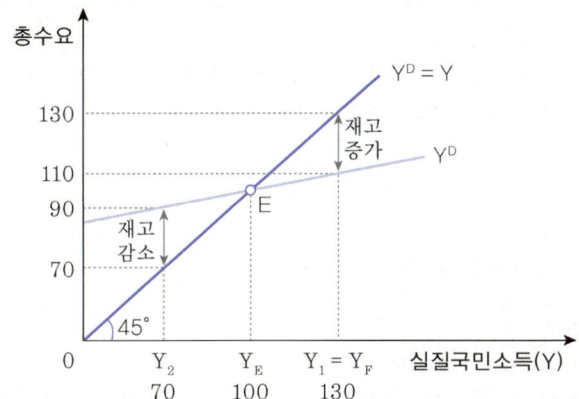 ① 45°선까지의 높이가 생산량(총공급)을 나타내고, Y^D까지의 높이가 총수요를 나타냄 ② Y_2(2기의 국민소득): 생산량 < 유효수요이므로, 초과수요로 인해 ➜ 재고감소가 초래됨 ➜ 부족한 재고를 보충하기 위해 차기 생산량이 증가함 ➜ 차기 국민소득이 증가함 ③ Y_1(1기의 국민소득): 생산량 > 유효수요이므로, 수요부족으로 인해 ➜ 재고증가가 초래됨 ➜ 지나친 재고를 먼저 처리하기 위해 차기 생산량이 감소함 ➜ 차기 국민소득이 감소함 ④ 45°선과 총수요곡선이 만나는 점에서 균형국민소득이 달성됨

05 승수이론

승수	독립투자 증가분에 대한 균형국민소득증가분의 비율 예 정부지출이 1원 증가할 경우, 균형국민소득이 얼마나 증가하는가를 나타내는 비율
승수효과	(1) 개념: 독립지출(독립투자, 정부지출, 절대소비 등)이 증가하면, 균형국민소득은 승수배만큼 증가하게 되는 효과를 의미함 (2) 공식: 균형국민소득의 변동분 = 독립지출의 변동분 × 승수 예 정부지출승수가 5일 때, 정부지출을 100억원 증가시키면, 균형국민소득은 500억원 증가하게 되고, 투자승수가 7일 때, 독립투자가 100억원 증가하면, 균형국민소득은 700억원 증가하게 됨

승수의 도출	(1) 기본가정(개방경제를 전제로 할 경우) $Y = C + I + G + X - M$ $C = a + c \cdot Y_d = a + c(Y - T)$ (단, Y_d: 처분가능소득 $Y_d = Y - T$) $T = T_0 + tY$ (t: 세율, 만약 정액세라고 한다면 $t = 0$) $I = I_0$ $G = G_0$ $X = X_0$ $M = M_0 + mY$ (m: 한계수입성향) (2) 도출과정 $Y = C + I + G + X - M$ $\quad = a + c(Y - T_0 - tY) + I_0 + G_0 + X_0 - M_0 - mY$, 이를 Y에 대해서 풀면 $Y = \dfrac{1}{1 - c(1-t) + m}[a - cT_0 + I_0 + G_0 + X_0 - M_0]$ (3) 폐쇄경제, 정액세일 때는 $m = 0$, $t = 0$이므로 ① ㉮_____ 승수: $\dfrac{dY}{dG} = \dfrac{1}{1-c}$ ② ㉯_____ 승수: $\dfrac{dY}{dI} = \dfrac{1}{1-c}$ ③ ㉰_____ 승수: $\dfrac{dY}{dT} = \dfrac{-c}{1-c}$ (4) 개방경제, 비례세, 유발투자까지 고려한 승수 ① ㉮_____ 승수: $\dfrac{dY}{dG} = \dfrac{1}{1 - c(1-t) + m - i}$ ② ㉯_____ 승수: $\dfrac{dY}{dI} = \dfrac{1}{1 - c(1-t) + m - i}$ ③ ㉰_____ 승수: $\dfrac{dY}{dT} = \dfrac{-c}{1 - c(1-t) + m - i}$ (5) 균형재정승수 ① ㉱_____: 세입과 세출이 같을 때 G = T를 의미함 ② ㉱_____ 승수: $\dfrac{dY}{dG} + \dfrac{dY}{dT} = \dfrac{1-c}{1-c} = 1$ ③ 정액세일 경우에만 1이고 나머지 경우는 1보다 작음

> **핵심키워드**
> ㉮ 정부지출, ㉯ 투자, ㉰ 조세, ㉱ 균형재정

STEP 1 타시험 기출문제

난이도 ★ 중요도 ★★

01 거시경제지표에 관한 설명으로 옳지 않은 것은? [20. 노무사]

① 국내총생산은 영토를 기준으로, 국민총생산은 국민을 기준으로 계산한다.
② 국내총생산 3면 등가의 법칙은 폐쇄경제에서 생산, 지출, 분배국민소득이 항등관계에 있다는 것이다.
③ 국내총생산은 특정 시점에 한 나라 안에서 생산된 부가가치의 합이다.
④ 국민총생산은 국내총생산과 대외순수취요소소득의 합이다.
⑤ 국내총소득은 국내총생산과 교역조건 변화에 따른 실질 무역손익의 합이다.

난이도 ★★★ 중요도 ★★

02 국민소득계정 항등식의 투자에 대한 설명으로 옳은 것은? [20. 지방직 7급]

① 생산에 사용될 소프트웨어 구매는 고정투자에 포함되지 않는다.
② 음(−)의 값을 갖는 재고투자는 해당 시기의 GDP를 감소시킨다.
③ 신축 주거용 아파트의 구매는 고정투자에서 제외되고 소비지출에 포함된다.
④ 재고투자는 유량(flow)이 아니라 저량(stock)이다.

정답 및 해설

01 ③ 국내총생산은 유량이므로 일정 기간 동안 한 나라 안에서 생산된 부가가치의 합이다.

02 ② 재고투자의 감소는 그 연도의 GDP를 감소시킨다.

[오답체크]
① 사용하려고 구매한 고정자산은 유형자산이지만, 투자 목적으로 구매하면 그것은 고정투자이다.
③ 당해 건설된 가계의 아파트 구입은 GDP의 투자계정에 해당한다.
④ 재고투자는 유량(flow) 지표이다.

03 GDP(Gross Domestic Product)의 측정에 대한 설명으로 옳은 것은? [17. 국가직 7급]

① 식당에서 판매하는 식사는 GDP에 포함되지만, 아내가 가족을 위해 제공하는 식사는 GDP에 포함되지 않는다.
② 발전소가 전기를 만들면서 공해를 발생시키는 경우, 전기의 시장가치에서 공해의 시장가치를 뺀 것이 GDP에 포함된다.
③ 임대 주택이 제공하는 주거서비스는 GDP에 포함되지만, 자가 주택이 제공하는 주거서비스는 GDP에 포함되지 않는다.
④ A와 B가 서로의 아이를 돌봐주고 각각 임금을 상대방에게 지불한 경우, A와 B 중 한 사람의 임금만 GDP에 포함된다.

04 2020년도에 어떤 나라의 밀 생산 농부들은 밀을 생산하여 그 중 반을 소비자에게 1,000억원에 팔고, 나머지 반을 1,000억원에 제분회사에 팔았다. 제분회사는 밀가루를 만들어 그 중 절반을 800억원에 소비자에게 팔고 나머지를 제빵회사에 800억원에 팔았다. 제빵회사는 빵을 만들어 3,200억원에 소비자에게 모두 팔았다. 이 나라의 2020년도 GDP는? (단, 이 경제에서는 밀, 밀가루, 빵만을 생산한다) [17. 서울시 7급]

① 1,600억원 ② 2,000억원
③ 3,200억원 ④ 5,000억원

05 자동차 중고매매업체가 출고된 지 1년이 지난 중고차(출고 시 신차가격은 2,000만원) 1대를 2011년 1월 초 1,300만원에 매입하여 수리한 후, 2011년 5월 초 갑에게 1,500만원에 판매하였다. 이론상 이 과정에서의 2011년 GDP 증가 규모는? [12. 국가직 7급]

① 증가하지 않았다. ② 200만원
③ 1,300만원 ④ 1,500만원

난이도 ★★ 중요도 ★★★★

06 균형국민소득결정식과 소비함수가 다음과 같을 때, 동일한 크기의 정부지출 증가, 투자액 증가 또는 감세에 의한 승수효과에 대한 설명으로 옳은 것은? [13. 지방직 7급]

- 균형국민소득결정식: $Y = C + I + G$
- 소비함수: $C = B + a(Y - T)$
  (단, Y는 소득, C는 소비, I는 투자, G는 정부지출, T는 조세이고, I, G, T는 외생변수이며, $B > 0$, $0 < a < 1$이다)

① 정부지출 증가에 의한 승수효과는 감세에 의한 승수효과와 같다.
② 투자액 증가에 의한 승수효과는 감세에 의한 승수효과보다 작다.
③ 정부지출 증가에 의한 승수효과는 감세에 의한 승수효과보다 크다.
④ 투자액 증가에 의한 승수효과는 정부지출의 증가에 의한 승수효과보다 크다.

정답 및 해설

03 ① 시장에서 거래되지 않은 것은 GDP에 포함되지 않는다.

[오답체크]
② 환경오염과 같은 삶의 질은 GDP에 포함되지 않는다.
③ 임대 주택이 제공하는 주거서비스와 귀속임대료 모두 GDP에 해당된다.
④ A와 B가 서로의 아이를 돌봐주고 각각 임금을 상대방에게 지불한 경우, A와 B의 임금 모두 GDP에 포함된다.

04 ④ 2020년도에 생산된 최종생산물의 시장가치는 소비자가 구입한 밀 1,000억원, 밀가루 800억원, 빵 3,200억원이므로 이를 모두 합하면 GDP는 5,000억원이다.

05 ② 1) 출고 시 신차가격 2,000만원은 작년의 GDP에 포함된다.
2) 중고차를 매입한 1,300만원은 단지 소유권 이전에 불과하므로 올해의 GDP에서 제외된다.
3) 중고차를 1,300만원에 매입하여 수리한 후 1,500만원에 판매하였다면 올해의 부가가치는 200만원이므로 200만원만큼 GDP가 증가한다.

06 ③ 해외부분과 비례세가 없는 모형이다. 한계소비성향이 a이므로 정부지출승수와 투자승수는 모두 $\frac{1}{1-a}$이고, 조세승수는 $\frac{-a}{1-a}$이다. 그러므로 정부지출승수와 투자승수의 크기는 같으면서 조세승수(절댓값)보다는 크다.

[오답체크]
① 정부지출 증가에 의한 승수효과는 감세에 의한 승수효과보다 크다.
② 투자액 증가에 의한 승수효과는 감세에 의한 승수효과보다 크다.
④ 투자액 증가에 의한 승수효과는 정부지출의 증가에 의한 승수효과와 동일하다.

난이도 ★　중요도 ★★

07 A국의 총수요는 200억달러이며 장기생산량 수준은 300억달러이다. A국 총수요 구성 항목 중 소비를 제외한 구성항목은 독립 지출이다. 소비는 가처분 소득에 영향을 받으며 한계소비성향은 1/2이다. 아울러 물가수준은 고정되어 있다. 정부가 장기생산량 수준을 달성하고자 할 때, 증가시켜야 할 재정지출 규모는? (단, 조세는 정액세로 가정한다) [15. 서울시 7급]

① 25억달러　　　　　　　　　② 50억달러
③ 100억달러　　　　　　　　　④ 200억달러

난이도 ★★　중요도 ★★★★

08 A국의 소비지출(C), 투자지출(I), 정부지출(G), 순수출(Xn), 조세징수액(T)이 다음과 같을 때, 이에 관한 설명으로 옳은 것은? (단, Y는 국민소득이고, 물가, 금리 등 가격변수는 고정되어 있으며, 수요가 존재하면 공급은 언제나 이루어진다고 가정한다) [20. 노무사]

- $C = 300 + 0.8(Y - T)$
- $I = 300$
- $G = 500$
- $Xn = 400$
- $T = 500$

① 균형국민소득은 4,000이다.
② 정부지출이 10 증가하는 경우 균형국민소득은 30 증가한다.
③ 조세징수액이 10 감소하는 경우 균형국민소득은 30 증가한다.
④ 정부지출과 조세징수액을 각각 100씩 증가시키면 균형국민소득은 100 증가한다.
⑤ 정부지출승수는 투자승수보다 크다.

난이도 ★　중요도 ★★★

09 정부의 총수요 확대 정책 수단에는 정부지출 확대 및 조세감면 정책이 있다. 균형 국민소득결정 모형에서 2,000억원의 정부지출 확대와 2,000억원의 조세 감면의 효과에 대한 설명으로 옳은 것은? [단, 밀어내기 효과(crowding-out effect)는 없으며 한계소비성향은 $\frac{3}{4}$이다]

[17. 국가직 7급]

① 정부지출 확대는 6,000억원, 조세 감면은 6,000억원의 총수요확대 효과가 있다.
② 정부지출 확대는 6,000억원, 조세 감면은 8,000억원의 총수요확대 효과가 있다.
③ 정부지출 확대는 8,000억원, 조세 감면은 6,000억원의 총수요확대 효과가 있다.
④ 정부지출 확대는 8,000억원, 조세 감면은 8,000억원의 총수요확대 효과가 있다.

정답 및 해설

07 ② 1) 승수는 $\frac{1}{1-c(1-t)+m}$ 이다.
2) 문제의 독립지출은 이자율의 영향을 받지 않으며, 조세도 정액세로 고정되어 있다.
3) 한계소비성향 $c = 0.5$이므로 정부지출승수 $\frac{dY}{dG} = \frac{1}{1-c} = 2$이다. 따라서 국민소득을 100억달러 증가시키려면 재정지출을 50억달러 증가시켜야 한다.

08 ④ 1) $Y = C + I + G + Xn$
2) $Y = 300 + 0.8Y - 400 + 300 + 500 + 400$ ➔ $0.2Y = 1,100$ ➔ $Y = 5,500$
3) 지문분석
④ 균형재정승수는 1이므로 정부지출과 조세징수액을 각각 100씩 증가시키면 균형국민소득은 100 증가한다.
[오답체크]
① 균형국민소득은 5,500이다.
② 정부지출승수는 $\frac{1}{1-c}$이므로 $\frac{1}{1-0.8} = 5$이다. 따라서 정부지출이 10 증가하는 경우 균형국민소득은 50 증가한다.
③ 정부지출승수는 $\frac{-c}{1-c}$이므로 $\frac{-0.8}{1-0.8} = -4$이다. 조세징수액이 10 감소하는 경우 균형국민소득은 40 증가한다.
⑤ 정부지출승수는 투자승수와 같다.

09 ③ 1) 한계소비성향이 0.75이므로 정부지출승수 $\frac{dY}{dG} = \frac{1}{1-c} = \frac{1}{1-0.75} = 4$이다.
2) 조세승수 $\frac{dY}{dG} = \frac{-c}{1-c} = \frac{-0.75}{1-0.75} = -3$이다.
3) 정부지출이 2,000억원 증가하면 국민소득이 8,000억원 증가하고, 조세가 2,000억원 감면되면 국민소득이 6,000억원 증가한다.

Topic 15 GDP, 국민소득 결정이론

10 완전경쟁시장 하의 폐쇄경제이며 균형재정을 유지하고 있는 한 국가의 생산함수와 소비함수가 아래와 같다. 국민소득계정의 3면 등가관계와 기업의 이윤극대화 조건이 성립하고, 생산량과 정부지출이 각각 100과 10이라면, (a) 투자량과 (b) 자본소득의 조합으로 가장 옳은 것은?

[22. 군무원 7급]

- 생산 : $Y = K^{0.3} L^{0.7}$
- 소비 : $C = 0.6(Y - T)$

(Y, K, L은 각각 생산량, 자본투입량, 노동투입량이며, C와 T는 각각 소비와 조세를 의미한다)

① (a) 36, (b) 30
② (a) 46, (b) 30
③ (a) 36, (b) 35
④ (a) 46, (b) 35

11 단순 케인지안모형에서 승수(multiplier)는 $\frac{1}{1-b}$ 이다. 그러나 현실 경제에서 승수는 이렇게 크지 않다. 그 이유로 가장 옳지 않은 것은? (단, b는 한계소비성향이다) [18. 서울시 7급]

① 조세가 소득의 증가함수이기 때문이다.
② 수입(import)이 소득의 증가함수이기 때문이다.
③ 화폐수요가 이자율의 감소함수이기 때문이다.
④ 투자가 소득의 증가함수이기 때문이다.

12
난이도 ★★★ **중요도** ★★★★

A국과 B국의 거시경제모형이 각각 다음과 같을 때 이에 대한 설명으로 옳은 것은? [21. 국가직 7급]

A국	B국
• $C = 20 + 0.8Y_D$	• $C = 20 + 0.8Y_D$
• $Y_D = Y - T$	• $Y_D = Y - T$
• $T = 30 + 0.25Y$	• $T = 30$
• $I = 40$	• $I = 40$
• $G = 50$	• $G = 50$
• $X = M = 0$	• $X = M = 0$

(단, C는 소비, Y_D는 가처분소득, Y는 국민소득, T는 조세, I는 투자, G는 정부지출, X는 수출, M은 수입을 나타내며, 측정 단위는 조원이다)

① A국의 균형국민소득이 215조원이라고 할 때 균형국민소득을 4% 증가시키기 위해서는 정부지출을 8.6조원 증대시키면 된다.
② B국의 균형국민소득이 430조원이라고 할 때 균형국민소득을 4% 증가시키기 위해서는 투자를 3.44조원 증대시키면 된다.
③ 정부지출의 증대가 균형국민소득에 미치는 영향의 크기는 A국과 B국이 동일하다.
④ A국의 한계세율이 증가하면 균형국민소득 역시 증가한다.

정답 및 해설

10 ① 1) 총소득 × 자본소득 분배율 = 자본소득
2) 콥-더글러스 생산함수이므로 자본소득분배율은 0.3이다. 따라서 $100 \times 0.3 = 30$
3) 폐쇄경제이므로 국민소득은 $Y = C + I + G$이다.
4) 주어진 조건을 대입하면 $C = 0.6(100 - 10)$ ➡ $C = 54$이다.
5) $100 = 54 + I + 10$ ➡ 투자는 36이다.

11 ④ 독립지출 증가로 국민소득이 증가할 때 투자가 소득의 증가함수이면 투자도 증가하므로 유효수요가 더 크게 증가하고, 그에 따라 국민소득도 더 크게 증가한다. 그러므로 유발투자가 존재하는 경우에는 단순 케인지안모형에서 승수효과가 더 크게 나타난다.

12 ② B국의 승수는 $\frac{1}{1-0.8} = 5$이다. B국의 균형국민소득이 430조원이라고 할 때 균형국민소득을 4% 증가시키기 위해서는 17.2조원을 증가시켜야 한다. 정부지출승수와 투자승수는 동일하므로 투자를 3.44조원 증대시킬 때 승수 5를 곱하면 17.2조원이 증가된다.

[오답체크]
① A국의 승수는 $\frac{1}{1-0.8(1-0.25)} = 2.5$이다. A국의 균형국민소득이 215조원이라고 할 때 균형국민소득을 4% 증가시키기 위해서는 8.6조원을 증가시켜야 한다. 정부지출승수가 2.5이므로 정부지출을 2.15조원 증대시키면 된다.
③ 정부지출승수가 다르므로 정부지출의 증대가 균형국민소득에 미치는 영향의 크기는 A국과 B국이 다르다.
④ A국의 한계세율이 증가하면 승수가 감소하므로 균형국민소득 역시 감소한다.

난이도 ★★   중요도 ★★★★

13 다음과 같은 경제모형을 가정한 국가의 잠재총생산 수준이 Y^*라고 할 때, 총생산갭을 제거하기 위해 통화당국이 설정해야 하는 이자율은?

[13. 국가직 7급]

- $C = 14,000 + 0.5(Y - T) - 3,000r$
- $G = 5,000$
- $T = 8,000$
- $I = 5,000 - 2,000r$
- $NX = 400$
- $Y^* = 40,000$

(단, Y는 국민소득, C는 소비, I는 투자, G는 정부지출, T는 조세, NX는 순수출, r은 이자율)

① 2%
② 4%
③ 6%
④ 8%

난이도 ★★   중요도 ★★★★

14 다음과 같은 케인즈의 경제모형을 가정할 때, 정부지출승수, 투자승수, 정액조세승수를 순서대로 바르게 배열한 것은?

[11. 지방직 7급]

- $Y = C + I + G$
- $I = 200$
- $T = 200$
- $C = 0.75(Y - T) + 200$
- $G = 200$

(단, Y는 국민소득, C는 소비지출, I는 투자지출, G는 정부지출, T는 정액조세를 나타낸다)

① 3, 3, −3
② 3, 4, −2
③ 4, 3, −2
④ 4, 4, −3

15 난이도 ★★★★ 중요도 ★★

A국의 경제는 $C = 0.7(Y - T) + 25$, $I = 32$, $T = tY + 10$으로 표현된다. 완전고용 시의 국민소득은 300이며, 재정지출은 모두 조세로 충당할 때, 완전고용과 재정지출의 균형을 동시에 달성하는 t는? (단, Y는 국민소득, C는 소비, I는 투자, G는 정부지출, T는 조세, t는 소득세율을 나타낸다)

[15. 지방직 7급]

① $\dfrac{1}{5}$
② $\dfrac{1}{4}$
③ $\dfrac{1}{3}$
④ $\dfrac{1}{2}$

정답 및 해설

13 ④
1) $AE = C + I + G + NX$
2) $AE = 14{,}000 + 0.5(Y - 8{,}000) - 3{,}000r + 5{,}000 - 2{,}000r + 5{,}000 + 400$ ➡ $AE = 20{,}400 - 5{,}000r + 0.5Y$
3) 균형은 $Y = AE$이다.
4) $Y = 20{,}400 - 5{,}000r + 0.5Y$, $Y = 40{,}800 - 10{,}000r$이다.
5) 균형국민소득이 잠재GDP와 같아지는 이자율을 계산하기 위해 $Y = 40{,}000$을 균형국민소득식에 대입하면 $r = 0.08$이다.

14 ④
1) 정부지출, 투자승수는 $\dfrac{1}{1 - c(1-t) + m}$이다.
2) 정액조세승수는 $\dfrac{-c}{1 - c(1-t) + m}$이다.
3) 한계소비성향(c)은 0.75이고 나머지는 존재하지 않는 모형이다.
4) 대입하면 정부지출승수는 4, 투자승수는 4, 정액조세승수는 -3이다.

15 ③
1) 해외부문을 언급하지 않고 있으므로 $AE = C + I + G$이다.
2) 균형재정을 달성하기 위해서는 조세와 같아야 하므로 $G = tY + 10$이다.
3) 국민소득이 완전고용 국민소득과 일치하므로 $Y = AE = 300$이 성립한다.
4) 위 공식에 대입하면 $AE = C + I + G = 0.7(Y - tY - 10) + 25 + 32 + (tY + 10)$ ➡ $300 = 0.7(300 - 300t - 10) + 25 + 32 + 300t + 10$ ➡ $300 = 90t + 270$ ➡ $t = \dfrac{1}{3}$이다.

16 난이도 ★★★★ 중요도 ★

B국가는 전 세계 어느 국가와도 무역을 하지 않으며, 현재 GDP는 300억달러라고 가정하자. 매년 B국가의 정부는 50억달러 규모로 재화와 서비스를 구매하며, 세금수입은 70억달러인 반면 가계로의 이전지출은 30억달러이다. 민간저축이 50억달러일 경우 민간소비와 투자는 각각 얼마인가?

[13. 서울시 7급]

① 180억달러, 50억달러
② 210억달러, 40억달러
③ 130억달러, 70억달러
④ 150억달러, 60억달러
⑤ 추가 정보가 필요하다.

17 난이도 ★ 중요도 ★★★

국민총소득은 1,000조원이고 정부지출은 200조원, 조세수입은 150조원, 투자는 250조원인 폐쇄경제에서의 민간저축은?

[21. 지방직 7급]

① 200조원　　　　　　　　　② 250조원
③ 300조원　　　　　　　　　④ 450조원

난이도 ★ 중요도 ★★

18 폐쇄경제하에서 소비(C)는 감소하고 정부지출(G)은 증가할 경우 민간저축과 정부저축에 대한 설명으로 가장 옳은 것은? (단, 국민소득과 세금은 고정되어 있다고 가정한다) [16. 서울시 7급]

① 민간저축과 정부저축 모두 증가한다.
② 민간저축과 정부저축 모두 감소한다.
③ 민간저축은 증가하고 정부저축은 감소한다.
④ 민간저축은 감소하고 정부저축은 증가한다.

정답 및 해설

16 ② 1) 정부저축 = 조세 − 정부지출 − 이전지출이다.
2) 조세수입이 70억달러, 정부지출이 50억달러, 이전지출이 30억달러, 조세수입이 70억달러이므로 정부저축은 −10억달러이다. 민간저축이 50억달러, 정부저축이 −10억달러이므로 경제전체의 총저축은 40억달러이다.
3) 폐쇄경제에서는 국내총저축과 국내총투자가 일치하므로 투자는 40억달러이다.
4) 총저축 = 국민소득 − 소비 − 정부지출이므로 40 = 300 − 민간소비 − 50이다. 따라서 민간소비는 210억달러이다.

17 ③ 1) $Y = C + I + G$
2) 조건을 대입하면 $1,000 = C + 250 + 200$ ➡ $C = 550$
3) $Y = C + S_P + T$
4) 조건을 대입하면 $1,000 = 550 + S_P + 150$ ➡ $S_P = 300$이다.

18 ③ 1) 민간저축 $S_P = (Y - T - C)$이므로 민간소비(C)가 감소하면 민간저축은 증가한다.
2) 정부저축 $S_G = (T - G)$이므로 정부지출(G)이 증가하면 정부저축은 감소한다.

19 다음 〈보기〉 중 GDP가 증가하는 경우는 모두 몇 개인가? [14. 국회직 8급]

〈보기〉
ㄱ. 국세청이 세무조사를 강화함에 따라 탈세규모가 줄어들었다.
ㄴ. 도시에 거주하는 사람에 대한 농지매입규제가 폐지됨에 따라 농지가격이 상승하였다.
ㄷ. 자가 보유주택의 귀속임대료가 상승하였다.
ㄹ. 금융구조조정이 성공적으로 마무리되어 은행들의 주가가 급등하였다.
ㅁ. 자동차 제조 기업에서 판매되지 않은 재고증가분이 발생하였다.

① 1개   ② 2개   ③ 3개
④ 4개   ⑤ 5개

20 다음 〈보기〉 중 국내총생산이 증가되는 경우를 모두 고르면? [13. 국회직 8급]

〈보기〉
ㄱ. 국내 A사의 자동차 재고 증가
ㄴ. 중고자동차 거래량 증가
ㄷ. 은행들의 주가 상승
ㄹ. 주택 임대료 상승
ㅁ. 맞벌이 부부 자녀의 놀이방 위탁 증가

① ㄱ, ㄴ, ㄷ   ② ㄱ, ㄷ, ㄹ   ③ ㄱ, ㄹ, ㅁ
④ ㄴ, ㄷ, ㄹ   ⑤ ㄷ, ㄹ, ㅁ

정답 및 해설

19 ③ ㄱ. 국세청이 세무조사를 강화하여 탈세규모를 줄이면 시장가치로 평가할 수 있는 생산량이 많아지므로 GDP가 증가한다.
　　ㄷ. 자가 보유주택의 귀속임대료는 GDP에 포함되므로 귀속임대료 상승은 GDP 상승요인이다.
　　ㅁ. 재고증가분이 발생하고 자동차가 판매되지 않더라도 올해 생산되었다면 올해 GDP에 포함된다. 즉, 판매되지 않은 재고증가분이 발생하면 GDP가 증가한다.

[오답체크]
　　ㄴ. 농지매입 규제가 폐지되면 도시에 거주하는 사람들의 농지에 대한 수요가 늘어나서 농지가격이 상승한다. 하지만 농지가격 상승은 생산이 아니므로 GDP에 영향을 주지 않는다.
　　ㄹ. 은행들의 주가 상승도 생산이 아니므로 GDP에 영향을 주지 않는다.

20 ③ **[오답체크]**
　　ㄴ. 중고는 기존 자산의 거래이므로 국내총생산 증가와 무관하다.
　　ㄷ. 기존자산의 소유권 가격의 상승이므로 국내총생산 증가와 무관하다.

21 GDP에 대한 설명으로 옳은 것을 〈보기〉에서 모두 고르면? [17. 국회직 8급]

〈보기〉
ㄱ. 정부가 출산장려금으로 자국민에게 지급하는 금액은 GDP에 포함된다.
ㄴ. A사가 생산한 자동차의 재고 증가는 GDP 증가에 영향을 주지 못하지만, 중고자동차의 거래량 증가는 GDP를 증가시킨다.
ㄷ. 중국인의 한국 내 생산활동은 한국의 GDP 산출에 포함된다.
ㄹ. 아파트 옥상에서 상추를 재배한 전업주부가 이 생산물을 가족들의 저녁식사에 이용한 경우 이는 GDP에 포함되지 않는다.
ㅁ. 한국의 의류회사가 베트남에서 생산하여 한국으로 수입 판매한 의류의 가치는 한국의 GDP에 포함되지 않는다.

① ㄱ, ㄴ, ㄷ   ② ㄱ, ㄴ, ㅁ   ③ ㄱ, ㄷ, ㅁ
④ ㄴ, ㄷ, ㄹ   ⑤ ㄷ, ㄹ, ㅁ

22 방앗간에서 밀 3톤을 총 3만달러에 수입한 뒤, 밀 2톤은 소비자들에게 팔아 총 3만달러의 매상을 올리고, 나머지 1톤은 밀가루로 만들어 2만달러를 받고 제과점에 팔고, 제과점에서는 이 밀가루로 빵을 만들어 3만달러를 받고 소비자에게 팔았다. 이때 국내에서 창출된 총 부가가치는 얼마인가? [16. 국회직 8급]

① 2만달러   ② 3만달러   ③ 6만달러
④ 8만달러   ⑤ 9만달러

난이도 ★★★ 중요도 ★★

23 해외부문이 존재하지 않는 폐쇄경제에서 소비함수는 $C = 100 + 0.8(1-t)Y$, 민간투자는 180, 정부지출은 180이다. 정부가 정부지출을 200으로 늘린다고 할 때, 다음 설명 중 옳은 것은? (단, C는 소비, t는 조세율, Y는 국민소득이다)   [15. 국회직 8급]

① 조세율이 0이면 국민소득은 변하지 않는다.
② 조세율이 0이면 국민소득은 20만큼 증가한다.
③ 조세율이 0이면 국민소득은 50만큼 증가한다.
④ 조세율이 0.25이면 국민소득은 40만큼 증가한다.
⑤ 조세율이 0.25이면 국민소득은 50만큼 증가한다.

정답 및 해설

21 ⑤

GDP에 포함되는 항목	GDP에 포함되지 않는 항목
귀속임대료(자기집 사용료)	여가
자가소비 농산물(농부)	자가소비 농산물(도시의 텃밭)
파출부의 가사노동	주부의 가사노동
신규주택매입	기존주택매입
국방, 치안서비스(공공재)	상속, 증여
금년 생산했지만 판매되지 않은 재고	주식가격, 부동산가격변동
회사채이자	국공채이자
가계가 구입한 목재(최종생산물)	목수가 구입한 목재(중간생산물)

[오답체크]
ㄱ. 정부가 출산장려금으로 자국민에게 지급하는 금액은 이전지출에 해당하므로 GDP에 포함되지 않는다.
ㄴ. 중고자동차는 당해 연도 생산물이 아니므로 GDP에 포함되지 않는다.

22 ② 1) 최종재로 계산하는 것이 좋다.
2) 밀 2톤은 소비자들에게 팔아 총 3만달러의 매상을 올렸으므로 밀이 최종재이며 가치는 3만달러이다.
3) 1톤은 밀가루로 만들어 2만달러를 받고 제과점에 팔고, 제과점에서는 이 밀가루로 빵을 만들어 3만달러를 받고 소비자에게 팔았으므로 빵이 최종재이며 가치는 3만달러이다.
4) 수입품은 GDP에 포함하지 않으므로 '최종재의 가치 6만달러 - 수입품의 가치 3만달러 = 총 3만달러'이다.

23 ⑤ 1) 정부지출승수는 $\dfrac{1}{1-c(1-t)+m}$ 이다.

2) 조세율이 0인 경우 승수는 $\dfrac{1}{1-c}$ 이므로 $\dfrac{1}{1-0.8} = 5$이다. 정부지출을 20 늘리면 국민소득은 $5 \times 20 = 100$만큼 증가한다.

3) 조세율이 0.25인 경우 승수는 $\dfrac{1}{1-c(1-t)}$ 이므로 $\dfrac{1}{1-0.8(1-0.25)} = \dfrac{5}{2}$ 이다. 정부지출을 20 늘리면 국민소득은 $2.5 \times 20 = 50$만큼 증가한다.

24

난이도 ★★★ 중요도 ★★

〈보기〉와 같은 경제환경하에서 개인저축과 균형이자율(r^*)은? [16. 국회직 8급]

〈보기〉

- $Y = C + I + G$
- $G = 3,000$
- $C = 200 + 0.5(Y - T)$
- $Y = 6,000$
- $T = 1,500$
- $I = 1,000 - 40r$

(단, Y는 국민소득, C는 소비지출, T는 조세, I는 투자지출, r은 이자율, G는 정부지출이다. 이 때 r의 균형값인 균형이자율은 r^*로 표시한다)

	개인저축	균형이자율(r^*)
①	2,050	11.25
②	2,000	11.25
③	2,050	11.50
④	2,000	11.50
⑤	2,050	12.25

25 폐쇄경제하에서 정액세만 있는 경우 균형재정승수의 값과 그 이유에 대한 설명으로 옳은 것을 〈보기〉에서 고르면?

[16. 국회직 8급]

난이도 ★★★ 중요도 ★★

〈보기〉

ㄱ. 정부지출의 증가가 조세의 증가에 의해 완전 상쇄되므로 국민생산에 미치는 영향은 전혀 없기 때문이다.
ㄴ. 정부지출의 증가는 그 자체가 즉각적으로 유효수요를 증가시키고 조세의 증가 또한 유효수요를 증가시켜 총체적으로 국민생산이 증가하기 때문이다.
ㄷ. 정부지출의 증가는 일반적으로 그 자체가 즉각적으로 유효수요를 증가시키는 반면 조세의 증가는 소비지출의 감소를 통해서만 유효수요에 영향을 미치기 때문이다.
ㄹ. 정부지출의 증가는 그 자체가 즉각적으로 유효수요를 증가시키지만 조세는 정부가 이를 거두어들이는 기간이 상황마다 다르기 때문이다.
ㅁ. 정부지출 증가에 따라 조세가 2배로 증가하여 국민생산이 감소하기 때문이다.

	균형재정승수	이유
①	0	ㄱ
②	1	ㄴ
③	1	ㄷ
④	−1	ㄹ
⑤	−1	ㅁ

정답 및 해설

24 ① 1) $Y = C + I + G$
2) $6{,}000 = 200 + 0.5(6{,}000 - 1{,}500) + 1{,}000 - 40r^* + 3{,}000$을 정리하여 풀면 ➜ $4r^* = 45$ ➜ $r^* = 11.25$ 이다.
3) 개인저축 $= Y - T - C = 6{,}000 - 1{,}500 - 2{,}450 = 2{,}050$ 이다.

25 ③ 1) 정액세만 존재하는 폐쇄경제의 균형재정승수 = 정부지출승수 + 조세승수 = $\dfrac{1}{1-c} + \dfrac{-c}{1-c} = 1$
2) 정부지출의 증가는 일반적으로 그 자체가 즉각적으로 유효수요를 증가시키는 반면 조세의 증가는 소비지출의 감소를 통해서만 유효수요에 영향을 미치기 때문이다. 또한 조세감면은 일부가 저축으로 누출되므로 정부지출 효과보다 작다.

26 다음은 케인즈의 국민소득결정모형이다. 완전고용 국민소득수준이 Y_3이라면 다음 설명 중 옳지 않은 것은? (Y: 소득, AE: 총지출, C: 소비, C_0: 기초소비, c: 한계소비성향, I: 투자, I_0: 독립투자)

[14. 국회직 8급]

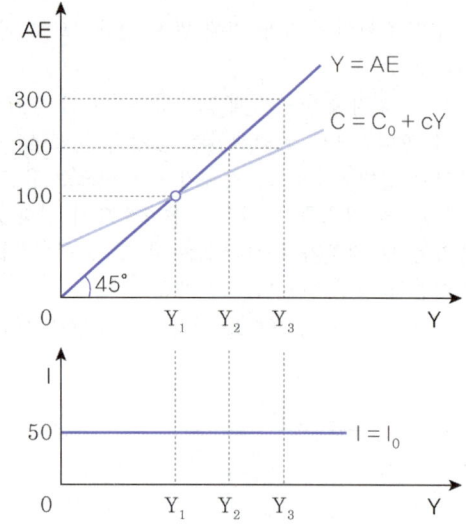

① OY_3 수준에서 총수요는 250이다.
② 완전고용에 필요한 총수요는 300이다.
③ 위 그래프는 유발투자를 고려하고 있지 않다.
④ 디플레이션 갭이 100이다.
⑤ OY_3 수준에서 소비와 투자의 차이는 150이다.

27 케인즈 단순모형에서 총소득은 100, 민간소비는 80, 소비승수는 2라고 가정할 때 총소득이 110으로 변화한다면 민간소비로 옳은 것은? (단, 정부지출, 조세 및 순수출은 각각 0이다)

[19. 국회직 8급]

① 80 ② 85 ③ 90
④ 95 ⑤ 100

28 난이도 ★★ 중요도 ★★

다음 글에 따를 때 이 경제의 민간저축(private saving)으로 옳은 것은? [19. 국회직 8급]

- 이 경제는 폐쇄경제이다.
- $Y = C + I + G + NX$가 성립한다.
  (단, Y는 국민소득, C는 소비, I는 투자, G는 정부지출, NX는 순수출을 의미한다)
- 국민저축(national saving)은 500, 조세는 200, 정부지출은 300이다.

① 200　　② 400　　③ 600
④ 800　　⑤ 1,000

29 난이도 ★★ 중요도 ★★

해외부문이 존재하지 않는 폐쇄경제의 균형에서 총투자는 국민저축(national saving)과 같고, 국민저축은 민간저축(private saving)과 정부저축(public saving)으로 구성되어 있다. 국민소득이 480이고 소비지출이 350, 정부지출이 100, 조세가 80일 때 사적저축은?

[15. 국회직 8급]

① 30　　② 50　　③ 80
④ 100　　⑤ 130

정답 및 해설

26 ④ $Y = AE$가 45°선이므로 $Y_1 = 100$, $Y_2 = 200$, $Y_3 = 300$임을 알 수 있다. 그리고 투자는 소득에 상관없이 50이다. 따라서 총수요 = 총지출 = $AE = C_0 + cY + I$이다.
'디플레이션 갭 = 완전고용 국민소득 − 완전고용 국민소득에서 측정한 총수요'이므로 완전고용 국민소득은 300이고 완전고용 국민소득에서 측정한 총수요가 250이므로 디플레이션 갭은 50이다.

[오답체크]
① 소득 Y_3 수준에서 소비는 200이고 투자는 50이므로 총수요는 250이다.
② 완전고용 국민소득이 $Y_3 = 300$이므로 완전고용에 필요한 총수요도 300이다.
③ 소득에 영향을 받는 투자를 유발투자라고 한다. 사안에서는 투자가 소득과 상관없이 일정하므로 유발투자가 없다.
⑤ 완전고용 국민소득에서 소비는 200이고 투자는 50이므로 양자의 차이는 150이다.

27 ② 1) 소비승수는 $\dfrac{1}{1 - c(1-t) + m}$이다.
2) 소비승수 = 1/(1 − 한계소비성향)이므로 한계소비성향은 0.5이다.
3) 총소득이 10 증가하므로 소비는 5 증가하고 결과적으로 소비는 85가 된다.

28 ③ 1) 국민저축 = 민간저축 + 정부저축
2) 500 = 민간저축 + (200 − 300) ➡ 민간저축 = 600

29 ② 사적저축 $S = Y - T - C = 480 - 80 - 350 = 50$

STEP 2 감정평가사 기출문제

30 난이도 ★★ 중요도 ★★★

국내총생산에 관한 설명으로 옳지 않은 것은? [23. 감정평가사]

① 국내총생산은 시장에서 거래되는 최종생산물만 포함한다.
② 국내순생산은 국내총생산에서 고정자본소모를 제외한 부문이다.
③ 명목국내총생산은 재화와 서비스의 생산의 가치를 경상가격으로 계산한 것이다.
④ 3면 등가의 원칙으로 국내총생산은 국내 총소득과 일치한다.
⑤ 국내총생산은 요소비용국내소득에 순간접세와 고정자본소모를 더한 것이다.

31 난이도 ★★★ 중요도 ★★★

2023년에 기업 A는 한국에서 생산한 부품 100억달러를 베트남 현지 공장에 수출하였다. 같은 해에 베트남 현지 공장에서 그 부품을 조립하여 소비재 완제품 200억달러를 만들어 그 중 50억달러는 한국에 수출하고, 140억달러는 미국에 수출하였으며 10억달러는 재고로 남았다. 이월된 재고 10억달러는 2024년 베트남 국내에서 모두 판매되었다. 이에 관한 설명으로 옳은 것은? [24. 감정평가사]

① 2023년 한국의 GDP는 50억달러이다.
② 2023년 베트남의 GDP는 200억달러이다.
③ 2023년 베트남의 투자는 10억달러이다.
④ 2023년 베트남의 순수출은 190억달러이다.
⑤ 2024년 베트남의 소비와 GDP는 각각 10억달러이다.

정답 및 해설

30 ① 국내총생산은 기업이 투자로 계산하는 재고투자도 포함된다.

31 ③ 2023년 베트남의 투자는 재고투자이므로 10억달러이다.

[오답체크]
① 한국의 GDP 100억달러
② 베트남의 GDP는 200 - 100 = 100억달러이다.
④ 2023년 베트남의 순수출은 190억 - 100억 = 90억달러이다.
⑤ 2024년 베트남의 소비는 알 수 없고 GDP는 100억달러이다.

32

표는 기업 甲과 乙로만 구성된 A국의 연간 국내 생산과 분배를 나타낸다. 이에 관한 설명으로 옳지 않은 것은? [21. 감정평가사]

항목	甲	乙
매출액	400	900
중간투입액	0	400
임금	250	300
이자	0	50
임대료	100	100
이윤	( )	( )
요소소득에 대한 총지출	( )	( )
부가가치	( )	( )

① 기업 甲의 요소소득에 대한 총지출은 400이다.
② 기업 甲의 부가가치는 400이다.
③ 기업 甲의 이윤은 기업 乙의 이윤과 같다.
④ A국의 임금, 이자, 임대료, 이윤에 대한 총지출은 900이다.
⑤ A국의 국내총생산은 기업 甲과 기업 乙의 매출액 합계에서 요소소득에 대한 총지출을 뺀 것과 같다.

33

고전학파의 국민소득결정모형에 관한 설명으로 옳지 않은 것은? [23. 감정평가사]

① 세이의 법칙(Say's law)이 성립하여, 수요측면은 국민소득 결정에 영향을 미치지 못한다.
② 물가와 임금 등 모든 가격이 완전히 신축적이고, 노동시장은 균형을 달성한다.
③ 노동시장의 수요는 실질임금의 함수이다.
④ 노동의 한계생산이 노동시장의 수요를 결정하는 중요한 요인이다.
⑤ 통화공급이 증가하여 물가가 상승하면, 노동의 한계생산이 증가한다.

34 다음과 같은 균형국민소득결정에서 정부지출이 220으로 증가할 경우 (ㄱ) 새로운 국민소득과 (ㄴ) 소득의 증가분은? (단, 폐쇄경제를 가정한다) [23. 감정평가사]

- $C = 120 + 0.8(Y-T)$
- C: 소비
- 정부지출(G) = 200
- Y: 국내총생산
- 투자(I) = 100
- 조세(T) = 200

① ㄱ: 1,400, ㄴ: 100
② ㄱ: 1,400, ㄴ: 200
③ ㄱ: 1,420, ㄴ: 100
④ ㄱ: 1,420, ㄴ: 200
⑤ ㄱ: 1,440, ㄴ: 200

정답 및 해설

32 ⑤ 1) 표

항목	甲	乙
매출액	400	900
중간투입액	0	400
임금	250	300
이자	0	50
임대료	100	100
이윤	(50)	(50)
요소소득에 대한 총지출	(400)	(500)
부가가치	(400)	(500)

2) 지문분석
⑤ A국의 국내총생산은 기업 甲과 기업 乙의 매출액 합계인 900이고 요소소득에 대한 총지출이 500이므로 그 차이는 400이다. 국내총생산은 900이므로 옳지 않다.

33 ⑤ 노동의 한계생산이 증가한다는 것은 생산량 증가요인이다. 고전학파는 화폐는 실물부분에 영향을 줄 수 없다는 화폐의 중립성을 주장하므로 옳지 않다.

34 ① 1) 최초의 국민소득 $Y = C + I + G$ → $Y = 120 + 0.8Y - 0.8 \times 200 + 100 + 200$ → $0.2Y = 260$ → $Y = 1,300$

2) 정부지출승수 $= \dfrac{1}{1-mpc} = \dfrac{1}{1-0.8} = 5$

3) 국민소득의 증가분 = 정부지출의 증가분 × 정부지출승수 → $20 \times 5 = 100$

4) 따라서 새로운 국민소득은 1,400이다.

35

<보기>의 경제모형에서 한계수입성향이 0.1로 감소하면 (ㄱ) 균형소득수준과 (ㄴ) 순수출 각각의 변화로 옳은 것은? (단, Y는 국민소득, C는 소비, I는 투자, X는 수출, M은 수입이다)

[21. 감정평가사]

<보기>
- $Y = C + I + X - M$
- $C = 100 + 0.6Y$
- $I = 100$
- $X = 100$
- $M = 0.4Y$

① ㄱ: 증가, ㄴ: 증가
② ㄱ: 감소, ㄴ: 증가
③ ㄱ: 증가, ㄴ: 감소
④ ㄱ: 감소, ㄴ: 감소
⑤ ㄱ: 불변, ㄴ: 증가

36

아래와 같은 거시경제모형의 초기 균형에서 정부지출을 1만큼 증가시킬 때, 균형국민소득의 증가분은? (단, Y, C, I, G, T는 각각 국민소득, 소비, 투자, 정부지출, 조세이다.)

[24. 감정평가사]

- $Y = C + I + G$
- $I = 2$
- $T = 2 + 0.2Y$
- $C = 1 + 0.5(Y - T)$
- $G = 10$

① 1.2
② $\dfrac{4}{3}$
③ $\dfrac{5}{3}$
④ 2
⑤ 2.5

37

난이도 ★★★ 중요도 ★★★

A국 국민소득계정의 구성 항목이 아래와 같다. A국의 (ㄱ) GDP와 (ㄴ) 재정수지는?

[20. 감정평가사]

- 소비 = 300
- 민간저축 = 250
- 수입 = 150
- 투자 = 200
- 수출 = 150
- 정부지출 = 100

① ㄱ: 500, ㄴ: −50
② ㄱ: 500, ㄴ: 100
③ ㄱ: 600, ㄴ: −50
④ ㄱ: 600, ㄴ: 100
⑤ ㄱ: 750, ㄴ: 100

정답 및 해설

35 ① 1) $Y = C + I + X - M$ ➡ $Y = 100 + 0.6Y + 100 + 100 - 0.4Y$ ➡ $0.8Y = 300$ ➡ $Y = 375$
  2) 한계수입성향이 0.1로 감소하면 $Y = 100 + 0.6Y + 100 + 100 - 0.1Y$ ➡ $0.5Y = 300$ ➡ $Y = 600$이 되므로 국민소득은 증가한다.
  3) 순수출은 $100 - 0.4 \times 375 = -50$에서 $100 - 0.1 \times 600 = +40$으로 증가한다.

36 ③ 1) 정부지출승수는 $\dfrac{1}{1-c(1-t)+m-i}$ 이다.
  2) 문제에 주어진 조건에 대입하면 $\dfrac{1}{1-0.5(1-0.2)} = \dfrac{1}{0.6} = \dfrac{5}{3}$ 이다.

37 ③ 1) 국민소득 3면 등가의 법칙에 따라 $GDP = GDE$이다.
  2) $Y = C + I + G + X - M$으로 구성되므로 $Y = 300 + 200 + 100 + 150 - 150 = 600$이다.
  3) 민간저축(S_P) = 소득(Y) − 소비(C) − 조세(T)로 구성된다. ➡ $250 = 600 - 300 - $ 조세 ➡ 조세 $= 50$
  4) 재정수지는 $T - G = 50 - 100 = -50$이다.

38 난이도 ★★★ 중요도 ★★★

아래의 개방경제 균형국민소득 결정모형에서 수출이 100만큼 늘어나는 경우 (ㄱ) 균형소득의 변화분과 (ㄴ) 경상수지의 변화분은? (단, C는 소비, Y는 국민소득, T는 세금, I는 투자, G는 정부지출, X는 수출, M은 수입이며, 수출 증가 이전의 경제상태는 균형이다.)

[22. 감정평가사]

- $C = 200 + 0.7(Y-T)$
- $G = 100$
- $X = 300$
- $I = 200$
- $T = 100$
- $M = 0.2(Y-T)$

	ㄱ	ㄴ
①	1,000	100
②	1,000/3	100/3
③	1,000/3	100
④	200	60
⑤	200	100

39 난이도 ★★★ 중요도 ★

개방경제인 甲국의 국민소득결정모형이 다음과 같을 때, 甲국의 국내총소득, 국민총소득, 처분가능소득은? (단, 제시된 항목 외 다른 것은 고려하지 않는다)

[19. 감정평가사]

- 국내총생산: 1,000
- 교역조건 변화에 따른 실질무역 손익: 50
- 사내유보이윤: 10
- 이전지출: 3
- 대외 순수취 요소소득: 20
- 감가상각: 10
- 각종 세금: 3

① 1,000, 980, 960
② 1,000, 1,020, 1,000
③ 1,050, 1,050, 1,050
④ 1,050, 1,070, 1,050
⑤ 1,070, 1,050, 1,030

난이도 ★★★★ 중요도 ★★★

40 개방경제 甲국의 국민소득결정모형이 다음과 같다. 특정 정부지출 수준에서 경제가 균형을 이루고 있으며 정부도 균형예산을 달성하고 있을 때, 균형에서 민간저축은? (단, Y는 국민소득, C는 소비, I는 투자, G는 정부지출, T는 조세, X는 수출, M은 수입이다)

[19. 감정평가사]

- $Y = C + I + G + (X - M)$
- $I = 200$
- $X = 100$
- $C = 150 + 0.5(Y - T)$
- $T = 0.2Y$
- $M = 50$

① 150 ② 200 ③ 225
④ 250 ⑤ 450

정답 및 해설

38 ④ 1) 수출승수는 정부지출승수인 $\dfrac{1}{1-c(1-t)+m-i}$로 동일하다.

2) 문제에 제시된 조건으로 승수를 구하면 $\dfrac{1}{1-0.7+0.2} = 2$이다. 따라서 수출이 100만큼 늘어나면 균형소득은 200만큼 증가한다.

3) 균형국민소득은 $Y = C + I + G + X - M$이다. 문제에 제시된 조건으로 균형국민소득을 구하면 $Y = 200 + 0.7Y - 70 + 200 + 100 + 300 - 0.2Y + 20$ → $0.5Y = 750$ → $Y = 1,500$이다.

4) 순수출을 구하면 $300 - 0.2(1,500 - 100) = 20$ → $400 - 0.2(1,700 - 100) = 80$으로 순수출은 60증가한다.

39 ④ 1) 국내총소득(GDI)은 GDP + 교역조건 변화에 따른 실질무역손익이다. 따라서 $1,000 + 50 = 1,050$이다.

2) 국민총소득(GNI)은 GDP + 교역조건 변화에 따른 실질무역손익 + 국외 순수취요소소득이다. 따라서 $1,000 + 50 + 20 = 1,070$이다.

3) 처분가능소득은 GNI - 감가상각 - 사내유보이윤이다. 따라서 $1,070 - 10 - 10 = 1,050$이다.

40 ④ 1) 균형재정이므로 $T = G$이다. 따라서 $G = 0.2Y$이다.

2) Y를 구하면 $Y = 150 + 0.5Y - 0.1Y + 200 + 0.2Y + 100 - 50$ → $Y = 400 + 0.6Y$ → $Y = 1,000$이다.

3) 민간저축 $S_P = Y - C - T$이므로 $1,000 - (150 + 400) - 200 = 250$이다.

41 난이도 ★★★ 중요도 ★★★

폐쇄경제인 A국의 국민소득(Y)이 5,000이고 정부지출(G)이 1,000이며 소비(C)와 투자(I)가 각각 $C = 3,000 - 50r$, $I = 2,000 - 150r$과 같이 이자율(r)의 함수로 주어진다고 할 때, 균형 상태에서의 총저축은? (단, 총저축은 민간저축과 정부저축의 합이다) [16. 감정평가사]

① 1,000 ② 1,250 ③ 1,500
④ 2,250 ⑤ 2,500

42 난이도 ★★ 중요도 ★★

A국 국민소득계정의 구성항목에서 민간투자가 50, 정부소비와 정부투자가 각각 40과 60, 조세가 50이고, 수출과 수입이 동일할 때, 민간저축은? [24. 감정평가사]

① 40 ② 50 ③ 80
④ 100 ⑤ 120

43 아래의 거시경제모형에서 균형이자율은? (단, Y, C, I, G, T, r은 각각 국민소득, 소비, 투자, 정부지출, 조세, 이자율이다)

난이도 ★★ 중요도 ★★★ [24. 감정평가사]

- $Y = C + I + G$
- $Y = 20$
- $G = T = 10$
- $C = 2 + 0.8(Y - T)$
- $I = 2 - 10r$

① 0.1 ② 0.2 ③ 0.25
④ 0.4 ⑤ 0.5

정답 및 해설

41 ② 1) 총저축 = 민간저축 + 정부저축 ➜ $S = Y - C - G$
  2) 국민소득 항등식 $Y = C + I + G$ ➜ $5,000 = 3,000 - 50r + 2,000 - 150r + 1,000$ ➜ $1,000 = 200r$ ➜ $r = 5$
  3) $C = 3,000 - 250 = 2,750$
  4) $I = 2,000 - 750 = 1,250$
  5) 총저축 = $5,000 - 2,750 - 1,000 = 1,250$

42 ④ 1) $Y = C + I + G + X - M$
  2) $Y = C + S_P + T$
  3) 항등식이므로 동일하게 놓고 풀면 $I + G + X - M = S_P + T$ ➜ $X - M = (S_P - I) + (T - G)$이다.
  4) 문제의 내용을 대입하면 $0 = S_P - 50 + (50 - 100)$ ➜ $S_P = 100$이다.

43 ② 1) 문제의 주어진 조건에 대입하면
  2) $20 = 2 + 0.8(20 - 10) + 2 - 10r + 10$ ➜ $20 = 2 + 8 + 2 - 10r + 10$ ➜ $r = 0.2$

44 국내총생산의 측정에 관한 설명으로 옳지 않은 것은?　　　　　　　　　　　　　　[25. 감정평가사]

① 시장에서 거래되지 않는 재화와 서비스는 포함되지 않는다.
② 국민총생산에서 국외순수취요소소득을 뺀 것과 같다.
③ 일정기간 내에 생산됐지만 아직 판매되지 못한 최종재도 포함된다.
④ 일정기간 국내에서 새로 생산된 재화와 서비스의 부가가치의 합으로 계산한다.
⑤ 간접세와 감가상각도 포함된다.

45 국민소득(NI)에 포함되지 않는 것은?　　　　　　　　　　　　　　　　　　　　　[25. 감정평가사]

① 피고용자에 대한 보상
② 법인화되어 있지 않은 자영업자의 소득
③ 임대소득과 순이자
④ 법인이윤
⑤ 고정자본 소모량

46 폐쇄경제의 균형국민소득 결정모형에서 한계소비성향이 0.8이고, 초기 균형소득이 1,000이다. 정부가 구매를 20 증가시킬 경우의 균형소득과 조세를 20 증가시킬 경우의 균형소득 차이(절댓값)는? (단, 정부 구매승수효과와 조세 승수효과가 각각 별도로 발생한다고 가정)

[25. 감정평가사]

① 60　　　　　　　　　② 80　　　　　　　　　③ 180
④ 200　　　　　　　　　⑤ 240

정답 및 해설

44 ① 일반적으로 시장에서 거래되지 않는 재화와 서비스는 포함되지 않는다. 다만, 국방, 치안은 예외적으로 포함한다.

45 ⑤ 고정자본 소모량은 포함되지 않는다.

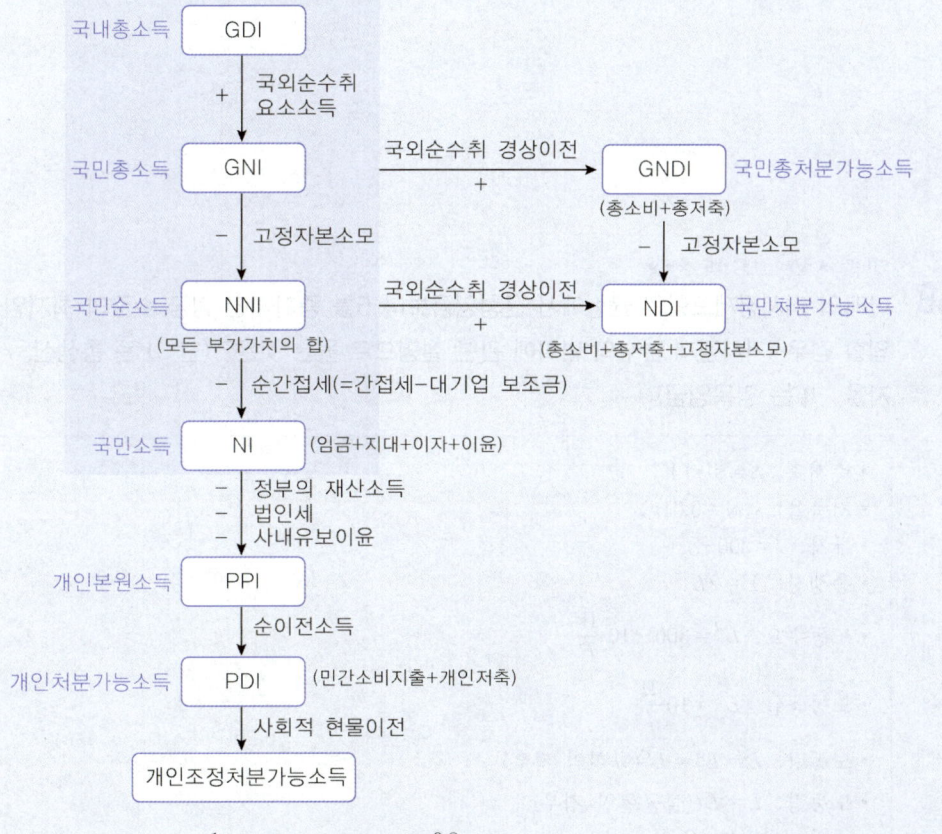

46 ③ 1) 정부지출승수 = $\dfrac{1}{1-0.8}=5$, 조세승수 = $\dfrac{-0.8}{1-0.8}=-4$

2) 정부구매 20증가하면 국민소득은 100이 증가하여 1,100이 된다.
3) 조세를 증가시키면 국민소득은 -80이 되어 920이 된다.
4) 따라서 양자의 차이는 180이다.

47 아래의 개방경제 균형국민소득 결정모형 초기균형 상태에서 정부지출이 10만큼 증가할 경우, 균형 이자율의 변화분은? (단, C는 소비, Y는 국민소득, T는 세금, I는 투자, r은 이자율, G는 정부지출, X는 수출, M은 수입) [25. 감정평가사]

- $Y = 100$
- $C = 10 + 0.6(Y - T)$
- $I = 20 - 2r$
- $G = 20$
- $T = 10$
- $X = 20$
- $M = 0.2(Y - T)$

① 2 ② 4 ③ 5
④ 6 ⑤ 8

48 아래의 거시경제모형의 균형에서 균형임금보다 5를 증가시킨 임금 수준의 최저임금제를 도입할 경우, 거시경제 변수의 변화에 관한 설명으로 옳은 것은? (단, Y는 총생산, r은 실질이자율, W는 명목임금) [25. 감정평가사]

- 총저축: $S = s(r)Y$
- 저축율: $s(r) = 0.01r$
- 투자: $I = 300 - r$
- 총생산: $Y = 2L$
- 노동수요: $L^d = 300 - 10\dfrac{W}{P}$
- 노동공급: $L^s = 10\dfrac{W}{P}$
- 노동량: $L = L^s = L^d$ (균형일 경우)
- 노동량: $L = L^d$ (불균형일 경우)
- 소비: $C = Y - S$
- 물가: $P = 1$

① 총생산은 증가한다. ② 이자율은 하락한다. ③ 총저축은 증가한다.
④ 고용량은 증가한다. ⑤ 소비는 감소한다.

49 난이도 ★★★ 중요도 ★★★

아래의 거시경제모형 초기 균형에서 외생적 정부지출(α)을 1만큼 증가시킬 때, 거시경제 변수의 변화에 관한 설명으로 옳지 않은 것은? (단, Y는 국민소득, C는 소비, I는 투자, G는 정부지출, T는 조세)

[25. 감정평가사]

- $Y = C + I + G$
- $C = 1 + 0.5(Y - T)$
- $I = 200 - T$
- $T = 0.5Y + \alpha$
- $G = 0.5Y + \alpha$

① 국민소득은 증가한다. ② 투자가 감소한다. ③ 소비는 감소한다.
④ 균형재정을 달성한다. ⑤ 정부지출은 증가한다.

정답 및 해설

47 ③ 1) $Y = C + I + G + X - M$이 성립하므로 최초의 이자율을 구하면
$100 = 10 + 60 - 6 + 20 - 2r + 20 + 20 - 18$ ➡ $r = 3$이다.
2) 정부지출이 10 증가하면 $100 = 10 + 60 - 6 + 20 - 2r + 30 + 20 - 18$ ➡ $r = 8$이므로 5가 증가한다.

48 ⑤ 1) 최저임금제를 실시하면 노동수요가 감소하여 고용량은 감소한다. ➡ ④
2) 노동량이 감소하면 총생산이 감소한다. ➡ ①
3) 총생산이 감소하면 총저축이 감소한다. ➡ ③
4) 총저축이 감소하면 이자율은 상승한다. ➡ ②
5) 총소득이 저축보다 더 많이 감소하므로 소비는 감소한다. ➡ ⑤

49 ① 1) 이 문제의 특징은 정부지출도 승수에 포함되었다는 것이다.
2) 정부지출이 늘어나면 그에 반응하여 유발되는 정부지출이 존재한다.
3) 최초 $\alpha = 0$이라고 가정하고 국민소득을 구하면
$Y = 1 + 0.5(Y - 0.5Y) + 200 - 0.5Y + 0.5Y$ ➡ $0.25Y = 201$ ➡ $Y = 804$이다.
4) $\alpha = 1$일 때 국민소득을 구하면
$Y = 1 + 0.5(Y - 0.5Y - 1) + 200 - 0.5Y - 1 + 0.5Y + 1$ ➡ $0.25Y = 200.5$ ➡ $Y = 802$이다.

[오답체크]
② 조세 증가로 투자가 감소한다.
③ 조세 증가로 소비는 감소한다.
④ 동일하게 1씩 증가하였으므로 균형재정을 달성한다.
⑤ 정부지출은 1 증가한다.

Topic 16 소비함수와 투자함수

01 소비함수론

절대소득 가설	(1) 소득이 증가하면 반드시 소비도 증가: 소비의 크기가 소득의 크기에 의해 결정되므로 ㉮_____이 증가하면 소비도 증가함 (2) 소비함수는 소비축을 통과(MPC < APC): 기초소비 한계소비성향(MPC)이 0과 1 사이이므로 소득의 증가분 모두가 소비되는 것은 아니며 소득이 없어도 소비되는 기초소비 때문에 소비함수는 소비축을 통과함
쿠즈네츠의 실증 분석	(1) 단기소비함수(SRC; Short-Run Consumption): ㉯_____ 평균소비성향이 한계소비성향보다 큼. 따라서 소비수요곡선은 절편을 가지며 우상향함. 이 결과는 케인즈 절대소득 가설과 일치함 (2) 장기소비함수(LRC; long-run consumption): ㉰_____ 케인즈의 절대소득과 달리 평균소비성향과 한계소비성향이 동일함. 따라서 장기소비수요곡선은 원점으로부터 우상향하는 직선임
상대소득 가설	(1) 소비의 상호의존성: 개인의 소비는 사회적 의존관계에 있는 동류집단의 소비행위에 영향을 받음. 이는 ㉱_____(demonstration effect)를 발생시킴 (2) 소비의 비가역성(irreversibility): 소득이 증가에 따라 일단소비가 증가하면 소득이 감소하더라도 소비를 줄이기가 어려움 이는 ㉲_____(ratchet effect)를 발생시킴
항상소득 가설	(1) 소비는 항상소득의 증가함수이며 임시소득에 영향을 받지 않는다. (2) 경기호황기에는 평균소비성향이 작고, 불황기에는 평균소비성향이 크다.
생애주기 가설	(1) 생애주기 가설에 따르면 조세조정은 당기 가처분소득은 변화시킬 수 있으나 미래 예상소득에는 거의 영향을 미칠 수 없음 (2) 정부가 이전지출을 하는 경우 ㉳_____이 큰 노년층을 대상으로 하는 것이 소득증가측면에서 보다 효과적임
랜덤워크 가설	(1) 항상소득 가설에 합리적 기대를 도입한 소비이론임 (2) $C_t = C_{t-1} +$ ㉴_____

핵심키워드
㉮ 소득, ㉯ $APC > MPC$, ㉰ $APC = MPC$, ㉱ 전시효과, ㉲ 톱니효과, ㉳ 평균소비성향, ㉴ 예상하지 못한 충격

02 투자함수론

현재가치법	(1) 개념: 투자로부터 얻는 예상수입의 현재가치와 투자재의 구입비용을 비교해 투자 여부를 결정하는 것 (2) 공식 $$PV = \frac{B_1}{(1+r)} + \frac{B_2}{(1+r)^2} \cdots\cdots\cdots \frac{B_n}{(1+r)^n}$$ $$NPV = PV - C \text{ (P는 현재가치, C는 비용)}$$ $PV > C$(즉, $NPV > 0$)이면 투자를 ㉮_____ 시키고, $PV < C$(즉, $NPV < 0$)이면 투자를 ㉯_____ 시킴
내부수익률법	(1) 개념: 내부수익률(투자의 한계효율)과 이자율을 비교해 투자를 결정한다는 케인즈의 투자결정이론으로, 투자의 한계효율이란 투자로부터 얻게 되는 수입의 현재가치(PV)와 투자비용(C)이 같아지는 할인율(m)을 의미함. 즉, 투자의 순현재가치를 0으로 만드는 할인율을 의미함 (2) 공식 $$PV = \frac{B_1}{(1+m)} + \frac{B_2}{(1+m)^2} + \cdots\cdots\cdots + \frac{B_n}{(1+m)^n} - C = 0$$ $m = MEI > r$이면 투자를 ㉮_____ 시키고, $m = MEI = r$이면 투자를 ㉰_____, $m = MEI < r$이면 투자를 ㉯_____ 시킴
신고전파 투자이론	(1) 자본의 사용자비용: ㉱_____ (단, P_K는 자본가격이며 r은 실질이자율이다) (2) 공식: 기업의 적정 자본량은 $P \cdot MP_K = (r+d)P_K$일 때 이루어짐
토빈의 q	(1) 개념: 주식시장과 기업의 투자를 연계시킨 이론으로 주가에 반영된 미래를 고려한 투자이론 (2) 공식 $$\frac{\text{주식시장에서 평가된 기업의 시장가치(시가총액)}}{\text{기업실물자본의 대체비용(공장설비비용)}}$$ ㉲_____ 시장에서 평가하는 기업가치가 자본량을 늘리는 데 드는 비용보다 크므로 투자하는 것이 바람직함

핵심키워드
㉮ 증가, ㉯ 중지, ㉰ 유지, ㉱ $C = (r+d)P_K$, ㉲ 1보다 클 경우

Topic 16 소비함수와 투자함수

STEP 1　타시험 기출문제

난이도 ★　　중요도 ★★★

01 전통적인 케인즈 소비함수의 특징이 아닌 것은?　　　　　　　　　　　　　　　　　　[13. 지방직 7급]

① 한계소비성향이 0과 1 사이에 존재한다.
② 평균소비성향은 소득이 증가함에 따라 감소한다.
③ 현재의 소비는 현재의 소득에 의존한다.
④ 이자율은 소비를 결정할 때 중요한 역할을 한다.

난이도 ★★　　중요도 ★★★★

02 소비이론에 대한 설명으로 옳지 않은 것은?　　　　　　　　　　　　　　　　　　　　[21. 지방직 7급]

① 생애주기 가설에 따르면 청장년기에 비해 노년기에 평균소비성향이 낮아진다.
② 항상소득 가설에 따르면 단기에 소득이 증가함에 따라 평균소비성향이 낮아진다.
③ 케인즈(Keynes)에 따르면 소득이 증가함에 따라 평균소비성향이 낮아진다.
④ 상대소득 가설에 따르면 현재 소득이 동일하더라도 과거의 최고소득 수준이 높을수록 평균소비성향이 높다.

난이도 ★★　　중요도 ★★★★

03 소비이론에 관한 설명으로 옳지 않은 것은?　　　　　　　　　　　　　　　　　　　　　　[20. 노무사]

① 항상소득이론에서 일시소득의 한계소비성향은 항상소득의 한계소비성향보다 크다.
② 생애주기이론에서 소비는 미래소득의 영향을 받는다.
③ 절대소득 가설에서는 현재 처분가능소득의 절대적 크기가 소비의 가장 중요한 결정요인이다.
④ 처분가능소득의 한계소비성향과 한계저축성향의 합은 1이다.
⑤ 절대소득 가설이 항상소득이론보다 한시적 소득세 감면의 소비 진작 효과를 더 크게 평가한다.

난이도 ★ 중요도 ★★

04 소비이론 중 생애주기(life-cycle) 가설에 대한 설명으로 옳지 않은 것은? [11. 국가직 7급]

① 소비자는 일생동안 발생할 소득을 염두에 두고 적절한 소비수준을 결정한다.
② 청소년기에는 소득보다 더 높은 소비수준을 유지한다.
③ 저축과 달리 소비의 경우는 일생에 걸쳐 거의 일정한 수준이 유지된다.
④ 동일한 수준의 가처분소득을 갖고 있는 사람들은 같은 한계소비성향을 보인다.

정답 및 해설

01 ④ 케인즈에 의하면 현재소비는 현재의 가처분소득에 의해서만 결정된다. 그러므로 이자율은 소비에 아무런 영향을 미치지 않는다.

02 ① 생애주기 가설에 따르면 청장년기는 소비보다 소득이 높으므로 평균소비성향($\frac{C}{Y}$)이 1보다 작지만 노년기는 소비가 소득보다 많으므로 평균소비성향이 1보다 크다.

03 ① 항상소득이론에서 일시소득은 소비를 증가시키지 않는다. 따라서 항상소득의 한계소비성향이 크다.

04 ④ 1) 생애주기 가설에 의하면 소득은 청·유년기와 노년기에는 적고 중·장년기에는 많으나 소비는 일생에 걸쳐 거의 일정한 수준이므로 청·유년기와 노년기에는 소득보다 더 높은 소비를 하고 중·장년기에는 저축을 많이 한다고 설명한다.
2) 그러므로 동일한 가처분소득을 갖고 있다고 하더라도 청·유년기나 노년기인지 중·장년기인지에 따라 한계소비성향이 서로 다르다.

05 소비이론에 대한 설명으로 옳지 않은 것은? [16. 국가직 7급]

① 레입슨(D. Laibson)에 따르면 소비자는 시간 비일관성(time inconsistency)을 보인다.
② 항상소득 가설에 의하면 평균소비성향은 현재소득 대비 항상소득의 비율에 의존한다.
③ 생애주기 가설에 의하면 전 생애에 걸쳐 소비흐름은 평탄 하지만, 소득흐름은 위로 볼록한 모양을 갖는다.
④ 가계에 유동성제약이 존재하면 현재소득에 대한 현재소비의 의존도는 약화된다.

06 프리드먼(M. Friedman)의 항상소득이론에 대한 설명으로 가장 옳지 않은 것은?

[18. 서울시 7급]

① 소비는 미래소득의 영향을 받는다.
② 소비자들은 소비를 일정한 수준에서 유지하고자 한다.
③ 일시적 소득세 감면이 지속적인 감면보다 소비지출 증대효과가 작다.
④ 불황기의 평균소비성향은 호황기에 비해 감소한다.

난이도 ★　중요도 ★★

07 국회가 2014년 1월 1일에 연간 개인 소득에 대한 과세표준 구간 중 8,800만~1억 5천만원에 대해 종전에는 24%를 적용했던 세율을 항구적으로 35%로 상향 조정하고, 이를 2015년 1월 1일부터 시행한다고 발표했다고 하자. 밀튼 프리드만(Milton Friedman)의 항상소득 가설에 의하면 이 소득 구간에 속하는 개인들의 소비 행태는 어떤 변화를 보일까? (단, 이외의 다른 모든 사항에는 변화가 없다고 가정한다)

[14. 서울시 7급]

① 소비는 즉각적으로 증가할 것이다.
② 소비는 즉각적으로 감소할 것이다.
③ 2014년에는 소비에 변화가 없고, 2015년 1월 1일부터는 감소할 것이다.
④ 2014년에는 소비가 감소하고 2015년 1월 1일부터는 변화가 없을 것이다.
⑤ 2014년이나 2015년 등의 시간에 상관없이 소비에는 변화가 없을 것이다.

정답 및 해설

05 ④ 가계의 유동성제약이 존재하면 현재소비의 현재소득에 대한 의존도가 커지게 된다.

　　[오답체크]
　　① 데이비드 레입슨의 즉각적 만족 가설(pull of instant gratification hypothesis)에 따르면 소비자는 순간 혹은 현재의 만족에 취약하기 때문에, 현재소비가 현재소득에 강하게 영향을 받는 근시안적 행동을 한다는 것이다. 소비자들은 현재의 소비가 미래의 소비보다 훨씬 더 중요하고 만족감을 크게 느끼기 때문에, 시간이 지날수록 할인율이 매번 같은 것이 아니라 점차 감소하는 특징을 갖게 된다. 이를 소비의 시간 비일관성(time inconsistency)이라고 한다.

06 ④ 1) 프리드먼의 평균소비성향은 $k(1-\dfrac{임시소득}{총소득})$이다.
　　2) 경기불황으로 임시소득이 감소하면 평균소비성향이 높아진다.

07 ② 항상소득 가설은 항상소득에 의해 소비가 결정된다는 것이다. 내년부터 소득세율 인상이 예고되면 미래 예상소득이 감소하므로 올해부터 소비가 감소하게 될 것이다.

난이도 ★★ 중요도 ★★★★

08 소비이론에 관한 설명으로 옳은 것은? [18. 노무사]

① 항상소득 가설에 따르면, 호황기에 일시적으로 소득이 증가할 때 소비가 늘지 않지만 불황기에 일시적으로 소득이 감소할 때 종전보다 소비가 줄어든다.
② 생애주기 가설에 따르면, 소비는 일생 동안의 소득을 염두에 두고 결정되는 것은 아니다.
③ 한계저축성향과 평균저축성향의 합은 언제나 1이다.
④ 케인즈의 소비함수에서는 소비가 미래에 예상되는 소득에 영향을 받는다.
⑤ 절대소득 가설에 따르면, 소비는 현재의 처분가능소득으로 결정된다.

난이도 ★★ 중요도 ★★★★

09 소비이론에 대한 설명으로 옳은 것만을 〈보기〉에서 모두 고르면? [19. 국가직 7급]

〈보기〉

ㄱ. 소비의 무작위행보(random walk)가설이 성립하면 예상된 정책 변화는 소비에 영향을 미치지 못한다.
ㄴ. 리카도의 대등정리(Ricardian equivalence)가 성립하면 정부지출에 변화가 없는 한 조세의 삭감은 소비에 영향을 미치지 못한다.
ㄷ. 기간 간 선택모형에 따르면 소비는 소득과 상관없이 매기 일정하다.
ㄹ. 항상소득 가설에 따르면 한계소비성향은 현재소득에 대한 항상소득의 비율에 의존한다.

① ㄱ, ㄴ
② ㄱ, ㄷ
③ ㄴ, ㄹ
④ ㄷ, ㄹ

10 난이도 ★★ 중요도 ★★

항상소득가설(permanent income hypothesis)에 대한 설명으로 옳은 것만을 모두 고르면?

[23. 지방직 7급]

> ㄱ. 소비는 항상소득에 의존한다.
> ㄴ. 로또(lotto) 당첨은 저축에 영향을 주지 않는다.
> ㄷ. 소비자의 실제소득은 항상소득과 일시소득의 합이다.
> ㄹ. 경기 호황기에 항상소득은 증가하고 일시소득은 감소한다.

① ㄱ, ㄴ
② ㄱ, ㄷ
③ ㄴ, ㄹ
④ ㄷ, ㄹ

정답 및 해설

08 ⑤ [오답체크]
① 항상소득 가설에 의하면 호황기에 일시적으로 소득이 증가할 때 소비가 약간 증가하고, 불황기에 일시적으로 소득이 감소할 때 소비가 약간 감소한다.
② 생애주기 가설에 의하면 소비는 일생 동안의 소득에 의해 결정된다.
③ 한계저축성향과 한계소비성향의 합은 항상 1이고, 평균소비성향과 평균저축성향의 합도 항상 1이다. 그러나 한계저축성향과 평균저축성향의 합이 1이 된다는 보장은 없다.
④ 케인즈의 절대소득 가설에 의하면 소비는 미래 예상소득이 아니라 현재의 가처분소득에 의해 결정된다.

09 ① [오답체크]
ㄷ. 기간 간 선택모형에 의하면 소비는 소득과 상관없이 일정한 것이 아니라 소득이 증가하면 소비가 증가하게 된다.
ㄹ. 항상소득 가설에 의하면 소비함수가 $C = kY_P = k(Y - Y_t)$이므로 소비함수를 Y에 대해 미분하면 한계소비성향 $MPC = \frac{dC}{dY} = k$이다. 그러므로 한계소비성향은 현재소득에 대한 항상소득의 비율과 관계없이 일정하다.

10 ② 소득은 항상소득과 일시소득의 합으로 이루어지는 데 항상소득가설은 항상소득만이 소비에 영향을 미친다는 것이다.
[오답체크]
ㄴ. 로또(lotto) 당첨은 임시소득은 증가했지만 소비는 증가하지 않으므로 저축을 증가시킨다.
ㄹ. 경기 호황기에 임시소득이 증가할 가능성이 높다.

11 다음 중 소비함수에 관한 불규칙보행(Random Walk) 가설에 대한 설명으로 올바른 것은?

[21. 군무원 7급]

① 정보의 불완전성으로 소비자들은 합리적 기대를 형성하지 못한다고 본다.
② 항상소득가설과는 무관하다.
③ 소비자는 예기치 못한 소득감소를 초래할 수 있는 미래의 불확실성 정도에 따라서 소비와 저축을 합리적으로 조정한다.
④ 미래소비의 가장 좋은 예측치는 현재소비라고 본다.

12 A기업은 투자를 통해 1년 후에 110원, 2년 후에 121원의 수익을 얻을 수 있다. 이 투자로 인한 수익의 현재가치는? (단, A기업의 할인율은 연 10%로 일정하다) [12. 지방직 7급]

① 200원 ② 209원
③ 220원 ④ 231원

난이도 ★★★★ 중요도 ★

13 공공사업 A에 투입할 100억원의 자금 중에서 40억원은 민간부문의 투자에 사용될 자금이었고, 60억원은 민간부문의 소비에 사용될 자금이었다. 이 공공사업을 평가하기 위한 사회적 할인율(social discount rate)은? (단, 민간부문 투자의 세전 수익률과 세후 수익률은 각각 15.0%와 10.0%이다)

[20. 지방직 7급]

① 11.5%
② 12.0%
③ 12.5%
④ 13.0%

정답 및 해설

11 ④ 랜덤워크가설은 합리적 기대를 바탕으로 현재소비 + 예상치 못한 충격으로 미래소비가 결정된다는 것이다.

[오답체크]
① 정보의 불완전성으로 소비자들은 합리적 기대를 형성한다고 본다.
② 합리적 기대와 항상소득가설을 결합한 모형이다.
③ 이 모형에 따르면 개인은 지금 활용할 수 있는 모든 정보를 가지고 앞으로의 소득흐름을 예상하고 그에 따라 항상소득을 계산, 이를 소비에 쓰게 된다. 따라서 소비가 변하기 위해서는 그 상황이 예상하지 못한 것이어야 된다.

12 ① 현재가치 $PV = \dfrac{110}{1+0.1} + \dfrac{121}{(1+0.1)^2} = 200$

13 ② 1) 사회적 할인율을 구할 때 소비는 세후 수익률, 투자는 세전 수익률을 사용하여 가중평균한다.

2) 따라서 사회적 할인율 = 민간소비 세후 수익률(0.10) × $\dfrac{60}{100}$ + 투자소비 세전 수익률(0.15) × $\dfrac{40}{100}$ = 0.06 + 0.06 = 0.12이므로 12%이다.

14 재고투자에 대한 설명으로 옳은 것만을 모두 고르면? [22. 지방직 7급]

> ㄱ. 중간생산물에 대한 재고투자는 해당연도 GDP에 포함된다.
> ㄴ. 생산 평탄화(Production Smoothing) 이론은 재고투자를 설명하는 이론이다.
> ㄷ. 재고투자는 국내총자본형성에 포함된다.

① ㄱ
② ㄱ, ㄴ
③ ㄴ, ㄷ
④ ㄱ, ㄴ, ㄷ

15 신고전학파의 투자모형(Neoclassical model of investment)에서 자본의 순투자(net investment)를 증가시키는 요인이 아닌 것은? [22. 국가직 7급]

① 감가상각률 하락
② 기술 발전
③ 고용량 감소
④ 실질이자율 하락

난이도 ★★　중요도 ★★★

16 투자이론에 대한 설명으로 옳지 않은 것은?　　　　　　　　　　　　　　　　[21. 군무원 7급]

① 재고투자모형에 따르면 불확실성의 증가는 재고투자를 증가시킬 수 있다.
② 실질이자율이 하락하면 토빈의 q값은 커진다.
③ 주식시장이 완전경쟁적이고 효율적이면 자본재시장의 구조와 관계없이 토빈의 q값은 1이어야 한다.
④ 감가상각률이 높아지면 자본의 사용자비용이 커진다.

정답 및 해설

14 ④　ㄱ. 중간생산물에 대한 재고투자는 아직 최종재에 투입되지 않았으므로 해당연도 GDP에 포함된다.
　　　　ㄴ. 생산 평탄화(Production Smoothing) 이론은 생산을 평탄화하는 것이 비용절약적이라는 것을 설명하는 것으로 재고투자를 설명하는 이론이다.
　　　　ㄷ. 재고투자는 투자에 해당하므로 국내총자본형성에 포함된다.

15 ③　1) 자본의 사용자 비용은 $C = (r+d)P_K$이다.
　　　　2) 기업의 이윤이 극대화 되는 적정자본량은 $MP_K \cdot P = (r+d)P_K$이다.
　　　　3) 자본의 순투자가 증가하기 위해서는 감가상각률 d의 하락, 기술 발전 MP_K, 실질이자율 r의 하락 등이 이루어져야 한다.

16 ③　1) 재고투자모형에서 재고 보유의 동기
　　　　　㉠ 생산평준화: 생산량을 일정하게 유지하여 비용 감소 및 매출 유지
　　　　　㉡ 생산요소로서의 재고: 기업의 효율적 운영을 위해 소매상의 전시용 샘플, 여분의 부분 등을 보유
　　　　　㉢ 재고고갈의 회피: 예상치 못한 수요의 대비 즉, 재고 보유의 비용보다 재고소진에 따른 비용이 더 클 것을 예상
　　　　　㉣ 작업중인 제품: 상품제작에 시간이 소요
　　　　2) 지문분석
　　　　　③ 토빈의 q값은 1보다 크면 투자해야 한다는 것을 의미한다.
　　　　[오답체크]
　　　　　① 재고투자모형에 따르면 불확실성의 증가는 재고고갈의 회피를 막기 위해 재고투자를 증가시킬 수 있다.
　　　　　② 실질이자율이 하락하면 주가가 상승하므로 토빈의 q값은 커진다.
　　　　　④ 감가상각률이 높아지면 자본의 사용자비용인 $C = (r+d)P_K$ 값이 커진다.

17 어느 경제에 다음과 같은 신고전학파의 투자 모형이 적용된다고 한다. 정상상태(steady state)에서 이 경제의 자본량은? [21. 군무원 7급]

- 생산함수: $Y = 3K^{\frac{2}{3}} L^{\frac{1}{3}}$
- 자본추가에 따른 실질 이윤율: $MP_K - P_K(r+\delta)$

(단, Y는 생산물, K는 자본량, L은 노동량으로 1,000으로 고정, MP_K는 자본의 한계생산물, P_K는 자본의 가격으로서 100, r은 실질이자율로 0.06, δ는 감가상각률로 0.04이다)

① 4   ② 8
③ 10 ④ 20

18 소비이론에 대한 설명으로 옳은 것을 〈보기〉에서 모두 고르면? [15. 국회직 8급]

〈보기〉
ㄱ. 절대소득 가설에 따르면, 가처분소득이 증가할 때 소비지출이 증가하므로 소비함수곡선이 상방으로 이동한다.
ㄴ. 쿠즈네츠(Kuznets)의 실증 분석에 따르면, 장기에는 평균소비성향이 한계소비성향보다 크다.
ㄷ. 상대소득 가설은 소비의 가역성과 소비의 상호의존성을 가정한다.
ㄹ. 항상소득 가설에 따르면, 현재소득이 일시적으로 항상소득 이상으로 증가할 때, 평균소비성향은 일시적으로 상승한다.

① ㄱ   ② ㄷ   ③ ㄱ, ㄹ
④ ㄴ, ㄷ   ⑤ 모두 옳지 않다.

난이도 ★★ 중요도 ★★★

19 소비이론에 대한 설명으로 옳은 것만을 〈보기〉에서 모두 고르면? [20. 국회직 8급]

〈보기〉
ㄱ. 케인즈(J. M. Keynes)의 절대소득 가설은 사람들의 장기소비행태를 설명할 수 있다.
ㄴ. 프리드만(M. Friedman)의 항상소득 가설에 따르면 임시소득의 비중이 높을수록 평균소비성향이 감소한다.
ㄷ. 안도(A. Ando)와 모딜리아니(F. Modigliani)의 생애주기 가설에 따르면 사람들의 평균소비성향은 유·소년기와 노년기에는 높고 청·장년기에는 낮다.

① ㄱ
② ㄱ, ㄴ
③ ㄱ, ㄷ
④ ㄴ, ㄷ
⑤ ㄱ, ㄴ, ㄷ

정답 및 해설

17 ② 1) 실질이윤이 0이 될 때 정상상태의 자본량이다.
2) $MP_K - P_K(r+\delta) = 0$ ➔ $MP_K - 100(0.06 + 0.04) = 0$ ➔ $MP_K = 10$이다.
3) 생산함수를 통해 한계생산을 구하면 $MP_K = 2\left(\dfrac{L}{K}\right)^{\frac{1}{3}}$ 이다.
4) 따라서 $10 = 2\left(\dfrac{L}{K}\right)^{\frac{1}{3}}$ ➔ $5 = \left(\dfrac{1{,}000}{K}\right)^{\frac{1}{3}}$ ➔ $125K = 1{,}000$ ➔ $K = 8$

18 ⑤ [오답체크]
ㄱ. 절대소득 가설에서는 가처분소득이 증가해도 소비함수곡선 자체가 이동하지 않는다. 소비함수곡선을 따라서 우측 상방으로 이동한다.
ㄴ. 쿠즈네츠의 실증 분석에 따르면 단기에는 평균소비성향이 한계소비성향보다 크지만 장기에는 평균소비성향과 한계소비성향이 동일하다.
ㄷ. 상대소득 가설은 사람들의 소비가 자신의 절대적인 소득수준보다는 다른 사람들의 소득수준이나 자신의 서로 다른 시점 간 소득을 비교한 상대소득에 의해 결정된다는 가설이다. 또한 소비의 비가역성(톱니효과, ratchet effect)에 의하면 현재의 소비는 현재의 소득수준뿐만 아니라 과거의 최고 소득수준에도 영향을 받는다.
ㄹ. 항상소득 가설에 따르면 현재소득이 일시적으로 항상소득 이상으로 증가할 때 소비자들은 임시소득의 증가로 인식하고 항상소비를 거의 늘리지 않는다. 소득은 증가하지만 소비는 거의 일정하므로 평균소비성향은 일시적으로 하락한다.

19 ④ ㄴ. 프리드만(M. Friedman)의 항상소득 가설에 따르면 평균소비성향은 항상소득의 일정 비율이다. 평균소비성향은 $k\left(1 - \dfrac{임시소득}{총소득}\right)$이므로 임시소득의 비중이 높을수록 평균소비성향이 감소한다.
ㄷ. 안도(A. Ando)와 모딜리아니(F. Modigliani)의 생애주기 가설에 따르면 사람들의 평균소비성향은 유·소년기와 노년기에는 소비가 소득보다 높으므로 $APC > 1$이고 청·장년기에는 소득보다 소비가 낮으므로 $APC < 1$이다.

[오답체크]
ㄱ. 케인즈(J. M. Keynes)의 절대소득 가설은 사람들의 장기소비행태를 설명할 수 없다.

20 절약의 역설(paradox of thrift)에 대한 설명 중 옳은 것을 〈보기〉에서 모두 고르면?

[18. 국회직 8급]

〈보기〉
ㄱ. 경기침체가 심한 상황에서는 절약의 역설이 발생하지 않는다.
ㄴ. 투자가 이자율 변동의 영향을 적게 받을수록 절약의 역설이 발생할 가능성이 크다.
ㄷ. 고전학파 경제학에서 주장하는 내용이다.
ㄹ. 임금이 경직적이면 절약의 역설이 발생하지 않는다.

① ㄱ
② ㄴ
③ ㄱ, ㄷ
④ ㄴ, ㄹ
⑤ ㄴ, ㄷ, ㄹ

21 투자이론에 대한 다음 설명 중 옳지 않은 것은?

[18. 국회직 8급]

① 투자는 토빈(Tobin) q의 증가함수이다.
② 자본의 한계생산이 증가하면 토빈(Tobin) q값이 커진다.
③ 투자옵션모형에 따르면, 상품가격이 정상이윤을 얻을 수 있는 수준으로 상승하더라도 기업이 바로 시장에 진입하여 투자하지 못하는 이유는 실물부문의 투자가 비가역성을 갖고 있기 때문이다.
④ 재고투자모형은 수요량 변화에 따른 불확실성의 증가가 재고투자를 증가시킬 수도 있다는 점을 설명한다.
⑤ 신고전학파에 따르면 실질이자율 하락은 자본의 한계편익을 증가시켜 투자의 증가를 가져온다.

난이도 ★ 중요도 ★

22 자본재 가격이 일정할 때 소비재 가격이 상승하면? (단, 할인율은 일정하다) [16. 국회직 8급]

① 자본의 한계효율곡선이 우측으로 이동한다.
② 자본의 한계효율곡선이 좌측으로 이동한다.
③ 자본의 한계효율곡선의 기울기의 절댓값이 작아진다.
④ 자본의 한계효율곡선의 기울기의 절댓값이 커진다.
⑤ 자본의 한계효율곡선은 변하지 않는다.

정답 및 해설

20 ② 절약의 역설은 케인즈가 주장한 것으로 저축의 증가가 오히려 소득의 감소를 통해 저축감소를 가져온다는 것이다.

[오답체크]
ㄱ. 경기침체가 심한 상황에서 주로 발생한다.
ㄷ. 케인즈가 주장하는 내용이다.
ㄹ. 임금이 경직적이면 절약의 역설이 발생한다.

21 ⑤ 1) 신고전학파에 따르면 실질이자율 하락은 자본의 한계비용을 감소시켜 투자의 증가를 가져온다.
2) 투자옵션모형의 결론
  ㉠ 불확실성하에서는 투자의 비가역성 때문에 투자의 진입가격은 정상이윤 수준보다 높게 결정된다.
  ㉡ 기업은 불확실한 상황에서는 사태를 관망하며 선택권을 보유하는 것이 유리하다.
  ㉢ 결국 불확실성의 존재는 투자의 시기를 지연시키고, 투자를 감소시킨다.
3) 재고투자모형
  ㉠ 재고투자는 규모면에서 GDP의 1%에 불과하지만 불황기 지출감소의 50%를 차지한다.
  ㉡ 경기변동과 밀접한 관련을 가지고 있으며, 다른 투자에 비하여 변동성이 높다.
  ㉢ 결국 불확실성의 증가는 생산평준화 등을 위해 재고투자를 증가시키는 결과를 가져온다.

22 ① 자본의 한계효율곡선은 경기전망이 낙관적이거나, 투자비용이 감소, 기술진보 등이 일어날 때 우측으로 이동한다. 따라서 자본재 가격이 일정할 때 소비재 가격이 상승하면 경기전망이 낙관적이므로 자본의 한계효율곡선이 우측으로 이동한다.

Topic 16 소비함수와 투자함수

23 A기업은 ○○산업단지에 현재 시점에서 10억원의 투자비용이 일시에 소요되는 시설을 건축하기로 했다. 이 시설로부터 1년 후에는 10억원의 소득이 발생할 것으로 예상되고 2년 후에는 B기업이 20억원에 이 시설을 인수하기로 했다고 하자. 연간 이자율이 50%라면 A기업의 입장에서 해당 사업의 내부수익률은 얼마인가? [15. 세무사]

① 50% ② 100% ③ 150%
④ 200% ⑤ 250%

24 A, B 두 투자 사업은 사업초기에 대부분의 비용이 발생하고, 사업기간은 각각 5년, 10년이다. 그리고 2%의 할인율하에서 순현재가치(NPV)는 동일하며 내부수익률은 각각 5%와 3%이다. 다음 설명 중 옳지 않은 것은? [14. 세무사]

① A, B 모두 내부수익률이 할인율보다 높아서 사업 추진이 가능하다.
② 내부수익률로 보면 A가 B보다 높아서 A를 선택한다.
③ A의 순현재가치와 B의 순현재가치가 같아서 현재가치법으로는 투자의 우선순위를 결정할 수 없다.
④ 현재가치법에 따르면 할인율을 4%로 하면 B의 순현재가치가 A보다 커져서 B를 선택한다.
⑤ 투자계획의 크기가 서로 다른 상황에서는 내부수익률만으로 투자의 우선순위를 결정하는 경우 오류가 발생할 수 있다.

25 난이도 ★★ 중요도 ★

아래와 같은 비용과 편익이 발생하는 공공사업의 순편익의 현재가치는? (단, 할인율은 10%이다)

[20. 세무사]

구분	0기	1기	2기
비용	1,400	0	0
편익	0	550	1,210

① −350 ② −100 ③ 0
④ 100 ⑤ 350

정답 및 해설

23 ②
1) 내부수익률(IRR)은 순현재가치(NPV)=0으로 만드는 m을 구해야 한다.
2) $IRR = -10 + \dfrac{10}{1+m} + \dfrac{20}{(1+m)^2} = 0$
3) $(1+m)^2 - (1+m) - 2 = 0$ ➔ $(m+1-2)(m+1+1) = 0$ ➔ $(m-1)(m+2) = 0$
4) $m > 0$이므로, $m = 1$
5) 따라서 내부수익률은 100%이다.

24 ④ 할인율이 3%와 5% 사이에 있을 때는 투자안 A의 순현재가치는 0보다 크지만 투자안 B의 순현재가치는 0보다 작다. 그러므로 현재가치법에 따르더라도 할인율이 4%라면 순현재가치가 더 큰 투자안 A를 선택하게 된다.

25 ④ $NPV = -1,400 + \dfrac{550}{(1+0.1)} + \dfrac{1,210}{(1+0.1)^2} = -1,400 + 500 + 1,000 = 100$

난이도 ★★★ 중요도 ★

26 A, B 두 사업의 연차별 수익이 아래 표와 같다. 두 사업의 비용편익 분석 결과에 관한 설명으로 옳지 않은 것은?

[17. 세무사]

사업안	사업연차별 수익		
	0년	1년차	2년차
A	-1,000	0	1,210
B	-1,000	1,150	0

① 순현재가치 평가 결과 할인율이 7%라면 A가 유리한 사업이다.
② 순현재가치 평가 결과 할인율이 8%라면 B가 유리한 사업이다.
③ 할인율에 따라 내부수익율과 순현재가치의 평가 결과가 상이하다.
④ 내부수익률 기준으로는 B가 유리한 사업이다.
⑤ 순현재가치로 평가하는 경우, 할인율이 높을수록 편익이 단기간에 집약적으로 발생하는 단기 투자에 유리하다.

정답 및 해설

26 ① 1) 공공사업 A와 B의 순편익의 현재가치는 아래의 식으로 나타낼 수 있다.

2) $NPV_A = -1,000 + \dfrac{1,210}{(1+r)^2}$

3) $NPV_B = -1,000 + \dfrac{1,150}{(1+r)}$

4) 할인율이 7%일 때는 A와 B의 순편익의 현재가치는 각각 57, 75이고, 할인율이 8%일 때는 각각 37, 65로 계산된다. 할인율이 7%일 때와 8%일 때 모두 공공사업 B의 순편익의 현재가치가 더 크므로 현재가치법을 사용하면 두 경우 모두 공공사업 B가 유리하게 평가된다.

5) 할인율이 10%일 때 A의 순편익이 0이고, 할인율이 15%일 때 B의 순편익이 0이므로 A의 내부수익률은 10%, B의 내부수익률은 15%이다. 그러므로 내부수익률법으로 평가하면 공공사업 B가 유리하게 평가된다.

6) 할인율이 0%인 경우 A사업의 순현재가치가 더 크므로 A사업을 선택해야 한다.

STEP 2 감정평가사 기출문제

27 난이도 ★★　중요도 ★★★

소비이론에 관한 설명 중 옳은 것은? [24. 감정평가사]

① 케인즈(Keynes)의 소비이론에 따르면 이자율이 소비의 주요 결정요인이다.
② 생애주기가설에 따르면 은퇴연령의 변화 없이 기대수명이 증가하면 소비가 감소한다.
③ 리카도 등가(Ricardian equivalence)정리는 케인즈의 소비함수에 기초한 이론이다.
④ 케인즈의 소비이론은 소비자들의 소비평탄화(consumption smoothing)를 강조한다.
⑤ 소비에 대한 임의보행(random walk)가설은 유동성제약에 직면한 소비자의 소비 선택을 설명한다.

28 난이도 ★★　중요도 ★★★

소비이론에 관한 설명으로 옳지 않은 것은? [20. 감정평가사]

① 생애주기 가설에 따르면 장기적으로 평균소비성향이 일정하다.
② 항상소득 가설에 따르면 단기적으로 소득 증가는 평균소비성향을 감소시킨다.
③ 케인즈(M. Keynes)의 소비 가설에서 이자율은 소비에 영향을 주지 않는다.
④ 피셔(I. Fisher)의 기간 간 소비선택이론에 따르면 이자율은 소비에 영향을 준다.
⑤ 임의보행(random walk) 가설에 따르면 소비의 변화는 예측할 수 있다.

정답 및 해설

27 ② [오답체크]
① 케인즈(Keynes)의 소비이론에 따르면 가처분소득만이 소비에 영향을 미친다.
③ 리카도 등가(Ricardian equivalence)정리는 새고전파의 이론으로 케인즈의 소비함수를 비판한다.
④ 케인즈의 소비이론은 소비자들의 소비평탄화(consumption smoothing)와 관련이 없다. 생애주기 가설이 관련이 있다.
⑤ 소비에 대한 임의보행(random walk)가설은 유동성제약에 직면한 소비자의 소비 선택을 설명하지 못한다.

28 ⑤ 임의보행(random walk) 가설에 따르면 예상된 충격은 예측이 가능하나 예상되지 못한 충격은 합리적 기대하에서도 예측이 불가능하다.

29 난이도 ★★ 중요도 ★★★

소비이론에 관한 설명으로 옳은 것은? [22. 감정평가사]

① 항상소득가설(permanent income hypothesis)에 따르면, 현재소득이 일시적으로 항상소득보다 작게 되면 평균소비성향은 일시적으로 증가한다.
② 생애주기가설(life-cycle hypothesis)은 소비자가 저축은 할 수 있으나 차입에는 제약(borrowing constraints)이 있다고 가정한다.
③ 케인즈 소비함수는 이자율에 대한 소비의 기간별 대체효과를 반영하고 있다.
④ 소비에 대한 임의보행(random walk)가설은 소비자가 근시안적(myopic)으로 소비를 결정한다고 가정한다.
⑤ 항상소득가설은 소비자가 차입제약에 직면한다고 가정한다.

30 난이도 ★★ 중요도 ★★★

소비이론에 관한 설명으로 옳은 것을 모두 고른 것은? [18. 감정평가사]

> ㄱ. 케인즈 소비함수에 의하면 평균소비성향이 한계소비성향보다 크다.
> ㄴ. 상대소득 가설에 의하면 장기소비함수는 원점을 통과하는 직선으로 나타난다.
> ㄷ. 항상소득 가설에 의하면 항상소비는 평생 부(wealth)와 관계없이 결정된다.
> ㄹ. 생애주기 가설에 의하면 중년층 인구비중이 상승하면 국민저축률이 하락한다.

① ㄱ, ㄴ ② ㄱ, ㄷ ③ ㄴ, ㄷ
④ ㄴ, ㄹ ⑤ ㄷ, ㄹ

31 소비와 투자에 관한 설명으로 옳지 않은 것은? [23. 감정평가사]

① 소비수요는 사전적으로 계획된 소비를 말한다.
② 고전학파는 투자가 이자율이 아니라 소득에 의해 결정된다고 주장한다.
③ 케인즈(J. Keynes)에 의하면 소비수요를 결정하는 중요한 요인은 현재의 절대소득이다.
④ 독립투자수요는 내생변수와 관계없이 외생적으로 결정된다.
⑤ 평균소비성향은 소비를 소득으로 나누어 계산한다.

정답 및 해설

29 ① 평균소비성향은 $\frac{소비}{소득}$ 이다. 항상소득가설(permanent income hypothesis)에 따르면, 항상소득만이 소비에 영향을 미치는데 현재소득이 일시적으로 항상소득보다 작게 되면 소비는 변하지 않지만 현재소득은 감소하게 되어 평균소비성향은 일시적으로 증가한다.

[오답체크]
② 생애주기가설(life - cycle hypothesis)은 차입에는 제약(borrowing constraints)이 없다고 가정한다.
③ 케인즈 소비함수는 가처분소득에만 관련이 있다.
④ 소비에 대한 임의보행(random walk)가설은 지난기의 소비 + 예상이 소비에 영향을 미친다고 본다.
⑤ 항상소득가설은 소비자가 차입제약에 직면한다고 가정하지 않는다.

30 ① ㄱ. 케인즈 소비함수에 의하면 한계소비성향이 1보다 작으므로 원점에서 그은 기울기인 평균소비성향이 접점의 기울기인 한계소비성향보다 크다.
ㄴ. 항상소득 가설과 상대소득 가설 모두 장기소비함수는 원점을 통과하는 직선으로 나타난다.

[오답체크]
ㄷ. 항상소득 가설에 의하면 항상소비는 항상소득과 관련된다. 평생 부(wealth)는 항상소득에 해당하므로 평생 부가 증가하면 소비도 증가한다.
ㄹ. 생애주기 가설에 의하면 중년층 인구는 소비보다 소득이 많으므로 중년층 비중이 상승하면 국민저축률이 증가한다.

31 ② 고전학파는 투자가 이자율에 의해 결정된다.

32 토빈 q(Tobin's q)에 관한 설명으로 옳지 않은 것은? [22. 감정평가사]

① 법인세가 감소되면 토빈 q는 증가한다.
② q < 1이면, 자본 스톡(capital stock)이 증가한다.
③ 자본의 한계생산물이 증가하면 토빈 q는 증가한다.
④ 자본재의 실질가격이 하락하면 토빈 q는 증가한다.
⑤ 설치된 자본의 시장가치가 하락하면 토빈 q는 감소한다.

33 소비이론 중 상대소득가설에 관한 설명으로 옳은 것은? [25. 감정평가사]

① 현재 소비는 다른 사람의 소비와 자신의 과거 소비에 의존한다.
② 유산이 증가하면 항상소비는 증가한다.
③ 갑자기 받은 현금성 보조금으로 항상소비는 증가한다.
④ 소비에는 전시효과(demonstration effect)가 존재하지 않는다.
⑤ 노인이 되면 소비는 노후소득에 따라 결정된다.

34 토빈(J. Tobin)의 q에 관한 설명으로 옳은 것은? [25. 감정평가사]

① 토빈의 q는 설치되어 있는 자본의 시장가치 대비 대체비용의 비율로 정의된다.
② 자본재의 가격이 상승하여 자본재의 구입비용이 증가하면, 토빈의 q는 증가한다.
③ 토빈의 q가 1보다 작으면, 자본 설치비용보다 새로 설치한 자본이 생산하는 현금흐름이 크다.
④ 자본의 시장가치를 주가로 대체할 수 있는 경우, 주가가 상승하면 토빈의 q는 증가한다.
⑤ 자본의 한계생산이 자본의 사용자비용보다 낮으면, 토빈의 q는 증가한다.

정답 및 해설

32 ② 토빈의 q는 $\dfrac{\text{기업의 시장가치}=\text{주가}}{\text{대체원가}=\text{기업을 실제 만드는 비용}}$ 이므로 q < 1이면, 주식을 구매하게 되어 투자가 감소한다. 따라서 자본 스톡(capital stock)이 감소한다.

33 ① 1) 상대소득가설은 과거의 자신, 동류집단과의 비교를 통해 소비가 이루진다는 것이다.
2) ②③⑤ 절대소득가설, ④ 상대소득가설에서는 전시효과(demonstration effect)가 존재한다.

34 ④ [오답체크]
① 토빈의 q는 설치되어 있는 $\dfrac{\text{자본의 시장가치}}{\text{자본의 대체비용}}$ 로 정의된다.
② 자본재의 가격이 상승하여 자본재의 구입비용이 증가하면, 토빈의 q는 하락한다.
③ 토빈의 q가 1보다 작으면, 자본 설치비용보다 새로 설치한 자본이 생산하는 현금흐름이 작다.
⑤ 자본의 한계생산이 자본의 사용자비용보다 낮으면 주가가 하락하므로 토빈의 q는 하락한다.

해커스 감정평가사
ca.Hackers.com

제9장

화폐금융론

Topic 17 본원통화와 화폐공급
Topic 18 화폐수요

Topic 17 본원통화와 화폐공급

01 화폐

개념	일상 거래에서 일반적으로 통용되는 지불 수단
기능	(1) 교환의 매개 수단 ➔ 가장 본원적인 기능 (2) 가치의 척도 (3) 가치 저장 수단 ➔ 물가가 안정적이어야 가치 저장 기능이 잘 발휘됨 (4) 장래 지불의 표준 (5) 회계의 단위
발달과정	물품 화폐 ➔ 칭량 화폐 ➔ 주조 화폐 ➔ 신용 화폐 ➔ 전자 화폐

02 통화량과 통화지표

통화량	(1) 일정 시점에서 시중에 유통되고 있는 화폐의 양 (2) 통화량이 너무 많으면 인플레이션이 발생할 수 있고, 너무 적으면 거래가 위축될 수 있으므로 통화량을 적정 수준으로 유지하는 것은 매우 중요함

통화지표	(1) 통화(M1) = 현금통화(민간보유현금) + 예금통화(요구불예금: 보통예금, 당좌예금)
	(2) 총통화(M2)
	  ① 협의통화(M1) + 저축성예금 + 시장형 금융상품 + 실적배당형 금융상품 + 금융채 + 거주자 외화예금 등
	  ② ㉮_____의 금융상품은 제외

핵심키워드
㉮ 만기 2년 이상

03 화폐의 공급

본원통화

(1) 의미
  ① 중앙은행의 창구를 통하여 시중에 나온 현금으로 예금은행의 신용창조의 토대가 됨
  ② 본원통화가 1단위 공급되면 통화량은 본원통화 공급량보다 훨씬 더 크게 증가함
  ③ 기초통화(Reserve Base): 중앙은행으로부터 공급되는 현금. 중앙은행 부채
  ④ 고성능통화(High-powered Money): 신용창조 과정을 통해 몇 배로 증가

(2) 공급 경로
  ① 정부의 재정 적자 ➡ 본원통화 증가
  ② 예금은행의 차입 증가 ➡ 본원통화 증가
  ③ 국제수지 흑자, 차관 도입 ➡ 외환 유입 ➡ 원화로 교환 ➡ 본원통화 증가
  ④ 중앙은행의 유가증권 구입, 건물 구입 ➡ 본원통화 증가

(3) 구성

본원통화(10억원)			
현금통화 (2억원)	지급준비금(8억원)		
현금통화 (2억원)	㉮ : 시재금(7억원)		중앙은행 지급준비예치금(1억원)
㉯ (9억원)			

중앙은행의 기능

(1) 발권 은행   (2) 은행의 은행
(3) 통화 금융 정책의 집행 기관   (4) 정부의 은행
(5) 외환관리업무 수행

통화승수

(1) 현금통화비율(c)이 주어진 경우

$$m = \frac{M}{H} = \frac{1}{c+z(1-c)} \quad [c = \frac{현금통화(C)}{통화량(M)}, \quad z = \frac{실제지급준비금(Z)}{예금통화(D)}]$$

(2) 현금예금비율(k)이 주어진 경우

$$m = \frac{M}{H} = \frac{k+1}{k+z} \quad [l = \frac{현금통화(C)}{예금통화(D)}]$$

신용창조

(1) 개념: 은행이 본원적 예금(예금은행 밖에서 예금은행 조직으로 최초로 흘러 들어온 예금)을 기초로 하여 대출을 통해 예금통화를 창조하는 것
(2) 파생적 예금(derivative deposit): 본원적 예금에 의해 추가로 창출된 요구불예금
(3) ㉰_____ 승수: $\dfrac{1}{지급준비율(r)}$ (요구불예금만 존재하며, 예금은행이 필요지급준비금만 보유할 경우, 예금은행은 대출의 형태로만 자금을 운용한다는 가정이 있을 때)

핵심키워드
㉮ 시중은행 지급준비금, ㉯ 화폐발행액, ㉰ 신용창조

STEP 1 타시험 기출문제

01 난이도 ★★ 중요도 ★★★

통화량을 감소시키는 요인만을 모두 고르면? (단, 부분준비제도하의 화폐공급모형에서 법정지급준비율과 초과지급준비율의 합이 1보다 작고, 다른 조건은 일정하다) [21. 국가직 7급]

> ㄱ. 중앙은행의 공개시장매도
> ㄴ. 중앙은행의 재할인율 인상
> ㄷ. 예금자의 현금통화비율($\frac{현금통화}{요구불예금}$) 감소
> ㄹ. 시중은행의 초과지급준비율 감소

① ㄱ, ㄴ
② ㄱ, ㄷ
③ ㄴ, ㄹ
④ ㄷ, ㄹ

02 난이도 ★ 중요도 ★★★

통화승수(본원통화 대비 통화량의 비율)가 증가하는 원인으로 옳지 않은 것은? [21. 지방직 7급]

① 경제불안의 해소로 은행부도의 위험이 낮아졌다.
② 은행의 요구불예금에 대한 이자율이 하락하였다.
③ 가계가 보유하는 화폐 중 현금보유 비중이 감소하였다.
④ 은행의 초과지급준비금 보유가 감소하여 은행 대출이 증가하였다.

난이도 ★ 중요도 ★★

03 지급준비율과 관련하여 옳지 않은 것은?
[17. 국가직 7급]

① 우리나라는 부분지급준비제도를 활용하고 있다.
② 은행들은 법정지급준비금 이상의 초과지급준비금을 보유할 수 있다.
③ 100% 지급준비제도하에서는 지급준비율이 1이므로 통화승수는 0이 된다.
④ 지급준비율을 올리면 본원통화의 공급량이 변하지 않아도 통화량이 줄어들게 된다.

정답 및 해설

01 ① 1) 통화량 = 본원통화 × 통화승수 $[=\dfrac{1}{c+z(1-c)}]$

2) 지문분석
ㄱ. 중앙은행의 공개시장매도는 본원통화의 감소요인이다.
ㄴ. 중앙은행의 재할인율 인상은 통화승수의 감소요인이다.

[오답체크]
ㄷ. 예금자의 현금통화비율($\dfrac{현금통화}{요구불예금}$) 감소는 통화승수의 증가요인이다.
ㄹ. 시중은행의 초과지급준비율 감소는 통화승수의 증가요인이다.

02 ② 1) 통화승수 $=\dfrac{1}{c+z(1-c)}$

2) 지문분석
② 은행의 요구불예금에 대한 이자율이 하락하면 현금인출이 많아져 현금 – 통화비율이 상승한다. 따라서 통화승수가 하락한다.

[오답체크]
① 경제불안의 해소로 은행부도의 위험이 낮아지면 예금의 증가로 현금 – 통화비율이 하락하여 통화승수가 상승한다.
③ 가계가 보유하는 화폐 중 현금보유 비중이 감소하면 현금 – 통화비율이 하락하여 통화승수가 상승한다.
④ 은행의 초과지급준비금 보유가 감소하면 통화승수가 상승한다.

03 ③ 통화승수 $m=\dfrac{1}{c+z(1-c)}$ 이므로 지급준비율이 $z=1$이면 통화승수가 1이다.

04 화폐공급의 증감 여부를 바르게 연결한 것은? [11. 국가직 7급]

> ㄱ. 금융위기로 인하여 은행의 안전성이 의심되면서 예금주들의 현금 인출이 증가하였다.
> ㄴ. 명절을 앞두고 기업의 결제수요가 늘고, 개인들은 명절준비를 위해 현금 보유량을 늘린다.
> ㄷ. 한국은행이 자금난을 겪고 있는 지방 은행들로부터 국채를 매입하였다.
> ㄹ. 은행들이 건전성 강화를 위해 국제결제은행(BIS) 기준의 자기자본비율을 높이고 있다.

	ㄱ	ㄴ	ㄷ	ㄹ
①	감소	증가	감소	증가
②	감소	감소	증가	감소
③	증가	감소	증가	감소
④	증가	감소	감소	증가

05 통화공급에 대한 설명으로 옳은 것은? [11. 지방직 7급]

① 준예금통화란 이자율이 비교적 높은 요구불예금을 말한다.
② 초과지급준비금은 총예금에서 지급준비금을 공제한 것이다.
③ 현금통화비율이 클수록 통화량의 조절이 용이해진다.
④ 순신용승수는 신용승수보다 작다.

난이도 ★　중요도 ★★

06 중앙은행의 화폐공급에 관한 설명으로 옳은 것은? [20. 노무사]

① 예금창조기능은 중앙은행의 독점적 기능이다.
② 본원통화는 현금과 은행의 예금을 합친 것이다.
③ 중앙은행이 민간에 국채를 매각하면 통화량이 증가한다.
④ 중앙은행이 재할인율을 인하한다고 발표하면 기업은 경기과열을 억제하겠다는 신호로 받아들인다.
⑤ 법정지급준비율은 통화승수에 영향을 미친다.

정답 및 해설

04 ② ㄱ, ㄴ. 사람들이 현금인출을 하여 현금보유를 늘리면 파생통화량이 감소하게 한다.
　　ㄷ. 한국은행이 국채를 매입하면 본원통화량이 증가한다.
　　ㄹ. 은행들이 건전성 강화를 위해 국제결제은행(BIS) 기준의 자기자본비율을 높이면 대출을 줄이므로 통화량이 감소한다.

05 ④ 신용창조액에서 시초의 본원통화를 제한 것이 순신용창조액이다. 따라서 신용승수보다 순신용승수가 더 작다.

[오답체크]
① 준예금통화는 이자율이 높은 저축성예금과 거주자외화예금이다.
② 초과지급준비금 = 지급준비금 − 법정지급준비금이다.
③ 현금통화비율이 클수록 통화승수가 작아지기 때문에 통화량의 조절이 어려워진다.

06 ⑤ $m = \dfrac{M}{H} = \dfrac{1}{c + z(1-c)}$ 이므로 법정지급준비금은 통화승수에 영향을 미친다.

[오답체크]
① 예금창조기능은 예금은행도 가능하다.
② 본원통화는 현금과 지급준비금을 합친 것이다.
③ 중앙은행이 민간에 국채를 매각하면 통화량이 감소한다.
④ 중앙은행이 재할인율을 인하한다고 발표하면 기업은 경기부양을 하겠다는 신호로 받아들인다.

07 부분지급준비제도하의 통화공급모형에서 법정지급준비율과 초과지급준비율의 합이 1보다 작다. 다른 조건이 일정할 때, C/D 비율의 증가로 발생하는 현상은? (단, C는 현금, D는 요구불예금이다)
[20. 국가직 9급]

① 현금 유통량이 증가하고 통화공급도 증가한다.
② 통화공급은 증가하지만 지급준비금은 변화가 없다.
③ 통화공급이 감소한다.
④ 현금 유통량은 증가하지만 통화공급은 변화가 없다.

08 본원통화량이 불변인 경우, 통화량을 증가시키는 요인만을 〈보기〉에서 모두 고르면? (단, 시중은행의 지급준비금은 요구불예금보다 적다)
[18. 지방직 7급]

〈보기〉
ㄱ. 시중은행의 요구불예금 대비 초과지급준비금이 낮아졌다.
ㄴ. 사람들이 지불수단으로 요구불예금보다 현금을 더 선호하게 되었다.
ㄷ. 시중은행이 준수해야 할 요구불예금 대비 법정지급준비금이 낮아졌다.

① ㄱ, ㄴ
② ㄱ, ㄷ
③ ㄴ, ㄷ
④ ㄱ, ㄴ, ㄷ

난이도 ★ 중요도 ★★★

09 통화량 공급을 늘리기 위한 중앙은행의 공개시장조작(open market operation) 정책으로 옳은 것은?

[15. 국가직 7급]

① 정부채권을 매입한다.
② 재할인율을 인하한다.
③ 중앙은행의 지급준비율을 인하한다.
④ 시중 민간은행의 대출한도 확대를 유도한다.

정답 및 해설

07 ③ 예금현금비율이 높아지면 통화승수가 작아져 현금유통량이 작아지고 통화공급도 감소한다.

08 ② 1) 통화공급량 = 통화승수 × 본원통화[$M^s = \dfrac{1}{c+z(1-c)} \times H$]로 나타낼 수 있다.

2) 초과지급준비율이나 법정지급준비율이 낮아지면 실제지급준비율(z)이 낮아져 통화승수가 커지므로 통화량이 증가한다.

[오답체크]
ㄴ. 현금통화비율(c)이 상승하면 통화승수가 커지므로 통화량이 감소하게 된다.

09 ① 공개시장조작정책이란 중앙은행이 단기금융시장에서 국공채를 매입하거나 매각하는 정책을 말한다. 중앙은행이 공개시장조작을 통해 통화공급을 늘리려면 공개시장에서 국채를 매입해야 한다. 국채를 매입하면 본원통화가 증가하므로 통화량이 증가하게 된다.

[오답체크]
② 재할인율정책이다.
③ 지급준비율정책이다.

10 난이도 ★★ 중요도 ★★★

통화승수에 관한 설명으로 옳지 않은 것은? [18. 노무사]

① 통화승수는 법정지급준비율을 낮추면 커진다.
② 통화승수는 이자율 상승으로 요구불예금이 증가하면 작아진다.
③ 통화승수는 대출을 받은 개인과 기업들이 더 많은 현금을 보유할수록 작아진다.
④ 통화승수는 은행들이 지급준비금을 더 많이 보유할수록 작아진다.
⑤ 화폐공급에 내생성이 없다면 화폐공급곡선은 수직선의 모양을 갖는다.

11 난이도 ★★ 중요도 ★★★

화폐공급량은 민간의 현금보유량과 금융기관이 발행하는 예금화폐의 합계이고, 본원통화는 민간의 현금보유량과 금융기관의 지불준비금의 합계이다. 민간의 예금대비 현금보유 비율이 0.2이고 금융기관의 지불준비율이 0.1인 경우 화폐승수는? [11. 지방직 7급]

① 2.0
② 3.0
③ 4.0
④ 5.0

12 난이도 ★★ 중요도 ★★★

A국 시중은행의 지급준비율이 0.2이며 본원통화는 100억달러이다. A국의 통화승수와 통화량은 얼마인가? (단, 현금통화비율은 0이다) [17. 지방직 7급]

	통화승수	통화량
①	0.2	500억달러
②	5	500억달러
③	0.2	100억달러
④	5	100억달러

난이도 ★★ 중요도 ★★★

13 중앙은행이 정한 법정지급준비율이 12%이고, 시중은행의 초과지급준비율이 3%이다. 또한 민간은 통화의 일부를 현금으로 보유하며, 그 비율은 일정하다. 만약 중앙은행이 60억원 상당의 공채를 매입한다면, 시중의 통화량은 얼마나 증가하겠는가? [15. 국회직 8급]

① 60억원
② 400억원
③ 500억원
④ 60억원 초과 400억원 미만
⑤ 400억원 초과 500억원 미만

정답 및 해설

10 ② 1) 통화승수 $m = \dfrac{1}{c+z(1-c)}$ 이므로 통화승수의 크기는 지급준비율과 현금통화비율에 의해 결정된다.
2) 이자율 상승으로 요구불예금이 증가하면 현금통화비율이 낮아지므로 통화승수가 커지게 된다.

11 ③ 1) 통화승수 $= \dfrac{k+1}{k+z}$ (단, k: 현금예금비율, z: 지급준비율)
2) 따라서 통화승수 $= \dfrac{0.2+1}{0.2+0.1} = 4$이다.

12 ② 1) 현금통화비율 $c=0$, 지급준비율 $z=0.2$이므로 통화승수 $m = \dfrac{1}{c+z(1-c)} = \dfrac{1}{0+0.2(1-0)} = 5$ 이다.
2) 통화승수가 5이므로 본원통화의 크기가 100억달러이면 통화량은 500억달러가 된다.

13 ④ 1) 통화승수는 $\dfrac{k+1}{k+z}$ 이다.
2) 지급준비율 = 법정지급준비율 + 초과지급준비율이다.
3) 통화량의 증가분 = 통화승수 × 본원통화의 증가분이다.
4) $\dfrac{k+1}{k+0.15} \times 60$억원 = 통화량 증가이다.
　㉠ $k=0$이면 통화승수는 약 6.6이므로 통화량은 396억원 정도이다.
　㉡ $k=$ 무한대이면 통화승수는 약 1이므로 통화량은 60억원 정도이다.
5) 시중의 통화량은 60억원 초과 400억원 미만이 된다.

14 A국가의 경제주체들은 화폐를 현금과 예금으로 절반씩 보유한다. 또한 상업은행의 지급준비율은 10%이다. A국의 중앙은행이 본원통화를 440만원 증가시켰을 때 A국의 통화량 변동은?

[19. 지방직 7급]

① 800만원 증가   ② 880만원 증가
③ 1,100만원 증가 ④ 4,400만원 증가

15 요구불예금에 대한 법정지급준비율이 5%이고, 개인들은 발행된 화폐를 모두 은행에 요구불예금으로 저축한다. 은행이 법정지급준비금 이외의 모든 예금을 대출한다면, 10억원의 현금이 발행될 때 총예금창조액의 크기는?

[22. 지방직 7급]

① 180억원   ② 200억원
③ 220억원   ④ 240억원

16 어느 경제에 모든 사람들이 화폐의 1/3은 현금으로, 2/3는 요구불예금으로 보유한다. 현재 지급준비율이 10%이고 은행들은 초과 지급준비금을 보유하고 있지 않을 경우, 시중에 3,000만큼의 현금이 통화량으로 공급된다면 전체 통화량의 증가량은? (단, 은행의 부채는 요구불예금뿐이며 법정 지급준비금만 남기고 전액대출로 자금을 운용한다) [22. 서울시 7급]

① 1,000
② 3,000
③ 7,500
④ 8,000

정답 및 해설

14 ① 1) 경제주체들이 화폐를 현금과 예금으로 절반씩 보유하므로 현금예금비율 $k=1$이다.
  2) 현금예금비율 $k=1$, 지급준비율 $z=0.1$인 경우 통화승수는 다음과 같다.
  $$m = \frac{k+1}{k+z} = \frac{1+1}{1+0.1} = \frac{2}{1.1}$$
  3) 본원통화가 440만원 증가하면 통화량은 $800(=\frac{2}{1.1} \times 440)$만원 증가한다.

15 ② 1) 현금통화비율이 0이므로 신용승수는 $\frac{1}{지급준비율} = \frac{1}{0.05} = 20$이다.
  2) 통화량의 증가 = 신용승수 × 초과지급준비금 → 10억 × 20 = 200억원이다.

16 ③ 1) 통화량의 증가량 = 통화승수 × 본원통화의 증가량
  2) 현금예금비율 = $\frac{C}{D} = \frac{\frac{1}{3}}{\frac{2}{3}} = \frac{1}{2}$이다.
  3) 통화승수 = $\frac{k+1}{k+z} = \frac{\frac{1}{2}+1}{\frac{1}{2}+0.1} = \frac{1.5}{0.6} = \frac{5}{2}$
  4) $\frac{5}{2} \times 3,000 = 7,500$이다.

17 모든 은행이 초과지불준비금은 보유하지 않고 민간은 현금을 모두 요구불예금으로 예금한다고 가정한다. 요구불예금의 법정지급준비율이 20%인 경우 중앙은행이 국채 100억원을 사들인다면 이로 인한 통화량의 창출 규모는?   [12. 국가직 7급]

① 80억원 ② 100억원
③ 200억원 ④ 500억원

18 어떤 경제의 완전고용국민소득이 400조원이며, 중앙은행이 결정하는 이 경제의 총화폐공급은 현재 30조원이다. 다음 표는 이 경제의 이자율에 따른 총화폐수요, 총투자, 실질국민소득의 변화를 나타낸 것이다. 이 경제에 대한 설명으로 가장 옳은 것은?   [19. 서울시 7급]

이자율(%)	총화폐수요(조원)	총투자(조원)	실질국민소득(조원)
1	70	120	440
2	60	110	420
3	50	100	400
4	40	80	360
5	30	50	320

① 실질국민소득이 완전고용수준과 같아지려면 중앙은행은 총화폐공급을 20조원만큼 증가시켜야 한다.
② 현재 이 경제의 실질국민소득은 완전고용수준보다 40조원만큼 작다.
③ 중앙은행이 총화폐공급을 지금보다 30조원만큼 증가시키면 균형이자율은 1%가 된다.
④ 현재 이 경제의 균형이자율은 4%이다.

19 난이도 ★★★ 중요도 ★★

A은행의 초과지급준비금이 0인 상황에서, 甲이 A은행에 예치했던 요구불예금 5,000만원의 인출을 요구하자 A은행은 보유하고 있는 시재금을 활용하여 지급하였다. 이 경우 A은행의 상황으로 옳은 것은? (단, 요구불예금에 대한 법정 지급준비율은 15%이다) [12. 국가직 7급]

① 고객의 요구불예금 잔고가 750만원 감소한다.
② 고객의 요구불예금 잔고가 4,250만원 감소한다.
③ 지급준비금이 법정기준보다 750만원 부족하게 된다.
④ 지급준비금이 법정기준보다 4,250만원 부족하게 된다.

정답 및 해설

17 ④ 1) 신용승수는 $\frac{1}{z}$이다(단, z는 지급준비율이다).
2) 중앙은행이 국채를 사들이면 본원통화가 증가한다.
3) 통화량의 창출규모는 $\frac{1}{0.2} \times 100$억원 $= 500$억원이다.

18 ① 균형이자율은 화폐의 수요와 공급이 일치하는 수준에서 결정되는데, 현재는 통화공급이 30조원이므로 이자율이 5%, 실질국민소득이 320조원이다. 잠재GDP가 400조원이고, 현재의 실질국민소득이 320조원이므로 실질국민소득이 완전고용수준보다 80조원 미달하는 상태이다. 잠재GDP 수준에서는 이자율이 3%이고, 총화폐수요가 50조원이므로 잠재GDP에 도달하려면 통화량을 20조원 증가시켜야 한다.

[오답체크]
② 현재 이 경제의 실질국민소득은 완전고용수준보다 80조원만큼 작다.
③ 중앙은행이 총화폐공급을 지금보다 30조원만큼 증가시키면 균형이자율은 2%가 된다.
④ 현재 이 경제의 균형이자율은 5%이다.

19 ④ 1) 시재금은 은행이 가지고 있던 법정준비금이다.
2) 초과지급준비금이 0인 상태에서 시재금으로 요구불예금 5,000만원을 지급하고 나면 은행이 지급한 5,000만원의 15%에 해당하는 750만원만큼의 법정지급준비금은 보유할 필요가 없어진다.
3) 따라서 부족한 법정지급준비금은 5,000만원에서 750만원을 차감한 4,250만원이 된다.

20 철수는 장롱 안에서 현금 100만원을 발견하고 이를 A은행의 보통예금계좌에 입금하였다. 이로 인한 본원통화와 협의통화(M1)의 즉각적인 변화는?

[17. 서울시 7급]

① 본원통화는 100만원 증가하고, 협의통화는 100만원 증가한다.
② 본원통화는 100만원 감소하고, 협의통화는 100만원 감소한다.
③ 본원통화는 변화가 없고, 협의통화는 100만원 증가한다.
④ 본원통화와 협의통화 모두 변화가 없다.

21 다음은 어느 은행의 대차대조표이다. 이 은행이 초과지급준비금을 전부 대출할 때, 은행시스템 전체를 통해 최대로 증가시킬 수 있는 통화량의 크기는? (단, 법정지급준비율은 20%이며 현금통화비율은 0%이다)

[18. 국가직 7급]

자산(억원)		부채(억원)	
지급준비금	600	예금	2,000
대출	1,400		

① 120억원
② 400억원
③ 1,000억원
④ 2,000억원

난이도 ★★ 중요도 ★★

22 시장이자율이 상승할 때 동일한 액면가(face value)를 갖는 채권의 가격 변화에 대한 설명으로 옳지 않은 것은?

[17. 지방직 7급]

① 무이표채(discount bond)는 만기가 일정할 때 채권가격이 하락한다.
② 이표채(coupon bond)는 만기가 일정할 때 채권가격이 하락한다.
③ 실효만기가 길수록 채권가격은 민감하게 변화한다.
④ 무이표채의 가격위험은 장기채보다 단기채가 더 크다.

정답 및 해설

20 ④ 1) 철수가 장롱에 있던 현금 100만원을 보통예금 계좌에 입금하면 현금통화(민간보유현금)가 100만원 감소한다.
2) 예금통화가 100만원 증가하므로 현금통화와 예금통화를 합한 협의통화는 변하지 않는다.
3) 중앙은행에서 화폐가 발행된 적이 없으므로 본원통화와 협의통화 모두 변화가 없다.

21 ③ 1) 법정지급준비율이 20%이므로 예금이 2,000억원이면 은행은 법정지급준비금으로 400억원을 보유해야 한다.
2) 실제지급준비금이 600억원이므로 법정지급준비금 400억원을 초과한 200억원이 초과지급준비금이다.
3) 은행이 초과지급준비금을 모두 대출하여 최대로 증가할 수 있는 예금통화의 크기는 1,000억원(= $200억원 \times \frac{1}{0.2}$)이다. 이 경우 현금통화는 변하지 않고 예금통화만 1,000억원 증가하므로 최대로 증가시킬 수 있는 통화량의 크기는 1,000억원이다.

22 ④ 채권가격은 이자율과 반비례하므로 시장이자율이 상승하면 이표채와 할인채(무이표채)의 가격은 모두 하락한다. 또한 만기가 길수록 채권가격은 이자율 변화에 민감하므로 가격위험은 단기채보다 장기채가 더 크다.

23 매년 이자를 지급하는 일반 이표채권(straight coupon bond)의 가격 및 이자율과 관련된 설명으로 옳지 않은 것은?　　　　　　　　　　　　　　　　　　　　　　　[14. 국가직 7급]

① 이 이표채권의 가격은 액면가 아래로 낮아질 수 있다.
② 이 이표채권의 가격이 액면가보다 높다면 이 채권의 시장수익률은 이표이자율보다 낮다.
③ 이미 발행된 이 이표채권의 이표이자액은 매년 시장수익률에 따라 다르게 지급된다.
④ 이표채권가격의 상승은 그 채권을 매입하여 얻을 수 있는 수익률의 하락을 의미한다.

24 다음의 조건을 지닌 만기 3년짜리 채권 중 가격이 가장 싼 것은? [단, 이표(coupon)는 1년에 1번 지급하며, 이표율(coupon rate)은 액면가(face value) 대비 이표 지급액을 의미한다]
　　　　　　　　　　　　　　　　　　　　　　　　　　　　　　　　　　　　　[15. 지방직 7급]

	액면가	이표율	금리
①	10,000원	10%	10%
②	10,000원	8%	8%
③	10,000원	10%	7%
④	10,000원	8%	10%

25 매년 24만원을 받는 영구채(원금상환 없이 일정 금액의 이자를 영구히 지급하는 채권)가 있다. 연 이자율이 6%에서 8%로 오른다면 이 채권가격이 변화는?　　　　　　　[12. 지방직 7급]

① 108만원 감소한다.
② 108만원 증가한다.
③ 100만원 감소한다.
④ 100만원 증가한다.

26 시중금리가 연 5%에서 연 6%로 상승하는 경우, 매년 300만원씩 영원히 지급받을 수 있는 영구채의 현재가치의 변화는?   [16. 지방직 7급]

① 30만원 감소
② 60만원 감소
③ 300만원 감소
④ 1,000만원 감소

정답 및 해설

23 ③ 이미 발행된 이표채권의 이표이자액은 채권에 표시되어 있는대로 지급된다. 이를 표면이자율이라고 한다.

24 ④ 1) 채권가격과 시장이자율(= 금리)은 반비례한다. 따라서 시장이자율이 높을수록 채권가격이 낮아진다.
　　2) 지문분석
　　　　④ 시장이자율이 이표율보다 높으므로 채권을 액면가보다 싸게 판매해야만 한다.
　　[오답체크]
　　　　①② 이표율과 금리가 동일하므로 채권가격은 10,000원으로 유지된다.
　　　　③ 금리보다 이표율이 높으므로 액면가보다 높게 거래된다.

25 ③ 1) 영구채의 가격은 $P = \dfrac{A}{r}$(단, 채권가격 P, 채권이자 A, 채권수익률 r)이다.
　　2) 연 이자율 6%일 경우 $400 = \dfrac{24}{0.06}$이고 연 이자율 8%일 경우 $300 = \dfrac{24}{0.08}$이다.
　　3) 따라서 채권가격은 100만원 감소한다.

26 ④ 1) 매년 A원의 이자를 지급받는 영구채의 가격 $P = \dfrac{A}{r}$이다.
　　2) 이자율이 5%일 때 매년 300만원의 이자를 지급받는 영구채의 가격 $P = \dfrac{300만원}{0.05} = 6{,}000만원$이다.
　　3) 이자율이 6%로 상승하면 동일한 영구채의 가격 $P = \dfrac{300만원}{0.06} = 5{,}000만원$으로 하락한다. 따라서 이자수입의 현재가치가 1,000만원 감소함을 알 수 있다.

27 수익률곡선(yield curve)에 대한 설명으로 옳지 않은 것은? [21. 국가직 7급]

① 만기 외에 다른 조건이 동일한 채권의 만기와 이자율 사이의 관계를 나타내는 곡선이다.
② 이자율의 기간구조에 대한 분할시장이론(segmented markets theory)은 단기채권과 장기채권의 이자율이 시간의 흐름에 따라 같은 방향으로 움직이는 이유를 설명해 준다.
③ 이자율의 기간구조에 대한 유동성 프리미엄이론(liquidity premium theory)은 수익률곡선이 전형적으로 우상향하는 이유를 설명해 준다.
④ 이자율의 기간구조에 대한 기대이론(expectations theory)에 따르면, 중앙은행이 앞으로 계속 단기이자율을 낮추겠다는 공약을 할 경우 장기이자율은 하락해야 한다.

28 이자율 기간구조에 대한 설명으로 옳은 것을 모두 고른 것은? [11. 국가직 7급]

> ㄱ. 기대이론에 의하면, 미래의 단기이자율 상승이 예상된다는 것은 수익률곡선이 우상향함을 의미한다.
> ㄴ. 기대이론에 의하면, 미래의 단기이자율 하락이 예상된다는 것은 수익률곡선이 우하향함을 의미한다.
> ㄷ. 유동성 프리미엄이론에 의하면, 미래의 단기이자율 상승이 예상된다는 것은 수익률곡선이 우상향함을 의미한다.
> ㄹ. 유동성 프리미엄이론에 의하면, 미래의 단기이자율 하락이 예상된다는 것은 수익률곡선이 우하향함을 의미한다.

① ㄱ, ㄴ, ㄷ
② ㄱ, ㄴ, ㄹ
③ ㄱ, ㄷ, ㄹ
④ ㄴ, ㄷ, ㄹ

난이도 ★★   중요도 ★★★

29 이자율의 기간구조에 대한 설명으로 옳지 않은 것은? [20. 지방직 7급]

① 만기가 서로 다른 채권들이 완전대체재일 경우 유동성 프리미엄이 0에 가까워지더라도 양(+)의 값을 갖는다.
② 기대이론에 따르면 현재와 미래의 단기이자율이 같을 것이라고 예상하는 경제주체들이 많을수록 수익률곡선은 평평해진다.
③ 유동성 프리미엄이론에 따르면 유동성 프리미엄은 항상 양(+)의 값을 갖고 만기가 길어질수록 커지는 경향을 보인다.
④ 미래에 단기이자율이 대폭 낮아질 것으로 예상되면 수익률곡선은 우하향한다.

정답 및 해설

27 ② 이자율의 기간구조에 대한 분할시장이론(segmented markets theory)은 단기채권과 장기채권을 완전히 다른 것으로 보는 것이다. 따라서, 단기채권과 장기채권의 이자율이 서로 연관성이 없음을 알려준다.

28 ① 1) 이자율 기간구조란 채권의 만기와 채권이자율(수익률) 간의 관계를 말하는 것이다.
2) 기대이론이란 장기이자율은 기대되는 미래 단기이자율의 평균이라는 가설로서 미래의 단기이자율 상승이 예상되면 수익률곡선이 우상향하며 미래의 단기이자율 하락이 예상되면 수익률곡선이 우하향한다.
3) 유동성 프리미엄이론에서 '채권수익률 = 기대이론 + 위험과 유동성 포기에 대한 대가'이므로 미래 단기이자율 상승이 예상되면 당연히 수익률곡선이 우상향한다.

[오답체크]
ㄹ. 유동성 프리미엄론에서 미래의 단기이자율 하락이 예상되면 위험과 유동성 포기에 대한 대가가 더욱 커지기 때문에 수익률곡선이 우상향한다고 한다.

29 ① ①③ 유동성프리미엄이론은 장기이자율은 평균적인 미래단기이자율에 현금보유를 포기하는 대가(=유동성 프리미엄)의 합으로 결정된다는 이론. 따라서 만기가 서로 다른 채권 간에 대체관계는 존재해도 그 둘은 완전대체제는 아니며, 현금보유를 포기한 대가의 합의 크기에 따라 장기이자율이 결정된다는 주장이다. 이 이론에서는 이자율은 현금보유 포기의 비용이며 유동성프리미엄은 항상 양(+)의 값을 가진다. ①은 이자율 기간구조 이론 중 기대이론에 대한 설명과 유동성프리미엄이론에 대한 설명을 교묘하게 섞어서 틀린 문장을 만들어 놓은 것이다.
② 기대이론은 시장 참가자들이 평균적으로 예상하는 미래 단기이자율이 장기이자율을 결정한다는 주장으로, 만기가 서로 다른 채권 간에 완전한 대체관계가 존재한다고 가정하고, 장기이자율은 단기이자율로 여러 차례에 걸쳐 재투자한 것과 같다고 본다. 즉 장기이자율은 단기이자율의 기하학적 평균과 같을 때 시장참가자들은 이 둘을 무차별적으로 본다는 주장이다.

[추가]
시장분할이론은 단기이자율과 장기이자율은 특정 만기에 대한 시장참가자의 선호도가 결정한다는 주장으로, 만기가 서로 다른 채권 간에는 대체관계가 존재하지 않고, 단기이자율과 장기이자율은 각각 단기자금과 장기자금의 수요와 공급에 따라 결정된다는 주장이다.

30 현재 시점에서 A국 경제의 채권시장에 1년 만기, 2년 만기, 3년 만기 국채만 존재하고 각각의 이자율이 3%, 5%, 6%이다. 현재 시점으로부터 2년 이후에 성립하리라 기대되는 1년 만기 국채의 이자율 예상치에 가장 가까운 값은? (단, 이자율의 기간구조에 대한 기대이론이 성립한다) [20. 국가직 7급]

① 4% ② 6%
③ 8% ④ 10%

31 1년 만기 채권 금리가 5%, 2년 만기 채권 금리가 4%이고, 1년 만기 대비 2년 만기 채권의 유동성 프리미엄이 1%이다. 이자율 기간구조 이론 중 유동성 프리미엄이론에 따르면, 1년 뒤 1년 만기 채권에 대한 기대금리는? [19. 보험계리사]

① 1% ② 2%
③ 3% ④ 4%

32 현재 1년 만기 국채이자율이 2%이고, 1년 후 1년 만기 국채이자율이 4%로 예상되며, 1년 만기 대비 2년 만기 국채의 유동성 프리미엄은 0.3%라고 한다. 이자율의 기간구조 이론 중 기대 이론과 유동성 프리미엄이론에 따른 현재 2년 만기 국채이자율을 각각 순서대로 올바로 나열한 것은? (단, 소수점 둘째 자리에서 반올림한다) [18. 보험계리사]

① 3.0%, 3.3% ② 3.3%, 3.0%
③ 3.0%, 4.3% ④ 3.3%, 4.0%

정답 및 해설

30 ③ 1) 원리

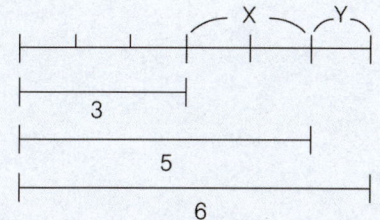

2) 1년 뒤 1년만기채권 $= \dfrac{3+x}{2} = 5\%$ ➔ $x = 7\%$

3) 2년 뒤 2년만기채권 $= \dfrac{3+7+y}{3} = 6\%$ ➔ $y = 8\%$

4) 따라서 $r = 8\%$이다.

31 ① 1) 유동성 프리미엄이론
   ㉠ 투자자들은 유동성이 떨어지는 장기채권보다 유동성이 높은 단기채권을 선호하므로 장기이자율은 단기이자율 예상치의 평균에 유동성 프리미엄을 더한 것으로 보는 이론이다.
   ㉡ 유동성 프리미엄이론 = 기대이론의 이자율 + 유동성 프리미엄
2) 2년 만기 채권금리 = 현시점과 1년 뒤 시점에서의 1년 만기 채권금리의 평균 + 유동성 프리미엄이다.
3) 4% = 현시점과 1년 뒤 시점에서의 1년 만기 채권금리의 평균 + 1%
4) 현시점과 1년 뒤 시점에서의 1년 만기 채권금리의 평균은 3%이다.
5) $\dfrac{5\% + x\%}{2} = 3\%$이므로 1년 뒤 1년 만기 채권의 기대금리는 1%이다.

32 ① 1) 기대이론
   ㉠ 현시점에서 미래의 특정 시점까지의 이자율은 미래의 각 기간별 이자율에 의해 결정된다는 이론이다.
   ㉡ 1년 만기 국채이자율이 2%, 1년 후 1년 만기의 국채이자율이 4%이면 2년 동안의 평균이자율은 2%이다. ➔ $\dfrac{2\% + 4\%}{2} = 3\%$
2) 유동성 프리미엄이론
   ㉠ 현시점에서 미래의 특정시점까지의 이자율은 각 기간별 이자율과 유동성 프리미엄의 합이 되도록 결정된다는 이론이다.
   ㉡ 유동성 프리미엄이론 = 기대이론의 이자율 + 유동성 프리미엄 = 3% + 0.3% = 3.3%

33 난이도 ★★★ 중요도 ★★

프리미엄 이론에 따르면, 2년 후 시점에서 형성될 1년 만기 국채이자율에 대한 시장의 예상치는 얼마인가?

[22. 군무원 7급]

	만기		
	1년	2년	3년
이자율	1%	2%	4%
유동성 프리미엄	0%	0%	2%

① 2% ② 3%
③ 4% ④ 5%

34 난이도 ★ 중요도 ★

효율적 시장가설(efficient market hypothesis)에 관한 설명으로 옳은 것을 모두 고른 것은?

[20. 노무사]

ㄱ. 주식가격은 매 시점마다 모든 관련 정보를 반영한다.
ㄴ. 주식가격은 랜덤워크(random walk)를 따른다.
ㄷ. 미래 주식가격의 변화에 대한 체계적인 예측이 가능하다.
ㄹ. 주식가격의 예측이 가능해도 가격조정은 이루어지지 않는다.

① ㄱ, ㄴ   ② ㄱ, ㄷ   ③ ㄴ, ㄷ
④ ㄴ, ㄹ   ⑤ ㄷ, ㄹ

정답 및 해설

33 ① 1) 원리

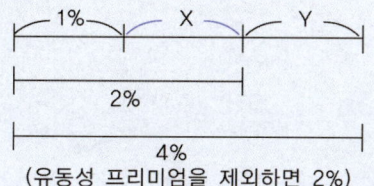
(유동성 프리미엄을 제외하면 2%)

2) 2년 만기 채권의 유동성 프리미엄이 0이므로 1년 후 1년 만기 채권의 이자율(X)을 구하면 $\frac{1+X}{2}=2$
→ X는 3%이다.

3) 3년 만기 채권의 유동성 프리미엄이 2%이므로 2년 만기 채권의 이자율은 2%이다. 2년 후 1년 만기 채권의 이자율(Y)을 구하면 $\frac{1+3+Y}{3}=2$ → $Y=2$%이다.

34 ① 1) 효율적 시장 가설은 자본시장의 가격이 이용가능한 정보를 충분히 즉각적으로 반영하고 있다는 가설이다.

2) 약형 EMH(weak-form EMH): 어떤 투자라도 가격이나 수익의 역사적 정보에 기초한 거래에 의하여 초과수익을 얻을 수 없다. 즉 과거의 주가 또는 수익률이 지닌 정보는 초과수익을 획득함에 있어 유용하거나 적절하지 못하다.

3) 준강형 EMH(semi strong-form EMH): 어떤 투자라도 공식적으로 이용 가능한 정보를 기초로 한 거래에 의하여 초과수익을 얻을 수 없다. 공식적으로 이용가능한 정보란 과거의 주가자료, 기업의 보고된 회계자료, 증권관계기관의 투자자료와 공시자료 등이다.

4) 강형 EMH(strong-form EMH): 어떤 투자라 할지라도 모든 이용 가능한 정보 - 공식적으로 이용가능하든 그렇지 않든(내부정보) - 를 사용함으로써 초과수익을 실현할 수 없다.

시장	반영정보	분석방법	정상이윤	초과이윤			정보비용
				과거정보	현재정보	미래정보	
약형	과거정보	기술적 분석	O	X	O	O	O
준강형	과거 + 현재	기본적 분석	O	X	X	O	O
강형	과거 + 현재 + 미래	분석 불필요	O	X	X	X	X

[오답체크]
ㄷ. 미래 주식가격의 변화에 대한 체계적인 예측이 불가능하다.
ㄹ. 주식가격의 예측이 가능해도 가격조정이 이루어질 수 있다.

35 효율적 시장 가설에 대한 설명으로 가장 적절한 것은? [12. 국가직 7급]

① 시장참가자에게 공개된 정보로 증권의 미래가격의 변동을 예측할 수 있다면 시장은 그 정보집합에 대해 효율적이다.
② 과거의 정보뿐 아니라 현재 이용 가능한 모든 공개정보도 즉각 주가에 반영된다면 강형 효율적 시장 가설이 성립한다.
③ 차익거래는 비합리적 투자자들에 의한 시장왜곡현상을 바로 잡는 역할을 한다.
④ 약형 효율적 시장 가설이 성립하면 준강형과 강형 효율적 시장 가설도 성립한다.

36 금융시장과 금융상품에 관한 서술 중 옳은 것을 〈보기〉에서 모두 고른 것은? [18. 서울시 7급]

〈보기〉
ㄱ. 효율시장 가설(efficient markets hypothesis)에 따르면 자산가격에는 이미 공개되어 있는 모든 정보가 반영되어 있다.
ㄴ. 주가와 같이 예측 불가능한 자산가격 변수가 시간이 흐름에 따라 나타나는 움직임을 임의보행(random walk)이라 한다.
ㄷ. 어떤 자산이 큰 손실 없이 재빨리 현금으로 전환될 수 있을 때 그 자산은 유동적이며, 그 반대의 경우는 비유동적이다.
ㄹ. 일정한 시점 혹은 기간 동안에 미리 정해진 가격으로 어떤 상품을 살 수 있는 권리를 풋옵션(put option)이라고 한다.

① ㄱ, ㄴ
② ㄱ, ㄴ, ㄷ
③ ㄱ, ㄷ, ㄹ
④ ㄱ, ㄴ, ㄷ, ㄹ

37 통화량의 증가를 가져오지 않는 것을 〈보기〉에서 모두 고르면?

난이도 ★★★ 중요도 ★★★★ [13. 국회직 8급]

〈보기〉
ㄱ. 재할인율의 인상
ㄴ. 중앙은행의 공채 매입
ㄷ. 중앙은행의 외환보유고 증가
ㄹ. 법정지불준비율의 인하
ㅁ. 신용카드 사용으로 인한 민간의 현금보유비율 감소

① ㄱ
② ㄱ, ㄴ
③ ㄴ, ㄷ, ㄹ
④ ㄱ, ㄴ, ㄷ, ㄹ
⑤ ㄴ, ㄷ, ㄹ, ㅁ

정답 및 해설

35 ③ [오답체크]
① 효율적 시장 가설(EMH; Efficient Market Hypothesis)은 정보효율성과 관련이 있는 것으로서 자본시장의 가격이 이용 가능한 정보를 충분히, 즉각적으로 반영하고 있어서 그러한 정보를 바탕으로 한 어떠한 거래도 초과수익을 얻지 못한다는 것이다. 공개된 정보로 증권의 미래가격의 변동을 예측할 수 있다면 시장은 그 정보집합에 대해 비효율적이다.
②④ 과거의 정보뿐 아니라 현재 이용 가능한 모든 공개정보도 즉각 주가에 반영된다면 준강형 효율적 시장 가설이 성립한다.

36 ② ㄱ. 효율시장 가설이란 자본시장의 가격이 이용가능한 정보를 충분히 즉각적으로 반영하고 있다는 가설이다. 즉 어떤 투자자라도 이용가능한 정보를 기초로 한 거래에 의해 초과 수익을 얻을 수 없다는 것이다. 이는 시장이 효율적이므로 자신이 가진 정보는 이미 주가에 반영되었고 따라서 투자자의 예측에 영향을 준 정보로 인한 가격 변화는 또 다시 발생하지 않을 것이기 때문이라는 것이다.
ㄴ. 랜덤워크 가설(Random Walk Hypothesis)은 현재의 주가는 과거의 주가나 추이에 영향을 받지 않고 매 시점마다 독립적으로 움직인다는 가설이다. 이 가설에 따르면 매 시점의 주가는 상호 독립적이고, 무작위적(random)으로 움직이기 때문에 과거의 주가 데이터를 바탕으로 미래의 주가를 예측하는 것은 불가능하다. 어디로 갈지 알 수 없는 주가 변동을 만취한 사람의 걸음걸이에 빗댄 표현이다.
ㄷ. 유동성(liquidity)이란 어떤 자산이 얼마나 가치 손실 없이 쉽게 현금화될 수 있는지의 정도를 말한다.
[오답체크]
ㄹ. 옵션(option)이란 미리 정해진 조건에 따라 일정 시점 혹은 일정 기간 내에 상품이나 유가증권 등의 특정자산을 사거나 팔 수 있는 권리를 말한다. 옵션에는 어떤 상품을 살 수 있는 권리인 콜옵션(call option)과 팔 수 있는 권리인 풋옵션(put option)이 있다.

37 ① ㄱ. 통화승수가 감소하므로 통화량 감소요인이다.
[오답체크]
ㄴ. 중앙은행의 공채 매입은 본원통화가 증가하므로 통화량이 증가한다.
ㄷ. 중앙은행의 외환보유고 증가는 달러를 원화로 바꾸어 주어야 하므로 통화량이 증가한다.
ㄹ. 법정지불준비율의 인하는 통화승수를 증가시키므로 통화량이 증가한다.
ㅁ. 신용카드 사용으로 인한 민간의 현금보유비율 감소는 통화승수를 증가시키므로 통화량이 증가한다.

STEP 2 감정평가사 기출문제

38 화폐에 관한 설명으로 옳은 것은? [21. 감정평가사]

난이도 ★★★ 중요도 ★

① 상품화폐의 내재적 가치는 변동하지 않는다.
② M2는 준화폐(near money)를 포함하지 않는다.
③ 명령화폐(fiat money)는 내재적 가치를 갖는 화폐이다.
④ 가치 저장수단의 역할로 소득과 지출의 발생시점을 분리시켜 준다.
⑤ 다른 용도로 활용될 수 있는 재화는 교환의 매개수단으로 활용될 수 없다.

39 본원통화에 관한 설명으로 옳지 않은 것은? [23. 감정평가사]

난이도 ★★ 중요도 ★★★

① 본원통화는 현금통화와 지급준비금의 합과 같다.
② 본원통화는 중앙은행의 화폐발행액과 은행의 중앙은행 지급준비예치금의 합과 같다.
③ 중앙은행 대차대조표상의 순대정부지출이 증가하면 본원통화는 증가한다.
④ 중앙은행의 대차대조표상의 순해외자산이 증가하면 본원통화는 증가한다.
⑤ 추가로 발행된 모든 화폐가 은행의 시재금으로 보관된다면 본원통화는 증가하지 않는다.

난이도 ★★ 중요도 ★★★

40 통화공급 과정에 관한 설명으로 옳은 것을 모두 고른 것은?   [19. 감정평가사]

> ㄱ. 100% 지급준비제도가 실행될 경우, 민간이 현금통화비율을 높이면 통화승수는 감소한다.
> ㄴ. 민간이 현금은 보유하지 않고 예금만 보유할 경우, 예금은행의 지급준비율이 높아지면 통화승수는 감소한다.
> ㄷ. 중앙은행이 민간이 보유한 국채를 매입하면 통화승수는 증가한다.

① ㄱ ② ㄴ ③ ㄱ, ㄴ
④ ㄱ, ㄷ ⑤ ㄴ, ㄷ

정답 및 해설

38 ④ 화폐는 가치 저장수단의 역할로 소득이 발생했을 때 저장하여 소득이 없을 때 사용할 수 있게 해주므로 소득과 지출의 발생시점을 분리시켜 준다.

[오답체크]
① 상품화폐의 내재적 가치는 변동한다.
② 준화폐는 화폐로의 전환이 매우 용이하여 사실상 화폐와 거의 비슷한 취급을 받는 자산을 말한다. 그래서 명칭이 니어 머니(near money)이며 저축예금계좌, 유가증권 등이 포함된다. M2는 M1에 예금취급기관의 각종 저축성예금, 시장성 금융상품, 실적배당형 금융상품, 금융채 및 거주자예금을 더한 것이다. 따라서 준화폐는 M2에 포함된다.
③ 명령화폐(fiat money)는 명목화폐이다. 명목화폐는 물건이 가진 실질적 가치와는 관계없이, 표시되어 있는 화폐 단위로 통용되는 화폐, 지폐, 은행권, 보조 화폐 따위를 의미하므로 내재적 가치를 가지고 있지 않은 화폐이다.
⑤ 다른 용도로 활용될 수 있는 재화는 교환의 매개수단으로 활용될 수 있다.

39 ⑤ 본원통화 = 현금통화 + 시중은행 지급준비금(= 시재금) + 중앙은행 예치금이므로 본원통화는 증가한다.

40 ② [오답체크]
ㄱ. 100% 지급준비제도가 실행될 경우, 지급준비율이 1이면 현금통화비율과 관련 없이 통화승수가 1이다.
ㄷ. 중앙은행이 민간이 보유한 국채를 매입하면 본원통화는 증가하나 통화승수는 변하지 않는다.

41 민간은 화폐를 현금과 요구불예금으로 각각 1/2씩 보유하고, 은행은 예금의 1/3을 지급준비금으로 보유한다. 통화공급을 150만큼 늘리기 위한 중앙은행의 본원통화 증가분은? (단, 통화량은 현금과 요구불예금의 합계이다)   [20. 감정평가사]

① 50 ② 100 ③ 150
④ 200 ⑤ 250

42 통화량(M)을 현금(C)과 요구불예금(D)의 합으로, 본원통화(B)를 현금(C)과 지급준비금(R)의 합으로 정의하자. 이 경우 현금보유비율(cr)은 C/D, 지급준비금 비율(rr)은 R/D로 나타낼 수 있다. 중앙은행이 본원통화를 공급할 때 민간은 현금 보유분을 제외하고는 모두 은행에 예금하며, 은행은 수취한 예금 중 지급준비금을 제외하고는 모두 대출한다고 가정한다. cr이 0.2, rr이 0.1이면 통화승수의 크기는?   [16. 감정평가사]

① 1.5 ② 2.0 ③ 3.7
④ 4.0 ⑤ 5.3

43 난이도 ★★★ 중요도 ★★★

모든 사람들이 화폐(M2)를 현금 25%, 요구불예금 25%, 저축성예금 50%로 나누어 보유하고, 은행의 지급준비율은 요구불예금과 저축성예금에 대하여 동일하게 10%라고 할 때, M2 통화승수는? (단, 소수점 둘째 자리에서 반올림하여 소수점 첫째 자리까지 구한다.)

[24. 감정평가사]

① 2.5　　　　② 2.8　　　　③ 3.1
④ 3.6　　　　⑤ 4.5

정답 및 해설

41 ② 1) 통화승수 = $\dfrac{k+1}{k+z}$

2) k(현금예금비율) = 1, z(지급준비율) = $\dfrac{1}{3}$

3) 통화량 증가분 = 통화승수 × 본원통화 증가분

4) $150 = 1.5 \left(= \dfrac{1+1}{1+\dfrac{1}{3}}\right)$ × 본원통화 증가분 → 본원통화 증가분 = 100

42 ④ 1) 통화승수 $\dfrac{k+1}{k+z}$ (k = 현금예금비율)

2) $\dfrac{0.2+1}{0.2+0.1} = 4$이다. 따라서 통화승수는 4이다.

43 ③ 1) 현금예금비율 k를 이용하여 승수를 구하면 $\dfrac{k+1}{k+z}$ 이다.

2) 현금예금비율은 $\dfrac{C}{D} = \dfrac{0.25}{0.25+0.5} = \dfrac{1}{3}$ 이다.

3) 주어진 조건에 대입하면 $\dfrac{\dfrac{1}{3}+1}{\dfrac{1}{3}+0.1} = \dfrac{\dfrac{4}{3}}{\dfrac{13}{30}} = \dfrac{40}{13} = 3.076\cdots$ 이므로 약 3.1이다.

Topic 18 화폐수요

01 고전학파의 화폐수요이론

고전적 화폐수량설	(1) 교환 방정식 ① 개념: 교환 방정식에서 통화의 유통속도 V가 일정하여 통화량 M이 변화할 경우 이에 비례하여 명목국민소득이 변화한다는 것 ② $MV = PY$ ③ 화폐의 수요: 거래를 성사시키기 위해서는 명목 국민소득의 일정 비율만큼의 화폐가 필요함. 교환의 매개 수단으로서의 화폐의 기능 중시 (2) ㉮
현금잔고 방정식	(1) $M = kPY$ (k: 마샬의 k) (2) 가치의 저장 기능 중시: 사람들은 금융 자산의 일부를 전부 채권으로 보유하지 않고 일부를 현금으로 보유함

02 케인즈의 화폐수요이론

케인즈의 화폐수요	(1) 유동성 선호설(theory of liquidity preference) ① 유동성: 일반적으로 어떤 자산이 그 가치의 손실없이 얼마나 빨리 교환의 매개 수단으로 교환될 수 있는가 하는 정도. 모든 종류의 자산 중 화폐가 유동성이 가장 큼 ② 케인즈는 유동성을 화폐 자체로 보아 화폐수요를 유동성 선호라고 표현함 ③ 케인즈는 유동성 선호의 동기를 거래적 동기, 예비적 동기, 투기적 동기로 구분함 (2) 화폐수요의 동기 ① 거래적 동기: 일상적인 지출을 위한 화폐수요. 소득의 증가함수 ② 예비적 동기: 예상하지 못한 지출에 대비하기 위한 화폐수요. 소득의 증가함수 ③ ㉯_____ 동기: 장래 수입을 극대화하기 위한 화폐수요. 케인즈의 화폐수요이론에서 가장 중요. 이자율의 감소함수

핵심키워드
㉮ 통화공급 증가율 + 유통속도 증가율 = 물가상승률 + 경제성장률, ㉯ 투기적

케인즈의 화폐수요	(3) 투기적 동기의 화폐수요 ① 사람들이 일상생활에 필요하기 때문에 보유하는 화폐를 활성잔고(active balance)라 하고, 활성잔고 이외에 더 보유하고 있는 화폐를 유휴잔고(idle balance)라 함. 케인즈는 채권 투자를 위한 기회를 노려 유휴잔고를 보유한다고 봄 ② 채권가격이 높으면 낮아지기를 기다려 일시적으로 화폐를 소유하게 되는데, 이것이 투기적 동기에 의한 화폐수요임 ③ 이자율 상승 ➡ 채권가격 하락(채권 수익률 상승) ➡ 채권수요 증대 ➡ 현금수요 감소 ④ 이자율 하락 ➡ 채권가격 상승(채권 수익률 하락) ➡ 채권수요 감소 ➡ 현금수요 증대 (4) ㉮_____(liquidity trap) ① 이자율이 매우 낮은 수준(채권가격이 매우 높은 수준)이 되면 개인들은 이자율 상승 채권가격 하락)을 예상하여 화폐수요를 무한히 증대시키게 된다. 이때에는 개인들의 화폐수요곡선이 수평선이 되는 구간(화폐수요의 ㉯_____이 무한대)이 도출되는데 이를 유동성 함정이라 함 ② 유동성 함정은 대체로 경기가 극심한 침체 상태일 때 발생 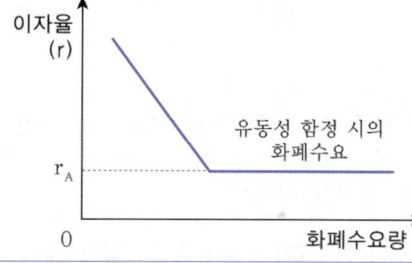

핵심키워드

㉮ 유동성 함정, ㉯ 이자탄력성

03 케인즈 학파의 화폐수요이론

Baumol의 재고이론	(1) 화폐로 교환할때의 거래비용: $\frac{PY}{M} \times Pb = \frac{P^2Y}{M}b$로 표현할 수 있음 (2) 화폐보유의 기회비용: 평균적으로 $\frac{M}{2}$을 보유하므로 포기한 이자비용은 $\frac{M}{2}$임 (3) 화폐수요함수의 도출 ① 화폐보유의 총비용은 감소하다가 증가하는 패턴을 보이므로 최소화하는 M을 구하기 위해서 M으로 미분하여 구함 ② $M^* = P\sqrt{\frac{2bY}{r}}$ 여기서 평균화폐보유액은 $\frac{M}{2} = M^D = P\sqrt{\frac{bY}{2r}}$ 가 도출됨
Tobin의 자산선택이론	(1) 대체효과 > 소득효과: 이자율 상승 ➔ ㉮_____ ➔ 화폐(현금)보유 감소 (2) 대체효과 < 소득효과: 이자율 상승 ➔ 채권보유 감소 ➔ 화폐(현금)보유 증가 (3) 결론: 이자율이 상승 시 대체효과가 소득효과보다 크면 투기적 화폐수요는 이자율의 ㉯_____ 이지만 대체효과가 소득효과보다 작다면 증가함수가 됨

04 신화폐수량설

개념	프리드만이 고전학파의 화폐수량설을 발전시킨 이론으로, 화폐를 일종의 상품이나 자산으로 취급하여 화폐의 수요를 예산제약에 의한 효용극대화원리나 이윤극대화원리에 의해 결정된다는 일종의 자산선택이론
화폐수요함수	(1) 화폐보유자에게 중요한 것은 실질화폐량($\frac{M^D}{P}$)임 (2) $\frac{M^D}{P} = f(Y_P,\ r,\ \pi^e)$ (3) 항상소득의 화폐수요의 탄력성을 1이라(항상소득의 변화율만큼 화폐수요가 변한다) 가정하면 $\frac{M^D}{P} = k(r,\ \pi^e)Y_P = \frac{1}{V(r,\ \pi^e)}Y_P$임

> **핵심키워드**
> ㉮ 채권보유 증가, ㉯ 감소함수

STEP 1 타시험 기출문제

01 난이도 ★ 중요도 ★★★

정책당국이 내년의 경제성장률은 7%, 화폐유통속도는 1.5% 수준으로 예상하고 있다고 가정한다. 급격한 물가 상승을 우려한 정책당국이 내년 물가상승률을 3%로 억제하기 위한 내년도의 적정 통화성장률은?   [11. 국가직 7급]

① 6.5% ② 7.5%
③ 8.5% ④ 9.5%

02 난이도 ★ 중요도 ★★★

甲국의 중앙은행은 다음 해 실질경제성장률과 물가상승률 목표를 각각 4%와 3%로 두고 있다. 甲국의 화폐유통속도 증가율이 다음 해에도 2%가 될 것으로 예상된다. 화폐수량설에 기초할 때 甲국의 다음 해 적정 통화성장률은?   [21. 지방직 7급]

① 3% ② 4%
③ 5% ④ 6%

정답 및 해설

01 ③ 1) 통화량 변화율 + 유통속도의 변화율 = 물가상승률 + 경제성장률
    2) 통화량 변화율 + 1.5% = 3% + 7% ➜ 통화량 변화율은 8.5%이다.

02 ③ 1) 화폐수량설에 따르면 통화량 변화율 + 유통속도 변화율 = 물가상승률 + 실질경제성장률이다.
    2) 통화량 변화율 + 2% = 3% + 4% ➜ 통화량변화율은 5%이다.

03 A국의 경제에서 화폐유통속도가 일정하고 실질GDP가 매년 3% 증가한다. 수량방정식 (quantity equation)이 성립한다고 가정할 때 옳지 않은 것은? [11. 지방직 7급]

① 통화량을 3% 증가시키면 물가는 현재 수준으로 유지된다.
② 통화량을 현재 수준으로 고정시킨다면 물가는 3% 하락하게 된다.
③ 통화량을 현재 수준으로 고정시킨다면 명목GDP 증가율은 3%가 될 것이다.
④ 통화량을 6% 증가시키면 명목GDP 증가율은 실질GDP 증가율의 2배가 된다.

04 다음은 전통적 화폐수량설에 관한 문제이다. A국은 우유와 빵만을 생산하며 그 생산량과 가격은 아래 표와 같다. 2010년도의 통화량이 20억원이면 2011년도의 통화량은? (단, 통화의 유통속도는 2010년도와 2011년도에 동일하다) [12. 국가직 7급]

연도	우유		빵	
	가격(원/병)	생산량(백만병)	가격(원/병)	생산량(백만개)
2010년	250	40	200	10
2011년	300	40	400	15

① 20억원
② 25억원
③ 30억원
④ 35억원

난이도 ★★★★ 중요도 ★★

05 甲국의 실질화폐수요함수와 경제 조건이 다음과 같다. 국민소득이 1,000, 명목화폐공급이 100, 명목화폐공급 증가율이 1 %일 때, 화폐시장의 균형물가와 균형명목이자율(%)을 바르게 연결한 것은? (단, M^d는 명목화폐수요, P는 물가, Y는 국민소득, i는 균형 명목이자율이다)

[23. 국가직 7급]

- 실질화폐수요함수: $\dfrac{M^d}{P} = 0.6Y - 100i$
- 실질이자율은 3 %에 고정되어 있다.
- 기대인플레이션은 명목화폐공급 증가율과 일치한다.
- 피셔 방정식이 성립한다.

	균형물가	균형명목이자율
①	0.5	3
②	0.5	4
③	1	3
④	1	4

정답 및 해설

03 ③ 수량(교환)방정식은 $MV = PY$이다. 이때 M은 통화량, V는 화폐유통속도, PY는 명목GDP, Y는 실질GDP이다. 이때 화폐유통속도가 일정하고 실질GDP가 매년 3% 증가할 경우 통화량을 현재수준으로 고정시킨다면 명목GDP 증가율은 3% 하락한다.

04 ③ 1) 화폐수량설은 $MV = PY$이다.
2) 2010년: 20억원 × V = 250 × 0.4억원 + 200 × 0.1억원 ➔ $V = 6$이다.
3) 2011년: $M × 6 = 300 × 0.4억원 + 400 × 0.15억원$ ➔ $M = 30$억원이다.

05 ② 1) 피셔방정식이 성립하므로 명목이자율 − 물가상승률(1%) = 실질이자율(3%)이다. 따라서 명목이자율은 4%이다.
2) 화폐시장의 균형은 $\dfrac{M^s}{P} = \dfrac{M^d}{P}$ ➔ $\dfrac{100}{P} = 0.6 × 1,000 - 100 × 4$ ➔ $100 = 200P$ ➔ $P = 0.5$

난이도 ★   중요도 ★★

06 화폐수요에 대한 설명으로 옳은 것은?   [15. 지방직 7급]

① 신용카드가 널리 보급되면 화폐수요가 감소한다.
② 경기가 좋아지면 화폐수요가 감소한다.
③ 이자율이 증가하면 화폐수요가 증가한다.
④ 경제 내의 불확실성이 커지면 화폐수요가 감소한다.

난이도 ★★★   중요도 ★

07 다음은 3인($i=1,2,3$)만이 존재하는 경제의 화폐수요를 나타낸다. 경제전체의 마샬 k는?

[18. 보험계리사]

- 개인 i의 화폐수요: $M_i^d = k_i Y_i$
  (단, M_i^d, Y_i, k_i는 각각 개인 i의 화폐수요, 소득, 마샬 k)
- 경제전체의 화폐수요: $M^d = kY$
  (단, M^d, Y, k는 각각 경제전체의 화폐수요, 소득, 마샬 k)
- $Y_1 = 20$, $Y_2 = 40$, $Y_3 = 60$
- $k_1 = 0.4$, $k_2 = 0.4$, $k_3 = 0.2$

① 0.30   ② 0.33
③ 0.36   ④ 0.39

08 (ㄱ)~(ㄹ)에 들어갈 말로 알맞은 것은?

난이도 ★★ 중요도 ★★★ [14. 지방직 7급]

> 케인즈는 화폐수요를 거래적 동기, 예비적 동기 그리고 투기적 동기로 분류하면서 거래적 동기 및 예비적 동기는 (ㄱ)에 의존하고, 투기적 동기는 (ㄴ)에 의존한다고 주장했다. 특히 (ㄴ)이 낮을 때 채권가격이 (ㄷ), 투자자의 채권 투자 의욕이 낮은 상황에서 투기적 동기에 따른 화폐 수요가 (ㄹ)고 하였다.

	ㄱ	ㄴ	ㄷ	ㄹ
①	소득	이자율	높고	작다
②	소득	이자율	높고	크다
③	이자율	소득	높고	크다
④	이자율	소득	낮고	작다

정답 및 해설

06 ① 신용카드가 널리 보급되면 화폐를 보유할 필요성이 적어지므로 화폐수요가 감소한다.

[오답체크]
② 경기가 좋아지면 사람들의 지출이 늘어나므로 화폐수요가 증가한다.
③ 이자율이 상승하면 화폐보유의 기회비용이 상승하므로 화폐수요가 감소한다.
④ 경제의 불확실성이 커지면 사람들은 이에 대비하기 위해 화폐수요를 늘리므로 화폐수요가 증가한다.

07 ① 1) 개인의 화폐수요는 각각 $20 \times 0.4 = 8$, $40 \times 0.4 = 16$, $60 \times 0.2 = 12$로 총 36이다.

2) 총소득은 120이고 이 중 36을 보유하고 있으므로 $\frac{36}{120} = 0.3$이다. 따라서 마샬의 $k = 0.3$이다.

08 ② 1) 케인즈에 의하면 거래적 동기 및 예비적 동기의 화폐수요는 소득에 비례하나 투기적 동기의 화폐수요는 이자율에 반비례한다.

2) 이자율과 채권가격은 역의 관계에 있으므로 이자율이 낮을 때는 채권가격이 높아 채권가격이 하락할 가능성이 크다.

09 화폐수요에 대한 설명으로 옳지 않은 것은? [12. 국가직 7급]

① 화폐는 다른 금융자산에 비해 교환수단으로는 우등(superior)하나, 가치저장수단으로는 열등(inferior)하다.
② 보몰-토빈(Baumol-Tobin)의 거래적 화폐수요이론에 따르면 다른 조건이 일정할 때 소득이 2배 증가하면 화폐수요는 2배보다 더 많이 증가한다.
③ 프리드만(M. Friedman)의 화폐수요모델은 케인즈(J. M. Keynes)의 화폐수요모델에 비해 화폐유통속도가 안정적인 것을 전제한다.
④ 피셔(I. Fisher)의 거래수량설에서 강조된 것은 화폐의 교환수단 기능이다.

10 보몰-토빈(Baumol-Tobin)의 거래적 화폐수요이론에 대한 설명으로 가장 옳지 않은 것은?
[19. 서울시 7급]

① 거래적 화폐수요는 이자율의 감소함수이다.
② 거래적 화폐수요는 소득의 증가함수이다.
③ 화폐를 인출할 때 발생하는 거래비용이 증가하면 거래적 화폐수요는 증가한다.
④ 거래적 화폐수요의 소득탄력성은 1이다.

난이도 ★ 중요도 ★★★

11 유동성 함정에 대한 설명으로 옳지 않은 것은?   [12. 지방직 7급]

① 화폐수요의 이자율탄력성이 무한대가 되는 영역을 가리킨다.
② 통화정책보다는 재정정책이 효과가 더 크다.
③ 화폐를 그대로 보유하는 것보다는 채권을 매입하는 것이 낫다.
④ 정부지출 증가로 인한 구축효과는 일어나지 않는다.

정답 및 해설

09 ② 1) 보몰-토빈의 거래적 동기의 화폐수요이론인 재고이론은 케인즈의 거래적 동기의 화폐수요이론이 발전된 이론으로 화폐수요는 $\frac{M}{2} = M^D = P\sqrt{\frac{bY}{2r}}$ 이다.

2) 따라서, 화폐 수요는 소득, 물가, 거래비용 등에는 비례하고 이자율에는 반비례하므로 소득이 2배 증가하면 화폐수요는 2배 이하로 증가한다.

[오답체크]
① 화폐자산은 교환수단으로는 뛰어나 가치저장수단으로는 열등한 자산이다.
③ 프리드만의 신화폐수량설에서는 케인즈의 화폐수요이론에 비하여 화폐유통속도 혹은 화폐수요가 안정적이기 때문에 금융정책의 효과가 강력하다고 한다.
④ 피셔의 교환방정식은 화폐의 가치저장기능을 강조하는 화폐수요이론이 아니라 통화량이 증가하면 수요가 증가하고 그로 인해 물가가 정비례로 증가한다고 하면서 화폐의 교환수단으로서의 기능을 강조한다.

10 ④ 보몰-토빈의 거래적 화폐수요이론의 화폐수요함수는 $M^d = P\sqrt{\frac{bY}{2r}}$ 이다.

화폐수요함수를 다시 정리하면 $M^d = P\sqrt{\frac{bY}{2r}} = \frac{1}{\sqrt{2}} P b^{\frac{1}{2}} Y^{\frac{1}{2}} r^{-\frac{1}{2}}$ 이므로 화폐수요의 소득탄력성은 $\frac{1}{2}$, 이자율탄력성은 $-\frac{1}{2}$ 임을 알 수 있다.

[오답체크]
① 이자율이 상승하면 화폐수요가 감소한다.
② 소득이 증가하면 거래적 화폐수요가 증가한다.
③ 화폐를 인출할 때 발생하는 거래비용(b)이 증가하면 화폐수요가 증가한다.

11 ③ 1) 유동성 함정 구간에서는 확대금융정책을 실시하더라도 이자율이 하락하지 않기 때문에 금융정책의 정책효과가 사라진다. 반면 재정정책을 실시하더라도 구축효과가 발생하지 않으므로 재정정책의 효과가 크다.

2) 유동성 함정(liquidity trap)이란 이자율이 최저수준으로 떨어지면 채권가격이 최고로 높아 모든 채권을 매각하여 투기적 화폐수요가 최대가 되는 구간을 말한다. 최저 이자율수준에서 투기적 화폐수요곡선은 수평선이 되고, 투기적 화폐수요가 이자율에 무한탄력적이 된다.

12 다음 문장에서 괄호 안에 들어갈 말로 가장 적절한 것은? [23. 군무원 7급]

> 정부가 투자유인 증진 정책을 실시하면 대부자금의 (ㄱ) 곡선을 이동시키며, 저축유인 증대 정책을 시행하면 대부자금의 (ㄴ) 곡선이 이동하며, 재정적자가 증가하면 대부자금의 (ㄷ) 곡선이 이동한다.

	ㄱ	ㄴ	ㄷ
①	수요	공급	공급
②	수요	수요	공급
③	공급	수요	수요
④	공급	공급	수요

13 소비는 가처분소득과 실질이자율의 함수이며, 투자는 실질이자율의 함수이다. 생산, 정부지출, 조세는 외생적으로 주어지는 것으로 가정한다. 아래 그림과 같은 폐쇄경제하에서, 고전학파의 대부자금시장에 대한 설명 중 가장 옳은 것은? [22. 군무원 7급]

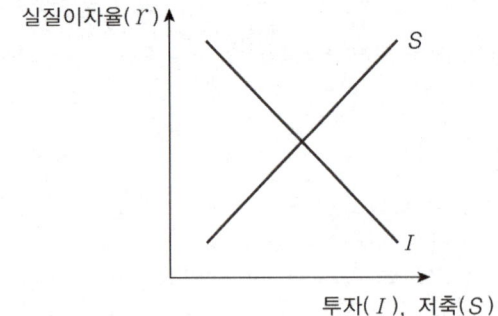

① 생산량의 외생적 증가는 균형실질이자율을 상승시킨다.
② 정부의 증세정책으로 인한 조세의 외생적 증가는 균형실질이자율을 상승시킨다.
③ 정부의 재정사업으로 인한 정부지출의 외생적 증가는 균형투자량을 감소시킨다.
④ 기업가정신 개선에 따른 투자의 외생적(또는 독립적) 증가는 균형저축량을 감소시킨다.

14 조세법이 대부자금(loanable funds)의 공급을 증가시키는 방향으로 개정되었다고 가정할 때, 이러한 법 개정이 대부자금 균형거래량 수준에 가장 큰 영향을 미칠 수 있는 상황은?

[13. 서울시 7급]

① 대부자금수요곡선이 매우 탄력적이며, 대부자금공급곡선이 매우 비탄력적인 경우
② 대부자금수요곡선이 매우 비탄력적이며, 대부자금공급곡선이 매우 탄력적인 경우
③ 대부자금수요곡선과 공급곡선 모두 매우 탄력적인 경우
④ 대부자금수요곡선과 공급곡선 모두 매우 비탄력적인 경우
⑤ 정답 없음

정답 및 해설

12 ① 1) 투자는 대부자금의 수요
  2) 민간저축은 대부자금의 공급
  3) 재정적자는 정부저축이므로 대부자금의 공급이다.

13 ③ $S_G = T - G$이다. 정부의 재정사업으로 인한 정부지출의 외생적 증가는 정부저축을 감소시켜 대부자금의 공급을 감소시킨다. 이로 인해 이자율이 상승하여 균형투자량을 감소시킨다.

[오답체크]
① $S_P = Y - C - T$이다. 생산량이 증가하면 대부자금의 공급이 증가한다. 이로 인해 이자율은 하락한다.
② $S_G = T - G$이다. 정부의 증세정책으로 인한 조세의 외생적 증가는 정부저축을 증가시켜 대부자금의 공급을 증가시킨다. 이로 인해 이자율은 하락한다.
④ 기업가정신 개선에 따른 투자의 외생적(또는 독립적) 증가는 대부자금의 수요곡선을 우측으로 이동시켜 균형저축량을 증가시킨다.

14 ① 1) 저축에 대한 비과세 도입과 같은 대부자금의 공급을 증가시키는 방향으로 세법이 개정되면 대부자금의 공급곡선이 오른쪽으로 이동한다.
  2) 대부자금의 공급곡선이 오른쪽으로 이동할 경우 대부자금의 공급곡선이 매우 비탄력적이고 대부자금의 수요곡선이 매우 탄력적일 때 대부자금의 균형거래량이 가장 크게 증가한다.

15 어떤 경제의 국내저축(S), 투자(I), 그리고 순자본유입(KI)이 다음과 같다고 한다. 아래 조건에서 대부자금시장의 균형이자율(r)은 얼마인가?
[15. 노무사]

- $S = 1,400 + 2,000r$
- $I = 1,800 - 4,000r$
- $KI = -200 + 6,000r$

① 2.0%   ② 4.25%   ③ 5.0%
④ 6.5%   ⑤ 8.25%

16 폐쇄경제 균형국민소득은 $Y = C + I + G$이고 다른 조건이 일정할 때, 재정적자가 대부자금시장에 미치는 효과로 옳은 것은? (단, 총투자곡선은 우하향, 총저축곡선은 우상향, Y: 균형국민소득, C: 소비, I: 투자, G: 정부지출이다)
[21. 노무사]

① 대부자금공급량은 감소한다.
② 이자율은 하락한다.
③ 공공저축은 증가한다.
④ 저축곡선은 오른쪽 방향으로 이동한다.
⑤ 투자곡선은 왼쪽 방향으로 이동한다.

17 난이도 ★★★ 중요도 ★★

한 국가의 명목GDP는 1,650조원이고, 통화량은 2,500조원이라고 하자. 이 국가의 물가수준은 2% 상승하고, 실질GDP는 3% 증가할 경우에 적정 통화공급 증가율은 얼마인가? (단, 유통속도 변화 $\Delta V = 0.0033$ 이다)

[18. 국회직 8급]

① 2.5% ② 3.0% ③ 3.5%
④ 4.0% ⑤ 4.5%

정답 및 해설

15 ③   1) 저축과 순자본유입은 국내 대부자금시장에서 대부자금의 공급이다. 따라서 대부자금의 공급곡선은 $S + KI = 1,200 + 8,000r$ 이다.
2) 투자는 대부자금의 수요이므로 대부자금 수요곡선은 $I = 1,800 - 4,000r$ 이다.
3) 균형이자율을 구하기 위해 $S + KI = I$로 두면 $1,200 + 8,000r = 1,800 - 4,000r$ ➔ $12,000r = 600$이 므로 $r = 0.05$이다.

16 ①   1) 대부자금의 공급은 저축이다.
2) 재정적자가 발생하면 정부저축이 감소하므로 대부자금의 공급이 감소한다.
3) 대부자금의 공급이 감소하면 이자율이 상승하고 대부자금거래량은 감소한다.
4) 지문분석
① 저축은 민간저축 + 정부저축으로 이루어지는데 정부저축이 감소하므로 대부자금공급량은 감소한다.

[오답체크]
② 이자율은 상승한다.
③ 공공저축은 감소한다.
④ 저축곡선은 왼쪽 방향으로 이동한다.
⑤ 투자곡선은 변화가 없다.

17 ⑤   1) 화폐수량설은 $MV = PY$이다.
2) 주어진 조건을 대입하면 PY가 명목GDP, M이 2,500이므로 $V = 1,650/2,500 = 0.66$이다.
3) V변화율 $= \Delta V / V = 0.0033/0.66 = 1/200 = 0.5\%$이다.
4) M변화율 + V변화율 = P변화율 + Y변화율이므로 M변화율 = 2% + 3% - 0.5% = 4.5%이다.

18 화폐수량방정식에 따른 화폐수량설에 대한 설명으로 옳지 않은 것은? [16. 국회직 8급]

① 산출량은 생산요소의 공급량과 생산기술에 의해 결정된다.
② 중앙은행이 통화량을 증가시키면 산출량의 명목가치는 비례적으로 증가한다.
③ 통화량의 증가는 산출량에 영향을 미치지 않는다.
④ 통화량이 증가하면 화폐의 유통속도는 증가한다.
⑤ 통화량을 급속히 증가시키면 인플레이션율은 높아진다.

19 다음 글에 따를 때 이 경제의 2010년 화폐의 유통속도와 2019년 통화량으로 옳은 것은?
[19. 국회직 8급]

- 이 경제는 폐쇄경제이며, 화폐수량설을 따른다.
- 이 경제는 단일 재화인 빵을 생산한다.
- 2010년 빵의 가격은 개당 1, 생산량은 100이며 통화량은 5이다.
- 2019년 빵의 생산량은 2010년 대비 50% 증가하였고 화폐의 유통속도는 절반으로 줄어들었으며 빵의 가격은 변함이 없다.

① 10, 10   ② 10, 30   ③ 15, 15
④ 20, 15   ⑤ 20, 30

20 보몰(W. Baumol)의 거래적 화폐수요이론에 대한 설명으로 옳지 않은 것을 <보기>에서 모두 고르면?

[16. 국회직 8급]

<보기>
ㄱ. 거래적 화폐수요는 이자율의 감소함수이다.
ㄴ. 한 번에 인출하는 금액이 커지면 거래비용이 증가한다.
ㄷ. 화폐수요에 있어서 규모의 불경제가 존재한다.
ㄹ. 거래비용이 증가하면 화폐수요는 증가한다.
ㅁ. 한 번에 인출하는 금액이 커지면 화폐수요도 커진다.

① ㄱ, ㄴ   ② ㄴ, ㄷ   ③ ㄴ, ㄹ
④ ㄹ, ㅁ   ⑤ ㄴ, ㄷ, ㅁ

정답 및 해설

18 ④ 1) 화폐수량설은 $MV = PY$이다.
2) 통화량의 변화와 유통속도는 관계가 없으므로 "통화량이 증가하면 화폐의 유통속도는 증가한다."는 설명은 옳지 않다.

19 ④ 1) 화폐수량설은 $MV = PY$이다.
2) 2010년: $5 \cdot V = 1 \cdot 100$ ➜ $V = 20$이다.
3) 2019년: $M \cdot 10 = 1 \cdot 150$ ➜ $M = 15$이다.

20 ② 1) 케인즈의 거래적 동기의 화폐수요이론이 발전된 이론으로 화폐수요는 $\frac{M}{2} = M^D = P\sqrt{\frac{bY}{2r}}$ 이다.
2) 소득의 제곱근에 비례하는 증가함수이다.
3) 이자율의 감소함수이다.
4) 거래비용(b)의 증가함수이다.
5) 물가가 상승하면 명목화폐수요도 증가한다.

[오답체크]
ㄴ. 한 번에 인출하는 금액이 적으면 자주 거래가 이루어지므로 거래비용이 증가한다.
ㄷ. 화폐수요에 있어서 제곱근에 비례하므로 소득이 4배 증가하면 화폐수요는 2배 증가한다. 따라서 규모의 경제가 존재한다.

STEP 2 감정평가사 기출문제

21 화폐수요에 관한 설명으로 옳은 것은? [21. 감정평가사]

① 이자율이 상승하면 현금통화 수요량이 감소한다.
② 물가가 상승하면 거래적 동기의 현금통화 수요는 감소한다.
③ 요구불예금 수요가 증가하면 M1 수요는 감소한다.
④ 실질 국내총생산이 증가하면 M1 수요는 감소한다.
⑤ 신용카드 보급기술이 발전하면 현금통화 수요가 증가한다.

22 화폐의 중립성이 성립하면 발생하는 현상으로 옳은 것은? [21. 감정평가사]

① 장기적으로는 고전적 이분법을 적용할 수 없다.
② 통화정책은 장기적으로 실업률에 영향을 줄 수 없다.
③ 통화정책은 장기적으로 실질 경제성장률을 제고할 수 있다.
④ 통화정책으로 물가지수를 관리할 수 없다.
⑤ 중앙은행은 국채매입을 통해 실질이자율을 낮출 수 있다.

23 어느 경제에서 1년 동안 쌀만 100kg 생산되어 거래되었다고 하자. 쌀 가격은 1kg당 2만원이고 공급된 화폐량은 50만원이다. 이 경우 화폐의 유통속도는 얼마인가? (단, 화폐수량설이 성립한다) [19. 감정평가사]

① 1 ② 2 ③ 3
④ 4 ⑤ 5

난이도 ★★★★　중요도 ★★

24 수량방정식($MV = PV$)과 피셔효과가 성립하는 폐쇄경제에서 화폐유통속도(V)가 일정하고, 인플레이션율이 2%, 통화증가율이 5%, 명목이자율이 6%라고 할 때, 다음 중 옳은 것을 모두 고른 것은? (단, M은 통화량, P는 물가, Y는 실질소득이다)

[18. 감정평가사]

〈보기〉
ㄱ. 실질이자율은 4%이다.
ㄴ. 실질경제성장률은 4%이다.
ㄷ. 명목경제성장률은 5%이다.

① ㄱ　　　　② ㄴ　　　　③ ㄱ, ㄷ
④ ㄴ, ㄷ　　　⑤ ㄱ, ㄴ, ㄷ

정답 및 해설

21 ① 이자율이 상승하면 화폐보유의 기회비용이 증가하므로 현금통화 수요량이 감소한다.

[오답체크]
② 물가가 상승하면 더 많은 화폐를 가지고 있어야 거래가 가능하므로 거래적 동기의 현금통화 수요는 증가한다.
③ 요구불예금은 M1에 포함된다.
④ 실질 국내총생산이 증가하면 소득이 증가하므로 M1 수요가 증가할 수 있다.
⑤ 신용카드 보급기술이 발전하면 현금을 보유할 이유가 없으므로 현금통화 수요가 감소한다.

22 ② 1) 화폐의 중립성은 통화량은 실물변수에 영향을 줄 수 없다는 것을 의미한다.
　　2) 지문분석
　　　　② 재정정책, 통화정책 모두 장기적으로 자연산출량을 생산하므로 실업률에 영향을 줄 수 없다.

[오답체크]
　　① 장기적으로는 고전적 이분법을 적용할 수 있다.
　　③ 통화정책은 장기적으로 실질 경제성장률을 제고할 수 없다.
　　④ 화폐의 중립성은 통화량이 물가에만 영향을 미치므로 통화정책으로 물가지수를 관리할 수 있다.
　　⑤ 화폐의 중립성이 성립하면 실질변수에 영향을 주지 않으므로 실질이자율을 낮출 수 없다.

23 ④ 1) 화폐수량설은 $MV = PY$이다.
　　2) 50만원 × 유통속도 = 2만원 × 100 ➔ 유통속도는 4이다.

24 ③ $MV = PY$에서 변화율로 바꾸면 통화량의 변화율 + 유통속도의 변화율 = 물가상승률 + 경제성장률(= 실질소득 증가율)이다.
　　ㄱ. 명목이자율 − 물가상승률 = 실질이자율이므로 6% − 2% = 4%이다.
　　ㄷ. 명목경제성장률은 물가상승률 + 실질경제성장률이므로 5%이다.

[오답체크]
　　ㄴ. 5% + 0% = 2% + 실질경제성장률이므로 실질경제성장률은 3%이다.

25 난이도 ★★★★ 중요도 ★★

화폐수요함수는 $\frac{M^d}{P} = \frac{Y}{5i}$ 이다. 다음 중 옳은 것을 모두 고른 것은? (단, $\frac{M^d}{P}$ 는 실질화폐잔고, i는 명목이자율, Y는 실질생산량, P는 물가이다) [17. 감정평가사]

> ㄱ. 명목이자율이 일정하면, 실질생산량이 $k\%$ 증가할 경우 실질화폐잔고도 $k\%$ 증가한다.
> ㄴ. 화폐유통속도는 $\frac{5i}{Y}$ 이다.
> ㄷ. 명목이자율이 일정하면 화폐유통속도는 일정하다.
> ㄹ. 실질생산량이 증가하면 화폐유통속도는 감소한다.

① ㄱ, ㄴ ② ㄱ, ㄷ ③ ㄴ, ㄷ
④ ㄴ, ㄹ ⑤ ㄷ, ㄹ

26 난이도 ★ 중요도 ★★★

폐쇄경제에서 국내총생산이 소비, 투자 그리고 정부지출의 합으로 정의된 항등식이 성립할 때, 국내총생산과 대부자금시장에 관한 설명으로 옳지 않은 것은? [21. 감정평가사]

① 총저축은 투자와 같다.
② 민간저축이 증가하면 투자가 증가한다.
③ 총저축은 민간저축과 정부저축의 합이다.
④ 민간저축이 증가하면 이자율이 하락하여 정부저축이 증가한다.
⑤ 정부저축이 감소하면 대부자금시장에서 이자율은 상승한다.

난이도 ★★   중요도 ★★★

27 화폐수요함수가 아래와 같이 주어진 경제에서 명목 GDP가 1,000이고 명목이자율(i)이 0.04일 때, 화폐의 유통속도는? (단, M은 통화량, P는 물가, Y는 실질 GDP)

[25. 감정평가사]

- 화폐수요함수: $\dfrac{M}{P} = 0.2\, Y/i$

① 0.2   ② 0.3   ③ 0.4
④ 0.5   ⑤ 0.6

정답 및 해설

25 ② ㄱ. 명목이자율이 일정하면, $\dfrac{M^d}{P} = \dfrac{Y}{5i}$ 이고 i에 변화가 없으므로 실질생산량이 $k\%$ 증가할 경우 실질화폐잔고 $\dfrac{M^d}{P}$ 도 $k\%$ 증가한다.

ㄷ. 화폐유통속도는 $M^d = \dfrac{PY}{5i}$ 를 $MV = PY$에 대입하면, $V = 5i$의 관계가 도출된다. 명목이자율이 일정하면 화폐유통속도는 일정하다.

[오답체크]
ㄴ. 화폐유통속도는 $V = 5i$이다.
ㄹ. 실질생산량과 화폐의 유통속도는 관련이 없다.

26 ④ 대부자금시장은 자금의 수요인 투자와 자금의 공급인 저축이 균형을 이루어 이자율이 결정된다고 본다. 따라서 민간저축이 증가하면 이자율이 하락하지만 정부저축과는 관련이 없다.

27 ① 1) $MV = PY$
2) 문제의 조건을 대입하면 $0.04/0.2\, M = PY$ ➔ $V = 0.04/0.2$ ➔ 0.2

해커스 감정평가사
ca.Hackers.com

제10장

총수요와 총공급, 물가와 실업

Topic 19 IS-LM & 총수요-총공급
Topic 20 물가와 실업

Topic 19 IS-LM & 총수요-총공급

01 IS-LM모형

개념

(1) 생산물시장의 균형: IS곡선
  ① IS란 투자(Investment)와 저축(Saving)의 약자로 IS곡선은 ㉮_____ 의 균형을 나타내는 이자율과 국민소득과의 관계곡선임
  ② $r = -\dfrac{1-c(1-t)+m-i}{b}Y + \dfrac{1}{b}(C_0 - cT_0 + I_0 + G_0 + X_0 - M_0)$

(2) 화폐시장의 균형: LM곡선
  ① LM이란 화폐수요(Liquidity Preference)와 화폐공급(Money Supply)의 약자로 LM곡선은 ㉯_____ 의 균형을 나타내는 이자율과 국민소득과의 관계곡선임
  ② $\dfrac{M^D}{P} = kY - hr$
  (k: 화폐수요의 ㉰_____ 탄력성, h: 화폐수요의 ㉱_____ 탄력성)

이동요인

(1) IS곡선의 이동요인
  IS곡선은 국민소득 순환모형에서 주입에 해당되는 요인인 소비(C_0), 투자(I_0), 정부지출(G_0), 수출(X_0) 등이 증가하면 이자율이 불변인 상황에서 국민소득이 증가하므로 승수배 만큼 우측으로 이동함

(2) LM곡선의 이동요인
  ① 통화량: 통화량($M_0^S \to M_1^S$) 증가 → 화폐의 초과공급 → 이자율 하락 → LM곡선 ㉲_____(하방)이동
  ② 물가 상승: 물가 상승 → 실질통화량 감소(화폐의 초과수요) → 이자율 상승 → LM곡선 ㉳_____(상방)이동
  ③ 화폐수요: 화폐수요 증가(소득수준 불변) → 화폐의 초과수요 → 이자율 상승 → LM곡선 좌측(상방)이동

불균형의 조정

구분	생산물시장	화폐시장
A	초과공급	초과공급
B	초과수요	초과공급
C	초과수요	초과수요
D	초과공급	초과수요

핵심키워드
㉮ 생산물시장, ㉯ 화폐시장, ㉰ 소득, ㉱ 이자율, ㉲ 우측, ㉳ 좌측

IS곡선 기울기에 대한 두 견해	(1) 케인즈학파 ① 케인즈에 의하면 투자는 기업가의 직관력이 중요하므로 이자율과 관련이 없음 ② 이를 계승한 케인즈학파는 b(투자의 이자율 탄력성)값이 작으므로 IS곡선의 기울기의 절댓값이 커져서 IS곡선은 ㉮ _____를 이룸 (2) 통화주의(고전)학파 ① 투자는 이자율에 의해 크게 좌우된다고 주장함 ② b값이 크므로 IS곡선의 기울기의 절댓값이 작아서 IS곡선은 ㉯ _____ 함
LM곡선 기울기에 대한 학파별 견해	(1) 케인즈학파: h(화폐수요의 이자율 탄력성) 값이 크므로 LM곡선의 기울기의 절댓값이 작아서 LM곡선은 ㉯ _____ 함 (2) 통화주의학파: h값이 작으므로 LM곡선의 기울기의 절댓값이 커서 LM곡선은 ㉮ _____를 이룸 (3) 고전학파: 화폐수요가 이자율에 전혀 영향을 받지 않기 때문에 h의 값이 0이므로 LM곡선은 수직선으로 도출됨

02 총수요와 총수요곡선

총수요	(1) 개념: 한 나라에서 일정 기간 동안 구입하고자 하는 재화와 용역의 총량 (2) 구성: 소비 + 투자 + 정부지출 + 순수출 (3) 총수요곡선: 각각의 물가 수준에서 총수요의 크기를 나타내는 곡선으로 물가와 총수요는 반비례
총수요곡선이 우하향하는 이유	(1) 케인즈의 이자율효과: 물가가 상승하면 실질통화량이 감소(또는 거래적·예비적 명목통화수요 증가)하여 이자율이 상승함. 이자율이 오르면 투자 및 소비수요량이 감소함 (2) 피구의 실질잔고효과: 물가가 상승하면 경제주체들이 보유하고 있는 금융자산(주식, 채권, 현금 등)의 실질가치(실질잔고), 즉 부(富)가 감소하므로 소비수요량이 감소함 (3) 무역수지효과: 물가가 상승하면 수출이 감소하고 수입이 증가하여 순수출이 감소함

핵심키워드

㉮ 급경사, ㉯ 완만

03 총공급과 총공급곡선

총공급	(1) **개념**: 한 나라 안에서 일정 기간 동안 판매하고자 하는 재화와 용역의 총량 (2) 총공급의 크기는 한 나라가 보유한 노동, 자본 등 생산 요소 부존 양과 ㉮_____에 의하여 결정됨 (3) **총공급곡선**: 각각의 물가 수준에서 기업 전체가 생산하는 총생산을 나타내는 곡선으로 물가와 총공급은 비례함
형태	(1) **고전학파**: 노동시장에서의 수급 불일치는 매우 신속하게 조정되므로 물가 수준이 변하더라도 완전고용 및 완전고용 수준이 항상 그대로 유지됨. 완전고용 국민소득 수준에서 수직인 직선, 수직의 총공급곡선이 우측으로 이동하는 경우는 기술 혁신에 의한 생산성의 증가, 자본 축적, 노동력의 증가 등이 일어날 때임 (2) **케인즈**: 1930년대의 경제 상황을 배경으로 주어진 물가 수준을 상승시킴 없이 얼마든지 총공급을 증가시킬 수 있다고 봄. 완전고용 국민소득 수준에 도달하기 전에는 유효수요의 크기가 전적으로 균형국민소득을 결정 (3) **케인즈학파, 통화주의자** ① 물가가 전혀 변하지 않는 기간을 단기라고 정의하는 대신에 물가가 어느 정도 변하는 것을 수용하면서 단기에 우상향의 총공급곡선을 도출함 ② 물가가 신축적으로 변하는 기간을 장기라고 정의하고 장기에 수직의 총공급곡선을 도출함
새고전학파의 총공급함수 (= 루카스 총공급함수)	(1) $Y = Y_N + \alpha(P - P^e)$ (Y_N: 자연생산량, P^e: 기업의 예상물가, $\alpha > 0$) (2) **물가를 정확히 예상한 경우**($P = P^e$): P와 P^e가 정확하게 일치하면 Y도 Y_N과 일치하여 ㉯_____의 AS곡선이 도출됨 (3) **물가를 정확히 예상치 못한 경우**($P > P^e$): 합리적 기대를 하더라도 정보가 불완전한 경우나 예상치 못한 물가의 변화로 P가 P^e보다 크다면 Y도 Y_N보다 큰 값을 갖게 되어 ㉰_____하는 AS곡선이 도출됨

04 경제 안정화정책과 균형국민소득의 변화

재정정책과 균형국민 소득	(1) **단기**: 정부 재정지출 증가 ➡ 총수요곡선 우측 이동 ➡ 국민소득 증가, 물가 상승 ➡ 거래적 동기에 의한 화폐수요 증가 ➡ 이자율 상승 ➡ 투자지출 감소 ➡ 총수요곡선 좌측 이동(승수 효과와 구축 효과의 발생) (2) **장기**: 단기에서의 균형 이동 ➡ 임금이나 다른 생산요소 가격 상승 ➡ 총수요곡선 좌측 이동

> **핵심키워드**
> ㉮ 생산기술, ㉯ 수직, ㉰ 우상향

통화정책과 균형국민소득	(1) **단기**: 화폐공급 증가, 이자율 하락 ➡ 투자지출 증가 ➡ 총수요곡선 우측 이동 ➡ 국민소득 증가, 물가 상승 (2) **장기**: 단기에서의 균형 이동 ➡ 임금과 다른 생산요소의 가격 상승 ➡ 총수요곡선 좌측 이동 (3) **통화정책의 전달 경로** (4) **이자율탄력성**: 금융정책이 효과를 나타내기 위해서는 이자율탄력성이 작아야 함 (유동성 함정이 없어야 함)
통화정책의 전달 경로에 대한 견해차	(1) **케인즈학파** ① 통화정책은 이자율 변화를 통해 투자에 영향을 주게 되는데 통화정책의 전달경로가 너무 길고 불확실해 믿을 수 없음 ➡ 금융 시장이 유동성 함정에 빠져 있는 상황에서는 통화량을 아무리 늘려도 이자율이 좀처럼 떨어지지 않음 ② ㉮_____의 효과는 한층 더 직접적이고 확실함 ➡ 정부지출의 증가는 곧바로 총수요의 증가로 이어지며 조세의 감면은 가처분소득을 늘려 소비지출 증가를 확실히 가져옴 (2) **통화주의자** ① 화폐는 교환의 매개 수단으로 사용되기 때문에 화폐 공급량의 변화는 이자율의 변화를 거치지 않고도 국민 경제의 총거래량을 직접적으로 변화시킴 ② 재정 지출을 늘리는 것은 ㉯_____ 때문에 경기를 활성화시키는 데 큰 효과를 거두지 못함
정책 시차에 대한 견해 차	(1) **정책 시차**: 정책이 수립·집행되어 실제로 효과가 나타날 때까지는 어느 정도 시간이 흘러야 하는 것이 보통인데 이와 같은 시차를 가리켜 정책 시차라 함 ➡ 내부 시차 + 외부 시차 ① ㉰_____ 시차: 정책 당국이 경기변동을 발생시킨 요인을 찾아내고 관련 정보를 수집해 정책을 수립·입법화하는데 걸리는 시간 ② ㉱_____ 시차: 시행된 정책이 실제로 효과를 내기 시작하는 데까지 걸리는 시간 (2) **케인즈학파**: 금융 정책의 외부 시차가 길어 재정 정책이 더 유효한 정책이라 봄 (3) **통화주의자**: 재정 정책의 내부 시차가 길어 금융 정책이 한층 더 효과적인 안정화 정책이라고 봄
배로(R. Barro)- 리카도의 대등 정리	(1) 정부지출이 일정한 수준으로 결정되어 있다면 그것이 조세로 조달되든 국채를 통해 조달되든 총수요에 아무런 영향을 미치지 못함 (2) 국채는 기본적으로 ㉲_____의 조세 부담을 뜻하며 그 부담의 현재가치는 국채의 가치와 정확하게 일치함. 따라서 민간 부분의 경제활동에 아무런 영향을 미치지 못함 (3) 리카도의 대등 정리가 성립하게 되면 국채의 발행이 이자율을 상승시키는 결과는 나타나지 않고, 따라서 구축효과도 나타나지 않게 됨

핵심키워드
㉮ 재정정책, ㉯ 구축효과, ㉰ 내부, ㉱ 외부, ㉲ 미래

STEP 1 타시험 기출문제

01 난이도 ★ 중요도 ★★★

물가 변동이 없는 단기 거시균형에서 다음의 재정정책과 통화정책의 조합 중 실질이자율을 높이는 것은? (단, 실질이자율에 미치는 각각의 정책적 효과의 크기는 동일하다고 가정한다)

[21. 국가직 7급]

① 통화정책과 재정정책을 확장적으로 운영한다.
② 통화정책은 확장적으로, 재정정책은 긴축적으로 운영한다.
③ 통화정책은 긴축적으로, 재정정책은 확장적으로 운영한다.
④ 통화정책과 재정정책을 긴축적으로 운영한다.

02 난이도 ★ 중요도 ★★★

甲국은 폐쇄경제로 IS-LM곡선이 만나는 균형상태에 있다. 甲국에서 이자율은 현 수준을 유지하면서 국민소득만 상승시키는 것이 가능한 정책 조합은? (단, IS곡선과 LM곡선은 각각 우하향, 우상향한다)

[21. 지방직 7급]

① 정부지출을 늘리고, 통화량을 증가시킨다.
② 정부지출을 늘리고, 통화량을 감소시킨다.
③ 정부지출을 줄이고, 통화량을 증가시킨다.
④ 정부지출을 줄이고, 통화량을 감소시킨다.

03 난이도 ★ 중요도 ★★★

재정정책에 대한 설명으로 옳지 않은 것은?

[21. 지방직 7급]

① 고전학파에 따르면 구축효과가 정부지출 증가의 효과를 완전히 상쇄할 만큼 크다.
② 리카도 동등성 정리에 따르면 정부공채는 민간부문의 자산이 아닐 수 있다.
③ 공급중시 경제학자에 따르면 소득세율 인하가 조세수입의 증가를 낳을 수 있다.
④ 케인즈 단순모형에 따르면 정액세승수가 정부지출승수보다 절댓값이 더 크다.

난이도 ★★ 중요도 ★★★

04 폐쇄경제하 중앙은행이 통화량을 감소시킬 때 나타나는 변화를 IS-LM모형을 이용하여 설명한 것으로 옳은 것을 모두 고른 것은? (단, IS곡선은 우하향, LM곡선은 우상향한다)

[21. 노무사]

> ㄱ. LM곡선은 오른쪽 방향으로 이동한다.
> ㄴ. 이자율은 상승한다.
> ㄷ. IS곡선은 왼쪽 방향으로 이동한다.
> ㄹ. 구축효과로 소득은 감소한다.

① ㄱ, ㄴ   ② ㄱ, ㄷ   ③ ㄱ, ㄹ
④ ㄴ, ㄹ   ⑤ ㄴ, ㄷ, ㄹ

정답 및 해설

01 ③ 1) 재정정책과 통화정책이 이자율과 관련되어 있는 것은 IS-LM모형이다.
2) 실질이자율을 높이기 위해서는 LM곡선이 좌측으로 이동해야 하므로 긴축적 통화정책이다.
3) 실질이자율을 높이기 위해서는 IS곡선이 우측으로 이동해야 하므로 확장적 재정정책이다.

02 ① 1) 조건을 만족하려면 IS곡선이 우측, LM곡선이 우측으로 이동하여야 한다.
2) IS곡선이 우측으로 이동하려면 정부지출이 늘어나야 한다.
3) LM곡선이 우측으로 이동하려면 통화량이 증가해야 한다.

03 ④ 케인즈 단순모형에 따르면 정액세승수는 $\frac{-MPC}{1-MPC}$이고 정부지출승수는 $\frac{1}{1-MPC}$이다. 한계소비성향이 0.9라면 정액세승수는 -9이고 정부지출승수는 10이므로 정부지출승수가 더 크다.

04 ④ 1) 통화량을 감소시킨 것으로 LM곡선은 왼쪽으로 이동한다.
2) LM곡선이 왼쪽으로 이동하면 이자율은 상승하고 이로 인해 소비와 투자가 줄어들어(= 구축효과가 발생하여) 국민소득은 감소한다.

[오답체크]
ㄱ. LM곡선은 왼쪽 방향으로 이동한다.
ㄷ. IS곡선은 이동하지 않는다.

05 IS-LM모형에서 확장적 통화정책에 대한 설명이다. (ㄱ), (ㄴ)에 들어갈 내용으로 옳게 짝지은 것은? (단, IS곡선은 우하향, LM곡선은 우상향한다) [20. 국가직 7급]

- IS곡선의 기울기가 완만할수록 확장적 통화정책으로 인한 국민소득의 증가폭이 (ㄱ).
- LM곡선의 기울기가 완만할수록 확장적 통화정책으로 인한 국민소득의 증가폭이 (ㄴ).

	ㄱ	ㄴ
①	커진다	커진다
②	커진다	작아진다
③	작아진다	커진다
④	작아진다	작아진다

06 IS-LM 모형에서 IS곡선과 LM곡선에 대한 설명으로 옳지 않은 것은? (단, IS곡선은 우하향하며, LM곡선은 우상향한다) [22. 지방직 7급]

① IS곡선의 기울기는 한계소비성향이 클수록 완만하다.
② IS곡선의 기울기는 폐쇄경제보다 개방경제에서 더 가파르다.
③ 투기적 화폐수요를 중시하는 케인즈학파는 LM곡선이 완만한 형태를 띤다고 주장하였다.
④ 화폐공급이 외생적으로 결정될 때보다 이자율에 대한 증가함수일 때, LM곡선의 기울기는 더 가파르다.

난이도 ★ 중요도 ★★★

07 IS-LM모형하에서 재정지출 확대에 따른 구축효과(crowding out effect)에 대한 설명으로 옳지 않은 것은?

[15. 국가직 7급]

① 다른 조건이 일정한 경우 LM곡선의 기울기가 커질수록 구축효과는 커진다.
② 다른 조건이 일정한 경우 투자의 이자율탄력성이 낮을수록 구축효과는 커진다.
③ 다른 조건이 일정한 경우 화폐수요의 이자율탄력성이 낮을수록 구축효과는 커진다.
④ 다른 조건이 일정한 경우 한계소비성향이 클수록 구축효과는 커진다.

정답 및 해설

05 ② 1) 확장적 통화정책은 LM곡선을 우측으로 이동시키므로 IS곡선의 기울기가 완만할수록 국민소득의 증가폭이 커진다.
2) 확장적 통화정책은 LM곡선을 우측으로 이동시키므로 LM곡선의 기울기가 급할수록 효과가 크다. 따라서 LM곡선의 기울기가 완만할수록 국민소득의 증가폭이 작아진다.

06 ④ 화폐공급이 외생적으로 결정될 때보다 이자율에 대한 증가함수일 때, LM곡선의 기울기는 더 완만하다.

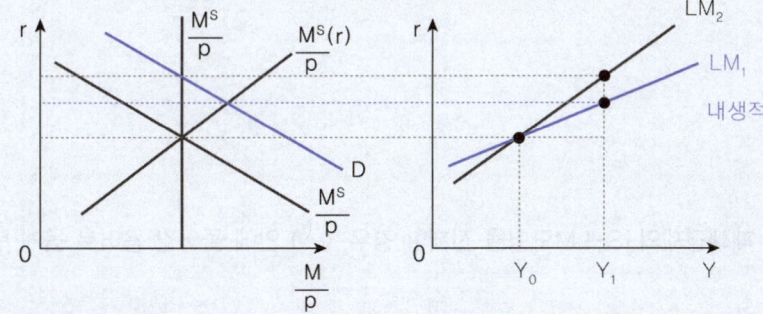

[오답체크]
① IS곡선의 기울기는 $-\dfrac{1-c(1-t)+m}{b}$ 이므로 한계소비성향이 클수록 완만하다.
② IS곡선의 기울기는 폐쇄경제인 경우 $-\dfrac{1-c(1-t)}{b}$ 이고 개방경제시 $-\dfrac{1-c(1-t)+m}{b}$ 이므로 개방경제시 더 가파르다.
③ 투기적 화폐수요를 중시하는 케인즈학파는 화폐수요의 이자율탄력성이 크므로 LM곡선이 완만한 형태를 띤다고 주장하였다.

07 ② 1) 구축효과(crowding out effect)란 확대적인 재정정책을 실시하면 이자율이 상승하고 그에 따라 민간투자가 감소하는 효과를 말한다. IS곡선이 완만하거나 LM곡선이 급경사인 경우 구축효과가 커진다.
2) 다른 조건이 일정할 때 투자의 이자율탄력성이 낮다면 확대적인 재정정책을 실시함에 따라 이자율이 상승하더라도 민간투자는 별로 감소하지 않는다. 그러므로 투자의 이자율 탄력성이 낮다면 구축효과는 작아진다.

08 아래의 IS-LM 모형이 어느 경제의 균형조건을 나타내준다.

- IS : $Y = 2,000 - 40r$
- LM : $Y = 1,000 + 60r$
  (단, Y는 국민소득, r은 이자율이다)

현재 이 경제가 $Y = 1,500$, $r = 12$에 있다고 할 때의 설명으로 옳은 것은? [21. 군무원 7급]

① 생산물시장에 초과수요가 존재한다.
② 화폐시장에 초과수요가 존재한다.
③ 균형으로 이동하면서 이자율이 상승할 것이다.
④ 균형으로 이동하면서 국민소득이 하락할 것이다.

09 다음과 같은 폐쇄경제의 IS-LM모형을 전제할 경우, ( ) 안에 들어갈 용어로 옳게 묶인 것은?

[12. 노무사]

- IS곡선: $r = 5 - 0.1Y$ (단, r은 이자율, Y는 국민소득)
- LM곡선: $r = 0.1Y$
- 현재 경제상태가 국민소득은 30이고 이자율이 2.5라면, 상품시장은 (ㄱ)이고 화폐시장은 (ㄴ)이다.

	ㄱ	ㄴ
①	균형	균형
②	초과수요	초과수요
③	초과공급	초과공급
④	초과수요	초과공급
⑤	초과공급	초과수요

정답 및 해설

08 ① 1) 생산물시장과 화폐시장의 균형을 구하면 $2,000-40r=1,000+60r$ ➔ $r=10$, $Y=1,600$이다.

2) 그래프

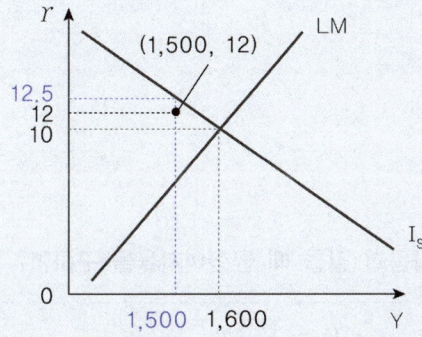

3) 현재상태가 IS곡선의 하방, LM곡선의 상방에 위치한다. 따라서 생산물시장의 초과수요, 화폐시장의 초과공급상태이다.

[오답체크]
② 화폐시장에 초과공급이 존재한다.
③ 균형으로 이동하면서 이자율이 하락할 것이다.
④ 균형으로 이동하면서 국민소득이 증가할 것이다.

09 ⑤ 1) 주어진 식에서 국민소득이 25이고 균형이자율은 2.5이다.
2) 현재 상태의 국민소득이 30이므로 IS곡선의 상방, LM곡선의 하방에 위치하게 된다. 따라서 상품시장은 초과공급이고 화폐시장은 초과수요이다.

10 난이도 ★★★ 중요도 ★★★★

폐쇄경제하에서 다음의 IS-LM모형을 기초로 할 때 균형이자율이 6이 되는($r^* = 6$) 화폐공급(K)은?
[10. 국가직 7급]

- $C = 200 + 0.8(Y - T)$
- $G = T = 1,000$
- $L = 0.5Y - 250r + 500$
- $I = 1,600 - 100r$
- $M = K$

(단, Y는 국민소득, C는 소비지출, T는 세금, I는 투자지출, r은 이자율, G는 정부지출, M은 화폐공급, L은 화폐수요이다. 이때 r의 균형값인 균형이자율은 r^*로 표시한다)

① 2,300
② 2,500
③ 2,700
④ 3,000

11 난이도 ★★★ 중요도 ★★★★

어떤 폐쇄경제 국가의 거시경제모형이 다음과 같을 때 균형이자율을 구하면? [21. 국가직 7급]

- $C = 130 + 0.5Y_D$
- $T = 0.2Y$
- $G = 200$
- $M_S = 200$
- $Y_D = Y - T$
- $I = 120 - 90r$
- $M_D = 25 + 0.5Y - 25r$

(단, C는 소비, Y_D는 가처분소득, Y는 국민소득, T는 조세, I는 투자, r은 이자율, G는 정부지출, M_D는 화폐수요, M_S는 화폐공급을 나타낸다)

① 1.5%
② 2.0%
③ 2.5%
④ 3.0%

난이도 ★★★ **중요도** ★★★★

12 다음과 같이 생산물시장과 화폐시장이 주어졌을 때, $G=100$, $M^S=500$, $P=1$이고 균형재정일 경우, 균형국민소득(Y)과 균형이자율(r)은?

[14. 국가직 7급]

- $Y = C + I + G$
- $I = 80 - 10r$
- $C = 100 + 0.8(Y - T)$
- $\dfrac{M^d}{P} = Y - 50r$

(단, C는 소비, I는 투자, G는 정부지출, T는 조세, M^S는 명목화폐공급, M^d는 명목화폐수요, P는 물가를 나타내고, 해외부문과 총공급부문은 고려하지 않는다)

① $Y = 750$, $r = 5$
② $Y = 750$, $r = 15$
③ $Y = 250$, $r = 5$
④ $Y = 250$, $r = 15$

정답 및 해설

10 ② 1) IS곡선: $Y = C + I + G$
  $200 + 0.8(Y - 1{,}000) + 1{,}600 - 100r + 1{,}000$ ➜ $0.2Y = 2{,}000 - 100r$ ➜ $Y = 10{,}000 - 500r$
  2) LM곡선: $L = M$
  $0.5Y - 250r + 500 = K$ ➜ $0.5Y = (K - 500) + 250r$ ➜ $Y = (2K - 1{,}000) + 500r$
  3) $10{,}000 - 500r = (2K - 1{,}000) + 500r$ ➜ 균형이자율 = 6이므로 $r = 6$을 IS곡선식에 대입하면 균형국민소득 $Y = 7{,}000$이다.
  4) $r = 6$, $Y = 7{,}000$을 LM곡선식에 대입하면 $K = 2{,}500$이다.

11 ② 1) IS곡선은 $Y = C + I + G$이다.
  2) $Y = 130 + 0.5(Y - 0.2Y) + 120 - 90r + 200$ ➜ $0.6Y = 450 - 90r$ ➜ $Y = 750 - 150r$
  3) LM곡선은 $M_D = M_S$이다.
  4) $25 + 0.5Y - 25r = 200$ ➜ $0.5Y = 175 + 25r$ ➜ $Y = 350 + 50r$
  5) $750 - 150r = 350 + 50r$ ➜ $400 = 200r$ ➜ $r = 2$

12 ① 1) 정부지출 $G = 100$이고, 정부재정이 균형이므로 조세 $T = 100$임을 알 수 있다.
  2) IS곡선을 도출하면 $Y = C + I + G = 100 + 0.8(Y - 100) + 80 - 10r + 100$ ➜ $0.2Y = 200 - 10r$이므로 ➜ $Y = 1{,}000 - 50r$로 도출된다.
  3) LM곡선을 도출하면 $\dfrac{M^d}{P} = \dfrac{M^s}{P}$이므로 $Y - 50r = 500$이다. 따라서 $Y = 500 + 50r$이다.
  4) IS곡선과 LM곡선이 일치하는 지점에서 균형가격과 균형이자율이 결정된다.
  5) 두 식을 연립하면 $1{,}000 - 50r = 500 + 50r$, $100r = 500$이므로 균형이자율 $r = 5$이다.
  6) $r = 5$를 IS곡선 혹은 LM곡선식에 대입하면 균형국민소득 $Y = 750$으로 계산된다.

13 다음 폐쇄경제에서 정부지출이 100에서 125로, 물가가 2에서 5로 상승하는 경우, 균형소득과 균형이자율의 변화량을 바르게 연결한 것은? (단, Y는 소득, r은 이자율이다)

[22. 국가직 7급]

- 소비함수: $C = 200 + 0.75(Y - T)$
- 투자함수: $I = 200 - 25r$
- 정부지출: $G = 100$
- 조세: $T = 100$
- 화폐수요함수: $\dfrac{M^d}{P} = Y - 100r$
- 화폐공급: $M^s = 1,000$
- 물가: $P = 2$

	균형소득 변화량	균형이자율 변화량
①	-100	$+1$
②	-200	$+1$
③	-100	$+2$
④	-200	$+2$

14 IS-LM모형에서, IS곡선이 $Y = 1,200 - 60r$, 화폐수요곡선은 $\dfrac{M^d}{P} = Y - 60r$, 통화량은 800, 물가는 2이다. 통화량이 1,200으로 상승하면, Y는 얼마나 증가하는가? (단, Y는 국민소득, r은 실질이자율, P는 물가이다)

[18. 서울시 7급]

① 50 ② 100
③ 150 ④ 200

정답 및 해설

13 ③ 1) IS ➜ $Y = C + I + G$
$Y = 200 + 0.75Y - 75 + 200 - 25r + 100$ ➜ $0.25Y = 425 + 25r$ ➜ $Y = 1,700 - 100r$

2) LM ➜ $\dfrac{M^S}{P} = \dfrac{M^D}{P}$

$\dfrac{1,000}{2} = Y - 100r$ ➜ $Y = 500 + 100r$

3) $1,700 - 100r = 500 + 100r$ ➜ $200r = 1,200$ ➜ $r = 6$, $Y = 1,100$

4) 정부지출이 125로 증가하면
$Y = 200 + 0.75Y - 75 + 200 - 25r + 125$ ➜ $0.25Y = 450 + 25r$ ➜ $Y = 1,800 - 100r$

5) 물가가 5로 상승하면
$\dfrac{1,000}{5} = Y - 100r$ ➜ $Y = 200 + 100r$

6) $1,800 - 100r = 200 + 100r$ ➜ $200r = 1,600$ ➜ $r = 8$, $Y = 1,000$

7) 따라서 이자율은 +2, 국민소득은 -100이 변함을 알 수 있다.

14 ② 1) LM곡선을 구하기 위해 $\dfrac{M^d}{P} = \dfrac{M^S}{P}$로 두면 $Y - 60r = \dfrac{M^S}{2}$, $Y = \dfrac{M^S}{2} + 60r$이다. 그러므로 통화량이 800일 때는 $Y = 400 + 60r$임을 알 수 있다.

2) IS곡선식 $Y = 1,200 - 60r$과 위에서 구한 LM곡선을 연립해서 풀면 $1,200 - 60r = 400 + 60r$, $120r = 800$, $r = \dfrac{20}{3}$이다.

3) $r = \dfrac{20}{3}$을 IS곡선(혹은 LM곡선)식에 대입하면 $Y = 800$이다.

4) 통화량이 1,200일 때는 LM곡선식이 $Y = 600 + 60r$이므로 IS곡선식 $Y = 1,200 - 60r$과 연립해서 풀면 $1,200 - 60r = 600 + 60r$, $120r = 600$, $r = 5$이고, $r = 5$를 IS곡선(혹은 LM곡선)식에 대입하면 $Y = 900$으로 계산된다.

5) 따라서 통화량이 800에서 1,200으로 증가하면 국민소득이 100만큼 증가함을 알 수 있다.

15 다음 중 총수요곡선을 우측으로 이동시키는 요인으로 옳은 것을 모두 고른 것은? [17. 노무사]

> ㄱ. 주택담보대출의 이자율 인하
> ㄴ. 종합소득세율 인상
> ㄷ. 기업에 대한 투자세액공제 확대
> ㄹ. 물가수준 하락으로 가계의 실질자산가치 증대
> ㅁ. 해외경기 호조로 순수출 증대

① ㄱ, ㄴ, ㄹ ② ㄱ, ㄷ, ㅁ ③ ㄱ, ㄹ, ㅁ
④ ㄴ, ㄷ, ㄹ ⑤ ㄴ, ㄷ, ㅁ

16 통화공급의 증가가 실물 경제에 영향을 미치는 전달경로(transmission mechanism)에 대한 설명으로 옳지 않은 것은? [22. 국가직 7급]

① 자산가격 상승에 따른 부의 효과(wealth effect)로 소비가 증가한다.
② 토빈의 q(Tobin's q)가 하락하여 투자가 증가한다.
③ 기업의 재무상태(balance sheet)가 개선되므로 은행 차입이 증가하여 투자가 증가한다.
④ 가계 대출이 증가하여 유동성 제약을 받고 있는 가계의 소비가 증가한다.

17 확장적 통화정책의 전달경로에 대한 설명으로 옳지 않은 것은? [23. 국가직 7급]

① 환율경로에 따르면 금리하락으로 환율이 상승하여 순수출이 증가하고 경상수지가 개선된다.
② 신용경로에 따르면 예금 및 대출의 감소와 가계·기업의 대차대조표 악화로 소비와 투자가 증가한다.
③ 자산가격 경로에 따르면 주가와 부동산 가격의 상승에 따른 부의 효과(wealth effect)로 소비가 증가한다.
④ 금리경로에 따르면 단기금리 하락으로 장기금리와 은행금리도 하락하여 소비와 투자가 증가한다.

정답 및 해설

15 ② 주택담보대출 이자율 하락으로 주택투자가 증가하거나 투자세액공제로 기업의 투자가 증가하거나 순수출이 증가하면 총수요곡선이 오른쪽으로 이동한다. 종합소득세율이 인상되면 민간의 가처분소득 감소로 민간소비가 감소하므로 총수요곡선이 왼쪽으로 이동한다. 한편, 물가수준이 하락하면 총수요곡선이 이동하는 것이 아니라 총수요곡선상에서 우하방의 점으로 이동한다.

16 ② 토빈의 q(Tobin's q)가 하락하면 주가가 낮아지므로 실제 투자가 감소한다.

[오답체크]
① 통화공급의 증가로 부동산 등의 자산가격이 상승하므로 부의 효과(wealth effect)로 소비가 증가한다.
③ 통화공급이 증가하면 이자율이 낮아지므로 기업의 재무상태(balance sheet)가 개선되므로 은행 차입이 증가하여 투자가 증가한다.
④ 통화공급이 증가하면 이자율이 낮아지므로 가계 대출이 증가하여 유동성 제약을 받고 있는 가계의 소비가 증가한다.

17 ② 신용경로에 따르면 확장적 통화정책으로 이자율이 하락하면 예금 및 대출의 증가와 가계·기업의 대차대조표 호전으로 소비와 투자가 증가한다.

난이도 ★★★★ 중요도 ★★★

18 다음 테일러 준칙(Taylor rule)에 따라 중앙은행이 목표 명목정책금리를 결정한다. 이에 대한 설명으로 옳지 않은 것은?

[22. 국가직 7급]

> 목표 명목정책금리 = 실제 인플레이션율 + 균형 실질정책금리 + 0.5 × 산출갭 + 0.5 × 인플레이션갭
>
> (단, 산출갭 = $\left(\dfrac{\text{실제실질}GDP - \text{잠재실질}GDP}{\text{잠재실질}GDP}\right) \times 100$, 인플레이션갭 = 실제 인플레이션율 − 목표 인플레이션율)

① 산출갭과 인플레이션갭이 목표 명목정책금리 결정에 영향을 준다.
② 현재의 실제 인플레이션율이 목표 인플레이션율보다 낮은 경우 목표 명목정책금리를 내린다.
③ 중앙은행이 경제의 잠재실질GDP를 과소평가하고 있다면, 목표 명목정책금리는 적정수준보다 낮게 결정된다.
④ 균형 실질정책금리가 실제보다 과대평가되어 있다면, 목표 명목정책금리는 적정수준보다 높아지게 된다.

난이도 ★★★★ 중요도 ★★★

19 중앙은행은 다음과 같은 테일러 준칙을 이용하여 명목정책금리를 결정한다고 할 때, 다음의 설명 중 가장 옳지 않은 것은?

[22. 군무원 7급]

> $$i = \pi + 2\% + 0.5(\pi - 3\%) + 0.5\left(\dfrac{Y - \overline{Y}}{Y}\right)$$
>
> (i, π는 각각 명목정책금리와 실제 인플레이션율이며, Y와 $\overline{Y}$는 각각 실제GDP와 잠재GDP이다)

① 명목정책금리의 상승은 긴축통화정책기조를 의미한다.
② 준칙에 기반한 통화정책의 대표적 사례이다.
③ 인플레이션율이 상승하면 실질정책금리를 인상한다.
④ 중립실질금리는 2%이다.

난이도 ★★★★ 중요도 ★★

20 중앙은행이 극대화하는 사회후생함수와 루카스(Lucas)의 동태적 총공급곡선이 다음과 같다. 목표인플레이션이 0인 상황에서 민간의 예상인플레이션이 0으로 고정되어 있다. 중앙은행이 재량(discretion)에 의한 통화정책을 실시하는 경우와 준칙(rule)에 의한 통화정책을 실시하는 경우, 사회후생함수의 값을 바르게 연결한 것은? (단, W, Y, Y^*, π, π^T, π^e는 각각 사회후생함수, 실제산출수준, 완전고용 산출수준, 인플레이션, 목표인플레이션, 예상인플레이션을 나타내고, $\alpha > 0$, $\gamma > 0$이다) [23. 국가직 7급]

- 사회후생함수: $W = (Y - Y^*) - \frac{1}{4}\alpha(\pi - \pi^T)^2$
- 루카스 총공급곡선: $Y = Y^* + \gamma(\pi - \pi^e)$

	재량	준칙
①	$\frac{\gamma^2}{\alpha}$	0
②	$\frac{\gamma^2}{\alpha}$	$\frac{\gamma^2}{\alpha}$
③	$\frac{\gamma^2}{2\alpha}$	0
④	$\frac{\gamma^2}{2\alpha}$	$\frac{\gamma^2}{2\alpha}$

정답 및 해설

18 ③ 실제인플레이션율이 높을수록 산출갭이 높을수록, 인플레이션갭이 높을수록 목표정책금리는 높아진다. 중앙은행이 경제의 잠재실질GDP를 과소평가하고 있다면, 산출갭이 커지므로 목표 명목정책금리는 적정수준보다 높게 결정된다.

19 ① 명목정책금리가 상승하더라도 물가가 더 상승하면 실질금리는 하락할 수 있다. 따라서 명목정책금리의 상승이 아닌 실질정책금리의 상승은 긴축통화정책기조를 의미한다.

20 ① 1) 준칙일 경우
  목표인플레이션이 0인 상황에서 민간의 예상인플레이션이 0으로 고정되어 있으므로 $\pi = \pi^e = \pi^T$이다. 이로 인해 $Y = Y^*$이므로 사회후생함수에 대입하면 0이 도출된다.
  2) 재량일 경우
  ㉠ 사회후생의 극대화를 추구해야 하므로 $Y - Y^* = \gamma(\pi - \pi^e)$가 성립한다.
  ㉡ 이를 사회후생함수에 대입하면 $W = \gamma(\pi - \pi^e) - \frac{1}{4}\alpha(\pi - \pi^T)^2$이다.
  ㉢ 목표인플레이션과 예상인플레이션이 0이므로 $W = \gamma\pi - \frac{1}{4}\alpha\pi^2$이다. 사회후생의 극대화를 추구하므로 $\frac{\Delta W}{\Delta \pi} = 0$ ➡ $\gamma - \frac{1}{2}\alpha\pi = 0$ ➡ $\pi = \frac{2\gamma}{\alpha}$이다.
  ㉣ 구한 인플레이션율을 사회후생함수에 대입하면 $W = \gamma \times \frac{2\gamma}{\alpha} - \frac{1}{4}\alpha\left(\frac{2\gamma}{\alpha}\right)^2 = \frac{\gamma^2}{\alpha}$

21 피구효과에 대한 설명으로 가장 옳지 않은 것은? [22. 서울시 7급]

① 물가가 하락하면 가계는 이를 부(wealth)의 증가로 받아들인다.
② 물가가 하락하면 실질화폐공급의 증가를 가져와 LM곡선을 오른쪽으로 이동시킨다.
③ 실질화폐잔고가 소비를 결정하는 중요한 요인이다.
④ 소비가 가처분소득만의 함수라고 가정한다면 피구효과를 설명할 수 없다.

22 단기총공급곡선이 우상향하는 이유로 옳지 않은 것은? [20. 노무사]

① 명목임금이 일반적인 물가 상승에 따라 변동하지 못한 경우
② 수요의 변화에 따라 수시로 가격을 변경하는 것이 어려운 경우
③ 화폐의 중립성이 성립하여, 통화량 증가에 따라 물가가 상승하는 경우
④ 일반적인 물가 상승을 자신이 생산하는 재화의 상대가격 상승으로 착각하는 경우
⑤ 메뉴비용이 발생하는 것과 같이 즉각적인 가격 조정을 저해하는 요인이 있는 경우

23 루카스 공급곡선(Lucas supply curve)에 대한 설명으로 옳은 것은? [21. 군무원]

① 재화가격 변동에 대한 불완전정보로 공급 곡선이 우상향할 수 있다.
② 경제주체들의 적응적 기대(adaptive expectation)를 전제로 한다.
③ 명목임금의 경직성으로부터 우상향하는 총공급곡선을 도출한다.
④ 합리적으로 예상된 물가수준에서 가격을 경직적으로 유지하는 기업들의 존재가 우상향하는 총공급곡선의 근거가 된다.

24 장기 총공급곡선의 이동에 관한 설명으로 옳지 않은 것은? [16. 노무사]

① 자연실업률이 증가하면, 왼쪽으로 이동한다.
② 인적자본이 증가하면, 오른쪽으로 이동한다.
③ 생산을 증가시키는 자원이 발견되면, 오른쪽으로 이동한다.
④ 기술지식이 진보하면, 오른쪽으로 이동한다.
⑤ 예상물가수준이 하락하면, 왼쪽으로 이동한다.

정답 및 해설

21 ② 1) 피구효과는 가처분소득의 변화와 관계없이 물가가 하락하면 실질화폐잔고가치가 올라가 가계는 부의 증가로 받아들여 소비가 증가하므로 총수요곡선이 우하향한다는 것이다.
2) 지문분석
② 케인즈의 이자율효과에 대한 설명이다.

22 ③ 화폐의 중립성이 성립하면 실물부분에 영향을 주지 못하므로 총공급곡선은 수직이 된다.

23 ① 1) 루카스 총공급곡선은 $Y = Y_N + \alpha(P - P_e)$이다.
2) 지문분석
① 새고전학파인 루카스 총공급 곡선은 재화가격 변동에 대한 예상되지 않은 물가수준일 때 공급곡선이 우상향할 수 있다.
[오답체크]
② 경제주체들의 합리적 기대(adaptive expectation)를 전제로 한다.
③④ 새케인즈학파의 이론이다.

24 ⑤ 장기총공급곡선은 잠재GDP수준에서 수직선이므로 예상물가수준의 변화는 장기총공급곡선에 아무런 영향을 미치지 않는다.

25 폐쇄경제하 총수요(AD)-총공급(AS)모형을 이용하여 정부지출증가로 인한 변화에 관한 설명으로 옳지 않은 것을 모두 고른 것은? (단, AD곡선은 우하향, 단기 AS곡선은 우상향, 장기 AS곡선은 수직선이다)   [21. 노무사]

> ㄱ. 단기에 균형소득수준은 증가한다.
> ㄴ. 장기에 균형소득수준은 증가한다.
> ㄷ. 장기에 고전학파의 이분법이 적용되지 않는다.
> ㄹ. 장기균형소득수준은 잠재 산출량 수준에서 결정된다.

① ㄱ, ㄴ ② ㄱ, ㄷ ③ ㄴ, ㄷ
④ ㄴ, ㄹ ⑤ ㄱ, ㄴ, ㄹ

26 현재 총수요와 총공급이 자연산출량(완전고용산출량)에서 균형을 이루고 있을 때 총수요 증가의 결과로 옳지 않은 것은?   [21. 국가직 7급]

① 단기에는 생산량은 증가하고 물가는 상승한다.
② 단기에는 실질임금이 하락하고 고용은 증가한다.
③ 장기에는 총공급이 감소하여 물가는 단기보다 더 상승한다.
④ 장기에는 기대인플레이션이 낮아지고 고용이 완전고용 수준으로 감소한다.

27 총수요 – 총공급 모형에서 초기균형은 장단기균형점이라고 가정하자. 단기총공급 곡선의 이론적 배경에 따른 확장적 통화정책의 효과에 대한 다음의 설명 중 가장 옳지 않은 것은?   [22. 군무원 7급]

① 불완전정보모형 하에서 기업들의 물가예상착오로 인한 산출량조정이 클수록 확장적 통화정책의 생산증대효과가 크다.
② 불완전정보모형 하에서 기업들의 물가예상착오가 없다면 확장적 통화정책은 생산량 변화 없이 물가만 상승시킨다.
③ 경직적 가격모형에서 신축적 가격책정 기업이 많을수록 확장적 통화정책에 의한 물가상승은 미미하다.
④ 경직적 가격모형에서 모든 기업이 경직적으로 가격을 책정할수록 확장적 통화정책의 생산증대 효과는 크다.

정답 및 해설

25 ③ 정부지출증가는 총수요 증가요인이므로 총수요곡선을 단기 우측으로 이동시킨다.

[오답체크]
ㄴ. 장기에 균형소득수준은 불변이다.
ㄷ. 장기에 화폐는 물가만 올릴 뿐 실물부분에 영향을 주지 못하므로 고전학파의 이분법이 적용된다.

26 ④ 1) 총수요가 자연산출량을 벗어나 증가하면 단기적으로 물가와 국민소득이 증가한다.
2) 실제 생산량이 잠재 생산량을 초과하였으므로 생산요소의 가격이 상승한다.
3) 이로 인해 장기적으로는 총공급이 감소하여 자연산출량 수준으로 돌아와 최종적으로 물가는 상승하고 자연산출량 수준은 변함이 없게 된다.
4) 지문분석
④ 장기에는 기대인플레이션이 높아지고 고용이 완전고용 수준으로 감소한다.

[오답체크]
① 단기에는 총수요가 증가하여 생산량은 증가하고 물가는 상승한다.
② 단기에는 물가가 상승하므로 실질임금($\frac{W}{P}$)이 하락하고 이로 인해 고용은 증가한다.
③ 장기에는 생산요소가격의 상승으로 총공급이 감소하여 물가는 단기보다 더 상승한다.

27 ③ 1) 착오가 있으면 가격이 경직적이므로 총공급곡선이 우상향하고 착오가 없으면 총공급곡선이 수직이다.
2) 그래프

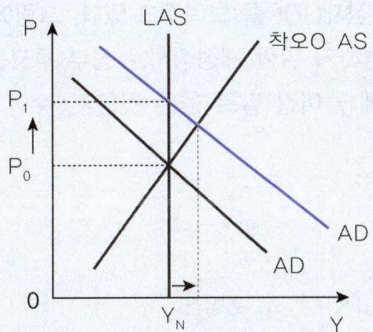

3) 지문분석
③ 경직적 가격모형에서 신축적 가격책정 기업이 많을수록 총공급곡선이 수직이므로 확장적 통화정책에 의한 생산량 증가는 미미하고 물가상승만 이루어진다.

[오답체크]
① 불완전정보모형 하에서 기업들의 물가예상착오로 인한 산출량조정이 클수록 총공급 곡선이 우상향하므로 확장적 통화정책의 생산증대효과가 크다.
② 불완전정보모형 하에서 기업들의 물가예상착오가 없다면 총공급곡선이 수직이므로 확장적 통화정책은 생산량 변화 없이 물가만 상승시킨다.
④ 경직적 가격모형에서 모든 기업이 경직적으로 가격을 책정할수록 총공급곡선이 우상향하므로 확장적 통화정책의 생산증대효과는 크다.

28 명목임금 w가 5로 고정된 다음의 케인지언 단기 폐쇄경제모형에서 총공급곡선의 방정식으로 옳은 것은?

[14. 지방직 7급]

- 소비함수: $C = 10 + 0.7(Y - 0.7)$
- 투자함수: $I = 7 - 0.5r$
- 정부지출: $G = 5$
- 생산함수: $Y = 2\sqrt{L}$

(단, C는 소비, Y는 산출, T는 조세, I는 투자, r은 이자율, G는 정부지출, L은 노동, P는 물가, W는 명목임금을 나타내며, 노동자들은 주어진 명목임금 수준에서 기업이 원하는 만큼의 노동을 공급한다)

① $Y = P$
② $Y = 22$에서 수직이다.
③ 조세 T를 알 수 없어 총공급곡선을 알 수 없다.
④ $P = \dfrac{5}{2}Y$

29 아래 그림은 총수요곡선, 총공급곡선 그리고 잠재GDP를 보여주고 있다. 그림에서 경제상태는 (ㄱ)갭을 보여주고 있고, 잠재GDP를 달성하기 위한 재정정책은 정부 투자를 (ㄴ)시키고 (또는) 조세를 (ㄷ)시켜야 한다. (ㄱ)~(ㄷ)에 들어갈 말로 옳은 것은?

[10. 지방직 7급]

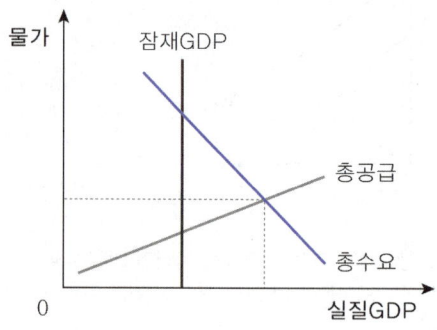

	ㄱ	ㄴ	ㄷ
①	디플레이션	증가	감소
②	인플레이션	증가	감소
③	인플레이션	감소	증가
④	디플레이션	감소	증가

30 현 경제상황이 장기균형에 있다고 가정하자. 최근 현금자동입출금기를 설치하고 운영하는 비용이 더욱 낮아지면서 통화수요가 하락하는 상황이 발생하였다. 이 상황은 장단기 균형에 어떠한 영향을 미치는가?

[14. 서울시 7급]

① 단기에는 가격수준과 실질GDP가 증가하지만, 장기에는 영향이 없다.
② 단기에는 가격수준과 실질GDP가 증가하지만, 장기에는 가격수준만 상승할 뿐 실질GDP에 대한 영향은 없다.
③ 단기에는 가격수준과 실질GDP가 하락하지만, 장기에는 영향이 없다.
④ 단기에는 가격수준과 실질GDP가 하락하지만, 장기에는 가격수준만 하락할 뿐 실질GDP에 대한 영향은 없다.
⑤ 단기에는 가격수준과 실질GDP가 증가하고, 장기에도 가격수준과 실질GDP 모두 증가한다.

정답 및 해설

28 ④ 1) 총공급곡선은 물가(P)와 경제전체 총생산량(Y)의 관계를 나타내는 곡선을 말한다. 총공급곡선식은 총생산함수와 노동시장을 결합하여 도출할 수 있다.

2) 총생산함수를 Y에 대해 미분하면 $MP_L = L^{-\frac{1}{2}} = \frac{1}{\sqrt{L}}$이고, $W=5$로 주어져 있으므로 이를 노동시장의 균형조건 $W = MP_L \times P$에 대입하면 $5 = \frac{P}{\sqrt{L}}$, $\sqrt{L} = \frac{1}{5}P$이므로 균형고용량 $L = \frac{1}{25}P^2$으로 계산된다.

3) $L = \frac{1}{25}P^2$을 총생산함수 $Y = 2\sqrt{L}$에 대입하면 물가와 총생산량의 관계를 나타내는 총공급곡선의 식은 $Y = \frac{2}{5}P \rightarrow P = \frac{5}{2}Y$이 된다.

29 ③ 균형국민소득이 완전고용 국민소득보다 크기 때문에 실현 불가능하다. 따라서 물가상승으로 총수요가 줄면서 완전고용 국민소득으로 수렴한다. 물가 상승을 억제하려면 총수요를 줄이기 위해 정부투자를 줄이고, 조세를 증가시켜야 한다.

30 ② 1) 현금자동입출금기의 보급확대로 화폐수요가 감소하면 실질통화량이 증가하는 효과가 발생하므로 총수요곡선이 오른쪽으로 이동한다.

2) 총수요곡선이 오른쪽으로 이동하면 단기적으로 실질GDP가 증가하고 물가도 상승한다. 그러나 장기에는 물가만 상승하고 실질GDP는 잠재GDP 수준으로 돌아가게 된다.

31 총수요-총공급모형에서 통화정책과 재정정책에 관한 설명으로 옳은 것은? (단, 폐쇄경제를 가정한다)
[20. 노무사]

① 통화정책은 이자율의 변화를 통해 국민소득에 영향을 미친다.
② 유동성 함정에 빠진 경우 확장적 통화정책은 총수요를 증가시킨다.
③ 화폐의 중립성에 따르면, 통화량을 늘려도 명목임금은 변하지 않는다.
④ 구축효과란 정부지출 증가가 소비지출 감소를 초래한다는 것을 의미한다.
⑤ 확장적 재정정책 및 통화정책은 모두 경기팽창효과가 있으며, 국민소득의 각 구성요소에 동일한 영향을 미친다.

32 물가수준과 국내총생산(GDP)의 관계를 보여주는 총수요곡선이 우하향하는 이유로 옳지 않은 것은?
[12. 지방직 7급]

① 물가수준이 낮아지면 실질임금이 상승하여 노동공급이 증가한다.
② 물가수준이 낮아지면 이자율이 하락하여 투자가 증가한다.
③ 물가수준이 낮아지면 자국통화의 가치가 하락하여 순수출이 증가한다.
④ 물가수준이 낮아지면 화폐의 실질가치가 상승하여 소비가 증가한다.

난이도 ★★★   중요도 ★★★

33 총수요곡선은 $Y = 550 + (\frac{2,500}{P})$, 총공급곡선은 $Y = 800 + (P - P^e)$, 기대물가는 $P^e = 10$일 때, 균형에서의 국민소득은? (단, Y는 국민소득, P는 물가수준을 나타낸다) [15. 국가직 7급]

① 500
② 600
③ 700
④ 800

정답 및 해설

31 ① 통화정책은 LM곡선을 이동시켜 이자율의 변화를 통해 국민소득에 영향을 미친다.

[오답체크]
② 유동성 함정에 빠진 경우 확장적 통화정책은 총수요를 증가시키지 못한다.
③ 화폐의 중립성에 따르면, 통화량을 늘려도 실질임금은 변하지 않는다.
④ 구축효과란 정부지출 증가로 인해 이자율을 상승시켜 소비와 투자를 감소시킨다는 것을 의미한다.
⑤ 확장적 재정정책 및 통화정책은 모두 경기팽창효과가 있으나 확장적 재정정책은 이자율을 상승시키고, 통화정책은 하락시킨다.

32 ① 물가수준이 낮아지면 실질임금이 상승하여 노동수요는 감소하고, 노동공급은 증가한다. 이는 총공급곡선과 관련된 내용이다.

[오답체크]
② 물가수준이 낮아지면 명목화폐수요가 감소하므로 이자율이 하락한다. 이자율이 하락하면 투자수요가 증가하여 총수요가 증가하게 되는데 이를 '이자율효과'라고 한다.
③ 물가수준이 낮아지면 수출이 증가하고 수입이 감소하여 순수출이 증가한다. 순수출의 증가로 인해 총수요가 증가하게 되는데 이를 '무역수지효과'라고 한다.
④ 물가수준이 낮아지면 화폐의 실질가치가 상승하여 소비가 증가한다. 이를 '피구효과(실질자산효과, 부의 효과)'라고 한다.

33 ④ 1) 기대물가수준이 10으로 주어져 있으므로 총공급곡선식에 $P^e = 10$을 대입하고 총수요곡선과 총공급곡선을 연립해서 풀면 $550 + \frac{2,500}{P} = 800 + (P - 10)$ ➡ $550P + 2,500 = 790P + P^2$ ➡ $P^2 + 240P - 2,500 = 0$ ➡ $(P + 250)(P - 10) = 0$ ➡ $P = -250$ 혹은 $P = 10$으로 계산된다.
2) 물가수준이 (−)가 될 수 없으므로 균형물가수준 $P = 10$임을 알 수 있다. $P = 10$을 총수요곡선 혹은 총공급곡선식에 대입하면 균형국민소득 $Y = 800$으로 계산된다.

34 A국가의 총수요와 총공급곡선은 각각 $Y_d = -P+5$, $Y_s = (P-P^e)+6$이다. 여기서 P^e가 5일 때 (ㄱ) 균형국민소득과 (ㄴ) 균형물가수준은? (단, Y_d는 총수요, Y_s는 총공급, P는 실제물가수준, P^e는 예상물가수준이다)

[21. 노무사]

	ㄱ	ㄴ
①	1	0
②	2	1
③	3	2
④	4	2
⑤	5	3

35 밑줄 친 (ㄱ)에 대한 근거로 옳지 않은 것은?

[20. 국가직 7급]

> 경기침체가 지속되면서 정부는 소득세의 대폭 감면을 통해 경기회복을 꾀하고 있다. 하지만 정부가 정부지출을 일정하게 유지하면서, 세금감면에 따른 적자를 보전하기 위해 국채를 발행하게 되면 이러한 재정정책의 결과로 (ㄱ) <u>소비가 증가하지 않는다</u>는 주장이 있다.

① 소비자들이 현재 저축을 증가시킬 것으로 예상된다.
② 소비자들은 현재소득과 미래소득 모두를 고려하여 소비를 결정한다.
③ 소비자들은 미래에 세금이 증가할 것이라고 예상한다.
④ 소비자들은 미래에 금리가 하락할 것이라고 예상한다.

난이도 ★★ 중요도 ★★

36 재정정책에 대한 설명으로 옳은 것은? [20. 지방직 7급]

① 완전고용 재정적자(full-employment budget deficit) 또는 경기순환이 조정된 재정적자(cyclically adjusted budget deficit)는 자동안정화장치를 반영하므로 경기순환상에서의 현재 위치를 파악하게 한다.
② 조세의 사회적 비용이 조세 크기에 따라 체증적으로 증가할 때는 균형예산을 준칙으로 하고 법제화하여야 한다.
③ 리카도의 대등 정리(Ricardian equivalence theorem)에 따르면 정부의 지출 흐름이 일정할 때 민간보유 국공채는 민간부문의 순자산이 된다.
④ 소비자가 근시안적으로 소비수준을 설정하거나 자본시장이 불완전한 경우에는 리카도 대등 정리가 성립하지 않는다.

정답 및 해설

34 ③ 1) 예상물가가 5이므로 이를 총공급곡선에 대입하면 $Y_s = P+1$이다.
2) 균형에서는 $-P+5 = P+1$이므로 $P=2$, $Y=3$이다.

35 ④ 소비자들은 미래에 금리가 하락할 것이라고 생각하면 현재소비의 상대가격이 하락하여 현재소비가 증가한다. 따라서 소비가 증가하지 않는다는 것을 증명할 수 없다.

[오답체크]
리카도의 등가정리에서는 소비자들은 미래에 세금이 증가할 것이라고 예상하여 저축을 증가시킬 것으로 예상된다.

36 ④ 리카도의 대등 정리는 정부지출수준이 일정할 때, 정부지출의 재원조달 방법(조세 또는 채권)의 변화는 민간의 경제활동에 아무 영향도 주지 못한다는 것을 보여주는 이론이다. 만약 소비자가 근시안적으로 소비수준을 설정하거나 자본시장이 불완전한 경우는 리카도의 대등 정리가 성립하지 않는다.

[오답체크]
① 완전고용 재정적자는 경제가 완전고용 상태에 있을 경우 나타났을 가상적인 재정적자 규모이며, 경기순환상에서의 현재 위치가 불황인지 회복인지, 호황인지 후퇴인지는 알려주지 못한다.
② 균형예산 준칙하에서는 정부가 지출행위를 많이 했다면 그만큼 세금을 많이 걷어서 균형을 맞춰야 한다. 그런데 조세 크기에 따라 조세의 사회적 비용(후생손실)이 체증적으로 증가한다면, 이러한 정책은 사회적으로 바람직하지 못한 것이 된다.
③ 민간이 국채를 통해 얻는 이자수익을 정부가 국채를 상환하기 위해 징수하는 세금으로 전부 뺏어가기 때문에 민간이 보유한 국채는 순자산이 될 수 없음을 지적하였다.

37 리카도의 대등 정리(Ricardian Equivalence Theorem)에 대한 설명으로 옳지 않은 것은?

[15. 지방직 7급]

① 정부지출이 경제에 미치는 효과는 정액세로 조달되는 경우와 국채발행으로 조달되는 경우가 서로 다르다는 주장이다.
② 리카도의 대등 정리가 성립하기 위해서는 저축과 차입이 자유롭고 저축이자율과 차입이자율이 동일하다는 가정이 충족되어야 한다.
③ 정부지출의 변화 없이 조세감면이 이루어진다면 경제주체들은 증가된 가처분소득을 모두 저축하여 미래의 조세증가를 대비한다고 주장한다.
④ 현재의 조세감면에 따른 부담이 미래세대에게 전가될 경우 후손들의 후생에 관심 없는 경제주체들에게는 리카도의 대등 정리가 성립하지 않게 된다.

38 리카도의 대등 정리(Ricardian equivalence theorem)에 대한 설명으로 가장 옳지 않은 것은?

[18. 서울시 7급]

① 정부지출의 규모가 동일하게 유지되면서 조세감면이 이루어지면 합리적 경제주체들은 가처분소득의 증가분을 모두 저축하여 미래에 납부할 조세의 증가를 대비한다는 이론이다.
② 현실적으로 대부분의 소비자들이 유동성제약(liquidity constraint)에 직면하기 때문에 리카도의 대등 정리는 현실 설명력이 매우 큰 이론으로 평가된다.
③ 리카도의 대등 정리에 따르면 재정적자는 장기뿐만 아니라 단기에서조차 아무런 경기팽창 효과를 내지 못한다.
④ 정부지출의 재원조달 방식이 조세든 국채든 상관없이 경제에 미치는 영향에 아무런 차이가 없다는 이론이다.

39. IS-LM모형에 대한 설명으로 옳은 것을 〈보기〉에서 모두 고르면?

[18. 국회직 8급]

난이도 ★★★ 중요도 ★★★

〈보기〉
ㄱ. 투자의 이자율탄력성이 클수록 IS곡선과 총수요곡선은 완만한 기울기를 갖는다.
ㄴ. 소비자들의 저축성향 감소는 IS곡선을 왼쪽으로 이동시키며, 총수요곡선도 왼쪽으로 이동시킨다.
ㄷ. 화폐수요의 이자율탄력성이 클수록 LM곡선과 총수요곡선은 완만한 기울기를 갖는다.
ㄹ. 물가수준의 상승은 LM곡선을 왼쪽으로 이동시키지만 총수요곡선을 이동시키지는 못한다.
ㅁ. 통화량의 증가는 LM곡선을 오른쪽으로 이동시키며 총수요곡선도 오른쪽으로 이동시킨다.

① ㄱ, ㄷ, ㄹ ② ㄱ, ㄹ, ㅁ ③ ㄴ, ㄷ, ㅁ
④ ㄴ, ㄹ, ㅁ ⑤ ㄱ, ㄴ, ㄷ, ㅁ

정답 및 해설

37 ① 리카도의 대등 정리에 의하면 정부지출 재원을 국채발행을 통해 조달하든 조세를 통해 조달하든 경제에 미치는 효과는 아무런 차이가 없다. 즉, 정부지출 재원조달 방식의 차이는 경제의 실질변수에 아무런 영향을 미치지 않는다.

38 ② 대부분의 소비자들이 유동성제약에 직면해 있다면 국채가 발행되고 조세가 감면되어 민간의 가처분소득이 증가하는데 이때 곧바로 소비가 증가하므로 리카도의 대등 정리가 성립하지 않는다.

39 ② **[오답체크]**
  ㄴ. 저축성향 감소 → 소비성향 증가 → IS곡선 기울기 감소
  ㄷ. 화폐수요의 이자율탄력성 증가 → LM곡선 기울기 감소 → 총수요곡선의 기울기 커짐

40 케인즈학파 경제학자들이 경기침체기에 금융정책이 효과를 나타내지 못한다고 생각하는 이유로 가장 옳은 것은?

[14. 국회직 8급]

① 화폐수요와 투자수요가 모두 이자율에 대해 상당히 탄력적이다.
② 화폐수요는 이자율에 대해 상대적으로 탄력적이며 투자수요는 이자율에 대해 상대적으로 비탄력적이다.
③ 화폐수요, 투자수요 모두 이자율에 대해 완전 비탄력적이다.
④ 화폐수요는 이자율에 대해 상대적으로 비탄력적이며 투자수요는 이자율에 대해 상대적으로 탄력적이다
⑤ 화폐수요와 투자수요 모두 이자율에 대해 상당히 비탄력적이다.

41 거시경제의 총수요·총공급모형에 대한 설명으로 옳은 것만을 〈보기〉에서 모두 고르면?

[19. 국회직 8급]

〈보기〉
ㄱ. 단기 총공급곡선이 우상향하는 이유는 임금과 가격이 경직적이기 때문이다.
ㄴ. 예상 물가수준이 상승하면 단기 총공급곡선이 오른쪽으로 이동한다.
ㄷ. 총수요곡선이 우하향하는 이유는 물가수준이 하락하면 이자율이 하락하고 자산의 실질가치가 상승하기 때문이다.
ㄹ. 자국화폐의 가치하락에 따른 순수출의 증가는 총수요곡선을 오른쪽으로 이동시킨다.

① ㄱ, ㄷ
② ㄴ, ㄷ
③ ㄱ, ㄴ, ㄹ
④ ㄱ, ㄷ, ㄹ
⑤ ㄴ, ㄷ, ㄹ

42 적응적 기대(adaptive expectations)이론과 합리적 기대(rational expectations)이론에 대한 다음 설명 중 옳은 것을 〈보기〉에서 모두 고르면? [13. 국회직 8급]

〈보기〉
ㄱ. 적응적 기대이론에서는 경제변수에 대한 예측에 있어 체계적 오류를 인정한다.
ㄴ. 적응적 기대이론에 따르면 통화량 증가는 장기균형에서의 실질 국민소득에는 영향을 미치지 않는다.
ㄷ. 합리적 기대이론에 따르면 예측오차는 발생하지 않는다.
ㄹ. 합리적 기대이론에 따르면 예측된 정부정책의 변화는 실질변수에 영향을 미치지 않는다.

① ㄱ, ㄴ
② ㄱ, ㄷ
③ ㄴ, ㄹ
④ ㄱ, ㄴ, ㄹ
⑤ ㄱ, ㄷ, ㄹ

정답 및 해설

40 ② 1) 금융정책이 시행되면 이동하는 곡선은 LM곡선이다. 금융정책의 경우 LM곡선이 가파를수록 IS곡선이 완만할 때 국민소득(Y)이 크게 증가한다.
2) 화폐수요가 이자율에 탄력적이어서 LM곡선이 완만하고, 투자가 이자율에 비탄력적이어서 IS곡선이 가파르면, 금융정책을 시행하여도 국민소득(Y)은 거의 증가하지 않는다.

41 ④ [오답체크]
ㄴ. 총공급곡선은 $Y = Y_N + \alpha(P - P^e)$이다. 따라서 예상 물가수준이 상승하면 단기 총공급곡선이 상방, 즉 왼쪽으로 이동한다.

42 ④ [오답체크]
ㄷ. 합리적 기대에서도 예측오차는 발생한다.

43 중앙은행이 실질이자율을 3%로 유지하는 실질이자율 타게팅(targeting) 규칙을 엄격하게 따른다. 이 실질이자율 수준에서 국민경제는 장기와 단기 균형상태에 있었다고 하자. 장기공급곡선을 제외하고는 수직이거나 수평이지 않은 일반적인 IS, LM, AS, AD곡선을 가진 국민경제를 가정하였을 때 다음 중 옳지 않은 것은? [15. 국회직 8급]

① 화폐수요 증가 충격을 받는 경우, LM곡선은 변하지 않는다.
② 화폐수요 증가 충격을 받는 경우, 단기에서 산출은 변하지 않는다.
③ 소비 증가 충격을 받는 경우, LM곡선은 우측으로 이동한다.
④ 소비 증가 충격을 받는 경우, 단기에서 산출은 증가한다.
⑤ 단기 총공급 감소 충격을 받는 경우, LM곡선은 좌측으로 이동한다.

44 어느 경제의 거시경제모형이 아래와 같이 주어져 있다면 균형이자율과 균형국민소득은 각각 얼마인가? [13. 국회직 8급]

- $Y = C + I + G$
- $I = 150 - 600r$
- $T = 0.5Y$
- $\dfrac{M^S}{P} = 2Y - 8{,}000(r + \pi^e)$
- $P = 1$
- $C = 100 + 0.8(Y - T)$
- $G = 200$
- $M^d = M^S$
- $M^S = 1{,}000$
- $\pi^e = 0$

(Y: 소득, C: 소비, I: 투자, r: 실질이자율, T: 세입, G: 정부지출, P: 물가, π^e: 기대물가상승률, M^d: 명목화폐수요, M^S: 명목화폐공급)

	균형이자율	균형국민소득
①	5%	700
②	5%	800
③	6%	700
④	6%	800
⑤	7%	1,000

정답 및 해설

43 ⑤ 단기 총공급이 감소하면 AS곡선이 좌측으로 이동한다. 물가(P)가 상승하므로 LM곡선은 좌측으로 이동한다. 이때 실질이자율(r)이 일정하려면 중앙은행이 통화량을 늘려서 LM곡선을 우측으로 이동시켜야 한다. 결국 단기 총공급 감소의 충격을 받는 경우 LM곡선은 변하지 않는다.

[오답체크]
① 화폐수요가 증가하면 LM곡선이 좌측으로 이동한다. 실질이자율(r)이 일정하려면 중앙은행이 통화량을 늘려서 다시 LM곡선을 우측으로 이동시켜야 한다. 결국 화폐수요 증가 충격을 받는 경우, LM곡선은 변하지 않는다.
② 화폐수요 증가 충격을 받는 경우 곡선이 변하지 않으므로 단기에서 산출은 변하지 않는다.
③ 소비가 증가하면 IS곡선이 우측으로 이동한다. 실질이자율(r)이 일정하려면 중앙은행이 통화량을 늘려서 LM곡선을 우측으로 이동시켜야 한다. 결국 소비증가 충격을 받는 경우 LM곡선은 우측으로 이동한다.
④ 소비증가 충격을 받는 경우 IS곡선과 LM곡선이 모두 우측으로 이동하므로 단기에서 산출은 증가한다.

44 ①　1) IS곡선: $Y = C + I + G$
　　2) $100 + 0.8(Y - 0.5Y) + 150 - 600r + 200$ ➔ $0.6Y = 450 - 600r$ ➔ $Y = 750 - 1{,}000r$
　　3) LM곡선: $\dfrac{M^d}{P} = \dfrac{M^s}{P}$ ➔ $2Y - 8{,}000r = 1{,}000$ ➔ $2Y = 1{,}000 + 8{,}000r$ ➔ $Y = 500 + 4{,}000r$
　　4) 이를 연립해서 풀면 $750 - 1{,}000r = 500 + 4{,}000r$ ➔ $5{,}000r = 250$ ➔ $r = 0.05$이다.
　　5) 균형이자율이 5%이고 $r = 0.05$를 IS곡선 혹은 LM곡선식에 대입하면 균형국민소득 $Y = 700$이다.

45 장기 총공급곡선이 $Y = 2,000$에서 수직이고, 단기 총공급곡선은 $P = 1$에서 수평이다. 총수요곡선은 $Y = \frac{2M}{P}$이고 $M = 1,000$이다. 최초에 장기균형 상태였던 국민경제가 일시적 공급충격을 받아 단기 총공급곡선이 $P = 2$로 이동하였을 때, 〈보기〉에서 옳은 것을 모두 고르면? (단, Y는 국민소득, P는 물가, M은 통화량을 나타냄)   [15. 국회직 8급]

〈보기〉
ㄱ. 국민경제의 최초 장기균형은 $(P : Y) = (1 : 2,000)$이다.
ㄴ. 공급충격으로 단기균형은 $(P : Y) = (2 : 1,000)$으로 이동한다.
ㄷ. 공급충격이 발생한 후 중앙은행이 새로운 단기균형에서의 국민소득을 장기균형수준으로 유지하려면 통화량은 $M = 1,000$이 되어야 한다.
ㄹ. 총수요곡선과 장기 총공급곡선이 변하지 않았다면 공급충격 후에 장기균형은 $(P : Y) = (1 : 2,000)$이다.

① ㄱ, ㄴ ② ㄱ, ㄷ ③ ㄴ, ㄷ
④ ㄱ, ㄴ, ㄹ ⑤ ㄴ, ㄷ, ㄹ

46 〈보기〉와 같은 상황에서 정부지출이 100만큼 증가하는 경우 IS-LM균형에 의해 변하는 GDP값 중 가능한 값은? (단, 승수효과 > 구축효과 > 0)   [16. 국회직 8급]

〈보기〉
• 폐쇄경제를 가정한다.
• IS곡선은 우하향하고 LM곡선은 우상향하는 일반적인 형태를 가진다.
• 가계의 한계소비성향이 0.5이고 소득세는 존재하지 않는다.

① 0 ② 100 ③ 200
④ 250 ⑤ 300

정답 및 해설

45 ④ 조건을 그래프로 그리면 다음과 같다. 여기서 AS_1은 최초균형, AS_2은 일시적 공급충격 후 변동이다.

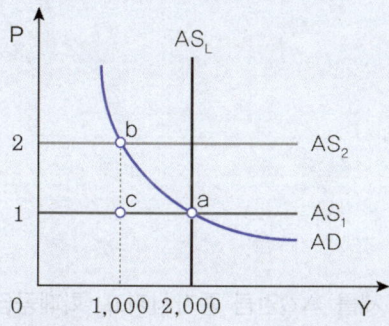

[오답체크]

ㄷ. 공급충격이 발생한 후 중앙은행이 새로운 단기균형에서의 국민소득을 장기균형수준으로 유지하기 위해 총수요함수에 대입하면 $Y = \dfrac{2M}{P} \rightarrow 1,000 = \dfrac{2M}{1}$ 이므로 통화량은 $M = 500$이 되어야 한다.

46 ② 1) 폐쇄경제의 승수효과는 $\dfrac{1}{1-c}$ 이다.

2) IS-LM모형의 재정정책의 효과의 크기는 승수효과 – 구축효과이다.

3) 승수효과 $\dfrac{1}{1-c} = \dfrac{1}{1-0.5} = 2$이다. 따라서 0 < 승수효과 – 구축효과 < 2이다.

4) 따라서 정부지출을 100 늘리면 국민소득은 0보다 크고 200보다 작게 증가한다.

47 난이도 ★★★ 중요도 ★★★★

총수요(AD)-총공급(AS)모형에 대한 설명으로 옳은 것을 〈보기〉에서 모두 고르면?

[16. 국회직 8급]

〈보기〉
ㄱ. AD-AS곡선은 모든 상품의 개별적인 수요-공급을 수평으로 합하여 얻어진다.
ㄴ. 실제물가와 예상물가 수준이 같으면 총공급곡선은 자연실업률 하의 국민소득수준에서 수직이다.
ㄷ. 물가수준이 상승하면 생산량이 늘어나므로 총공급곡선이 오른쪽으로 이동한다.
ㄹ. 노동공급의 결정에 있어 여가가 정상재인 경우에 임금 변화에 따른 소득효과와 대체효과가 항상 상쇄된다면 총공급곡선은 우상향한다.
ㅁ. 투자수요의 이자율탄력성이 클수록 IS곡선이 가파르고 총수요곡선이 가파르다.
ㅂ. 정부가 재정지출을 확대하는 경우 총수요곡선은 우측으로 이동한다.

① ㄱ, ㄴ ② ㄱ, ㄷ ③ ㄴ, ㄹ
④ ㄴ, ㅂ ⑤ ㅁ, ㅂ

48 난이도 ★ 중요도 ★★★

정부가 재정지출을 $\triangle G$만큼 늘리는 동시에 조세를 $\triangle G$만큼 증가시키고, 화폐공급량을 $\triangle G$만큼 줄인 경우 (ㄱ) IS 곡선의 이동과 (ㄴ) LM곡선의 이동에 대한 설명 중 옳은 것은? (단, 한계소비성향은 0.75이다)

[17. 국회직 8급]

	(ㄱ)	(ㄴ)
①	이동하지 않음	좌측 이동
②	우측 이동	우측 이동
③	우측 이동	좌측 이동
④	좌측 이동	좌측 이동
⑤	좌측 이동	우측 이동

난이도 ★★★   **중요도** ★★

49 다음 설명 중 옳은 것은?

[17. 국회직 8급]

① 화폐수요의 이자율탄력성이 음의 무한대($-\infty$)일 때 금융정책은 효과가 없다.
② 소비에 실질잔고효과(혹은 피구효과)가 도입되면 물가가 하락할 때 LM곡선이 우측으로 이동한다.
③ 고전학파의 화폐수량설이 성립할 때 LM곡선은 수평의 형태를 보인다.
④ 유동성 함정에서 사람들은 채권의 예상수익률이 정상적인 수준보다 높다고 생각한다.
⑤ 케인지안은 투자수요의 이자율탄력도가 크고 화폐수요의 이자율탄력도가 작다고 보는 반면, 통화주의자는 투자수요의 이자율탄력도는 작고 화폐수요의 이자율탄력도는 크다고 본다.

정답 및 해설

47 ④ [오답체크]
ㄱ. 총수요곡선이란 각각의 물가수준에서 총수요의 크기를 나타내는 곡선으로 IS-LM모형에서의 균형국민소득이 총수요를 의미하므로 IS-LM곡선에서 총수요곡선(AD)이 도출된다. 총공급곡선이란 각각의 물가수준에서 기업 전체가 팔고자하는 총생산의 크기를 나타내는 곡선으로 노동시장과 총생산함수로부터 도출된다.
ㄷ. 물가수준의 상승은 총공급곡선상의 이동이다.
ㄹ. 노동공급의 결정에 있어 여가가 정상재인 경우에 임금 변화에 따른 소득효과와 대체효과가 항상 상쇄된다면 총공급곡선은 수직선이다.
ㅁ. 투자수요의 이자율탄력성이 클수록 IS곡선은 완만하고 총수요곡선은 완만하다.

48 ③ 1) 정부지출승수는 $\dfrac{dY_E}{dG} = \dfrac{1}{1-c} = \dfrac{1}{1-0.75} = 4$, 조세승수는 $\dfrac{dY_E}{dT} = \dfrac{-c}{1-c} = \dfrac{-0.75}{1-0.75} = -3$이다.
2) 조세를 ΔG만큼 늘리면 $3\Delta G$만큼 좌측으로 이동하므로 IS곡선은 $4\Delta G - 3\Delta G$ 만큼 우측으로 이동하고 화폐공급량을 ΔG만큼 줄이면 LM곡선은 좌측으로 이동한다.

49 ① 화폐의 이자율탄력성이 무한대이면 LM곡선이 수평선이 되어 금융정책은 효과가 전혀 없다.
[오답체크]
② 소비에 실질잔고효과(혹은 피구효과)가 도입되면 물가가 하락할 때 소비와 투자가 늘어나 IS곡선이 우측으로 이동한다.
③ 고전학파의 화폐수량설이 성립할 때 LM곡선은 수직의 형태를 보인다.
④ 유동성 함정에서 사람들은 채권의 예상수익률이 정상적인 수준보다 낮다고 생각한다.
⑤ 케인지안은 투자수요의 이자율탄력도가 작고 화폐수요의 이자율탄력도가 크다고 보는 반면, 통화주의자는 투자수요의 이자율탄력도는 크고 화폐수요의 이자율탄력도는 작다고 본다.

50 총수요곡선 및 총공급곡선에 대한 설명으로 옳은 것을 〈보기〉에서 모두 고르면?

[17. 국회직 8급]

〈보기〉
ㄱ. IT 기술의 발전은 장기 총공급곡선을 우측으로 이동시킨다.
ㄴ. 기업들이 향후 물가가 하락하여 실질임금이 상승할 것으로 예상하는 경우 총공급곡선이 우측으로 이동한다.
ㄷ. 주식가격의 상승은 총수요곡선을 우측으로 이동시킨다.
ㄹ. 물가의 하락은 총수요곡선을 좌측으로 이동시킨다.

① ㄱ, ㄴ
② ㄷ, ㄹ
③ ㄱ, ㄴ, ㄷ
④ ㄱ, ㄴ, ㄹ
⑤ ㄴ, ㄷ, ㄹ

51 어떤 거시경제가 〈보기〉와 같은 조건을 만족하고, 최초에 장기균형 상태에 있다고 할 때, 다음 중 옳지 않은 것은? (단, Y는 생산량, P는 물가수준이다)

[17. 국회직 8급]

〈보기〉
• 장기 총공급곡선은 $Y = 1,000$에서 수직인 직선이다.
• 단기 총공급곡선은 $P = 3$에서 수평인 직선이다.
• 총수요곡선은 수직이거나 수평이 아닌 우하향 곡선이다.

① 불리한 수요충격을 받을 경우 단기균형에서 $Y < 1,000$, $P = 3$이다.
② 불리한 수요충격을 받을 경우 장기균형에서 $Y = 1,000$, $P < 3$이다.
③ 불리한 공급충격을 받을 경우 단기균형에서 $Y < 1,000$, $P > 3$이다.
④ 불리한 공급충격을 받을 경우 장기균형에서 $Y = 1,000$, $P = 3$이다.
⑤ 불리한 공급충격을 중앙은행이 통화량을 증가시켜 전부 수용할 경우 단기균형에서 $Y = 1,000$, $P > 3$이며 장기균형에서 $Y = 1,000$, $P = 3$이다.

난이도 ★★★　중요도 ★★

52 어느 국민경제의 단기 총공급곡선과 총수요곡선은 각각 $Y = \overline{Y} + a(P - P^e)$와 $Y = \dfrac{2M}{P}$이다. 경제주체들은 이용 가능한 모든 정보를 활용하여 합리적으로 기대를 형성한다. 이 국민경제에 대한 설명 중 옳지 않은 것은? (단, Y는 산출량, $\overline{Y}$는 자연산출량, P는 물가수준, P^e는 기대물가수준, M은 통화량이며 $a > 0$가 성립한다)

[15. 국회직 8급]

① 단기 총공급곡선의 기울기는 1/a이다.
② 예상된 물가수준의 상승은 산출량을 증가시키지 못한다.
③ 물가예상 착오(price misconception)가 커질수록 공급곡선의 기울기는 가팔라질 것이다.
④ 예상된 정부지출 증가는 물가수준을 높일 것이다.
⑤ 예상된 통화량 증가는 물가수준을 높일 것이다.

정답 및 해설

50 ③　ㄱ. 기술진보나 자본 증가 ➔ 생산함수 상방으로 이동 ➔ 노동수요곡선 우측으로 이동 ➔ 동일 물가수준에서 생산 증가 ➔ AS곡선이 우측으로 이동한다.
　　ㄴ. 기업은 실질임금이 상승할 것으로 예상하면 고용이 증가하여 총공급곡선이 우측으로 이동한다.
　　ㄷ. 주가 상승은 기업의 가치 증가시킴 ➔ 노동수요 증가 ➔ 노동수요곡선 우측으로 이동 ➔ 동일 물가수준에서 생산증가 ➔ AS곡선이 우측으로 이동한다.

[오답체크]
　　ㄹ. 물가 하락은 총수요곡선 위의 움직임이다.

51 ⑤　불리한 공급충격을 받은 단기균형에서 중앙은행이 통화량을 증가시키면 새로운 장기균형을 만들어 단·장기 모두 $Y = 1{,}000$, $P > 3$이다.

52 ③　단기 총공급함수 $Y = \overline{Y} + a(P - P^e)$에서 물가예상 착오가 커지면 실제 산출량 Y가 크게 증가하므로 총공급곡선의 기울기는 완만해진다.

STEP 2   감정평가사 기출문제

난이도 ★★   중요도 ★★★

53 폐쇄경제 하에서 정부가 지출을 늘렸다. 이에 대응하여 중앙은행이 기존 이자율을 유지하려고 할 때 나타나는 현상으로 옳은 것을 모두 고른 것은? (단, IS곡선은 우하향하고 LM곡선은 우상향한다)   [21. 감정평가사]

> ㄱ. 통화량이 증가한다.
> ㄴ. 소득수준이 감소한다.
> ㄷ. 소득수준은 불변이다.
> ㄹ. LM곡선이 오른쪽으로 이동한다.

① ㄱ, ㄴ   ② ㄱ, ㄷ   ③ ㄱ, ㄹ
④ ㄴ, ㄹ   ⑤ ㄷ, ㄹ

난이도 ★★   중요도 ★★★★

54 폐쇄경제 IS-LM모형에 관한 설명으로 옳은 것은?   [24. 감정평가사]

① 화폐수요의 이자율 탄력성이 0이면 경제는 유동성함정(liquidity trap) 상태에 직면한다.
② LM곡선이 수직선이고 IS곡선이 우하향하면, 완전한 구축효과(crowding-out effect)가 나타난다.
③ IS곡선이 수평선이고 LM곡선이 우상향하면, 통화정책은 국민소득에 영향을 미치지 않는다.
④ 소비가 이자율에 영향을 받을 때, 피구효과(Pigou effect)가 발생한다.
⑤ IS곡선이 우하향할 때, IS곡선의 위쪽에 있는 점은 생산물시장이 초과수요 상태이다.

55 다음 모형에 관한 설명으로 옳지 않은 것은? (단, Y^D, Y, C, I^D, r, G, T는 각각 총수요, 국민소득, 소비, 투자수요, 이자율, 정부지출, 조세이며 I_0, G_0, T_0, α, β, δ는 모두 상수이다)

[23. 감정평가사]

- $Y^D = C + I^D + G$
- $C = \alpha + \beta(Y - T)$, $\alpha > 0, 0 < \beta < 1$
- $I^D = I_0 - \delta r$, $I_0 > 0, \delta > 0$
- $G = G_0$, $T = T_0$
- $Y^D = Y$

① 모형에서 도출된 IS곡선은 우하향한다.
② I_0가 증가하면, IS곡선이 우측으로 이동한다.
③ G_0가 증가하면, IS곡선이 우측으로 이동한다.
④ β가 증가하면, IS곡선 기울기의 절댓값이 커진다.
⑤ δ가 증가하면, IS곡선 기울기의 절댓값이 작아진다.

정답 및 해설

53 ③ 1) 정부지출을 늘리면 IS곡선이 우측으로 이동하여 이자율이 상승한다.
2) 기존 이자율을 유지하기 위해서는 이자율이 하락해야 하므로 통화공급을 늘려야 한다. 이로 인해 LM곡선은 우측으로 이동한다.
3) IS, LM곡선의 이동으로 국민소득이 증가한다.

54 ② LM곡선이 수직선이고 IS곡선이 우하향하면, 정부지출증가로 IS곡선이 우측으로 이동한다해도 국민소득은 변화하지 않고 이자율만 상승하므로 완전한 구축효과(crowding-out effect)가 나타난다.

[오답체크]
① 화폐수요의 이자율 탄력성이 무한대이면 경제는 유동성함정(liquidity trap) 상태에 직면한다.
③ 유동성 함정은 IS곡선이 우하향하고 LM곡선이 수평이면, 통화정책은 국민소득에 영향을 미치지 않는다는 것을 의미한다.
④ 소비가 이자율에 영향을 받을 때, 구축효과가 발생한다.
⑤ IS곡선이 우하향할 때, IS곡선의 위쪽에 있는 점은 생산물시장이 초과공급 상태이다.

55 ④ 문제에서의 IS곡선의 기울기는 $-\dfrac{1-\beta}{\delta}$ 이다. 따라서 β가 증가하면 IS곡선의 기울기의 절댓값이 작아진다.

56. IS-LM곡선에 관한 설명으로 옳은 것을 모두 고른 것은? (단, 폐쇄경제를 가정한다)

[23. 감정평가사]

ㄱ. 투자가 이자율에 영향을 받지 않는다면 LM곡선은 수직선이 된다.
ㄴ. 투자가 이자율에 영향을 받지 않는다면 IS곡선은 수직선이 된다.
ㄷ. 통화수요가 이자율에 영향을 받지 않는다면 LM곡선은 수직선이 된다.
ㄹ. 통화수요가 소득에 영향을 받는다면 LM곡선은 수직선이 된다.

① ㄱ, ㄴ   ② ㄱ, ㄷ   ③ ㄴ, ㄷ
④ ㄴ, ㄹ   ⑤ ㄷ, ㄹ

57. 다음과 같은 특징을 가진 화폐시장의 균형에 관한 설명으로 옳지 않은 것은? (단, 폐쇄경제를 가정한다)

[23. 감정평가사]

- 실질화폐수요는 이자율의 감소함수이다.
- 실질화폐수요는 국민소득의 증가함수이다.
- 명목화폐공급은 중앙은행에 의해 외생적으로 결정된다.
- 물가수준은 단기적으로 고정되어 있으며, 장기적으로 신축적이다.
- 화폐공급이 증가하면 장기적으로 물가수준은 상승한다.

① LM곡선은 우상향한다.
② 명목화폐공급이 증가하면 단기적으로 LM곡선이 우측으로 이동한다.
③ 국민소득이 일정할 때, 명목화폐공급이 이자율에 미치는 영향은 단기보다 장기에서 더 작다.
④ 실질화폐공급이 증가하면 LM곡선은 우측으로 이동한다.
⑤ 장기적으로 실질화폐공급이 변화하지 않는다면, LM곡선은 수직선이다.

난이도 ★★ 중요도 ★★★★

58 폐쇄경제 IS-LM모형에서 투자의 이자율탄력성이 무한대인 경우, 중앙은행이 긴축통화정책을 실행할 시 예상되는 효과로 옳은 것을 모두 고른 것은? (단, LM곡선은 우상향 한다)

[23. 감정평가사]

> ㄱ. 국민소득 감소
> ㄴ. 이자율 증가
> ㄷ. 이자율 불변
> ㄹ. 국민소득 증가
> ㅁ. 이자율 감소

① ㄱ, ㄴ ② ㄱ, ㄷ ③ ㄱ, ㅁ
④ ㄴ, ㄹ ⑤ ㄷ, ㄹ

정답 및 해설

56 ③ [오답체크]
ㄱ. 투자가 이자율에 영향을 받지 않는다면 IS곡선은 수직선이 된다.
ㄹ. 통화수요가 소득에 영향을 받는다면 LM곡선은 수직선이라고 볼 수 없다.

57 ⑤ 장기적으로 화폐공급이 변하지 않아도 소득이 변하면 화폐수요가 증가하므로 LM곡선은 우상향한다.

58 ② 1) 투자의 이자율 탄력성이 무한대인 경우 IS곡선이 수평이다.
2) 긴축적 통화정책을 실시할 경우 LM곡선이 좌측이동하므로 이자율은 불변이고 국민소득은 감소한다.

59 폐쇄경제의 IS-LM모형에서 화폐시장균형조건이 $\frac{M}{P} = L(r, Y-T)$일 때, 조세삭감이 미치는 효과로 옳은 것을 모두 고른 것은? (단, 초기는 균형상태, IS곡선은 우하향, LM곡선은 우상향하며, M은 통화량, P는 물가, Y는 국민소득, T는 조세이다) [23. 감정평가사]

ㄱ. IS곡선 우측이동
ㄴ. LM곡선 우측이동
ㄷ. 통화수요 감소
ㄹ. 이자율상승

① ㄱ, ㄴ
② ㄱ, ㄷ
③ ㄱ, ㄹ
④ ㄴ, ㄷ
⑤ ㄴ, ㄹ

60 한국은행의 통화정책 수단과 제도에 관한 설명으로 옳지 않은 것은? [21. 감정평가사]

① 국채 매입·매각을 통한 통화량 관리
② 금융통화위원회는 한국은행 통화정책에 관한 사항을 심의·의결
③ 재할인율 조정을 통한 통화량 관리
④ 법정지급준비율 변화를 통한 통화량의 관리
⑤ 고용증진 목표 달성을 위한 물가안정목표제 실시

61 난이도 ★★ 중요도 ★★★

통화정책에 관한 설명으로 옳지 않은 것은? [24. 감정평가사]

① 공개시장 매입은 본원통화를 증가시켜 이자율을 하락시킨다.
② 재할인율 인상은 재할인대출을 감소시켜 이자율을 상승시킨다.
③ 자산가격경로는 이자율이 하락할 경우 자산가격이 상승하여 부(富)의 효과로 소비가 증가하는 경로이다.
④ 신용경로는 중앙은행이 화폐공급을 축소할 경우 은행대출이 감소되어 기업투자와 가계소비가 위축되는 경로이다.
⑤ 환율경로는 이자율이 상승할 경우 자국통화가치가 하락하여 순수출이 증가하는 경로이다.

정답 및 해설

59 ③ ㄱ, ㄹ. 조세를 삭감하면 조세승수만큼 IS곡선이 우측이동하고 이로 인해 이자율이 상승한다.
ㄴ, ㄷ. 조세삭감을 하면 가처분소득이 증가하므로 화폐수요가 증가한다. 이로 인해 LM곡선이 우상향하는 원인이 된다.

60 ⑤ 고용증진 목표 달성을 위해서는 총수요가 증가해야 한다. 물가안정은 고용증진을 오히려 악화시킬 수 있다.

61 ⑤ 환율경로는 이자율 상승 ➜ 외화의 공급이 증가, 환율하락 ➜ 자국통화가치 상승 ➜ 순수출이 감소한다.

62 폐쇄경제 IS – LM 모형에서 재정정책과 통화정책이 생산량에 미치는 효과의 크기에 관한 설명으로 옳은 것을 모두 고른 것은? (단, IS는 우하향, LM은 우상향하는 직선이다)

[22. 감정평가사]

> ㄱ. 투자가 이자율에 민감할수록 통화정책의 효과가 작다.
> ㄴ. 화폐수요가 이자율에 민감할수록 재정정책의 효과가 크다.
> ㄷ. 한계소비성향이 클수록 통화정책의 효과가 크다.

① ㄱ ② ㄷ ③ ㄱ, ㄴ
④ ㄱ, ㄷ ⑤ ㄴ, ㄷ

63 A국 중앙은행은 아래의 테일러 규칙(Taylor rule)에 따라 명목정책금리를 조정한다. 이에 관한 설명으로 옳지 않은 것은? [단, 총생산 갭 = (실질GDP − 완전고용실질GDP) / 완전고용 실질GDP이다]

[22. 감정평가사]

> 명목정책금리 = 인플레이션율 + 0.02 + 0.5 × (인플레이션율 − 0.03) + 0.5 × (총생산 갭)

① A국 중앙은행의 인플레이션율 목표치는 3%이다.
② 인플레이션율 목표치를 2%로 낮추려면 명목정책금리를 0.5%p 인하해야 한다.
③ 인플레이션율이 목표치와 동일하고 총생산 갭이 1%인 경우 실질 이자율은 2.5%이다.
④ 완전고용 상태에서 인플레이션율이 2%인 경우에 명목정책금리는 3.5%로 설정해야 한다.
⑤ 인플레이션율이 목표치보다 1%p 더 높은 경우에 명목정책금리를 0.5%p 인상한다.

난이도 ★★   중요도 ★★★★

64 다음 거시경제모형에서 생산물시장과 화폐시장이 동시에 균형을 이루는 소득과 이자율은? (단, C는 소비, Y는 국민소득, I는 투자, G는 정부지출, T는 조세, r은 이자율, MD는 화폐수요, MS는 화폐공급이다. 물가는 고정되어 있고, 해외부문은 고려하지 않는다)

[19. 감정평가사]

- $C = 20 + 0.8(Y - T) - 0.5r$
- $G = 50$
- $MD = 50 + Y - 50r$
- $I = 50 - 9.5r$
- $T = 50$
- $MS = 250$

① 200, 1   ② 200, 2   ③ 250, 1
④ 300, 1   ⑤ 300, 2

정답 및 해설

62 ⑤ ㄴ. 화폐수요가 이자율에 민감할수록 LM곡선이 완경사이므로 재정정책의 효과가 크다.
ㄷ. 한계소비성향이 클수록 IS곡선이 완경사이므로 통화정책의 효과가 크다.

[오답체크]
ㄱ. 투자가 이자율에 민감할수록 IS곡선이 완경사이므로 통화정책의 효과가 크다.

63 ② 인플레이션율 목표치를 2%로 낮추려면 명목정책금리를 0.5%p 인상해야 한다.

[오답체크]
① 테일러 준칙에서 (인플레이션율 - 0.03)가 목표인플레이션이다. 따라서 A국 중앙은행의 인플레이션율 목표치는 3%이다.
③ 인플레이션율이 목표치와 동일하고 총생산 갭이 1%인 경우
  ㉠ 명목정책금리 = 인플레이션율 + 0.02 + 0.5 × 0.01이다.
  ㉡ 실질이자율 = 명목정책금리 - 인플레이션율 = 0.02 + 0.5 × 0.01 = 0.025이다. 따라서 실질이자율은 2.5%이다.
④ 완전고용 상태에서 이므로 GDP갭이 0이다. 인플레이션율이 2%인 경우에
  ㉠ 명목정책금리 = 0.02 + 0.02 + 0.5 × (0.02 - 0.03) = 0.04 - 0.005 = 0.035이다.
  ㉡ 따라서 명목정책금리는 3.5%로 설정해야 한다.
⑤ 인플레이션율이 목표치보다 1%p 더 높은 경우에 0.5 × (인플레이션율 - 0.03)에서 0.5P가 곱해서 나오므로 명목정책금리를 0.5%p 인상한다.

64 ⑤ 1) IS곡선
$Y = C + I + G \rightarrow Y = 20 + 0.8(Y - 50) - 0.5r + 50 - 9.5r + 50 \rightarrow Y = 400 - 50r$

2) LM곡선
$\dfrac{M^d}{P} = \dfrac{M^s}{P} \rightarrow$ 물가는 고정되어 있으므로 $50 + Y - 50r = 250 \rightarrow Y = 200 + 50r$

3) 균형을 구하면 $400 - 50r = 200 + 50r \rightarrow r = 2$, $Y = 300$이다.

65 다음 폐쇄경제 IS – LM 모형에서 경제는 균형을 이루고 있고, 현재 명목화폐 공급량(M)은 2이다. 중앙은행은 확장적 통화정책을 실시하여 현재보다 균형이자율을 0.5만큼 낮추고, 균형국민소득을 증가시키고자 한다. 이를 위한 명목 화폐공급량의 증가분($\triangle M$)은? (단, Y는 국민소득, r은 이자율, M^d는 명목화폐 수요량, P는 물가이고 1로 불변이다) [17. 감정평가사]

- IS곡선: $r = 4 - 0.05Y$
- 실질화폐수요함수: $\dfrac{M^d}{P} = 0.15Y - r$

① 0.5 ② 2 ③ 2.5
④ 3   ⑤ 4

66 아래의 폐쇄경제 IS-LM 모형에서 중앙은행은 균형이자율을 현재보다 5 만큼 높이는 긴축적 통화정책을 실시하여 균형국민소득을 감소시키고자 한다. 현재 명목화폐공급량(M)이 40일 때, 이를 달성하기 위한 명목화폐공급량의 감소분은? (단, r은 이자율, Y는 국민소득, M^d는 명목화폐수요량, P는 물가수준이고 1로 고정되어 있다) [24. 감정평가사]

- IS 곡선: $r = 120 - 5Y$
- 실질화폐수요함수: $\dfrac{M^d}{P} = 3Y - r$

① 5   ② 8   ③ 10
④ 15 ⑤ 20

난이도 ★★   중요도 ★★★★

67 총수요곡선 및 총공급곡선에 관한 설명으로 옳지 않은 것을 모두 고른 것은? [23. 감정평가사]

> ㄱ. 총수요곡선은 물가수준과 재화 및 용역의 수요량간의 관계를 보여준다.
> ㄴ. 통화수요 또는 투자가 이자율에 영향을 받지 않을 경우 총수요곡선은 수평이 된다.
> ㄷ. 단기적으로 가격이 고정되어 있을 경우 총공급곡선은 수평이 된다.
> ㄹ. 정부지출의 변화는 총수요곡선상에서 변화를 가져온다.

① ㄱ, ㄴ   ② ㄱ, ㄷ   ③ ㄴ, ㄷ
④ ㄴ, ㄹ   ⑤ ㄷ, ㄹ

정답 및 해설

65 ② 1) LM곡선은 화폐시장의 균형이므로 $\frac{2}{1} = 0.15Y - r$ ➔ $r = 0.15Y - 2$이다.
2) IS-LM의 균형을 구하면 $0.15Y - 2 = 4 - 0.05Y$ ➔ $0.2Y = 6$ $Y = 30$이고 $r = 2.5$이다.
3) 이자율이 0.5만큼 낮아진다면 $r = 2$이다.
4) $r = 2$이므로 IS곡선에 대입하면 $Y = 40$이다.
5) 이를 실질화폐함수에 대입하면 $\frac{M^d}{1} = 6 - 2 = 4$이다.
6) 따라서 실질화폐증가분은 2이다.

66 ② 1) 화폐시장의 균형은 $40 = 3Y - r$ ➔ $r = 3Y - 40$이다.
2) 생산물시장과 화폐시장의 동시균형을 구하면 $120 - 5Y = 3Y - 40$ ➔ $8Y = 160$ ➔ $Y = 20$, $r = 20$이다.
3) 현재 이자율을 5만큼 높이면 $r = 25$이다. 이를 IS곡선에 대입하면 $25 = 120 - 5Y$ ➔ $Y = 19$이다.
4) 이를 화폐시장의 균형에 대입하면 $M = 3 \times 19 - 25$ ➔ $M = 32$이다. 따라서 명목화폐량의 감소분은 8이다.

67 ④ **[오답체크]**
ㄴ. 통화수요 또는 투자가 이자율에 영향을 받지 않을 경우 총수요곡선은 수직이 된다.
ㄹ. 정부지출의 변화는 총수요자체의 변화를 가져온다.

68 단기 총공급곡선에 관한 설명으로 옳은 것은? [17. 감정평가사]

난이도 ★★ 중요도 ★★★

① 케인즈(J. M. Keynes)에 따르면 명목임금이 고정되어 있는 단기에서 물가가 상승하면 고용량이 증가하여 생산량이 증가한다.
② 가격경직성모형(sticky-price model)에서 물가수준이 기대 물가수준보다 낮다면 생산량은 자연산출량 수준보다 높다.
③ 가격경직성모형은 기업들이 가격수용자라고 전제한다.
④ 불완전정보모형(imperfect information model)은 가격에 대한 불완전한 정보로 인하여 시장은 불균형을 이룬다고 가정한다.
⑤ 불완전정보모형에서 기대 물가수준이 상승하면 단기 총공급곡선은 오른쪽으로 이동한다.

69 폐쇄경제 IS – LM과 AD – AS의 동시균형 모형에서 투자를 증가시키되 물가는 원래 수준으로 유지시킬 가능성이 있는 것은? (단, IS곡선은 우하향, LM곡선은 우상향, AD곡선은 우하향, AS곡선은 우상향한다) [22. 감정평가사]

난이도 ★★ 중요도 ★★★

① 긴축 재정정책
② 팽창 통화정책
③ 긴축 재정정책과 팽창 통화정책의 조합
④ 팽창 재정정책과 긴축 통화정책의 조합
⑤ 팽창 재정정책과 팽창 통화정책의 조합

70 총수요-총공급모형의 단기 균형 분석에 관한 설명으로 옳은 것은? (단, 총수요곡선은 우하향하고, 총공급곡선은 우상향한다)

[17. 감정평가사]

① 물가수준이 하락하면 총수요곡선이 오른쪽으로 이동하여 총생산은 증가된다.
② 단기적인 경기변동이 총수요충격으로 발생되면 물가수준은 경기역행적(countercyclical)으로 변동한다.
③ 정부지출이 증가하면 총공급곡선이 오른쪽으로 이동하여 총생산은 증가한다.
④ 에너지가격의 상승과 같은 음(-)의 공급충격은 총공급곡선을 오른쪽으로 이동시켜 총생산은 감소된다.
⑤ 중앙은행이 민간 보유 국채를 대량 매입하면 총수요곡선이 오른쪽으로 이동하여 총생산은 증가한다.

정답 및 해설

68 ① 단기 총공급곡선식은 $Y = Y_N + \alpha(P - P^e)$이다. 따라서 물가가 상승하면 총공급이 증가한다.

[오답체크]
② 새케인즈학파의 가격경직성모형(sticky-price model)에서 물가수준이 기대 물가수준보다 낮다면 생산량은 자연산출량 수준보다 낮다.
③ 새케인즈학파의 가격경직성모형은 기업들이 가격설정자라고 전제한다.
④ 새고전학파의 불완전정보모형(imperfect information model)은 시장이 균형을 이룬다고 본다.
⑤ 불완전정보모형에서 기대 물가수준이 상승하면 단기 총공급곡선은 우상향의 형태가 된다.

69 ③ 1) 투자를 증가시키려면 이자율은 낮아져야 하므로 LM곡선이 우측이동해야 한다. 따라서 팽창적 통화정책이 필요하다.
2) 팽창적 통화정책은 총수요를 증가시킨다. 이때 물가는 원래수준이려면 총수요를 감소시켜야 하므로 긴축적 재정정책을 실시해야 한다.

70 ⑤ 중앙은행이 민간 보유 국채를 대량 매입하면 통화량이 증가하여 LM곡선이 우측으로 이동한다. 이로 인해 총수요곡선이 오른쪽으로 이동하여 총생산은 증가한다.

[오답체크]
① 물가수준이 하락하면 총수요곡선 내에서 우하향한다.
② 단기적인 경기변동이 총수요충격으로 발생되면 물가수준은 경기순응적이다.
③ 정부지출이 증가하면 총수요곡선이 오른쪽으로 이동하여 총생산은 증가한다.
④ 에너지가격의 상승과 같은 음(-)의 공급충격은 총공급곡선을 왼쪽으로 이동시켜 총생산은 감소된다.

71 난이도 ★ 중요도 ★★★

( )에 들어갈 내용으로 옳은 것은? (단, 전염병이 발생하기 전의 경제는 균형상태이고, 총공급곡선은 우상향하고 총수요곡선은 우하향한다)   [22. 감정평가사]

> 폐쇄경제 AD - AS 모형에서 전염병의 발생으로 인하여 총수요와 총공급이 모두 감소할 때, 균형국민소득은 (ㄱ)하고 균형물가수준은 (ㄴ)하(한)다.

① ㄱ: 감소, ㄴ: 감소
② ㄱ: 불확실, ㄴ: 불변
③ ㄱ: 감소, ㄴ: 증가
④ ㄱ: 불변, ㄴ: 불변
⑤ ㄱ: 감소, ㄴ: 불확실

72 난이도 ★★ 중요도 ★★★

A국 경제의 총수요곡선과 총공급곡선이 각각 $P = -Y_d + 4$, $P = P_e + (Y_s - 2)$이다. P_e가 3에서 5로 증가할 때, (ㄱ) 균형소득수준과 (ㄴ) 균형물가수준의 변화는? (단, P는 물가수준, Y_d는 총수요, Y_s는 총공급, P_e는 기대물가수준이다)   [21. 감정평가사]

① ㄱ: 상승, ㄴ: 상승
② ㄱ: 하락, ㄴ: 상승
③ ㄱ: 상승, ㄴ: 하락
④ ㄱ: 하락, ㄴ: 하락
⑤ ㄱ: 불변, ㄴ: 불변

73 A국 경제의 총수요곡선과 총공급곡선이 $Y_d = -P+8$, $Y_s = (P-P_e)+4$이다. 기대물가(P_e)가 2에서 4로 증가할 때, (ㄱ) 균형소득수준의 변화와 (ㄴ) 균형물가수준의 변화는? (단, Y_d는 총수요, Y_s는 총공급, P는 물가, P_e는 기대물가이다) [23. 감정평가사]

① ㄱ: 2,　ㄴ: 2
② ㄱ: -2,　ㄴ: 2
③ ㄱ: -1,　ㄴ: 0
④ ㄱ: -1,　ㄴ: 1
⑤ ㄱ: 0,　ㄴ: 0

정답 및 해설

71 ⑤ 총수요와 총공급이 모두 변하면 물가는 알 수 없고 균형국민소득은 감소한다.

72 ② 1) 최초의 균형은 $-Y+4 = 3+Y-2$ ➡ $2Y=3$ ➡ $Y=\frac{3}{2}$, 물가 $P=\frac{5}{2}$

　　2) 변화 후에는 $-Y+4 = 5+Y-2$ ➡ $2Y=1$ ➡ $Y=\frac{1}{2}$, 물가 $P=\frac{7}{2}$

　　3) 따라서 균형국민소득은 하락하고 물가는 상승한다.

73 ④ 1) $P_e=2$인 경우 $-P+8 = P-2+4$ ➡ $2P=6$ ➡ $P=3$, $Y=5$

　　2) $P_e=4$인 경우 $-P+8 = P-4+4$ ➡ $2P=8$ ➡ $P=2$, $Y=6$이다.

74 아래의 폐쇄경제 IS – LM 모형에서 도출된 총수요곡선으로 옳은 것은? (단, r은 이자율, Y는 국민소득, M^d는 명목화폐수요량, P는 물가수준, M^s는 명목화폐공급량이고, $Y>20$이다)

[22. 감정평가사]

- IS곡선 : $r=10-0.4Y$
- 실질화폐수요함수 : $\dfrac{M^d}{P}=0.1Y-r$
- 명목화폐공급함수 : $M^s=4$

① $P=\dfrac{1}{2(Y-20)}$

② $P=\dfrac{1}{(Y-20)}$

③ $P=\dfrac{2}{(Y-20)}$

④ $P=\dfrac{4}{(Y-20)}$

⑤ $P=\dfrac{8}{(Y-20)}$

75 유동성 함정(liquidity trap)에 관한 설명으로 옳은 것을 모두 고른 것은? [20. 감정평가사]

ㄱ. IS곡선이 수직선이다.
ㄴ. LM곡선이 수평선이다.
ㄷ. 재정정책이 국민소득에 영향을 주지 않는다.
ㄹ. 화폐수요의 이자율탄력성이 무한대일 때 나타난다.

① ㄱ, ㄷ ② ㄴ, ㄹ ③ ㄷ, ㄹ
④ ㄱ, ㄴ, ㄷ ⑤ ㄴ, ㄷ, ㄹ

난이도 ★★   중요도 ★★★

76 어떤 경제의 총수요곡선과 총공급곡선이 각각 $P=-Y^D+2$, $P=P^e+(Y^S-1)$이다. P^e가 1.5일 때, 다음 설명 중 옳은 것을 모두 고른 것은? (단, P는 물가수준, Y^D는 총수요, Y^S는 총공급, P^e는 기대물가수준이다) [16. 감정평가사]

> ㄱ. 이 경제의 균형은 $P=1.25$, $Y=0.75$이다.
> ㄴ. 이 경제는 장기 균형 상태이다.
> ㄷ. 합리적 기대 가설하에서는 기대물가수준 P^e는 1.25이다.

① ㄱ ② ㄴ ③ ㄱ, ㄷ
④ ㄴ, ㄷ ⑤ ㄱ, ㄴ, ㄷ

정답 및 해설

74 ⑤ 1) LM곡선을 구하면 $\dfrac{M^S}{P}=\dfrac{M^D}{P}$이다. 주어진 조건을 대입하면 $\dfrac{4}{P}=0.1Y-r$ → $r=0.1Y-\dfrac{4}{P}$이다.

2) IS-LM의 균형을 구하면 $10-0.4Y=0.1Y-\dfrac{4}{P}$ → $\dfrac{4}{P}=0.5Y-10$ → $\dfrac{4}{0.5Y-10}=P$ → $P=\dfrac{8}{(Y-20)}$이다.

75 ② ㄴ. 유동성 함정이 성립하려면 LM곡선이 수평이어야 한다.
ㄹ. LM곡선이 수평이려면 LM곡선의 기울기 $\dfrac{k}{h}$가 수평이어야 하므로 화폐수요의 이자율탄력성(h)이 무한대여야 한다.

[오답체크]
ㄱ. IS곡선의 형태와 관련이 없다.
ㄴ. 재정정책이 국민소득에 영향을 준다.

76 ① ㄱ. 균형은 동일 물가, 생산량이므로 $-Y^D+2=1.5+(Y^S-1)$ → $2Y=1.5$ → $Y=0.75$이다. 이때 $P=1.25$이다.

[오답체크]
ㄴ. 장기균형에서는 $P^e=P$이므로 잠재GDP = 1이다. 따라서 불균형 상태이다.
ㄷ. 합리적 기대 가설하라고 하더라도 정보에 대한 가정이 없으므로 물가수준을 예측할 수 없다.

77 난이도 ★★ 중요도 ★★★

리카디언 등가(Ricardian equivalence) 정리에 관한 설명으로 옳지 않은 것은?

[20. 감정평가사]

① 민간 경제주체는 합리적 기대를 한다.
② 소비자가 차입 제약에 직면하면 이 정리는 성립되지 않는다.
③ 소비자가 근시안적 견해를 가지면 이 정리는 성립되지 않는다.
④ 현재의 감세가 현재의 민간소비를 증가시킨다는 주장과는 상반된 것이다.
⑤ 정부가 미래의 정부지출을 축소한다는 조건에서 현재 조세를 줄이는 경우에 현재의 민간소비는 변하지 않는다.

78 난이도 ★★ 중요도 ★★★

리카도 대등 정리(Ricardian equivalence theorem)는 정부지출의 재원조달 방식에 나타나는 변화가 민간부문의 경제활동에 아무런 영향을 주지 못한다는 것이다. 이 정리가 성립하기 위한 가정으로 옳은 것을 모두 고른 것은?

[19. 감정평가사]

> ㄱ. 유동성 제약
> ㄴ. 경제활동인구 증가율이 양(+)의 값
> ㄷ. 일정한 정부지출수준과 균형재정
> ㄹ. 합리적 기대에 따라 합리적으로 행동하는 경제주체

① ㄱ, ㄴ ② ㄴ, ㄷ ③ ㄷ, ㄹ
④ ㄱ, ㄷ, ㄹ ⑤ ㄴ, ㄷ, ㄹ

79 아래의 IS – LM 모형에서 균형민간저축(private saving)은? (단, C는 소비, Y는 국민소득, T는 조세, I는 투자, r은 이자율, G는 정부지출, M^s는 명목화폐공급량, P는 물가수준, M^d는 명목화폐수요량이다) [22. 감정평가사]

- $C = 8 + 0.8(Y - T)$
- $I = 14 - 2r$
- $G = 2$
- $T = 5$
- $M^s = 10$
- $P = 1$
- $M^d = Y - 10r$

① 2 ② 4 ③ 5
④ 8 ⑤ 10

정답 및 해설

77 ⑤ 1) 리카도의 대등 정리는 현재와 미래의 정부지출이 일정하게 주어진 것으로 가정한다.
2) 정부가 미래의 정부지출을 축소한다는 조건하에 현재시점에서 국채를 발행하고 조세를 감면하는 정책이 실시되더라도 미래에는 조세가 증가하지 않을 것으로 볼 것이다.
3) 따라서 가계는 소득의 일부를 소비지출에 사용할 것이다.

78 ③ [오답체크]
ㄱ. 유동성 제약이 존재하면 정부지출로 인해 소비가 반드시 늘어난다.
ㄴ. 경제활동인구 증가율이 양(+)의 값이 되어도 미래의 인구가 증가하므로 미래의 조세부담이 반드시 증가하지는 않는다. 따라서 리카도의 대등 정리가 성립하지 않는다.

79 ① 1) IS곡선은 $Y = C + I + G + X - M$이다. 문제에서 제시된 조건을 대입하면
$Y = 8 + 0.8Y - 4 + 14 - 2r + 2$ ➡ $0.2Y = 20 - 2r$ ➡ $Y = 100 - 10r$
2) 균형이자율은 화폐시장의 균형에서 만들어지므로 $\frac{M^S}{P} = \frac{M^D}{P}$이다.
문제의 조건을 대입하면 $\frac{10}{1} = \frac{Y - 10r}{1}$ ➡ $Y = 10 + 10r$이다.
3) 생산물시장과 화폐시장의 균형을 구하면 $100 - 10r = 10 + 10r$ ➡ $20r = 90$ ➡ $r = 4.5$, $Y = 55$
4) 균형민간저축은 $S_P = Y - C - T$이다.
5) 구한 값을 대입하면 $S_P = 55 - 48 - 5 = 2$

80 아래와 같은 고전학파 모형에서 정부지출이 150에서 200으로 증가할 경우 실질이자율과 민간투자의 변화에 관한 설명으로 옳은 것은? (단, $S, \overline{Y}, \overline{T}, \overline{G}, I, r, s, s(r)$은 각각 총저축, 총생산, 조세, 정부지출, 투자, 실질이자율(%), 민간저축률이며, 민간저축률은 실질이자율의 함수이다)

[24. 감정평가사]

- $S = s(r)(\overline{Y} - \overline{T}) + (\overline{T} - \overline{G})$
- $I = 200 - 10r$
- $\overline{Y} = 1,000, \ \overline{T} = 200, \ \overline{G} = 150$
- $s(r) = 0.05r$

① 실질이자율은 1%포인트 상승하고 민간투자는 10 감소한다.
② 실질이자율은 3%포인트 상승하고 민간투자는 30 감소한다.
③ 실질이자율은 5%포인트 상승하고 민간투자는 50 감소한다.
④ 실질이자율과 민간투자는 변화가 없다.
⑤ 실질이자율은 1%포인트 하락하고 민간투자는 10 증가한다.

81 유동성선호설을 통한 화폐시장과 LM곡선에 대해 옳게 설명한 것은? [단, 화폐공급곡선은 수직이고, 화폐수요는 이자율에 음(−), 소득에 정(+)의 관계를 가정]

[25. 감정평가사]

① 소득의 감소는 화폐수요곡선을 오른쪽으로 이동시켜 이자율 상승
② 소득의 증가는 실질화폐 수요를 증가시켜 이자율 상승
③ 이자율이 상승하면 화폐수요곡선이 왼쪽으로 이동하고 소득 증가
④ 중앙은행이 화폐공급을 감소하면 이자율 하락
⑤ 투기적 동기로 인한 소득의 증가는 화폐수요곡선상에서의 이동으로 이자율 상승

난이도 ★★　중요도 ★★★

82 아래의 폐쇄경제 IS-LM 모형의 초기 균형에서 중앙은행이 이자율을 0.5만큼 인상시키고자 할 때, 명목화폐공급량 변화분의 절댓값은? (단, Y는 국민소득, r은 이자율, P는 물가, M은 명목화폐공급량)
[25. 감정평가사]

- IS곡선: $r = 6 - Y$
- $M = 4$
- LM곡선: $\dfrac{M}{P} = Y - r$
- $P = 1$

① 0.0　② 0.5　③ 1.0
④ 1.5　⑤ 2.0

정답 및 해설

80 ① 1) 문제의 조건을 대입하면 $S = 0.05r(1{,}000 - 200) + (200 - 150)$ ➜ $S = 40r + 50$
2) 고전학파에서는 $I = S$이므로 $200 - 10r = 40r + 50$ ➜ $50r = 150$ ➜ $r = 3$이다.
3) 정부지출이 200으로 증가하면 $S = 0.05r(1{,}000 - 200) + (200 - 200)$ ➜ $S = 40r$
4) $200 - 10r = 40r$ ➜ $50r = 200$ ➜ $r = 4$이다. 이자율이 1%p 상승했으므로 투자는 10 감소한다.

81 ② 소득의 증가는 거래적, 예비적 동기의 실질화폐 수요를 증가시켜 이자율 상승
[오답체크]
① 소득의 감소는 화폐수요곡선을 왼쪽으로 이동시켜 이자율 상승
③ 이자율이 상승하면 화폐수요곡선상의 이동이 이루어진다.
④ 중앙은행이 화폐공급을 감소하면 이자율 상승
⑤ 소득의 증가는 화폐수요곡선 자체를 우측으로 이동시켜 이자율 상승

82 ③ 1) LM곡선 $\dfrac{4}{1} = Y - r$ ➜ $Y = 4 + r$
2) 최초의 IS-LM균형을 구하면 $6 - r = 4 + r$ ➜ $r = 1$이다.
3) 초기의 균형에서 이자율을 0.5만큼 인상시키면 $r = 1.5$이다.
4) $r = 1.5$를 IS곡선에 대입하면 소득은 4.5이다.
5) 새로운 균형에서 $\dfrac{M^s}{1} = Y - r$에서 IS곡선에서 도출한 값을 대입하면 $M^s = 4.5 - 1.5 = 3$이다.
6) 기존에 4, 새롭게 3이 되었으므로 -1감소, 절댓값으로는 1이 변화한다.

난이도 ★ 중요도 ★★★

83 폐쇄경제에서 총수요곡선이 우하향하는 이유에 관한 설명으로 옳지 않은 것은?

[25. 감정평가사]

① 물가수준이 상승하면, 소비자의 실질 부(富)의 효과 감소로 인한 구매력 감소
② 물가수준이 하락하면, 실질 화폐공급량의 증가로 인한 금리 하락으로 투자수요 증가
③ 화폐공급이 고정된 상태에서 물가수준이 하락하면, 실질 화폐공급 증가로 총수요량 증가
④ 물가수준이 상승하면, 중앙은행이 금리를 인하하여 투자를 증가
⑤ 물가수준이 하락하면, 구매력이 증가하여 소비가 증가

난이도 ★ 중요도 ★★★

84 폐쇄경제에서 총수요곡선(AD)과 총공급곡선(AS)을 이동시키는 요인에 관한 설명 중 옳지 않은 것을 모두 고른 것은? (단, AD곡선은 우하향, AS곡선은 우상향한다) [25. 감정평가사]

> ㄱ. 혁신적 기술수준 향상은 AD곡선을 오른쪽으로 이동
> ㄴ. 투자수요증가는 AS곡선을 오른쪽으로 이동
> ㄷ. 통화량 감소는 AD곡선을 왼쪽으로 이동
> ㄹ. 정부의 지출 감소는 AD곡선을 왼쪽으로 이동

① ㄱ, ㄴ
② ㄱ, ㄷ
③ ㄴ, ㄹ
④ ㄱ, ㄴ, ㄷ
⑤ ㄴ, ㄷ, ㄹ

난이도 ★   중요도 ★★

85 스태그플레이션의 원인과 총수요(AD) – 총공급(AS)곡선의 변화를 설명한 것으로 옳지 않은 것을 모두 고른 것은? (단, 폐쇄경제이고, AD곡선은 우하향하고 AS곡선은 우상향한다)

[25. 감정평가사]

	원인		AD-AS곡선변화
ㄱ.	생산비용 상승	⇒	AS곡선 왼쪽 이동
ㄴ.	생산비용 하락	⇒	AD곡선 오른쪽 이동
ㄷ.	부(-)의 공급충격	⇒	AS곡선 왼쪽 이동
ㄹ.	부(-)의 수요충격	⇒	AD곡선 오른쪽 이동

① ㄱ, ㄴ   ② ㄱ, ㄷ   ③ ㄴ, ㄷ
④ ㄴ, ㄹ   ⑤ ㄷ, ㄹ

정답 및 해설

83 ④ 물가수준이 상승하면, 실질화폐공급 감소로 이자율이 상승한다. 이로 인해 소비와 투자가 감소한다.
84 ① ㄱ. 혁신적 기술수준 향상은 AS곡선을 오른쪽으로 이동시킨다.
　　　ㄴ. 투자수요증가는 AD곡선을 오른쪽으로 이동시킨다.
85 ④ 스태그플레이션은 총공급이 감소하여 이루어진다. 총수요와는 관련이 없다.

86 리카도 대등 정리(Ricardian equivalence theorem)가 성립되지 않는 조건을 모두 고른 것은?

[25. 감정평가사]

> ㄱ. 왜곡적인 조세
> ㄴ. 완전한 자본시장
> ㄷ. 근시안적 의사결정
> ㄹ. 합리적 기대에 따른 의사결정

① ㄱ, ㄴ ② ㄱ, ㄷ ③ ㄱ, ㄹ
④ ㄴ, ㄷ ⑤ ㄴ, ㄹ

정답 및 해설

86 ② 리카도의 대등 정리은 왜곡적 조세가 없고, 미래지향적 의사결정 등을 가져야 성립한다.

Topic 20 물가와 실업

01 물가지수

개념	기준 시점의 물가를 100으로 잡고 다른 시점의 물가를 이의 백분비로 표시한 지수. 어느 시점의 물가지수가 110이라면 이는 기준 시점보다 물가가 10% 오른 것을 의미함
종류	(1) 소비자물가지수(CPI; Consumer Price Index): 도시의 가계가 사용하는 대표적 소비재의 가격 동향을 보여주는 물가지수, ㉮_____ 지수 (2) 생산자물가지수(PPI; Producer Price Index): 기업 사이에서 거래되는 원자재와 자본재의 가격 동향을 보여주는 물가지수, ㉮_____ 지수 (3) GDP 디플레이터: 한 나라 안에서 생산되는 모든 상품의 가격을 고려 대상으로 삼아 산출한 물가지수, ㉯_____ 지수
용도	(1) 화폐의 구매력을 측정하는 수단: 물가가 상승하게 되면 화폐의 구매력은 떨어지게 됨 (2) 경기 동향의 판단 지표로 사용: 일반적으로 경기가 좋아지면 수요가 증가하여 물가가 상승하고, 경기가 나빠지면 수요가 감소하여 물가가 하락함 (3) 전반적인 상품의 수급 동향을 판단하기 위한 자료: 물가지수에는 상품 종류별로 작성된 부문별 지수도 있어 재화 및 서비스의 종류별 물가 동향을 파악할 수 있음 (4) GDP 디플레이터: 명목 국내총생산을 실질 국내총생산으로 환산하는 데 쓰임
물가 변동과 국민 경제	물가는 화폐의 구매력을 결정하므로 국민 경제에 큰 영향을 줌. 물가 안정은 국민 경제의 주요 정책 목표

> **핵심키워드**
> ㉮ 라스파이레스, ㉯ 파셰

02 인플레이션

개념	일반물가수준이 지속적으로 상승하는 현상
㉮ 인플레이션	(1) 고전학파와 통화주의자 ① 원인: 급격하고 과도한 통화공급의 증가 ② $MV = PY$에서 V는 지불습관에 의해 고정이고 Y는 완전고용산출량 수준으로 일정하여 결국 물가(P)의 지속적 상승 즉, 인플레이션이 통화량 (M)의 증가가 원인임 ③ 대책: 안정적 통화공급 (EC방식) → 프리드만의 k% 준칙: 통화량 증가율을 매년 경제성장률에 맞추어 일정하게 유지하면, 인플레이션의 방지가 가능하다. 만약 7~8%의 경제성장률(실질 GDP 성장률)이 예측될 경우 통화량 증가율도 7~8%에 고정시켜놓으면 인플레이션 없는 적절한 통화공급이 가능하다고 봄 (2) 케인즈학파 ① 원인: 투자나 정부지출 증가 등 확대 재정정책으로 인한 총수요곡선의 우측 이동 ② 대책: 총수요억제 또는 긴축재정정책이 필요함
㉯ 인플레이션	(1) 원인 ① 임금인상, 이윤인상, 석유파동 등 공급충격으로 생산비가 상승하여 AS곡선이 좌상방으로 이동 ② 임금인상 인플레이션, 이윤인상 인플레이션, 공급충격 인플레이션 ③ 인플레이션과 함께 산출량감소로 인한 실업률도 동시에 상승하게 되어 ㉰_____이 나타남 (2) 대책 ① 총공급능력을 증가시키기 위한 정책(AS곡선의 우측 이동) ② 노동생산성을 증가시키기 위한 기술향상, 교육훈련 등이 필요

핵심키워드
㉮ 수요견인, ㉯ 비용인상, ㉰ 스태그플레이션

03 인플레이션의 사회적 비용

예상된 인플레이션	(1) **피셔가설**: ㉮ _____ ① 예상된 인플레이션의 사회적 비용은 별로 크지 않고, 부의 재분배 효과도 미미함 ② 실질이자율이 1% 감소하고, 기대물가상승률이 2% 증가한다면, 피셔효과에 의해 명목이자율은 1% 상승함 (2) **피셔가설의 한계**: 아무리 완벽하게 예상된 인플레이션이라도 어떤 형태의 사회적 비용이 발생할 수 있음 ① ㉯ _____: 인플레이션이 예상되고 있을 때 사람들은 가능한 현금보유를 줄이고 금융자산이나 실물자산으로 바꿔 보유하려는 태도를 보이는데, 이렇게 보유하게 된 금융자산이나 실물자산을 한꺼번에 현금화하지 않고 필요할 때마다 조금씩 현금화하기 위해 더욱 잦은 발걸음을 하게 됨으로 인한 거래비용을 말함 ② ㉰ _____: 물가변동으로 인해 가격이 인쇄된 카탈로그를 새것으로 바꾸는 데 비용이 들기고 하고, 가격을 번경한 결과 단골손님을 잃을 위험도 있음. 이러한 메뉴비용은 완벽하게 예상된 인플레이션의 경우에도 발생함
예상되지 못한 인플레이션	(1) **부와 소득의 재분배**: ㉱ _____로부터 채무자에게 부가 재분배되고, 급여생활자·연금생활자의 소득이 재분배됨(불리해짐) (2) **경제의 불확실성 증대**: 장기계약 회피, 단기성 위주의 자금 대출 등의 경향이 생기게 됨. 모두 단기계약만을 선호한다면, 때로는 기업이 긴 안목에서 장기 투자계획을 실행에 옮길 필요가 있음에도 장기대출이 불가능해 자금조달을 할 수 없어 기업들은 머지않아 경쟁력을 상실하게 됨 (3) **투기의 성행**: 경험적으로 보면 인플레이션하에서 상품별 가격상승률 격차가 상당한 것을 알 수 있음. 가격이 더 많이 오를 것이라고 생각되는 부동산, 골동품, 금 등에 대한 투기가 성행하게 됨

핵심키워드
㉮ 명목이자율 = 실질이자율 + (예상)인플레이션율, ㉯ 구두창비용, ㉰ 메뉴비용, ㉱ 채권자

04 실업

개념	일할 능력과 의사가 있음에도 불구하고 일자리를 갖지 못한 상태
실업자	조사대상 주간 중 수입 있는 일에 전혀 종사하지 못한 자로써, 적극적으로 구직활동을 하고, 즉시 취업이 가능한 자
취업자	(1) 조사대상 주간 중 수입을 목적으로 1시간 이상 일한 자 (2) 자기에게 직접적으로는 이득이나 수입이 오지 않더라도 자기가구에서 경영하는 농장이나 사업체의 수입을 높이는 데 도움을 준 가족종사자로써 주당 ㉮ _____ 이상 일한 자(무급가족종사자) (3) 직장 또는 사업체를 가지고 있으나 조사대상 주간 중 일시적인 병, 일기불순, 휴가 또는 연가, 노동쟁의 등의 이유로 일하지 못한 일시휴직자
경제활동인구	15세 이상 인구(노동가능 인구) 중에서 취업자와 실업자 전체
비경제활동인구	(1) 비경제활동인구 = 생산가능인구수 − 경제활동인구수 (2) 일할 의사 또는 능력이 없는 경우 (3) 주부, 학생, 노인, 환자, 실망실업자 등
통계청이 고용상태를 조사하는 방법	지난 1주 동안 1시간 이상 수입을 목적으로 일을 했나요? → 예 → 취업자 아니오 ↓ 지난 1주 동안 일자리를 구하기 위해 노력했나요? → 예 → 실업자 아니오 ↓ 비경제활동인구

실업과 관련한 표 분석	전체 인구			
	생산가능인구(노동가능인구)			비생산가능인구
	경제활동인구		비경제활동인구	
	취업자	실업자		

핵심키워드
㉮ 18시간

주요 공식	(1) 실업률 = $\dfrac{\text{실업자수}}{\text{경제활동인구(취업자수+실업자수)}} \times 100(\%)$ (2) 취업률 = $\dfrac{\text{취업자수}}{\text{경제활동인구수}} \times 100(\%)$ (3) 경제활동참가율 = $\dfrac{\text{경제활동인구(취업자수+실업자수)}}{\text{생산(노동)가능인구(15세 이상 인구)}} \times 100(\%)$ (4) 고용률 = $\dfrac{\text{취업자수}}{\text{생산(노동)가능인구(15세 이상 인구)}} \times 100(\%)$
자연실업률	(1) **의미**: 경기변동에 관계없이 발생하는 실업인 마찰적 실업과 구조적 실업만 존재할 때의 실업률 (2) **결정모형**: 매기 취업자 중 실직하는 사람의 비율인 실직률(job separation rate)을 s, 실업자 중 새로이 취업하는 사람의 비율(job finding rate)인 구직률을 f라고 할 때 실업률은 $\dfrac{U}{L}$이므로 변형하면 ㉮ (3) **결정요인** 　① **불완전경쟁시장**: 생산물시장과 생산요소시장의 불완전경쟁의 정도가 클수록 자연실업률은 상승함 　② **탐색비용과 이동비용**: 직업을 구하는 비용과 이동하는 비용이 크면 자연실업률은 상승함 　③ **제도적인 요인**: 실업보험제도가 강화될수록 근로의욕이 저하되어 자연실업률은 상승하며, 최저임금제도, 노동조합 등은 비자발적 실업을 발생시켜 자연실업률은 상승함 　④ **산업구조의 변화**: 산업구조가 급격하게 변화하면 노동이동이 발생하여 자연실업률이 상승함 　⑤ **인구구성의 변화**

핵심키워드

㉮ $\dfrac{U}{L} = \dfrac{s}{f+s}$

05 실업의 종류와 대책

종류		개념	대책
자발적 실업	㉠ ____ 실업	(1) 직장 이동 과정에서 일시적으로 생기는 실업 (2) 더 나은 일자리를 찾는 과정에서 생기는 실업	취업 정보 제공
비자발적 실업	㉡ ____ 실업	불경기로 노동 수요가 부족하여 생기는 실업	공공사업, 경기부양책, 정부지출확대
	㉢ ____ 실업	산업구조나 기술의 변동 속에서 생기는 실업	기술교육, 인력개발

06 필립스곡선과 스태그플레이션

필립스 곡선	(1) 그래프 필립스곡선: $\pi = -a(u - u_N)$ 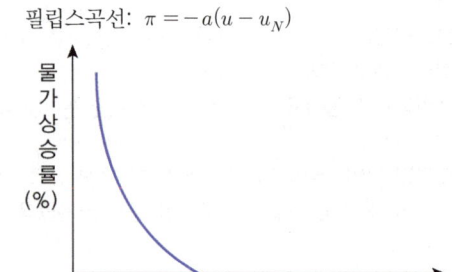 (2) 케인즈학파 ① 물가 안정과 완전 고용을 동시에 달성하는 것은 ㉣ ____ ② 필립스곡선이 우하향하므로 물가 안정과 완전 고용을 동시에 달성하는 것은 비록 불가능하나 재량적인 재정·금융 정책을 통하여 사회 후생이 극대화될 수 있다고 해석 ③ 우하향의 필립스곡선이 재량적인 안정화정책(미조정, fine-tuning)에 당위성을 부여하는 것으로 봄 (3) 미세조정(fine-tuning) ① 재정정책과 금융정책을 적절하게 사용함으로써 경제를 안정된 상태로 유지시키려는 정책 ② 기본적으로 케인즈학파는 ㉤ ____을 통해 경제를 안정시키는 것이 가능하다고 봄

핵심키워드
㉠ 마찰적, ㉡ 경기적, ㉢ 구조적, ㉣ 불가능, ㉤ 미조정

총수요곡선의 이동과 필립스곡선	(1) 우하향의 필립스곡선은 우상향의 총공급곡선과 밀접한 관계 ① 총수요 증가로 산출량 증가 ➔ 실업률 하락 ② 물가 상승 ➔ 물가 상승률 상승 (2) ㉮_____ 곡선상에서의 이동은 필립스곡선상에서의 이동에 대응 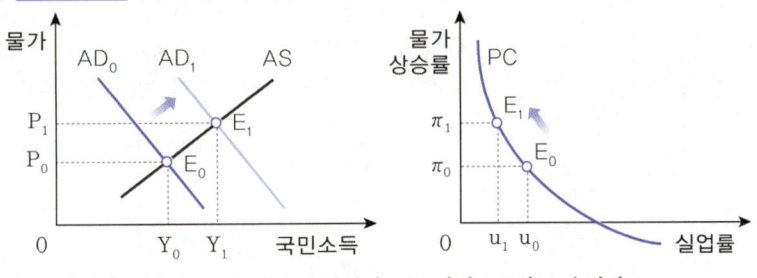 (3) 고전학파의 경우는 AS곡선이 수직선이므로 필립스곡선도 수직임
스태그플레이션과 필립스곡선	(1) 1970년대에 들어와 인플레이션율도 높아지고 경기도 침체하는 스태그플레이션 현상이 발생함에 따라 필립스곡선이 우상방으로 이동함. 이에 따라 필립스곡선이 안정적이라고 생각하던 기존의 견해가 붕괴됨 (2) 스태그플레이션과 자연실업률 가설 ① 비용인상 인플레이션: 원유가격 상승 등으로 인해 ㉯_____ 이 발생하면 AS곡선이 좌측으로 이동하므로 스태그플레이션 현상 발생 ② 비용인상 인플레이션과 필립스곡선의 이동 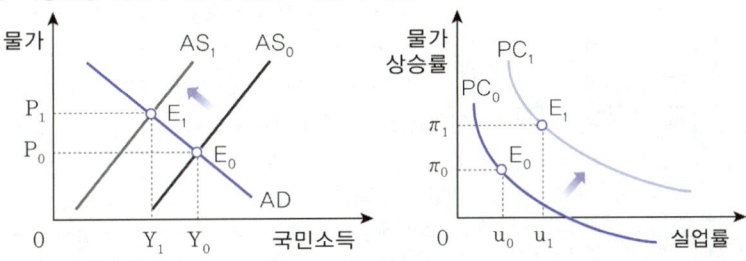 (3) 자연실업률 가설 ① 자연실업률: 노동시장이 균형을 이루고 있어 취업자와 실업자의 수가 변하지 않는 상태에서의 실업률 ② 자연실업률 가설: 프리드먼(Friedman)과 펠프스(Phelps)에 의해 제기 $\pi = \pi^e - a(u - u_N)$ ③ 프리드먼과 펠프스: 장기적으로는 확대 재정정책을 실시하더라도 실업률을 자연실업률 이하로 낮추는 것은 불가능하며 결국 물가만 상승하게 된다는 것인 자연실업률 가설의 내용임

핵심키워드

㉮ 총공급, ㉯ 공급 충격

(4) 장기 필립스곡선의 도출
① 최초에 A점에서 실업을 줄이기 위해 확장 정책을 시행하면 단기적으로 B점으로 이동(물가 이동, 실업률 하락)
② 장기적으로는 노동자들이 물가가 3% 상승했다는 사실을 알게 되어 기대 물가가 3%로 상향 조정됨. 기대 물가가 상향 조정되면 임금의 상승으로 인해 공급곡선이 좌측으로 이동하고 실업률은 다시 상승하게 됨
③ 따라서 장기 필립스곡선은 자연실업률 수준에서 ㉮_____의 형태로 도출됨

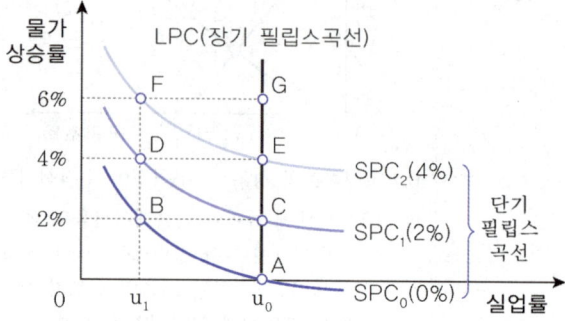

새고전학파의 필립스곡선

(1) 개념
① $\pi = \pi^e - \alpha(u - u_N)$ (π^e: 기대 인플레이션율, u_N: 자연실업률)
② 합리적 기대하에서는 이용 가능한 모든 정보를 이용하여 다음 기의 인플레이션을 예상하므로 체계적 오차가 발생하지 않음
③ 따라서 $\pi - \pi^e$가 평균적으로 0이므로 $u - u_N$도 0이 되며, 물가와 관계없이 자연실업률이 일정하므로 필립스곡선은 수직이 됨

(2) 단기와 장기: 위의 결과처럼 ㉯_____일 때는 단기와 장기 모두 ㉰_____인 필립스곡선이 도출됨

(3) 정부의 신뢰성
① 인플레이션 진정정책의 사회적 비용(실업률 증가)이 들지 않음
② 민간이 정부의 발표를 신뢰하지 않는다면 기대 인플레이션이 낮아지지 않으므로 실업률이 대폭 상승하게 됨

핵심키워드
㉮ 수직선, ㉯ 합리적 기대, ㉰ 수직

STEP 1　타시험 기출문제

01 난이도 ★　중요도 ★★

GDP 디플레이터(deflator)에 대한 설명으로 옳은 것은?　　[16. 지방직 7급]

① GDP 디플레이터는 소비자물가지수(CPI)에 비해 국가의 총체적인 물가변동을 측정하는 데 불리한 지표이다.
② GDP 디플레이터는 명목GDP를 실질GDP로 나눈다는 점에서 명목GDP 1단위에 대한 실질GDP의 값을 확인하는 지표이다.
③ GDP 디플레이터는 생산량 변화효과는 제거하고 기준가격에 대한 경상가격의 변화분만 나타내는 지표이다.
④ 우리나라의 GDP 디플레이터는 장기간 증가하는 경향을 보이고 있는데 이는 국내 기업들의 생산량 증가에 기인한다.

02 난이도 ★　중요도 ★★★

물가지수에 관한 설명으로 옳지 않은 것은?　　[20. 노무사]

① 소비자물가지수는 재화의 품질 변화를 반영하는 데 한계가 있다.
② GDP 디플레이터는 실질GDP를 명목GDP로 나눈 수치이다.
③ 소비자물가지수는 재화의 상대가격 변화에 따른 생계비의 변화를 과대평가한다.
④ 소비자물가지수는 재화 선택의 폭이 증가함에 따른 화폐가치의 상승효과를 측정할 수 없다.
⑤ 소비자물가지수는 GDP 디플레이터와 달리 해외에서 수입되는 재화의 가격 변화도 반영할 수 있다.

정답 및 해설

01 ③　GDP 디플레이터는 물가지수로서 생산량 변화효과는 제거하고 기준가격에 대한 경상가격의 변화분만 나타내는 지표이다.

[오답체크]
① GDP 디플레이터는 소비자물가지수(CPI)에 비해 항목이 다양하므로 국가의 총체적인 물가변동을 측정하는 데 유리한 지표이다.
② GDP 디플레이터는 명목GDP를 실질GDP로 나눈다는 점에서 실질GDP 1단위에 대한 명목GDP의 값을 확인하는 지표이다.
④ 우리나라의 GDP 디플레이터는 장기간 증가하는 경향을 보이고 있는데 이는 물가가 상승하는 것을 보여준다.

02 ②　GDP 디플레이터는 명목GDP를 실질GDP로 나눈 수치이다.

03 다음 표는 A국이 소비하는 빵과 의복의 구입량과 가격을 나타낸다. 물가지수가 라스파이레스 지수(Laspeyres index)인 경우, 2010년과 2011년 사이의 물가상승률은? (단, 기준연도는 2010년이다)   [17. 국가직 7급]

구분	빵		의복	
	구입량	가격	구입량	가격
2010년	10만개	1만원	5만벌	3만원
2011년	12만개	3만원	6만벌	6만원

① 140% ② 188%
③ 240% ④ 288%

04 인플레이션에 관한 설명으로 옳은 것은?   [20. 노무사]

① 예상치 못한 인플레이션이 발생하면 채권자가 이득을 보고 채무자가 손해를 보게 된다.
② 피셔(I. Fisher)가설에 따르면 예상된 인플레이션의 사회적 비용은 미미하다.
③ 예상치 못한 인플레이션은 금전거래에서 장기계약보다 단기계약을 더 회피하도록 만든다.
④ 경기호황 속에 물가가 상승하는 현상을 스태그플레이션이라고 한다.
⑤ 인플레이션 조세는 정부가 화폐공급량을 줄여 재정수입을 얻는 것을 의미한다.

05 난이도 ★ 중요도 ★★

2021년 현재 우리나라 통계청의 고용통계 작성기준에 관한 설명으로 옳지 않은 것은? (단, 만 15세 이상 인구를 대상으로 한다) [21. 노무사]

① 아버지가 수입을 위해 운영하는 편의점에서 조사대상주간에 무상으로 주당 20시간 근무한 자녀는 비경제활동인구로 분류된다.
② 다른 조건이 같을 때, 실업자가 구직활동을 포기하면 경제활동참가율은 하락한다.
③ 질병으로 입원하여 근로가 불가능한 상태에서 구직활동을 하는 경우에는 실업자로 분류되지 않는다.
④ 대학생이 수입을 목적으로 조사대상주간에 주당 1시간 이상 아르바이트를 하는 경우 취업자로 분류된다.
⑤ 실업률은 경제활동인구 대비 실업자의 비율이다.

정답 및 해설

03 ① 1) 라스파이레스 물가지수는 기준연도 구입량을 가중치로 사용한다.
2) 2011년의 A국의 물가지수는 $L = \frac{P_t Q_0}{P_0 Q_0} \times 100 = \frac{(3 \times 10) + (6 \times 5)}{(1 \times 10) + (3 \times 5)} \times 100 = \frac{60}{25} \times 100 = 240$이다.
3) 물가지수의 변화율이 물가상승률이고 기준연도의 물가지수는 100이므로 물가상승률은 140%(= $\frac{240 - 100}{100}$)이다.

04 ② [오답체크]
① 채무자는 이득이고 채권자가 손해이다.
③ 장기계약보다 단기계약을 선호하게 된다.
④ 스태그플레이션은 경기 불황속의 인플레이션을 의미한다.
⑤ 인플레이션 조세는 화폐공급량을 늘려 재정수입을 얻는 효과를 의미한다.

05 ① 가족이 운영하는 사업체에서 주당 18시간 이상 일한 경우 취업자로 분류된다.
[오답체크]
② 다른 조건이 같을 때, 실업자가 구직활동을 포기하면 비경제활동인구가 되므로 경제활동참가율은 하락한다.
③ 일할 능력이 없으므로 비경제활동인구에 포함된다.
④ 수입이 있으므로 취업자이다.

06 난이도 ★ 중요도 ★★

실업에 관한 설명으로 옳지 않은 것은? [20. 노무사]

① 실업보험은 마찰적 실업을 감소시켜 자연실업률을 하락시키는 경향이 있다.
② 경기변동 때문에 발생하는 실업을 경기적 실업이라 한다.
③ 효율성임금이론(efficiency wage theory)에 따르면 높은 임금 책정으로 생산성을 높이려는 사용자의 시도가 실업을 야기할 수 있다.
④ 내부자-외부자 가설(insider-outsider hypothesis)에 따르면 내부자가 임금을 높게 유지하려는 경우 실업이 발생할 수 있다.
⑤ 최저임금제도는 구조적 실업을 야기할 수 있다.

07 난이도 ★ 중요도 ★★★

총인구 200명, 15세 이상 인구 100명, 비경제활동인구 20명, 실업자 40명인 A국이 있다. A국의 경제활동참가율(%), 고용률(%), 실업률(%)을 순서대로 옳게 나열한 것은? (단, 우리나라의 고용통계 작성 방식에 따른다) [20. 노무사]

① 40, 20, 40
② 40, 50, 20
③ 80, 20, 20
④ 80, 40, 50
⑤ 80, 50, 20

난이도 ★   중요도 ★★★

08 어느 나라의 생산가능인구 중 취업자가 900만명, 실업자가 100만명, 비경제활동인구가 1,000만명이라고 가정하자. 이 나라의 경제활동참가율과 실업률을 바르게 연결한 것은?

[21. 국가직 7급]

	경제활동참가율	실업률
①	50%	5%
②	50%	10%
③	55%	5%
④	55%	10%

정답 및 해설

06 ① 실업보험은 마찰적 실업을 증가시켜 자연실업률을 증가시키는 경향이 있다.

07 ④ 1) 위에서 생산가능인구 100명, 경제활동인구 80명, 취업자 40명을 유추할 수 있다.

2) 경제활동 참가율 = $\frac{80}{100} \times 100 = 80\%$ 이다.

3) 고용률 = $\frac{40}{100} \times 100 = 40\%$ 이다.

4) 실업률 = $\frac{40}{80} \times 100 = 50\%$ 이다.

08 ② 1) 경제활동인구 = 취업자 + 실업자 ➜ $1,000 = 900 + 100$

2) 생산가능인구 = 경제활동인구 + 비경제활동인구 ➜ $2,000 = 1,000 + 1,000$

3) 경제활동 참가율 = $\frac{경제활동인구}{생산가능인구} \times 100$ ➜ $\frac{1,000}{2,000} \times 100 = 50\%$

4) 실업률 = $\frac{실업자}{경제활동인구} \times 100$ ➜ $\frac{100}{1,000} \times 100 = 10\%$

09 난이도 ★★ 중요도 ★★★

A국가는 경제활동인구가 1,000만명이고, 매 기간 동안 실직률(취업자 중 실직하는 사람의 비율)과 구직률(실직자 중 취업하는 사람의 비율)은 각각 2%와 18%이다. 균제상태(steady state)의 실업자 수는?
[21. 노무사]

① 25만명   ② 40만명   ③ 50만명
④ 75만명   ⑤ 100만명

10 난이도 ★★★★ 중요도 ★★

노동시장에 대한 설명으로 옳지 않은 것은?
[21. 지방직 7급]

① 고용률과 실업률은 동반 상승할 수 있다.
② 경제활동참가율과 실업률은 동반 상승할 수 있다.
③ 경제활동참가율과 고용률은 동반 상승할 수 있다.
④ 실업률은 일정한데 고용률이 상승했다면 경제활동참가율이 감소했기 때문이다.

난이도 ★★ 중요도 ★★★

11 통화량, 인플레이션과 고용에 대한 설명으로 옳은 것은? [12. 국가직 7급]

① 구직을 포기한 자의 수가 증가하면 실업률은 증가한다.
② 총수요관리를 통한 경기안정화정책은 자연실업률을 낮추기 위한 것이다.
③ 통화의 중립성(the neutrality of money)은 통화량의 증가가 주요 명목변수에 영향을 미치지 못함을 말한다.
④ 이력현상이론(hysteresis theory)에 따르면 장기불황이 지속되는 경우 자연실업률이 증가한다.

정답 및 해설

09 ⑤ 1) 균제상태는 자연실업률이다.
2) 자연실업률의 공식은 $\frac{s}{s+f}$ 이다.
3) 공식에 조건을 대입하면 $\frac{0.02}{0.02+0.18} = 0.1$ 이다.
4) 따라서 실업자 수는 경제활동인구 × 실업자이므로 1,000만명 × 0.1 = 100만명이다.

10 ④ 1) 실업률 + 취업률 = 100%이므로 실업률이 일정하다면 취업률도 일정하다는 것이다.
2) 고용률이 상승했으므로 취업자수가 증가하였다.
3) 취업률 = $\frac{취업자}{경제활동인구} \times 100$이므로 취업자수가 증가했다면 경제활동인구도 증가해야 한다.
4) 따라서 경제활동 참가율이 증가했다는 것을 알 수 있다.

11 ④ 새케인즈학파가 주장한 실업의 이력현상이란 과거의 실업률이 현재의 실업률에 영향을 주는 현상으로 장기불황이 지속되면 자연실업률 자체가 증가한다.

[오답체크]
① 구직포기자는 실망실업자로서 비경제활동인구에 해당한다. 따라서 구직포기자가 증가하면 실업률은 하락하여 실업률이 과소평가되는 문제점을 야기한다.
② 확장적 총수요관리정책은 일시적으로 실제실업률을 자연실업률 이하로 낮출 수 있지만 장기적으로는 실제실업률이 자연실업률수준으로 복귀하기 때문에 자연실업률 자체를 변화시킬 수는 없다. 자연실업률을 감소시키기 위해서는 노동시장의 유연성 제고, 실업보험의 축소, 장기적인 인력정책 등이 이뤄져야 한다.
③ 통화의 중립성이란 통화량의 증가가 실질변수에는 아무런 영향을 주지 못하고 단지 명목변수만 비례적으로 증가시키는 현상을 말한다.

12 다음 그림은 A국의 명목GDP와 실질GDP를 나타낸다. 이에 대한 설명으로 옳지 않은 것은? (단, A국의 명목GDP와 실질GDP는 우상향하는 직선이다) [17. 국가직 7급]

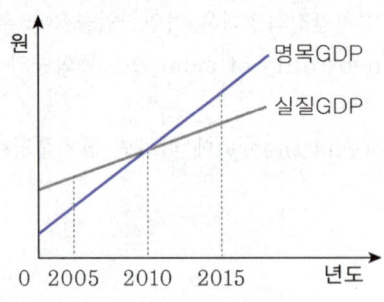

① 기준연도는 2010년이다.
② 2005년의 GDP 디플레이터는 100보다 큰 값을 가진다.
③ 2010년에서 2015년 사이에 물가는 상승하였다.
④ 2005년에서 2015년 사이에 경제성장률은 양(+)의 값을 가진다.

13 실업에 대한 설명으로 옳은 것을 〈보기〉에서 모두 고르면? [16. 서울시 7급]

〈보기〉
ㄱ. 마찰적 실업이란 직업을 바꾸는 과정에서 발생하는 일시적인 실업이다.
ㄴ. 구조적 실업은 기술의 변화 등으로 직장에서 요구하는 기술이 부족한 노동자들이 경험할 수 있다.
ㄷ. 경기적 실업은 경기가 침체되면서 이윤감소 혹은 매출감소 등으로 노동자를 고용할 수 없을 경우 발생한다.
ㄹ. 자연실업률은 마찰적, 구조적, 경기적 실업률의 합으로 정의된다.
ㅁ. 자연실업률은 완전고용상태에서의 실업률이라고도 한다.

① ㄱ, ㄴ, ㄷ
② ㄱ, ㄷ, ㅁ
③ ㄱ, ㄴ, ㄷ, ㅁ
④ ㄱ, ㄷ, ㄹ, ㅁ

난이도 ★★   중요도 ★★★

14 우리나라 고용통계에서 고용률이 높아지는 경우로 가장 옳은 것은? [18. 서울시 7급]

① 구직활동을 하던 실업자가 구직단념자가 되는 경우
② 부모님 농장에서 무급으로 주당 18시간 일하던 아들이 회사에 취직한 경우
③ 주당 10시간 일하던 비정규직 근로자가 정규직으로 전환된 경우
④ 전업 주부가 주당 10시간 마트에서 일하는 아르바이트를 시작한 경우

정답 및 해설

12 ② 2005년의 GDP 디플레이터는 실질GDP가 명목GDP보다 크므로 100보다 작은 값을 가진다.
[오답체크]
① 기준연도는 명목과 실질 GDP가 일치하는 2010년이다.
③ 2010년에서 2015년 사이에 GDP 디플레이터가 커졌으므로 물가는 상승하였다.
④ 2005년에서 2015년 사이에 실질GDP가 증가하였으므로 경제성장률은 양(+)의 값을 가진다.

13 ③ [오답체크]
ㄹ. 자연실업률은 마찰적 실업과 구조적 실업만 존재할 때의 실업률 혹은 마찰적 실업만 존재할 때의 실업률로 본다. 어떠한 경우로 보더라도 경기적 실업은 포함되지 않는다.

14 ④ 고용률은 생산가능인구(15세 이상의 인구) 중에서 취업자가 차지하는 비율이므로 고용률이 상승하려면 취업자의 수가 증가해야 한다. 따라서 전업 주부가 주당 10시간 마트에서 일하는 아르바이트를 시작한 경우가 이에 해당한다.
[오답체크]
① 구직활동을 하던 실업자가 구직단념자가 되는 경우는 실업자가 비경제활동인구가 되는 경우이다.
② 부모님 농장에서 무급으로 주당 18시간 일하던 아들이 회사에 취직한 경우는 둘 다 취업자였다.
③ 주당 10시간 일하던 비정규직 근로자가 정규직으로 전환된 경우는 둘 다 취업자였다.

15 난이도 ★★ 중요도 ★★★

노동시장이 안정상태(실업률이 상승하지도 하락하지도 않는 상태)에 있다. 취업 인구의 1%가 매달 직업을 잃고 실업인구의 24%가 매달 새로운 직업을 얻는다면, 안정상태의 실업률은? (단, 경제활동인구는 고정이며, 노동자는 취업하거나 또는 실업 상태에 있다) [11. 지방직 7급]

① 4% ② 4.5%
③ 5% ④ 5.5%

16 난이도 ★★ 중요도 ★★★

어떤 나라의 경제활동인구가 1,000만명으로 일정하다고 한다. 비경제활동인구는 존재하지 않으며 취업인구 중에서 매달 일자리를 잃는 노동자의 비율이 2%이고 실업인구 중에서 매달 취업이 되는 노동자의 비율이 14%라면, 이 나라의 자연실업률은? [16. 서울시 7급]

① 12% ② 12.5%
③ 13% ④ 13.5%

17 난이도 ★★ 중요도 ★★★

경제활동인구가 일정한 경제에서 안정상태(steady state)의 실업률이 10%이다. 매월 취업자 중 2%가 직장을 잃고 실업자가 되는 경우, 기존의 실업자 중 매월 취업을 하게 되는 비율은? [20. 국가직 7급]

① 2% ② 8%
③ 10% ④ 18%

18 필립스곡선 및 자연실업률 가설에 대한 설명으로 옳은 것은? [11. 국가직 7급]

난이도 ★★ 중요도 ★★★

① 필립스곡선은 명목임금상승률과 실업률 간의 관계를 나타내는 우상향의 곡선이다.
② 필립스곡선은 단기총공급곡선을 나타내며 기대 인플레이션율이 상승하면 아래쪽으로 이동한다.
③ 자연실업률 가설에 따르면 정부가 총수요확대정책을 실시한 경우에 단기적으로 기업과 노동자가 이를 정확하게 인식하지 못하기 때문에 실업률을 낮출 수 있다.
④ 자연실업률 가설에 따르면 장기적으로 필립스곡선은 수직이며, 이 경우 총수요확대정책은 자연실업률보다 낮은 실업률을 달성한다.

정답 및 해설

15 ① 안정상태에서는 '$\frac{s}{s+f}$ = 자연실업률'이 성립한다. 따라서 $\frac{0.01}{0.01+0.24}$ = 0.04이다(단, s는 실직률, f는 구직률이다).

16 ② 1) 자연실업률 $u_N = \frac{s}{s+f}$ 이다.

2) $s = 0.02$, $f = 0.14$일 때 자연실업률 $u_N = \frac{0.02}{0.02+0.14}$ = 0.125이다.

17 ④ 안정상태에서는 '$\frac{s}{s+f}$ = 자연실업률'이 성립한다. $\frac{0.02}{0.02+f}$ = 0.1이므로 f = 0.18이다(단, s는 실직률, f는 구직률이다).

18 ③ 적응적 기대학파인 프리드만-펠프스의 자연실업률 가설에 의하면 정부가 총수요확대정책인 확장재정, 금융정책을 펼치면 단기에는 국민들의 화폐착각에 의해 실업률을 낮출 수 있으나, 장기에는 국민들의 기대행동에 의해 실업률은 원래의 자연실업률 수준으로 복귀하고 장기 필립스곡선은 자연실업률 수준에서 수직선이다.

[오답체크]
① 필립스곡선은 명목임금상승률과 실업률 간의 관계를 나타내는 우하향의 곡선이다.
② 필립스곡선은 단기총공급곡선을 나타내며 기대 인플레이션율이 상승하면 위쪽으로 이동한다.
④ 자연실업률 가설에 따르면 장기적으로 필립스곡선은 수직이며, 이 경우 총수요확대정책은 자연실업률로 회귀한다.

19 다음 그림은 필립스곡선을 나타낸다. 현재 균형점이 A인 경우, (가)와 (나)로 인한 새로운 단기 균형점은?

[17. 국가직 7급]

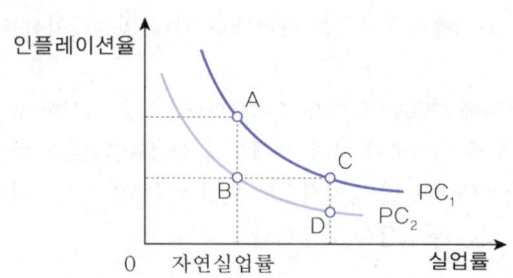

(가) 경제주체들의 기대형성이 적응적 기대를 따르고 예상하지 못한 화폐공급의 감소가 일어났다.
(나) 경제주체들의 기대형성이 합리적 기대를 따르고 화폐공급의 감소가 일어났다. (단, 경제주체들은 정부를 신뢰하며, 정부 정책을 미리 알 수 있다)

	(가)	(나)
①	B	C
②	B	D
③	C	B
④	C	D

20 기대 인플레이션과 자연실업률이 부가된 필립스(Phillips)곡선에 대한 설명으로 옳지 않은 것은?

[18. 국가직 7급]

① 실제실업률이 자연실업률과 같은 경우, 실제인플레이션은 기대 인플레이션과 같다.
② 실제실업률이 자연실업률보다 높은 경우, 실제인플레이션은 기대 인플레이션보다 낮다.
③ 실제실업률이 자연실업률과 같은 경우, 기대 인플레이션율은 0과 같다.
④ 사람들이 인플레이션을 완전히 예상할 수 있는 경우, 실제실업률은 자연실업률과 일치한다.

21 필립스곡선과 디스인플레이션(disinflation)에 대한 설명으로 옳지 않은 것은? [21. 군무원 7급]

① 기억효과(hysteresis)가 존재하는 경우 고통 없는 디스인플레이션이 용이해진다.
② 필립스곡선이 원점에 볼록하다면, 인플레이션이 낮은 상황에서의 희생율이 인플레이션이 높은 상황에서의 희생율보다 크다.
③ 합리적 기대이론도 불완전정보로 인해 단기 필립스곡선이 우하향할 수 있음을 인정한다.
④ 고통 없는 디스인플레이션이 가능한지 여부는 정부정책에 대한 신뢰와 밀접하게 관련된다.

22 다음과 같은 단기 필립스곡선에 대한 설명으로 옳지 않은 것은? (단, π는 현재 인플레이션, π^e는 기대인플레이션, u는 현재 실업률, u_N은 자연실업률이다) [21. 지방직 7급]

$$\pi = \pi^e - \alpha(u - u_N), \ \alpha > 0$$

① 임금과 가격이 신축적일수록 α의 절댓값이 커진다.
② 기대인플레이션의 상승은 실제 인플레이션의 상승을 낳는다.
③ 합리적 기대하에서 예상된 통화정책은 단기적으로 실업률에 영향을 미친다.
④ 합리적 기대하에서 예상되지 못한 통화정책은 단기적으로 실업률에 영향을 미친다.

정답 및 해설

19 ③ (가) 경제주체들이 적응적으로 기대를 형성하는 경우 통화공급이 감소하면 총수요곡선이 왼쪽으로 이동하나 노동자들의 예상물가는 변하지 않으므로 단기총공급곡선은 이동하지 않는다. 총수요곡선만 왼쪽으로 이동하면 물가가 하락하고 실질GDP 감소로 실업률이 높아져 단기균형점이 A점 → C점으로 이동한다.
(나) 합리적 기대하에서 예상된 통화공급 감소가 이루어지면 필립스곡선 자체가 하방으로 이동하므로 경제의 단기균형점이 A점에서 B점으로 이동한다.

20 ③ 실제실업률이 자연실업률과 같은 경우, 기대부가 필립스곡선이 $\pi = \pi^e - \alpha(u - u_n)$이므로 $u - u_n = 0$이면 $\pi = \pi^e$가 성립하나 기대 인플레이션율 π^e가 0이라고 단정지어 말할 수 없다.

21 ① 기억효과(hysteresis)는 실업의 이력현상이다. 기억효과가 있으면 장기에서도 필립스곡선이 우하향한다. 이 경우 인플레이션 줄이기 위해서는 실업이 생기므로 고통이 없을 수 없게 된다.

22 ③ 합리적 기대하에서 예상된 통화정책은 단기적으로 실업률에 영향을 미치지 못한다.

23 어느 한 국가의 기대를 반영한 필립스곡선이 〈보기〉와 같을 때 가장 옳은 것은? (단, π는 실제인플레이션율, π^e는 기대 인플레이션율, u는 실업률이다) [18. 서울시 7급]

〈보기〉
$$\pi = \pi^e - 0.5u + 2.2$$

① 기대 인플레이션율의 변화 없이 실제인플레이션율이 전기에 비하여 1%p 감소하면 실업률이 7.2%가 된다.
② 기대 인플레이션율이 상승하면 장기 필립스곡선이 오른쪽으로 이동한다.
③ 잠재GDP에 해당하는 실업률은 4.4%이다.
④ 실제실업률이 5%이면 실제인플레이션율은 기대 인플레이션율보다 높다.

24 〈보기〉에서 단기 총공급곡선과 단기 필립스곡선에 대한 설명으로 옳은 것을 모두 고른 것은? [22. 서울시 7급]

〈보기〉
ㄱ. 단기 필립스곡선의 기울기는 단기 총공급곡선의 기울기와 오쿤의 법칙(Okun's Law)에서 총생산갭과 실업률 간의 관계에 영향을 받는다.
ㄴ. 단기 총공급곡선이 우상향한다면 총수요가 증가할 때 실질국내총생산의 증가는 실업률과 인플레이션 간 정(+)의 관계를 나타내는, 우상향하는 단기 필립스곡선과 관련된다.
ㄷ. 단기 총공급곡선은 실업률 수준과 인플레이션율 간의 관계를 나타내는 반면 단기 필립스곡선은 실업률의 변화와 인플레이션율 간의 관계를 보여준다.

① ㄱ ② ㄷ
③ ㄱ, ㄴ ④ ㄴ, ㄷ

난이도 ★★★★ **중요도** ★★

25 낮은 실업률과 안정적인 물가를 선호하는 甲국 중앙은행의 t기 손실함수는 $L_t = u_t + 0.1\pi_t^2$이다. 중앙은행이 인플레이션율을 1로 예상했으나, 실현된 인플레이션율이 5일 때의 손실규모(L_t)는? [단, 필립스곡선은 $\pi_t = \pi_t^e - 4(u_t - 4)$, π_t는 t기 인플레이션율, π_t^e는 t기 예상 인플레이션율, u_t는 t기 실업률이다]

[22. 지방직 7급]

① 3.5
② 4.5
③ 5.5
④ 6.5

정답 및 해설

23 ③ 필립스곡선식에서 $\pi = \pi^e$로 두면 $u = 4.4\%$이다. 그러므로 자연실업률은 4.4%임을 알 수 있다.

[오답체크]
① 필립스곡선식이 $\pi = \pi^e - 0.5u + 2.2$이므로 기대 인플레이션율의 변화 없이 실제인플레이션율이 전기에 비해 1%p 낮아지면 실업률이 전기에 비해 2%p 상승하나 구체적으로 실업률이 몇 퍼센트 포인트가 될지는 알 수 없다.
② 장기 필립스곡선은 자연실업률 수준에서 수직선이므로 기대 인플레이션율이 상승하더라도 장기 필립스곡선은 이동하지 않는다.
④ $u = 5\%$를 필립스곡선식에 대입하면 $\pi = \pi^e - 0.3$이므로 실제실업률이 5%이면 실제인플레이션율이 기대 인플레이션율보다 0.3%p 낮음을 알 수 있다.

24 ① [오답체크]
ㄴ. 단기 총공급곡선이 우상향한다면 총수요가 증가할 때 실질국내총생산의 증가는 실업률과 인플레이션 간 음(-)의 관계를 나타내는, 우하향하는 단기 필립스곡선과 관련된다.
ㄷ. 단기 총공급곡선은 물가와 인플레이션율 간의 관계를 나타내는 반면 단기 필립스곡선은 실업률의 변화와 인플레이션율 간의 관계를 보여준다.

25 ③ 1) $\pi_t = \pi_t^e - 4(u_t - 4)$에 문제의 조건을 대입하면 $5 = 1 - 4(u_t - 4)$ ➡ $u_t = 3$
2) $L_t = u_t + 0.1\pi_t^e$에 위에 구한 조건을 대입하면 $L_t = 3 + 0.1 \times 5^2$ ➡ $L_t = 5.50$이다.

26 어느 경제의 단기 필립스 곡선이 $\pi = \pi^e - a(u - \bar{u})$ 이라고 한다. 다음 설명 중 옳지 않은 것은? (단, π는 인플레이션율, π^e는 기대 인플레이션율, a는 양의 상수, u는 실업률, $\bar{u}$는 자연실업률이다.)

[23. 군무원 7급]

① 합리적 기대하에서는 항상 $\pi = \pi^e$가 성립하기 때문에 단기 필립스곡선도 수직이다.
② 물가가 경직적일수록 a가 작다.
③ 자연실업률이 감소하면 단기 필립스곡선은 좌측으로 이동한다.
④ 새케인즈학파 경제학자들은 기억효과에 의해 $\bar{u}$ 자체가 증가할 수 있다고 주장한다.

27 인플레이션의 비용에 대한 설명으로 옳지 않은 것은?

[13. 국회직 8급]

① 예상과 다른 인플레이션이 발생하면 채무자가 느끼는 부채에 대한 실질적 부담이 감소하여 효율성이 증가한다.
② 인플레이션으로 인해 현금 보유를 줄이고 은행 예금이 증가하는 현상으로 인해 거래비용이 증가한다.
③ 인플레이션으로 인한 명목비용 상승이 즉각적으로 가격에 반영되지 못함으로써 상대가격의 왜곡이 발생한다.
④ 누진소득세 체제에서는 인플레이션으로 인해 기존과 동일한 실질소득을 얻더라도 세후 실질소득이 하락할 수 있다.
⑤ 화폐의 중립성이 성립하면 인플레이션으로 인한 실질적인 구매력의 변화는 발생하지 않는다.

28 거시경제의 물가수준을 측정하기 위해 사용되는 물가지수에 대한 다음 〈보기〉 중 옳은 것을 모두 고르면?

[17. 국회직 8급]

〈보기〉
ㄱ. 소비자물가지수는 매년 변화하는 재화 바스켓에 기초하여 계산된 지수이다.
ㄴ. 소비자물가지수는 대용품 간의 대체성이 배제되어 생활비의 인상을 과대평가하는 경향이 있다.
ㄷ. GDP 디플레이터에 수입물품은 반영되지 않는다.
ㄹ. GDP 디플레이터는 새로운 상품의 도입에 따른 물가수준을 반영한다.
ㅁ. 소비자물가지수와 생산자물가지수는 라스파이레스방식이 아니라 파셰방식으로 계산한다.

① ㄱ, ㄴ, ㄷ ② ㄱ, ㄷ, ㄹ ③ ㄴ, ㄷ, ㄹ
④ ㄴ, ㄷ, ㅁ ⑤ ㄷ, ㄹ, ㅁ

정답 및 해설

26 ① 합리적 기대하에서는 예상된 경우만 $\pi = \pi^e$가 예상되지 못한 경우 $\pi \neq \pi^e$이므로 단기에도 예상된 경우에는 수직, 예상되지 못한 경우에는 우하향의 필립스곡선이 성립한다.

[오답체크]
② 물가가 경직적일수록 총공급곡선의 기울기가 완만해진다. 필립스곡선과 총공급곡선의 경사도는 유사하므로 필립스곡선의 기울기인 a가 작다.
③ 그래프 참조

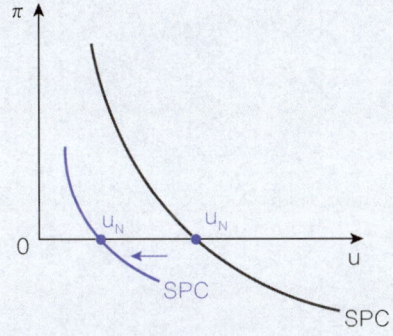

④ 실업의 이력현상에 대한 설명이다.

27 ① 인플레이션은 가격체계를 변화시키므로 행동의 교란이 나타난다. 이는 효율성을 감소시킨다.

28 ③ **[오답체크]**
ㄱ. 소비자물가지수는 라스파이레스방식으로 기준연도의 재화 바스켓에 기초하여 계산된 지수이다.
ㅁ. 소비자물가지수와 생산자물가지수는 라스파이레스방식으로 계산된다.

구분	수입품 가격	주택임대료	신규주택가격	기존주택가격
생산자물가지수(PPI)	×	×	×	×
소비자물가지수(CPI)	○	○	×	×
GDP 디플레이터	×	○	○	×

29 A국은 콩과 쌀을 국내에서 생산하고, 밀은 수입한다. GDP 디플레이터의 관점에서 A국의 물가수준 변화로 옳은 것은? (단, A국에는 콩, 쌀, 밀 세 가지 상품만 존재한다)

[19. 국회직 8급]

(단위: kg, 천원)

상품	기준연도		비교연도	
	수량	가격	수량	가격
콩	2	10	3	15
쌀	3	20	4	20
밀	4	30	5	20

① 비교년도의 물가가 13.6% 상승하였다.
② 비교년도의 물가가 12.5% 상승하였다.
③ 비교년도의 물가가 13.6% 하락하였다.
④ 비교년도의 물가가 12.5% 하락하였다.
⑤ 물가수준에 변동이 없다.

30 인플레이션에 대한 설명 중 옳지 않은 것은?

[15. 국회직 8급]

① 먼델-토빈(Mundell-Tobin) 효과에 따르면 기대인플레이션율이 상승하면 투자가 감소한다.
② 공급충격이 발생한 경우 인플레이션 타게팅(targeting) 정책은 산출을 불안정하게 한다.
③ 디스인플레이션(disinflation) 정책이 실업률에 미치는 영향은 해당 정책이 기대되었는가에 의존한다.
④ 합리적 기대 가설에 따르면 예상 인플레이션율이 상승하면 실제인플레이션율이 높아진다.
⑤ 명목임금이 하방경직적일 때 디플레이션이 발생하여 물가가 하락하면 실질임금($\frac{W}{P}$)은 상승한다.

31

난이도 ★★   중요도 ★★

고용 통계에 대한 설명으로 옳지 않은 것을 〈보기〉에서 모두 고르면?   [13. 국회직 8급]

〈보기〉
ㄱ. 구직 단념자가 많아지면 실업률이 하락한다.
ㄴ. 실업률은 경제활동인구에서 실업자가 차지하는 비율이다.
ㄷ. 경제활동참가율이 높아지면 실업률이 높아진다.
ㄹ. 구직 단념자가 많아져도 고용률은 변하지 않는다.
ㅁ. 고용률이 증가하면 실업률은 하락한다.

① ㄱ, ㄹ   ② ㄱ, ㅁ   ③ ㄴ, ㄷ
④ ㄴ, ㄹ   ⑤ ㄷ, ㅁ

정답 및 해설

29 ① 1) GDP 디플레이터 $= \dfrac{\text{명목GDP}}{\text{실질GDP}} \times 100$

2) GDP는 국내에서 생산된 것만 반영되므로 수입품(밀)은 제외한다.
3) 콩, 쌀의 명목GDP는 $3 \times 15 + 4 \times 20 = 125$이고 실질GDP는 $3 \times 10 + 4 \times 20 = 110$이다.
4) 따라서 GDP 디플레이터는 $125/110 \cdot 100 = 113.6$이다.
5) 물가상승률은 GDP 디플레이터의 변화율이므로 13.6% 상승하였음을 알 수 있다.

30 ① 먼델-토빈 효과에 따르면 기대 인플레이션의 증가는 명목이자율을 높이고 실질화폐의 잔고나 실질적인 부를 낮추어서 소비는 줄이고 저축은 늘려 실질이자율이 하락하는 효과가 있다. 따라서 기대 인플레이션율이 상승하면 실질이자율이 하락하므로 투자가 증가한다.

[오답체크]
② 인플레이션 타게팅 정책은 인플레이션을 일정하게 유지하는 정책이다. 음(-)의 공급충격(예를 들면 석유파동)이 발생하면 총공급곡선은 상방으로 이동한다. 이 때 인플레이션(물가)을 일정하게 유지하기 위해서는 긴축 총수요정책을 통해서 총수요곡선을 좌측으로 이동시켜야 한다. 결국 산출이 크게 감소하므로 인플레이션 타게팅 정책은 산출을 불안정하게 함을 알 수 있다.
③ 디스인플레이션 정책은 인플레이션을 줄이는 긴축 정책을 의미한다. 디스인플레이션 정책이 완전하게 기대되었거나 합리적 기대에서 이 정책을 예상하였다면 실업은 전혀 증가하지 않는다. 합리적 기대에서 디스인플레이션 정책을 예상하지 못하였거나 적응적 기대에서는 실업이 증가한다. 결국 디스인플레이션 정책이 실업률에 미치는 영향은 해당 정책이 기대되었는가에 의존한다.
④ 예상 인플레이션율이 상승하면 총공급곡선이 상방으로 이동하므로 실제 물가 또는 실제 인플레이션율이 높아진다.
⑤ 명목임금이 하방경직적일 때 디플레이션이 발생하여 물가가 하락하면 실질임금($\dfrac{W}{P}$)은 상승한다.

31 ⑤ ㄷ. 경제활동참가율이 높아지려면 경제활동인구가 증가해야 하는데 이때 실업률은 취업자 변화폭과 실업자 변화폭에 따라 결정되므로 단순히 실업률이 증가한다고 단정지을 수 없다.
ㅁ. 고용률이 증가할 때 경제활동참가율이 동일하게 증가하면 실업률은 하락하지 않을 수 있다.

32 노동시장에서 현재 고용상태인 개인이 다음 기에도 고용될 확률을 P_{11}, 현재 실업상태인 개인이 다음 기에 고용될 확률을 P_{21}이라고 하자. 이 확률이 모든 기간에 항상 동일하다고 할 때, 이 노동시장에서의 균형실업률은? [18. 국회직 8급]

① $P_{21}/(1-P_{21})$
② P_{21}/P_{11}
③ $(1-P_{11})/(1-P_{11}+P_{21})$
④ $(1-P_{11})/(P_{11}+P_{21})$
⑤ $(1-P_{11})/(1-P_{21})$

33 실업률과 총생산에 관한 설명 중 옳은 것을 〈보기〉에서 모두 고르면? [13. 국회직 8급]

〈보기〉
ㄱ. 오쿤(Okun)의 법칙은 자연실업률과 잠재GDP의 관계를 실증분석한 경험법칙이다.
ㄴ. 고용의 유연성이 증가하면 경기변동에 따른 실업률의 변화가 심해진다.
ㄷ. 단기적으로 경기적 실업이 증가하면 실제GDP가 잠재GDP 이하로 하락한다.
ㄹ. 오쿤(Okun)에 따르면 경기적 실업이 증가하면 총생산갭(침체갭)은 증가한다.

① ㄱ, ㄷ
② ㄴ, ㄹ
③ ㄱ, ㄴ, ㄷ
④ ㄴ, ㄷ, ㄹ
⑤ ㄱ, ㄴ, ㄷ, ㄹ

34

다음 〈보기〉 중 실업과 인플레이션에 대한 설명으로 옳은 것은 모두 몇 개인가?

[14. 국회직 8급]

〈보기〉
ㄱ. 정(+)의 실업률하에서 실질GDP는 잠재적GDP에 미치지 못한다.
ㄴ. 예상하지 못한 인플레이션이 발생할 경우 명목환율이 불변이면 실질순수출은 증가한다.
ㄷ. 장기필립스곡선은 자연실업률에서 수직이다.
ㄹ. 비경제활동인구에는 전업학생, 전업주부, 은퇴자 등이 포함된다.
ㅁ. 경제활동인구는 생산가능연령 인구 중 경제활동에 참가하고 있는 인구를 말한다.

① 1개   ② 2개   ③ 3개
④ 4개   ⑤ 5개

정답 및 해설

32 ③
1) 자연실업률 조건: $fU = sE$ ➜ $u = \dfrac{s}{f+s}$
2) s = 고용상태였다가 다음 기에 고용되지 못할 확률 = $1 - P_{11}$
3) f = 실업상태였다가 다음 기에 고용될 확률 = P_{21}
4) 따라서 자연실업률은 $(1 - P_{11})/(1 - P_{11} + P_{21})$ 이다.

33 ④ [오답체크]
ㄱ. 실업률과 GDP의 관계를 실증분석한 경험법칙이다.

34 ③
ㄷ. 장기에서는 실제인플레이션과 예상인플레이션이 일치하므로 장기 필립스곡선은 자연실업률 수준에서 수직이다.
ㄹ. 생산가능인구 중에서 일할 의사가 없거나 일할 능력이 없는 사람을 비경제활동인구라고 한다. 전업학생, 전업주부는 일할 의사가 없으므로 비경제활동인구에 포함된다. 은퇴자는 일할 의사는 있지만 노령으로 인해 일할 능력이 없으므로 비경제활동인구에 포함된다.
ㅁ. 생산가능인구 중에서 일할 능력과 일할 의사가 있어서 경제활동에 참가하는 인구를 경제활동인구라고 한다.

[오답체크]
ㄱ. 오쿤의 법칙 $\dfrac{Y^* - Y}{Y^*} = a(u - u_n)$은 실제생산량(GDP 갭)과 실제실업률(실업률갭)의 상충관계를 보여주고 있다. 오쿤의 법칙에 의하면 실제 실업률 u가 정(+)의 값을 갖더라도 자연실업률 u_n 보다 작다면 $(u - u_n)$은 음(-)의 값이므로 $\dfrac{Y^* - Y}{Y^*}$도 음(-)의 값을 갖는다. 따라서 정(+)의 실업률 하에서 실질GDP(Y)는 잠재적GDP(Y^*)를 초과할 수 있다.
ㄴ. 예상치 못한 인플레이션이 발생하고 명목환율이 불변이면 상대적으로 저렴해진 외국재화의 소비를 늘리므로 수출이 줄고 수입이 늘어서 실질순수출($X - M$)은 감소한다.

난이도 ★★ 중요도 ★★★

35 한국 경제가 현재 단기필립스곡선 SP_1상의 a점에 있다고 가정하자. 중동지역 정세의 불안정으로 인해 에너지가격이 폭등할 경우 단기에서 장기까지 한국 경제의 예상 이동 경로로 옳은 것은? (단, U_N은 자연실업률 수준을 나타낸다) [14. 국회직 8급]

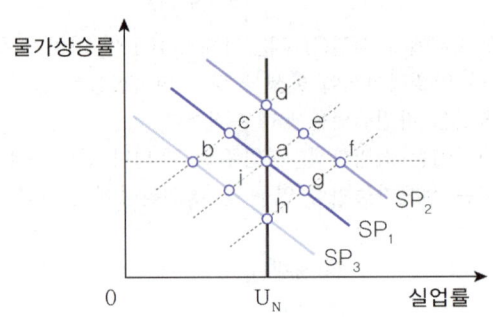

① a ➔ c ➔ d   ② a ➔ e ➔ d   ③ a ➔ g ➔ h
④ a ➔ i ➔ h   ⑤ a ➔ e ➔ a

정답 및 해설

35 ⑤ 1) 단기에는 에너지가격이 폭등하면 비용이 상승하므로 총공급곡선이 상방으로 이동하여 실업이 증가하고 인플레이션도 상승한다. 필립스곡선이 상방으로 이동하므로 한국경제는 a점에서 e점으로 이동한다.

2) 장기에는 에너지 충격이 일시적인 경우 에너지 가격이 다시 하락하므로 총공급곡선이 하방으로 이동하고 필립스곡선도 하방으로 이동한다. 따라서 한국경제는 e점에서 다시 a점으로 이동한다.

STEP 2 감정평가사 기출문제

36 물가지수에 관한 설명으로 옳은 것은? [18. 감정평가사]

난이도 ★ 중요도 ★★

① GDP 디플레이터에는 국내산 최종 소비재만이 포함된다.
② GDP 디플레이터 작성 시 재화와 서비스의 가격에 적용되는 가중치가 매년 달라진다.
③ 소비자물가지수 산정에는 국내에서 생산되는 재화만 포함된다.
④ 소비자물가지수에는 국민이 구매한 모든 재화와 서비스가 포함된다.
⑤ 생산자물가지수에는 기업이 구매하는 품목 중 원자재를 제외한 품목이 포함된다.

37 물가지수에 관한 설명으로 옳은 것을 모두 고른 것은? [22. 감정평가사]

난이도 ★ 중요도 ★★★

ㄱ. GDP 디플레이터를 산정할 때에는 국내에서 생산되는 모든 최종 재화와 서비스를 대상으로 한다.
ㄴ. 소비자물가지수의 산정에 포함되는 재화와 서비스의 종류와 수량은 일정 기간 고정되어 있다.
ㄷ. 생산자물가지수를 산정할 때에는 기업이 생산 목적으로 구매하는 수입품은 제외한다.

① ㄱ ② ㄴ ③ ㄱ, ㄴ
④ ㄱ, ㄷ ⑤ ㄴ, ㄷ

정답 및 해설

36 ② GDP 디플레이터 작성 시 명목 GDP를 구할 때 재화와 서비스의 가격에 적용되는 가중치가 매년 달라진다.

[오답체크]
① GDP 디플레이터에는 국내산 최종 소비재뿐만 아니라 생산재도 포함된다.
③ 소비자물가지수 산정에는 수입품이 포함된다.
④ 소비자물가지수에는 가중치를 고려한 특정 재화만이 포함된다.
⑤ 생산자물가지수에는 기업이 구매하는 품목 중 소비재와 원자재 모두 포함된다.

37 ③ [오답체크]
ㄷ. 생산자물가지수는 특정한 것이 아닌 국내에서 거래되는 모든 재화와 서비스를 포괄하며 수입품은 제외한다.

38 난이도 ★★　중요도 ★★★

소비자물가지수에 관한 설명으로 옳지 않은 것은? [21. 감정평가사]

① 기준연도에서 항상 100이다.
② 대체효과를 고려하지 못해 생계비 측정을 왜곡할 수 있다.
③ 가격 변화 없이 품질이 개선될 경우, 생계비 측정을 왜곡할 수 있다.
④ GDP 디플레이터보다 소비자들의 생계비를 더 왜곡한다.
⑤ 소비자가 구매하는 대표적인 재화와 서비스에 대한 생계비용을 나타내는 지표이다.

39 난이도 ★　중요도 ★★★

인플레이션에 관한 설명으로 옳지 않은 것은? [23. 감정평가사]

① 메뉴비용은 인플레이션에 맞춰 가격을 변경하는 데에 발생하는 각종 비용을 말한다.
② 디스인플레이션(disinflation) 상황에서는 물가상승률이 감소하고 있지만 여전히 물가는 상승한다.
③ 초인플레이션은 극단적이고 장기적인 인플레이션으로 통제가 어려운 상황을 말한다.
④ 구두창비용은 인플레이션에 따라 발생하는 현금관리비용을 말한다.
⑤ 디플레이션은 인플레이션이 진행되는 상황에서 경제가 침체하는 상황을 말한다.

40 A국의 사과와 배에 대한 생산량과 가격이 다음과 같다. 폐셰물가지수(Passche price index)를 이용한 2010년 대비 2020년의 물가상승률은? (단, 2010년을 기준연도로 한다.)

[23. 감정평가사]

2010년			2020년		
재화	수량	가격	재화	수량	가격
사과	100	2	사과	200	3
배	100	2	배	300	4

① 80%   ② 150%   ③ 250%
④ 350%   ⑤ 450%

정답 및 해설

38 ④ 소비자물가지수는 소비자가 주로 구매하는 재화와 서비스 중심이다. GDP 디플레이터는 명목GDP와 실질GDP로 측정하는 것이므로 GDP 디플레이터가 소비자물가지수보다 소비자들의 생계비를 더 왜곡한다.

[오답체크]
① 물가지수 = $\dfrac{\text{비교연도의 물가수준}}{\text{기준연도의 물가수준}} \times 100$이므로 기준연도에서 항상 100이다.
②③ 소비자물가지수는 라스파이레스 지수이므로 기준연도의 소비량을 가격 변화에 대응하지 않고 그대로 구매한다고 가정한다. 따라서 대체효과를 고려하지 못해 생계비 측정을 왜곡할 수 있다. 또한 가격 변화 없이 품질이 개선될 경우, 생계비 측정을 왜곡할 수 있다.
⑤ 소비자물가지수는 소비자가 주로 구매하는 재화와 서비스를 이용하므로 소비자가 구매하는 대표적인 재화와 서비스에 대한 생계비용을 나타내는 지표이다.

39 ⑤ 스태그플레이션은 인플레이션이 진행되는 상황에서 경제가 침체하는 상황을 말한다. 디플레이션은 물가가 하락하는 것을 의미한다.

40 ① 1) 파셰물가지수 = GDP 디플레이터이다.
2) $\dfrac{3 \times 200 + 4 \times 300}{2 \times 200 + 2 \times 300} \times 100 = 180$
3) 물가상승률은 물가지수의 변화율이므로 80%이다.

41 두 재화 X, Y만을 생산하는 A국의 2022년과 2023년의 생산량과 가격이 아래와 같다. 2023년의 전년대비 (ㄱ)경제성장률(실질GDP증가율)과 평균적인 가계의 소비조합이 X재 2단위, Y재 1단위일 때 (ㄴ)소비자물가상승률은? (단, 기준연도는 2022년이다) [24. 감정평가사]

연도	X		Y	
	수량	가격	수량	가격
2022년	100	10	80	50
2023년	100	15	100	40

① ㄱ: 10%, ㄴ: 0%   ② ㄱ: 10%, ㄴ: 10%   ③ ㄱ: 20%, ㄴ: -10%
④ ㄱ: 20%, ㄴ: 0%   ⑤ ㄱ: 25%, ㄴ: 10%

42 소비자물가지수를 구성하는 소비지출 구성이 다음과 같다. 전년도에 비해 올해 식료품비가 10%, 교육비가 10%, 주거비가 5% 상승하였고 나머지 품목에는 변화가 없다면 소비자물가지수 상승률은? [17. 감정평가사]

- 식료품비: 40%
- 교육비: 20%
- 교통비 및 통신비: 10%
- 주거비: 20%
- 기타: 10%

① 5%   ② 7%   ③ 9%
④ 10%   ⑤ 12.5%

43 투자가 실질 이자율에 의해 결정되는 폐쇄경제 IS – LM 모형에서 기대 인플레이션이 상승할 때 나타나는 결과로 옳은 것은? (단, IS곡선은 우하향, LM곡선은 우상향한다)

[22. 감정평가사]

① 명목 이자율과 실질 이자율이 모두 상승한다.
② 명목 이자율과 실질 이자율이 모두 하락한다.
③ 명목 이자율은 하락하고, 실질 이자율은 상승한다.
④ 실질 이자율은 상승하고, 생산량은 감소한다.
⑤ 실질 이자율은 하락하고, 생산량은 증가한다.

정답 및 해설

41 ④ 1) 경제성장률 = 실질GDP의 변화율이다.
2) 표

연도	명목 GDP	실질 GDP	경제성장률
2022년	$(100 \times 10) + (80 \times 50)$ $= 5,000$	$(100 \times 10) + (80 \times 50)$ $= 5,000$	–
2023년	$(100 \times 15) + (100 \times 40)$ $= 5,500$	$(100 \times 10) + (100 \times 50)$ $= 6,000$	$\frac{6,000 - 5,000}{5,000} \times 100$ $= 20\%$

3) 소비자 물가상승률: 라스파이레스 지수로 구하며 물가지수의 변화율이다. 평균적인 소비조합을 대입하여 물가지수를 구한다.
4) 2023 소비자 물가지수 = $\frac{15 \times 2 + 40 \times 1}{10 \times 2 + 50 \times 1} \times 100 = 100$
5) 기준연도의 소비자 물가지수가 100이므로 물가지수의 변화율인 물가상승률도 0%이다.

42 ② 1) 가중치를 두어 계산하면 된다.
2) $(0.4 \times 10\%) + (0.2 \times 10\%) + (0.2 \times 5\%) = 4\% + 2\% + 1\% = 7\%$이다.

43 ⑤ 1) 피셔 가설: 실질이자율 = 명목이자율 - 기대인플레이션율
2) 기대인플레이션이 상승하면 실질이자율이 하락하고 이로 인해 투자가 증가하여 생산량은 증가한다.

44 실업에 관한 설명으로 옳지 않은 것은? [18. 감정평가사]

① 균형임금을 초과한 법정 최저임금의 인상은 비자발적 실업을 증가시킨다.
② 실업급여 인상과 기간 연장은 자발적 실업 기간을 증가시킨다.
③ 정부의 확장적 재정정책은 경기적 실업을 감소시킨다.
④ 인공지능 로봇의 도입은 경기적 실업을 증가시킨다.
⑤ 구직자와 구인자의 연결을 촉진하는 정책은 마찰적 실업을 감소시킨다.

45 A국의 생산가능인구는 100만명, 경제활동인구는 60만명, 실업자는 6만명이다. 실망실업자 (구직단념자)에 속했던 10만명이 구직활동을 재개하여, 그 중 9만명이 일자리를 구했다. 그 결과 실업률과 고용률은 각각 얼마인가? [22. 감정평가사]

① 6%, 54%
② 10%, 54%
③ 10%, 63%
④ 10%, 90%
⑤ 15%, 90%

난이도 ★★★ 중요도 ★★★

46 甲국은 경제활동인구가 1,000만명으로 고정되어 있으며 실업률은 변하지 않는다. 매 기간 동안, 실업자 중 새로운 일자리를 얻는 사람의 수가 47만명이고, 취업자 중 일자리를 잃는 사람의 비율(실직률)이 5%로 일정하다. 甲국의 실업률은? [19. 감정평가사]

① 3%   ② 4%   ③ 4.7%
④ 5%   ⑤ 6%

정답 및 해설

44 ④ 인공지능 로봇의 도입은 경기적 실업이 아닌 구조적 실업과 관련되어 있다.

45 ③ 1) 실망실업자는 비경제활동인구이며 구직활동을 하게 되면 경제활동인구가 된다.
2) 표

구분	변화 전	변화 후
생산가능인구	100만명	100만명
경제활동인구	60만명	70만명
실업자	6만명	7만명
취업자	54만명	63만명

3) 실업률 $= \dfrac{\text{실업자: 7만명}}{\text{경제활동인구: 70만명}} \times 100 = 10\%$

4) 고용률 $= \dfrac{\text{취업자: 63만명}}{\text{생산가능인구: 100만명}} \times 100 = 63\%$

46 ⑤ 1) 자연실업률 상태에서는 실업자 중 일자리를 다시 얻는 사람 = 취업자 중 일자리를 잃는 사람이다.
2) 47 = 취업자 × 0.05(만명) → 취업자는 940만명이다.
3) 경제활동인구가 1,000만명이므로 실업자는 60만명이다. 따라서 실업률은 6%이다.

47 경제활동인구가 6,000만명으로 불변인 A국에서 매기 취업자 중 직업을 잃는 비율인 실직률이 0.05이고, 매기 실업자 중 새로이 직업을 얻는 비율인 구직률이 0.2이다. 균제상태 (steady – state)에서의 실업자의 수는? [22. 감정평가사]

① 500만명 ② 800만명 ③ 900만명
④ 1,000만명 ⑤ 1,200만명

48 t시점의 실업률은 10%, 경제활동참가율은 50%이다. t시점과 $t+1$시점 사이에 아래와 같은 변화가 발생할 때, $t+1$시점의 실업률은? (단, 취업자와 비경제활동인구 사이의 이동은 없고, 소수점 둘째 자리에서 반올림하여 소수점 첫째 자리까지 구한다) [24. 감정평가사]

- 실업자 중에서
  - 취업에 성공하는 비율(구직률): 20%
  - 구직을 단념하여 비경제활동인구로 편입되는 비율: 10%
- 취업자 중에서 실직하여 구직활동을 하는 비율(실직률): 1%
- 비경제활동인구 중에서 구직활동을 시작하는 비율: 1%

① 8.9% ② 9.5% ③ 9.9%
④ 10.0% ⑤ 10.5%

49 난이도 ★★ 중요도 ★★★

단기 필립스곡선은 우하향하고 장기 필립스곡선은 수직일 때, 인플레이션율을 낮출 경우 발생하는 현상으로 옳은 것은? [21. 감정평가사]

① 단기적으로 실업률이 증가한다.
② 장기적으로 실업률이 감소한다.
③ 장기적으로 인플레이션 저감비용은 증가한다.
④ 장기적으로 실업률은 자연실업률보다 높다.
⑤ 단기적으로 합리적 기대가설과 동일한 결과가 나타난다.

정답 및 해설

47 ⑤ 1) 자연실업률 $= \dfrac{s}{s+f} = \dfrac{\text{실직률}}{\text{실직률 + 구직률}} = \dfrac{0.05}{0.05+0.2} = 0.2$

2) 실업자 = 경제활동인구 × 실업률 = 6,000만명 × 0.2 = 1,200만명

48 ① 1) 생산가능인구를 2,000명이라고 가정하자
2) 경제활동참가율이 50%이므로 경제활동인구는 1,000명이다.
3) 실업률이 10%이므로 취업자 900, 실업자 100이다.
4) 지표에 따라서 실업자 100명 중 20명은 취업, 10명은 비경제활동인구가 된다.
5) 지표에 따라서 취업자 900명 중 1%가 실직하므로 실업자는 9명이 증가한다.
6) 비경제활동인구중 1%가 구직활동을 시작하므로 경제활동인구가 총 10명 증가한다.
7) 실업률 $= \dfrac{\text{실업자}}{\text{경제활동인구}} = \dfrac{100-20+9 = 89}{1000-10+10 = 1000} \times 100 = 8.9\%$

49 ① 1) 단기
인플레이션율을 낮추기 위해 총수요를 줄여야 하므로 실업이 증가한다.
2) 장기
인플레이션율은 낮아지고 실업률은 자연실업률이 된다.

[오답체크]
②④ 장기적으로는 실업률이 자연실업율이 된다.
③ 장기적으로는 실업과 연관이 없다.
⑤ 완전히 예측한 경우에만 단기적으로 합리적 기대가설과 동일한 결과가 나타난다.

난이도 ★★　중요도 ★★★

50 필립스곡선에 관한 설명으로 옳지 않은 것은?　　[23. 감정평가사]

① 필립스(A. W. Phillips)는 임금상승률과 실업률간 음(−)의 경험적 관계를 발견했다.
② 우상향하는 단기 총공급곡선과 오쿤의 법칙(Okun's Law)을 결합하면 필립스곡선의 이론적 근거를 찾을 수 있다.
③ 적응적기대를 가정하면 장기에서도 필립스곡선은 우하향한다.
④ 단기 총공급곡선이 가파른 기울기를 가질수록 필립스곡선은 가파른 기울기를 가진다.
⑤ 새고전학파(New Classical)는 합리적 기대를 가정할 경우 국민소득의 감소없이 인플레이션을 낮출 수 있다고 주장한다.

난이도 ★★　중요도 ★★★

51 A국의 단기 필립스 곡선이 아래와 같을 때 이에 관한 설명으로 옳지 않은 것은? (단, π, π^e, u, u_n은 각각 인플레이션율, 기대 인플레이션율, 실업률, 자연 실업률이다)　　[22. 감정평가사]

$$\pi - \pi^e = -0.5(u - u_n)$$

① 총공급곡선이 수직선인 경우에 나타날 수 있는 관계이다.
② 총수요 충격이 발생하는 경우에 나타날 수 있는 관계이다.
③ 인플레이션율과 실업률 사이에 단기적으로 상충관계가 있음을 나타낸다.
④ 고용이 완전고용수준보다 높은 경우에 인플레이션율은 기대 인플레이션율보다 높다.
⑤ 인플레이션율을 1%p 낮추려면 실업률은 2%p 증가되어야 한다.

난이도 ★★ 중요도 ★★★

52 필립스곡선이 단기에는 우하향하고 장기에는 수직인 경제에서 중앙은행은 테일러준칙(Taylor's rule)에 의해 통화정책을 시행한다. 중앙은행이 높은 인플레이션율을 낮추기 위해 인플레이션 감축정책(디스인플레이션 정책)을 시행할 때, 이에 관한 설명으로 옳은 것을 모두 고른 것은?

[24. 감정평가사]

> ㄱ. 기대인플레이션이 빨리 조정될수록 장기균형에 빨리 도달한다.
> ㄴ. 단기에는 실질이자율이 하락한다.
> ㄷ. 단기에는 총생산이 감소하여 경기침체가 나타난다.

① ㄱ
② ㄴ
③ ㄱ, ㄷ
④ ㄴ, ㄷ
⑤ ㄱ, ㄴ, ㄷ

정답 및 해설

50 ③ 적응적기대를 가정하면 단기에 우하향, 장기에 수직이다.

51 ① 총공급곡선이 수직선이면 $u = u_n$ 가 성립해야 한다. 문제에서 반드시 성립한다는 보장이 없으므로 옳지 않다.

52 ③ ㄱ. 인플레이션이 조정된 것이 장기이다. 따라서 기대인플레이션이 빨리 조정될수록 장기균형에 빨리 도달한다.
ㄷ. 디스인플레이션 정책은 총수요를 줄이는 것이므로 총수요가 낮아지면 물가와 총생산이 모두 감소한다. 따라서 단기에는 총생산이 감소하여 경기침체가 나타난다.

[오답체크]
ㄴ. 실질이자율 = 명목이자율 − 물가상승률이다. 물가상승률이 낮아지면 단기에는 실질이자율이 상승한다.

53 A국의 단기 필립스곡선은 $\pi = \pi^e - 0.4(u - u_n)$이다. 현재 실제인플레이션율이 기대 인플레이션율과 동일하고 기대 인플레이션율이 변하지 않을 경우, 실제인플레이션율을 2%p 낮추기 위해 추가로 감수해야 하는 실업률의 크기는? (단, u는 실제실업, u_n는 자연실업률, π는 실제인플레이션율, π^e는 기대 인플레이션율이고, 자연실업률은 6%이다)

[16. 감정평가사]

① 5.0%p   ② 5.2%p   ③ 5.4%p
④ 5.6%p   ⑤ 5.8%p

54 실업률과 인플레이션율의 관계는 $u = u_n - 2(\pi - \pi_e)$이고 자연실업률이 3%이다. 〈보기〉를 고려하여 중앙은행이 0%의 인플레이션을 유지하는 준칙적 통화정책을 사용하였을 때 (ㄱ) 실업률과, 최적 인플레이션율로 통제했을 때의 (ㄴ) 실업률은? (단, u, u_n, π, π_e는 각각 실업률, 자연실업률, 인플레이션율, 기대 인플레이션율이다)

[21. 감정평가사]

〈보기〉
• 중앙은행은 물가를 완전하게 통제할 수 있다.
• 민간은 합리적 기대를 하며 중앙은행이 결정한 인플레이션율로 기대 인플레이션을 형성한다.
• 주어진 기대 인플레이션에서 중앙은행의 최적 인플레이션율은 1%이다.

① ㄱ: 0%, ㄴ: 0%
② ㄱ: 1%, ㄴ: 0%
③ ㄱ: 1%, ㄴ: 1%
④ ㄱ: 2%, ㄴ: 1%
⑤ ㄱ: 3%, ㄴ: 3%

55 현재 인플레이션율을 8%에서 4%로 낮출 경우, 보기를 참고하여 계산된 희생률은? (단, Π_t, Π_{t-1}, U_t는 각각 t기의 인플레이션율, $(t-1)$기의 인플레이션율, t기의 실업률이다)

[21. 감정평가사]

〈보기〉
- $\Pi_t - \Pi_{t-1} = -0.8(U_t - 0.05)$
- 현재 실업률: 5%
- 실업률 1%p 증가할 때 GDP 2% 감소로 가정
- 희생률: 인플레이션율을 1%p 낮출 경우 감소되는 GDP 변화율(%)

① 1.5 ② 2 ③ 2.5
④ 3 ⑤ 3.5

정답 및 해설

53 ① 1) $\pi - \pi^e = -0.4(u - u_n)$ ➔ $2\% = 0.4u$
2) 따라서 $u = 5\%$이므로 물가 1%를 잡기 위해서는 실업률 5%p를 희생해야 한다.

54 ⑤ 1) 준칙적 통화정책시
㉠ 중앙은행이 0%의 인플레이션을 유지하는 준칙적 통화정책을 사용하므로 $\pi = 0\%$이다.
㉡ 조건에서 합리적 기대에 따라 중앙은행이 결정한 인플레이션율로 기대 인플레이션을 형성하므로 $\pi^e = 0\%$이다.
㉢ 주어진 조건을 대입하면 $u = 3\% - 2(0\% - 0\%) = 3\%$이다.
2) 최적 인플레이션으로 통제시
㉠ 중앙은행이 최적의 인플레이션율인 1%로 생각하므로 $\pi = 1\%$이다.
㉡ 조건에서 합리적 기대에 따라 중앙은행이 결정한 인플레이션율로 기대 인플레이션을 형성하므로 $\pi^e = 1\%$이다.
㉢ 조건을 대입하면 $u = 3\% - 2(1\% - 1\%) = 3\%$이다.

55 ③ 1) $0.04 - 0.08 = -0.25(U_t - 0.05)$ ➔ $0.04 - 0.08 = -0.8U_t + 0.04$ ➔ $0.08 = 0.8U_t$ ➔ $U_t = 0.10$이다.
2) 따라서 실업률은 5%에서 10%로 증가하므로 5%p 증가한다.
3) 제시된 조건에 따라 GDP는 10%p 감소한다.
4) 희생비율 $= \dfrac{10\%p}{4\%p} = 2.5$이다.

56 난이도 ★★★★ 중요도 ★★

甲국 통화당국의 손실함수와 필립스곡선이 다음과 같다. 인플레이션율에 대한 민간의 기대가 형성되었다. 이후, 통화당국이 손실을 최소화하기 위한 목표 인플레이션율은? (단, π, π^e, u, u_n은 각각 인플레이션율, 민간의 기대 인플레이션율, 실업률, 자연실업률이고, 단위는 %이다)

[18. 감정평가사]

- 통화당국의 손실함수: $L(\pi,\ u) = u + \dfrac{1}{2}\pi^2$
- 필립스곡선: $\pi = \pi^e - \dfrac{1}{2}(u - u_n)$

① 0% ② 1% ③ 2%
④ 3% ⑤ 4%

57 난이도 ★★★★ 중요도 ★★

A국의 중앙은행은 필립스곡선, 성장률과 실업률의 관계, 이자율 준칙에 따라 이자율을 결정한다. 현재 목표물가상승률이 2%, 자연실업률이 3%이고 국내총생산은 잠재국내총생산, 물가상승률은 목표물가상승률, 그리고 실업률은 자연실업률과 같다고 가정할 때, 이에 관한 설명으로 옳지 않은 것은?

[23. 감정평가사]

- 필립스곡선 : $\pi = \pi^e - 0.5(u - u_n)$
- 이자율 준칙 : $r = \pi + 2.0\% + 0.5(\pi - \pi^T) + 0.5G$
- 성장률과 실업률의 관계 : 국내총생산의 성장률 $= 3\% - 2(u - u_{-1})$
- $G = \dfrac{(Y - Y^P)}{Y^P} \times 100$

(단, $r, \pi, \pi^e, \pi^T, u, u_n, u_{-1}, Y, Y^P$는 각각 이자율, 물가상승률, 기대물가상승률, 목표물가상승률, 실업률, 자연실업률, 전기의 실업률, 국내총생산, 잠재국내총생산이다.)

① 현재 이자율은 4%이다.
② 현재 기대 물가상승률은 2%이다.
③ 실업률이 5%로 상승하고 기대물가상승률이 변화하지 않았다면, 물가상승률은 1%이다.
④ 기대물가상승률이 3%로 상승하면, 이자율은 5.5%이다.
⑤ 실업률이 1%로 하락하고, 기대물가상승률이 3%로 상승하면 이자율은 7%이다.

난이도 ★★★★   중요도 ★★

58 중앙은행이 아래와 같은 손실함수를 최소화하도록 인플레이션율을 결정하려고 한다.

$$L(\pi_t) = -0.5(\pi_t - \pi^{e_t}) + 0.5(\pi_t)^2$$

중앙은행의 정책결정 이전에 민간의 기대인플레이션율이 0으로 고정되어 있을 때, 중앙은행이 결정하는 인플레이션율은? [단, $L(\pi_t), \pi_t, \pi_t^e$는 각각 손실함수, 인플레이션율, 민간의 기대인플레이션율이다]

[24. 감정평가사]

① 0   ② 0.5   ③ 1
④ 1.5   ⑤ 2

정답 및 해설

56 ③ 1) 손실함수에서 손실은 실업률과 물가상승률에 비례한다.
   2) 필립스곡선에서는 물가와 실업은 반비례관계가 성립한다.
   3) 손실을 최소화하는 인플레이션율이므로 손실함수를 인플레이션에 대한 함수로 바꾸어 주면 된다.
   4) 필립스곡선을 변형하면 $u = u_n - 2 + 2\pi^e$이다.
   5) 이를 손실함수에 대입하면 $L(\pi, u) = u_n - 2\pi + 2\pi^e + \frac{1}{2}\pi^2$이다.
   6) 손실함수는 우리가 구하고자 하는 인플레이션이 2차 함수의 형태이므로 손실함수를 π로 미분하면 $-2 + \pi = 0$이므로 $\pi = 2\%$이다.

57 ⑤ 1) 문제의 조건을 대입하면 $r = 2\% + 2.0\% + 0.5(2\% - 2\%) + 0.5 \times 0\%$이므로 현재 이자율은 2%이다.
   2) 실업률과 자연실업률이 같으므로 $2\% = \pi^e - 0.5 \times 0\%$이므로 기대물가상승률은 2%이다.
   3) 조건을 대입하면 $\pi = 2\% - 0.5(5\% - 3\%) = 1\%$이다.
   4) 기대물가상승률이 3%로 상승하면 실제물가상승률도 3%가 된다. 이를 대입하면 $r = 3\% + 2.0\% + 0.5(3\% - 2\%) + 0.5 \times 0\% = 5.5\%$이다.
   5) 조건을 대입하면 $\pi = 3\% - 0.5(1\% - 3\%) = 4\%$이다. 이를 이자율 준칙에 대입하면 $r = 4\% + 2.0\% + 0.5(4\% - 2\%) + 0.5G$ ➡ $r = 7\% + 0.5G$이다. 실업률이 하락하였으므로 국내총생산의 변화율이 (+)이므로 r은 7%보다 크다.

58 ② 1) 문제의 조건을 대입하면 $L(\pi_t) = -0.5(\pi_t - 0\%) + 0.5(\pi_t)^2$ ➡ $L(\pi_t) = -0.5\pi_t + 0.5(\pi_t)^2$이다.
   2) 손실을 최소화해야 하므로 $\frac{\Delta L}{\Delta \pi} = 0$을 계산하면 $-0.5 + \pi_t = 0$이므로 $\pi_t = 0.5$이다.

59 필립스곡선에 관한 설명으로 옳지 않은 것은? [25. 감정평가사]

① 우하향하는 필립스곡선에서 인플레이션 감축을 위해서는 실업률 증가를 감수해야 한다.
② 단기 총공급곡선이 가파를수록 단기 필립스곡선은 가파른 모양을 가진다.
③ 물가상승률과 경제성장률의 관계에 오쿤의 법칙을 적용하면 필립스곡선을 도출할 수 있다.
④ 합리적 기대에 따라 필립스곡선이 즉시 이동하면, 실업율의 증가 없이 인플레이션을 감축할 수 있다.
⑤ 기대 인플레이션이 상승하면 필립스곡선은 좌측으로 이동한다.

60 주조차익(seigniorage)과 인플레이션 조세(inflation tax)에 관한 설명으로 옳은 것은?

[25. 감정평가사]

① 실물변수가 변화하지 않는 장기 균형 상황에서는 주조차익과 인플레이션 조세는 같다.
② 인플레이션이 발생하지 않으면, 주조차익은 0이다.
③ 통화량이 감소하면, 주조차익은 증가한다.
④ 물가상승률이 통화증가율보다 크면, 인플레이션 조세가 주조차익보다 작다.
⑤ 통화증가율이 0이고 인플레이션이 커지면, 주조차익도 커진다.

정답 및 해설

59 ⑤ 기대 인플레이션이 상승하면 필립스곡선은 우측으로 이동한다.

60 ① 1) 주조차익(= 화폐 발행 이익)은 중앙은행이나 정부가 화폐를 발행할 때, 화폐 액면가에서 발행 비용을 뺀 만큼의 이익을 의미한다.
2) 명목가치 vs. 재료가치: 화폐는 지폐나 동전 형태로 발행되는데, 그 명목가치(예 1000원 지폐)가 실제 재료가치(지폐 종이, 동전 금속 등)보다 훨씬 크기 때문에 주조 차익이 발생한다.
3) 인플레이션 조세: 주조차익은 일종의 인플레이션 조세(inflation tax)로도 볼 수 있다. 즉, 화폐를 발행함으로써 정부가 이익을 얻는 것이 인플레이션으로 인해 화폐가치가 떨어지는 현상과 유사하기 때문입니다.
4) 주조차익의 예: 1000원짜리 지폐를 만들 때, 종이, 인쇄비, 재료비 등이 총 100원 정도가 든다고 가정할 때, 900원(1000원 − 100원)의 주조차익이 발생한다.
5) 주조차익의 장점: 주조 차익은 중앙은행이나 정부의 재정 수입원으로 활용될 수 있음. 또한 주조차익은 화폐 공급을 늘리는 데 기여하며, 이는 경제 활성화에 도움이 될 수 있다.
6) 주조차익의 단점: 주조차익이 지나치게 많으면 화폐 가치가 떨어지고, 인플레이션이 발생할 위험이 있습니다.

[오답체크]
② 인플레이션이 발생하지 않더라도 주조차익은 발생한다.
③ 통화량이 감소하면, 주조차익은 감소한다.
④ 물가상승률이 통화증가율보다 크면, 인플레이션 조세가 주조차익보다 크다.
⑤ 통화증가율이 0이고 인플레이션이 커지면, 실질화폐량이 작아지므로 주조차익은 작아진다.

해커스 감정평가사
ca.Hackers.com

제11장

경기변동과 경제성장

Topic 21 경기변동
Topic 22 경제성장론

Topic 21 경기변동

01 경기와 경기변동

경기	국민 경제의 총체적 활동 수준을 말함 (생산, 투자, 고용, 소비가 얼마나 활발한가?)
경기 순환	호경기, 후퇴기, 불경기, 회복기의 네 국면이 일정한 주기로 반복되는 현상 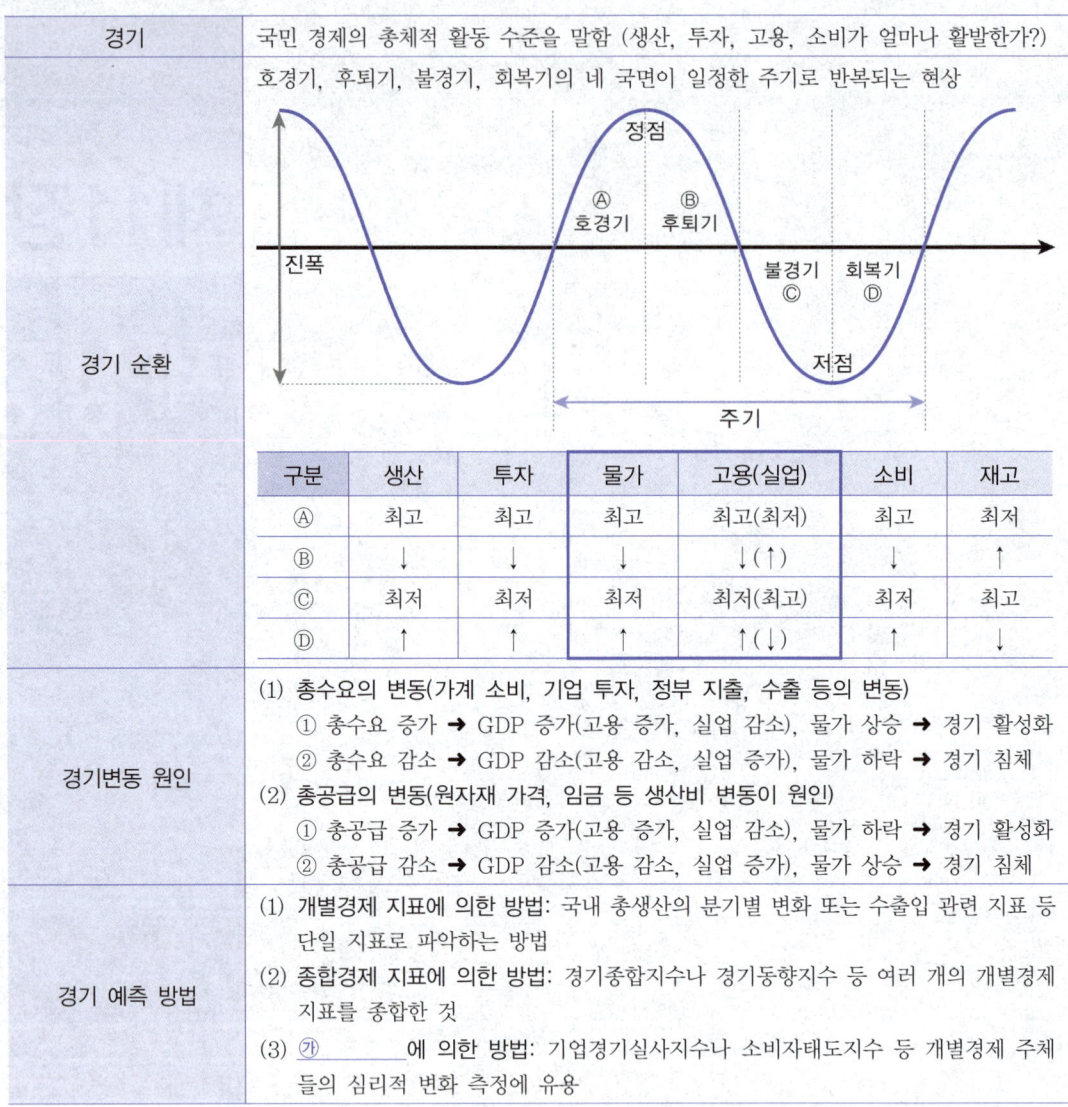
경기변동 원인	(1) 총수요의 변동(가계 소비, 기업 투자, 정부 지출, 수출 등의 변동) ① 총수요 증가 ➔ GDP 증가(고용 증가, 실업 감소), 물가 상승 ➔ 경기 활성화 ② 총수요 감소 ➔ GDP 감소(고용 감소, 실업 증가), 물가 하락 ➔ 경기 침체 (2) 총공급의 변동(원자재 가격, 임금 등 생산비 변동이 원인) ① 총공급 증가 ➔ GDP 증가(고용 증가, 실업 감소), 물가 하락 ➔ 경기 활성화 ② 총공급 감소 ➔ GDP 감소(고용 감소, 실업 증가), 물가 상승 ➔ 경기 침체
경기 예측 방법	(1) 개별경제 지표에 의한 방법: 국내 총생산의 분기별 변화 또는 수출입 관련 지표 등 단일 지표로 파악하는 방법 (2) 종합경제 지표에 의한 방법: 경기종합지수나 경기동향지수 등 여러 개의 개별경제 지표를 종합한 것 (3) ㉮_____에 의한 방법: 기업경기실사지수나 소비자태도지수 등 개별경제 주체들의 심리적 변화 측정에 유용

핵심키워드
㉮ 설문 조사

경기지수	㉮ ___ 종합지수	구인구직비율, 재고순환지표, 기계수주액, 자본재수입액, 종합주가지수, 소비자기대지수, 금융기관유동성 등
	㉯ ___ 종합지수	비농가 취업자수, 산업생산지수, 건설기성액, 제조업가동률지수 등
	㉰ ___ 종합지수	이직자수, 상용근로자수, 가계소비지출, 소비재 수입액 등
경기변동의 종류	(1) **장기 파동**: 50~60년 주기의 경기변동. 기술 혁신, 전쟁, 신자원의 개발 등이 원인. 콘트라티에프(Kontratiev)파동이라고도 함 (2) **중기 파동**: 8~10년을 주기로 하는 경기변동. 기업의 설비 투자의 변동으로 발생. 주글라(Juglar)파동이라고도 함 (3) **단기 파동**: 3~5년을 주기로 하는 경기변동. 통화 공급이나 이자율의 변동, 기업의 재고 변동 등이 원인으로 작용. 키친(Kitchen)파동이라고도 함	

02 경제 안정화 정책

자동 안정화	**자동 안정 장치**: 경기변동에 따라 자동적으로 경기 안정 효과를 발휘하는 제도적 장치 (1) ㉱ ___ 제도, 실업 보험 제도 등 (2) 경기 과열 시 세금과 보험료를 많이 내게 되어 경기를 진정시키는 효과가 있음 (3) 경기 침체 시 소득 감소로 세금은 적게 내고, 실업자가 된 경우에는 보험금을 받게 되어 경기를 부양시키는 효과가 있음
재정정책	정부가 조세(세율)와 정부 지출(세출)을 통해 경제의 성장과 성장을 도모하는 정책 (1) **경기 과열 시 재정 정책**: 세율 인상, 정부 지출 축소(긴축 재정) (2) **경기 침체 시 재정 정책**: 세율 인하, 정부 지출 확대(확장 재정)

핵심키워드
㉮ 선행, ㉯ 동행, ㉰ 후행, ㉱ 누진세

금융정책	중앙은행이 통화량이나 이자율(금리)을 조절하여 경제의 안정적 성장을 도모하는 정책 (1) 통화량 증가 ➡ 이자율 하락 ➡ 소비 증가, 투자 증가 ➡ 생산 확대, 고용 증대 ➡ 물가 상승 (2) 통화량 감소 ➡ 이자율 상승 ➡ 소비 감소, 투자 위축 ➡ 생산 위축, 실업 증가 ➡ 물가 하락(안정)		
	㉮ 정책	개념	중앙은행이 일반 은행에 대출 이자율(재할인율)과 대출 규모를 조정하여 통화량을 조절
		영향	재할인율 인상(인하) ➡ 은행 대출 감소(증가) ➡ 통화량 감소(증가)
	㉯ 정책	개념	시중은행의 고객 인출을 대비하는 법정지급준비금 비율을 조절하는 정책
		영향	지급준비율 인상(인하) ➡ 대출 감소(증가) ➡ 통화량 감소(증가)
	㉰	개념	중앙은행이 국공채 또는 통화 안정 증권을 매입 또는 매각하여 통화량을 조절하는 정책
		영향	매각(매입) ➡ 통화량 감소(증가)
	일반적 금융정책		재할인율 정책, 지급준비율 정책, 공개시장 정책
	선별적 금융정책		대출 한도제, 이자율 규제, 특정 분야에 대한 저리(낮은 이자) 정책 등

03 새고전학파의 경기변동이론

균형경기변동이론	(1) 시장은 항상 균형: 새고전학파는 경기변동현상을 개별경제주체들이 합리적 기대하에 최적화 행동을 추구하는 과정에서 외부적 충격이 발생하면 최적화 행동에 교란이 발생하는 현상으로 보므로 시장은 항상 균형상태에 있는 것으로 파악하고 있음 (2) 구분: 충격을 주는 요인에 의해 ㉱_____ 균형경기변동이론과 ㉲_____ 균형경기변동이론으로 나눔

> 핵심키워드
> ㉮ 재할인율, ㉯ 지급준비율, ㉰ 공개시장조작, ㉱ 화폐적, ㉲ 실물적

화폐적 균형경기변동이론	(1) 경기변동의 원인: 주요인을 예상치 못한 ㉮_____ 충격으로 봄 (2) 경기변동 과정 ① 불완전정보 상황에서 예상치 못한 통화량 변화는 기업들로 하여금 상대가격 변화와 일반물가수준의 변화를 구별하지 못함 ② 예상치 못한 통화량 증가가 발생하면 루카스 공급함수 $Y = Y_N + \alpha(P - P^e)$에서 P^e는 변하지 않은 반면 P는 증가하므로 $P - P^e > 0$이 되어 생산과 소득이 증가하여 경기호황이 발생함 ③ 예상치 못한 통화량 증가가 있더라도 합리적 기대를 통하여 예상물가상승률을 조정하면 다시 완전고용산출량으로 회복하게 됨 ④ 중앙은행은 예측 가능한 정책운용을 통해 물가예상 착오에 따른 사회적 비용을 최소화해야 함
실물적 균형경기변동이론	(1) 경기변동의 원인: 실물적 균형경기변동이론에서는 경기변동의 주요인을 생산성충격, 기술혁신, 경영혁신, 천연자원 발견 및 석유 파동, 기후변화, 노동시장의 변화 등 생산물의 ㉯_____ 측면이라 보고 있음 (2) 긍정적 공급충격(기술혁신)에 의한 경기변동 ① 기술혁신은 총요소생산성을 향상시키므로 생산함수 상방이동을 가져와 노동의 한계생산물을 증가시킴 ② 노동의 기간 간 대체, 건설기간 등의 개념을 사용하여 경기변동의 지속성을 설명함 (3) 실물적 균형경기변동이론의 특징 ① 경기변동이 발생하더라도 완전고용산출량 자체가 변하므로 경제는 항상 균형상태에 있다고 봄 ② 초기에는 주로 생산성 충격(기술진보)에 주목했으나 이후 IS곡선에 영향을 미치는 충격도 인정함 ③ 화폐의 ㉰_____을 가정하기에 LM곡선에 영향을 미치는 충격은 경기변동의 요인이 되기 어렵다고 봄

핵심키워드
㉮ 화폐적, ㉯ 총공급, ㉰ 중립성

04 새케인즈학파의 경기변동이론

개념	(1) **불균형 성장이론**: 경기변동의 주된 요인을 ㉮_____ 측면으로 보고 경제주체들이 합리적 기대하에 최적화 행위를 하여도 가격의 경직성 때문에 균형국민소득에서 이탈하는 것으로 보는 이론 (2) **총수요 충격 중시**: 가격변수가 경직적이고 IS곡선이나 LM곡선에 영향을 미치는 총수요 충격이 발생하면 산출량 변화가 초래된다는 것이 새케인즈학파의 경기변동론임
내용	(1) 가정 ① 새고전학파와 마찬가지로 경제주체들이 합리적 기대하에 최적화 행동을 한다고 가정함 ② 가격·임금의 경직성은 경제주체들의 최적화 행위의 결과임 (2) 정부의 개입강조 ① 최초의 균형점에서 외부의 충격으로 총수요가 감소 ➔ IS곡선이 ㉯_____으로 이동 ➔ 새로운 균형점에서 산출량이 감소하여 경기침체가 발생함 ② 정부의 개입필요: 가격경직성 때문에 가격조정이 즉각적으로 이루어지지 않아 상당기간 침체상태 유지되므로 정부가 총수요를 높여주어야 함 ③ ㉰_____, 조정실패 등으로 경기침체를 설명함

> **핵심키워드**
> ㉮ 총수요, ㉯ 좌측, ㉰ 메뉴비용

STEP 1 타시험 기출문제

01 난이도 ★ 중요도 ★★

경제성장 및 경기변동에 관한 설명으로 옳지 않은 것은? [21. 국가직 7급]

① 국내총생산이 장기추세치보다 더 큰 값을 가질 때 경제는 호황기에 있다.
② 국내총생산의 단기적 동향을 경기변동이라 하고 장기적 추세를 경제성장이라고 한다.
③ 국내총생산이 늘어나는 시기에 실업률이 줄어들고 국내총생산이 줄어드는 시기에 실업률이 늘어나는 양상을 공행성의 예라 할 수 있다.
④ 어떤 변수가 일정한 시차를 갖고 다른 변수보다 선행(leading)하거나 후행(lagging)하는 경우 두 변수 사이에 공행성이 없다고 말한다.

02 난이도 ★ 중요도 ★★

경제안정화 정책에 대한 설명으로 옳지 않은 것은? [23. 지방직 7급]

① 통화정책은 재정정책보다 내부시차는 짧지만 외부시차는 길다.
② 자동안정화장치의 사례로 누진소득세나 실업보험을 들 수 있다.
③ 경제가 유동성함정에 빠진 경우 통화정책보다 재정정책이 효과적이다.
④ 최적정책의 동태적 비일관성에 의하면 재량적 정책이 준칙을 따르는 정책보다 바람직하다.

정답 및 해설

01 ④ 공행성은 어떠한 상황이 연결되어 있다는 것이다. 따라서 어떤 변수가 일정한 시차를 갖고 다른 변수보다 선행(leading)하거나 후행(lagging)하는 경우와 관계없이 공행성이 있다고 말한다.

02 ④ 동태적 비일관성은 재량적 정책수립시점과 실행시점에 차이가 발생하는 것을 의미하는 것으로 재량적 정책을 비판하기 위해 등장한 것이다. 따라서 최적정책의 동태적 비일관성에 의하면 준칙적 정책이 재량을 따르는 정책보다 바람직하다.

03 다음 중 경기변동 국면에서 나타나는 정형화된 사실(stylized facts)과 부합하지 않는 것은?

[18. 보험계리사]

① 소비와 투자는 경기순응적(procyclical)이다.
② 투자의 변동성은 소비의 변동성보다 크다.
③ 내구재 소비지출의 변동성은 비내구재 및 서비스 소비지출 변동성보다 크다.
④ 재고투자의 변동성은 설비투자의 변동성보다 작다.

04 경기동향을 나타내는 기업경기실사지수(BSI; Business Survey Index)와 소비자동향지수(CSI; Consumer Survey Index)에 대한 설명으로 옳지 않은 것은?

[10. 지방직 7급]

① BSI는 기업 활동의 실적, 계획, 경기동향 등에 대한 기업가들의 의견을 직접 조사하여 이를 지수화한 지표이다.
② BSI는 다른 경기지표와는 달리 기업가의 주관적이고 심리적인 요소까지 조사가 가능하고, 정부 정책의 파급 효과를 분석하는 데 활용되기도 한다.
③ CSI는 50을 기준치로 하며, 50을 초과할 경우는 앞으로 생활형편이 좋아질 것이라고 응답한 가구가 나빠질 것으로 응답한 가구보다 많다는 것을 의미한다.
④ BSI는 비교적 쉽게 조사되고 작성될 수 있지만 조사 응답자의 주관적인 판단이 개입될 가능성이 있다.

난이도 ★★   중요도 ★

05 2010년 9월 현재 미국의 3개월 만기 단기국채금리는 5.11%이며 10년 만기 장기국채금리는 4.76%라고 할 때, 향후 미국경기에 대한 시사점으로 가장 적절한 것은? [10. 지방직 7급]

① 미국경기는 침체될 가능성이 높다.
② 미국경기는 호전될 가능성이 높다.
③ 미국경기는 호전되다가 다시 침체할 가능성이 높다.
④ 미국경기는 침체되다가 다시 호전될 가능성이 높다.

정답 및 해설

03 ④ 경기변동과정에서 투자의 변동성은 소비의 변동성보다 크며 재고투자가 설비투자보다 경기의 영향을 크게 받으므로 재고투자의 변동성이 더 크다.

04 ③ CSI나 BSI는 100보다 크면 경기에 대한 긍정적 평가가 큰 것이고, 100보다 작으면 경기에 대한 부정적 평가가 큰 것이다.

05 ① 1) 장기금리는 주로 장기경기전망에 좌우되고, 단기금리는 주로 현재경기상황과 금융정책에 좌우된다.
    2) 자금거래기간에 비례해 위험이 커지기 때문에 일반적으로 장기이자율은 단기이자율보다 높다.
    3) 문제는 현재 미국의 자금시장에서 장기이자율이 단기이자율보다 낮은 금리역전현상을 보여준다. 이러한 현상은 거의 제로금리정책에도 불구하고 단기에 비해 장기로 갈수록 이자율이 영향을 거의 받지 않고 있다는 이야기다. 이것은 장기적인 경기전망이 비관적임을 시사한다.

06 중앙은행이 공개시장조작정책을 시행하여 국채를 매입하는 경우, 예상되는 경제현상으로 옳은 것만을 모두 고르면? (단, 총수요곡선은 우하향한다) [20. 국가직 7급]

> ㄱ. 유동성선호이론에 의하면, 국채매입은 화폐시장에 초과공급을 유발하여 이자율을 상승시킨다.
> ㄴ. 단기적으로 총수요 증가를 통해 산출량은 증가하고 물가도 상승한다.
> ㄷ. 장기적으로 경제는 자연산출량 수준으로 회귀한다.
> ㄹ. 새고전학파에 따르면, 경제주체의 정책 예상이 완벽한 경우 단기에도 산출량은 불변이고 물가만 상승한다.

① ㄱ, ㄴ
② ㄴ, ㄷ
③ ㄷ, ㄹ
④ ㄴ, ㄷ, ㄹ

07 통화정책에 대한 설명으로 옳지 않은 것은? [20. 지방직 7급]

① 중앙은행이 법정지급준비율을 인하하면 총지급준비율이 작아져 통화승수는 커지고 통화량은 증가한다.
② 중앙은행이 재할인율을 콜금리보다 낮게 인하하면 통화량이 증가한다.
③ 중앙은행이 양적완화를 실시하면 본원통화가 증가하여 단기이자율은 상승한다.
④ 중앙은행이 공개시장조작으로 국채를 매입하면 통화량이 증가한다.

08 난이도 ★★★ 중요도 ★★★

재정정책 및 금융정책의 효과에 대한 설명으로 옳은 것은? [12. 국가직 7급]

① 단기 IS-LM 분석 시 화폐수요가 이자율에 탄력적일수록 재정정책의 효과는 약해진다.
② 단기 IS-LM 분석 시 투자가 이자율에 비탄력적일수록 통화정책의 효과는 강해진다.
③ 통화주의자들은 재량적 통화정책을 주장한다.
④ 풀(W. Poole)에 따르면 실물 부문보다 금융 부문의 불확실성이 클 때는 금융정책의 지표로 이자율이 통화량보다 바람직하다.

정답 및 해설

06 ④ [오답체크]
ㄱ. 유동성 선호이론에 의하면, 국채매입은 채권시장에 초과수요를 유발하고 이에 따라 화폐시장에 초과공급을 유발하여 이자율을 하락시킨다.

07 ③ 양적완화란 중앙은행이 통화량을 늘려 경기부양책을 쓰는 것을 말한다. 따라서 이자율은 하락한다.

08 ④ 풀(W. Poole)에 따르면 실물 부문의 불확실성이 클 때 통화량을 금융정책의 중간목표로 삼아야 하고, 금융 부문의 불확실성이 클 때는 이자율을 금융정책의 중간목표로 하는 것이 바람직하다.

[오답체크]
① 화폐수요의 이자율탄력성이 클수록 IS-LM곡선이 완만해져 재정정책의 효과는 강해지고 금융정책의 효과는 약해진다.
② 투자수요의 이자율탄력성이 작을수록 IS-LM곡선이 가팔라져 재정정책의 효과는 강해지고 금융정책의 효과는 약해진다.
③ 통화주의자들은 준칙적 통화정책을 주장한다.

09 경기부양을 위해 재정정책과 통화정책의 사용을 고려한다고 하자. 이와 관련한 서술로 가장 옳지 않은 것은? [19. 서울시 7급]

① 두 정책의 상대적 효과는 소비와 투자 등 민간지출의 이자율탄력성 크기와 관련이 있다.
② 두 정책이 이자율에 미치는 영향은 동일하다.
③ 이자율에 미치는 영향을 줄이고자 한다면 두 정책을 함께 사용할 수 있다.
④ 두 정책 간의 선택에는 재정적자의 누적이나 인플레이션 중 상대적으로 어느 것이 더 심각한 문제일지에 대한 고려가 필요하다.

10 통화정책의 테일러준칙(Taylor rule)과 인플레이션목표제(inflation targeting)에 대한 설명으로 옳지 않은 것은? [20. 지방직 7급]

① 테일러준칙을 따르는 정책당국은 경기가 호황일 때 이자율을 상승시키고, 경기가 불황일 때 이자율을 하락시켜 경기를 안정화시킨다.
② 테일러준칙에서 다른 변수들은 불변일 때 정책당국이 목표인플레이션율을 높이면 정책금리도 높여야 한다.
③ 인플레이션목표제는 미래 인플레이션의 예측치에 근거하며, 테일러준칙은 후향적이어서 과거 인플레이션을 따른다.
④ 인플레이션목표제는 중앙은행의 목표를 구체적인 수치로 제시하므로 중앙은행의 책임감을 높일 수 있다.

난이도 ★★ 중요도 ★★★

11 고전학파와 케인즈학파의 거시경제관에 대한 설명으로 옳지 않은 것은? [11. 지방직 7급]

① 고전학파는 공급이 수요를 창출한다고 보는 반면 케인즈학파는 수요가 공급을 창출한다고 본다.
② 고전학파는 화폐가 베일(veil)에 불과하다고 보는 반면 케인즈학파는 화폐가 실물경제에 영향을 미친다고 본다.
③ 고전학파는 저축과 투자가 같아지는 과정에서 이자율이 중심적인 역할을 한다고 본 반면 케인즈학파는 국민소득이 중심적인 역할을 한다고 본다.
④ 고전학파는 실업문제 해소에 대해 케인즈학파와 동일하게 재정정책이 금융정책보다 더 효과적이라고 본다.

정답 및 해설

09 ② 확대적인 재정정책을 실시하면 IS곡선이 오른쪽으로 이동하므로 이자율이 상승하는 반면 확대적인 금융정책을 시행하면 LM곡선이 오른쪽으로 이동하므로 이자율이 하락한다. 그러므로 두 정책이 이자율에 미치는 영향은 정반대이다.

10 ② 1) 테일러 준칙은 중앙은행이 기준 금리를 결정할 때 경제성장률과 물가상승률(인플레이션율)에 맞춰서 기준 금리를 결정하는 것을 의미한다.
   2) 실제물가상승률보다 목표물가상승률이 높은 상태에서 중앙은행이 목표물가수준을 달성하기 위해서는 금리를 인하해서 실제 물가상승률을 높이는 통화정책을 사용해야 한다.

11 ④ 고전학파는 케인즈학파와 달리 노동시장에 초과공급이 발생하면 명목임금이 하락하여 결국 완전고용이 되므로 시장에 정부가 개입할 필요가 없다고 본다. 반면 케인즈학파는 기본적으로 실업의 발생원인이 경기침체로 인한 유효수요의 부족이므로 실업문제를 해소하기 위해 정부의 확대적인 정책이 필요하다고 본다.

12 거시경제에 대한 설명으로 옳지 않은 것은? [12. 국가직 7급]

① 공급 측면에서 부정적인 충격(negative supply shock)이 있을 때, 총수요관리정책은 물가안정과 고용증대에 유용하다.
② 고전학파이론은 가격과 임금의 신축성을 가정하기 때문에 장기적인 이슈 분석에 유용하다.
③ 합리적기대가설에 따르면 예견된 일회성 통화량의 증가는 실물경제에 큰 영향을 미치지 못한다.
④ 상대가격과 물가수준에 대한 착각이 있는 경우 단기 총공급곡선은 우상향할 수 있다.

13 재정의 자동안정장치(automatic stabilizer)에 대한 설명으로 옳은 것만을 모두 고르면?

[20. 국가직 7급]

> ㄱ. 경제정책의 내부시차를 줄여주는 역할을 한다.
> ㄴ. 경기회복기에는 경기회복을 더디게 만들 수 있다.
> ㄷ. 누진적 소득세제와 실업보험제도는 자동안정장치이다.

① ㄱ, ㄴ
② ㄱ, ㄷ
③ ㄴ, ㄷ
④ ㄱ, ㄴ, ㄷ

난이도 ★★   중요도 ★★★

14 경제주체의 기대형성에 관한 설명으로 옳은 것은? [15. 노무사]

① 합리적 기대이론에서는 과거의 정보만을 이용하여 미래에 대한 기대를 형성한다.
② 적응적 기대이론에서는 예측된 값과 미래의 실제 실현된 값이 같아진다고 주장한다.
③ 새고전학파(New Classical School)는 적응적 기대를 토대로 정책무력성 정리(policy ineffectiveness proposition)를 주장했다.
④ 경제주체가 이용 가능한 모든 정보를 이용하여 미래에 대한 기대를 형성하는 것을 합리적 기대이론이라고 한다.
⑤ 케인즈(J. M. Keynes)는 합리적 기대이론을 제시하였다.

정답 및 해설

12 ① 공급 측면에서 부정적인 충격이 있으면 AS곡선이 좌측 이동하여 경기침체 속에서도 물가가 상승하는 스태그플레이션이 발생한다. 이때 경기회복을 위해 AD곡선을 우측 이동시키면 물가 상승은 더욱 가속화되고, 물가안정을 위해 AD곡선을 좌측 이동시키면 경기침체는 더욱 가속화된다. 이를 총수요관리정책의 정책적 딜레마라고 한다.

13 ④ ㄱ. 자동안정화장치는 자동실행되므로 경제정책의 내부시차를 줄여주는 역할을 한다.
ㄴ. 경기회복기에는 소득증가에 따른 누진세율 적용으로 경기회복을 더디게 만들 수 있다.
ㄷ. 누진적 소득세제는 호경기의, 실업보험제도는 불경기의 자동안정장치이다.

14 ④ [오답체크]
① 과거의 정보만을 이용하여 미래에 대한 기대를 형성하는 것은 합리적 기대가 아니라 적응적 기대이다.
② 적응적 기대하에서는 체계적인 오차가 있으므로 예측된 값과 미래에 실제 실현된 값이 동일하지 않은 것이 일반적이다.
③ 합리적 기대는 케인즈가 아니라 새고전학파에 의해 도입된 것으로, 새고전학파는 합리적 기대를 토대로 정책무력성 정리를 주장하였다.
⑤ 새고전학파는 합리적 기대이론을 제시하였다.

15 난이도 ★★ 중요도 ★★★

경기변동에 대한 설명으로 옳은 것은? [20. 지방직 7급]

① 케인즈는 경기변동의 원인으로 총수요의 변화를 가장 중요하게 생각하였다.
② IS-LM모형에 의하면 통화정책은 총수요에 영향을 미칠 수 없다.
③ 케인즈에 의하면 불황에 대한 대책으로 재정정책은 효과를 갖지 않는다.
④ 재정정책은 내부시차보다 외부시차가 길어서 효과가 나타날 때까지 시간이 오래 걸린다.

16 난이도 ★ 중요도 ★★★

실물경기변동(real business cycle)이론에 대한 설명으로 옳지 않은 것은? [20. 국가직 7급]

① 일시적으로 이자율이 하락하는 경우 노동자들은 노동공급량을 증가시킨다.
② 화폐의 중립성이 장기뿐만 아니라 단기에도 성립한다고 가정하여 통화량 변화는 경기에 아무런 영향을 미치지 못한다.
③ 경기변동을 유발하는 주요 요인은 기술충격(technical shock)이다.
④ 임금 및 가격이 신속히 조정되어 시장이 청산된다.

17 실물경기변동론의 주장으로 옳은 것만을 묶은 것은?

[10. 지방직 7급]

ㄱ. 경기변동은 외부 충격에 대한 시장의 자연스러운 반응이다.
ㄴ. 경기변동의 주요인은 기술의 변화이다.
ㄷ. 이자율이 상승하면 현재의 노동공급이 감소한다.
ㄹ. 통화량의 변화가 경기변동을 초래하는 원인이다.

① ㄱ, ㄴ
② ㄷ, ㄹ
③ ㄱ, ㄴ, ㄷ
④ ㄱ, ㄴ, ㄹ

정답 및 해설

15 ① 케인즈는 경기의 침체가 총수요 감소 때문이라고 본다.

[오답체크]
② 확대적 통화정책으로 인해 LM곡선이 우측으로 이동하게 되면, 우하향하는 IS곡선일 경우 이자율 하락과 소득 증가의 효과를 가져온다.
③ 케인즈는 불황에 대한 대책으로 재정정책을 중시한다.
④ 재정정책은 내부시차가 크고, 통화정책은 외부시차가 크다.

16 ① 일시적으로 이자율이 하락하는 경우 노동의 기간 간 대체에 의해 여가의 상대가격이 감소하므로 여가의 소비를 늘려 노동공급량을 감소시킨다.

[오답체크]
② 실물적 경기변동이론에서는 화폐가 경기에 영향을 주지 않으므로 화폐가 중립적이라고 주장한다.
③ 경기변동을 유발하는 주요 요인은 실물부분의 기술충격(technical shock)이다.
④ 새고전학파의 이론은 균형경기이론이므로 임금 및 가격이 신속히 조정되어 시장이 청산된다.

17 ① ㄱ. 생산성에 직접적인 영향을 미치는 모든 충격은 경기변동을 초래할 수 있다.
ㄴ. 실물적 균형경기변동이론의 원인은 기술변화 등의 공급측 변동이다.

[오답체크]
ㄷ. 보통의 기간 간 대체에 따라 이자율이 상승하면 노동공급이 증가한다.
ㄹ. 화폐의 중립성이 성립하므로 통화량의 변화는 경기변동을 초래할 수 없다.

18 실물적 경기변동이론(real business cycle theory)에 대한 설명으로 옳지 않은 것은?

[11. 지방직 7급]

① 실물적 경기변동이론에 따르면 장기에서는 고전학파적 이분성이 성립하지만 단기에서는 성립하지 않는다.
② 실물적 경기변동이론에 따르면 현재 이자율의 일시적 상승에도 사람들은 노동공급을 증가시킨다.
③ 실물적 경기변동이론에 따르면 경기변동은 변화하는 경제상황에 대한 경제의 자연적이며 효율적인 반응이다.
④ 실물적 경기변동이론에 따르면 경기후퇴는 기술의 퇴보에 의해 설명할 수 있다.

19 실물적 경기변동이론(real business cycle theory)에 대한 설명으로 옳은 것만을 모두 고른 것은?

[14. 국가직 7급]

ㄱ. 메뉴비용(menu cost)은 경기변동의 주요 요인이다.
ㄴ. 비자발적 실업이 존재하지 않아도 경기가 변동한다.
ㄷ. 경기변동이 발생하는 과정에서 가격은 비신축적이다.
ㄹ. 정책결정자들은 경기침체를 완화시키는 재정정책을 자제해야 한다.

① ㄱ, ㄷ
② ㄴ, ㄷ
③ ㄴ, ㄹ
④ ㄷ, ㄹ

20 실물경기변동이론(real business cycle theory)에 대한 설명으로 옳은 것은?

[21. 군무원 7급]

① 노동공급의 기간 간 대체를 인정하지 않는다.
② 경기후퇴는 경제적 의사결정을 하는 경제주체들 사이의 조정실패(coordination failure)에 기인한다고 본다.
③ 생산량 변동이 통화공급의 변동을 일으키므로 통화공급은 내생적이라고 본다.
④ 사회후생을 높이기 위해 경기변동을 억제하려는 정책당국의 개입이 정당화된다.

정답 및 해설

18 ① 실물적 균형경기변동이론에 의하면 단기와 장기 모두 화폐의 중립성이 성립한다. 비록 현실에서는 통화량이 증가하면 생산이 증가하는 현상이 관찰되기는 하지만 이는 통화공급이 실물부문의 변화에 내생적으로 반응하기 때문으로, 즉 생산량의 변화에 의해 통화량이 변하는 것이므로 통화공급이 내생적이고 화폐중립성이 성립한다.

19 ③ 실물적 경기변동을 주장하는 학자들은 경기변동이 외부적인 충격에 대한 가계와 기업의 최적화 행동의 결과로 나타나는 현상이므로 경기진폭을 줄이기 위한 정책당국의 개입은 바람직하지 않다고 주장한다.
[오답체크]
ㄱ. 메뉴비용(menu cost)은 새케인즈학파와 관련 있다.
ㄷ. 경기변동이 발생하는 과정에서 가격은 신축적이다.

20 ③ 통화공급이 원인이 아닌 생산량의 영향을 받으므로 내생적이라는 표현을 사용한 것이다.
[오답체크]
① 노동공급의 기간 간 대체를 인정한다.
② 조정실패 모형은 새 케인즈학파의 모형이다.
④ 새고전학파의 이론인 실물경기변동이론은 정부의 개입을 정당화하지 않는다.

21 효율성 임금 가설(Efficiency Wage Hypothesis)에 대한 설명으로 옳은 것을 모두 고른 것은? [10. 국가직 7급]

> ㄱ. 효율성 임금 가설에 의하면 기업의 노동수요는 노동의 한계생산성과 명목임금이 같아지는 수준에서 결정된다.
> ㄴ. 효율성 임금 가설은 비자발적 실업을 설명하고자 한다.
> ㄷ. 효율성 임금 가설에 의하면 노동자의 근로의욕은 명목임금의 크기에 의해 결정된다.
> ㄹ. 효율성 임금 가설에 의하면 노동자의 생산성은 실질임금에 의하여 좌우된다.

① ㄱ, ㄴ
② ㄴ, ㄹ
③ ㄱ, ㄴ, ㄷ
④ ㄴ, ㄷ, ㄹ

22 효율 임금이론(efficiency wage theory)에 대한 설명으로 옳지 않은 것은? [21. 국가직 7급]

① 효율 임금이론은 임금의 하방경직성을 설명할 수 있다.
② 효율 임금은 근로자의 도덕적 해이를 완화시킬 수 있다.
③ 효율 임금은 근로자의 이직을 감소시킬 수 있다.
④ 효율 임금은 노동의 공급과잉을 해소시킬 수 있다.

난이도 ★★★   중요도 ★★

23 다음 설명 중 옳지 않은 것은?

[13. 국회직 8급]

① 확장적 통화정책을 쓰게 되면 이자율이 하락하고 투자가 증가하여 총수요곡선은 우측으로 이동하므로 경기침체의 해결 방안으로 고려될 수 있다.
② 물가가 하락하게 되면 자국화폐로 표시된 실질환율이 상승하여 총수요곡선이 우측으로 이동하므로 경기침체의 해결 방안으로 고려될 수 있다.
③ 투자세액공제를 확대하게 되면 총수요를 증가시키게 되므로 경기침체의 해결 방안으로 고려될 수 있다.
④ 향후 물가가 상승할 것이라고 예상하게 되면 총수요 증가가 나타나므로 경기침체의 해결 방안으로 고려될 수 있다.
⑤ 기술진보는 장기총공급곡선을 우측으로 이동시키므로 경제성장에 도움이 되는 방안이라 할 수 있다.

정답 및 해설

21 ② [오답체크]
ㄱ. 효율성 임금 가설에 의하면 생산성에 의해 임금이 결정되는 것이 아니라 임금에 의해 생산성이 결정된다.
ㄷ. 효율성 임금은 노동의 평균생산성이 극대화되는 실질임금을 말한다.

22 ④ 효율 임금은 생산성 이상의 임금, 즉 균형임금보다 더 높은 임금을 지급하는 것이므로 노동의 공급과잉인 실업이 발생할 수 있다.

23 ② 물가가 하락하면 총수요곡선상에서의 이동이 나타난다.

24 케인즈학파의 입장을 〈보기〉에서 모두 고르면?

[16. 국회직 8급]

〈보기〉
ㄱ. 세이의 법칙(Say's law)이 성립한다.
ㄴ. 생산된 것이 모두 판매되기 때문에 수요부족 상태가 장기적으로 지속될 가능성은 없다.
ㄷ. 가격이 경직적이고 충분한 정도의 유휴설비가 존재하는 경우 경제 전체 생산량은 유효수요에 의해 결정된다.
ㄹ. 모든 개인이 절약을 하여 저축을 증가시키면 총수요가 감소하여 국민소득이 감소하게 된다.
ㅁ. 정부는 시장에 개입하지 않는 것이 바람직하다.
ㅂ. 이자율은 화폐시장에서 결정된다.
ㅅ. 임금의 하방경직성, 화폐환상(money illusion)의 부재를 주장한다.

① ㄱ, ㄴ, ㄷ
② ㄴ, ㅁ, ㅂ
③ ㄷ, ㄹ, ㅁ
④ ㄷ, ㄹ, ㅂ
⑤ ㄹ, ㅂ, ㅅ

25 균형경기변동이론(Equilibrium Business Cycle Theory)에 대한 설명으로 옳은 것을 〈보기〉에서 모두 고르면?

[18. 국회직 8급]

〈보기〉
ㄱ. 흉작이나 획기적 발명품의 개발은 영구적 기술충격이다.
ㄴ. 기술충격이 일시적일 때 소비의 기간 간 대체효과는 크다.
ㄷ. 기술충격이 일시적일 때 실질이자율은 경기순행적이다.
ㄹ. 실질임금은 경기역행적이다.
ㅁ. 노동생산성은 경기와 무관하다.

① ㄱ, ㄴ
② ㄱ, ㄹ
③ ㄴ, ㄷ
④ ㄷ, ㄹ
⑤ ㄹ, ㅁ

정답 및 해설

24 ④ **[오답체크]**
ㄱ, ㄴ, ㅁ, ㅅ. 고전학파의 입장이다.

25 ③ 균형경기변동이론은 화폐적 균형경기변동이론과 실물적 균형경기변동으로 나누어진다.
ㄴ. 기술충격이 일시적일 때 현재소비가 늘어나므로 소비의 기간 간 대체효과는 크다.
ㄷ. 기술충격이 일시적일 때 투자가 늘어나 실질이자율은 경기순행적이다.

[오답체크]
ㄱ. 일시적 기술충격이다.
ㄹ. 실질임금은 경기순행적이다.
ㅁ. 노동생산성은 경기순행적이다.

STEP 2 감정평가사 기출문제

26 경제정책에 관한 설명으로 옳은 것을 모두 고른 것은? [18. 감정평가사]

> ㄱ. 외부시차는 경제에 충격이 발생한 시점과 이에 대한 정책 시행 시점 사이의 기간이다.
> ㄴ. 자동안정화장치는 내부시차를 줄여준다.
> ㄷ. 루카스(R. Lucas)는 정책이 변하면 경제주체의 기대도 바뀌게 되는 것을 고려해야 한다고 주장하였다.
> ㄹ. 시간적 불일치성 문제가 있는 경우 자유재량적 정책이 바람직하다.

① ㄱ, ㄴ   ② ㄱ, ㄷ   ③ ㄱ, ㄹ
④ ㄴ, ㄷ   ⑤ ㄴ, ㄹ

27 총수요 충격 및 총공급 충격에 관한 설명으로 옳지 않은 것은? (단, 총수요곡선은 우하향, 총공급곡선은 우상향한다) [20. 감정평가사]

① 총수요 충격으로 인한 경기변동에서 물가는 경기순행적이다.
② 총공급 충격으로 인한 경기변동에서 물가는 경기역행적이다.
③ 총공급 충격에 의한 스태그플레이션은 합리적 기대 가설이 주장하는 정책무력성의 근거가 될 수 있다.
④ 명목임금이 하방 경직적일 경우 음(-)의 총공급 충격이 발생하면 거시경제의 불균형이 지속될 수 있다.
⑤ 기술진보로 인한 양(+)의 총공급 충격은 자연실업률 수준을 하락시킬 수 있다.

28 경기안정화 정책에 관한 설명으로 옳은 것은? [18. 감정평가사]

① 재정지출 증가로 이자율이 상승하지 않으면 구축효과는 크게 나타난다.
② 투자가 이자율에 비탄력적일수록 구축효과는 크게 나타난다.
③ 한계소비성향이 클수록 정부지출의 국민소득 증대효과는 작게 나타난다.
④ 소득이 증가할 때 수입재 수요가 크게 증가할수록 정부지출의 국민소득 증대효과는 크게 나타난다.
⑤ 소득세가 비례세보다는 정액세일 경우에 정부지출의 국민소득 증대효과는 크게 나타난다.

정답 및 해설

26 ④ ㄴ. 자동안정화장치는 특별한 정책결정을 할 필요가 없으므로 정책결정시간인 내부시차를 줄여준다.
ㄷ. 루카스(R. Lucas)는 합리적 기대 가설을 통해 정책이 변하면 경제주체의 기대도 바뀌게 되는 것을 고려해야 한다고 주장하였다.

[오답체크]
ㄱ. 외부시차는 정부의 정책이 정책을 실시한 시점과 효과가 나타날 때까지 걸리는 시간을 의미한다. 지문은 내부시차에 대한 설명이다.
ㄹ. 시간적 불일치성을 동태적 비일관성이라고 하는데 이는 정부정책의 무력성을 의미한다. 따라서 문제가 있는 경우 재량적인 정책보다는 준칙적인 정책이 바람직하다.

27 ③ 정책무력성 정리는 합리적 기대하에서는 예상된 정부정책의 효과가 없다는 것이다. 공급충격에 의한 스태그플레이션과는 관계가 없다.

[오답체크]
① 총수요 증가의 총수요 충격은 물가를 상승시키고 국민소득을 증가시키므로 경기변동에서 물가는 경기순행적이다.
② 총공급 감소의 총공급 충격은 물가를 상승시키고 국민소득은 감소시키므로 경기변동에서 물가는 경기역행적이다.
④ 명목임금이 하방 경직적일 경우 균형으로 이동하지 않기 때문에 음(−)의 총공급 충격이 발생하면 거시경제의 불균형이 지속될 수 있다.
⑤ 기술진보로 인한 양(+)의 총공급 충격은 노동의 한계생산물이 커지므로 노동수요가 증가한다. 노동수요곡선이 영구적으로 오른쪽으로 이동하면 자연실업률이 하락할 가능성이 높다.

28 ⑤ 비례세의 승수는 $\dfrac{1}{1-c(1-t)+m}$ 이고 정액세의 승수는 $\dfrac{1}{1-c+m}$ 이므로 소득세가 정액세일 경우에 비례세보다 정부지출의 국민소득 증대효과가 크게 나타난다.

[오답체크]
① 재정지출 증가로 이자율이 상승해야 구축효과가 나타난다.
② 구축효과가 크게 나타나려면 IS곡선이 완만한 기울기를 가져야 한다. 따라서 투자의 이자율탄력성이 탄력적일수록(= 클수록) 구축효과는 크게 나타난다.
③ 일반적 승수는 $\dfrac{1}{1-c(1-t)+m}$ 이므로 한계소비성향이 클수록 정부지출의 국민소득 증대효과는 크게 나타난다.
④ 일반적 승수는 $\dfrac{1}{1-c(1-t)+m}$ 이므로 한계소비성향이 클수록 승수는 작아진다. 따라서 소득이 증가할 때 수입재 수요가 크게 증가할수록 정부지출의 국민소득 증대효과는 작게 나타난다.

29 난이도 ★★　중요도 ★★

A국에서 인플레이션갭과 산출량갭이 모두 확대될 때, 테일러 준칙(Taylor's rule)에 따른 중앙은행의 정책은?　　　　　　　　　　　　　　　　　　　　　　　　　　　　[20. 감정평가사]

① 정책금리를 인상한다.
② 정책금리를 인하한다.
③ 정책금리를 조정하지 않는다.
④ 지급준비율을 인하한다.
⑤ 지급준비율을 변경하지 않는다.

30 난이도 ★★　중요도 ★★★

경기변동이론에 관한 설명으로 옳은 것은?　　　　　　　　　　　　　　　　　　　　　[22. 감정평가사]

① 신케인즈 학파(new Keynesian)는 완전경쟁적 시장구조를 가정한다.
② 신케인즈 학파는 총수요 외부효과(aggregate - demand externality)를 통해 가격경직성을 설명한다.
③ 신케인즈 학파는 총공급 충격이 경기변동의 근본 원인이라고 주장한다.
④ 실물경기변동이론은 실질임금의 경직성을 가정한다.
⑤ 실물경기변동이론에 따르면 불경기에는 비용 최소화가 달성되지 않는다.

31 경기변동이론에 관한 설명으로 옳은 것은? [20. 감정평가사]

① 실물경기변동(real business cycle)이론에서 가계는 기간별로 최적의 소비 선택을 한다.
② 실물경기변동이론은 가격의 경직성을 전제한다.
③ 실물경기변동이론은 화폐의 중립성을 가정하지 않는다.
④ 가격의 비동조성(staggering pricing)이론은 새고전학파(New Classical) 경기변동이론에 속한다.
⑤ 새케인즈학파(New Keynesian)는 공급충격이 경기변동의 원인이라고 주장한다.

정답 및 해설

29 ① 테일러 준칙에 의하면 실제 인플레이션이 중앙은행의 목표치를 상회하거나 실제GDP가 잠재GDP를 초과할 경우 정책금리를 인상해야 한다.

30 ② [오답체크]
① 신케인즈 학파(new Keynesian)는 불완전경쟁적 시장구조를 가정한다.
③ 신케인즈 학파는 총수요 충격이 경기변동의 근본 원인이라고 주장한다.
④ 신케인즈 학파는 실질임금의 경직성을 가정한다.
⑤ 실물경기변동이론은 균형 경기변동이론이므로 불경기에도 비용 최소화가 달성된다.

31 ① 실물경기변동이론에서 가계는 기간별로 최적의 소비 선택을 한다. 따라서 이자율 상승 시 노동을 늘린다.
[오답체크]
② 실물경기변동이론은 균형경기변동이론이므로 가격의 신축성을 전제한다.
③ 실물경기변동이론은 화폐의 중립성을 가정한다.
④ 가격의 비동조성이론은 새케인즈학파 경기변동이론에 속한다.
⑤ 새케인즈학파는 수요충격이 경기변동의 원인이라고 주장한다.

난이도 ★★　중요도 ★★★

32 경기변동이론에 관한 설명으로 옳은 것은? [17. 감정평가사]

① 실물경기변동이론(real business cycle theory)은 통화량 변동 정책이 장기적으로 실질 국민소득에 영향을 준다고 주장한다.
② 실물경기변동이론은 단기에 임금이 경직적이라고 전제한다.
③ 가격의 비동조성(staggered pricing)이론은 새고전학파(New Classical)의 경기변동이론에 포함된다.
④ 새케인즈학파(New Keynesian) 경기변동이론은 기술충격과 같은 공급충격이 경기변동의 근본 원인이라고 주장한다.
⑤ 실물경기변동이론에 따르면 불경기에도 가계는 기간별 소비선택의 최적조건에 따라 소비를 결정한다.

난이도 ★★　중요도 ★★★

33 실물경기변동이론(real business cycle theory)에 관한 설명으로 옳은 것을 모두 고른 것은? [16. 감정평가사]

> ㄱ. 임금 및 가격이 경직적이다.
> ㄴ. 불경기에는 생산의 효율성이 달성되지 않는다.
> ㄷ. 화폐의 중립성(neutrality of money)이 성립된다.
> ㄹ. 경기변동은 시간에 따른 균형의 변화로 나타난다.

① ㄱ, ㄴ　　　② ㄱ, ㄷ　　　③ ㄴ, ㄷ
④ ㄴ, ㄹ　　　⑤ ㄷ, ㄹ

34 거시경제이론과 관련된 경제학파에 대한 설명으로 옳은 것은?

난이도 ★★ 중요도 ★★   [24. 감정평가사]

① 새케인즈학파(New Keynesian)는 단기 필립스곡선이 수직이라고 주장한다.
② 새케인즈학파는 가격 신축성에 근거하여 경기변동을 설명한다.
③ 새케인즈학파는 단기에서 화폐중립성이 성립한다고 주장한다.
④ 실물경기변동이론에 따르면 경기변동국면에서 소비의 최적화가 달성된다.
⑤ 새고전학파는 메뉴비용의 존재가 경기변동에 중요한 역할을 한다고 주장한다.

정답 및 해설

32 ⑤ [오답체크]
① 화폐경기변동이론은 통화량 변동 정책이 장기적으로 실질 국민소득에 영향을 준다고 주장한다.
② 실물경기변동이론은 균형경기변동이론이므로 단기에는 임금이 신축적이라고 전제한다.
③ 가격의 비동조성이론은 가격의 경직성을 의미하므로 새케인즈학파의 경기변동이론에 포함된다.
④ 새케인즈학파 경기변동이론은 수요 충격의 근본 원인이라고 주장한다.

33 ⑤ ㄷ. 실물부분만을 강조하므로 화폐의 중립성(neutrality of money)이 성립된다.
ㄹ. 균형경기변동이론이므로 경기변동은 시간에 따른 균형의 변화로 나타난다.
[오답체크]
ㄱ. 균형경기변동이므로 임금 및 가격이 신축적이다.
ㄴ. 불경기와 관계없이 생산의 효율성이 달성된다.

34 ④ [오답체크]
① 새케인즈학파(New Keynesian)는 가격변수의 경직성으로 인해 단기 필립스곡선이 우하향이라고 주장한다.
② 새케인즈학파는 가격 경직성에 근거하여 경기변동을 설명한다.
③ 실물적경기변동이론에 따르면 단기에서 화폐중립성이 성립한다고 주장한다.
⑤ 새케인즈학파는 메뉴비용의 존재가 경기변동에 중요한 역할을 한다고 주장한다.

Topic 22 경제성장론

01 해로드-도마의 경제성장이론

가정	(1) 생산량 1단위당 필요한 노동 및 자본의 양은 일정(불변) ① $v = \frac{K}{Y}$(= 자본계수로 일정)이 성립 ② 이는 자본과 노동의 대체성이 없으므로 등량곡선이 L자형인 ㉮_____ 생산함수($Y = Min[\frac{K}{v}, \frac{L}{\alpha}]$)임 ③ 이때 효율적인 생산이 이루어지면(K와 L이 완전고용이 되기 위한 조건) $Y = \frac{K}{v} = \frac{L}{\alpha}$이 성립함 (2) 저축은 소득의 일정 비율($s$ = 한계저축성향)로 저축과 투자는 항상 일치: $S = sY$ ($0 < s < 1$)이고 S(저축) = I(투자)임 (3) 나머지 가정 ① 재화가 하나밖에 없는 경제를 상정함 ② 인구증가율(노동력)은 n으로 일정함 ③ 생산함수는 규모에 대한 수익불변을 가정함
특징	(1) ㉯_____이 떨어짐 ① 인구증가율, 저축률, 자본계수 등이 모두 일정한 상수이므로 기본방정식은 우연이 아니면 성립하지 않음 ② 일반적으로 불완전고용 하의 성장이 이루어짐 (2) ㉰_____한 모형: 실제성장율(G_A)이 적정성장율(G_w)에서 한 번 벗어나면 균형을 다시 회복할 수 없을 뿐 아니라 균형에서 점점 멀어지므로 불안정한 모형

핵심키워드
㉮ 레온티에프, ㉯ 현실성, ㉰ 불안정

02 솔로우모형

가정

(1) 노동과 자본을 생산요소로 하는 생산함수는 요소대체가 가능한 1차 동차함수
  ① $Y = f(K, L)$ ➔ $\frac{Y}{L} = f(\frac{K}{L})$ ➔ $Y = L \cdot f(k)$ (단, $k = \frac{K}{L}$)
  ② 즉, 1인당 산출량(y)은 1인당 자본(k)에 대한 (증가)함수
(2) 저축은 소득의 일정비율(s = 한계저축성향)로 저축과 투자는 항상 일치: $S = sY$ ($0 < s < 1$)이고 $S = I(= \triangle K)$이다.
(3) 나머지 가정
  ① 재화가 하나밖에 없는 경제를 상정함
  ② 인구증가율(노동력)은 n으로 일정함
  ③ 생산함수는 규모에 대한 ㉮_____이며 수확 ㉯_____의 법칙을 가정함

균제상태

(1) 개념
  ① 균제상태에서는 1인당 자본량과 1인당 생산량이 일정하게 유지됨
  ② 그러나 매년 인구가 n의 비율로 증가하므로 경제 전체의 총생산량도 n의 비율로 증가함
  ③ 균제상태에서는 경제성장률이 ㉰_____과 일치함
  ④ 생산함수의 접선의 기울기로 측정되는 MP_K가 일정하게 유지되므로 실질이자율도 일정하게 유지됨
(2) 기본공식: 1인당 자본량 증가율($\frac{\triangle k}{k}$) = 자본증가율($\frac{sf(k)}{k}$) - 인구증가율(n)
  ($\triangle k = sf(k) - nk$에서 양변을 k로 나누어 구한 것)
(3) 감가상각이 있는 경우
  ① ㉱_____은 1인당 자본량을 감소시키는 요인이므로 인구증가율과 성격이 같음
  ② 1인당 자본량의 변화로 표현하면 $\triangle k = sf(k) - (n+d)k = 0$(단, d는 감가상각률)
  ③ 1인당 자본량의 변화율로 표현하면 양변을 k로 나누어주면 되므로 $\frac{\triangle k}{k} = \frac{sf(k)}{k} - (n+d) = 0$로도 표현할 수 있음
  ④ ㉲_____까지 있는 균제상태는 $\triangle k = sf(k) - (n+d+g)k$ (단, g는 기술진보율)

핵심키워드
㉮ 수익불변, ㉯ 체감, ㉰ 인구증가율, ㉱ 감가상각, ㉲ 기술진보

경제성장의 결정요인	(1) **인구 증가**: 1인당 성장률은 감소하나 인구가 증가하므로 총생산량은 증가함 (2) **저축률 증가** 　① 1인당 산출량증가율은 단기적으로는 증가하나 장기적으로는 균제상태에 도달하기 때문에 0이 됨 　② ㉮_____(level effect)만 있고 성장효과(growth effect)는 없음 (3) **기술진보**: 지속적인 기술진보에 의해서만 ㉯_____인 경제성장(1인당 소득 증가)이 가능함
자본축적의 황금률	(1) **개념** 　① 1인당 소비가 극대화되는 상태 　② 감가상각만 존재하는 경우 $f'(k) = n + d$에서 달성됨$[f'(k) = MP_K]$ (2) **황금률에서의 상황** 　① 1인당 소비가 ㉰_____ 　② ㉱_____ 소득 = 소비 　③ ㉲_____ 소득 = 저축 = 투자 　④ 저축률 = 자본소득분배율
한계	(1) **기술진보의 외생성**: 지속적인 기술진보가 경제성장의 주요인이라는 결론만 제시할 뿐 지속적인 기술진보의 요인을 모형 안(내생적)에서 설명하지 못하고 있음 (2) **수렴 가설(따라잡기 효과)** 　① 수확체감의 법칙으로 인하여 자본이 풍부한 국가는 자본의 ㉳_____이 낮은 반면 자본이 적은 국가는 자본의 한계생산성이 높음 　② 가난한 나라의 자본축적의 속도가 빠르게 되어 결국 두 나라는 균제상태에서의 1인당 산출량은 수렴하게 됨 　③ 수렴가설과는 반대로 지속적으로 확대되는 국가별 소득격차를 설명하지 못하는 문제점을 갖고 있음
성장회계	(1) **총요소생산성** 　① 성장회계는 경제성장률에서 총요소(자본 + 노동)투입 성장률을 뺀 나머지 부분을 잔여항(residuals)이라 부르고, 이를 ㉴_____ 또는 총요소 생산성(TFP; Total Factor Productivity)으로 해석함 　② $\frac{\Delta A}{A} = \frac{\Delta Y}{Y} - \alpha \frac{\Delta L}{L} - \beta \frac{\Delta K}{K}$ (2) **솔로우 잔차**: 이러한 분석을 솔로우(Solow)가 최초로 제시하였기 때문에 솔로우 잔차(Solow residual)라고도 함

> **핵심키워드**
> ㉮ 수준효과, ㉯ 지속적, ㉰ 극대화, ㉱ 노동, ㉲ 자본, ㉳ 한계생산성, ㉴ 생산성 증가율

03 내생적 성장모형

개념	(1) **기술진보 중시**: 기술진보는 물적자본 축적, 인적자본에 대한 투자, 연구·개발(R&D) 투자 등 내생적 요인에 의해 결정됨 (2) **종류** ① 연구개발모형(R&D모형)과 같이 기술진보가 내생적·지속적으로 유도되는 모형 ② AK모형이나 인적자본모형과 같이 지식자본이나 인적자본을 포함시키어 자본의 한계생산성이 체감하지 않는 것을 보는 방법이나, 축적된 실물자본이 외부성을 갖는 것으로 가정하는 방법이 있음
AK모형	(1) **개념** ① AK모형에서는 생산함수를 $Y = AK$로 하여 ㉮_____이 적용되지 않는다면 경제는 지속적으로 성장이 가능해지는 것 ② 이 모형에서의 K는 물적자본, 인적자본까지 포함하는 자본재로 가정함 (2) **성상률** ① 생산함수: $Y = AK$(자본에 대한 수확이 일정) ➜ 1인당 생산함수: $y = Ak$ ② 총자본증가분: $\triangle K = sAK - (n+d)K$(단, s는 저축률, n은 인구증가율, d는 감가상각률) ③ 총자본 증가율: $\dfrac{\triangle K}{K} = sA - (n+d)$이다 ④ **저축률이 성장률을 결정하는 중요한 요소**: $sA > (n+d)$이면 외생적 기술진보를 가정하지 않고도 해당 경제의 소득은 지속적으로 성장하며 그때의 성장률은 $sA - (n+d)$ ⑤ **정부정책의 방향**: ㉯_____을 증가시키는 정부정책은 지속적인 경제성장을 가져올 수 있음
장점	생산의 효율성 향상, 규모의 경제 실현, 소비자의 다양한 선택 기회, 부존 자원과 기술 취약 해결, 기술과 정보의 축적
단점	경쟁력 없는 유치산업의 도태, 국내 경제 정책의 자율성 침해, 실업의 발생

핵심키워드
㉮ 수확체감의 법칙, ㉯ 저축률

04 경제발전론

경제발전 단계설	(1) 로스토우(W. Rostow): 경제발전과정을 중심으로 분석 '전통사회단계 ➔ 도약준비단계 ➔ 도약(take-off stage)단계 ➔ 성숙단계 ➔ 대중적 소비단계'로 이행 (2) 호프만(W. Hoffman): 공업화단계를 중심으로 실증분석(공업구조이행과정) '소비재산업이 압도적인 단계 ➔ 생산재산업비중이 커지는 단계 ➔ 소비재산업과 생산재산업의 비중이 같아지는 단계'로 이행 (3) 클라크(C. Clark): 19C 이후 각국의 산업구조 및 소비구조이행과정을 분석. 경제발전과정은 '1차 산업 ➔ 2차 산업 ➔ 3차 산업'으로 이행
경제발전이론	(1) 균형성장전략 ① 국내시장확대, 수요중시전략(상호보완수요효과) ② 모든 산업에 고르게 투자하여 각 산업제품을 연쇄구매 하도록 하여 국내시장을 확대함 ③ 국내시장 각 부문의 고른 성장을 통해 상호보완적 수요를 창출함 (2) 불균형성장전략 ① 집중투자. 공급중시전략(상호보완공급효과) ② 후진국은 자본이 빈약하므로 후방연관효과가 큰 산업(공업부문)에 우선 투자하여 상호보완적 공급을 창출함 ③ 투자부문 생산물의 판로확보, 산업 및 지역 간 불균형, 근대적 부문과 전근대적 부문이 동시에 존재하는 2중경제(dual economy) 등의 문제가 발생함

STEP 1 타시험 기출문제

01 난이도 ★★ 중요도 ★★

경제성장에 대한 설명으로 옳은 것은? [17. 국가직 7급]

① 솔로우 성장모형에서는 1인당 소득이 높은 나라일수록 경제가 빠르게 성장한다.
② 성장회계는 현실에서 이룩된 경제성장을 각 요인별로 분해해 보는 작업을 말한다.
③ 쿠즈네츠 가설에 따르면 경제성장의 초기 단계에서 발생한 소득불평등은 처음에 개선되다가 점차 악화된다.
④ 내생적 성장이론은 일반적으로 자본에 대한 수확체감을 가정한다.

02 난이도 ★ 중요도 ★★★

기술진보가 없는 단순한 솔로우모형(Solow model)에 대한 설명으로 옳지 않은 것은?

[21. 국가직 7급]

① 노동과 자본에 대한 생산함수가 규모에 대한 수익불변(constant returns to scale)이라고 가정한다.
② 균제상태(steady state)에서 1인당 자본량과 1인당 생산량은 시간이 지남에 따라 변하지 않고 안정적으로 유지된다.
③ 균제상태에서 총자본의 성장률은 인구증가율과 같고 총생산량의 성장률은 0이 된다.
④ 1인당 소비를 극대화하는 1인당 자본량의 균제상태 값을 자본의 황금률 수준이라 한다.

정답 및 해설

01 ② [오답체크]
① 솔로우모형에서는 자본에 대해 수확체감 현상이 나타나므로 1인당 소득수준이 낮은 나라일수록 경제성장률이 높다.
③ 쿠즈네츠 가설에 따르면 경제성장의 초기 단계에서 발생한 소득불평등은 점차 개선된다.
④ 대표적인 내생적 성장이론인 AK모형에서는 자본에 대해 수확체감이 나타나지 않는 것으로 가정한다.

02 ③ 균제상태에서 1인당 자본량의 증가율이 0%이고 이로 인해 1인당 증가율이 0%이다. 총자본의 성장률은 인구증가율과 같고 총생산량의 성장률은 인구증가율이 된다.

03 솔로우(Solow)의 성장모형에 대한 설명으로 옳은 것만을 모두 고른 것은? [14. 국가직 7급]

> ㄱ. 생산요소 간의 비대체성을 전제로 한다.
> ㄴ. 기술진보는 균형성장경로의 변화 요인이다.
> ㄷ. 저축률 변화는 1인당 자본량의 변화 요인이다.
> ㄹ. 인구증가율이 상승할 경우 새로운 정상상태(steady state)의 1인당 산출량은 증가한다.

① ㄱ, ㄴ ② ㄴ, ㄷ
③ ㄷ, ㄹ ④ ㄱ, ㄹ

04 기술진보가 없는 단순한 솔로우(Solow) 모형에 대한 설명으로 옳지 않은 것은? [23. 국가직 7급]

① 저축률을 높임으로써 지속적인 성장을 도모할 수 있다.
② 인구증가율이 증가하면 새로운 균제상태에서 일인당 자본량은 감소한다.
③ 절대적 수렴성(absolute convergence)이 도출되는 것은 한계 수확체감의 법칙 때문이다.
④ 저축률이 황금률 수준보다 높은 경우에 저축률을 낮추면 일인당 현재소비와 미래소비가 늘어난다.

난이도 ★   중요도 ★★

05 솔로우(R. Solow) 경제성장모형에서 균제상태(steady state)의 1인당 산출량을 증가시키는 요인으로 옳은 것을 모두 고른 것은? (단, 다른 조건이 일정하다고 가정한다) [15. 노무사]

> ㄱ. 저축률의 증가
> ㄴ. 인구증가율의 증가
> ㄷ. 감가상각률의 하락

① ㄱ
② ㄱ, ㄴ
③ ㄱ, ㄷ
④ ㄴ, ㄷ
⑤ ㄱ, ㄴ, ㄷ

정답 및 해설

03 ② [오답체크]
　ㄱ. 솔로우의 성장모형은 생산요소 간 대체가 가능한 콥-더글라스 생산함수를 가정한다.
　ㄹ. 인구증가율이 높아지면 1인당 자본량이 감소하므로 새로운 정상상태에서 1인당 산출량이 감소한다.

04 ① 솔로우 모형에서 저축률을 높이면 수준효과는 있지만 성장효과는 없다. 따라서 저축률을 높임으로써 지속적인 성장은 불가능하고 기술진보에 의해서만 가능하다.

05 ③ 저축률의 상승으로 저축이 증가하거나 감가상각률이 낮아지면 1인당 자본량이 증가하므로 균제상태에서의 1인당 소득이 증가한다.
　[오답체크]
　ㄴ. 인구증가율이 높아지면 1인당 자본량이 감소하므로 균제상태에서의 1인당 소득이 감소한다.

06 솔로우 성장모형에서 A국의 저축률이 B국의 저축률보다 높을 때 균제상태(steady state)에서의 A국과 B국에 대한 설명으로 옳은 것은? (단, 두 나라의 생산기술, 기술진보율, 인구증가율 등 다른 여건은 동일하다) [12. 지방직 7급]

① A국의 경제성장률이 B국보다 높다.
② A국의 1인당 국민소득이 B국보다 많다.
③ A국의 1인당 국민소득 증가율이 B국보다 높다.
④ A국의 1인당 자본량이 B국보다 적다.

07 솔로우(Solow) 성장모형이 〈보기〉와 같이 주어져 있을 때 균제상태(steady state)에서 1인당 자본량은? (단, 기술 진보는 없다) [18. 서울시 7급]

〈보기〉

- 생산함수: $y = 2k^{\frac{1}{2}}$
  (단, y는 1인당 생산량, k는 1인당 자본량이다)
- 감가상각률 5%, 인구증가율 5%, 저축률 20%

① 2　　　　　　　　　　　② 4
③ 8　　　　　　　　　　　④ 16

08 솔로우(R. Solow) 경제성장모형에서 1인당 생산함수는 $y=f(k)=4k^{1/2}$이고, 저축률은 5%, 감가상각률은 2%, 그리고 인구증가율은 2%이다. 균제상태(steady state)에서 1인당 자본량은? (단, y는 1인당 산출량, k는 1인당 자본량이다)   [21. 노무사]

① 21 ② 22 ③ 23
④ 24 ⑤ 25

정답 및 해설

06 ② 1) 저축률이 상승하면 일시적으로 경제성장률이 상승하지만 새로운 균제상태에 도달하면 경제성장률은 이전의 수준으로 복귀하게 된다. 따라서 저축률이 상승하면 1인당 국민소득과 1인당 자본은 증가하지만 경제성장률 자체는 불변이 된다. 저축률의 변화는 향상효과(수준효과, level-effect)만을 갖고, 성장효과(growth effect)를 유발하지는 못한다.
2) A국의 저축률이 B국의 저축률보다 높다면 A국의 1인당 국민소득과 1인당 자본량이 B국보다 높겠지만, 경제성장률은 균제상태에서 인구증가율과 동일하게 나타날 것이다.

07 ④ 1) 균제상태의 1인당 자본량은 $sf(k)=(n+d)k$이다.
2) 따라서 $0.2 \times 2\sqrt{k} = (0.05+0.05)k$ ➔ $\sqrt{k}=4$ ➔ $k=16$이다.

08 ⑤ 1) 솔로우모형의 균제상태는 $s \cdot f(k) = (n+d+g)k$이다.
2) 조건을 대입하면 $0.05 \times 4\sqrt{k} = (0.02+0.02)k$ ➔ $5\sqrt{k}=k$ ➔ $k=25$이다.

09 기술진보가 없으며 1인당 생산(y)과 1인당 자본량(k)이 $y=2\sqrt{k}$의 함수 관계를 갖는 솔로우 모형이 있다. 자본의 감가상각률(δ)은 20%, 저축률(s)은 30%, 인구증가율(n)은 10%일 때, 이 경제의 균제상태(steady state)에 대한 설명으로 옳은 것은?

[19. 국가직 7급]

① 균제상태의 1인당 생산은 4이다.
② 균제상태의 1인당 자본량은 2이다.
③ 균제상태의 1인당 생산 증가율은 양(+)으로 일정하다.
④ 균제상태의 1인당 자본량 증가율은 양(+)으로 일정하다.

10 갑국의 생산함수는 $Y=[K(1-u)L]^{1/2}$이다. 자연실업률이 4%, 저축률, 인구성장률, 자본의 감가상각률이 모두 10%일 때, 솔로우(Solow) 모형의 균제상태(steady state)에서 1인당 생산량은? (단, Y는 총생산량, L은 노동량, K는 자본량, u는 자연실업률이다)

[20. 지방직 7급]

① 0.24
② 0.48
③ 0.72
④ 0.96

난이도 ★★★★ 중요도 ★★

11 솔로우(Solow)의 경제성장모형하에서 A국의 생산함수는 $Y = 10\sqrt{LK}$, 저축률은 30%, 자본감가상각률은 연 5%, 인구증가율은 연 1%, 2015년 초 A국의 1인당 자본량은 100일 경우 2015년 한 해 동안 A국의 1인당 자본의 증가량은? (단, L은 노동, K는 자본을 나타낸다)

[15. 국가직 7급]

① 24
② 25
③ 26
④ 27

정답 및 해설

09 ① 균제상태의 1인당 자본량을 구하기 위해 $sf(k) = (n+d)k$로 두고 조건을 대입하면 $0.3 \times 2\sqrt{k} = (0.1 + 0.2)k$ ➡ $\sqrt{k} = 2$ ➡ $k = 4$이다. 균제상태에서의 1인당 자본량 $k = 4$를 생산함수에 대입하면 1인당 생산량 $y = 4$이다.

[오답체크]
② 균제상태의 1인당 자본량은 4이다.
③ 균제상태의 1인당 생산 증가율은 0이다.
④ 균제상태의 1인당 자본량 증가율은 0이다.

10 ② 1) 1인당 생산량으로 바꾸기 위해 주어진 수식을 L로 나누면 $\dfrac{Y}{L} = \dfrac{[K(1-u)L]^{\frac{1}{2}}}{L} = \sqrt{1-u}(\dfrac{K}{L})^{\frac{1}{2}}$, 즉 $y = f(k) = \sqrt{(1-u)k}$으로 나타낼 수 있다.

2) 솔로우의 균제상태에서는 $sf(k) = (n+d)k$가 성립하므로 주어진 값들을 대입하면 $0.1y = (0.1 + 0.1)k$ ➡ $0.1\sqrt{(1-0.04)k} = 0.2k$ ➡ $\sqrt{0.96k} = 2k$, 즉 $\sqrt{k} = \sqrt{0.24}$ ➡ $k = 0.24$이다. 따라서 1인당 생산량 $y = \sqrt{0.96k} = \sqrt{0.96 \times 0.24} = 0.48$이다.

11 ① 1) 1인당 자본량 증가분은 $\Delta k = sf(k) - (n+d)k$이다.
2) 1인당 생산함수가 $y = 10\sqrt{k}$이므로 솔로우 경제성장모형에 저축률 $s = 0.3$, 인구증가율 $n = 0.01$, 감가상각률 $d = 0.05$이고, 2015년 초 1인당 자본량 $k = 100$을 대입하면 다음과 같다.
3) $\Delta k = sf(k) - (n+d)k = (0.3 \times 10\sqrt{100}) - (0.01 + 0.05) \times 100 = 24$

12 A국 경제의 인구와 기술 수준은 고정되어 있다. 안정상태(steady state)에서 자본의 한계생산물은 0.125, 감가상각률은 0.1이다. 현재 안정상태의 자본량에 대한 설명으로 옳은 것은? (단, 표준적인 솔로우 모형이다)   [20. 국가직 7급]

① 황금률수준(golden rule level)의 자본량보다 많다.
② 황금률수준의 자본량보다 적다.
③ 황금률수준의 자본량과 동일하다.
④ 황금률수준의 자본량보다 많을 수도 적을 수도 있다.

13 甲국 경제는 기술 진보가 없는 솔로우 경제성장모형의 균제상태(steady state)에 있다. 현재의 1인당 자본량 k^*는 황금률(golden rule) 수준의 자본량 k_G보다 크다. 甲국은 저축률을 변화시켜 황금률 수준의 자본량을 달성하는 균제상태로 이동하고자 한다. 이에 대한 설명으로 옳은 것은?   [21. 지방직 7급]

① 저축률이 하락하면 황금률 수준의 자본량이 달성될 수 있다.
② 황금률 수준의 자본량을 달성하면 자본의 한계생산은 감소한다.
③ 황금률 수준의 자본량을 달성하면 1인당 소득이 상승한다.
④ k^* 수준에서의 자본의 한계생산은 감가상각률과 인구증가율의 합보다 크다.

14 황금률의 균제상태(steady state)를 A, 이보다 적은 자본을 갖고 있는 균제상태를 B라고 할 때, B에서 A로 가기 위해 저축률을 높일 경우 나타나는 변화에 대한 설명으로 옳지 않은 것은?

[14. 지방직 7급]

① 저축률을 높인 직후의 소비수준은 B에서의 소비수준보다 낮다.
② B에서 A로 가는 과정에서 자본량과 투자는 증가한다.
③ A에 도달했을 때의 소비수준은 B에서의 소비수준보다 낮다.
④ 미래 세대보다 현재 세대를 중시하는 정책당국은 B에서 A로 가는 정책을 추구하지 않을 수 있다.

정답 및 해설

12 ② 한계생산물이 감가상각률보다 높으므로 황금률 수준의 자본량보다 적음을 알 수 있다. 자본을 더 추가하면 한계생산물이 작아질 것이고 이 수치가 감가상각률과 같아져야 황금률이 달성된다.

13 ① 황금률 수준보다 자본량이 많으므로 과다 저축되고 있다는 의미이다. 따라서 저축률이 하락하면 황금률 수준의 자본량이 달성될 수 있다.

[오답체크]
② 황금률 수준의 자본량을 달성하면 최초의 자본량보다 감소하므로 자본의 한계생산은 증가한다.
③ 황금률 수준의 자본량을 달성하면 1인당 자본량이 감소하므로 1인당 소득은 하락한다.
④ k^* 수준에서의 자본의 한계생산은 감가상각률과 인구증가율의 합보다 작다.

14 ③ 1) 황금률보다 적은 자본량을 갖고 있는 B점에서 황금률의 자본량에 해당하는 A점으로 이동하기 위해 저축률을 높이면 현재 세대의 1인당 소비는 감소하지만 장기에는 증가한다.
2) 따라서 정책당국이 미래 세대보다 현재 세대를 중시한다면 저축률을 높이는 정책을 시행하지 않을 수도 있다.

15 솔로우 모형(Solow model)에서 경제가 황금률(golden rule) 수준보다 적은 자본을 갖고 시작하는 경우, 저축률을 황금률수준의 저축률로 높인다면 시간이 지남에 따라 나타날 현상에 대한 설명으로 옳은 것은?   [22. 지방직 7급]

① 소비는 즉각적으로 증가하지만, 점진적으로 원래의 안정상태수준으로 복귀한다.
② 소비는 즉각적으로 감소하지만, 점진적으로 원래의 안정상태수준보다 증가한 수준으로 수렴한다.
③ 투자는 즉각적으로 증가하지만, 점진적으로 하향 조정되어 원래의 안정상태 수준으로 복귀한다.
④ 투자는 즉각적으로 감소하지만, 점진적으로 원래의 안정상태수준으로 복귀한다.

16 생산함수 $Y = K^{0.5}L^{0.5}$를 갖는 솔로우(Solow) 모형에 대한 설명으로 옳은 것은? (단, 기술진보는 없고, Y, K, L은 각각 생산물, 자본, 노동이며, 인구성장률은 1%, 감가상각률은 4%, 한계소비성향은 0.7이다)   [22. 국가직 7급]

① 균제상태(steady state)에서 1인당 자본량은 6이다.
② 균제상태에서 1인당 소비량은 5이다.
③ 황금률(golden rule) 수준에서 1인당 자본량은 10이다.
④ 황금률 수준에서 1인당 소비량은 5이다.

난이도 ★★★   중요도 ★★★★

17 기술진보 없이 인구증가만을 가정한 솔로우 모형의 총생산함수는 $Y = K^{0.5}L^{0.5}$이다. 저축률, 감가상각률, 인구증가율은 각각 40%, 15%, 5%이다. 솔로우 모형에 대한 다음의 설명 중 가장 옳지 않은 것은?

[22. 군무원 7급]

① 안정상태(또는 균제상태)의 1인당 자본량은 4이다.
② 안정상태(또는 균제상태)의 1인당 소비는 황금률 안정상태 수준보다 낮다.
③ 안정상태(또는 균제상태)의 1인당 자본축적량은 황금률 안정상태 수준보다 높다.
④ 안정상태에서 자본의 한계생산물은 0.25이다.

정답 및 해설

15 ② 1) 황금률은 소비가 극대화된 균제상태임을 의미한다.
2) 저축률이 황금률보다 적은 상태이므로 황금률의 저축률로 가기 위해서는 저축을 늘려야 하므로 즉각적으로는 소비가 감소한다.
3) 그러나 궁극적으로는 소비가 극대화되므로 최초 상태보다 소비가 증가한다.

16 ④ 1) $Y = K^{0.5}L^{0.5}$ ➡ 1인당 함수로 바꾸면 $y = \sqrt{k}$ 이다.
2) 문제에서 기술진보가 없으므로 균제상태의 조건은 $s \cdot f(k) = (n+d)k$
3) 한계소비성향 + 한계저축성향 = 1이므로 한계저축성향(= 저축률) = 0.3이다.
4) $0.3 \cdot \sqrt{k} = (0.01 + 0.04)k$ ➡ $6\sqrt{k} = k$ ➡ $k = 36$ ➡ $y = 6$이다.
5) 황금률은 $MP_k = n+d$이다. 문제의 조건을 대입하면 $\frac{1}{2\sqrt{k}} = 0.05$ ➡ $k = 100$이다.
6) 황금률의 $y = \sqrt{100} = 10$, 노동소득 분배율 0.5가 소비이므로 소비는 5이다.

17 ③ ③② 현재 저축률은 0.4, 황금률의 저축률은 0.5이므로 황금률의 저축률보다 낮다. 따라서 소비가 극대화되는 황금률보다 작다.

[오답체크]
① 균제상태: $s \cdot f(k) = (n+d)k$ ➡ $0.4\sqrt{k} = (0.15 + 0.05)k$ ➡ $k = 4$
④ $MP_k = \frac{1}{2\sqrt{k}}$ ➡ $k = 4$이므로 $MP_k = \frac{1}{4}$이다.

난이도 ★★　중요도 ★★★

18 어느 폐쇄경제에서 총생산함수가 $y = k^{\frac{1}{2}}$, 자본 축적식이 $\triangle k = sy - \delta k$, 국민소득계정 항등식이 $y = c + i$인 솔로우모형에 대한 설명으로 옳지 않은 것은? (단, y는 1인당 산출, k는 1인당 자본량, c는 1인당 소비, i는 1인당 투자, δ는 감가상각률이다. 이 경제는 현재 정상상태(steady state)에 놓여 있으며, 저축률 s는 40%로 가정한다) [17. 지방직 7급]

① 저축률이 50%로 상승하면 새로운 정상상태에서의 1인당 산출은 현재보다 크다.
② 저축률이 50%로 상승하면 새로운 정상상태에서의 1인당 소비는 현재보다 크다.
③ 저축률이 60%로 상승하면 새로운 정상상태에서의 1인당 산출은 현재보다 크다.
④ 저축률이 60%로 상승하면 새로운 정상상태에서의 1인당 소비는 현재보다 크다.

난이도 ★★★　중요도 ★★

19 A국의 생산함수는 $Y = K^{\alpha}(EL)^{1-\alpha}$이다. 효율적 노동당 자본($K/EL$)의 한계생산은 0.14이고, 자본의 감가상각률은 0.04이며, 인구증가율은 0.02이다. 만약 이 경제가 황금률 균제상태(golden-rule steady state)라면 노동효율성(E) 증가율은? (단, Y는 총생산, K는 총자본, E는 노동효율성, L은 총노동을 나타내며 $0 < \alpha < 1$이다) [20. 보험계리사]

① 0.08　　　　　　　　　　　② 0.10
③ 0.12　　　　　　　　　　　④ 0.14

난이도 ★★★ 중요도 ★★

20 솔로우(Solow)모형에서 생산함수는 $Y = K^{0.5}(E \times L)^{0.5}$ 이다(K는 자본, L은 노동, E는 노동의 효율성, Y는 생산량). 이 경제에서 저축률은 20%, 노동 증가율은 5%, 노동 효율성 증가율은 5%, 감가상각률은 10%일 때, 현재 균제상태(steady state)에 있는 이 경제에 대한 설명으로 옳은 것은?

[18. 보험계리사]

① 이 경제는 황금률(golden rule) 자본수준에 있다.
② 황금률 자본수준으로 가기 위해서는 저축률을 높여야 한다.
③ 황금률 자본수준으로 가기 위해서는 현재 효율노동단위당 소비를 증가시켜야 한다.
④ 황금률 자본수준에 도달하면 효율노동단위당 소비가 현재 균제상태보다 낮아진다.

정답 및 해설

18 ④ 저축률이 50%를 넘어서면 저축 및 투자증가로 1인당 자본량과 1인당 생산량은 증가하지만 1인당 소비는 황금률 균제상태보다 작아진다.

[오답체크]

①② 1인당 생산함수 $y = k^{\frac{1}{2}}$을 경제전체의 총생산함수로 바꾸어 나타내면 $Y = K^{\frac{1}{2}}L^{\frac{1}{2}}$이므로 노동소득분배율과 자본소득분배율이 모두 50%임을 알 수 있다. 1인당 소비가 극대가 되는 자본축적의 황금률에서는 노동소득이 모두 소비되고, 자본소득은 모두 저축(=투자)된다. 황금률 균제상태의 저축률이 50%이고, 현재의 저축률이 40%이므로 저축률이 50%로 상승하면 균제상태에서의 1인당 생산과 1인당 소비가 모두 증가한다.

19 ① 1) 황금률의 조건은 $MP_K = n + d + g$이다.
2) 문제의 조건을 이용하면 $0.14 = 0.02 + 0.04 + g$이다.
3) 노동효율성 증가율 = 기술진보율이므로 $g = 0.08$이 된다.

20 ② 1) 균제상태는 $s \cdot f(k) = (n+d+g)k$가 성립해야 한다. 노동효율성 증가율은 기술진보와 동일하다.
2) 노동효율성이 주어져 있으므로 주어진 생산함수를 노동효율 EL로 나누면 $\frac{Y}{EL} = (\frac{K}{EL})^{0.5}$ → 효율노동 1단위당 생산은 $y = \sqrt{k}$이다.
3) 균제상태 조건에 대입하면 $0.2k^{0.5} = (0.05 + 0.1 + 0.05)k$ → $k = 1$이다.
4) 황금률이 달성되는 조건은 $MP_K = n + d + g$이다.
5) $\frac{1}{2\sqrt{k}} = 0.05 + 0.1 + 0.05$ → $1 = 0.4\sqrt{k}$ → $\frac{5}{2} = \sqrt{k}$ → $k = \frac{25}{4}$
6) 균제상태의 자본량 $k = 1$이고 황금률에서 1인당 자본량 = $\frac{25}{4}$이므로 과소자본상태이다. 따라서 소비를 줄이고 저축률을 높여야 한다.
7) 황금률은 소비가 극대화되는 상태이므로 황금률 자본에 도달하면 효율노동단위당 소비가 현재 균제상태보다 높아진다.

21 어느 경제의 총생산함수는 $Y = AL^{\frac{1}{3}}K^{\frac{2}{3}}$이다. 실질GDP 증가율이 5%, 노동증가율이 3%, 자본증가율이 3%라면 솔로우 잔차(Solow residual)는? (단, Y는 실질GDP, A는 기술수준, L은 노동, K는 자본이다)

[18. 지방직 7급]

① 2% ② 5%
③ 6% ④ 12%

22 다음 성장회계(growth accounting)식에서 노동자 1인당 GDP 증가율이 4%, 노동자 1인당 자본 증가율이 6%일 때, 총요소생산성 증가율은?

[20. 국가직 7급]

- 성장회계식: $\frac{\Delta Y}{Y} = \frac{\Delta A}{A} + \frac{1}{3}\frac{\Delta K}{K} + \frac{2}{3}\frac{\Delta L}{L}$

(단, $\frac{\Delta Y}{Y}, \frac{\Delta A}{A}, \frac{\Delta K}{K}, \frac{\Delta L}{L}$은 각각 GDP 증가율, 총요소 생산성 증가율, 자본 증가율, 노동자 증가율이다)

① 1% ② 2%
③ 3% ④ 4%

난이도 ★   중요도 ★★★

23 갑국의 총생산함수는 $Y = AK^{0.2}L^{0.8}$이다. 총요소생산성 증가율이 1%, 자본증가율이 5%, 노동증가율이 4%일 때, 갑국의 경제성장률은? (단, Y는 총생산, A는 총요소생산성, K는 자본, L은 노동이다)

[23. 지방직 7급]

① 4.2%   ② 5.2%
③ 8.0%   ④ 10.0%

정답 및 해설

21 ① 1) 솔로우 잔차는 $\frac{\triangle A}{A}$ 이다.

2) 위의 수식을 증가율 형태로 변형한 후 계산하면 $\frac{\triangle Y}{Y} = \frac{\triangle A}{A} + (\frac{1}{3} \times \frac{\triangle L}{L}) + (\frac{2}{3} \times \frac{\triangle K}{K})$

→ $5\% = \frac{\triangle A}{A} + (\frac{1}{3} \times 3\%) + (\frac{2}{3} \times 3\%)$ → $\frac{\triangle A}{A} = 2\%$이다.

22 ② 1) 성장회계 공식으로 생산함수를 도출하면 $Y = AK^{\frac{1}{3}}L^{\frac{2}{3}}$이다.

2) 이를 노동자 1인당으로 바꾸면 $\frac{Y}{L} = AK^{\frac{1}{3}}L^{-\frac{1}{3}} = A(\frac{K}{L})^{\frac{1}{3}}$이 성립한다.

3) 변화율 공식으로 바꾸면 노동자 1인당 GDP 변화율 = 총요소생산성 변화율 + 노동자 1인당 자본증가율이므로 4% = A의 변화율 + $\frac{1}{3}$ × 6%이므로 총요소생산성 증가율은 2%이다.

23 ② 1) $\frac{\triangle Y}{Y} = \frac{\triangle A}{A} + 0.2\frac{\triangle K}{K} + 0.8\frac{\triangle L}{L}$ 이 성립하므로 이에 대입하면

2) 1% + 0.2 × 5% + 0.8 × 4% → 5.2%

24 갑국의 생산함수는 $Y_갑 = A_갑 L_갑^{0.5} K_갑^{0.5}$, 을국의 생산함수는 $Y_을 = A_을 L_을^{0.3} K_을^{0.7}$이다. 두 국가 모두 노동증가율이 10%, 자본증가율이 20%일 때, 두 국가의 총생산증가율을 같게 하기 위한 설명으로 옳은 것은? (단, Y는 각국의 총생산량, A는 각국의 총요소생산성, L은 각국의 노동량, K는 각국의 자본량이다)   [20. 지방직 7급]

① 갑국의 총요소생산성 증가율은 을국의 총요소생산성 증가율보다 2%포인트 더 높아야 한다.
② 갑국의 총요소생산성 증가율은 을국의 총요소생산성 증가율보다 2%포인트 더 낮아야 한다.
③ 갑국의 총요소생산성 증가율은 을국의 총요소생산성 증가율보다 4%포인트 더 높아야 한다.
④ 갑국의 총요소생산성 증가율은 을국의 총요소생산성 증가율보다 4%포인트 더 낮아야 한다.

25 다음 표는 생산함수가 $y = z\sqrt{k}\sqrt{h}$로 동일한 두 국가(A국과 B국)의 1인당 GDP(y), 1인당 물적자본스톡(k), 1인당 인적자본스톡(h)을 나타내고 있다. B국의 1인당 GDP가 A국의 1인당 GDP의 2.4배라고 할 때, B국의 생산성은 A국 생산성의 몇 배인가? (단, z는 생산성을 나타낸다)   [15. 지방직 7급]

구분	A국	B국
1인당 GDP(y)	100	( )
1인당 물적자본스톡(k)	100	100
1인당 인적자본스톡(h)	25	64

① 1.2
② 1.5
③ 2.0
④ 2.4

난이도 ★ 중요도 ★★

26 신성장이론에서 가정하는 AK모형에 대한 설명으로 옳지 않은 것은? [10. 국가직 7급]

① 부국과 빈국 사이의 성장률 수렴현상이 강해진다.
② 저축률의 상승이 영구적으로 경제성장률을 높일 수 있다.
③ 수확체감의 법칙이 성립하지 않는다.
④ 자본(K)에는 물적자본 외에 인적자본도 포함한다.

정답 및 해설

24 ① 1) 성장회계 공식은 '경제성장률 = 총요소생산성 변화율 + 노동증가율 + 자본증가율'이다.
  2) 갑국: 노동증가율(10%) × 0.5 + 자본증가율(20%) × 0.5 = 15%이다.
  3) 을국: 노동증가율(10%) × 0.3 + 자본증가율(20%) × 0.7 = 17%이다.
  4) 즉, 총요소생산성 변화율은 갑국이 을국에 비해 2%p가 더 커야 양국의 경제성장률이 동일하게 된다.

25 ② 1) A국의 생산함수에 $k=100$, $h=25$, $y=100$을 대입하면 $100 = z\sqrt{100}\sqrt{25}$ → $50z = 100$ → $z=2$ 이다.
  2) B국의 1인당 GDP가 A국 1인당 GDP의 2.4배이므로 B국 생산함수에 $k=100$, $h=64$, $y=240$을 대입하면 $240 = z\sqrt{100}\sqrt{64}$ → $80z=240$ → $z=3$이다. A국의 생산성이 2, B국의 생산성이 3이므로 B국의 생산성은 A국 생산성의 1.5배이다.

26 ① 경제성장률은 소득수준이나 자본량의 규모에 관계없이 결정되므로 부국과 빈국 간에 소득수렴현상이 나타나지 않는다.

[오답체크]
② AK모형의 경제성장률은 sA이므로 저축률(s)이 상승하거나 총요소생산성(A)이 상승하면 경제성장률이 높아진다.
③④ AK모형의 생산함수는 $Y=AK$이므로 K에 인적자본과 물적자본이 모두 포함되며 자본에 대해 수확체감의 법칙이 성립하지 않는다.

27 개발도상국의 경제발전전략에서 수출주도(export-led)발전 전략에 대한 설명으로 옳은 것을 모두 고른 것은? [11. 지방직 7급]

> ㄱ. 해외시장의 개발에 역점을 둔다.
> ㄴ. 내수시장의 발전에 주안점을 둔다.
> ㄷ. 경제자립도를 한층 더 떨어뜨리는 부작용을 초래할 수 있다.
> ㄹ. 단기적인 수출성과에 치중함으로써 장기적 성장 가능성을 경시할 가능성이 있다.

① ㄱ
② ㄱ, ㄷ
③ ㄱ, ㄷ, ㄹ
④ ㄱ, ㄴ, ㄷ, ㄹ

28 신성장이론(New Growth Theory)에 대한 설명으로 옳지 않은 것은? [19. 국가직 7급]

① 기술혁신은 우연한 과학적 발견 등에 의해 외생적으로 주어진다고 간주한다.
② 기업이 연구개발에 참여하거나 기술변화에 기여할 때 경제의 지식자본스톡이 증가한다.
③ 개별 기업이 아닌 경제 전체 수준에서 보면 지식자본의 축적을 통해 수확체증(increasing returns)이 나타날 수 있다.
④ 지식 공유에 따른 무임승차 문제를 완화하기 위해 지적재산권에 대한 정부의 보호가 필요하다고 강조한다.

난이도 ★　중요도 ★★★

29 내생적 성장이론에 대한 다음 설명 중 가장 옳지 않은 것은? [17. 서울시 7급]

① R&D모형에서 기술진보는 지식의 축적을 의미하며, 지식은 비경합성과 비배제성을 갖는다고 본다.
② R&D모형과 솔로우(Solow)모형은 한계수확체감의 법칙과 경제성장의 원동력으로서의 기술진보를 인정한다는 점에서는 동일하다.
③ 솔로우(Solow)모형과 달리 AK모형에서의 저축률 변화는 균제상태에서 수준효과뿐만 아니라 성장효과도 갖게 된다.
④ AK모형에서 인적자본은 경합성과 배제가능성을 모두 가지고 있다.

정답 및 해설

27 ③　1) 수출주도형 공업화 전략이란 비교우위가 있는 산업을 적극적으로 육성함으로써 공업화를 추진하는 전략이다.
　　　2) 지문분석
　　　　ㄱ. 해외시장개발에 역점을 두면서 초기단계에서 수출산업을 육성하기 어려운 단점이 있고 국내산업의 해외의존도가 높아진다.
　　　　ㄷ, ㄹ. 경제자립도가 낮아질 가능성이 있고, 단기적인 수출성과에 치중함으로써 장기적 성장 가능성을 경시할 가능성이 있다.

[오답체크]
　　　　ㄴ. 내수시장의 발전에 중점을 두는 경제발전전략은 수입대체형 공업화 전략의 특징이다.

28 ①　신성장이론은 내생적 성장이론을 의미한다. 솔로우모형과 달리 신성장이론(내생적 성장이론)에서는 모형 내에서 기술혁신, 지식축적 등을 통해 경제성장이 이루어지는 과정을 설명한다. 기술수준이 외생적으로 주어지는 것은 솔로우모형이다.

29 ①　R&D모형에서는 기업들이 연구개발을 통해 축적한 지식 중 일부는 특허권 획득을 통해 일정 기간 동안 배제가 가능하다고 본다.

30 총생산함수 $Y = AK$를 가정하는 경제성장이론에 대한 설명으로 옳지 않은 것은? (단, Y는 총산출량, A는 상수, K는 자본이다)

[21. 지방직 7급]

① 경제성장률이 저축률에 의존하지 않는다.
② 자본은 인적자본과 지식자본을 포함하는 포괄적 개념이다.
③ 개별 기업 차원에서는 자본의 한계생산이 체감할 수 있다.
④ 외생적 기술진보가 없어도 지속적 성장이 가능하다.

31 내생적 성장이론에 대한 설명으로 옳지 않은 것만을 모두 고른 것은?

[14. 국가직 7급]

ㄱ. 기술진보 없이는 성장할 수 없다.
ㄴ. 자본의 한계생산성 체감을 가정한다.
ㄷ. 경제개방, 정부의 경제발전 정책 등의 요인을 고려한다.
ㄹ. AK모형의 K는 물적 자본과 인적 자본을 모두 포함한다.

① ㄱ, ㄴ
② ㄱ, ㄹ
③ ㄴ, ㄷ
④ ㄷ, ㄹ

난이도 ★★　중요도 ★★

32 경제성장모형에 관한 설명으로 옳은 것을 모두 고른 것은? [단, Y는 총생산, A는 생산성수준을 나타내는 양(+)의 상수이고, K는 자본을 나타냄]

[12. 노무사]

> ㄱ. 다른 조건이 일정할 때 솔로우(Solow)모형에서 일회적인 기술진보는 장기적으로 1인당 산출량의 성장률을 증가시킨다.
> ㄴ. 솔로우모형에서 국가 간 1인당 소득수준이 수렴한다는 주장은 기본적으로 한계수확체감의 법칙에 기인한다.
> ㄷ. 로머(P. Romer)는 기술진보를 내생화한 성장모형을 제시하였다.
> ㄹ. 총생산함수가 $Q = AL^\alpha K^{1-\alpha}(A>0)$인 경우 규모에 대한 수익불변이 발생한다.

① ㄱ, ㄴ　　② ㄱ, ㄴ, ㄷ　　③ ㄱ, ㄴ, ㄷ, ㄹ
④ ㄴ, ㄷ, ㄹ　　⑤ ㄷ, ㄹ

정답 및 해설

30 ① AK모형은 수확불변의 법칙을 가정한다. 따라서 솔로우모형과 달리 저축만으로도 지속적인 경제성장이 가능하다고 주장한다.

31 ① ㄱ. AK모형에서의 경제성장률은 sA이므로 저축률(s)이 상승하면 경제성장률이 높아진다. 즉, 기술진보가 이루어지지 않더라도 저축률이 높아지면 경제성장이 이루어질 수 있다.
ㄴ. 내생적 성장이론의 대표적인 모형의 하나인 AK모형에서는 생산함수가 $Y = AK$이므로 자본투입량이 증가하면 생산량이 비례적으로 증가한다. 즉, 자본에 대해 수확체감이 나타나지 않는다.

32 ④ ㄴ. 솔로우모형에서 국가 간 1인당 소득수준이 수렴한다는 주장은 기본적으로 한계수확체감의 법칙에 기인한다. 이를 수렴 가설이라고 한다.
ㄷ. 로머(P. Romer)는 연구개발(R&D)모형에서 기술진보를 내생화한 성장모형을 제시하였다.
ㄹ. 총생산함수가 $Q = AL^\alpha K^{1-\alpha}(A>0)$인 경우 지수의 합이 1이므로 규모에 대한 수익불변이 발생한다.

[오답체크]
ㄱ. 다른 조건이 일정할 때 솔로우(Solow)모형에서 일회적인 기술진보가 아닌 지속적인 기술진보는 장기적으로 1인당 산출량의 성장률을 증가시킨다.

33

난이도 ★　중요도 ★★★

내생적 성장이론(endogenous growth theory)에 대한 다음 설명 중 옳지 않은 것은?

[23. 군무원 7급]

① 각국의 성장률 격차가 지속되는 이유를 모형 내 내생변수간 상호작용에 의해 설명하려는 이론이다.
② AK모형에서는 경제 전체의 자본에 대한 수확체감을 전제로 한다.
③ AK모형에서 저축률 변화는 수준효과뿐만 아니라 성장효과도 갖는다.
④ R&D모형은 기술진보가 최적화 행위의 결과로 선택된 R&D 투자규모에 의해 결정된다고 본다.

34

난이도 ★　중요도 ★★★★

다음 중 솔로우(R. Solow)의 경제성장모형에 대한 설명으로 옳지 않은 것은? [20.국회직 8급]

① 인구증가율이 상승하면 1인당 자본축적량이 감소한다.
② 기술진보는 균제상태에서의 경제성장률을 증가시킨다.
③ 저축률이 증가하면 균제상태에서의 1인당 소비가 감소한다.
④ 저축률이 증가하면 균제상태에서의 1인당 자본축적량이 상승한다.
⑤ 인구증가율이 상승하면 균제상태에서의 1인당 소득증가율은 변화하지 않는다.

35

난이도 ★★★★   중요도 ★★★

어떤 국가의 인구가 매년 1%씩 증가하고 있고, 국민들의 연평균 저축률은 20%로 유지되고 있으며, 자본의 감가상각률은 10%로 일정할 경우, 솔로우(Solow)모형에 따른 이 경제의 장기균형의 변화에 대한 설명으로 옳은 것은? [18. 국회직 8급]

① 기술이 매년 진보하는 상황에서 이 국가의 1인당 자본량은 일정하게 유지된다.
② 이 국가의 기술이 매년 2%씩 진보한다면, 이 국가의 전체 자본량은 매년 2%씩 증가한다.
③ 인구증가율의 상승은 1인당 산출량의 증가율에 영향을 미치지 못한다.
④ 저축률이 높아지면 1인당 자본량의 증가율이 상승한다.
⑤ 감가상각률이 높아지면 1인당 자본량의 증가율이 상승한다.

정답 및 해설

33 ② AK모형에서는 경제 전체의 자본에 대한 수확불변을 전제로 한다.
34 ③ 저축률이 증가하면 황금률 수준의 균제상태에서 1인당 소비가 극대화된다.
35 ③ **[오답체크]**
① 1인당 자본량 증가분은 $\triangle k = sf(k) - (n+d+g)k$이다. 따라서 매년 증가한다.
② 총자본량은 '기술진보율 + 인구증가율'의 비율로 증가하므로 3%씩 늘어난다.
④⑤ 저축률과 감가상각률은 성장률에 영향을 미치지 못한다.

난이도 ★★★★ 중요도 ★★★

36 현재의 균제상태(steady state)에서 자본의 한계생산성이 0.05이고, 인구증가율이 0.01, 감가상각률이 0.01, 기술진보율은 0.02, 저축률은 0.1이라고 하자. 솔로우(Solow)모형을 이용한 분석에 대한 설명 중 옳지 않은 것은?

[15. 국회직 8급]

① 황금률(Golden Rule)이 성립하지 않는다.
② 1인당 자본량을 증가시키면 1인당 소비를 증가시킬 수 있다.
③ 저축률을 높이면 장기적으로 1인당 소비를 증가시킬 수 있다.
④ 1인당 소득 증가율은 0이다.
⑤ 총소득 증가율은 0.03이다.

난이도 ★ 중요도 ★★

37 내생적 성장이론에 대한 다음의 설명 중 옳지 않은 것은?

[17. 국회직 8급]

① R&D모형에 따르면 연구인력의 고용이 늘어나면 장기 경제성장률을 높일 수 있다.
② AK모형은 자본을 폭넓게 정의하여 물적자본뿐만 아니라 인적자본도 자본에 포함한다.
③ AK모형에서는 기술진보가 이루어지지 않으면 성장할 수 없다.
④ R&D모형에 따르면, 지식은 비경합적이므로 지식자본의 축적이 지속적인 성장을 가능하게 한다.
⑤ AK모형에서는 자본에 대해 수확체감이 나타나지 않는다.

정답 및 해설

36 ④ 기술진보가 있을 경우 1인당 소득 증가율은 기술진보율과 동일하다. 따라서 1인당 소득증가율은 2%이다.

[오답체크]
① 기술진보가 있는 황금률의 조건은 $MP_K = (n + d + g)$이다(d = 감가상각률, g = 기술진보율). 위의 수치를 대입하면 $0.05 > 0.01 + 0.01 + 0.02 = 0.04$이므로 황금률이 성립하지 않는다.
② 현재 황금률이 성립하지 않으며 현재의 균제상태가 황금률 균제상태의 좌측에 있음을 알 수 있다. 따라서 1인당 자본량이 증가하면 황금률이 성립하여 1인당 소비가 증가한다.
③ 저축률을 높이면 자본량이 늘어나므로 위의 내용에서 1인당 소비가 증가할 것임을 예측할 수 있다.
⑤ 총소득 증가율 = 인구증가율 + 기술진보율 = 0.03이다.

37 ③ AK모형에서는 수확체감이 아닌 불변이므로 저축률을 증가시키는 정부정책은 지속적인 경제성장을 가져올 수 있는 것이다.

STEP 2   감정평가사 기출문제

38 장기적으로 경제성장을 촉진시킬 수 있는 방법으로 옳은 것을 모두 고른 것은?

[23. 감정평가사]

> ㄱ. 투자지출을 증가시켜 실물 자본을 증가시킨다.
> ㄴ. 저축률을 낮추어 소비를 증가시킨다.
> ㄷ. 교육 투자지출을 증가시켜 인적자본을 증가시킨다.
> ㄹ. 연구개발에 투자하여 새로운 기술을 개발하고 실용화한다.

① ㄱ, ㄴ   ② ㄴ, ㄷ   ③ ㄷ, ㄹ
④ ㄱ, ㄷ, ㄹ   ⑤ ㄱ, ㄴ, ㄷ, ㄹ

39 다음과 같은 생산함수에 따라 생산되는 단순경제를 가정할 때, 솔로우 모형의 균제상태 (steady state)조건을 이용한 균제상태에서 (ㄱ) 1인당 소득과 (ㄴ) 1인당 소비수준은? (단, 인구증가와 기술진보는 없다고 가정하며, K는 총자본, L은 총노동, δ는 감가상각률, s는 저축률이다)

[23. 감정평가사]

> - $Y = F(K,L) = \sqrt{KL}$
> - $\delta = 20\%$
> - $s = 40\%$

① ㄱ: 1, ㄴ: 1   ② ㄱ: 2, ㄴ: 1.2
③ ㄱ: 2, ㄴ: 1.6   ④ ㄱ: 4, ㄴ: 2.2
⑤ ㄱ: 4, ㄴ: 2.4

정답 및 해설

38 ④ [오답체크]
ㄴ. 저축률을 높여 자본을 확충하면 국민소득이 증가한다. 늘어난 국민소득은 소비를 증가시킬 수 있다.

39 ② 1) 균제상태: $s \cdot f(k) = (n+d+g)k$ ➜ $0.4\sqrt{k} = 0.2k$ ➜ $k=4$, $y=2$
2) 소비는 저축하고 남은 것이므로 $2 \times 0.6 = 1.2$

40 기술진보가 없는 솔로우(Solow)의 경제성장모형에서 1인당 생산함수는 $y = k^{0.2}$, 저축률은 0.4, 자본의 감가상각률은 0.15, 인구증가율은 0.05이다. 현재 경제가 균제상태(steady state)일 때 다음 중 옳은 것을 모두 고른 것은? (단, y는 1인당 생산량, k는 1인당 자본량이다)

[17. 감정평가사]

> ㄱ. 현재 균제상태의 1인당 자본량은 황금률 수준(golden rule level)의 1인당 자본량보다 작다.
> ㄴ. 황금률을 달성시키는 저축률은 0.2이다.
> ㄷ. 인구증가율이 증가하면 황금률 수준의 1인당 자본량도 증가한다.
> ㄹ. 감가상각률이 증가하면 황금률 수준의 1인당 자본량은 감소한다.

① ㄱ, ㄴ   ② ㄱ, ㄷ   ③ ㄴ, ㄹ
④ ㄱ, ㄴ, ㄹ   ⑤ ㄴ, ㄷ, ㄹ

41 1인당 생산함수가 $y = 0.5k^{0.2}$, 자본의 감가상각률이 0.1, 저축률이 0.2인 솔로우(Solow) 경제성장모형에 관한 설명으로 옳은 것을 모두 고른 것은? (단, y는 1인당 생산량, k는 1인당 자본량이고, 인구증가와 기술진보는 없다)

[24. 감정평가사]

> ㄱ. 현재 1인당 자본량이 2일 때, 1인당 투자는 증가한다.
> ㄴ. 현재 1인당 자본량이 2일 때, 1인당 자본의 감가상각은 1인당 저축보다 작다.
> ㄷ. 균제상태(steady state)에서 벗어나 있는 경우, 현재 1인당 자본량에 관계없이, 1인당 생산량의 변화율은 0으로 수렴한다.
> ㄹ. 균제상태의 1인당 자본량은 황금률(Golden Rule) 수준과 같다.

① ㄱ, ㄴ   ② ㄱ, ㄷ   ③ ㄴ, ㄷ
④ ㄴ, ㄹ   ⑤ ㄷ, ㄹ

난이도 ★ 중요도 ★★

42 솔로우(R. Solow)의 경제성장모형에서 1인당 생산함수는 $y = 2k^{0.5}$, 저축률은 30%, 자본의 감가상각률은 25%, 인구증가율은 5%라고 가정한다. 균제상태(steady state)에서의 1인당 생산량 및 자본량은? (단, y는 1인당 생산량, k는 1인당 자본량이다) [21. 감정평가사]

① $y = 1$, $k = 1$
② $y = 2$, $k = 2$
③ $y = 3$, $k = 3$
④ $y = 4$, $k = 4$
⑤ $y = 5$, $k = 5$

정답 및 해설

40 ③ 1) 문제에서 주어진 총생산함수의 형태를 바꾸면 $Y = L^{0.8}K^{0.2}$이다.
2) 황금률에서는 노동소득 분배율이 소비율과 같고 자본소득 분배율이 저축률과 일치하므로 황금률에서의 저축률은 0.2이다. 현재저축률이 0.4이므로 황금률의 자본량보다 많다.
3) 황금률의 조건은 $f'(k) = n + d$이다.
4) $f'(k) = 0.2k^{-0.8} = \dfrac{0.2}{k^{0.8}} = n + d$ ➡ $k = \left(\dfrac{0.2}{n+d}\right)^{\frac{5}{4}}$ 이다.
5) 인구증가율 또는 감가상각률이 증가하면 1인당 자본량이 감소한다.

41 ⑤ 1) 균제상태의 공식은 $s \cdot f(k) = (n + d + g)k$이다.
2) $0.2 \times 0.5k^{0.2} = 0.1k$ ➡ $0.1k^{0.2} = 0.1k$ ➡ $k^{0.2} = k$ ➡ $k = 1$이다.
3) 지문분석
  ㄷ. 균제상태(steady state)의 정의가 1인당 자본량의 변화가 없는 상태이므로 옳은 설명이다.
  ㄹ. 저축률이 자본소득분배율과 일치하므로 균제상태의 1인당 자본량은 황금률(Golden Rule) 수준과 같다.

[오답체크]
ㄱ. 현재 1인당 자본량이 2일 때, 1인당 자본량이 1로 가야 하므로 1인당 투자는 감소한다.
ㄴ. 현재 1인당 자본량이 2일 때, 1인당 자본량이 1로 가야 하므로 1인당 자본의 감가상각은 1인당 저축보다 크다.

42 ④ 1) 균제조건 $s \cdot f(k) = (n + d + g)k$
2) $0.3 \times 2\sqrt{k} = (0.05 + 0.25)k$
3) $2\sqrt{k} = k$ ➡ $k = 4$
4) 이를 생산함수에 대입하면 $y = 2\sqrt{4}$ ➡ $y = 4$이다.

43 인구 증가와 기술진보가 없는 솔로우(Solow) 경제성장모형에서 1인당 생산함수는 $y = 5k^{0.4}$, 자본의 감가상각률은 0.2일 때, 황금률(Golden rule)을 달성하게 하는 저축률은? (단, y는 1인당 생산량, k는 자본량이다) [22. 감정평가사]

① 0.1 ② 0.2 ③ 0.25
④ 0.4 ⑤ 0.8

44 솔로우(Solow) 경제성장모형에서 1인당 생산함수는 $y = 2k^{1/2}$이다. 감가상각률이 0.2, 인구 증가율과 기술진보율이 모두 0이라면, 이 경제의 1인당 소비의 황금률 수준(golden rule level)은? (단, y는 1인당 생산, k는 1인당 자본량이다) [16. 감정평가사]

① 2 ② 5 ③ 10
④ 25 ⑤ 100

45 갑국의 생산함수는 $Y = AK^{0.5}L^{0.5}$이다. 자본량과 노동량의 증가율은 각각 4%와 -2%이고 총생산량 증가율이 5%라면, 솔로우 잔차(Solow residual)는? (단, Y는 총생산량, K는 자본량, L은 노동량, $A > 0$이다) [24. 감정평가사]

① 1% ② 2% ③ 3%
④ 4% ⑤ 5%

정답 및 해설

43 ④ 1) 황금률을 달성하는 저축률은 자본에 붙어 있는 지수이다.
2) 문제의 주어진 1인당 생산함수를 총생산함수로 변형하면 $y = 5k^{0.4}$ ➡ $Y = 5L^{0.6}K^{0.4}$이다.
3) 따라서 황금률을 달성하는 저축률은 0.4이다.

44 ② 1) 황금률의 조건은 $f'(k) = n + d$이다.
2) $MP_K = \dfrac{1}{\sqrt{k}}$이며 인구증가율과 기술진보율이 0이므로 $\dfrac{1}{\sqrt{k}} = 0.2$이므로 $k = 25$이다. 이때 $y = 10$이다.
3) 생산함수를 총생산 함수의 형태로 바꾸면 $y = 2l^{\frac{1}{2}}k^{\frac{1}{2}}$이므로 황금률 수준에서의 소비는 0.5이다. 따라서 $10 \times 0.5 = 5$이다.

45 ④ 1) 솔로우 성장회계공식은 $\dfrac{\Delta Y}{Y} = \dfrac{\Delta A}{A} + 0.5\dfrac{\Delta K}{K} + 0.5\dfrac{\Delta L}{L}$이다.
2) 문제의 조건을 대입하면 $5\% = \dfrac{\Delta A}{A} + 0.5 \times 4\% + 0.5 \times -2\%$ ➡ $\dfrac{\Delta A}{A} = 5\% - 2\% + 1\% = 4\%$

46 갑국의 생산함수는 $Y=AL^{0.6}K^{0.4}$이다. 총요소생산성 증가율은 5%이고, 노동량과 자본량 증가율은 각각 -2%와 5%일 경우, 성장회계에 따른 노동량 1단위당 생산량 증가율은? (단, Y는 총생산량, A는 총요소생산성, L은 노동량, K는 자본량이다)

[22. 감정평가사]

① 5%　　　　② 5.5%　　　　③ 6.2%
④ 7.2%　　　　⑤ 7.8%

47 甲국의 총생산함수가 $Y=AK^{0.4}L^{0.6}$이다. 甲국 경제에 관한 설명으로 옳은 것을 모두 고른 것은? (단, Y는 생산량, A는 총요소생산성, K는 자본량, L은 노동량으로 인구와 같다)

[19. 감정평가사]

> ㄱ. 생산량의 변화율을 노동량의 변화율로 나눈 값은 0.6으로 일정하다.
> ㄴ. A가 3% 증가하면, 노동의 한계생산도 3% 증가한다.
> ㄷ. 1인당 자본량이 2% 증가하면, 노동의 한계생산은 1.2% 증가한다.
> ㄹ. A는 2% 증가하고 인구가 2% 감소하면, 1인당 생산량은 2.8% 증가한다.

① ㄱ, ㄹ　　　　② ㄴ, ㄷ　　　　③ ㄷ, ㄹ
④ ㄱ, ㄴ, ㄷ　　　⑤ ㄱ, ㄷ, ㄹ

난이도 ★★ 중요도 ★★

48 경제성장이론에 관한 설명으로 옳은 것은? [18. 감정평가사]

① 내생적 성장이론(endogenous growth theory)에 따르면 저소득국가는 고소득국가보다 빨리 성장하여 수렴현상이 발생한다.
② 내생적 성장이론에 따르면 균제상태의 경제성장률은 외생적 기술진보 증가율이다.
③ 솔로우 경제성장모형에서 황금률은 경제성장률을 극대화하는 조건이다.
④ 솔로우 경제성장모형에서 인구증가율이 감소하면, 균제상태에서의 1인당 소득은 감소한다.
⑤ 솔로우 경제성장모형에서 균제상태에 있으면, 총자본스톡증가율과 인구증가율이 같다.

정답 및 해설

46 ⑤ 1) 성장회계는 생산량 증가율 = 총요소생산성 증가율 + 0.6 × 노동량증가율 + 0.4 × 자본량 증가율이다.
2) 문제의 조건을 대입하면 생산량 증가율 = 5% + 0.6 × −2% + 0.4 × 5% = 5% − 1.2% + 2% = 5.8%이다.
3) 1단위당 생산량 증가율은 총생산성 증가율 − 인구증가율이므로 5.8% − (−2%) = 7.8%이다.

47 ④ ㄱ. 생산량의 변화율을 노동량의 변화율로 나눈 값은 생산의 노동탄력성이다. 콥-더글러스 생산함수에서는 노동의 지수와 동일하므로 0.6으로 일정하다.
ㄴ. 노동의 한계생산은 $0.6A(\frac{K}{L})^{0.4}$이다. A가 3% 증가하면, 노동의 한계생산도 3% 증가한다.
ㄹ. 1인당 생산량은 $\frac{Y}{L} = A(\frac{K}{L})^{0.4}$이므로 A는 2% 증가하고 인구가 2% 감소하면, 1인당 생산량은 2% + 0.4 × 2 = 2.8% 증가한다.

[오답체크]
ㄷ. 노동의 한계생산은 $0.6A(\frac{K}{L})^{0.4}$이다. 1인당 자본량이 2% 증가하면, 노동의 한계생산은 0.4 × 2 = 0.8% 증가한다.

48 ⑤ 솔로우 경제성장모형에서 균제상태에 있으면, 1인당 자본량이 동일하므로 인구증가율만큼 자본량이 증가한다. 따라서 총자본스톡증가율(= 자본량증가율)과 인구증가율이 같다.

[오답체크]
① 솔로우이론에서 저소득국가는 고소득국가보다 빨리 성장하여 수렴현상이 발생한다. 내생적 성장이론은 고소득국가와 저소득국가가 격차가 벌어지는 것을 설명한다.
② 솔로우이론에 따르면 균제상태의 경제성장률은 외생적 기술진보 증가율이다. 내생적 성장이론에서는 기술개발을 내생적 변수로 본다.
③ 솔로우 경제성장모형에서 황금률은 1인당 소비가 극대화되는 조건이다.
④ 솔로우 경제성장모형에서 인구증가율이 감소하면, 균제상태에서의 1인당 소득은 증가한다.

49 경제성장모형인 $Y = AK$ 모형에서 A는 0.5이고 저축률은 s, 감가상각률은 δ일 때 이에 관한 설명으로 옳은 것은? (단, Y는 생산량, K는 자본량, $0 < s < 1, 0 < \delta < 1$이다.)

[22. 감정평가사]

① 자본의 한계생산은 체감한다.
② $\delta = 0.1$이고 s = 0.4이면 경제는 지속적으로 성장한다.
③ 감가상각률이 자본의 한계생산과 동일하면 경제는 지속적으로 성장한다.
④ δ = s이면 경제는 균제상태(steady state)이다.
⑤ 자본의 한계생산이 자본의 평균생산보다 크다.

50 솔로우(Solow) 성장모형에서 생산함수가 $Y = 2K^{0.5}L^{0.5}$로 주어졌을 때, 노동(L)은 100이고 저축률은 0.2, 자본의 감가상각률은 0.1이다. 이 경제의 균제상태(steady state) 자본(K)은? (단, 다른 변수는 고려하지 않음)

[25. 감정평가사]

① 400 ② 900 ③ 1,600
④ 2,500 ⑤ 3,600

51 성장이론에 관한 설명으로 옳은 것을 모두 고른 것은?

[25. 감정평가사]

> ㄱ. 내생적 성장모형에서는 1인당 생산의 장기성장률이 모형 안에서 결정된다.
> ㄴ. 내생적 성장모형에서는 기술진보가 인구규모의 감소함수이다.
> ㄷ. 솔로우(Solow)의 성장모형에서 기술진보는 외생적으로 결정된다.
> ㄹ. 솔로우의 성장모형에서 저축과 투자는 단기적으로 서로 일치하지 않는다.

① ㄱ, ㄴ ② ㄱ, ㄷ ③ ㄱ, ㄹ
④ ㄴ, ㄷ ⑤ ㄴ, ㄹ

정답 및 해설

49 ② $\delta = 0.1$이고 $s = 0.4$이면 1인당 자본량이 지속적으로 증가하므로 경제는 지속적으로 성장한다.

[오답체크]
① 자본의 한계생산은 불변이다.
③ 감가상각률이 자본의 한계생산과 동일하면 경제는 유지된다.
④ AK모형에서는 균제상태를 사용하지 않는다.
⑤ 자본의 한계생산은 0.5이지만 이 자본의 평균생산은 알 수 없다.

50 ③ 1) 균제상태의 공식은 $s \cdot f(k) = (n+d)k$이다.
2) 생산함수를 변경하면 $y = 2\sqrt{k}$이다.
3) 이를 공식에 대입하면 $0.2 \times 2\sqrt{k} = 0.1k$ ➔ $k = 16$이다.
4) 1인당 자본량이 16이므로 전체자본량은 1,600이다.

51 ② [오답체크]
ㄴ. 내생적 성장모형에서는 기술진보가 인구규모의 감소함수라고 보지 않는다.
ㄹ. 솔로우의 성장모형에서 균제상태를 통해 저축과 투자가 서로 일치한다고 본다.

해커스 감정평가사
ca.Hackers.com

제12장

국제무역론

Topic 23 무역이론
Topic 24 자유무역과 보호무역

Topic 23 무역이론

01 국제거래

의미	국가 간의 모든 경제적 거래
발생 원인	재화 생산에 유리한 자연 환경, 부존자원, 기술 수준의 차이 → 생산비의 차이 또는 생산물 수요 차이
장점	생산의 효율성 향상, 규모의 경제 실현, 소비자의 다양한 선택 기회, 부존자원과 기술 취약 해결, 기술과 정보의 축적
단점	경쟁력 없는 유치산업의 도태, 국내 경제 정책의 자율성 침해, 실업의 발생

02 국제무역이론

구분	절대 우위론(국가 간 비교분석)	비교 우위론(상품 간 비교분석)
학자	아담 스미스	리카르도
차이점	두 국가 간에 생산비의 절대적 차이가 발생함을 전제로 절대 우위의 상품만을 특화, 생산하여 교환	
공통점	국제분업, 자유무역의 이점을 강조	

무역이론의 비교			
	구분	산업 내 무역	산업 간 무역
	개념	동일한 산업 내의 수출·수입	서로 다른 산업 간에 생산되는 재화의 수출·수입
	발생원인	㉮ , 독점적 경쟁(제품의 차별화)	비교우위, 자원부존의 차이
	발생국가	경제발전 정도가 비슷한 국가	경제발전 정도가 상이한 국가
	사례	일본이 미국에 소형자동차를 수출하고 대형 자동차를 수입하는 경우	우리나라가 중국에 휴대폰을 수출하고 마늘을 수입하는 경우
	비고	• 주로 제조업 분야에서 발생 • 국제 간 분쟁소지 작음 • 시장 확대로 규모가 커지면 재화 가격 하락하여 무역이익 발생	• 소득 재분배 발생 • 국제간 분쟁소지 많음 • 상대가격이 변화하여 무역이익 발생

> **핵심키워드**
> ㉮ 규모의 경제

03 교역조건

개념	(1) 수출상품 1단위와 교환되는 수입상품의 수량 → 수입상품으로 표시한 수출상품의 교환가치 (2) ㉮_____ 교역조건 = $\dfrac{\text{수출단가지수}}{\text{수입단가지수}} \times 100$
오퍼곡선	(1) 의미: 여러 국제가격 수준에서 수출하고자 하는 재화의 양과 수입하고자 하는 재화의 양의 조합 (2) 교역 조건과 교역량의 결정: 양국의 오퍼곡선이 교차하는 점에서 교역 조건과 교역량이 결정됨

04 헥셔-오린 정리

의미와 가정	(1) 의미: 각국의 비교우위가 발생하는 원인을 요소부존의 차이로 설명하는 이론 (2) 가정 ① 2국 - 2재화 - 2요소의 무역모형 ② 두 국가의 생산함수가 ㉯_____ (생산함수는 수확체감의 법칙이 작용하고 규모에 대한 수익이 불변임) ③ 기회비용이 체증하여 생산가능곡선이 원점에 대하여 오목함 ④ 두 국가(A국, B국) 사이의 부존자원비율이 서로 다름 ⑤ 두 재화(X재, Y재) 생산의 요소집약도($\dfrac{K}{L}$)가 서로 다름 ⑥ 두 국가의 수요에 대한 사회무차별곡선(선호)이 동일함 ⑦ 두 국가 간 생산요소의 이동은 ㉰_____ 함 ⑧ 두 국가 간 상품의 무역은 자유롭게 이루어지며 운송비는 없음 ⑨ 생산물시장과 생산요소시장이 완전경쟁시장임

핵심키워드
㉮ 순상품, ㉯ 동일함, ㉰ 불가능

요소가격
균등화 정리
	(1) 무역 이전
	① 갑국은 노동풍부국이고, 을국은 자본풍부국임
	② X재는 노동집약재이고, Y재는 자본집약재임
	③ 갑국은 노동풍부국이므로 노동집약재인 X를 많이 생산할 수 있고, 을국은 자본풍부국이므로 자본집약재인 Y재를 더 많이 생산할 수 있음
	(2) 무역 이후
	① 노동풍부국인 갑국은 노동집약재인 X재 생산에, 그리고 자본풍부국인 을국은 자본집약재인 Y재 생산에 특화함
	② **노동풍부국(갑국)**
	   ㉠ 노동풍부국은 자본풍부국에 비하여 상대적으로 임금이 낮음 $(\frac{w}{r})^{갑국} < (\frac{w}{r})^{을국}$
	   ㉡ 노동풍부국이 노동집약적 산업에 부분특화하게 되면 노동수요가 증가하여 임금이 상승함. 따라서 $(\frac{w}{r})^{갑국}$ 상승
	③ **자본풍부국(을국)**
	   ㉠ 자본풍부국은 노동풍부국에 비하여 상대적으로 자본임대료가 낮음
	     $(\frac{w}{r})^{갑국} < (\frac{w}{r})^{을국}$
	   ㉡ 자본풍부국이 자본집약적 산업에 부분특화하게 되면 자본수요가 증가하여 자본임대료가 상승함. $(\frac{w}{r})^{을국}$ 하락
	④ 무역을 통해 결국 $(\frac{w}{r})^{갑국} = (\frac{w}{r})^{을국}$이 성립하게 됨
	(3) ㉮_____ 정리(헥셔-오린-사무엘슨 정리): 궁극적으로 교역당사국의 상품가격뿐 아니라 생산요소의 가격도 상대적으로 같아짐

립진스키 정리	재화의 상대가격이 변하지 않을 때 한 생산요소(노동)의 부존량이 증가하면 그 생산요소(노동)를 집약적으로 사용하는 재화의 생산량은 ㉯_____ 하고 다른 요소(자본)를 집약적으로 사용하는 재화의 생산은 감소한다는 정리
스톨퍼 – 사무엘슨 정리	무역을 통하여 이루어진 한 재화의 상대가격인상은 그 재화 생산에 ㉰_____ 으로 사용된 생산요소의 가격을 재화가격인상에 비해 더 높게 인상시키며 다른 생산요소의 가격은 절대적으로 하락하게 됨. 무역과 소득분배의 관련성을 설명하는 이론
레온티에프 (Leontief)의 역설	레온티에프가 미국의 1947년 투입-산출표를 이용하여 분석한 결과, 그 당시 미국은 다른 나라에 비하여 상대적으로 ㉱_____ 임에도 불구하고 자본집약재를 수입하고 노동집약재를 수출하는 것으로 나타남

핵심키워드
㉮ 요소가격균등화, ㉯ 증가, ㉰ 집약적, ㉱ 자본풍부국

STEP 1 　 타시험 기출문제

난이도 ★　중요도 ★

01 2국가 2상품 무역이론에 대한 설명 중 옳은 것은? 　[20. 군무원 7급]

① 한 국가가 매우 높은 기술 수준을 가지고 있다면, 두 상품 모두에서 비교우위를 가지는 것이 가능하다.
② 비교우위를 가진 상품에 특화하여 생산하고 수출을 하면 양국에 모두 이득이 되는 무역이 가능하다.
③ 비교우위는 해당 국가의 자원 부존량에 의해 결정되는 것으로 한 번 결정되면 변경될 수 없다.
④ 무역은 각 국가에서 생산한 것을 교환하는 것이기 때문에 각 국가들은 자신의 생산가능곡선에서 벗어난 교역 후 소비점을 가지는 것이 불가능하다.

정답 및 해설

01 ② 비교우위를 가진 상품에 특화하여 생산하고 양국의 이익이 발생하는 교역조건에서 수출을 하면 양국에 모두 이득이 되는 무역이 가능하다.

[오답체크]
① 한 국가가 매우 높은 기술 수준을 가지고 있다고 해도 두 상품 모두에서 비교우위를 가지는 것은 불가능하다.
③ 비교우위는 기술수준에 의해 결정되므로 기술진보로 비교우위항목이 변동될 수 있다.
④ 무역은 각 국가에서 생산한 것을 교환하는 것이기 때문에 각 국가들은 자신의 생산가능곡선에서 벗어난 교역 후 소비점을 가지는 것이 가능하다.

Topic 23 무역이론

02 A국에서는 쌀 1톤을 생산하기 위하여 노동 50단위가 필요하고 공작기계 1대를 생산하기 위하여 노동 80단위가 필요하다. B국에서는 쌀 1톤을 생산하기 위하여 노동 100단위가 필요하고 공작기계 1대를 생산하기 위하여 노동 120단위가 필요하다. 비교우위론적 관점에서 옳은 설명은?   [12. 국가직 7급]

① A국은 쌀 생산 및 공작기계 생산에서 비교우위를 가진다.
② A국에서 공작기계 1대를 생산하는 데 발생하는 기회비용은 쌀 $\frac{5}{3}$ 톤이다.
③ B국은 쌀 생산 및 공작기계 생산에서 비교우위를 가진다.
④ B국에서 공작기계 1대 생산하는 데 발생하는 기회비용은 쌀 1.2톤이다.

03 A국과 B국은 노동만을 사용하여 X재와 Y재만을 생산한다. 재화 한 단위를 생산하기 위한 노동시간이 다음 표와 같을 때 옳은 것은? (단, 양국은 비교우위에 따라 교역을 하고, 교역에 따른 비용은 없다)   [20. 국가직 7급]

(단위: 시간)

국가 \ 재화	X	Y
A	3	6
B	3	7

① X재 1단위가 Y재 1/3단위와 교환되는 교역조건이면 두 나라 사이에 무역이 일어나지 않는다.
② A국은 X재 생산에, B국은 Y재 생산에 비교우위가 있다.
③ A국은 X재와 Y재의 생산에 절대우위가 있다.
④ X재 생산의 기회비용은 A국이 작다.

난이도 ★★ 중요도 ★★

04 갑국과 을국 두 나라는 각각 A재와 B재를 생산하고 있다. 갑국은 1시간에 A재 16개 또는 B재 64개를 생산할 수 있다. 을국은 1시간에 A재 24개 또는 B재 48개를 생산할 수 있다. 두 나라 사이에서 교역이 이루어질 경우에 대한 설명으로 가장 옳은 것은? [19. 서울시 7급]

① 갑국은 A재 생산에 절대우위가 있다.
② 을국은 B재 생산에 절대우위가 있다.
③ 갑국은 A재 생산에 비교우위가 있다.
④ 양국 간 교역에서 교환비율이 A재 1개당 B재 3개일 경우, 갑국은 B재 수출국이 된다.

정답 및 해설

02 ④ 1) 기회비용은 다음과 같다.

구분	A국	B국
쌀	$\frac{5}{8} = 0.625$	$\frac{10}{12} = 0.83$
공작기계	$\frac{8}{5} = 1.6$	$\frac{12}{10} = 1.2$

2) 쌀 생산의 기회비용은 A국이 더 낮고, 공작기계 생산의 기회비용은 B국이 더 낮다. 그러므로 A국은 쌀 생산에 비교우위가 있고, B국은 공작기계 생산에 비교우위가 있다.

03 ① 1) A국의 X재 1단위 생산의 기회비용은 1/2Y, Y재 1단위 생산의 기회비용은 2X이다.
2) B국의 X재 1단위 생산의 기회비용은 3/7Y, Y재 1단위 생산의 기회비용은 7/3X이다.
3) 기회비용이 작은 것을 특화하므로 A국은 Y재를 B국은 X재를 특화한다.
4) 지문분석
① 1/2Y < X재 1단위 < 3/7Y가 양국에 이익이 발생하는 교역조건이므로 X재 1단위가 Y재 1/3단위와 교환되는 교역 조건이면 두 나라 사이에 무역이 일어나지 않는다.

[오답체크]
② A국은 Y재 생산에, B국은 X재 생산에 비교우위가 있다.
③ A국은 Y재에만 절대우위가 있다.
④ X재 생산의 기회비용은 B국이 작다.

04 ④ 1) 생산물과 기회비용을 표로 나타내면 다음과 같다.

구분	갑국	을국
A재	16(4B)	24(2B)
B재	64(1/4A)	48(1/2A)

2) 양국 간 교역에서 교환비율이 2B < 1A < 4B이면 양국이 이익을 보므로 A재 1개당 B재 3개일 경우, 갑국은 B재 수출국이 된다.

[오답체크]
① 갑국은 B재 생산에 절대우위가 있다.
② 을국은 A재 생산에 절대우위가 있다.
③ 갑국은 B재 생산에 비교우위가 있다.

05 갑국과 을국은 X, Y재만을 생산하며, 교역 시 비교우위가 있는 재화 생산에 완전특화한다. 양국의 생산가능곡선이 다음과 같을 때 이에 대한 설명으로 옳은 것은? (단, 양국의 생산요소 양은 같고 교역은 양국 간에만 이루어진다)   [19. 국가직 7급]

- 갑국: $4X + Y = 40$
- 을국: $2X + 3Y = 60$

① 갑국이 X재 생산을 1단위 늘리려면 Y재 생산을 2단위 줄여야 한다.
② 갑국은 X재 생산에 절대우위를 갖는다.
③ 을국은 X재 생산에 비교우위를 갖는다.
④ X재와 Y재의 교역비율이 1 : 1이라면 갑국만 교역에 응할 것이다.

06 A는 하루에 6시간, B는 하루에 10시간 일해서 물고기와 커피를 생산할 수 있다. 다음 표는 각 사람이 하루에 생산할 수 있는 물고기와 커피의 양이다. 다음 설명 중 가장 옳은 것은? (단, 생산가능곡선은 가로축에 물고기, 세로축에 커피를 표시한다)   [18. 서울시 7급]

구분	물고기(kg)	커피(kg)
A	12	12
B	15	30

① B가 물고기와 커피 모두 절대우위를 가지고 있다.
② A의 생산가능곡선의 기울기가 B의 생산가능곡선의 기울기보다 더 가파르다.
③ A와 B가 같이 생산할 때의 생산가능곡선은 원점에 대해서 볼록하다.
④ 물고기 1kg당 커피 1.5kg과 교환하면 A, B 모두에게 이익이다.

정답 및 해설

05 ③ ③① Y에 대해 정리하면 갑국의 생산가능곡선이 $Y=-4X+40$, 을국의 생산가능곡선이 $Y=-\frac{2}{3}X+20$이다. 생산가능곡선 기울기(절댓값)가 X재 생산의 기회비용이므로 갑국의 X재 생산의 기회비용은 Y재 4단위, 을국의 X재 생산의 기회비용은 Y재 $\frac{2}{3}$ 단위이다. 따라서 X재 생산은 을국이, Y재 생산은 갑국이 비교우위를 가지게 된다.

[오답체크]
② 갑국의 생산가능곡선식에 $Y=0$을 대입하면 $X=10$, 을국의 생산가능곡선식에 $Y=0$을 대입하면 $X=30$이므로 모든 생산요소를 X재 생산에 투입하면 을국의 X재 생산량이 더 많다. 따라서 을국은 X재 생산에 절대우위를 가짐을 알 수 있다.

④ 갑국의 X재 생산의 기회비용이 4이고, 을국의 X재 생산의 기회비용이 $\frac{2}{3}$ 이므로 X재 1단위와 교환되는 Y재의 비율이 $\frac{2}{3}$ 와 4 사이로 결정되면 두 나라 모두 무역의 이득을 얻을 수 있다. 그러므로 X재와 Y재의 교역비율이 1 : 1로 주어지면 두 나라가 모두 교역에 응하게 될 것이다.

06 ④ 1) 생산물로 기회비용을 표로 나타내면 다음과 같다.

구분	물고기	커피
A	1물고기 = 1커피	1커피 = 1물고기
B	1물고기 = 2커피	1커피 = 0.5물고기

2) 지문분석
④ 물고기 1kg의 교역조건은 1커피 < 1물고기 < 2커피이므로 물고기 1kg당 커피 1.5kg과 교환하면 A, B 모두에게 이익이다.

[오답체크]
① 아래와 같이 시간당 생산량으로 살펴보면 B는 커피생산에 절대우위가 있다.

구분	물고기	커피
A	2	2
B	1.5	3

② B의 생산가능곡선의 기울기가 A의 생산가능곡선의 기울기보다 더 가파르다.
③ A와 B가 같이 생산할 때의 생산가능곡선은 두 사람이 독립적으로 생산할 때의 생산가능곡선을 이어붙인 형태로 원점에 대해서 오목하다.

07 갑국과 을국이 각각 보유한 100단위와 60단위를 전부 사과와 감 생산에 투입할 때 얻는 수확량이 <보기>와 같을 때, 이에 대한 설명으로 가장 옳은 것은?

[23. 서울시 7급]

<보기>

구분	갑	을
사과(개)	100	30
감(개)	25	20

① 갑국은 을국에 비해 사과와 감 생산에 모두 절대우위를 갖는다.
② 갑국은 사과 1개 생산을 위해 감 4개를 포기한다.
③ 갑국은 감 생산에, 을국은 사과 생산에 비교우위를 갖는다.
④ 교역조건이 감 1개당 사과 1.5개일 때, 을국은 교역의 이득이 없다.

08 A국은 한 단위의 노동으로 하루에 쌀 5kg을 생산하거나 옷 5벌을 생산할 수 있다. B국은 한 단위의 노동으로 하루에 쌀 4kg을 생산하거나 옷 2벌을 생산할 수 있다. 두 나라 사이에 무역이 이루어지기 위한 쌀과 옷의 교환비율이 아닌 것은? (단, A국과 B국의 부존노동량은 동일하다)

[17. 국가직 7급]

① $\dfrac{P_{쌀}}{P_{옷}} = 0.9$ ② $\dfrac{P_{쌀}}{P_{옷}} = 0.6$

③ $\dfrac{P_{쌀}}{P_{옷}} = 0.4$ ④ $\dfrac{P_{쌀}}{P_{옷}} = 0.8$

난이도 ★★ 중요도 ★★

09 A국, B국은 X재와 Y재만을 생산하고, 생산가능곡선은 각각 $X = 2 - 0.2Y$, $X = 2 - 0.05Y$이다. A국과 B국이 X재와 Y재의 거래에서 서로 합의할 수 있는 X재의 가격은? [17. 서울시 7급]

① Y재 4개
② Y재 11개
③ Y재 21개
④ 거래가 불가능하다.

정답 및 해설

07 ④ 1) 기회비용의 표현

구분	갑		을	
사과(개)	100/100	→ 1단위당 1개 → 감 0.25	30/60	→ 1단위당 1/2개 → 감 2/3
감(개)	25/100	→ 1단위당 0.25개 → 사과 4개	20/60	→ 1단위당 1/3개 → 사과 3/2

2) 지문분석
④ 양국의 이익을 얻는 교역조건은 감 1개당 사과 1.5~4개 사이이다. 문제의 교역조건은 국내의 기회비용과 같으므로 을국의 교역의 이득은 존재하지 않는다.

[오답체크]
① 1단위당으로 바꾸면 갑은 사과 생산에 절대우위, 을국은 감 생산에 절대우위를 갖는다.
② 갑국은 사과 1개 생산을 위해 감 0.25개를 포기한다.
③ 갑국은 사과 생산에, 을국은 감 생산에 비교우위를 갖는다.

08 ③ 1) 국내가격비($\frac{P_쌀}{P_옷}$)는 쌀 1단위와 교환되는 옷의 양을 의미하므로 각국의 국내가격비는 쌀 생산의 기회비용과 같다.
2) 갑국은 5쌀=5옷이므로 1쌀=1옷이고, 을국은 4쌀=2옷이므로 1쌀은 1/2옷이다. 따라서 양국이 이득을 보기 위해서는 이 기회비용의 사이에 존재해야 한다.

09 ② 1) 각국의 생산가능곡선식을 정리하면 A국의 생산가능곡선은 $Y = 10 - 5X$, B국의 생산가능곡선은 $Y = 40 - 20X$이다.
2) 생산가능곡선 기울기(절댓값)가 X재 생산의 기회비용이며 X재의 상대가격이다.
3) A국의 X재 생산의 기회비용은 Y재 5단위, B국의 X재 생산의 기회비용은 Y재 20단위이다.
4) 두 나라 사이에서 거래가 이루어지려면 기회비용의 사이에 존재해야 하므로 X재 1단위와 교환되는 Y재의 양이 5단위에서 20단위 사이에서 결정되어야 한다.

10 생산요소가 노동 하나뿐인 A국과 B국은 소고기와 의류만을 생산한다. 소고기 1단위와 의류 1단위 생산에 필요한 노동투입량이 다음과 같을 때, 무역이 발생하기 위한 의류에 대한 소고기의 상대가격의 조건은?

[13. 지방직 7급]

구분	소고기 1단위	의류 1단위
A	1	2
B	6	3

① $\dfrac{P_{소고기}}{P_{의류}} \leq 2$

② $1.5 \leq \dfrac{P_{소고기}}{P_{의류}} \leq 6$

③ $0.5 \leq \dfrac{P_{소고기}}{P_{의류}} \leq 2$

④ $2 \leq \dfrac{P_{소고기}}{P_{의류}}$

11 그림은 A국과 B국의 생산가능곡선이다. 비교우위에 특화해서 교역할 때 양국 모두에게 이득을 주는 교환은?

[20. 보험계리사]

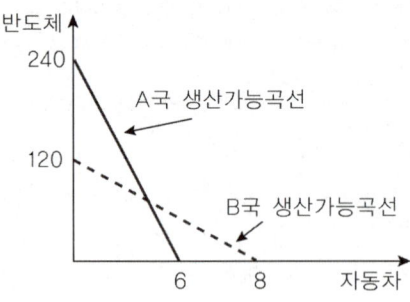

① A국의 자동차 1대와 B국의 반도체 50개
② A국의 자동차 1대와 B국의 반도체 40개
③ A국의 반도체 20개와 B국의 자동차 1대
④ A국의 반도체 14개와 B국의 자동차 1대

정답 및 해설

10 ③ 1) 두 나라에서 각 재화 생산의 기회비용을 계산해 보면 아래의 표와 같다.

구분	소고기	의류
A국	0.5 의류	2 소고기
B국	2 의류	0.5 소고기

2) 무역이 이루어질 때 두 나라가 모두 이득을 얻기 위해서는 교역조건이 양국의 국내가격비 사이에서 결정되어야 하므로, 의류에 대한 소고기의 상대가격($\frac{P_{소고기}}{P_{의류}}$)은 두 나라에서 소고기 생산의 기회비용인 0.5와 2 사이에서 결정되어야 한다.

11 ③ 1) 양국이 모두 이익을 주는 교역조건은 기회비용의 사이에 있어야 한다.

2) A국은 6자동차 = 240반도체이므로 1자동차 = 40반도체 or 1반도체 = $\frac{1}{40}$ 자동차이다.

3) A국은 8자동차 = 120반도체이므로 1자동차 = 15반도체 or 1반도체 = $\frac{1}{15}$ 자동차이다.

4) 자동차의 교역조건은 15반도체 < 1자동차 < 40반도체

5) 반도체의 교역조건은 $\frac{1}{40}$ 자동차 < 1반도체 < $\frac{1}{15}$ 자동차이어야 한다.

6) 지문분석

③ A국의 반도체 20개와 B국의 자동차 1대는 $\frac{1}{2}$ 자동차 < 20반도체 < $\frac{20}{15}$ 자동차 사이에 있으므로 양국이 교역할 수 있는 조건이 된다.

12 다음 표와 같은 조건하에서 A국과 B국은 옷과 쌀 2가지 상품을 생산하고 있다. 노동만이 두 상품의 유일한 생산요소이고 노동의 한계생산물은 불변인 리카르도모형을 고려하자. 이제 자유무역으로 국제시장에서 상대가격($\frac{P_{옷}}{P_{쌀}}$)은 1이 되었다고 가정하자. 무역 전후에 대한 설명으로 옳은 것은? (단, wage는 명목임금, P는 가격, MP는 노동의 한계생산물을 나타낸다)

[16. 지방직 7급]

A국		B국	
$wage = 12$		$wage^* = 6$	
$MP_{옷} = 2$	$MP_{쌀} = $	$MP^*_{옷} = $	$MP^*_{쌀} = 1$
$P_{옷} = $	$P_{쌀} = 4$	$P^*_{옷} = 3$	$P^*_{쌀} = $

① A국은 쌀을 수출할 것이다.
② 무역 이전에, 옷 생산의 경우 B국의 $MP^*_{옷}$이 A국의 $MP_{옷}$보다 높다.
③ 무역 이전에, 쌀 생산의 경우 B국의 $MP^*_{쌀}$이 A국의 $MP_{쌀}$보다 높다.
④ 무역이 발생하지 않을 것이다.

13 A국은 노동을 총 10단위 가지고 있고, B국은 노동을 총 20단위 가지고 있다. 두 국가는 노동을 투입해서 X재와 Y재를 생산하며, 두 국가의 X재와 Y재 생산함수는 다음과 같이 주어졌다. 두 국가 사이에 노동의 이동이 불가능할 때, 두 국가 사이에 교역이 일어나려면 p_x/p_y가 어떤 범위 내에 있어야 하는가?

[20. 군무원 7급]

구분	X재 생산함수	Y재 생산함수
A국	$Q_X = L$	$Q_Y = 2L$
B국	$Q_X = 6L$	$Q_Y = 3L$

① $0.5 < p_x/p_y < 2$
② $1 < p_x/p_y < 3$
③ $1 < p_x/p_y < 6$
④ $2 < p_x/p_y < 3$

정답 및 해설

12 ① 1) 균형상태에서는 임금이 한계생산물가치(VMP_L)와 일치하므로 $w = MP_L \times P$의 관계가 성립한다. 그러므로 A국에서 옷의 가격 $P_\text{옷} = 6$, 쌀 생산의 한계생산물 $MP_\text{쌀} = 3$이고, B국에서 옷의 한계생산물 $MP^*_\text{옷} = 2$, 쌀의 가격 $P^*_\text{쌀} = 6$임을 알 수 있다.

2) 무역이 이루어지기 전에 $(\frac{P_\text{옷}}{P_\text{쌀}})^A = \frac{6}{4} = 1.5$이고, $(\frac{P_\text{옷}}{P_\text{쌀}})^B = \frac{3}{6} = 0.5$이므로 옷의 가격은 상대적으로 B국이 더 낮고, 쌀의 가격은 상대적으로 A국이 더 낮으므로 각각을 특화할 것이다.

3) 국제시장의 상대가격인 $\frac{P_\text{옷}}{P_\text{쌀}} = 1$이면 두 나라의 상대가격 사이에 교역조건이 존재하므로 무역이 이루어질 것이다.

[오답체크]
② 무역 이전에, 옷 생산의 경우 B국의 $MP^*_\text{옷}$은 2, A국의 $MP_\text{옷}$은 2이므로 동일하다.
③ 무역 이전에, 쌀 생산의 경우 B국의 $MP^*_\text{쌀}$은 1, A국의 $MP_\text{쌀}$은 3이므로 A국이 높다.
④ 교역조건이 정당하여 무역이 이루어질 것이다.

13 ① 1) 주어진 자원을 생산함수에 모두 투입하여 구할수 있는 생산량은 다음과 같다.

구분	X재	Y재
A국	10	20
B국	120	60

2) A국의 기회비용 $10X = 20Y$ ➔ $X = 2Y$, $Y = \frac{1}{2}X$이다.

3) B국의 기회비용 $120X = 60Y$ ➔ $X = \frac{1}{2}Y$, $Y = 2X$이다.

4) p_x/p_y는 X재의 기회비용의 사이값을 의미하므로 $\frac{1}{2}Y < X < 2Y$ ➔ $0.5 < p_x/p_y < 2$이다.

14 헥셔-오린(Heckscher-Ohlin)모형의 기본 가정으로 옳지 않은 것은? [20. 국가직 7급]

난이도 ★   중요도 ★★

① 각 산업에서 규모수익은 일정하게 유지된다.
② 양국 간 기술수준 및 선호는 다르다.
③ 노동과 자본의 산업 간 이동은 완전히 자유롭다.
④ 노동과 자본의 국가 간 이동은 완전히 불가능하다.

15 난이도 ★★★   중요도 ★★

A국과 B국이 두 생산요소 노동(L)과 자본(K)을 가지고 두 재화 X와 Y를 생산한다고 가정하자. 두 재화 X와 Y의 생산기술은 서로 다르나 A국과 B국의 기술은 동일하다. 그리고 A국과 B국의 노동과 자본의 부존량은 각각 $L_A = 100$, $K_A = 50$이며, $L_B = 180$, $K_B = 60$이다. 또한 두 재화 X와 Y의 생산함수는 각각 $X = L^2K$, $Y = LK^2$으로 주어진다. 헥셔-오린(Heckscher-Ohlin)이론에 따를 경우 옳은 것을 모두 고르면? [13. 국가직 7급]

ㄱ. 상대적으로 자본이 풍부한 나라는 B국이다.
ㄴ. 상대적으로 노동집약적인 산업은 X재 산업이다.
ㄷ. A국은 Y재, B국은 X재에 비교우위가 있다.

① ㄱ, ㄴ
② ㄴ, ㄷ
③ ㄱ, ㄷ
④ ㄱ, ㄴ, ㄷ

16 난이도 ★★   중요도 ★

숙련노동자가 비숙련노동자에 비해 풍부한 A국과 비숙련노동자가 숙련노동자에 비해 풍부한 B국이 있다. 폐쇄경제를 유지하던 두 나라가 무역을 개시하여 A국은 B국에 숙련노동집약적인 재화를 수출하고, B국으로부터 비숙련노동집약적인 재화를 수입한다고 가정하자. 헥셔-오린모형의 예측에 따라 이러한 무역 형태가 A국과 B국의 노동시장에 미칠 영향에 대한 설명으로 옳은 것은? (단, 두 나라 모두 숙련노동자의 임금이 비숙련노동자의 임금에 비해 높다) [16. 국가직 7급]

① A국의 숙련노동자와 비숙련노동자의 임금격차가 확대될 것이다.
② B국의 숙련노동자와 비숙련노동자의 임금격차가 확대될 것이다.
③ A국 비숙련노동자의 교육 투자를 통한 숙련노동자로의 전환 인센티브가 감소한다.
④ B국 비숙련노동자의 교육 투자를 통한 숙련노동자로의 전환 인센티브가 증가한다.

정답 및 해설

14 ② 1) 헥셔-오린 정리의 가정은 다음과 같다.
   ㉠ 2국-2재화-2요소의 무역모형이다.
   ㉡ 두 국가의 생산함수는 동일하다(생산함수는 수확체감의 법칙이 작용하고 규모에 대한 수익이 불변).
   ㉢ 기회비용이 체증하여 생산가능곡선이 원점에 대하여 오목하다.
   ㉣ 두 국가(A국, B국) 사이의 부존자원비율이 서로 다르다.
   ㉤ 두 재화(X재, Y재) 생산의 요소집약도(K/L)가 서로 다르다.
   ㉥ 두 국가의 수요에 대한 사회무차별곡선(선호)이 동일하다.
   ㉦ 두 국가 간 생산요소의 이동은 불가능하다.
   ㉧ 두 국가 간 상품의 무역은 자유롭게 이루어지며 운송비는 없다.
   ㉨ 생산물시장과 생산요소시장이 완전경쟁시장이다.
   2) 지문분석
   ② 양국 간 기술수준의 차이로 설명하는 것이 비교우위론이다.

15 ② 1) 주어진 노동량과 자본량을 바탕으로 1인당 자본량을 구하면 $(\frac{K}{L})^A = \frac{50}{100} = 0.5$ 이고, $(\frac{K}{L})^B = \frac{60}{180} = 0.33$ 이므로 A국은 자본풍부국, B국은 노동풍부국이다.
   2) 생산함수에서 X재는 노동이, Y재는 자본이 더 많이 투입되므로 X재는 노동집약재, Y재는 자본집약재이다.
   3) 따라서 자본풍부국인 A국은 자본집약재인 Y재에 비우위를 갖고, 노동풍부국인 B국은 노동집약재인 X재에 비교우위를 갖는다.

16 ① 자유무역이 이루어지면 각국에서 풍부한 생산요소의 소득은 증가하나 희소한 생산요소의 소득은 감소하므로 A국에서는 숙련노동자의 소득이 증가하고, B국에서는 비숙련노동자의 소득이 증가한다. 그러므로 A국에서는 숙련노동자와 비숙련노동자의 임금격차가 확대될 것이고, B국에서는 숙련노동자와 비숙련 노동자의 임금격차가 축소될 것이다. A국에서는 숙련노동자가 되기 위해 노력하겠지만 B국은 그렇지 않을 것이다.

[오답체크]
② B국의 숙련노동자와 비숙련노동자의 임금격차가 축소될 것이다.
③ A국 비숙련노동자의 교육 투자를 통한 숙련노동자로의 전환 인센티브가 증가한다.
④ B국 비숙련노동자의 교육 투자를 통한 숙련노동자로의 전환 인센티브가 감소한다.

Topic 23 무역이론

17 갑국과 을국으로 이루어진 세계경제가 있다. 생산요소는 노동과 자본이 있는데, 갑국은 노동 200단위와 자본 60단위, 을국은 노동 800단위와 자본 140단위를 보유하고 있다. 양국은 두 재화 X와 Y를 생산할 수 있는데, X는 노동집약적 재화이고 Y는 자본집약적 재화이다. 헥셔-오린 모형에 따를 때 예상되는 무역 패턴은? (단, 노동과 자본은 양국에서 모두 동질적이다)

[18. 국가직 7급]

① 갑국은 Y를 수출하고 을국은 X를 수출한다.
② 갑국은 X를 수출하고 을국은 Y를 수출한다.
③ 갑국과 을국은 X와 Y를 모두 생산하며, 완전특화를 통해 무역으로 교환한다.
④ 갑국과 을국은 X와 Y를 모두 생산하며, 각자 자급자족한다.

18 甲국과 乙국으로 이루어진 세계경제에서 생산요소는 노동과 자본만 있고, 양국은 두 생산요소를 사용하여 두 재화 X와 Y를 생산할 수 있다. X는 자본집약적 재화이고 Y는 노동집약적 재화이다. 교역을 하지 않던 甲국과 乙국이 교역을 시작하면서 노동풍부국 甲국은 Y재를 수출하고, 자본풍부국 乙국은 X재를 수출하였다. 교역 후 甲국 노동자의 실질임금과 乙국 자본가의 실질임대료 변화를 바르게 연결한 것은? (단, 헥셔-오린모형의 가정을 따른다)

[23. 국가직 7급]

	실질임금	실질임대료
①	감소	감소
②	감소	증가
③	증가	감소
④	증가	증가

19
난이도 ★ **중요도** ★

레온티에프 역설(Leontief paradox)에 대한 설명으로 옳지 않은 것은? [17. 지방직 7급]

① 제품의 성숙단계, 인적자본, 천연자원 등을 고려하면 역설을 설명할 수 있다.
② 2차 세계대전 직후 미국의 노동자 1인당 자본장비율은 다른 어느 국가보다 낮았다.
③ 미국에서 수출재의 자본집약도는 수입재의 자본집약도보다 낮은 것으로 나타났다.
④ 헥셔-오린 정리에 따르면 미국은 상대적으로 자본집약적 재화를 수출할 것으로 예측되었다.

정답 및 해설

17 ① 1) 각 국가가 어떤 부존자원의 풍부국인지 살펴보면 $(\frac{K}{L})^{갑} = \frac{60}{200}$ 이고, $(\frac{K}{L})^{을} = \frac{140}{800} = \frac{35}{200}$ 이므로 $(\frac{K}{L})^{갑} > (\frac{K}{L})^{을}$ 이다. $(\frac{K}{L})^{갑} > (\frac{K}{L})^{을}$ 이므로 갑국은 자본풍부국, 을국은 노동풍부국이다.

2) 헥셔-오린 정리에 의하면 각국은 풍부한 생산요소를 집약적으로 투입하는 재화 생산에 특화하므로 두 나라 사이에 무역이 이루어지면 갑국은 자본집약재인 Y재, 을국은 노동집약재인 X재 생산에 특화하여 수출할 것이다.

3) 헥셔-오린 정리에 의하면 불완전특화가 이루어지므로 무역 이후에도 각국은 두 재화를 모두 생산한다. 다만, 각국은 자급자족할 때보다 비교우위가 있는 재화를 더 많이 생산하여 그중 일부를 무역을 통해 비교열위에 있는 재화와 교환하게 된다.

[오답체크]
② 갑국은 Y를 수출하고 을국은 X를 수출한다.
③ 갑국과 을국은 X와 Y를 모두 생산하며, 불완전특화를 통해 무역으로 교환한다.
④ 갑국과 을국은 X와 Y를 모두 생산하며, 부분특화를 통한 무역을 실시한다.

18 ④ 1) 갑국은 노동풍부국 → 노동집약재 생산 → 노동의 상대가격 상승(= 실질임금)
2) 을국은 자본풍부국 → 자본집약재 생산 → 자본의 상대가격 상승(= 실질임대료)

19 ② 헥셔-오린 정리의 실증분석을 마친 1953년 레온티에프는 헥셔-오린 정리의 예상과는 정반대의 당황스러운 결과를 발견하게 되었다. 전 세계에서 자본이 가장 풍부한(= 1인당 자본장비율) 미국이 노동집약적 재화를 수출하고 자본집약적 재화를 수입하고 있다는 것이다.

20 산업 내 무역에 관한 설명으로 옳은 것은? [14. 국가직 7급]

① 산업 내 무역은 규모의 경제와 관계없이 발생한다.
② 산업 내 무역은 부존자원의 상대적인 차이 때문에 발생한다.
③ 산업 내 무역은 경제여건이 다른 국가 사이에서 이루어진다.
④ 산업 내 무역은 유럽연합 국가들 사이의 활발한 무역을 설명할 수 있다.

21 동종 산업 내에서 수출과 수입이 동시에 나타나는 무역을 산업 내 무역(intra-industry trade)이라고 한다. 이러한 형태의 무역이 발생하는 원인으로 옳은 것만을 모두 고르면?

[21. 국가직 7급]

ㄱ. 비교우위
ㄴ. 규모의 경제
ㄷ. 제품 차별화
ㄹ. 상이한 부존자원

① ㄱ, ㄴ ② ㄱ, ㄷ
③ ㄴ, ㄷ ④ ㄴ, ㄹ

난이도 ★★★ 중요도 ★

22 자국과 외국은 두 국가 모두 한 가지 재화만을 생산하며, 노동투입량과 노동의 한계생산량의 관계는 다음 표와 같다. 자국과 외국의 현재 노동부존량은 각각 11과 3이고 모두 생산에 투입된다. 국가 간 노동이동이 자유로워지면 세계 총생산량의 변화는? [14. 국가직 7급]

노동투입량(명)	1	2	3	4	5	6	7	8	9	10	11
노동의 한계생산량(개)	20	19	18	17	16	15	14	13	12	11	10

① 4개 증가 ② 8개 증가
③ 12개 증가 ④ 16개 증가

정답 및 해설

20 ④ 산업 내 무역(intra-industry trade)은 시장구조가 독점적 경쟁이거나 규모의 경제가 발생하는 경우에 주로 발생하며, 부존자원의 차이와는 관련이 없다. 산업 내 무역은 주로 경제발전의 정도 혹은 경제여건이 비슷한 나라들 사이에서 이루어지므로 유럽연합 국가들 사이의 활발한 무역을 설명할 수 있다.

21 ③ ㄴ, ㄷ. 산업 내 무역은 동일한 경제력이 비슷한 국가가 시장을 확장시켜 규모의 경제와 독점적 경쟁, 즉 제품 차별화를 통해 무역을 하려는 것이다.

[오답체크]
ㄱ, ㄹ. 산업 간 무역은 비교우위와 상이한 부존자원 등의 이유를 발생시킨다.

22 ④ 1) 현재 자국에서는 노동부존량이 11이므로 마지막 단위의 노동이 한계생산물이 10이고, 외국에서는 노동부존량이 3이므로 마지막 단위의 노동의 한계생산물이 18이다.
2) 자국에서 노동 1단위가 외국으로 이동하면 자국에서의 생산량은 10단위 감소하는 반면 외국에서는 17단위의 재화가 추가로 생산되므로 세계 전체 생산량은 7단위 증가한다.
3) 국가 간 노동이동은 두 나라에서 노동의 한계생산물이 같아질 때까지 이루어질 것이므로 결국 자국에서 4단위의 노동이 외국으로 이동한다. 자국에서 외국으로 4단위의 노동이 이동하면 자국의 생산량은 46단위(= 13 + 12 + 11 + 10)가 감소하나, 외국의 생산량은 62단위(= 17 + 16 + 15 + 14)가 증가한다.
4) 따라서 국가 간 노동이동이 자유롭다면 세계 총생산량은 16단위가 증가한다.

Topic 23 무역이론

23 서희와 문희가 옥수수 1단위를 생산하는 데 필요한 시간과 고기 1단위를 생산하는 데 필요한 시간은 다음 표와 같다.

(단위: 시간)

구분	옥수수	고기
서희	18	10
문희	16	12

서희는 하루에 6시간, 문희는 하루에 8시간을 일할 수 있으며, 두 재화 생산에 필요한 생산요소는 노동뿐이다. 두 사람이 모두 이득을 볼 수 있는 교환비율은 얼마인가? [15. 국회직 8급]

① 고기 1단위당 옥수수 5/9 ~ 3/4단위
② 고기 1단위당 옥수수 4/3 ~ 9/5단위
③ 고기 1단위당 옥수수 8/9 ~ 6/5단위
④ 고기 1단위당 옥수수 5/6 ~ 9/8단위
⑤ 고기 1단위당 옥수수 5/8 ~ 2/3단위

24 세계에 두 나라(A국, B국)만 있다. 이 세계경제에는 사과와 바나나 두 재화만 있다. 폐쇄경제일 때 사과가격을 바나나가격으로 나눈 상대가격이 A국에서는 2이고, B국에서는 5이다. 개방경제하에서 교역가능조건이 아닌 것은? [14. 국회직 8급]

① A국의 수출업자는 사과 150개를 수출하는데 그 대가로 바나나 650개를 받는다.
② A국의 수입업자는 바나나 100개를 수입하는데 그 대가로 사과 20개를 준다.
③ A국의 수입업자는 바나나 100개를 수입하는데 그 대가로 사과 30개를 준다.
④ B국의 수출업자는 바나나 200개를 수출하는데 그 대가로 사과 100개를 받는다.
⑤ B국의 수입업자는 사과 100개를 수입하는데 그 대가로 바나나 150개를 준다.

정답 및 해설

23 ① 1) 문제에서는 고기 1단위당 가격을 옥수수로 표시하고 있으므로 두 사람의 고기 가격/옥수수 가격을 구하여야 한다.
2) 서희의 상대가격은 고기 가격/옥수수 가격 = 10/18이다.
3) 문희의 상대가격은 고기 가격/옥수수 가격 = 12/16이다.
4) 결국 두 사람이 교환을 통해서 모두 이득을 보기 위해서는 고기 가격/옥수수 가격 = 고기 1단위당 옥수수의 단위가 10/18 = 5/9와 12/16 = 3/4 사이에 존재해야 한다.

24 ⑤ 1) 상대가격을 $\frac{사과가격}{바나나가격}$ 으로 정의한다면 이는 사과 1개와 교환되는 바나나의 양을 의미한다. 폐쇄경제의 A국에서는 사과 1개가 바나나 2개와 교환되었고, 폐쇄경제의 B국에서는 사과 1개가 바나나 5개와 교환되고 있었다. 그리고 개방에서의 교역조건은 반드시 폐쇄경제에서의 양국 가격 2와 5 사이에서 결정되어야 한다.
2) 지문분석
⑤ B국 수입업자는 사과 1개를 구입하면서 바나나 1.5개를 주고 있다. 이는 교역조건이 1.5임을 의미하고 폐쇄경제에서의 양국 가격 2와 5 사이에 있지 않으므로 불가능한 교역조건이다.

[오답체크]
① A국 수출업자는 사과 1개를 팔면서 바나나를 4.3개 받고 있다. 이는 교역조건이 4.3임을 의미하고 폐쇄경제에서의 양국 가격 2와 5 사이에 있으므로 가능한 교역조건이다.
② A국 수입업자는 사과 1개를 주면서 바나나 5개를 구입하고 있다. 이는 교역조건이 5임을 의미하고 폐쇄경제에서의 양국 가격 2와 5 사이에 있으므로 가능한 교역조건이다.
③ A국 수입업자는 사과 1개를 주면서 바나나 3.3개를 구입하고 있다. 이는 교역조건이 3.3임을 의미하고 폐쇄경제에서의 양국 가격 2와 5 사이에 있으므로 가능한 교역조건이다.
④ B국 수출업자는 사과 1개를 받으면서 바나나 2개를 주고 있다. 이는 교역조건이 2임을 의미하고 폐쇄경제에서의 양국 가격 2와 5 사이에 있으므로 가능한 교역조건이다.

난이도 ★★★　중요도 ★

25 두 폐쇄경제 A국과 B국의 총생산함수는 모두 $Y = EK^{0.5}L^{0.5}$와 같은 형태로 나타낼 수 있다고 하자. A국은 상대적으로 K가 풍부하고 B국은 상대적으로 L이 풍부하며, A국은 기술수준이 높지만 B국은 기술수준이 낮다. 만약 현재 상태에서 두 경제가 통합된다면 B국의 실질임금률과 실질이자율은 통합 이전에 비하여 어떻게 변화하는가? (단, Y, K, L은 각각 총생산, 총자본, 총노동을 나타내며, E는 기술수준을 나타낸다)

[18. 국회직 8급]

① 임금률은 상승하고 이자율은 하락할 것이다.
② 임금률은 하락하고 이자율은 상승할 것이다.
③ 임금률과 이자율 모두 상승할 것이다.
④ 임금률은 상승하지만 이자율의 변화는 알 수 없다.
⑤ 이자율은 하락하지만 임금률의 변화는 알 수 없다.

정답 및 해설

25 ① 1) 두 폐쇄경제의 통합은 무역을 시작하는 것과 같다.
　　 2) A국은 상대적으로 K가 풍부하고 B국은 상대적으로 L이 풍부하다면 A국은 K집약재, B국은 L집약재 생산에 비교우위가 있다.
　　 3) 이 경우 무역이 이루어지면 스톨퍼-사무엘슨 정리에 의해 B국의 경우 임금률은 상승하고 이자율은 하락한다.

STEP 2 감정평가사 기출문제

난이도 ★★ 중요도 ★★

26 甲국과 乙국의 무역 개시 이전의 X재와 Y재에 대한 단위당 생산비가 다음과 같다. 무역을 개시하여 두 나라 모두 이익을 얻을 수 있는 교역조건(P_X/P_Y)에 해당하는 것은? (단, P_X는 X재의 가격이고, P_Y는 Y재의 가격이다) [15. 감정평가사]

구분	X재	Y재
甲국	5	10
乙국	8	13

① 0.45 ② 0.55 ③ 0.65
④ 0.75 ⑤ 0.85

정답 및 해설

26 ② 1) 기회비용을 표현하면 다음과 같다.

구분	X재	Y재
甲국	5 → 기회비용 Y재 $\frac{5}{10}$	10 → 기회비용 X재 $\frac{10}{5}$
乙국	8 → 기회비용 Y재 $\frac{8}{13}$	13 → 기회비용 X재 $\frac{13}{8}$

2) 교역조건은 기회비용의 사이에 있으므로 $\frac{5}{10} < \frac{P_X}{P_Y} < \frac{8}{13} (= 0.62)$ 사이에 있어야 한다.

Topic 23 무역이론

Topic 24 자유무역과 보호무역

01 자유무역

이점	(1) 동일한 종류의 재화라 할지라도 나라마다 독특한 특징이 있으므로, 각국의 소비자에게 다양한 소비 기회 제공함 (2) 비교우위의 재화를 수출할 경우 생산량이 크게 늘어나 규모의 경제를 통해 생산비를 절감할 수 있음 (3) 자유 무역은 경제를 활성화(진입 장벽 낮춤 ➜ 독과점의 폐해 방지)하여 경제 전체의 후생 수준을 높임 (4) 기술이동, 아이디어 전파 등을 통해 각국의 기술 개발을 촉진하는 긍정적 파급효과를 가짐
그래프	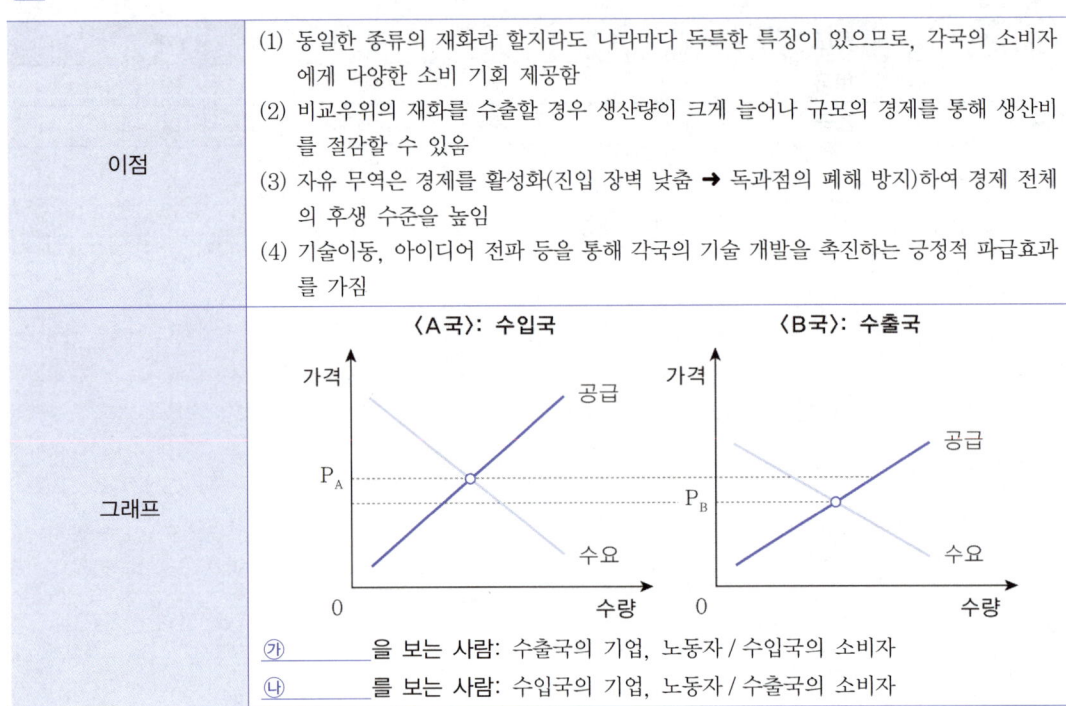 ㉮ _____을 보는 사람: 수출국의 기업, 노동자 / 수입국의 소비자 ㉯ _____를 보는 사람: 수입국의 기업, 노동자 / 수출국의 소비자

02 보호무역

의미	관세와 같은 정책을 이용하여 자유무역 시 피해를 보는 산업을 없애고 자국의 산업을 발전시키는 것
필요성	자국민의 실업방지, 유치산업보호, 불공정 무역대응, 국가안보

핵심키워드
㉮ 이득, ㉯ 손해

보호무역 정책의 수단	(1) 관세: 무역을 통해 거래되는 재화에 부과되는 조세 (2) 비관세장벽 ① 수입 허가제: 수입할 리스트를 만들고 리스트에 없는 상품은 수입을 금지하는 방식 ② 수입 담보금제: 정부가 수입을 허가할 때 수입업자로 하여금 수입 신청 금액의 일부분을 은행에 적립하도록 하는 것. 적립 금액이 높을수록 수입 억제 효과가 있음 ③ 구상무역: 한 나라가 자국의 수출 범위 내에서 상대국의 수입을 허가하는 무역 ④ 기준 강화: 자동차 배기 가스 방출량 등을 이유로 수입의 기준을 강화하는 방법 ⑤ 보조금 지급: 정부가 수출 업체에게 보조금을 지급하는 방법. 무역 분쟁을 야기할 수 있음 ⑥ 쿼터제: ㉮_____을 정해 놓고 그 이상은 수입하지 않음 예 스크린 쿼터

03 관세

개념	관세선을 통과하는 상품에 대해 부과하는 조세. 가장 널리 사용되는 무역 정책 수단
경제적 효과 (소국모형)	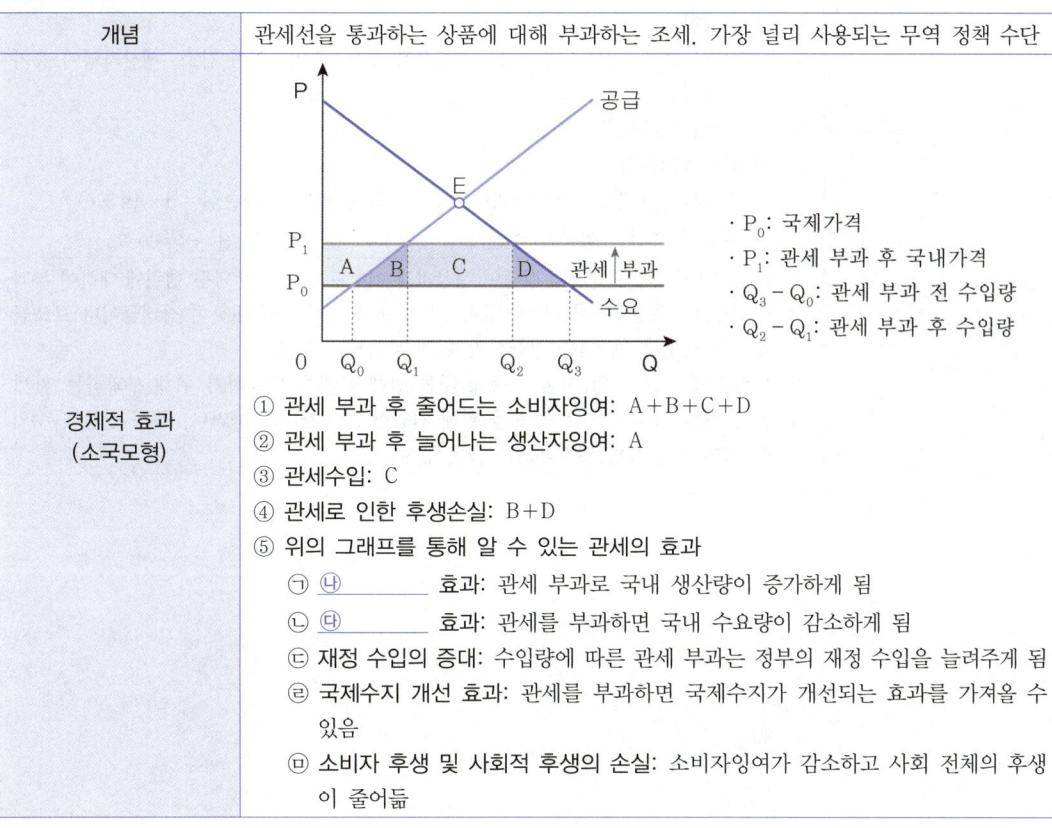 ① 관세 부과 후 줄어드는 소비자잉여: A+B+C+D ② 관세 부과 후 늘어나는 생산자잉여: A ③ 관세수입: C ④ 관세로 인한 후생손실: B+D ⑤ 위의 그래프를 통해 알 수 있는 관세의 효과 　㉠ ㉯_____ 효과: 관세 부과로 국내 생산량이 증가하게 됨 　㉡ ㉰_____ 효과: 관세를 부과하면 국내 수요량이 감소하게 됨 　㉢ 재정 수입의 증대: 수입량에 따른 관세 부과는 정부의 재정 수입을 늘려주게 됨 　㉣ 국제수지 개선 효과: 관세를 부과하면 국제수지가 개선되는 효과를 가져올 수 있음 　㉤ 소비자 후생 및 사회적 후생의 손실: 소비자잉여가 감소하고 사회 전체의 후생이 줄어듦

핵심키워드
㉮ 수입 할당량, ㉯ 생산 증가, ㉰ 소비 억제

경제적 효과
(대국모형)
	P*, P_1^L, P_0, P_0^L 표시된 그래프 (공급, 수요, E점, A, B, C, D 영역, Q_0, Q_1, Q^*, Q_2, Q_3, t(관세))
	· P_0: 관세 부과 전 국제가격
	· P_0^L: 관세 부과 후 국제가격
	· P_1^L: 관세 부과 후 국내가격
	① 관세가 부과되면 국제가격이 하락(P_0^L)하여 교역조건은 개선됨
	② 관세 부과 후 국내가격은 하락된 새로운 국제가격에 관세를 부과($P_0^L + t = P_1^L$)한 만큼 가격이 상승함
	③ 대국의 경우는 소국에 비하여 국내가격이 작게 상승하여 작은 관세효과($P_1^L - P_0$)가 발생함
	④ 국내생산 증가, 국내소비 감소, 국제수지 개선, 소비자잉여 감소, 생산자잉여 증가 등이 발생함
	⑤ 재정수입 = b + d
	⑥ 사회적 후생변화
	   ⓐ 소비자잉여 감소 + 생산자잉여 증가 + 관세수입 - 후생손실 = d - (a + c)
	   ⓑ 사회적 후생 변화분은 ㉮_____ 일수도 ㉯_____ 일 수도 있음

종류	(1) **반덤핑관세**: 특정 국가의 상품이 정상가격 이하로 수입되는 덤핑 행위에 대하여 부과 (2) **상계관세**: 수출국에서 직·간접적으로 생산 또는 수출에 대하여 장려금이나 보조금을 지급하였을 때 이를 상쇄하기 위해 부과하는 관세 (3) **보복관세**: 상대국의 자국 상품에 대한 관세 부과에 대항하기 위해 부과하는 관세 (4) **긴급관세**: 국내 산업의 보호를 위해 긴급한 조치가 필요하거나, 특정 상품의 수입을 제한하기 위해 부과하는 고율의 관세

핵심키워드
㉮ 양, ㉯ 음

최적관세율	(1) **개념**: 관세 부과로 교역조건이 개선되면 관세 부과국의 사회후생이 증대될 수 있는데, 관세부과국의 사회후생이 극대가 되는 관세 (2) **공식**: $t = \dfrac{1}{\epsilon^* - 1}$ (ϵ^*: 외국의 수입수요의 가격탄력성)
메츨러의 역설	(1) **개념**: 관세 부과로 수입품의 국내 상대가격이 관세 부과 전보다 ㉮_____하는 현상 (2) **조건** 　㉠ 상대국의 수입수요가 비탄력적(관세 부과로 수출품의 생산량 감소 시 수출품의 가격 대폭 상승) 　㉡ 수입품에 대한 한계소비성향이 작을 때(관세 부과로 실질소득 증가에도 수입품의 가격 소폭 상승) 발생함
실효보호관세율	(1) **의미**: 관세 부과로 특정 산업이 보호받는 정도를 ㉯_____이라 함 (2) **공식**: $q = \dfrac{부과\ 후\ 부가가치 - 부과\ 전\ 부가가치}{부과\ 전\ 부가가치}$

04 세계화와 지역화

세계화	(1) **개념**: 세계를 무대로 사회 각 분야의 교류가 확대되고, 이에 따른 세계적 규범과 행위 기준이 정립되는 현상 ➜ 1990년대 이후 냉전의 종식과 함께 세계는 이념과 체제를 초월한 무한 경쟁시대로 진입하면서 전세계의 단일 시장화 추구가 가속화됨 (2) **배경** 　① 이념 대립을 바탕으로 하던 냉전 체제의 붕괴 　② 교통과 통신 수단의 발달 　③ WTO의 출범과 다국적 기업의 활발한 경제 활동 증가 (3) **영향** 　① 개인과 기업 및 국가 간의 경쟁 심화 ➜ 무한 경쟁시대의 도래 　② 세계적 차원에서의 경제적 효율성은 증대됨 　③ 선진국 및 선진국 기업에 유리한 환경 조성 　④ 기업이나 개인에 대한 정부의 보호 및 규제 제한 　⑤ 국제 분업의 이익 증대 ➜ 경제의 대외의존도 심화

핵심키워드
㉮ 하락, ㉯ 실효보호관세율

지역화

(1) 지역주의화(regionalization)
  ① **지역주의화(경제 블록화)**: 지리적으로 인접해 있으면서 경제적으로 상호 의존도가 높은 국가들이 공동의 이해 증진을 위해 경제 블록을 형성하는 것 ➡ 궁극적으로 회원국 간의 관세 인하나 무역 제한의 철폐 지향
  ② **지역적 경제 통합의 유형**

통합유형	관세철폐	비가맹국 공동관세	생산요소 이동	경제정책 협조	통합기구
㉮	O				NAFTA
㉯	O	O			
㉰	O	O	O		CACM
경제동맹	O	O	O	△	EU
경제완전 통합	O	O	O	O	

(2) 지역적 경제 통합
  ① **지역주의의 추세**: 세계 경제 및 무역질서는 UR을 중심으로 한 다자간 자유무역질서를 향해 가고 있는 동시에 다른 한편으로는 지역주의 또는 배타적 협력강화의 방향으로 나아가고 있음
  ② **지역주의화 확산의 배경**: 범세계적인 자유무역주의는 그 실현이 용이하지 않기 때문에 이해를 같이하는 소수 국가 간에 자유무역을 실천하는 것이 용이할 뿐 아니라 이는 다자간 자유무역질서의 구축에도 도움이 된다는 인식이 제고되고 있음 ➡ 이런 이유 때문에 지역주의(regionalism)는 앞으로도 더욱 활성화될 것이며 세계 경제의 다극화 현상(미국 경제의 쇠퇴, EU 및 일본의 성장, 아시아 신흥공업국의 부각 등)도 심화될 것임

핵심키워드
㉮ 자유무역지역, ㉯ 관세동맹, ㉰ 공동시장

STEP 1 타시험 기출문제

01 난이도 ★ 중요도 ★

교역이 전혀 없던 두 국가 간에 완전한 자유무역이 개시된다고 하자. 다음 중 가장 옳은 것은?

[16. 서울시 7급]

① 어느 한 개인이라도 이전보다 후생수준이 낮아지는 일은 없다.
② 산업 간 무역보다는 산업 내 무역이 더 많이 생길 것이다.
③ 무역의 확대로 양국에서의 실업이 감소한다.
④ 수출재시장의 생산자잉여와 수입재시장의 소비자잉여가 모두 증가한다.

02 난이도 ★ 중요도 ★★

자유무역이 가져오게 될 현상으로 적절하지 않은 것은?

[11. 국가직 7급]

① 동질의 노동력에 대한 각국의 임금격차가 줄어든다.
② 국가 간 산업구조의 차이가 커진다.
③ 동일한 상품에 대한 국가 간의 가격균등화가 일어난다.
④ 수입대체산업이 활성화된다.

정답 및 해설

01 ④ 수출이 이루어지면 세계 전체적으로는 이익을 본다.

[오답체크]
① 수입국의 생산자는 손해를 본다.
② 알 수 없다.
③ 무역의 확대로 수입국에서는 생산이 감소할 것이므로 실업이 증가할 수 있다.

02 ④ ④② 자유무역이 이루어지면 각국은 비교우위산업에 특화하기 때문에 국가 간 산업구조의 차이가 커지고 수입대체산업은 위축된다.

[오답체크]
①③ 헥셔-오린 정리에 따라 당연히 국가 간 동일 상품의 가격이 균등화되며 노동풍부국은 낮았던 임금이 높아지고 자본풍부국은 높았던 임금이 낮아져 각국의 임금격차가 줄어든다.

Topic 24 자유무역과 보호무역

03 소국인 A국에서 X재의 국내 수요함수와 공급함수는 각각 $P = 12 - Q$, $P = Q$ (P: 가격, Q: 수량)이며, 세계시장에서의 X재 가격은 4이다. A국이 X재 시장을 전면 개방한 직후 국내 수요함수와 공급함수에 변화가 없다면, 개방 후 A국의 후생변화는? (단, 후생은 소비자잉여와 생산자잉여의 합이다)

[21. 국가직 7급]

① 4만큼 증가
② 6만큼 증가
③ 8만큼 증가
④ 10만큼 증가

04 소국인 A국은 쌀시장이 전면 개방되었으나 국내 생산자를 보호하기 위해 관세를 부과하기로 하였다. 관세 부과의 경제적 효과로 옳지 않은 것은? (단, 국내수요곡선은 우하향하고 국내공급곡선은 우상향하며, 부분균형 분석을 가정한다)

[21. 국가직 7급]

① 국내소비량은 감소하며, 수요가 가격탄력적일수록 감소 효과가 커진다.
② 국내생산과 생산자잉여가 증가한다.
③ 사회후생의 손실이 발생한다.
④ 수입의 감소로 국제가격이 하락하므로 국내가격은 단위당 관세보다 더 적게 상승한다.

난이도 ★★ 중요도 ★★★

05 소규모 개방경제에서 국내 생산자들을 보호하기 위해 Y재의 수입에 대하여 관세를 부과할 때 다음 중 옳은 것을 모두 고르면? (단, Y재에 대한 국내 수요곡선은 우하향하고 국내 공급곡선은 우상향한다)

[14. 서울시 7급]

> ㄱ. Y재의 국내생산이 감소한다.
> ㄴ. 국내 소비자잉여가 감소한다.
> ㄷ. 국내 생산자잉여가 증가한다.
> ㄹ. Y재에 대한 수요와 공급의 가격탄력성이 낮을수록 관세 부과로 인한 경제적 손실(deadweight loss)이 커진다.

① ㄱ, ㄹ ② ㄴ, ㄷ ③ ㄴ, ㄷ, ㄹ
④ ㄱ, ㄴ, ㄷ ⑤ ㄱ, ㄷ, ㄹ

정답 및 해설

03 ① 1) 그래프

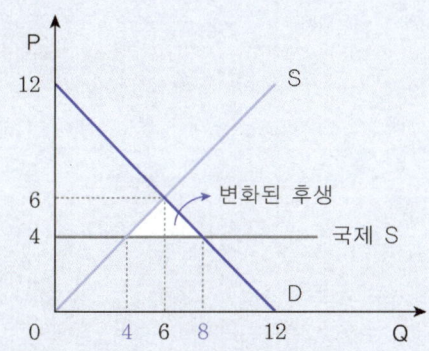

2) 변화된 후생은 $2 \times 4 \times \frac{1}{2} = 4$이다.

04 ④ 소국인 경우 국제가격에 영향을 주지 못한다.

05 ② ㄴ. 관세부과 후 시장가격이 상승하였으므로 국내 소비자잉여가 감소한다.
ㄷ. 국내생산이 증가하여 국내 생산자잉여가 증가한다.

[오답체크]
ㄱ. Y재의 관세로 인해 가격이 상승하므로 국내생산이 증가한다.
ㄹ. Y재에 대한 수요와 공급의 가격탄력성이 클수록 관세 부과로 인한 경제적 손실(deadweight loss)이 커진다. 조세와 동일하게 생각하면 된다.

Topic 24 자유무역과 보호무역

난이도 ★★★   중요도 ★★

06 A국이 수출 물품에 단위당 일정액을 지급하는 보조금 정책이 교역조건에 미치는 효과에 대한 설명으로 옳은 것을 모두 고르면? (단, 다른 조건은 일정하다) [13. 국가직 7급]

> ㄱ. A국이 대국이면, 교역조건은 악화된다.
> ㄴ. A국이 소국이면, 교역조건은 개선된다.
> ㄷ. A국이 소국이면, 국내시장에서 수출품의 가격은 상승한다.

① ㄱ, ㄴ   ② ㄴ, ㄷ
③ ㄱ, ㄷ   ④ ㄱ, ㄴ, ㄷ

난이도 ★★   중요도 ★★

07 소국경제인 A국의 X재 시장에서 시장개방 전 균형가격은 200원이며 균형거래량은 500개였다. 시장개방 이후 X재 가격은 국제가격인 120원으로 하락하고, 생산량과 소비량은 각각 100개와 700개가 되었다. A국의 X재 시장개방 효과로 옳은 것은? (단, A국의 X재에 대한 시장수요곡선은 우하향하는 직선이며, 시장공급곡선은 우상향 하는 직선이다) [23. 지방직 7급]

① 소비자잉여는 48,000원 증가한다.
② 생산자잉여는 24,000원 증가한다.
③ 총잉여는 12,000원 증가한다.
④ 소비자잉여와 생산자잉여 모두 증가한다.

정답 및 해설

06 ③ ㄱ. A국이 대국이면 수출보조금을 지급함에 따라 A국의 수출량이 증가하면 수출품의 국제가격이 하락하므로 수출보조금을 지급하면 교역조건이 악화된다.
ㄷ. A국이 수출보조금을 지급함에 따라 수출량이 증가하면 A국이 대국인지 소국인지에 관계없이 국내시장에서 수출품의 가격이 상승한다.

[오답체크]
ㄴ. A국이 소국이라면 수출보조금을 지급하더라도 수출품의 국제가격이 변하지 않으므로 교역조건도 변하지 않는다.

07 ① 1) 그래프

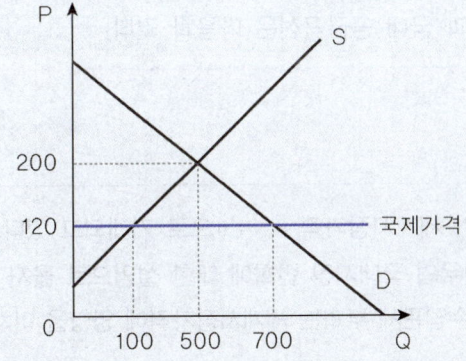

2) 소비자잉여의 증가 $= (500 + 700) \times 80 \times \dfrac{1}{2} = 48,000$

3) 생산자잉여의 감소 $= (100 + 500) \times 80 \times \dfrac{1}{2} = 24,000$

4) 총잉여의 증가 $= 600 \times 80 \times \dfrac{1}{2} = 24,000$

08 한 나라의 쌀 시장에서 국내 생산자의 공급곡선은 $P = 2Q$, 국내 소비자의 수요곡선은 $P = 12 - Q$이며, 국제시장의 쌀 공급곡선은 $P = 4$이다. 만약 이 나라 정부가 수입쌀에 대해 50%의 관세를 부과한다면 정부의 관세수입 규모는? (단, 이 나라는 소규모 경제이며 Q는 생산량, P는 가격이다)

[18. 서울시 7급]

① 2
② 3
③ 6
④ 8

09 A국에서 어느 재화의 국내 수요곡선과 국내 공급곡선은 다음과 같다.

- 국내 수요곡선: $Q_d = 16 - P$
- 국내 공급곡선: $Q_s = -6 + P$

A국이 자유무역을 허용하여 이 재화가 세계시장가격 $P_w = 6$으로 거래되고 있다고 하자. 이 때, 단위당 2의 수입관세를 부과할 경우의 국내시장 변화에 대한 설명으로 옳지 않은 것은? (단, P는 이 재화의 가격이며, A국의 수입관세 부과는 세계시장가격에 영향을 미치지 못한다)

[18. 국가직 7급]

① 소비자잉여는 18만큼 감소한다.
② 생산자잉여는 2만큼 증가한다.
③ 수요량은 4만큼 감소한다.
④ 사회후생은 4만큼 감소한다.

정답 및 해설

08 ③ 1) 그래프

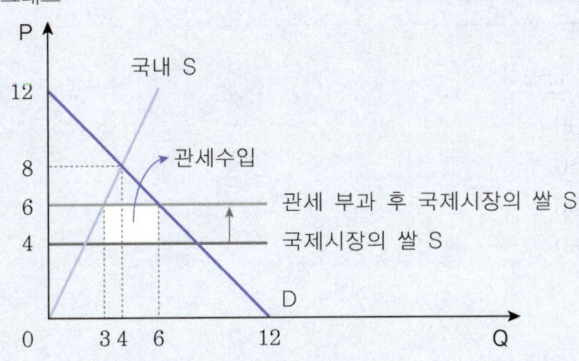

2) 국제가격이 4이므로 수입쌀에 대해 50%의 관세를 부과하면 국내에서 쌀가격이 6으로 상승한다.
3) $P=6$을 수요함수에 대입하면 국내수요량이 6이고, $P=6$을 공급곡선에 대입하면 국내공급량이 3이므로 관세부과 후의 수입량은 3이 된다.
4) 단위당 관세액이 2이고, 관세부과 후의 수입량이 3이므로 정부가 얻는 관세수입의 크기는 6임을 알 수 있다.

09 ③ 1) 그래프

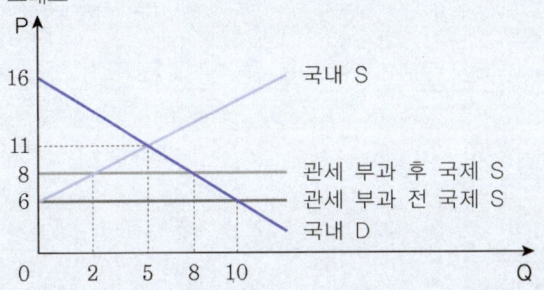

2) 주어진 세계시장가격을 수요곡선과 공급곡선식에 대입하면 수요량이 10단위이고, 공급량이 0이므로 자유무역이 이루어질 때 수입량은 10단위이다.
3) 단위당 2의 관세가 부과되면 국내가격이 8로 상승하게 된다. $P=8$을 수요곡선과 공급곡선식에 대입하면 수요량이 8이고, 공급량이 2이므로 단위당 2의 관세를 부과한 이후의 수입량은 6단위임을 알 수 있다.
4) 단위당 2의 관세를 부과함에 따라 가격이 2만큼 상승하면 소비자잉여는 $18(=\frac{1}{2} \times (10+8) \times 2)$만큼 감소하나 생산자잉여는 $2(=\frac{1}{2} \times 2 \times 2)$만큼 증가하고, 정부는 $12(=2 \times 6)$의 관세수입을 얻는다.
5) 관세 부과로 인한 후생손실의 크기는 4이다.

Topic 24 자유무역과 보호무역

10 난이도 ★★ 중요도 ★★

甲국이 국내시장을 개방하기 전 X재의 수요함수와 공급함수는 다음과 같다. 시장이 개방되어 국제시장 가격 20으로 X재를 수입하고 있다. 정부가 국내 생산자를 보호하기 위해 X재에 단위당 10의 관세를 부과하는 경우, 이로 인한 관세수입과 경제적 순손실을 바르게 연결한 것은? (단, 甲국은 소국이고, X재 시장은 완전경쟁시장이다)

[23. 국가직 7급]

- 국내 X재 수요함수 : $P=50-\frac{1}{2}Q$
- 국내 X재 공급함수 : $P=5+Q$
  (단, P는 가격, Q는 수량이다)

	관세수입	경제적 순손실
①	100	100
②	100	150
③	150	100
④	150	150

정답 및 해설

10 ④ 1) 무역 전 균형은 $50 - \frac{1}{2}Q = 5 + Q$ ➔ $Q = 30$, $P = 35$이다.

2) 그래프

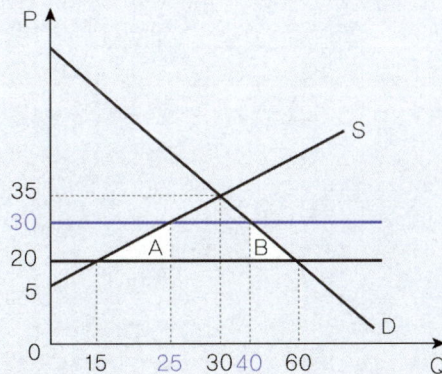

3) 관세수입 = $10 \times 15 = 150$

4) 후생손실: 150

A: $10 \times 10 \times \frac{1}{2} = 50$

B: $10 \times 20 \times \frac{1}{2} = 100$

11 A국은 자동차 수입을 금하고 있다. 이 나라에서 자동차 한 대의 가격은 2억원이고 판매량은 40만대에 불과하다. 어느 날 새로 선출된 대통령이 자동차시장을 전격 개방하기로 결정했다. 개방 이후 자동차가격은 국제시세인 1억원으로 하락하였고, 국내 시장에서의 자동차 판매량도 60만대로 증가하였다. 이에 대한 설명으로 가장 옳은 것은? (단, 수요곡선과 공급곡선은 직선이며, 공급곡선은 원점을 지난다)   [17. 서울시 7급]

① 국내 소비자잉여 증가분은 국내 생산자잉여 감소분의 2배 이상이다.
② 국내 사회적잉여 증가분은 국내 생산자잉여 감소분보다 크다.
③ 국내 소비자잉여는 예전보다 2배 이상 증가하였다.
④ 국내 사회적잉여 증가분은 국내 소비자잉여 증가분의 절반 이상이다.

정답 및 해설

11 ③ 1) 그래프

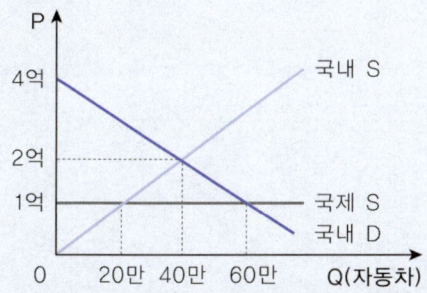

2) 수입이 금지되고 있을 때는 자동차 가격이 국내수요와 국내공급에 의해 결정되는데 가격이 2억원, 거래량은 40만대이다. 자동차시장이 개방되어 자동차가격이 1억원으로 하락한 이후에는 소비량이 60만대이다.

3) 공급곡선이 원점을 통과하는 우상향의 직선이면 공급곡선상의 모든 점에서 공급의 가격탄력성이 1억원이므로 수입자유화에 따라 자동차가격이 50% 하락하면 국내의 자동차 공급량도 50% 감소한다. 그러므로 수입자유화 이후 국내자동차 공급량은 20만대임을 알 수 있다.

4) 수입자유화 이후 국내 자동차 공급량이 20만대이고 국내소비량이 60만대이므로 수입량은 40만대이다.

5) 수입자유화로 인한 생산자잉여 감소분은 $30[=\frac{1}{2} \times (40+20) \times 1]$이다.

6) 소비자잉여 증가분은 $50[=\frac{1}{2} \times (40+60) \times 1]$이다.

7) 사회전체의 총잉여 증가분은 $20(=\frac{1}{2} \times 40 \times 1)$이다.

8) 자동차시장 개방 전에는 소비자잉여가 $40(=\frac{1}{2} \times 40 \times 2)$이었으나 자동차시장 개방으로 소비자잉여가 50만큼 증가하였으므로 국내 소비자잉여는 시장개방 이전보다 2배 이상 증가함을 알 수 있다.

[오답체크]
① 국내 소비자잉여 증가분은 50이고 국내 생산자잉여 감소분은 30이므로 2배가 되지 않는다.
② 국내 사회적잉여 증가분은 20이고 국내 생산자잉여 감소분은 30이므로 생산자잉여 감소분이 더 크다.
④ 국내 사회적잉여 증가분은 20이고 국내 소비자잉여 증가분은 50이므로 절반이 되지 못한다.

12 어느 소국개방경제가 특정 재화의 수입에 대해 단위당 일정액의 세금을 부과하였을 때 그 효과에 대한 분석으로 옳지 않은 것은? (단, 이 재화의 국내 수요곡선은 우하향하고 국내 공급곡선은 우상향한다) [12. 국가직 7급]

① 국내시장가격은 국제가격보다 관세액과 동일한 금액만큼 상승한다.
② 사회적 순후생손실(net welfare loss)은 국내 소비량의 감소나 생산량의 증가와 무관하다.
③ 생산자잉여는 증가하고 소비자잉여는 감소한다.
④ 총잉여는 관세부과 이전보다 감소한다.

13 국제시장가격에 영향을 미치지 못하는 소국 A가 재화 B에 대해 무역정책을 고려하고 있다. 무역정책에는 수입가격의 일정 비율을 관세로 부과하는 수입관세정책과 수입량을 제한하는 수입쿼터정책이 있다. 수입재 시장만을 고려한 부분균형분석에 기초해 볼 때 위 두 정책이 갖는 효과의 공통점은? [14. 지방직 7급]

① 국내의 허가된 수입업자가 국제가격과 국내가격의 차액만큼 이익을 본다.
② 국내 생산자의 잉여를 증가시킨다.
③ 정부의 관세 수입이 늘어난다.
④ 재화 B의 공급에서 국내생산이 차지하는 비중이 줄어든다.

난이도 ★ 중요도 ★★

14 자유무역을 하는 소규모 경제의 A국이 X재 수입품에 관세를 부과했다. 관세부과 이후의 균형에 대한 설명으로 옳은 것만을 모두 고르면? (단, 관세부과 이후에도 수입은 계속된다. 또한 A국의 X재에 대한 수요곡선과 공급곡선에는 각각 수요의 법칙과 공급의 법칙이 적용된다)

[18. 지방직 7급]

ㄱ. A국의 생산량은 증가하고 정부의 관세수입이 발생한다.
ㄴ. A국의 생산자잉여는 감소하고, 소비자잉여는 증가한다.
ㄷ. A국에서 경제적 순손실(Deadweight loss)이 발생한다.

① ㄱ, ㄴ
② ㄱ, ㄷ
③ ㄴ, ㄷ
④ ㄱ, ㄴ, ㄷ

정답 및 해설

12 ② ②④ 소국개방경제는 교역조건에 영향을 줄 수 없으므로 관세부과의 교역조건개선 효과는 없고, 무역량 감소(국내 소비량 감소, 국내 생산량 증가)로 인한 후생손실효과만 존재한다.

[오답체크]
① 소국개방경제가 관세를 부과하면 수입품의 국제가격에 영향을 줄 수 없으므로 교역조건은 불변이다. 따라서 국내가격은 국제가격에 관세를 부과한 만큼 상승한다.
③ 소국개방경제가 관세를 부과하면 국내 생산량이 증가하여 생산자잉여는 증가하고, 국내 소비량이 감소하여 소비자잉여는 감소한다.

13 ② 관세가 부과되거나 쿼터가 설정되어 B재의 수입량이 감소하면 B재의 국내가격이 상승한다. B재의 가격이 상승하면 국내 생산량이 증가하므로 B재의 공급에서 국내생산이 차지하는 비중이 증가한다. 따라서 생산자잉여를 증가시킨다.

14 ② ㄱ. 관세를 부과하더라도 수입이 계속되므로 A국의 생산량은 증가하고 정부의 관세수입이 발생한다.
ㄷ. 관세를 부과하면 정부는 관세수입을 얻게 되나 자원배분의 왜곡이 발생하므로 사중적 손실이 발생한다.

[오답체크]
ㄴ. 관세부과 후 A국의 생산자잉여는 증가하고, 소비자잉여는 감소한다.

15 자유무역 시 A국의 국내 생산자는 80달러의 수입 원모를 투입하여 생산한 옷을 국내시장에서 한 벌당 100달러에 판매하고 있다. 만약 A국이 수입 옷 한 벌당 10%의 명목관세를 부과하는 정책으로 전환한다면, A국의 국내시장 옷 가격은 100달러에서 110달러로 상승하여 A국 국내 생산자의 옷 한 벌당 부가가치는 20달러에서 30달러로 증가한다. 이때 A국 국내 생산자의 부가가치 변화율로 바라본 실효보호관세율(effective rate of protection)은?

[16. 지방직 7급]

① 40% ② 50%
③ 60% ④ 70%

16 소규모 폐쇄경제인 A국가의 X재에 대한 수요곡선과 공급곡선은 다음과 같고, 국제가격이 400이다. A국가가 경제를 개방할 때 발생하는 현상 중 옳은 것은?

[13. 국회직 8급]

$Q_X^D = 500 - P_X$
$Q_X^S = -100 + P_X$
(Q_X^D: X재의 수요량, Q_X^S: X재의 국내 공급량, P_X: X재의 가격)

① A국가는 X재를 수입하게 된다.
② 소비자잉여는 10,000이 된다.
③ X재의 국내 거래량은 증가한다.
④ X재의 공급량은 감소한다.
⑤ 사회적 총잉여는 개방 전보다 10,000만큼 증가한다.

정답 및 해설

15 ② 1) 실효보호관세율 = $\dfrac{\text{관세부과 후 부가가치} - \text{관세부과 전 부가가치}}{\text{관세부과 전 부가가치}} \times 100$이다.

2) 자유무역이 이루어질 때 국내생산자는 80달러에 원모를 수입하여 옷을 생산한 후 100달러에 판매하므로 부가가치가 20달러이다.

3) 정부가 옷 수입에 대해 10%의 관세를 부과함에 따라 옷을 110달러에 판매할 수 있게 되게 되면 부가가치가 30달러로 증가한다.

4) 따라서 실효보호관세율은 $50\% (= \dfrac{30-20}{20} \times 100)$이다.

16 ⑤ 1) 그래프

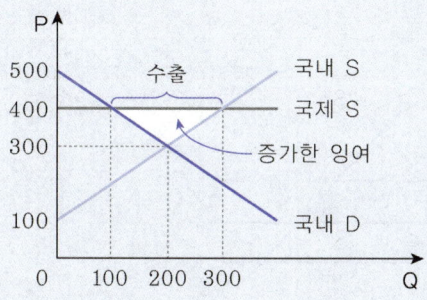

2) 증가한 잉여: $100 \times 200 \times \dfrac{1}{2} = 10,000$

[오답체크]
① 국제가격에서 수요량이 100, 공급량이 300이므로 수출국이다.
② 소비자잉여는 $(500-400) \times \dfrac{100}{2} = 5,000$이다.
③ 수출국이므로 국내 거래량은 감소한다.
④ 수출량까지 포함하면 공급량은 증가한다.

17 K국에서 농산물의 국내 수요곡선은 $Q_D = 100 - P$, 국내 공급곡선은 $Q_S = P$이고, 농산물의 국제가격은 20이다. 만약 K국 정부가 국내 생산자를 보호하기 위해 단위당 10의 관세를 부과한다면, 국내 생산자잉여의 변화량과 사회적 후생손실은?

[17. 국회직 8급]

	국내 생산자잉여	변화량	사회적 후생손실
①	250	증가	500
②	250	증가	100
③	250	감소	500
④	250	감소	100
⑤	450	증가	100

18 그림은 어느 대국 개방 경제에서 수입 재화에 대한 관세 부과로 인한 효과를 나타낸다. 관세 부과는 자국 내 가격을 P_W에서 P_T로 상승시키지만 세계시장가격을 P_W에서 P_T^*로 하락시킨다. 이에 대한 설명으로 옳은 것은?

[20. 회계사]

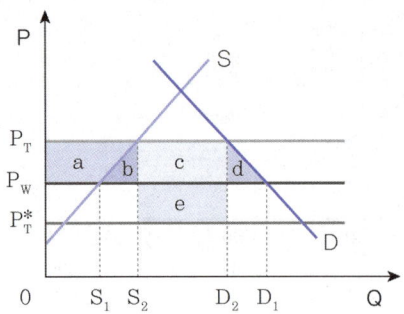

① 관세 부과 후 수입량은 $D_1 - S_1$이다.
② 관세 부과로 인해 소비자잉여는 a + c만큼 감소한다.
③ 관세 부과로 인해 생산자잉여는 a + b + c + d만큼 증가한다.
④ 관세 부과로 인한 생산의 비효율성은 b로 표시된다.
⑤ b + d의 크기가 e보다 크면 관세 부과로 인해 사회적 후생은 증가한다.

정답 및 해설

17 ② 1) 그래프

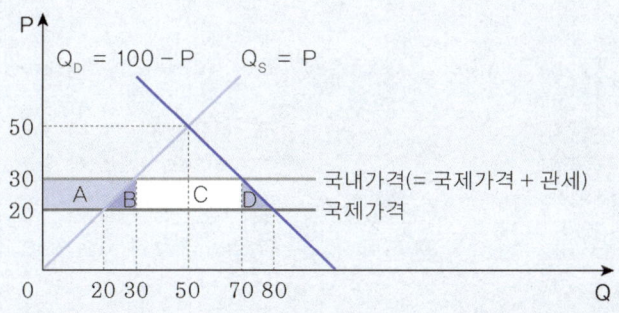

2) 생산자잉여 변화량은 A이므로 $0.5 \times (20 + 30) \times 10 = 250$ 증가하였다.
3) 후생손실은 B + D만큼 감소하므로 $0.5 \times 10 \times 10 + 0.5 \times 10 \times 10 = 100$이다.

18 ④ 관세 부과로 인하여 국내가격이 P_W에서 P_T로 상승하면 국내생산량이 최적수준인 S_1보다 더 많은 S_2로 증가하므로 b만큼의 후생손실이 발생하고, 국내소비량이 최적수준인 D_1보다 적은 D_2로 감소하므로 d만큼의 후생손실이 발생한다. 즉, b는 관세 부과에 따른 생산의 비효율성, d는 관세부과에 따른 소비의 비효율성을 나타낸다.

[오답체크]
① 관세 부과 후 수입량은 $D_2 - S_2$이다.
② 관세 부과로 인해 소비자잉여는 a + b + c + d만큼 감소한다.
③ 관세 부과로 인해 생산자잉여는 a만큼 증가한다.
⑤ 정부의 관세수입은 c + e이므로 위의 소비자잉여와 생산자잉여의 감소분을 더하면 총잉여의 변화분은 e − (b + d)이다. 따라서 b + d의 크기가 e보다 크면 관세 부과로 인해 사회적 후생은 감소한다.

STEP 2 감정평가사 기출문제

19 보호무역을 옹호하는 주장의 근거가 아닌 것은? [23. 감정평가사]

① 자유무역으로 분업이 강력하게 진행되면 국가 안전에 대한 우려가 발생할 수 있다.
② 관세를 부과하면 경제적 순손실(deadweight loss)이 발생한다.
③ 환경오염도피처가 된 거래대상국으로부터 유해한 물질이 자유무역으로 인해 수입될 가능성이 높다.
④ 정부가 신생 산업을 선진국으로부터 보호해서 육성해야 한다.
⑤ 자유무역은 국내 미숙련근로자의 임금에 부정적 영향을 줄 수 있다.

20 A국에서는 교역 이전 X재의 국내가격이 국제가격보다 더 높다. 교역 이후 국제가격으로 A국이 X재의 초과수요분을 수입한다면, 이로 인해 A국에 나타나는 효과로 옳은 것은? (단, 공급곡선은 우상향, 수요곡선은 우하향한다) [22. 감정평가사]

① 교역 전과 비교하여 교역 후 생산자잉여가 감소한다.
② 교역 전과 비교하여 교역 후 소비자잉여가 감소한다.
③ 생산자잉여는 교역 여부와 무관하게 일정하다.
④ 교역 전과 비교하여 교역 후 총잉여가 감소한다.
⑤ 총잉여는 교역 여부와 무관하게 일정하다.

정답 및 해설

19 ② 자유무역을 찬성하는 논리이다.
20 ① 1) A국은 수입국이므로 수입국의 소비자잉여는 증가하고 생산자잉여는 감소한다.
        2) 총잉여는 소비자잉여의 증가 > 생산자잉여의 감소이므로 증가한다.

해커스 감정평가사
ca.Hackers.com

제13장
국제금융론

Topic 25 환율
Topic 26 국제수지

Topic 25 환율

01 환율의 의미와 결정

의미	자국 화폐와 외국 화폐의 교환 비율
환율 표시법	우리나라는 자국 화폐 표시 환율 채택 ➜ 환율은 외국 화폐의 가격 예 1달러 = 1,000원 or 원/달러 = 1,000원
환율의 종류	(1) ㉮ ① 의미: 자국화폐와 외국화폐의 교환비율을 의미함 ② 1달러 = 1,000원로 표기 (2) ㉯ ① 의미: 한 나라의 재화와 서비스가 다른 나라의 재화와 서비스가 교환되는 비율로 두 나라의 물가를 고려한 환율을 말함 ② 실질환율 = $\dfrac{e \times P_f}{P}$ (e: 명목환율, P_f: 외국물가, P: 국내물가)
환율 변동	(1) 원/달러 환율 상승(㉰　　　): 달러화에 대해 원화의 가치가 떨어짐 (2) 원/달러 환율 인하(㉱　　　): 달러화에 대해 원화의 가치가 높아짐
외화 수요	외화가 해외로 ㉲　　　되는 것 예 수입, 해외투자, 해외여행, 외채상환, 해외 송금 등
외화 공급	외화가 국내로 ㉳　　　되는 것 예 수출, 외국인의 국내투자와 국내관광, 차관도입 해외친지의 국내 송금 등
환율 결정	외환시장에서 외화의 수요와 공급이 일치하는 수준에서 결정

02 환율제도

구분	고정환율제도	변동환율제도
개념	한 나라의 환율을 정부가 결정, 운영하는 제도	외환시장에서 외화의 수요와 공급에 의해 결정되는 제도
장점	환율 운영이 안정적 ➜ 수출입의 안정적 유지 ➜ 국민 경제 안정	국제수지 불균형을 자동적으로 해결 ➜ 불균형 해소를 위한 정부 개입 불필요
단점	(1) 불균형 해소를 위한 정부 개입 필요 (2) 무역 분쟁 초래	(1) 환율의 변동이 수시로 발생 ➜ 수출입 불안정 (2) 환투기 초래

> **핵심키워드**
> ㉮ 명목환율, ㉯ 실질환율, ㉰ 평가절하, ㉱ 평가절상, ㉲ 유출, ㉳ 유입

03 환율 변동의 영향

구분	환율 하락(평가절상)	환율 상승(평가절하)
수출	수출품 외화표시 가격 상승 → ㉮_____에 부정적 영향 증가	수출품 외화표시 가격 하락 → 수출에 긍정적 영향 증가
수입	수입품 원화표시 가격 하락, → ㉯_____에 긍정적 영향 증가	수입품 원화표시 가격 상승 → 수입에 부정적 영향 증가
국제수지	악화	개선
국내 물가	수입 원자재가격 안정, 물가 안정	수입 원자재가격 상승, 물가 상승
서비스 분야	해외 관광 증가, 해외 유학 증가, 외국인 국내 관광 감소	해외 관광 감소, 해외 유학 감소, 외국인 국내 관광 증가
외국자본 도입 기업	원화 환산 외채 감소, 외채 상환부담 감소	원화 환산 외채 증가, 외채 상환부담 증가

04 구매력평가설과 이자율평가설

구매력평가설 (㉰_____ 초점)

(1) 개념
  ① 재화와 서비스의 거래. 즉, 경상거래가 환율결정에 가장 중요한 역할을 한다고 본다는 입장
  ② "국제적 ㉱_____의 법칙"에 이론적 바탕을 두고 만약 국제무역에 있어서 수송비나 거래수수료, 정보획득비용, 보호무역장벽 등 일체의 거래비용이 없다고 가정하면, 통화 1단위의 실질가치가 모든 나라에서 동일하도록 환율이 결정된다고 봄
  ③ 환율은 양국 통화의 구매력이 같아지는 수준에서 환율이 결정되며, 양국의 ㉲_____에 차이가 생기면 구매력에 차이가 생기므로 환율이 변한다는 이론

(2) 빅맥지수(빅맥환율)와 화폐가치의 평가: 예를 들어, 2010년 6월 30일 빅맥 1개의 가격이 한국에서는 3,000원, 미국에서는 3달러라면, 3달러와 3,000원의 구매력은 같음. 따라서 절대적 구매력평가이론에 따른 환율은 1달러당 1,000원(= 3,000 / 3달러)임. 구매력 평가환율은 현재 시장환율이 원화의 가치를 적절하게 하고 있는지를 판단하는 기준으로서 이용될 수 있음. 만약 현재 실제통용환율은 1,500원이라면, 우리나라 원화가치가 구매력평가환율보다 약 34% 저평가 되어 있음을 보여주고 있음

(3) 환율의 변화: 상대적 구매력평가설

$$\frac{\Delta e}{e}(\text{환율상승률}) = \frac{\Delta P}{P}(\text{자국의 물가상승률}) - \frac{\Delta P_f}{P_f}(\text{외국의 물가상승률})$$

(4) 문제점과 평가
  ① 문제점: 생산하는 상품이 동질적일 수 없으므로 일물일가의 법칙이 성립하지 않으며 수많은 비교역재가 존재함
  ② 평가: 단기적인 환율의 움직임은 잘 나타내지 못하고 있으나 ㉳_____인 환율의 변화추세에는 잘 반영하는 것으로 평가되고, 거래비용이 낮은 선진국들 사이에서는 구매력평가설이 잘 적용되는 것으로 나타남

핵심키워드
㉮ 수출, ㉯ 수입, ㉰ 경상수지, ㉱ 일물일가, ㉲ 물가상승률, ㉳ 장기적

이자율평가설
(㉮ 초점)
	(1) 개념: 이자율이 높은 곳으로 외화가 이동하여 환율을 변화시킨다는 것
	(2) 가정
	  ① 국가 간 자본이동이 완전하므로 양국에서의 투자수익률이 동일함
	  ② 거래비용이 존재하지 않음
	(3) 균형
	  ① 양국에서의 ㉯_____이 동일해질 때까지 자본이 이동함
	  ② $\frac{\Delta e}{e}$(환율상승률) $= r$(국내이자율) $- r_f$(외국이자율)
	(4) 평가
	  ① 자본통제와 같은 제도적 제약이 존재하거나 거래비용으로 인하여 국가 간 자본이동성이 완전하지 못하면 이자율평가설이 성립하지 않음
	  ② 이자율평가설의 현실성 부합성 여부는 두 나라 간 자본이동이 얼마나 자유로운지, 금융자산이 얼마나 동질적인지에 따라 결정됨

환율제도 변화	금본위제도 ➡ 브레턴우즈(㉰_____) ➡ 킹스턴체제(㉱_____) ➡ 플라자합의(독일, 일본 화폐가치 ㉲_____, 미국 화페가치 ㉳_____)

> **핵심키워드**
> ㉮ 자본수지, ㉯ 투자수익률, ㉰ 고정환율제도, ㉱ 변동환율제도, ㉲ 절상, ㉳ 절하

STEP 1 타시험 기출문제

난이도 ★ 중요도 ★★

01 프랑스에서 와인 한 병의 가격은 35유로이고, 한국에서는 7만원이다. 명목 환율이 1유로당 1,400원일 때, 실질환율은?

[22. 서울시 7급]

① 1,000원당 0.7유로
② 1유로당 2,000원
③ 프랑스 와인 1병당 한국 와인 0.7병
④ 한국 와인 1병당 프랑스 와인 2병

난이도 ★ 중요도 ★★

02 미국산 연필은 1달러, 중국산 연필은 2위안, 미국과 중국의 화폐 교환비율은 1달러당 5위안이다. 이때 미국 연필당 중국 연필로 표시되는 실질환율은? (단, 미국산 연필과 중국산 연필은 완벽하게 동일하다)

[20. 지방직 7급]

① 0.1
② 0.4
③ 2.5
④ 10

정답 및 해설

01 ③
1) 실질환율 = 명목환율 × $\dfrac{타국가격}{자국가격}$
2) $\dfrac{1,400원}{1유로} \times \dfrac{35유로}{7,000원} = \dfrac{35}{50} = \dfrac{0.7}{1}$
3) 우리나라보다 프랑스의 와인이 0.7배 싸다는 것을 알 수 있다.

02 ③ 실질환율 = 명목환율 × $\dfrac{외국물가}{자국물가}$ → $\dfrac{5위안}{1\$} \times \dfrac{1\$}{2위안} = 2.5$이다.

03 A국은 교역의존도가 높은 경제로 변동환율제도를 채택하고 있다. 다른 조건이 일정할 때 A국 통화의 가치를 단기적으로 상승시키는 사건은? (단, 모든 사건은 외생적으로 발생하였다고 가정한다) [21. 국가직 7급]

① 국내 물가의 상승
② 수입품에 대한 국내 수요 감소
③ 해외 경기의 침체
④ 외국인 주식투자액 한도의 축소

04 변동환율제도를 채택한 개방경제에서, 〈보기〉 중 이 경제의 통화가치를 하락시키는(환율 상승) 경우를 모두 고른 것은? [19. 서울시 7급]

〈보기〉
ㄱ. 원유 수입액의 감소
ㄴ. 반도체 수출액의 증가
ㄷ. 외국인의 국내주식 투자 위축
ㄹ. 자국 은행의 해외대출 증가

① ㄱ, ㄷ
② ㄱ, ㄹ
③ ㄴ, ㄷ
④ ㄷ, ㄹ

난이도 ★ 중요도 ★★★

05 다음 그림은 최근 3개월간 환율의 추이를 보여주고 있다. 8월 30일 이후의 환율추이가 지속될 것으로 가정할 경우에 예상되는 것으로 옳지 않은 것은?
[12. 지방직 7급]

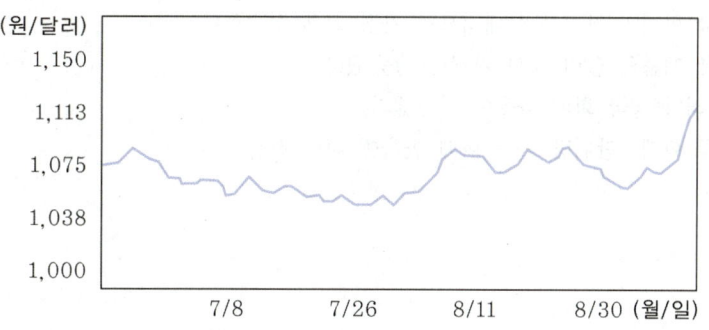

① 미국 여행시기를 앞당기는 것이 유리할 것이다.
② 달러화에 대한 원화의 가치가 하락할 것이다.
③ 미국산 수입 농산물의 국내가격은 상승할 것이다.
④ 국내기업의 대미 수출품 가격경쟁력이 약화될 것이다.

정답 및 해설

03 ② 1) 통화가치의 상승은 A국 통화/외국 통화 환율이 낮아짐을 의미한다.
2) 환율이 낮아지기 위해서는 외화의 수요가 감소하거나 공급이 증가해야 한다.
[오답체크]
① 국내 물가의 상승은 수출에 불리하므로 외화의 공급이 감소한다.
③ 해외 경기의 침체는 수출이 안되므로 외화의 공급이 감소한다.
④ 외국인 주식투자액 한도의 축소는 외국인의 투자가 줄어들기 때문에 외화의 공급이 감소한다.

04 ④ 통화가치를 하락시키는 경우는 환율이 상승하는 것으로 외화수요가 증가하거나 외화공급이 감소하는 경우이다.
[오답체크]
ㄱ. 원유 수입액의 감소하면 외화의 수요가 감소하여 환율이 하락한다.
ㄴ. 반도체 수출액의 증가는 외화공급을 증가시켜 환율이 하락한다.

05 ④ 원/달러환율이 상승하면 수출품의 국제가격이 하락하므로 국내기업의 대미 수출품 가격경쟁력이 강화될 것이다.
[오답체크]
①② 8월 30일 이후 원/달러 환율이 상승추세에 있으므로 원화가치는 하락추세에 있는 것이다. 원화가치가 하락추세에 있다면 미국 여행시기를 앞당겨서 환차손을 방지하는 것이 유리할 것이다.
③ 원/달러 환율이 상승하면 원화표시 수입품의 가격이 상승하므로 미국산 수입 농산물의 국내가격은 상승할 것이다.

06 난이도 ★★★ 중요도 ★★★

미국 달러화 대비 갑, 을, 병국 화폐의 가치 변동률이 각각 -2%, 3%, 4%일 때 가장 옳은 것은?

[19. 서울시 7급]

① 갑국 화폐의 가치가 상대적으로 가장 크게 상승했다.
② 을국 제품의 달러 표시 가격이 상승했다.
③ 1달러당 병국 화폐 환율이 상승했다.
④ 병국 화폐 1단위당 을국 화폐 환율이 하락했다.

07 난이도 ★ 중요도 ★★

환율에 대한 설명으로 옳지 않은 것은?

[17. 국가직 7급]

① 원화의 평가절상은 원유 등 생산 원자재를 대량으로 수입하는 우리나라의 수입 원가부담을 낮춰 내수 물가안정에 기여한다.
② 미국의 기준금리 인상은 원화의 평가절하를 유도하여 우리나라의 수출 기업에 유리하게 작용한다.
③ 대규모 외국인 직접투자가 우리나라로 유입되면 원화의 평가절하가 발생하고 우리나라의 수출 증대로 이어진다.
④ 실질환율은 한 나라의 재화와 서비스가 다른 나라의 재화와 서비스로 교환되는 비율을 말한다.

난이도 ★★★　중요도 ★★

08 세계는 A국, B국, C국의 세 국가로 구성되어 있으며, 국가 간 자본이동에는 아무런 제약이 없다. B국은 고정환율제도를 채택하고 있으며, C국은 변동환율제도를 채택하고 있다. A국의 경제불황으로 인하여 B국과 C국의 A국에 대한 수출이 감소하였을 때, B국과 C국의 국내경제에 미칠 영향에 대한 설명으로 옳지 않은 것은? [16. 지방직 7급]

① B국 중앙은행은 외환을 매각할 것이다.
② C국의 환율(C국 화폐로 표시한 A국 화폐 1단위의 가치)은 상승할 것이다.
③ B국과 C국 모두 이자율 하락에 따른 자본유출을 경험한다.
④ C국이 B국보다 A국 경제불황의 영향을 더 크게 받을 것이다.

정답 및 해설

06 ② 을국 화폐의 가치가 상승하였으므로 을국 제품의 달러 표시 가격이 상승하였다.
　　[오답체크]
　　① 병국 화폐의 가치가 상대적으로 가장 크게 상승했다.
　　③ 병국 화폐의 가치가 상승하였으므로 1달러당 병국 화폐 환율이 하락했다.
　　④ 병국 화폐의 가치가 을국 화폐보다 더 많이 상승하였으므로 병국 화폐 1단위당 을국 화폐 환율이 상승했다.

07 ③ 대규모 직접투자 자금이 유입되면 외환의 공급이 증가하므로 환율이 하락하여 원화가 평가절상된다. 원화가 평가절상되면 우리나라의 순수출이 감소한다.

08 ④ 변동환율제도를 채택하고 있는 C국의 경우에는 외환수요가 증가하더라도 중앙은행이 외환시장에 개입하지 않으므로 환율이 상승하게 된다. 환율이 상승하면 순수출이 증가하므로 다시 IS곡선이 오른쪽으로 이동하므로 국민소득이 원래 수준으로 돌아간다.
　　[오답체크]
　　① B국 중앙은행은 고정환율제도를 채택하고 있으므로 부족해진 외환을 채우기 위해 외환을 매각할 것이다.
　　②③ A국의 불황으로 B국과 C국의 수출이 감소하면 두 나라의 IS곡선이 모두 왼쪽으로 이동한다. IS곡선이 왼쪽으로 이동하면 이자율이 하락하므로 자본유출이 이루어진다. 자본유출이 이루어지면 외환수요가 증가하므로 환율상승 압력이 발생한다. 따라서 C국의 환율(C국 화폐로 표시한 A국 화폐 1단위의 가치)은 상승할 것이다.

09 다음은 2020년과 2021년 한국과 미국의 물가지수, 원/달러 명목환율 추이를 나타낸 표이다. 이에 대한 설명으로 옳은 것은? [22. 국가직 7급]

구분	2020년	2021년
한국물가지수	10,000	12,000
미국물가지수	100	100
원/달러 명목환율	100	120

① 구매력평가설(purchasing power parity)에 따른 실질환율은 불변이다.
② 명목환율 움직임은 이자율평가설(interest rate parity)의 주장과 일치한다.
③ 명목환율 움직임은 구매력평가설(purchasing power parity)의 주장과 반대된다.
④ 명목환율 상승으로 한국의 대미 순수출이 증가한다.

10 다음 표는 각국의 시장환율과 빅맥가격을 나타낸다. 빅맥가격으로 구한 구매력평가 환율을 사용할 경우, 옳은 것은? (단, 시장환율의 단위는 '1달러 당 각국 화폐'로 표시되며, 빅맥가격의 단위는 '각국 화폐'로 표시된다) [17. 국가직 7급]

국가(화폐단위)	시장환율	빅맥가격
미국(달러)	1	5
브라질(헤알)	2	12
한국(원)	1,000	4,000
중국(위안)	6	18
러시아(루블)	90	90

① 브라질의 화폐가치는 구매력평가 환율로 평가 시 시장환율 대비 고평가된다.
② 한국의 화폐가치는 구매력평가 환율로 평가 시 시장환율 대비 저평가된다.
③ 중국의 화폐가치는 구매력평가 환율로 평가 시 시장환율 대비 고평가된다.
④ 러시아의 화폐가치는 구매력평가 환율로 평가 시 시장환율 대비 저평가된다.

11 구매력평가설과 이자율평가설이 성립한다고 가정한다. 한국과 미국의 명목이자율이 각각 5%, 6%이며, 한국의 예상 물가상승률이 3%일 경우 옳지 않은 것은? [11. 국가직 7급]

난이도 ★★ 중요도 ★★

① 미국의 예상 물가상승률은 4%이다.
② 달러에 대한 원화의 실질환율은 상승한다.
③ 한국과 미국의 실질이자율은 동일하다.
④ 원/달러 환율은 1% 하락할 것으로 예상된다.

정답 및 해설

09 ① 구매력평가설(purchasing power parity)에 따른 실질환율은 1로 불변이다.

[오답체크]
② 이자율평가설과는 관련이 없다.
③ 구매력평가설에 따르면 원/달러 명목환율 변화율(20%) = 한국의 물가상승률(20%) – 미국의 물가상승률(0%)이다. 따라서 명목환율 움직임은 구매력평가설(purchasing power parity)의 주장과 일치한다.
④ 명목환율은 상승하였으나 실질환율이 불변이므로 한국의 대미 순수출이 증가한다고 볼 수 없다.

10 ③ 각국의 구매력평가 환율을 구해보면 브라질 $\frac{12}{5} = 2.4$, 한국 $\frac{4,000}{5} = 800$, 중국 $\frac{18}{5} = 3.6$, 러시아 $\frac{90}{5} = 18$이다. 따라서 중국의 화폐가치는 구매력평가 환율(3.6)로 평가 시 시장환율($\frac{6}{1} = 6$) 대비 고평가된다.

[오답체크]
① 브라질의 화폐가치는 구매력평가 환율(2.4)로 평가 시 시장환율(2) 대비 저평가된다.
② 한국의 화폐가치는 구매력평가 환율(800)로 평가 시 시장환율(1,000) 대비 고평가된다.
④ 러시아의 화폐가치는 구매력평가 환율(18)로 평가 시 시장환율(90) 대비 고평가된다.

11 ② 1) 이자율평가설이 성립하므로 원/달러 환율 변화율 = 한국의 이자율 – 미국의 이자율이다.
2) 5% = 6% + (-1%)로 앞으로 한국의 환율은 1% 하락한다.
3) 구매력평가설이 성립하므로 원/달러 환율 상승률 = 한국의 예상물가상승률 – 미국의 예상물가상승률이다.
4) -1% = 3% – 미국의 예상 물가상승률이므로 미국의 예상 물가상승률은 4%이다.
5) 실질이자율 = 명목이자율 – 예상 물가상승률이므로 한국과 미국의 실질이자율은 모두 2%로 동일하다.
6) 실질환율변화율 = 명목환율변화율 + 미국 물가상승률 – 한국 물가상승률이므로 실질환율변화율 = -1% + 4% – 3% = 0%이기 때문에 달러에 대한 원화의 실질환율은 변하지 않는다.

12 다음 자료의 내용과 부합하는, A씨의 1년 후 예상 환율은? [18. 지방직 7급]

> A씨는 은행에서 운영 자금 100만원을 1년간 빌리기로 했다. 원화로 대출받으면 1년 동안의 대출 금리가 21%인 반면, 동일한 금액을 엔화로 대출받으면 대출 금리는 10%이지만 대출금은 반드시 엔화로 상환해야 한다. 현재 원화와 엔화 사이의 환율은 100엔당 1,000원이고, A씨는 두 대출 조건이 같다고 생각한다.

① 1,000원/100엔
② 1,100원/100엔
③ 1,200원/100엔
④ 1,250원/100엔

13 F국 통화 1단위는 H국 통화 105단위이며, H국의 연이자율은 10%이고, F국의 연이자율은 5%이다. 무위험이자율평가이론(Covered Interest Parity)이 성립할 때, F국 통화 1단위에 대한 1년 기준 선도환율(Forward Exchange Rate)은? (단, H국과 F국 간의 통화거래에는 아무런 제약조건이 없다) [10. 지방직 7급]

① H국 통화 90단위
② H국 통화 100단위
③ H국 통화 110단위
④ H국 통화 120단위

14 난이도 ★ 중요도 ★★

다음 제시문의 (ㄱ)~(ㄷ)에 들어갈 용어를 바르게 연결한 것은? [18. 지방직 7급]

> 구매력평가이론(Purchasing Power Parity theory)은 양국의 화폐 1단위의 구매력이 같도록 환율이 결정된다는 것이다. 구매력평가이론에 따르면 양국 통화의 (ㄱ)은 양국의 (ㄴ)에 따라 결정되며, 구매력평가이론이 성립하면 (ㄷ)은 불변이다.

	ㄱ	ㄴ	ㄷ
①	실질환율	경상수지	명목환율
②	명목환율	경상수지	실질환율
③	명목환율	물가수준	실질환율
④	실질환율	물가수준	명목환율

정답 및 해설

12 ② 1) 원화로 차입할 때와 엔화로 차입할 때의 대출조건이 동일하다고 제시되었으므로 1년 뒤에 상환하는 금액이 같아야 한다.

2) (110엔 × 1년 뒤의 환율) = 1,210원 → 1년 뒤의 환율 = $\frac{1,210원}{110엔}$ = $\frac{11원}{1엔}$ = $\frac{1,100원}{100엔}$ 이어야 한다.

13 ③ 1) 원리금으로 표현한 이자율평가설: (1 + H국 이자율) = $\frac{선물환율}{현물환율}$(1 + F국 이자율) → $\frac{1+H국\ 이자율}{1+F국\ 이자율}$ = $\frac{선물환율}{현물환율}$

2) $\frac{1+0.1}{1+0.05}$ = $\frac{선물환율}{105}$ 이 성립한다. 따라서 선물환율은 110이다.

14 ③ 1) 절대적 구매력평가설에 의하면 명목환율은 양국의 물가수준에 의해 $e = \frac{P}{P_f}$ 로 결정된다.

2) 절대적 구매력평가설이 성립하면 $P = e \times P_f$ 가 성립하므로 실질환율 $\varepsilon = \frac{e \times P_f}{P}$ 은 항상 1로 불변이다.

15 A국가에 대한 B국가의 명목환율(A국가의 통화 1단위와 교환되는 B국가의 통화량)이 매년 10%씩 상승한다고 하자. 만일 두 국가 사이에 구매력평가설(Purchasing Power Parity)이 성립한다면 다음 중 가장 옳은 것은?　　　　　　　　　　　　　　　　　　　　[18. 서울시 7급]

① A국가의 물가상승률이 B국가의 물가상승률보다 낮을 것이다.
② A국가의 물가상승률이 B국가의 물가상승률보다 높을 것이다.
③ A국가에 대한 B국가의 실질환율은 해마다 10%씩 상승할 것이다.
④ A국가에 대한 B국가의 실질환율은 해마다 10%씩 하락할 것이다.

16 인천공항에 막 도착한 A씨는 미국에서 사먹던 빅맥 1개의 가격인 5달러를 원화로 환전한 5,500원을 들고 햄버거 가게로 갔다. 여기서 A씨는 미국과 똑같은 빅맥 1개를 구입하고도 1,100원이 남았다. 다음 설명 중 옳은 것을 모두 고른 것은?　　　　　　　　　　　[17. 노무사]

> ㄱ. 한국의 빅맥가격을 달러로 환산하면 4달러이다.
> ㄴ. 구매력평가설에 의하면 원화의 대미 달러 환율은 1,100원이다.
> ㄷ. 빅맥가격을 기준으로 한 대미 실질환율은 880원이다.
> ㄹ. 빅맥가격을 기준으로 볼 때, 현재의 명목환율은 원화의 구매력을 과소평가하고 있다.

① ㄱ, ㄴ　　　　　　② ㄱ, ㄷ　　　　　　③ ㄱ, ㄹ
④ ㄴ, ㄷ　　　　　　⑤ ㄷ, ㄹ

난이도 ★   중요도 ★★★

17 투자자들이 위험에 대하여 중립적인 경우, 현재 환율이 1달러당 1,000원이고, 1년 만기 채권의 이자율이 미국에서는 1%, 우리나라에서는 2%일 때, 국가 간 자금이 이동하지 않을 조건에 해당하는 것은?

[19. 지방직 7급]

① 우리나라의 이자율이 1년 후 1%로 하락한다.
② 투자자가 1년 후 환율이 1달러당 1,010원이 될 것으로 예상한다.
③ 미국의 이자율이 1년 후 2%로 상승한다.
④ 투자자가 1년 후에도 환율이 1달러당 1,000원으로 유지될 것으로 예상한다.

정답 및 해설

15 ① 1) 조건을 구매력평가설에 적용하면 B/A국의 명목환율변화율 = B국의 물가상승률 − A국의 물가상승률이다.
2) B국의 명목환율이 매년 10% 상승한다는 것은 B국의 물가상승률이 A국보다 10% 높다는 것을 의미한다.
3) 구매력평가설이 성립하면 일물일가의 원칙에 따라 실질환율은 항상 1이 된다.

16 ③ 1) 5달러를 원화로 환전하면 5,500원이므로 명목환율이 1달러 = 1,100원이다. 명목환율이 1달러 = 1,100원이고, 한국의 빅맥가격이 4,400원이므로 빅맥가격을 달러로 환산하면 4달러가 된다.
2) 미국에서는 빅맥가격이 5달러이고, 한국에서는 4,400원이므로 빅맥가격을 기준으로 한 구매력평가환율(명목환율)은 1달러 = 880원이다.
3) 명목환율이 1달러 = 1,100원이므로 빅맥가격을 기준으로 볼 때 현재의 명목환율은 원화의 구매력을 과소평가하고 있는 상태이다.

17 ② 1) 국가 간 자본이동이 이루어지지 않으려면 이자율평가설이 성립해야 한다. 이자율평가설에서 원/달러 환율 변화율 = 한국의 이자율 − 미국의 이자율이 성립해야 한다.
2) 두 나라의 이자율이 고정된 상태에서 환율의 예상상승률 $\frac{\Delta e^e}{e}$ = 1%가 되어도 이자율평가설이 성립한다. 현재환율이 1달러 = 1,000원이기 때문에 1년 뒤 투자자의 예상환율이 1달러 = 1,010원인 경우에도 두 나라에서의 투자수익률이 같아지므로 국가 간 자금이동이 발생하지 않는다.

[오답체크]
①③ 1년 만기 채권의 이자율이 우리나라는 2%, 미국은 1%이므로 환율의 예상상승률 $\frac{\Delta e^e}{e}$ = 0인 상태에서 이자율평가설이 성립하려면 1년 후 시점이 아니라 현 시점에서 곧바로 우리나라의 이자율이 1% 포인트 하락하거나, 미국의 이자율이 1% 포인트 상승하여야 한다.

난이도 ★★★★　중요도 ★★

18 유위험 이자율 평가설(uncovered interest rate parity)이 성립할 때, 환율이 반드시 상승하는 경우는? (단, 환율은 외국 통화 1단위에 대한 자국 통화의 비율이다) [23. 지방직 7급]

① 외국 이자율과 자국 이자율이 고정된 상태에서, 예상환율 하락
② 외국 이자율과 예상환율이 고정된 상태에서, 자국 이자율 상승
③ 자국 이자율이 고정된 상태에서, 외국 이자율 하락과 예상환율 상승
④ 외국 이자율이 고정된 상태에서, 자국 이자율 하락과 예상환율 상승

난이도 ★★★★　중요도 ★★

19 이자율 평가설은 $i = \frac{\triangle s^e}{s} + i^f$이다. 이에 관한 설명으로 옳은 것은? (단, i는 국내 명목이자율, i^f는 해외 명목이자율, s는 명목환율, $\triangle s^e = s^e_{t+1} - s_t$는 예상 명목환율 변화이다)

[20. 보험계리사]

① $i = i^f$이고 $\triangle s^e > 0$이면 해외자본유출이 발생한다.
② 예상 환율 s^e_{t+1}가 주어져 있을 때 이자율과 현재 환율은 비례 관계를 갖는다.
③ 해외 투자자가 국내에 투자할 때 수익률은 $(i - i^f) + \frac{\triangle s^e}{s}$이다.
④ $i > i^f$일 때 국내 화폐의 가치는 미래에 상승할 것으로 예측된다.

난이도 ★ 중요도 ★★

20 주요 국제통화제도 또는 협정에 대한 설명으로 옳은 것은? [20. 지방직 7급]

① 1960년대 미국의 경상수지 흑자는 국제 유동성 공급을 줄여 브레튼우즈(Bretton Woods)체제를 무너뜨리는 요인이었다.
② 1970년대 초 금 태환을 정지시키고 동시에 미 달러화를 평가절상하면서 브레튼우즈체제는 종식되었다.
③ 1970년대 중반 킹스턴(Kingston)체제는 통화로서 금의 역할을 다시 확대하여 고정환율체제로의 복귀를 시도하였다.
④ 1980년대 중반 플라자(Plaza)협정으로 미 달러화의 평가절하가 추진되었다.

정답 및 해설

18 ④ 1) 환율 변화율 = 자국의 명목이자율 − 외국의 명목이자율

2) 환율 변화율 = $\dfrac{예상환율 - 현재환율}{현재환율}$

[오답체크]
① 외국 이자율과 자국 이자율이 고정된 상태에서, 예상환율이 하락하면 환율이 하락한다.
② 외국 이자율과 예상환율이 고정된 상태에서, 자국 이자율이 상승하면 환율이 하락한다.
③ 자국 이자율이 고정된 상태에서, 외국 이자율 하락과 예상환율 상승은 현재환율을 반드시 상승시킨다고 볼 수 없다.

19 ① 1) $i - i^f = \dfrac{\Delta s^e}{s}$ → 국내이자율 − 외국이자율 = 환율변화율

2) 지문분석
① $i = i^f$이고 $\Delta s^e > 0$이면 1년 뒤 환율이 상승한다. 미래환율이 상승하기 위해서는 이자율이 하락해야 한다. 이로 인해 해외자본유출이 발생한다.

[오답체크]
② $i - i^f = \dfrac{s^e_{t+1} - s_t}{s}$이므로 예상환율이 일정하다면 이자율이 증가하려면 현재환율이 작아야 한다. 따라서 반비례 관계를 가진다.
③ 해외 투자자가 국내에 투자할 때 수익률은 $(i - i^f) - \dfrac{\Delta s^e}{s}$이다.
④ $i > i^f$일 때 환율이 상승하므로 국내 화폐의 가치는 미래에 하락할 것으로 예측된다.

20 ④ 1985년 뉴욕에서 미국, 독일(서독), 영국, 일본, 프랑스 5개국이 상호 환율 조정을 위한 플라자협정을 체결했다. 이로 인해 달러화는 평가절하되었고 일본의 엔화와 서독의 마르크화는 상당히 평가절상되었다.

[오답체크]
③ 브레튼우즈체제는 고정환율제도, 킹스턴체제는 변동환율제도이다.

21 국제통화제도에 대한 설명으로 옳지 않은 것은? [10. 국가직 7급]

① 금본위제도는 전형적인 고정환율제도이다.
② 킹스턴체제에서는 회원국들이 독자적인 환율제도를 선택할 수 있는 재량권을 부여하고 있다.
③ 브레튼우즈체제는 달러화를 기축통화로 하는 변동환율제도도입을 골자로 한다.
④ 1985년 플라자협정의 결과로 달러화의 가치가 하락하였다.

22 환율결정이론에 대한 다음 설명 중 옳지 않은 것은? [13. 국회직 8급]

① 절대구매력평가설이 성립한다면 실질환율은 1이다.
② 경제통합의 정도가 커질수록 구매력평가설의 설명력은 높아진다.
③ 구매력평가설에 따르면 자국의 물가가 5% 오르고 외국의 물가가 7% 오를 경우, 국내통화는 2% 평가절상된다.
④ 이자율평가설에 따르면 미래의 예상환율 변화는 현재의 환율에 영향을 주지 않는다.
⑤ 구매력평가설은 경상수지에 초점을 맞추는 반면, 이자율평가설은 자본수지에 초점을 맞추어 균형환율을 설명한다.

난이도 ★★ **중요도** ★★★

23 구매력평가설에 대한 설명으로 옳지 않은 것만을 〈보기〉에서 모두 고르면? [19. 국회직 8급]

> 〈보기〉
> ㄱ. 구매력평가설은 일물일가의 법칙에 근거한다.
> ㄴ. 구매력평가설에 따르면 두 나라 화폐의 실질환율은 두 나라 물가수준의 차이를 반영해야 한다.
> ㄷ. 구매력평가설에 따르면 실질환율은 항상 일정해야 한다.

① ㄱ ② ㄴ ③ ㄷ
④ ㄴ, ㄷ ⑤ ㄱ, ㄴ, ㄷ

정답 및 해설

21 ③ 브레튼우즈체제는 달러화를 기축통화로 하는 고정환율제도인 데 비해, 킹스턴체제는 각국이 자유롭게 환율제도를 선택할 수 있도록 하는 제도이다.

22 ④ 이자율평가설에 따르면 미래의 예상환율 변화는 현재환율에 동일한 방향으로 영향을 미친다.

23 ② ㄴ. 물가수준의 차이를 반영하는 것은 명목환율이다. 실질환율은 일물일가의 원칙이 성립해야 하므로 물가수준과 관계없이 구매력평가설이 성립한다면 1이다.

24 난이도 ★★ 중요도 ★★★

이자율평가설(interest rate parity theory)에 대한 설명으로 옳은 것은? (단, 환율은 외국통화 1단위에 대한 자국통화의 교환비율이다)
[14. 국회직 8급]

① 외국의 명목이자율과 기대환율이 고정되었을 때 자국의 명목이자율이 증가하면 환율은 상승한다.
② 외국의 명목이자율과 자국의 명목이자율이 고정되었을 때 기대환율이 증가하면 외국통화의 가치가 상승한다.
③ 양국의 생산물시장에서 동일한 상품을 동일한 가격에 구매할 수 있도록 환율이 결정된다.
④ 이자율평가설이 성립하면 실질이자율은 항상 1이다.

25 난이도 ★★ 중요도 ★★★

A국의 6개월 만기 정기예금 이자율이 2%이고, B국의 6개월 만기 정기예금 이자율이 5%라고 하자. 현재 A국과 B국 통화의 현물시장(spot exchange rate) 환율이 1,000이다. 무위험 이자율평가설(covered interest rate parity)에 따른다면 6개월 만기 선물시장(forward exchange rate)의 환율로서 가장 가까운 것은? (단, 환율은 B국 화폐 1단위와 교환되는 A국 화폐액으로 정의된다)
[15. 국회직 8급]

① 950   ② 970   ③ 1,020
④ 1,030   ⑤ 1,050

정답 및 해설

24 ② 외국의 명목이자율과 자국의 명목이자율이 고정되었을 때 환율이 오를 것으로 예상되면 외국화폐에 대한 수요가 증가하므로(즉, 환율이 오르기 전에 외국화폐로 바꾸려 할 것이므로) 외국통화의 가치가 상승할 것이다.

[오답체크]
① 외국의 명목환율이 고정된 상태에서 자국의 명목이자율이 증가하면 외국에서 자국으로 투자가 이루어지고, 이는 자국 환율의 하락을 가져 온다.
③ 구매력평가설에 대한 설명이다.
④ 이자율평가설이 아닌 구매력평가설에서 실질환율은 항상 1이다.

25 ② 1) 무위험 이자율평가설 $r = r_f + \dfrac{f-e}{e}$ (f는 선물환율, e는 현물환율이다)

2) 환율은 B국 화폐 1단위와 교환되는 A국 화폐액으로 정의되고 있다.

3) A국 이자율 = B국의 이자율이므로 $0.02 = 0.05 + \dfrac{f - 1,000}{1,000}$ → $f = 970$이다.

STEP 2   감정평가사 기출문제

26 난이도 ★★   중요도 ★★★

한국과 미국의 연간 물가상승률은 각각 4%와 6%이고 환율은 달러당 1,200원에서 1,260원으로 변하였다고 가정할 때, 원화의 실질환율의 변화는?   [19. 감정평가사]

① 3% 평가절하
② 3% 평가절상
③ 7% 평가절하
④ 7% 평가절상
⑤ 변화 없다.

27 난이도 ★★★   중요도 ★

소규모 개방경제의 재화시장 균형에서 국내총생산(Y)이 100으로 고정되어 있고, 소비 $C = 0.6Y$, 투자 $I = 40 - r$, 순수출 $NX = 12 - 2\varepsilon$이다. 세계 이자율이 10일 때, 실질환율은? (단, r은 국내 이자율, ε은 실질환율, 정부지출은 없으며, 국가 간 자본이동은 완전하다)

[20. 감정평가사]

① 0.8   ② 1   ③ 1.2
④ 1.4   ⑤ 1.5

정답 및 해설

26 ③   1) 실질환율의 변화율 = 명목환율의 변화율 + 외국의 물가상승률 − 국내 물가상승률
      2) 5% + 6% − 4% = 7%이다.
      3) 환율이 7% 상승하였으므로 7% 평가절하된 것이다.

27 ②   1) 국가 간 자본이동이 완전하다면 국제이자율과 국내이자율이 동일해야 한다. 세계이자율이 10이므로 국내이자율도 10이 되어 투자 $I = 30$이다.
      2) 정부지출이 없으므로 $Y = C + I + NX$가 성립해야 한다.
      3) $100 = 60 + 30 + 12 - 2\varepsilon$가 성립하므로 $\varepsilon = 1$이다.

난이도 ★★★　중요도 ★★★

28 현재 한국과 미국의 햄버거 가격이 각각 5,000원, 5달러인 경우, 이에 관한 설명으로 옳은 것을 모두 고른 것은? (단, 햄버거를 대표상품으로 한다)
[24. 감정평가사]

> ㄱ. 현재 구매력평가 환율은 1,000(원/달러)이다.
> ㄴ. 변동환율제도하에서 현재 환율이 1,100(원/달러)이다. 장기적으로 구매력평가설이 성립하고 미국의 햄버거 가격과 환율이 변하지 않는다면, 장기적으로 한국의 햄버거 가격은 상승한다.
> ㄷ. 변동환율제도하에서 현재 환율이 1,100(원/달러)이다. 장기적으로 구매력평가설이 성립하고 한국과 미국의 햄버거 가격이 변하지 않는다면, 장기적으로 환율은 상승한다.

① ㄱ
② ㄷ
③ ㄱ, ㄴ
④ ㄴ, ㄷ
⑤ ㄱ, ㄴ, ㄷ

난이도 ★★★　중요도 ★★

29 각 나라의 빅맥가격과 현재 시장환율이 다음 표와 같다. 빅맥가격을 기준으로 구매력평가설이 성립할 때, 다음 중 자국 통화가 가장 고평가(overvalued)되어 있는 나라는?
[17. 감정평가사]

국가	빅맥가격	현재 시장환율
미국	3달러	–
영국	2파운드	1파운드 = 2달러
한국	3,000원	1달러 = 1,100원
인도네시아	20,000루피아	1달러 = 8,000루피아
멕시코	400페소	1달러 = 120페소

① 미국
② 영국
③ 한국
④ 인도네시아
⑤ 멕시코

난이도 ★★★   중요도 ★★★

30 2015년과 2020년 빅맥가격이 아래와 같다. 일물일가의 법칙이 성립할 때, 옳지 않은 것은? (단, 환율은 빅맥가격을 기준으로 표시한다)   [20. 감정평가사]

2015년		2020년	
원화 가격	달러 가격	원화 가격	달러 가격
5,000원	5달러	5,400원	6달러

① 빅맥의 원화 가격은 두 기간 사이에 8% 상승했다.
② 빅맥의 1달러당 원화 가격은 두 기간 사이에 10% 하락했다.
③ 달러 대비 원화의 가치는 두 기간 사이에 10% 상승했다.
④ 달러 대비 원화의 실질환율은 두 기간 사이에 변하지 않았다.
⑤ 2020년 원화의 명목환율은 구매력평가 환율보다 낮다.

정답 및 해설

28 ③ ㄱ. 현재 구매력평가 환율은 일물일가의 원칙에 따라 5달러 = 5,000원 → 1,000(원/달러)이다.
ㄴ. 변동환율제도하에서 현재환율이 1,100(원/달러)이다. 장기적으로 구매력평가설이 성립하고 미국의 햄버거 가격과 환율이 변하지 않는다면, 원화가치가 평가절상되어야 하므로 장기적으로 한국의 햄버거 가격은 상승한다.

[오답체크]
ㄷ. 변동환율제도하에서 현재환율이 1,100(원/달러)이다. 장기적으로 구매력평가설이 성립하고 한국과 미국의 햄버거 가격이 변하지 않는다면, 장기적으로 환율은 하락한다.

29 ② 1) 영국: 3달러/2파운드 = 1.5달러/1파운드
2) 한국: 3,000원/3달러 = 1,000원/1달러
3) 인도네시아: 20,000루피아/3달러 = 약 6,666루피아/1달러
4) 멕시코: 400페소/3달러 = 133페소/1달러

30 ⑤ 구매력평가 환율이 성립한다면 명목환율이 구매력평가 환율과 같아진다.

[오답체크]
① 빅맥의 원화 가격은 5,000원 → 5,400원이 되었으므로 두 기간 사이에 8% 상승했다.
② 빅맥의 1달러당 원화 가격은 2015년 1달러 = 1,000원 → 2020년에 1달러 = 900원이므로 두 기간 사이에 10% 하락했다.
③ 달러 대비 원화의 가치는 2015년 1달러 = 1,000원 → 2020년에 1달러 = 900원이므로 두 기간 사이에 10% 상승했다.
④ 달러 대비 원화의 실질환율은 구매력평가설에서는 1이므로 변하지 않는다.

31 한국과 미국의 인플레이션율이 각각 3%와 5%이다. 구매력평가설과 이자율평가설(interest parity theory)이 성립할 때, 미국의 명목이자율이 5%라면, 한국의 명목이자율은? (단, 기대인플레이션율은 인플레이션율과 동일하다)   [24. 감정평가사]

① 1% ② 2% ③ 3%
④ 4% ⑤ 5%

32 한국과 미국의 명목이자율은 각각 3%, 2%이다. 미국의 물가상승률이 2%로 예상되며 현재 원/달러 환율은 1,000원일 때, 옳은 것을 모두 고른 것은? (단, 구매력평가설과 이자율평가설이 성립한다)   [20. 감정평가사]

> ㄱ. 한국과 미국의 실질이자율은 같다.
> ㄴ. 한국의 물가상승률은 3%로 예상된다.
> ㄷ. 원/달러 환율은 1,010원이 될 것으로 예상된다.

① ㄱ ② ㄴ ③ ㄱ, ㄴ
④ ㄴ, ㄷ ⑤ ㄱ, ㄴ, ㄷ

정답 및 해설

31 ③ 1) 구매력평가설: 원/달러 환율변화율 = 한국의 물가상승률 - 미국의 물가상승률
2) 문제의 조건을 대입하면 3% - 5% = -2%, 원/달러 환율 변화율은 -2%이다.
3) 이자율평가설: 원/달러 환율변화율 = 한국의 명목이자율 - 미국의 명목이자율
4) 구매력평가설과 이자율평가설이 동시 성립하므로 -2% = 한국의 명목이자율 -5%이므로 한국의 명목이자율은 3%이다.

32 ⑤ 1) 이자율평가설은 원/달러 환율 변화율 = 한국의 명목이자율 - 미국의 명목이자율이다.
2) 주어진 조건을 이용하면 1% = 3% - 2%이다. 따라서 원/달러 환율은 1% 상승하여 1,010원이 될 것으로 예상된다.
3) 구매력평가설은 원/달러 환율 변화율 = 한국의 물가상승률 - 미국의 물가상승률이다.
4) 주어진 조건을 이용하면 1% = 한국의 물가상승률 - 2% → 한국의 물가상승률은 3%이다.
5) 한국과 미국의 실질이자율은 0%로 동일하다.

Topic 26 국제수지

01 구성

개념		1년간 한 나라가 수취한 외화와 지불한 외화의 차액으로, 국제수지는 균형을 이룸
거래특성에 의한 구분		(1) **경상수지**: 일상적인 대외 거래 결과에 따른 외화의 차액 (2) **자본·금융계정**: 외국과의 자본 거래 결과에 따른 외화의 차액
경상수지	상품수지	(1) 상품의 수출과 수입에서 생긴 외화의 차액 (2) 국제수지에서 가장 큰 비중 (3) 국민경제의 소득 및 고용과 직접 관련
	서비스수지	운수, 여행, 통신, 보험, ㉮_____ 사용료 등에서 생긴 외화의 차액
	본원소득수지	임금소득, 대외 자산 및 부채와 관련된 이자, 투자에 대한 ㉯_____ 등에서 생긴 외화의 차액
	이전소득수지	아무런 대가없이 무상으로 주고받는 외화의 차액 **예** 해외교포의 국내 송금, 구호금, ㉰_____, 국제 기금 출연금
자본수지	금융계정	직접투자, 증권 같은 간접 ㉱_____ 등에서 자본 유출 및 유입의 차액
	자본수지	자산 거래에 의한 외화의 차액
준비자산의 증감		(1) 한국은행이 국제수지의 불균형을 바로잡기 위해 사용할 수 있는 준비자산의 변동으로서, 준비자산은 금·외화자산 등의 형태로 보유함. 중앙은행을 제외한 모든 경제 주체들이 각종 대외거래를 한 결과 외화가 부족한 경우에는 중앙은행이 보유하고 있는 준비자산으로 메워야 함. 이 경우 준비자산은 감소하게 됨 (2) 준비자산의 증감 = 경상수지 + 자본금융계정 + 오차 및 누락

02 균형

개념	(1) 외화의 수치 = 외화의 지급 (2) 흑자나 적자가 없는 상태 (3) 현실적으로 매번 달성하는 것은 불가능하지만 중장기적 균형 추구
흑자 (수취 > 지급)	(1) **장점**: 소득증가, 고용확대, 외채상환, 국가신인도 상승, 원자재 안정적 공급, 외국인 투자 확대, 해외 직접 투자 확대 (2) **단점**: 통화량 증대, 물가 상승, 무역 마찰

핵심키워드
㉮ 특허권, ㉯ 배당금, ㉰ 무상원조, ㉱ 투자

적자 (수취 < 지급)	(1) 단기적 적자를 무조건 손해라고 볼 필요는 없음 (2) 만성적 적자, 경기 침체 지속, 통화량 감소, 외채 증가, 국가 신인도 하락, 외환위기 발생

국민소득 항등식과
경상수지
	(1) 경상수지와 국내총생산
	  ① 국민소득의 균형 $Y = C + I + G + X - M$ ➡ 순수출(경상수지)을 나타내는 식으로 정리, 경상수지$(X - M)$ = 국내총생산(Y) - 국내총지출$(C + I + G)$
	  ② 국내총생산(Y) > 국내총지출$(C + I + G)$이면 경상수지$(X - M)$ ㉮
	  ③ 국내총생산(Y) < 국내총지출$(C + I + G)$ ➡ 경상수지$(X - M)$ ㉯
	(2) 경상수지와 국내저축·투자와의 관계
	  ① 국민소득의 균형 $Y = C + I + G + X - M$ ➡ 순투자(I)에 대한 식으로 정리, 경상수지$(X - M)$ = 민간저축$(Y - T - C)$ + 정부저축$(T - G)$ - 투자(I) = 국내총저축 - 투자
	  ② 국내총저축 > 투자이면 경상수지 ㉮
	  ③ 국내총저축 < 투자이면 경상수지 ㉯
	  ④ 다시 위의 식을 투자(I)에 대한 식으로 다시 정리하면 국내총투자(I) = 민간저축$(Y - T - C)$ + 정부저축$(T - G)$ + 해외저축$(M - X)$ = 국내총저축 + 해외저축
	  ⑤ 투자의 재원조달은 국내저축(민간저축 + 정부저축)과 해외저축에 의해 충당됨
	(3) 쌍둥이 적자(twin deficit)
	  ① 국내총투자(I) = ㉰_____ 저축$(Y - T - C)$ + ㉱_____ 저축$(T - G)$ + ㉲_____ 저축$(M - X)$을 $X - M$으로 다시 정리하면
	    $X - M = (Y - T - C) - I + (T - G)$
	    경상수지$(X - M)$ = (민간저축 - 투자) + (국내재정)
	  ② (민간저축 - 투자)가 일정한 경우 재정적자가 증가하면 경상수지적자도 증가함
	  ③ 한편 재정적자와 경상수지적자가 동시에 발생하는 경우를 쌍둥이적자라 함

03 J커브효과와 마셜-러너 조건

J커브효과	평가절하(환율인상)를 하면 국제수지가 개선되는데 이 때 즉시 개선되지 않고 단기적으로는 악화되었다가 시간이 경과함에 따라 서서히 증가하는 현상으로 그래프가 J곡선 모양으로 그려짐

마셜-러너 조건	(1) 의미: 자국의 화폐를 평가절하를 실시할 경우 국제수지가 개선될 조건
	(2) 개선 조건
	  ① (자국의) 수입수요의 가격탄력성 + (자국의) 수출공급의 가격탄력성 > 1
	  ② (자국의) 수입수요의 가격탄력성 + (외국의) 수입수요의 가격탄력성 > 1

> **핵심키워드**
> ㉮ 흑자, ㉯ 적자, ㉰ 민간, ㉱ 정부, ㉲ 해외

04 BP곡선

개념	BP곡선은 외환시장 및 국제수지(경상수지 + 자본수지 + 오차 및 누락)를 균형시키는 국민소득과 이자율의 관계를 나타내는 곡선
기울기	(1) **자본이동성이 큰 경우**: 자본시장이 개방되어 자본이동성이 크면 작은 이자율 차이에도 자본유출입이 많아지므로 BP곡선 기울기가 ㉮_____해짐. 즉, 국민소득이 증가하여 경상수지가 악화될 때 이자율이 조금만 상승해도 자본유입이 원활하게 이루어짐 (2) **소국개방경제**: 자본시장이 완전히 개방되어 있고 경제규모가 작아서 세계경제에 영향을 미칠 수 없는 경제를 소국개방경제라고 함. 소국개방경제의 이자율은 세계이자율 수준과 같으므로 BP곡선은 세계이자율 수준에서 ㉯_____임
이동	환율이 인상되거나 물가가 하락하면 BP곡선은 ㉰_____ 이동함
균형	IS, LM, BP곡선이 교차하는 점에서 달성되며 생산물시장과 화폐시장과 국제수지의 동시균형을 의미함
완전개방경제하의 재정정책과 통화정책	(1) ㉱_____제도일 경우: 재정정책효과가 있으며 통화정책은 효과가 없음 (2) ㉲_____제도일 경우: 통화정책효과가 있으며 재정정책효과가 없음

핵심키워드
㉮ 완만, ㉯ 수평, ㉰ 하방(우측), ㉱ 고정환율, ㉲ 변동환율

STEP 1 타시험 기출문제

01 난이도 ★★ 중요도 ★★

A국의 2018년 국제수지표의 일부 항목이다. 다음 표에서 경상수지는 얼마인가? [19. 노무사]

- 상품수지: 54억달러
- 서비스수지: -17억달러
- 본원소득수지: 3억달러
- 이전소득수지: -5억달러
- 직접투자: 26억달러
- 증권투자: 20억달러

① 35억달러 흑자 ② 40억달러 흑자 ③ 60억달러 흑자
④ 61억달러 흑자 ⑤ 81억달러 흑자

02 난이도 ★★ 중요도 ★★

변동환율제하에서의 국제수지표에 대한 설명으로 옳은 것만을 모두 고르면? (단, 국제수지표에서 본원소득수지, 이전소득수지, 오차와 누락은 모두 0과 같다) [18. 국가직 7급]

ㄱ. 국민소득이 국내총지출보다 크면 경상수지는 적자이다.
ㄴ. 국민저축이 국내투자보다 작으면 경상수지는 적자이다.
ㄷ. 순자본유출이 정(+)이면 경상수지는 흑자이다.

① ㄱ ② ㄴ
③ ㄱ, ㄷ ④ ㄴ, ㄷ

난이도 ★★ 중요도 ★★

03 무역수지가 흑자일 때 나타나는 현상으로 가장 적절하지 않은 것은? [23. 군무원 7급]

① 국민소득(GDP)은 국내지출보다 크다.
② 국내저축의 일부를 해외투자에 충당한다.
③ 국민저축이 국내투자보다 크다.
④ 내국인이 취득한 해외자산 매입액이 외국인이 취득한 국내자산 매입액보다 적다.

정답 및 해설

01 ① 경상수지는 상품수지, 서비스수지, 본원소득수지, 이전소득수지이다. 따라서 54 − 17 + 3 − 5 = 35억달러 흑자이다.

02 ④ ㄴ. 국민저축 $S = Y − C − G$이므로 GDP항등식 $Y = C + I + G + (X − M)$을 정리하면 $Y − C − G = I + (X − M)$ → $S = I + (X − M)$, $(X − M) = S − I$가 된다. 이 식에서 $S < I$이면 $(X − M) < 0$이므로 국민저축이 국내투자보다 작으면 경상수지가 적자이다.
ㄷ. 순자본유출이 0보다 크다는 것은 자본수지가 적자임을 의미한다. 경상수지 + 자본수지 = 0이므로 자본수지가 적자이면 경상수지는 흑자이다.

[오답체크]
ㄱ. 국내총지출 $A = C + I + G$이므로 GDP항등식 $Y = C + I + G + (X − M)$은 $Y = A + (X − M)$ → $(X − M) = Y − A$로 바꾸어 쓸 수 있다. 이 식에서 $Y > A$이면 $(X − M) > 0$이므로 국민소득이 국내총지출보다 크면 경상수지가 흑자임을 알 수 있다.

03 ④ $BP = X − M + F$ → 0 = 무역수지 + 자본수지이다. 무역수지가 흑자이면 자본수지가 적자여야 균형이다. 따라서 자본이 유출되어야 하므로 내국인이 취득한 해외자산 매입액이 외국인이 취득한 국내자산 매입액보다 많다.

[오답체크]
① $Y = C + I + G + X − M$ → $X − M = Y − (C + I + G)$ → 무역수지가 흑자이면 국민소득이 국내지출보다 크다.
②③ $X − M = S_N − I$이므로 무역수지가 흑자이면 국내저축이 투자보다 크므로 국내저축의 일부를 해외투자에 충당한다.

Topic 26 국제수지

04 GDP를 $Y = C + I + G + X - M$으로 표시할 때, GDP에 관한 설명으로 옳지 않은 것은? [단, C는 소비, I는 투자, G는 정부지출, $X - M$은 순수출(무역수지로 측정)이다] [17. 노무사]

① 무역수지가 적자일 경우, GDP는 국내 경제주체들의 총지출보다 작다.
② GDP가 감소해도 무역수지는 흑자가 될 수 있다.
③ M(수입)은 C, I, G에 포함되어 있는 수입액을 모두 다 더한 것이다.
④ 올해 생산물 중 판매되지 않고 남은 재고는 올해 GDP에 포함되지 않는다.
⑤ 무역수지가 흑자이면 국내 저축이 국내 투자보다 더 크다.

05 먼델-플레밍(Mundell-Fleming)모형을 가정할 때 다음의 상황에서 나타날 수 있는 현상으로 옳지 않은 것은? (단, 마셜-러너 조건이 충족된다고 가정한다) [21. 국가직 7급]

- A국과 B국은 소규모 개방경제하에서 변동환율제도를 채택하고 있고 단기적으로 물가가 고정되어 있으며 자본 유출입은 자유롭다.
- 글로벌 경기 침체를 극복하기 위해 A국은 국채를 통한 재정지출을 증가시키고 B국은 통화량을 증가시켰다.

① 자본이 B국에서 A국으로 이동한다.
② A국의 경상수지가 악화된다.
③ A국의 통화가 평가절상된다.
④ A국과 B국의 경기가 회복된다.

난이도 ★★ 중요도 ★★

06 甲국은 자본이동이 완전히 자유로운 소규모 개방경제로 IS-LM곡선이 만나는 거시경제 균형 상태에 있다. 甲국이 고정환율제도를 포기하고 변동환율제도를 채택하였다고 가정할 때 정책효과의 변화에 대한 설명으로 옳지 않은 것은? (단, IS곡선과 LM곡선은 각각 우하향, 우상향한다)

[21. 지방직 7급]

① 정부지출의 증가는 자본 유입을 유발한다.
② 정부지출의 증가는 순수출을 악화시킨다.
③ 통화정책이 소득에 미치는 효과가 커진다.
④ 통화정책의 독립성을 상실한다.

정답 및 해설

04 ④ 올해 생산물 중 판매되지 않은 재고도 국내에서 생산된 것이므로 GDP에 포함된다. 올해 생산물 중 판매되지 않은 것은 재고투자로 집계된다.

05 ④ 먼델-플레밍모형은 고정환율제에서는 재정정책이, 변동환율제도에서는 통화정책이 효과가 있음을 보여준다. 따라서 변동환율제도를 채택하고 있는 상태에서 A국은 재정정책을 실시했으므로 효과가 없고 B국은 통화정책을 실시했으므로 효과가 있다.

[오답체크]
① 재정정책은 이자율을 상승시키고, 통화정책은 이자율을 하락시킨다. 따라서 이자율이 높은 A국으로 자본이 이동한다.
② 국제수지는 균형이어야 한다. A국의 자본수지가 +이므로 경상수지가 악화된다.
③ 이자율 상승으로 인하여 A국의 통화가 평가절상된다.

06 ④ 고정환율제도는 통화정책의 독립성이 없다. 변동환율제도로 변화하였으므로 통화정책의 독립성이 확보되었다.

[오답체크]
①② 정부지출의 증가는 IS곡선을 우측으로 이동시켜 이자율을 상승시킨다. 이자율 상승은 자본유입의 원인이다. 자본이 유입되면 환율이 하락하여 순수출이 감소한다.
③ 통화정책은 LM곡선을 우측으로 이동시켜 이자율을 하락시킨다. 이자율 하락은 자본유출의 원인이다. 자본이 유출되면 환율이 상승하여 순수출이 증가한다. 순수출이 증가하면 IS곡선이 우측으로 이동하여 국민소득이 증가한다.

07 난이도 ★　중요도 ★★

단기적으로 대미 환율(₩/$)을 가장 크게 하락시킬 가능성이 있는 우리나라 정부와 중앙은행의 정책 조합으로 옳게 짝지은 것은? (단, 우리나라는 자본이동이 완전히 자유롭고, 변동환율제도를 채택하고 있는 소규모 개방경제 국가이다. IS와 LM곡선은 각각 우하향, 우상향하며, 경제주체들의 환율 예상은 정태적이다)　　　　　　　　　　　　　　　　　　　　　　　　　[20. 국가직 7급]

① 확장적 재정정책, 확장적 통화정책
② 확장적 재정정책, 긴축적 통화정책
③ 긴축적 재정정책, 확장적 통화정책
④ 긴축적 재정정책, 긴축적 통화정책

08 난이도 ★★　중요도 ★★★★

먼델-플레밍모형을 이용하여 고정환율제하에서 정부지출을 감소시킬 경우 나타나는 변화로 옳은 것은? (단, 소규모 개방경제하에서 국가 간 자본의 완전이동과 물가불변을 가정하고, IS곡선은 우하향, LM곡선은 수직선이다)　　　　　　　　　　　　　　　　　　　　　　　　　　　　　　　　　　　[21. 노무사]

① IS곡선은 오른쪽 방향으로 이동한다.
② LM곡선은 오른쪽 방향으로 이동한다.
③ 통화량은 감소한다.
④ 고정환율수준 대비 자국의 통화가치는 일시적으로 상승한다.
⑤ 균형국민소득은 증가한다.

정답 및 해설

07 ② 1) 환율이 하락하는 것은 원화가치 상승, 달러가치 하락을 의미한다.
2) 원화가치 상승을 위해서는 이자율이 올라가야 하므로 확장적 재정정책을 통해 IS곡선을 우측으로 이동시키고 긴축적 통화정책을 통해 LM곡선을 좌측으로 이동시켜야 한다.

08 ③ 1) 먼델-플레밍모형에서 고정환율제도라면 재정정책은 효과가 있으나 통화정책은 효과가 없다.
2) 정부지출을 축소하였으므로 IS곡선 좌측 이동 ➜ 외화의 초과수요 ➜ 환율 상승 ➜ 고정환율제도이므로 환율을 하락시키기 위해 외화 매입 ➜ 통화량 증가 ➜ LM곡선 우측 이동 ➜ 최초와 비교 시 이자율 불변, 국민소득 감소

[오답체크]
① IS곡선은 왼쪽 방향으로 이동한다.
② LM곡선은 왼쪽 방향으로 이동한다.
④ 고정환율수준 대비 자국의 통화가치는 일시적으로 하락한다.
⑤ 균형국민소득은 감소한다.

09 A국은 자본이동 및 무역거래가 완전히 자유로운 소규모 개방경제이다. A국의 재정정책과 통화정책에 따른 최종 균형에 관한 설명으로 옳은 것은? (단, 물가는 고정되어 있다고 가정하고 IS-LM-BP모형에 의한다)   [19. 노무사]

① 고정환율제에서 확장적 재정정책과 확장적 통화정책 모두 국민소득을 증대시키는 효과가 있다.
② 고정환율제에서 확장적 재정정책은 국민소득을 증대시키는 효과가 없지만, 확장적 통화정책은 효과가 있다.
③ 고정환율제에서 확장적 재정정책은 국민소득을 증대시키는 효과가 있지만, 확장적 통화정책은 효과가 없다.
④ 변동환율제에서 확장적 재정정책은 국민소득을 증대시키는 효과가 있지만, 확장적 통화정책은 효과가 없다.
⑤ 변동환율제에서 확장적 재정정책과 확장적 통화정책 모두 국민소득을 증대시키는 효과가 없다.

10 자본이동이 완전히 자유로운 소규모 개방경제에서 IS-LM-BP곡선이 만나는 균형상태에 있다. 정책효과에 대한 설명으로 옳지 않은 것은? (단, IS곡선은 우하향하고, LM곡선은 우상향하며, 환율예상은 정태적이다)   [22. 국가직 7급]

① 변동환율제도하에서 수입할당은 환율을 상승시키고 총소득에는 영향을 미치지 못한다.
② 변동환율제도하에서 확장통화정책은 환율을 상승시키고 총소득을 증대시킨다.
③ 고정환율제도하에서 중앙은행은 통화공급에 대한 자율성이 제한된다.
④ 고정환율제도하에서 관세부과는 국내 통화확장을 유발하고 총소득을 증대시킨다.

정답 및 해설

09 ③ 1) 자본이동이 자유로운 경우이므로 BP곡선의 기울기는 수평이다.
2) 고정환율제에서 확장적 재정정책을 실시하면 IS곡선이 우측으로 이동시켜 이자율이 상승한다. 이때 환율이 하락하므로 이를 막기 위해서는 통화량을 증가시켜 LM곡선을 우측으로 이동시켜야 한다. 따라서 확장적 재정정책은 효과가 있다.
반면 확장적 금융정책을 실시하면 LM곡선을 우측으로 이동시켜 이자율이 하락한다. 이 때 환율이 상승하므로 환율 상승을 막기 위해서는 국공채를 매각하여 통화를 흡수하여야 한다. 따라서 LM곡선이 좌측으로 이동하므로 효과가 없다.
3) 변동환율제에서 확장적 재정정책을 실시하면 IS곡선을 우측으로 이동시켜 이자율이 상승한다. 이때 환율을 하락하여 순수출이 감소하므로 IS곡선을 왼쪽으로 이동하여 효과가 없다. 반면 확장적 금융정책을 실시하면 LM곡선이 우측으로 이동하여 이자율이 하락한다. 따라서 환율이 상승하므로 순수출이 증가하여 IS곡선도 우측으로 이동시키므로 효과가 크다.

10 ① 변동환율제도하에서 수입할당은 수입을 감소시켜 IS곡선을 우측으로 이동(ⓐ)시킨다. 이로 인해 환율은 하락하고 순수출이 감소하여 IS곡선이 좌측으로 이동(ⓑ)한다. 이로 인해 총소득에는 영향을 미치지 못한다.

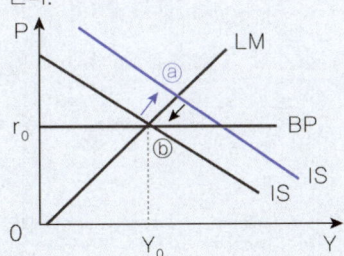

[오답체크]
② 고정환율제도는 재정정책이, 변동환율제도는 통화정책이 효과가 있다.
③ 고정환율제도하에서 중앙은행은 환율에 자동개입해야 하므로 통화공급에 대한 자율성이 제한된다.
④ 고정환율제도하에서 관세부과는 수입을 감소시키므로 IS곡선이 우측으로 이동하여 환율이 하락한다. 환율을 유지하기 위해 외화를 매입하여야 한다. 이로 인해 국내 통화확장을 유발하고 총소득을 증대시킨다.

11 개방경제하의 총수요-총공급 모형에 대한 설명으로 가장 옳지 않은 것은? [22. 서울시 7급]

① 변동환율제도하에서 화폐공급량을 늘리면 국민소득과 물가의 상승폭은 환율상승으로 인해 폐쇄경제의 경우보다 더 크게 나타난다.
② 변동환율제도하에서 정부지출을 늘리면 국민소득과 물가의 상승폭은 순수출의 감소로 일부 상쇄된다.
③ 고정환율제도하에서 화폐공급량을 늘리면 외환의 초과공급을 해소시키는 과정에서 원래의 확장효과가 상쇄되는 결과가 나타난다.
④ 고정환율제도하에서 정부지출을 늘리면 화폐공급의 증가로 경기확장 효과가 커지므로 통화정책보다 더욱 효과적인 경기조절 수단이 된다.

12 환율과 국제수지에 대한 설명으로 옳지 않은 것은? [12. 국가직 7급]

① 구매력평가설에 따를 때, 다른 조건은 일정하고 우리나라의 통화량만 증가하는 경우 원/달러 환율은 하락한다.
② 원/달러 환율이 하락하는 경우 원화가 평가절상된 것이다.
③ 달러 대비 원화가치의 하락은 우리나라의 대미 수출 증가 요인으로 작용한다.
④ 자본이동이 자유로운 경우, 다른 조건은 일정하고 우리나라의 이자율만 상대적으로 상승하면 원화의 가치가 상승한다.

정답 및 해설

11 ③ 고정환율제도하에서 화폐공급량을 늘리면 이자율이 하락하여 환율이 상승한다. 고정환율제도라서 환율을 다시 하락시켜야 원상태로 돌아오므로 외환의 초과수요를 해소시키는 과정에서 원래의 확장효과가 상쇄되는 결과가 나타난다.

[오답체크]
① AD곡선과 IS곡선의 기울기는 유사하다. IS곡선의 기울기는 폐쇄경제인 경우 $-\frac{1-c(1-t)}{b}$이고 개방경제 시 $-\frac{1-c(1-t)+m}{b}$이므로 개방경제 시 더 가파르다. AD곡선이 가파른 경우 국민소득과 물가의 상승폭은 폐쇄경제의 경우보다 더 크게 나타난다.

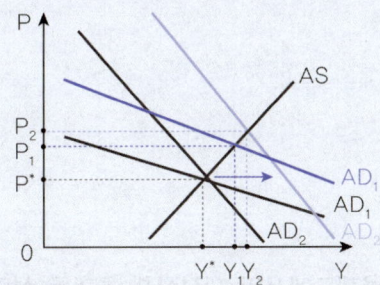

② 변동환율제도하에서 정부지출을 늘리면 이자율 상승 → 외화유입 증가 → 환율 하락이 발생한다. 이로 인해 국민소득과 물가의 상승폭은 순수출의 감소로 일부 상쇄된다.
④ 고정환율제도하에서 정부지출을 늘리면 이자율 상승 → 외화유입 증가 → 환율 하락이 발생한다. 환율을 유지하기 위해서 중앙은행은 외화를 매입하여야 하므로 화폐공급이 증가한다. 통화량 증가로 경기확장 효과가 커지므로 통화정책보다 더욱 효과적인 경기조절 수단이 된다.

12 ① 상대적 구매력평가설에서 다른 조건은 일정하고 우리나라의 통화량이 증가하면 우리나라에 인플레이션이 발생한다. 이는 자국의 화폐가치의 하락을 유도하므로 원/달러 환율은 상승한다.

[오답체크]
② 환율하락은 원화가치의 상승을 의미하므로 원화가 평가절상된 것이다.
③ 환율이 상승(원화가치의 하락)하면 수출품의 국제가격이 하락하므로 수출이 증가한다.
④ 우리나라의 이자율이 상승하면 해외자본의 유입이 발생하므로 원화가치가 상승하여 원/달러 환율은 하락한다.

13 먼델-플레밍모형에 대한 설명으로 옳지 않은 것은?   [11. 국가직 7급]

① 먼델-플레밍모형은 IS-LM모형과 마찬가지로 재화 및 용역시장을 설명하지만 순수출을 추가적으로 포함한다.
② 소국개방경제의 경우, 고정환율제하에서는 재정정책만이 소득에 영향을 미친다.
③ 소국개방경제의 경우, 변동환율제하에서는 금융정책만이 소득에 영향을 미친다.
④ 소국개방경제의 경우, 일국과 관련된 위험할증이 증가하면 소득이 감소한다.

14 다음은 자본이동이 완전히 자유로운 고정환율제도에서의 재정정책 효과를 설명한 것이다. (ㄱ)~(ㄷ)에 들어갈 말을 바르게 나열한 것은? (단, 이 국가는 소규모 개방경제국이다)

[11. 지방직 7급]

> 재정지출의 증대 ➡ 환율 (ㄱ) 압력 ➡ 중앙은행 외환 (ㄴ) 개입 ➡ 통화량 (ㄷ) ➡ 국민소득 증대

	ㄱ	ㄴ	ㄷ
①	상승	매입	증가
②	하락	매도	감소
③	하락	매입	증가
④	상승	매도	감소

난이도 ★★ 중요도 ★★★

15 자본이동이 완전히 자유로운 소국개방경제를 가정하자. 먼델-플레밍의 IS-LM-BP모형에 대한 설명으로 옳지 않은 것은?
[16. 국가직 7급]

① BP곡선은 (산출, 이자율) 평면에서 수평선으로 나타난다.
② 고정환율제하에서 통화정책은 국민소득에 영향을 미치지 못한다.
③ 변동환율제하에서는 통화정책의 독자성이 보장된다.
④ 재정정책의 국민소득에 대한 효과는 고정환율제보다 변동환율제하에서 더 커진다.

정답 및 해설

13 ④ 먼델-플레밍모형의 결과는 고정환율제하에서는 재정정책만이 소득에 영향을 미치고, 변동환율제하에서는 금융정책이 소득변화에 효과적이라고 한다. 또한 일국의 정치혼란이나 소요사태, 외환위기 등으로 위험할증이 증가할 경우 먼델-플레밍모형에 의하면 국내이자율이 위험할증만큼 증가하여 투자가 축소되겠지만 이자율 상승으로 화폐수요가 감소하여 파생통화량이 증가하면 환율이 상승(평가절하)하고 그로 인해 순수출이 증가하여 소득이 증가한다고 한다.

14 ③ 1) 고정환율제도하에서 확대재정정책을 실시하면 최초의 균형점에서 IS곡선이 우측 이동한다. 이자율이 상승하여 자본의 유입으로 환율 하락 압력이 생기므로 고정환율제도의 경우 정부가 개입하여 달러를 매입함으로써 현재의 환율을 유지하는 과정에서 본원통화가 증가하고 통화량이 증가한다. 따라서 LM곡선이 우측 이동하고 국민소득은 증가한다. 이처럼 고정환율제도하에서의 확대재정정책의 효과는 매우 강력하다.

2) 그래프

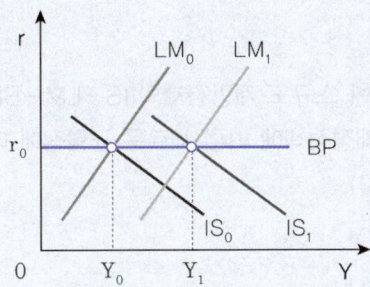

15 ④ 자본이동이 완전히 자유로운 먼델-플레밍모형에서 고정환율제도하에서는 재정정책이 효과적이고, 변동환율제도하에서는 통화정책이 효과적이다.

16 외부로부터 디플레이션 충격이 발생하여 국내 경제에 영향을 미치고 있을 때, 확장적 통화정책을 시행할 경우의 거시경제 균형에 대한 효과로 옳지 않은 것은?　　　[15. 서울시 7급]

① 폐쇄경제모형에 따르면 이자율이 하락하여 투자가 증가한다.
② 자본시장이 완전히 자유로운 소규모 개방경제모형에서는 고정환율을 유지하려면 다른 충격에 대응하는 통화정책을 독립적으로 사용할 수 없다.
③ 변동환율제를 채택하고 자본시장이 완전히 자유로운 소규모 개방경제모형에서는 수출이 감소한다.
④ 교역상대국에서도 확장적 통화정책을 시행할 경우 자국통화가치를 경쟁적으로 하락시키려는 환율전쟁 국면으로 접어든다.

17 자본이동이 불완전하고 변동환율제도를 채택한 소규모 개방경제의 IS-LM-BP모형에서 균형점이 (Y_0, i_0)으로 나타났다. 이때, 확장적 재정정책에 따른 새로운 균형점에 대한 설명으로 옳은 것은? (단, Y는 총소득, i는 이자율이다)　　　[17. 지방직 7급]

① 총소득은 Y_0보다 크고, 이자율은 i_0보다 높다.
② 총소득은 Y_0보다 크고, 이자율은 i_0보다 낮다.
③ 총소득은 Y_0보다 작고, 이자율은 i_0보다 높다.
④ 총소득은 Y_0보다 작고, 이자율은 i_0보다 낮다.

난이도 ★　중요도 ★★★

18 다음은 먼델-플레밍모형을 이용하여 고정환율제도를 취하고 있는 국가의 정책 효과에 대해서 설명한 것이다. (ㄱ)과 (ㄴ)을 바르게 연결한 것은?　[17. 서울시 7급]

> 정부가 재정지출을 (ㄱ)하면 이자율이 상승하고 이로 인해 해외로부터 자본 유입이 발생한다. 외환 시장에서 외화의 공급이 증가하여 외화가치가 하락하고 환율의 하락 압력이 발생한다. 하지만 고정환율제도를 가지고 있기 때문에 환율이 변할 수는 없다. 결국 환율을 유지하기 위해 중앙은행은 외화를 (ㄴ)해야 한다.

	ㄱ	ㄴ
①	확대	매입
②	확대	매각
③	축소	매입
④	축소	매각

정답 및 해설

16 ③　확장적 통화정책을 실시하면 이자율이 상승하여 외화의 유출이 증가한다. 환율 상승 시 변동환율제를 채택하고 자본시장이 완전히 자유로운 소규모 개방경제모형에서는 수출이 증가한다.

17 ①　1) 확대적인 재정정책을 실시하면 IS곡선이 오른쪽으로 이동하여 이자율이 상승하므로 자본유입이 이루어진다.
　　2) 자본유입이 이루어지면 외환공급이 증가하므로 환율이 하락한다. 평가절상이 이루어지면 순수출 감소로 IS곡선이 일부 왼쪽으로 이동한다. 그리고 평가절상이 이루어지면 BP곡선도 왼쪽으로 이동한다.
　　3) 자본이동이 불완전한 경우 변동환율제도하에서 확장적인 재정정책을 실시하면 국민소득은 증가하고 이자율은 상승하게 된다.

18 ①　1) 정부가 재정지출을 확대하면 IS곡선이 오른쪽으로 이동하므로 이자율이 상승한다.
　　2) 이자율이 상승하면 해외로부터 자본유입이 이루어지므로 외환공급이 증가한다. 외환의 공급이 증가하면 환율하락 압력이 발생하게 된다.
　　3) 고정환율제도하에서는 중앙은행이 개입하여 환율을 일정하게 유지해야 하므로 외환공급이 증가할 때 환율을 일정하게 유지하려면 중앙은행이 외환을 매입해야 한다.
　　4) 중앙은행이 외환을 매입하면 LM곡선도 오른쪽으로 이동하므로 국민소득이 큰 폭으로 증가하게 된다. 그러므로 고정환율제도하에서는 재정정책이 매우 효과적이다.

19 난이도 ★ 중요도 ★★

국제거시분야의 불가능한 삼각정리 또는 정책트릴레마(trilemma)의 통화금융정책에 대한 주장으로 가장 옳은 것은?
[22. 군무원 7급]

① 고정환율제 국가가 자유로운 국제자본이동을 허용하면 독립적인 통화정책을 수행할 수 있다.
② 변동환율제 국가가 독립적인 통화정책을 집행하기 위해서는 자유로운 국제자본이동을 허용해야 한다.
③ 변동환율제 국가는 자유로운 국제자본이동을 허용하면 독립적인 통화정책을 수행할 수 없다.
④ 고정환율제 국가가 독립적인 통화정책을 수행하기 위해서는 국제자본이동을 통제해야 한다.

20 난이도 ★★ 중요도 ★★

다음 중 BP(Balance of Payments)곡선 (가로축: 소득, 세로축: 이자율)의 우하향 이동에 영향을 주는 외생변수의 변화에 관한 설명 중 가장 옳지 않은 것은?
[14. 국회직 8급]

① 외국소득의 증가
② 외국상품가격의 상승
③ 국내통화의 평가절상예상
④ 외국이자율의 상승
⑤ 국내기업수익률의 상승예상

정답 및 해설

19 ④ 자유로운 자본이동, 고정환율제도, 독자적인 통화정책을 모두 양립시키기 어렵다는 것이 트릴레마이다.

[오답체크]
① 고정환율제 국가가 자유로운 국제자본이동을 허용하면 독립적인 통화정책을 수행할 수 없다.
②③ 변동환율제 국가는 독립적인 통화정책을 집행할 수 있다.

20 ④ BP곡선: $BP = X(Y_f, \frac{eP_f}{P}) - M(Y, \frac{eP_f}{P}) + F(r - r_f) = 0$

외국이자율(r_f)이 상승하면 외국의 투자수익률($r_f + e^e$)이 상승하여 자본이 외국으로 유출되므로 국제수지 적자가 발생한다. 국제수지 균형을 회복하기 위해서는 소득(Y)이 줄어서 수입이 감소해야 한다. 결국 외국이자율이 상승하면 BP곡선은 소득(Y)이 줄어드는 방향으로 좌상향 이동한다.

[오답체크]
① 외국소득(Y_f)이 증가하면 수출이 늘어나서 국제수지가 흑자가 된다. 국제수지 균형을 회복하기 위해서는 소득(Y)이 늘어서 수입이 증가해야 한다. 결국 외국소득이 증가하면 BP곡선은 소득(Y)이 늘어나는 방향으로 우하향 이동한다.
② 외국상품의 가격(P_f)이 상승하면 사람들은 국내상품의 소비를 늘리므로 수출이 늘고 수입을 줄여서 국제수지 흑자가 발생한다. 국제수지 균형을 회복하기 위해서는 소득(Y)이 늘어서 수입이 증가해야 한다. 결국 외국소득이 증가하면 BP곡선은 소득(Y)이 늘어나는 방향으로 우하향 이동한다.
③ 국내통화의 평가절상이 예상($e^e \downarrow$)되면 외국의 투자수익률($r_f + e^e$)이 하락하여 자본이 국내로 유입되므로 국제수지 흑자가 발생한다. 국제수지 균형을 회복하기 위해서는 소득(Y)이 늘어서 수입이 증가해야 한다. 결국 국내통화의 평가절상이 예상되면 BP곡선은 소득(Y)이 늘어나는 방향으로 우하향 이동한다.
⑤ 국내기업 수익률(r)이 상승할 것이라고 예상이 되면 자본이 국내로 유입되므로 국제수지 흑자가 발생한다. 국제수지 균형을 회복하기 위해서는 소득(Y)이 늘어서 수입이 증가해야 한다. 결국 국내기업 수익률 상승이 예상되면 BP곡선은 소득(Y)이 늘어나는 방향으로 우하향 이동한다.

21 변동환율제를 채택하고 있는 어떤 소규모 개방경제에서 현재의 국내 실질이자율이 국제 실질이자율보다 낮다. 국제자본이동성이 완전한 경우의 먼델-플레밍모형(Mundell-Fleming model)에 의할 때 국내 경제 상황의 변화로 옳은 것을 〈보기〉에서 모두 고르면?

[16. 국회직 8급]

〈보기〉
ㄱ. 순자본유입이 발생할 것이다.
ㄴ. 순수출이 더 증가할 것이다.
ㄷ. 실질이자율이 더 상승할 것이다.
ㄹ. 외환시장에서 초과공급이 발생할 것이다.

① ㄱ, ㄴ ② ㄱ, ㄷ ③ ㄴ, ㄷ
④ ㄴ, ㄹ ⑤ ㄷ, ㄹ

22 변동환율제도를 도입하고 있으며 자본이동이 완전히 자유로운 소규모 개방경제에서, 최근 경기침체에 대응하여 정부가 재정지출을 확대하는 경우 나타날 수 있는 현상으로 옳은 것을 〈보기〉에서 모두 고르면?

[17. 국회직 8급]

〈보기〉
ㄱ. 균형이자율과 균형국민소득은 변화가 없다.
ㄴ. 국내통화가 평가절상되고 자본수지가 개선된다.
ㄷ. 수출이 감소하고 경상수지가 악화된다.
ㄹ. 균형이자율과 균형국민소득 모두 증가한다.

① ㄱ, ㄴ ② ㄱ, ㄷ ③ ㄷ, ㄹ
④ ㄱ, ㄴ, ㄷ ⑤ ㄴ, ㄷ, ㄹ

난이도 ★★★ 중요도 ★★

23 A국은 글로벌 과잉유동성에 따른 대규모 투기 자본 유입에 대응하기 위해 A국의 주식 및 채권에 대한 외국인 투자자금에 2%의 금융거래세를 부과하고자 한다. A국의 금융거래세 도입 정책에 대한 설명으로 옳지 않은 것은? [19. 국회직 8급]

① A국 통화의 절하요인이다.
② A국 자본수지의 흑자요인이다.
③ A국 증권시장의 변동성을 줄이는 요인이다.
④ A국으로의 외환 유입을 줄이는 요인이다.
⑤ A국 기업의 외자조달 비용을 높이는 요인이다.

정답 및 해설

21 ③ 1) 변동환율제를 채택하고 있는 어떤 소규모 개방경제에서 현재의 국내 실질이자율이 국제 실질이자율보다 낮으면 확대 금융정책을 사용한 경우이므로 LM곡선이 우측으로 이동 → BP곡선 하방으로 이동하여 자본수지 적자 → 환율 상승 → 수출 증가, 수입 감소 → IS곡선 우측 이동 → 산출량 증가, 이자율 불변
2) 지문분석
   ㄴ. 수출 증가, 수입 감소로 순수출이 증가한다.
   ㄷ. F점에서 효과이므로 실질이자율이 G점으로 상승한다.
3) 그래프

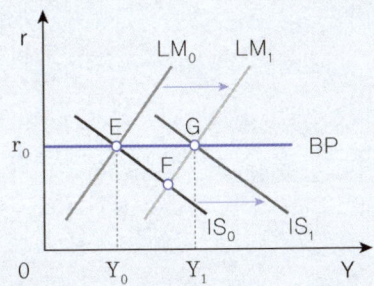

[오답체크]
ㄱ. 순자본유출이 발생할 것이다.
ㄹ. 외환시장에서 초과수요가 발생할 것이다.

22 ④ 1) 완전히 자유로운 소규모 개방경제이므로 BP곡선이 수평이다.
2) 정부지출 증가 → IS곡선 우측 이동 → BP곡선 상방에 위치하므로 자본수지 흑자 → 외환공급 증가, 환율 하락(평가절상) → 수출 감소, 수입 증가(경상수지 적자) → IS곡선 좌측 이동
3) 따라서 변동환율제도에서의 재정정책은 효과가 없다.

[오답체크]
ㄹ. 균형이자율과 균형국민소득 모두 변화가 없다.

23 ② 금융거래세 도입은 외국자본의 이탈을 가져와 자본수지의 적자요인이 된다.

난이도 ★ 중요도 ★★

24 중앙은행이 긴축적 통화정책을 시행할 때 나타나는 현상에 대한 설명으로 옳은 것만을 〈보기〉에서 모두 고르면?

[19. 국회직 8급]

〈보기〉
ㄱ. 이자율이 상승한다.
ㄴ. 외환에 대한 수요가 증가한다.
ㄷ. 국내 통화가치가 상승한다.
ㄹ. 수입가격의 하락으로 무역수지가 개선된다.

① ㄱ, ㄴ   ② ㄱ, ㄷ   ③ ㄴ, ㄷ
④ ㄴ, ㄹ   ⑤ ㄷ, ㄹ

난이도 ★★★ 중요도 ★★

25 개방경제하에서 단순 케인지안 거시경제모형의 설정에 필요한 정보를 수집하였더니 〈보기〉와 같았다. 〈보기〉에 나타난 거시경제 정책이 균형국민소득과 경상수지에 미치는 영향으로 옳은 것은?

[16. 국회직 8급]

〈보기〉
- 독립적 소비지출: 20조원
- 독립적 정부지출: 200조원
- 독립적 수출: 160조원
- 한계소비성향: 0.8
- 독립적 투자지출: 150조원
- 조세수입: 200조원
- 독립적 수입: 30조원
- 한계수입성향: 0.2
- 정부는 재정지출을 30조원 늘리기로 하였다.
- 확장적 재정정책 이후 독립적 수출은 175조원으로 증가하였다.
- 소득세는 존재하지 않고 정액세만 존재한다.

	균형국민소득	경상수지
①	100.5조원 증가	5.5조원 악화
②	112.5조원 증가	변동 없음
③	110.5조원 증가	변동 없음
④	112.5조원 증가	7.5조원 악화
⑤	110.5조원 증가	3.75조원 악화

난이도 ★ 중요도 ★★

26 만성적인 국제수지적자를 기록하고 있는 나라에서는 확대재정정책이 확대금융정책보다 더 효과적일 수 있다. 그 이유로 옳은 것은?

[17. 국회직 8급]

① 확대재정정책과 확대금융정책은 수입을 증가시킬 우려가 있다.
② 확대금융정책의 실시로 단기자본이 유출될 가능성이 있다.
③ 확대금융정책은 이자율을 상승시키고, 투자와 생산성을 위축시킨다.
④ 확대재정정책은 자국통화의 평가절하를 가져오고 이로 인해 수출이 감소한다.
⑤ 금융정책은 필립스곡선에 의해 제약되나 재정정책은 그렇지 않다.

정답 및 해설

24 ② 긴축적 통화정책은 통화량 감소 → 이자율 상승 → 국내 자산 수요 증가 → 자국 화폐 수요 증가 → 환율 하락 → 수입 증가, 수출 감소를 가져온다.

[오답체크]
ㄴ. 이자율이 상승하므로 외환의 공급이 증가하고, 외화수요가 감소한다.
ㄹ. 수입가격 하락과 수출가격 증가를 가져와 무역수지가 악화된다.

25 ④ 1) 정부는 재정지출을 30조원 늘리기로 하였다.
2) 확장적 재정정책 이후 독립적 수출은 175조원으로 증가하였으므로 수출 증가분은 15조원이다. 따라서 독립지출 증가분은 30 + 15 = 45조원이다.
3) 승수는 $\frac{1}{1-c(1-t)+m} = \frac{1}{1-0.8(1-0)+0.2} = \frac{1}{0.4} = 2.5$이다. 따라서 균형국민소득 증가분은 $45 \times 2.5 = 112.5$조원이다.
4) 한계수입성향이 0.2이므로 수입은 22.5조원 증가하고 이를 수출증가분에서 제하면 15 − 22.5 = −7.5조원이 되어 경상수지는 7.5조원 악화된다.

26 ② 1) 확대재정정책이 효과가 있다고 하였으므로 고정환율제도로 풀어야 한다.
2) 확대금융정책을 실시하면 LM곡선이 우측으로 이동하여 BP곡선 하방에 위치한다. 따라서 단기자본이 유출되어 자본수지 적자가 발생한다. 고정환율제도이므로 이자율을 상승시켜야 자본유입이 가능하기 때문에 다시 LM곡선을 좌측으로 이동시켜야 한다.

27 세계 대부자금시장에서 대부자금에 대한 수요가 증가하는 경우 단기에 자본이동이 자유롭고 변동환율제를 채택하고 있는 소규모개방경제의 순수출, 투자, 소득에 미치는 효과로서 옳은 것은? [단, 멘델-플레밍(Mundell-Fleming)모형을 가정한다] [14. 국회직 8급]

	순수출	투자	소득
①	증가	감소	증가
②	증가	증가	증가
③	증가	감소	감소
④	감소	증가	감소
⑤	감소	감소	감소

28 자본이동이 완전히 자유로운 소규모 개방경제의 IS-LM-BP모형에서 화폐수요가 감소할 경우 고정환율제도와 변동환율제도하에서 발생하는 변화에 대한 설명으로 옳지 않은 것을 〈보기〉에서 모두 고르면? [18. 국회직 8급]

〈보기〉
ㄱ. 변동환율제도하에서 화폐수요가 감소하면 LM곡선이 오른쪽으로 이동한다.
ㄴ. 변동환율제도하에서 이자율 하락으로 인한 자본유출로 외환수요가 증가하면 환율이 상승한다.
ㄷ. 변동환율제도하에서 평가절하가 이루어지면 순수출이 증가하고 LM곡선이 우측으로 이동하여 국민소득은 감소하게 된다.
ㄹ. 고정환율제도하에서 외환에 대한 수요증가로 환율상승 압력이 발생하면 중앙은행은 외환을 매각한다.
ㅁ. 고정환율제도하에서 화폐수요가 감소하여 LM곡선이 오른쪽으로 이동하더라도 최초의 위치로는 복귀하지 않는다.

① ㄱ, ㄴ ② ㄴ, ㄷ ③ ㄷ, ㄹ
④ ㄷ, ㅁ ⑤ ㄹ, ㅁ

난이도 ★★ 중요도 ★★

29 A국은 기준금리를 유지하였는데 B국은 기준금리를 인상하였을 때 A국 경제에 미치는 단기적 영향 중 가장 적절하지 않은 것은? (단, A국 경제는 자본이동이 자유롭고 변동환율제도를 채택하고 있다)

[16. 국회직 8급]

① 자본 유출 발생
② 환율의 상승(국내통화의 평가절하)
③ 무역수지의 개선
④ 자본수지의 악화
⑤ 고용의 감소

정답 및 해설

27 ① 1) 자본이동이 자유로운 경우 이자율평가설이 성립하고 BP곡선은 수평이다.

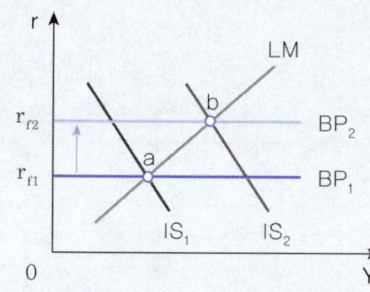

2) 대부자금 수요가 증가하면 대부자금의 가격인 국제이자율(r_f)이 상승하면서 BP곡선이 상방으로 이동한다.
3) 대내균형 a점에서는 국제수지가 적자이므로 환율이 상승하고 IS곡선이 우측으로 이동한다. 최종균형은 b점이다.
4) a점에서 b점으로 이동하므로 소득은 증가한다. 이자율이 상승하므로 투자는 감소한다.
5) 소득이 증가하여 수입이 증가(순수출 감소)하지만 환율이 상승하여 순수출은 증가한다.

28 ④ ㄷ. 평가절하 → 환율 상승 → 순수출 증가 → IS곡선 우측 이동 → 소득 증가
ㅁ. 화폐수요 감소 → LM곡선 우측 이동 → 외환 유출로 인한 환율 상승 압력 → 외환 매도 및 통화량 감소 → LM곡선 좌측 이동하여 복귀

29 ⑤ 상대적으로 A국의 기준금리가 낮아지므로 A국에서 자본 유출 발생 → 자본수지 악화 → 외환공급 감소 → 환율 상승(국내통화의 평가절하) → 수출 증가, 수입 감소 → 무역수지 개선 → 총수요 증가 → 고용 개선이 순차적으로 이루어질 것이다.

STEP 2 감정평가사 기출문제

30 개방경제하에서 국민소득의 구성 항목이 아래와 같을 때 경상수지는? (단, C는 소비, I는 투자, G는 정부지출, T는 조세, S^P는 민간저축이다) [22. 감정평가사]

- $C = 200$
- $I = 50$
- $G = 70$
- $T = 50$
- $S^P = 150$

① 50   ② 60   ③ 70
④ 80   ⑤ 90

31 소규모 개방경제의 먼델-플레밍(Mundell-Fleming)모형에서 정부의 재정긴축이 미치는 영향으로 옳은 것은? (단, 초기의 균형상태, 완전한자본이동과 고정환율제, 국가별 물가수준 고정을 가정한다) [23. 감정평가사]

① IS곡선 우측 이동
② 국민소득 감소
③ LM곡선 우측 이동
④ 통화공급 증가
⑤ 원화가치 하락

난이도 ★★ 중요도 ★★★★

32 자본이동이 완전한 소규모 개방경제의 먼델-플레밍(Mundell-Fleming)모형에서 변동환율제도인 경우, 긴축 통화정책을 시행할 때 나타나는 경제적 효과를 모두 고른 것은? (단, 물가수준은 고정이다)

[22. 감정평가사]

> ㄱ. 소득 감소
> ㄴ. 경상수지 개선
> ㄷ. 자국 통화가치 절하
> ㄹ. 해외자본 유입

① ㄱ, ㄴ ② ㄱ, ㄷ ③ ㄱ, ㄹ
④ ㄴ, ㄷ ⑤ ㄷ, ㄹ

정답 및 해설

30 ④ 1) 경상수지는 $X-M$이다.
2) $S^P = Y - C - T$이므로 주어진 조건을 대입하면 $150 = Y - 200 - 50$ ➔ $Y = 400$이다.
3) $Y = C + I + G + X - M$이므로 주어진 조건을 대입하면 $400 = 200 + 50 + 70 + X - M$ ➔ $X - M = 80$이다.

31 ② 재정긴축 ➔ IS 좌측이동 ➔ 외환의 초과수요 발생: 고정환율제도이므로 외환을 매각하고 원화를 매입하게 되어 통화량 감소 ➔ LM곡선 좌측이동 ➔ 국민소득 감소

[오답체크]
① IS곡선 좌측 이동
③ LM곡선 좌측 이동
④ 통화공급 감소
⑤ 고정환율제도이므로 원화가치 변동 없음

32 ③ 먼델-플레밍모형에서 변동환율제도인 경우 긴축통화정책 실시 시 LM곡선이 좌측으로 이동하여 이자율이 상승한다. 이자율이 상승하게 되면 해외자본이 유입되어 자국화폐가치가 절상된다. 이로 인해 경상수지가 악화된다.

[오답체크]
ㄴ. 경상수지 악화
ㄷ. 자국 통화가치 절상

33 변동환율제를 채택한 A국이 긴축재정을 실시하였다. 먼델-플레밍모형을 이용한 정책 효과에 관한 설명으로 옳은 것을 모두 고른 것은? (단, 완전한 자본이동, 소국개방경제, 국가별 물가 수준 고정을 가정한다) [21. 감정평가사]

> ㄱ. 원화가치는 하락한다.
> ㄴ. 투자지출을 증가시킨다.
> ㄷ. 소득수준은 변하지 않는다.
> ㄹ. 순수출이 감소한다.

① ㄱ, ㄴ ② ㄱ, ㄷ ③ ㄱ, ㄹ
④ ㄴ, ㄷ ⑤ ㄴ, ㄹ

34 자본 이동이 완전한 먼델-플레밍(Mundell-Fleming)모형에서 A국의 정부지출 확대 정책의 효과에 관한 설명으로 옳은 것은? (단, A국은 소규모 개방경제이며, A국 및 해외 물가 수준은 불변, IS곡선은 우하향, LM곡선은 우상향한다) [20. 감정평가사]

① 환율제도와 무관하게 A국의 이자율이 하락한다.
② 고정환율제도에서는 A국의 국민소득이 증가한다.
③ 변동환율제도에서는 A국의 국민소득이 감소한다.
④ 고정환율제도에서는 A국의 경상수지가 개선된다.
⑤ 변동환율제도에서는 A국의 통화가치가 하락한다.

난이도 ★★★★ 중요도 ★

35 甲국은 자본이동이 완전히 자유로운 소규모 개방경제이다. 변동환율제도하에서 甲국의 거시경제모형이 다음과 같을 때, 정책효과에 관한 설명으로 옳지 않은 것은? (단, Y, M, r, e, p, r^*, p^*는 각각 국민소득, 통화량, 이자율, 명목환율, 물가, 외국이자율, 외국물가이다)

[18. 감정평가사]

- 소비함수: $C = 1,000 + 0.5(Y - T)$
- 순수출: $NX = 1,000 - 1,000\epsilon$
- 정부지출: $G = 2,000$
- 실질화폐수요: $L_D = 40 - 1,000r + 0.01Y$
- $M = 5,000$
- $p^* = 100$
- 투자함수: $I = 1,200 - 10,000r$
- 조세: $T = 1,000$
- 실질환율: $\epsilon = e\dfrac{p}{p^*}$
- 실질화폐공급: $L_S = \dfrac{M}{p}$
- $p = 100$
- $r^* = 0.02$

① 정부지출을 증가시켜도 균형소득은 변하지 않는다.
② 조세를 감면해도 균형소득은 변하지 않는다.
③ 통화공급을 증가시키면 균형소득은 증가한다.
④ 확장적 재정정책을 실시하면 e가 상승한다.
⑤ 확장적 통화정책을 실시하면 r이 하락한다.

정답 및 해설

33 ② 1) 변동환율제에서 긴축재정을 실시하면 IS곡선이 좌측으로 이동하여 이자율이 하락한다.
2) 이자율이 하락하면 환율이 상승하여 순수출이 증가하므로 IS곡선은 우측으로 이동한다.
3) 따라서 재정정책은 최종적으로 영향을 미치지 못한다.
4) 지문분석
  ㄱ. 이자율이 낮아지므로 외화의 공급이 감소하여 원화가치는 하락한다.
  ㄷ. 최초의 상태로 돌아오므로 소득수준은 변하지 않는다.

[오답체크]
  ㄴ. 이자율이 최초의 상태로 돌아오므로 투자지출이 증가하지 않는다.
  ㄹ. 환율 상승으로 인해 순수출이 증가한다.

34 ② 1) 먼델-플레밍모형에서는 고정환율제도일 때 재정정책은 효과가 있지만 금융정책은 효과가 없다.
2) 먼델-플레밍모형에서는 변동환율제도일 때 금융정책은 효과가 있지만 재정정책은 효과가 없다.

35 ⑤ 1) 자본이동이 완전히 자유롭기 때문에 BP곡선은 수평이다.
2) 변동환율제도이므로 통화정책은 효과가 있고 재정정책은 효과가 없다.
3) 지문분석
  ⑤ 확장적 통화정책을 실시하면 LM곡선이 우측으로 이동하여 r이 하락한다. 이로 인해 환율이 상승하여 순수출이 증가한다. 따라서 IS곡선이 우측으로 이동하여 국민소득은 증가하고 이자율은 처음으로 되돌아간다.

36 甲국의 국민소득(Y)은 소비(C), 민간투자(I), 정부지출(G), 순수출(NX)의 합과 같다. 2016년과 같이 2017년에도 조세(T)와 정부지출의 차이(T − G)는 음(−)이었고 절대크기는 감소하였으며, 순수출은 양(+)이었지만 절대크기는 감소하였다. 이로부터 유추할 수 있는 2017년의 상황으로 옳은 것을 〈보기〉에서 모두 고른 것은?

[18. 감정평가사]

〈보기〉
ㄱ. 국가채무는 2016년 말에 비해 감소하였다.
ㄴ. 순대외채권은 2016년 말에 비해 감소하였다.
ㄷ. 민간저축은 민간투자보다 더 많았다.
ㄹ. 민간저축과 민간투자의 차이는 2016년보다 그 절대크기가 감소하였다.

① ㄱ, ㄴ ② ㄱ, ㄷ ③ ㄴ, ㄷ
④ ㄴ, ㄹ ⑤ ㄷ, ㄹ

37 고정환율제를 채택하고 있는 정부가 시장균형환율보다 높은 수준의 환율을 설정했다고 할 때, 즉 자국통화가치를 균형수준보다 낮게 설정한 경우, 옳은 것을 모두 고른 것은?

[24. 감정평가사]

ㄱ. 투기적 공격이 발생하면 국내 통화공급이 감소한다.
ㄴ. 투기적 공격이 발생하면 외환보유고가 감소한다.
ㄷ. 자본이동이 완전히 자유로운 경우, 중앙은행은 독립적으로 통화공급을 결정할 수 없다.
ㄹ. 투자자들이 국내통화의 평가절상을 기대하게 되면, 국내통화로 계산된 외국채권의 기대수익률이 하락한다.

① ㄱ, ㄴ ② ㄱ, ㄹ ③ ㄴ, ㄷ
④ ㄷ, ㄹ ⑤ ㄴ, ㄷ, ㄹ

정답 및 해설

36 ⑤ 1) GDP항등식 $Y = C + I + G + X - M$을 변형하면 $X - M = Y - C - I - G$이다. 왼쪽 항목에 T를 더하고 빼주면 $X - M = (Y - C - T) - I + (T - G)$이다.
2) $Y - C - T$는 민간저축 S_P이고 $T - G$는 정부저축 S_G이므로 변형하면 $X - M = S_P - I - (T - G)$이다.
3) 지문분석
ㄷ. 문제에서 순수출은 양이고 정부지출은 음이므로 민간저축은 (+)이다.
ㄹ. 그 양이 감소하였으므로 민간저축과 민간투자의 차이는 줄어들었다.

[오답체크]
ㄱ. 문제에서 $T - G$가 (−)이므로 추가적으로 국채발행을 해야 한다. 따라서 국가채무는 2016년 말에 비해 증가하였다.
ㄴ. 국제수지는 균형이어야 하는데 경상수지인 $X - M$이 (+)이므로 외국으로 자본유출이 이루어져야 한다. 따라서 순대외채권은 2016년 말보다 증가하였다.

37 ④ 1) 출제자의 투기적 공격이란 우리나라에 외화가 유입되는 것을 의미한다.
2) 지문분석
ㄷ. 고정환율제도의 트릴레마에 대한 내용이다.
ㄹ. 국내통화의 외국채권의 기대수익률 = 외국이자율 + 원달러환율의 변동율이다. 만기 시 외화가 원화로 바뀌어서 들어와야 하므로 원화가치가 올라갈수록 수익률이 감소한다. 따라서 투자자들이 국내통화의 평가절상을 기대하게 되면, 국내통화로 계산된 외국채권의 기대수익률이 하락한다.

[오답체크]
ㄱ. 투기적 공격이 발생하면 외화가 유입되므로 고정환율제도에서는 외화를 매입하고 원화를 공급해야 한다. 따라서 국내 통화공급이 증가한다.
ㄴ. 투기적 공격이 발생하면 외화를 매입해야 하므로 외환보유고가 증가한다.

MEMO

서호성

약력
- 현 | 해커스 감정평가사 교수
- 현 | 해커스 경영아카데미 교수
- 현 | 해커스공기업 교수
- 현 | 해커스금융 교수
- 현 | 메가스터디 공무원 7급 경제학
- 현 | 인스티비 보험계리사 경제학
- 전 | 공단기 공무원 7급 경제학
- 전 | 윌비스 고시학원 7급 경제학
- 전 | 합격의 법학원 감정평가사, 노무사

저서
- 해커스 감정평가사 서호성 경제학원론 1차 기본서
- 해커스 감정평가사 서호성 경제학원론 1차 기출+예상문제집
- 해커스 서호성 경제학 1 미시
- 해커스 서호성 경제학 2 거시·국제
- 해커스 서호성 객관식 경제학 1 미시
- 해커스 서호성 객관식 경제학 2 거시·국제
- 해커스 세무사 서호성 재정학
- 해커스 세무사 서호성 객관식 재정학
- 해커스 세무사 재정학 FINAL
- 해커스공기업 쉽게 끝내는 경제학 기본서
- 해커스공기업 쉽게 끝내는 경제학 이론+기출동형문제
- 해커스 매경TEST 2주 완성 이론+적중문제+모의고사
- 해커스 TESAT(테샛) 2주 완성 이론+적중문제+모의고사
- 서호성 ABC 경제학, 메가공무원
- 서호성 ABC 경제학 기출문제집, 메가공무원
- ABC 경제학 핵심포인트, 메가공무원

2026 대비 최신개정판

해커스 감정평가사
서호성 경제학원론 1차 기출+예상문제집

개정 2판 1쇄 발행 2025년 9월 29일

지은이	서호성 편저
펴낸곳	해커스패스
펴낸이	해커스 감정평가사 출판팀
주소	서울특별시 강남구 강남대로 428 해커스 감정평가사
고객센터	1588-2332
교재 관련 문의	publishing@hackers.com
	해커스 감정평가사 사이트(ca.Hackers.com) 1:1 고객센터
학원 강의 및 동영상강의	ca.Hackers.com
ISBN	979-11-7404-488-4 (13320)
Serial Number	02-01-01

저작권자 ⓒ 2025, 서호성

이 책의 모든 내용, 이미지, 디자인, 편집 형태는 저작권법에 의해 보호받고 있습니다. 서면에 의한 저자와 출판사의 허락 없이 내용의 일부 혹은 전부를 인용, 발췌하거나 복제, 배포할 수 없습니다.

한 번에 합격!
해커스 감정평가사 ca.Hackers.com

🏛 해커스 감정평가사

- 서호성 교수님의 **본 교재 인강** (교재 내 할인쿠폰 수록)
- 해커스 스타강사의 **감정평가사 무료 특강**